Marianne Steffen-Wittek, Dorothea Weise, Dierk Zaiser (Hg.)
Rhythmik – Musik und Bewegung

Musik und Klangkultur | Band 29

Marianne Steffen-Wittek leitete als Professorin den Studiengang EMP/Rhythmik an der Hochschule für Musik Franz Liszt in Weimar. Seit ihrer Emeritierung lehrt sie an der Folkwang Universität der Künste in Essen und an verschiedenen Universitäten in China. Als Musikpädagogin, Autorin und Schlagzeugerin erhielt sie mehrere Preise und Auszeichnungen. Ihr praxeologischer Forschungsschwerpunkt ist der Zusammenhang von Musik und Bewegung in der Populären Musik. Sie komponiert Jazzmusik und ist Schlagzeugerin und Vibraphonistin in einem Jazz-Quartett.
Dorothea Weise hat an der Musikhochschule Köln Rhythmik studiert und lehrt als Professorin für Rhythmik an der Universität der Künste Berlin. Sie ist seit 2008 im Vorstand des Arbeitskreises Musik und Bewegung/Rhythmik an Hochschulen e.V. (AMBR) sowie seit 2016 im Leitungsgremium des internationalen Rhythmikverbands FIER. Ihr theoretisches wie praktisches Hauptinteresse gilt der künstlerisch-ästhetischen Wahrnehmungs- und Ausdrucksdifferenzierung in der Auseinandersetzung mit der Wechselbeziehung von Musik und Bewegung.
Dierk Zaiser ist Leiter des Instituts für Musik und Bewegung/Rhythmik (IMBR) an der Staatlichen Hochschule für Musik Trossingen. Er lehrt als Professor mit den Schwerpunkten Rhythmik, Rhythmik-Performance (Master) sowie Erwachsenendidaktik (Bachelor) und Inklusion. Dierk Zaiser promovierte in Erziehungswissenschaften zum Dr. paed. mit dem Thema »Rhythmus und Performance«. Er gewann mehrere nationale Auszeichnungen für seine musikpädagogischen Aktivitäten sowie den Europäischen Rhythmikwettbewerb 1995.

Marianne Steffen-Wittek,
Dorothea Weise, Dierk Zaiser (Hg.)
Rhythmik – Musik und Bewegung
Transdisziplinäre Perspektiven

[transcript]

Publiziert mit Unterstützung des Arbeitskreises Musik und Bewegung/Rhythmik an Hochschulen e.V. (AMBR), des Rhythmikverbandes RMB Süd, des Rhythmikverbandes RMB Nord sowie des Internationalen Rhythmikverbandes FIER.

Bibliografische Information der Deutschen Nationalbibliothek
Die Deutsche Nationalbibliothek verzeichnet diese Publikation in der Deutschen Nationalbibliografie; detaillierte bibliografische Daten sind im Internet über http://dnb.d-nb.de abrufbar.

© 2019 transcript Verlag, Bielefeld

Alle Rechte vorbehalten. Die Verwertung der Texte und Bilder ist ohne Zustimmung des Verlages urheberrechtswidrig und strafbar. Das gilt auch für Vervielfältigungen, Übersetzungen, Mikroverfilmungen und für die Verarbeitung mit elektronischen Systemen.

Umschlaggestaltung: Maria Arndt, Bielefeld
Umschlagabbildung: Anton Pichler, Berlin, 2016
Druck: Majuskel Medienproduktion GmbH, Wetzlar
Print-ISBN 978-3-8376-4371-8
PDF-ISBN 978-3-8394-4371-2
https://doi.org/10.14361/9783839443712

Gedruckt auf alterungsbeständigem Papier mit chlorfrei gebleichtem Zellstoff.
Besuchen Sie uns im Internet: *https://www.transcript-verlag.de*
Bitte fordern Sie unser Gesamtverzeichnis und andere Broschüren an unter: *info@transcript-verlag.de*

Inhalt

Einleitung
Marianne Steffen-Wittek, Dorothea Weise, Dierk Zaiser | 11

GESCHICHTE UND GEGENWART

Zwischen Musikunterricht, Tanzreform und Weltenformel
Beobachtungen aus den Anfängen der Rhythmik
Daniel Zwiener | 27

Rethinking Jaques-Dalcroze
Gedanken zu Aspekten der Jaques-Dalcroze-Rezeption
Gunhild Oberzaucher-Schüller | 45

Genese der Rhythmik als Hochschulfach
Brigitte Steinmann | 63

Rhythmik in Bewegung
Transdisziplinäre und internationale Ausdehnungen
Dorothea Weise | 73

Spot 1: Monte Verità – Raumdeutungen
Ein Tanzfonds-Erbe-Projekt
der Bundeskulturstiftung 2014
Juliette Villemin | 83

Spot 2*:* »encore, encore, encore, encore, encore …!«
Berliner Hochschulperformance zum 100. Geburtstag
von »Le Sacre du Printemps«
Anna Petzer | 84

Spot 3: Unter-Weg X.
Duo-Performance auf dem Ku'damm
mit dem Künstler Simon Pfeffel
Dierk Zaiser | 85

FACHTHEORETISCHE ANSÄTZE

Vom Wert der Bewegung in der Musik
Holmrike Oesterhelt-Leiser | 89

Rhythmus und Gestaltung
Dorothea Weise | 113

Das Individuelle
Zugangs- und Entwicklungsformen
in Improvisation und Gestaltung
Dierk Zaiser | 125

Real Time Subtleties
Jazz, Groove und Drumset im Kontext
der Rhythmik
Marianne Steffen-Wittek | 137

Rhythmik goes China
Gedanken zu einer kultursensiblen Rhythmik
in China
Cheng Xie | 161

Spot 4: Networking
Bewegungs- und Stimmimprovisation
Frauke Haase | 175

Spot 5: Anamnesis
*Bewegungsimprovisation mit Objekten in der Rhythmik-Praxis
mit älteren Menschen*
Vasiliki Psyrra | 176

Spot 6: Qualitative Forschung im Feld:
Rhythmik inklusiv
Julia Wernicke | 177

Spot 7: Junge Männer unterschiedlicher Herkunft I
Rhythmus und Performance im öffentlichen Raum
Dierk Zaiser | 178

TRANSDISZIPLINÄRE BEZÜGE

Bewegung ist gestaltete Wahrnehmung
Franz Mechsner | 181

Rhythmisch-musikalisches Lernen im Lichte des Konzepts der Koordination
Maria Spychiger | 195

Körper – Bewegung – Musik
Zur Perspektive von Leiblichkeit
in der Ästhetischen Bildung
Constanze Rora | 217

Bewegung als bildende Erfahrung
Rhythmik in schulischen Unterrichtssituationen
Roswitha Staege | 231

Körper und Bewegung als Konstituenten musiktheoretischen Denkens
Ein Plädoyer zur Dynamisierung musiktheoretischen
Lernens in der Schule
Elisabeth Theisohn | 241

Ravel: *Pavane pour une infante défunte*
Musiktheorie und Rhythmik in der
Instrumental- und Gesangsausbildung
Marianne Steffen-Wittek, Christhard Zimpel | 255

Phrasierung
Bettina Rollwagen, Elisabeth Pelz | 281

Tanz der inneren Ströme
Irene Sieben | 299

Spot 8: Die Stadt als Partitur der Be_weg_ung
Performance im urbanen Raum
Meike Britt Hübner | 311

Spot 9: Klang – Körper – Farbe
Renate Kühnel | 312

Spot 10: Insinn 7
Tanz/Theater/Neuer Zirkus
Ria Rehfuß | 313

RHYTHMIK – PRAXEOLOGIE

Percussion-Instrumente im Rhythmikunterricht mit Kindern
Musizieren geschieht durch Bewegung
Sabine Vliex | 317

Und du glaubst nicht an Wunder
Rhythmik mit Jugendlichen im Jugendarrest
Marianne Steffen-Wittek | 331

›Erstbegehung‹ mit Jugendlichen
Videografierte Rhythmik-Praxis
Meike Schmitz, Marianne Steffen-Wittek | 347

Transfer. Perform. Transform
Betrachtungen zur Transformation in der Rhythmik
Hanne Pilgrim | 375

Gestalt geben
Kurt Dreyer | 385

Improvisation: (k)ein Kinderspiel
Peter Jarchow | 409

Warum machen die das?
Gedanken zum lustvollen Nichtverstehen in Performance
Wicki Bernhardt | 419

Spot 11: Neue Musik mit Kindern
Vasiliki Psyrra | 425

Spot 12: Kreidezeichen
Kreativer Kindertanz
Nisha Dudda | 426

Spot 13: »I Need A Forest Fire.«
Populäre Musik mit Erwachsenen zwischen 70 und 85
Meike Schmitz | 427

Spot 14: »Annäherungen an Gegenwart«
Eine Aufforderung
Jenny Ribbat | 428

Spot 15: Stimme und Bewegung
Hilde Kappes | 430

Spot 16: »Alles, was wir erwarten, ist jetzt ein Schuß, ein Stoß oder Sturz.«
Junge Männer unterschiedlicher Herkunft II
Dierk Zaiser | 431

Autorinnen und Autoren | 433

Einleitung

Marianne Steffen-Wittek, Dorothea Weise, Dierk Zaiser

Rhythmik – *Musik und Bewegung* – ist ein künstlerisch-pädagogisches Fach. Zentraler Inhalt der Rhythmik ist die Wechselwirkung zwischen Musik und Bewegung, die sich in Interaktions- und Transformationsprozessen ausdrückt. Neben der Reformpädagogik – aus der die Rhythmik hervorging – und den bewegungswissenschaftlichen Disziplinen bezogen sich im 20. Jahrhundert hauptsächlich philosophische, phänomenologische und soziologische Schriften auf die unterschiedlichen Perspektiven des menschlichen Körpers. Der Soziologe Pierre Bourdieu, der Phänomenologe Maurice Merleau-Ponty sowie Vertreter/innen[1] des Poststrukturalismus wie Michel Foucault, Jacques Derrida und Judith Butler – um nur einige zu nennen, auf die in den körper- und bewegungsbezogenen Disziplinen häufig rekurriert wird – haben den Diskurs zur Körperlichkeit und menschlichen Bewegung im 20. Jahrhundert beflügelt. Jüngere Veröffentlichungen in den verschiedenen Geisteswissenschaften zeugen von einem gesteigerten Interesse am menschlichen Körper. Es ist von einem *body turn* der Kultur- und Sozialwissenschaften die Rede, der in der Soziologie auf drei Ebenen angesiedelt wird: der Körper als Forschungsobjekt, als Theoriekategorie und als Erkenntnisinstrument (Gugutzer 2006).

Die Tanzwissenschaft bezieht diese Entwicklungen verstärkt in die Erforschung verschiedener Bewegungskünste ein (Eberlein 2016). Aktuelle Publikationen reflektieren auch das große Interesse an Fragen der körper- bzw. leiborientierten Musikpädagogik (VdM 2013; Gruhn 2014; Hiekel/Lessing 2014; Gehrs 2016; Oberhaus/Stange 2017; Oberhaus/Stroh 2017).

Im Laufe ihrer über hundertjährigen Geschichte hat die Rhythmik ein *tacit knowledge* auf vielen Ebenen angesammelt. Lange vor dem *body turn* spielte die

---

1 Der gendergerechte Sprachgebrauch ist in diesem Band nicht einheitlich nach vorgegebenen Richtlinien verfasst, sondern situativ und individuell gendersensibel gestaltet.

Leibdimension in der Dalcroze'schen Musikpädagogik eine tragende Rolle. An deutschen Musikhochschulen wurde das Fach im Sinne von Émile Jaques-Dalcroze, aber nicht in Abhängigkeit von ihm, praxeologisch weiter entwickelt.

DIE PRAXEOLOGISCHE SEITE DER RHYTHMIK

Die Theoriebildung der Rhythmik ist sehr komplex und zeitaufwendig, denn die Fachgenese basiert – vergleichbar mit anderen Bewegungsdisziplinen – auf praxisgeneriertem Erfahrungswissen. Praxeologie bezeichnet die Wissenschaft von Praktiken und verweist auf ein enges Verhältnis von Theorie und Praxis. Hilarion Petzold betrachtet methodenbegründete Praxeologien der experimentellen Bewegungsarbeit als

»durch Erfahrung, systematische Beobachtung und methodisches Erproben erarbeitete, in sich hinlänglich konsistente Formen und Wege praktischen Handelns. Durch Methoden, die als solche reflektiert wurden, sind Wissensbestände entstanden, ein Praxiswissen. Aus diesem können im Prozess seiner Elaboration theoretische Konzepte und Konstrukte generiert werden, die sich zu Theorien von zunehmender Komplexität entwickeln können, welche wiederum in die Praxis zurückwirken und diese zu verändern vermögen.« (Petzold 2001: 226f.)

Auch in der Rhythmik hat sich über viele Jahrzehnte ein Praxiswissen herausgeschält, das allerdings nur z.T. theoretisch erfasst wurde. Das von Rhythmikerinnen immer wieder beklagte Theoriedefizit ihres Faches und die ausschnitthafte, verwässerte Vereinnahmung der Rhythmik-Praktiken andernorts (Schaefer 1992: 19f. und 24ff.; Leiser 1994: 71f.; Steinmann 2018: 77ff.) sind nach wie vor vorhanden und haben multifaktorielle Gründe. Alle drei genannten Autorinnen, die als Rhythmik-Professorinnen an Musikhochschulen wirkten, fassen den jeweiligen Stand der Rhythmik-Theorieansätze in ihren Schriften zusammen und geben wichtige Impulse für die Generierung eines theoretischen Fundaments. Folgende Gründe sind für das Auseinanderklaffen von Wissenschaft und Praxis der Rhythmik, angelehnt an Petzold, zu nennen:

- Es fehlen die Ressourcen, die eigene Praxis und Historie wissenschaftlich gründlich zu erforschen. Dies hängt nicht unwesentlich mit der Praktik der Stellenausschreibungen an deutschen Musikhochschulen zusammen, die neben den künstlerischen Professuren weder wissenschaftliche Professuren noch wissenschaftliche Assistenzen vorsieht.

- Die Rhythmik-Praxis mit der aus ihr gewachsenen Praxeologie einerseits und die für die Rhythmik relevanten Disziplinen wie Musik-, Bewegungs- und Tanzwissenschaften mit ihrer Grundlagen- und Anwendungsforschung andererseits haben sich weitgehend unabhängig voneinander entwickelt. Die ab den 1980er Jahren erfolgende Einbeziehung von Erkenntnissen aus Wahrnehmungsforschung, Kybernetik, Neurobiologie und Hirnforschung trägt zwar zur Theoriebildung der Rhythmik bei, allerdings in Abhängigkeit der je individuellen Interessensschwerpunkte.
- Vertreter/innen der wissenschaftlichen Forschung und der künstlerischen Rhythmik-Praxeologie hatten in der Vergangenheit kaum Austauschgelegenheiten.
- Die akademische Sicht auf die Theorien der Natur- und Geisteswissenschaften als höherwertig gegenüber der praxeologischen Wissensgenerierung ist gesellschaftlich weitgehend unwidersprochen akzeptiert.
- Die mangelnde Rezeption der französischen Rhythmik-Literatur in Deutschland verringerte die Ausschöpfung der internationalen Fachliteratur.
- Die Präsenz des Gründers Dalcroze verhinderte zumindest anfänglich eine kritische und umfängliche Evaluation seiner Pionierarbeit.
- Die zahlreichen Mitarbeiterinnen, die Dalcroze unterstützten, und deren eigenständigen Fachbeiträge blieben lange Zeit im Schatten des Gründers und im Hintergrund der Rhythmik-Rezeption (Hürtgen-Busch 1996).

Trotz vieler Erschwernisse nutzen die Rhythmik-Fachvertreter/innen die im Fach selbst angelegten transdisziplinären Möglichkeiten für eine Theoriebildung. Sie rekurrieren dabei auf Fachdisziplinen wie Physiologie/Bewegungswissenschaften, funktionelle Anatomie/moderne Biomechanik, Neurowissenschaften, Psycho- und Neuromotorik, Sport-, Tanz-, Musik-, Kultur- und Sozialwissenschaft. Rhythmiker/innen verarbeiten deren relevante Erkenntnisse für musik- und bewegungspädagogische Anliegen und suchen die Begegnung und den Austausch mit aufgeschlossenen Wissenschaftler/innen. Fragen zur Sensorik und Motorik sowie zur Wahrnehmung im Kontext von *Musik und Bewegung* werden im vorliegenden Band theoretisch beleuchtet und aus praxeologischer Perspektive betrachtet.

Der leibliche Zugang zur Musik über Bewegung vollzieht sich auf Wahrnehmungs- und Handlungsebenen, die Intuition und Intention, Interaktion und Individuation miteinander verbinden. Die Rhythmik steht mit dem Phänomen der schwer erklärbaren Leibdimension beim Musikerleben und -lernen nicht alleine da. Gabriele Klein weist auf die Schwierigkeit der diskursiven Vermittlung leiblicher Erfahrungsdimensionen beim Tanzen hin und trennt zwischen Innen- und Außensicht. »Leib meint dann die Innenperspektive, das Feld der psycho-physischen Erfahrung, Körper die Außenperspektive, die Sicht des ›Anderen‹ und damit die physische Gestalt und Erscheinung.« (Klein 2004: 250, Herv.i.O.) Holmrike Oesterhelt-Leiser siedelt ihre theoretische Konzeption der Rhythmik daher aus gutem Grund auf vier Metaebenen an und spricht vom morphologischen, neurophysiologischen, anthropologisch-psychologischen und interaktiv-kommunikativen Aspekt der Musik- und Bewegungspraxis (Oesterhelt-Leiser 2014: 235ff.).

RHYTHMIK TRANSDISZIPLINÄR

Die der Rhythmik innewohnende Verschränkung der zwei Gebiete Musik und Bewegung[2] eröffnet ihr transdisziplinäres Wesen: Im wechselseitigen Bezug zwischen den beiden Medien offenbaren sich ihre Analogien und Differenzen. Wenn auch Dalcroze vor allem die Übereinstimmungen suchte und die Fachbezeichnung Rhythmik an eine Fokussierung auf den Aspekt zeitlicher Gestaltung von Musik und Bewegung denken lässt, so wird weder das eine noch das andere den vielfältigen Möglichkeiten der Verknüpfung und des Auslotens ihrer Grenzen gerecht. Die Ausübung von Musik ist zwingend mit (Spiel-)Bewegungen verbunden, die ihrerseits akustische Schwingungen erzeugen und in reaktiven Körperbewegungen ihre Resonanz finden. Dieser gebräuchliche Vorgang des Hervorrufens von Bewegung und Tanz durch Musik nimmt in der Rhythmik oft auch den umgekehrten Weg: Es ist die zumeist improvisierte Bewegung, die instrumental oder stimmlich begleitet und so zum Auslöser für Übertragung und Deutung auf der musikalischen Ebene wird. In diesen wechselseitigen Vorgängen des Transformierens, der Resonanz, der Bündelung vielfältiger Wahrnehmungseindrücke und den immer wieder zu treffenden gestalterischen Entscheidungen entstehen permanent Entwicklungsräume, die, bewusst gemacht und reflektiert, als Handlungsrepertoire und Impuls für Verfeinerung wirksam werden.

Die Integration von Außen- und Innenwahrnehmungen (Konrad 1984: 178) im handelnden Vollzug geschieht in der Rhythmik auch in Auseinandersetzung mit Werken der Bildenden Kunst, der Literatur, mit Film und digitalen Medien. Erste Anfänge dieser Disziplinüberschreitung mögen bei der Rhythmikerin Elfriede Feudel zu finden sein, die sich während der letzten Kriegsjahre 1943-1945 in den zerbombten Seminarräumen der Leipziger Musikhochschule damit behalf,

---

2 Die Bezeichnung Bewegung meint im Kontext der Rhythmik eine körperlich-leibliche Befassung mit Musik oder musikalischen Gestaltungselementen anderer Kunstformen und schließt explorierende, improvisierte und komponierte Bewegung ein, die sich in der Folge gesteigerten Körperbewusstseins als Tanz wahrnehmen lässt.

musikalische Formverläufe und Motiventwicklungen von ihren Studierenden in Zeichnungen übertragen zu lassen (Feudel 1981: 88). Rhythmikerinnen und Rhythmiker haben zu allen Zeiten Entwicklungen in den Künsten als Impulse für ihre eigene Arbeit wahrgenommen. Die sich beispielsweise in Kompositionen des 20. Jahrhunderts entwickelnde grafische Notation eröffnet vielfach improvisatorische Freiräume und regt außer der musikalischen Umsetzung auch dazu an, eigene Höreindrücke grafisch, malerisch oder als Installation von Objekten zu fixieren. Diese können wiederum Grundlage für Transformationen und Interpretationen in Musik, Bewegung oder Sprache sein.

Der Umgang mit anderen Kunst-Disziplinen geschieht in der Rhythmik zunächst auf der Basis des Aufspürens von Gestaltungsmerkmalen, die sich aus der Kenntnis kompositorischer Strukturen in Musik und Bewegung herausfinden lassen. Es sind dies grundlegende formale Prinzipien wie Wiederholung, Variation, Kontrast, Ergänzung und die damit zusammenhängenden Spannungsverläufe im Werk selbst als auch individuelle Rezeptions- und Interpretationsprozesse, die sich aus Struktur und Inhalt entwickeln. Die Entschlüsselung oder weitergehende Verrätselung von Werken durch den Akt der Transformation in ein anderes Ausdrucksmedium als aktive Resonanz bewirken Aneignung, Befragung und Sinnstiftung. Die Bewegung als körperlich-leibliche Gesamtheit ist dabei in allen Ausdrucksformen enthalten, ob der Stift geführt, das Objekt räumlich situiert oder die Stimme erhoben wird. Sie ist es, durch die Transdisziplinarität als Hinübergehen von einer Disziplin in eine andere erst möglich wird.

Der Körper ist auch der Ort, an dem sich Sinneswahrnehmungen als Körpererinnerung manifestieren und verbinden. Wiewohl die Aktivierung vielfältiger sensueller Eindrücke in der Rezeption von Musik, Bild, Literatur und Tanz als Grundlage ästhetischen Erlebens unbestritten ist (Gottdang/Wohlfahrt 2010; Schrott/Jacobs 2011; Rittelmeyer 2014), wird sie in Bildungsprozessen noch nicht umfassend und selbstverständlich einbezogen. Jedoch ist ein Wiederaufleben der Bedeutung des Körpers in seinem Zusammenspiel von Motorik und Sensorik (Gruhn 2017: 117) zu verzeichnen. Diese in der Rhythmik als Sensomotorik geläufige Arbeitsweise verbindet das Körper-Ich als Objekt von Erfahrung und Erkenntnis »des eigenen Leibes« mit dem Körper als Repräsentationsort der gegenständlichen und sozialen Umwelt als Erfahrung »am eigenen Leibe« (Schaefer 1992: 76ff.).

Die Trias Wahrnehmen – Erfahren – Gestalten kann als Bestreben gelten, im Kontakt mit der Umwelt sich selbst zu spüren und sich seiner selbst zu vergewissern. Gleichzeitig gilt erst die Wahrnehmung von etwas Ungewohntem als »entscheidender Ausgangspunkt eines jeden Bildungsvorgangs«, wie der Sportpädagoge Robert Prohl feststellt (2001). Aufgabe in Bildungsprozessen sollte es demnach sein, Erwartbares und Unvorhergesehenes, Chaos und Ordnung immer wieder herzustellen und in entwicklungsstiftende Settings einzubinden. Der Begriff der produktiven Verunsicherung als methodisches Instrument für persönliches Wachstum und künstlerische Reifung (Kappert 1993: 11ff.) mag zunächst irritieren, beschreibt aber gut, was besonders im Kontext körper- und musikorientierten Unterrichtsgeschehens vonseiten der Lehrperson anzustreben ist: Den Rahmen für (bewegungs)technische, ästhetische und persönliche Herausforderungen abzustecken, in denen Möglichkeiten angeboten werden, sich mit den gestellten Konfrontationen sinn- und entwicklungsstiftend zu verbinden. In der Befassung mit dem eigenen Körper nicht nur als Gefäß für Wahrnehmungen, sondern als Instrument für Ausdruck und als ›Anzeiger‹ für Bewegtheit, tut sich ein sensibler Bereich auf. Gerade in der strukturierten wechselseitigen Anregung und Durchdringung von Musikstücken und Werken anderer Kunstformen durch die Rhythmik unter der Prämisse »Precise actions under variously indeterminate conditions« (Wolff 1998: 38) können individuelle grenzüberschreitende Entfaltungen stattfinden.

ARBEITSFELDER DER RHYTHMIK

In der Rhythmik-Praxis mit allen Altersgruppen werden neben dem Körper als zentralem Ausdrucksmittel überdies Instrumente, Stimme, Objekte, Materialien und Neue Medien eingesetzt und kontextualisiert. Intermedialität und Transmedialität gibt es auch in den Bezugnahmen zur Bildenden Kunst und zur Literatur. Rhythmik – *Musik und Bewegung* – stellt sich den analogen und digitalen Fragestellungen der Gegenwart und setzt sich damit performativ in musikalisch geprägten Inszenierungen auseinander.

In der frühkindlichen Bildung verfügt Rhythmik über eine subtile und über eine offensichtliche Präsenz in den länderspezifischen Orientierungs-, Erziehungs- und Bildungsplänen für Kindertagesstätten. Der Fachterminus Rhythmik und dessen Inhalte werden in verschiedenen Bildungs- und Erziehungsplänen der Länder für Kinder in Tageseinrichtungen bis zur Einschulung an zahlreichen Stellen benannt und ausgeführt; zum pädagogischen Kontext gehören Wahrnehmungs-, Musik-, Tanz- und Bewegungsprozesse. Besonders differenziert und hervorgehoben wird die Rhythmik als integrierender Ansatz in der Bewegungs- und Musikererziehung, jeweils mit einem methodisch-didaktischen Konzept sowie mit praxisorientierten Umsetzungs- und Anknüpfungsmöglichkeiten an andere Bildungsbereiche wie Sprachen, Naturwissenschaften, Gesundheit, Identität, soziales und emotionales Lernen. Einen besonderen Stellenwert erfährt die Rhythmik in der Sprachförderung. Das *Deutsche Jugendinstitut DJI* hat die Zusammenhänge in einer Expertise beleuchtet (Zaiser 2005) und in Projekten weiter untersucht und dargestellt (Jampert et al. 2006: 64ff.). Rhythmik – *Musik und Bewegung* – konnte sich in Deutschland anders als in Teilen Österreichs und der Schweiz als reguläres Unterrichtsfach in der Grundschule zwar nicht flächendeckend etablieren, wird aber an einigen Standorten in Kooperation von Grund- und Musikschule angeboten. In der Erzieherinnenausbildung ist Rhythmik seit Jahrzehnten ein fester Bestandteil. Die Curricula der staatlichen Fachschulen für Sozialpädagogik weisen Rhythmik als gesondertes Unterrichtsfach aus, teilweise im Fächerverbund mit Musik, als Musik- und Bewegungspädagogik oder integriert in andere Bereiche. Die Fachausweisung oder Fachintegration in verwandten Berufsausbildungen wie der Ergotherapie, der Logopädie und Motopädie, der Heilerziehungs- und Altenpflege etc. liegt nahe.

Musikschulangebote werden meist nicht als Rhythmik bezeichnet, wiewohl wesentliche Inhalte und Arbeitsweisen häufig integriert sind. Derartige zielgruppenspezifische Angebote sind Eltern-Kind-Gruppen, musikalische Früherziehung und Grundausbildung (Elementare Musikpraxis), Musiktheater für Kinder und Jugendliche, Musik und Bewegung für Erwachsene und Senioren, inklusive Musik und Bewegung für Menschen mit und ohne Behinderung, Kindertanz etc. Mit freiberuflichen außerschulischen Bildungsprojekten werden Zielgruppen unterschiedlichen Alters, unterschiedlicher Bildung und unterschiedlicher sozialer Herkunft angesprochen. Häufig gelangen diese Projekte mit Aufführungen an die Öffentlichkeit, meist stehen sie in Kooperation mit Einrichtungen der Jugend-, Flüchtlings-, Behinderten- oder Altenhilfe, mit Vereinen, Musikschulen und allgemeinbildenden Schulen. Rhythmiker/innen können ferner je nach Institution freiberuflich, angestellt oder verbeamtet in Jugendzentren, Freizeiteinrichtungen, Volkshochschulen und Seniorenbildungsstätten, Fach(hoch)schulen für Sozial- und Sonderpädagogik, Musikhochschulen und Konservatorien, Gymnastik-, Schauspiel- und Tanzschulen arbeiten. Darüber hinaus eröffnet sich die Möglichkeit der freien künstlerischen Tätigkeit in Bereichen wie Musik- und Bewegungstheater, Performance und Konzertpädagogik.

Mimi Scheiblauer und Charlotte Pfeffer stehen für die Anfänge einer heil- und sonderpädagogischen Rhythmikpraxis, die an einzelnen Hochschulen bis heute weiterentwickelt wurde (Hürtgen-Busch 1996: 215ff.; Steinmann 2018: 117ff.). Sonderpädagogische Ausrichtungen der Rhythmik finden sich sowohl in schulischen wie in außerschulischen Kontexten und belegen auch in Forschungsprojekten die besonderen Dimensionen einer wahrnehmungs- und bewegungsintensiven Musikpädagogik (Grätz 1989; Danuser-Zogg 2002; Zaiser 2011).

Mehr als hundert Jahre nach dem Höhepunkt der Rhythmuseuphorie scheint die Zeit für eine Renaissance des Leibbewusstseins gekommen. Wie zu Beginn des letzten Jahrhunderts die zunehmende Industrialisierung, so sorgt zur Jahrtausendwende die rasante Entwicklung der Digitalisierung für ein steigendes Interesse an der Auseinandersetzung mit Wirklichkeitsformen, die sich mehr in präsentischen als in virtuellen Räumen bewegen.

RHYTHMIK UND NEUE MEDIEN

Die natürliche, körperbasierte und durch menschliche Bewegung verursachte Klangerzeugung sowie die Auseinandersetzung mit dem realen Raum trifft im Zeitalter der Digitalisierung auf eine ›virtuelle Welt‹, die je nach Zweck und Ausmaß ihrer ›Begehung‹ Chancen und Gefahren in sich birgt. Raum gehört in der Rhythmik, neben den Parametern Zeit, Kraft und Form, zu den konstitutiven Bezugspunkten der Praxis. Die Ausweitung und Einbeziehung virtueller Räume und digitaler Welten spielen auch in der künstlerischen und künstlerisch-pädagogischen Rhythmik eine immer größere Rolle.

Analoge und digitale Datenverarbeitung werden im 21. Jahrhundert sowohl im Alltag als auch in den verschiedenen Kunstformen ausgiebig genutzt. Elektroakustische und elektronische Klangerzeuger, Midi-Technik, digitale Audio- und Video-Daten sind selbstverständliche Medien der Neuen und der Populären Musik. In der Rhythmik-Praxis treffen Lehrende auf Kinder, Jugendliche und Erwachsene, die täglich mit Smartphone, Laptop und Tablet hantieren und kommunizieren. Eine große Auswahl an musikbezogenen Computerspielen, Musik-Apps und virtuellen Musikinstrumenten bietet Anlass, die digitale Welt in der Rhythmik-Praxis bewegungsbezogen zu thematisieren. Sowohl in der Rhythmik mit Kindern und Jugendlichen als auch in die Erwachsenenbildung und in künstlerische Produktionen fließen Anregungen und Fragestellungen der heutigen Medienwelt ein. Rhythmik kann eine körpersinnliche Bezugnahme zu virtuellen Räumen und einen Ausgleich zum bewegungsarmen Umgang mit digitalen Medien eröffnen. Die Gefahr des Verlustes *innerer* akustischer wie visueller Vorstellungsräume lässt sich durch die inter- und transmedialen Rezeptions- und Ausdrucksformen der Rhythmik überwinden. Neben der künstlerisch-kreativen Arbeit mit analogem Elektro-Musikequipment bietet die bewegungsbasierte Auseinandersetzung reichhaltige Möglichkeiten, mit den Medien der digitalen Signalverarbeitung umzugehen (Steffen- Wittek 2005). Rhythmik-Praxis kann dazu anregen, sich in der virtuellen Welt Impulse für das reale, körperbezogene Musikerlebnis zu suchen, ohne sich im Virtuellen zu verlieren.

DIE GESELLSCHAFTLICHE DIMENSION DER RHYTHMIK

Ähnlich anderer künstlerisch-pädagogischer [...] nik seit ihren Anfängen die überhöhte Darstellung d[...] zu beobachten, die mit den jeweils herrschenden B[...]nform geht. Die Begriffe haben sich geändert. Statt[...]g nun stärker in den Vordergrund gerückt; anstelle d[...]te die *Persönlichkeitsbildung* favorisiert. Die Aussa[...] Rahmen der Musik- und Bewegungsaktivitäten hinaus gesellschaftlich erwünschte Sekundärtugenden hervor – wie es im Übrigen auch verwandte Disziplinen in ihrer konformen Lobbyarbeit für sich in Anspruch nehmen – ist noch immer anzutreffen und zu kritisieren.

Der im Zuge des ›New Age‹ wieder in Mode gekommene Begriff ›Ganzheit‹, der Ende des 20. Jahrhunderts in der Rhythmik verbreitet war, wurde von Holmrike Leiser kritisch reflektiert.

»Er taucht in der Psychologie und Pädagogik der Reformbewegung in den zwanziger Jahren auf, im Nationalsozialismus wird er staatskonform ideologisiert und vom politischen System für vieles propagiert. [...] Kritisches Befragen, Überprüfen der Inhalte und eine klare Grenzziehung scheinen heute für die Rhythmik in diesem Zusammenhang von existentieller Bedeutung zu sein.« (Leiser 1994: 78)

Die Weiterverwendung des besetzten Begriffs Ganzheit ohne Aufarbeitung des Vergangenen beeinträchtigte die für das Fach in der Nachkriegszeit so dringend benötigte Glaubwürdigkeit. Die Autorin konstatierte ferner, dass rational-analytisches Denken und eine konvergente, lineare Logik nicht durch Zulassen subjektiv emotionaler und intuitiver Fähigkeiten zu einer vermeintlichen Ganzheitlichkeit führen (ebd. 79f.).

Begriffe wie ›Bildung‹ und ›Kultur‹ sollten ebenfalls danach befragt werden, wessen Interessen mit ihnen jeweils verknüpft sind. Sie bedürfen einer Klärung ihrer Konnotation, die je nach gesellschaftlichen Zwecken unterschiedlich ausfällt (Barth 2018; Vogt 2018). Carmen Mörsch relativiert die Behauptung, Kulturvermittlung sei von vorneherein gut für die Menschen, und gibt zu bedenken, dass mit ihr häufig die Vermittlung »dominanter, bürgerlich – westlicher, auch nationalidentitärer Wertvorstellungen erfolgt« (Mörsch 2010: 9)[3].

---

3 »Das Aufkommen des Kulturbegriffs ist mit einem Identifizierungsproblem behaftet, weil sich eine ›Kultur‹ nur im Unterschied zu anderen Kulturen bestimmt. Im Namen der Kultur wird regelmäßig die Ablösung traditioneller Werte, die die Moderne cha-

Das Herausgeberteam hat sich in zahlreichen Diskussionen kritisch und selbstreflexiv mit bildungs-, kultur- und gesellschaftspolitischen Aussagen auseinandergesetzt. Dabei wurden verschiedene Standpunkte eingenommen, die insbesondere in gesellschaftspolitischer Hinsicht nicht immer übereinstimmten. Dies trifft auch auf einzelne Aspekte der Autoren- und Autorinnenbeiträge zu, die sich von den Ansichten des Herausgeberteams unterscheiden. Die Leserschaft möge sich kritisch mit den Texten auseinandersetzen und zum weiteren Nachdenken und Forschen angeregt werden.

Ausgehend von der historischen Dimension der Rhythmik von ihren Anfängen bis zur Gegenwart bilden fachtheoretische Überlegungen und transdisziplinäre Bezüge das Fundament dieses Bandes. Die praxeologische Sicht auf die Spezifika der Rhythmik sowie zahlreiche Spots und QR-Codes zu Audio- und Video-Dateien ergänzen den Einblick in das Fachgebiet.

Wir danken allen Autorinnen und Autoren, dass sie ihr Fachwissen für eine mehrperspektivische, transdisziplinäre Betrachtung der Rhythmik in diesem Band zur Verfügung gestellt haben und Impulse geben für eine weiter zu verfolgende Fachdiskussion.

Marianne Steffen-Wittek, Dorothea Weise, Dierk Zaiser
Köln, Berlin, Trossingen im Februar 2019

---

rakterisiert, zu Gunsten einer emphatischen Selbststiftungsphantasie umgedeutet, die per se die kulturellen Unterschiede asymmetrisch nach dominanten und inferioren Merkmalen konzeptualisiert. […] Von daher gibt sich jede Kultur als kolonial zu erkennen.« (Moebius/Quadflieg 2006, zitiert in Mörsch 2010: 9, Herv.i.O.).

LITERATUR

Barth, Dorothee (2018): »Kulturbegriffe«, in: Michael Dartsch/Jens Knigge/Anne Niessen/Friedrich Platz/Christine Stöger (Hg.): Handbuch Musikpädagogik, Münster/New York: UTB, S. 24-31.

Danuser-Zogg, Elisabeth (2002): Musik und Bewegung: Struktur und Dynamik der Unterrichtsgestaltung, Sankt Augustin: Academia.

Eberlein, Undine (2016): »Zwischenleiblichkeit. Formen und Dynamiken leiblicher Kommunikation und leibbasiertes Verstehen«, in: Dies. (Hg.): Zwischenleiblichkeit und bewegtes Verstehen. Intercorporeity, Movement and Tacit Knowledge. Körperkulturen, Bielefeld: transcript, S. 216-248.

Feudel, Hans Gerd (1981): Ein Leben für die Rhythmik. Gedenkschrift zum 100. Geburtstag von Elfriede Feudel, Freudenstadt: Heinrich Müller.

Gehrs, Vera (2016): Persönlichkeit in Bewegung. Konzeption und Anwendung eines musik- und bewegungsbasierten diagnostischen Instruments für die Grundschule (Beiträge zur empirischen Musikforschung), Osnabrück: epOs.

Gottdang, Andrea/Wohlfarth, Regina (Hg.) (2010): Mit allen Sinnen. Sehen, Hören, Schmecken, Riechen und Fühlen in der Kunst, Leipzig: Henschel.

Grätz, Ilse (1989): Entwicklungsförderung durch rhythmisch-musische Projektarbeit, Frankfurt a.M.: Peter Lang.

Gugutzer, Robert (2006): »Der body turn in der Soziologie. Eine programmatische Einführung«, in: Ders. (Hg.): body turn. Perspektiven der Soziologie des Körpers und des Sports (Materialitäten 2), Bielefeld: transcript, S. 9-53.

Gruhn, Wilfried (2014): Musikalische Gestik. Vom musikalischen Ausdruck zur Bewegungsforschung, Hildesheim/Zürich/New York: Olms.

Gruhn, Wilfried (2017): »Was der Körper nicht lernt, lernt der Kopf nimmermehr ... Lerntheoretische Überlegungen zur Bedeutung der Leiblichkeit des Lernens« in: Oberhaus, Lars/Stange, Christoph (Hg.): Musik und Körper. Interdisziplinäre Dialoge zum körperlichen Erleben und Verstehen von Musik (Musik und Klangkultur 20), Bielefeld: transcript, S. 105-120.

Hiekel, Jörn Peter/Lessing, Wolfgang (Hg.) (2014): Verkörperungen der Musik: Interdisziplinäre Betrachtungen, Bielefeld: transcript.

Hürtgen-Busch, Songrid (1996): Die Wegbereiterinnen der rhythmisch-musikalischen Erziehung in Deutschland, Frankfurt a.M.: dipa.

Jampert, Karin/Leuckefeld, Kerstin/Zehnbauer, Anne/Best, Petra (Hg.) (2006): Sprachliche Förderung in der Kita. Wie viel Sprache steckt in Musik, Bewegung, Naturwissenschaften und Medien?, Weimar: verlag das netz.

Kappert, Detlef (1993): Tanz zwischen Kunst und Therapie, Frankfurt a.M.: Brandes & Apsel.

Klein, Gabriele (2004): Electronic Vibration. Pop Kultur Theorie, Wiesbaden: VS Verlag für Sozialwissenschaften.

Konrad, Rudolf (1984): Erziehungsbereich Rhythmik. Entwurf einer Theorie (Perspektiven zur Musikpädagogik und Musikwissenschaft 8), Regensburg: Gustav Bosse.

Leiser, Holmrike (1994): »Rhythmik« in: Christoph Richter (Hg.): Handbuch der Musikpädagogik, Bd. 3, Kassel: Bärenreiter, S. 64ff.

Mörsch, Carmen (2010): Watch this Space!: Position beziehen in der Kulturvermittlung. Basistext für die Fachtagung »Theater – Vermittlung – Schule«, http://www.theaterschweiz.ch/fileadmin/sbv/SBV/Basistext.pdf vom 15.12.2018.

Oberhaus, Lars/Stange, Christoph (Hg.) (2017): Musik und Körper. Interdisziplinäre Dialoge zum körperlichen Erleben und Verstehen von Musik (Musik und Klangkultur 20), Bielefeld: transcript.

Oberhaus, Lars/Stroh, Wolfgang Martin (Hg.) (2017): Haltungen, Gesten und Musik. Zur Professionalisierung der Praxis Szenischer Interpretation von Musik und Theater, Oldenburg: Junker.

Oesterhelt-Leiser, Holmrike (2014): »Bewegungsimprovisation – Ein Konzept«, in: Marianne Steffen-Wittek/Michael Dartsch (Hg.): Improvisation – Reflexionen und Praxismodelle aus Elementarer Musikpädagogik und Rhythmik (ConBrio Fachbuch 18), Regensburg: ConBrio, S. 229-271.

Petzold, Hilarion (2001): »Überlegungen zu Praxeologien – körper- und bewegungsorientierte Arbeit mit Menschen aus integrativer Perspektive«, in: Wolfgang Steinmüller/Karin Schaefer/Michael Fortwängler (Hg.): Gesundheit – Lernen – Kreativität. Alexandertechnik, Eutonie Gerda Alexander und Feldenkrais als Methoden zur Gestaltung somatopsychischer Lernprozesse, Bern/Göttingen/Toronto/Seattle: Hans Huber, S. 225-243.

Prohl, Robert (2001): »Zeit und Zeitlichkeit der Bewegung« in: Klaus Moegling (Hg.): Integrative Bewegungslehre. Teil II: Wahrnehmung, Ausdruck und Bewegungsqualität, Immenhausen bei Kassel: Prolog.

Rittelmeyer, Christian (2014): Aisthesis. Zur Bedeutung von Körper-Resonanzen für die ästhetische Bildung, München: kopaed.

Schaefer, Gudrun (1992): Rhythmik als interaktionspädagogisches Konzept, Remscheid: Waldkauz.

Schrott, Raoul/Jacobs, Arthur (2011): Gehirn und Gedicht, München: Hanser.

Steffen-Wittek, Marianne (2005): »Populäre Musik und elektronische Medien in der Rhythmik«, in: Eckart Lange/Dies. (Hg.): Musik ist Bewegung ist Musik. Dokumentation des Rhythmik-Symposiums in Weimar 2004 (Schriftenreihe des Institutes für Musikpädagogik und Musiktheorie der HfM Franz Liszt 3), Weimar: GfBB, S. 119-131.

Steinmann, Brigitte (2018): Rhythmik. Musik und Bewegung im Dialog, Wiesbaden: Reichert.

VdM Verband deutscher Musikschulen (Hg.) (2013): Arbeitshilfe Spektrum Rhythmik. Musik und Bewegung/Tanz in der Praxis, Bonn: VdM Verband deutscher Musikschulen.

Vogt, Jürgen (2018): »Musikalische Bildung«, in: Michael Dartsch/Jens Knigge/Anne Niessen/Friedrich Platz/Christine Stöger (Hg.): Handbuch Musikpädagogik, Münster: Waxmann, S. 31-37.

Wolff, Christian (1998): »Precise Actions under Variously Indeterminate Conditions. On Form» in: Gisela Gronemeyer/Reinhard Oehlschlägel (Hg.): Cues/Hinweise. Writings & Conversations/Schriften und Gespräche, Köln: Edition MusikTexte, S. 38-51.

Zaiser, Dierk (2005): Musik und Rhythmik in der Sprachförderung, München, https://www.dji.de/fileadmin/user_upload/bibs/384_Expertise_Musik_Zaiser.pdf vom 20.12.2018.

Zaiser, Dierk (2011): Rhythmus und Performance. Kulturprojekte als Chance für sozial benachteiligte und straffällige Jugendliche, München: kopaed.

Geschichte und Gegenwart

Zwischen Musikunterricht, Tanzreform und Weltenformel
Beobachtungen aus den Anfängen der Rhythmik

Daniel Zwiener

Eine historische Perspektive der Rhythmik muss die Jahrhundertwende zum 20. Jahrhundert als soziokulturelles Umwälzungsphänomen in den Blick nehmen, wie auch das Wirken des Schweizer Komponisten und Musikpädagogen Émile Jaques-Dalcroze, der dieser Wende-Zeit entstammt und diese selber stark beeinflusst hat. Dalcroze, Autor der ersten musikpädagogischen Konzeption des 20. Jahrhunderts, geriet in der Gartenstadt Dresden-Hellerau in den Strudel der Lebensreformbewegung. Sein fachübergreifendes Denken führte zu breit gestreuten Rezeptionen, Adaptionen und Vereinnahmungen, die auch in der direkten Nachfolgedisziplin der »Methode Jaques-Dalcroze«, der Rhythmik, bis heute noch wahrnehmbar sind – und zuweilen seine genuin musikpädagogischen Anliegen verdecken.[1]

---

1 Dies ist zum einen in anwendungsorientierter Literatur dokumentiert und andererseits in Versuchen, Rhythmik in anderen Fachgebieten zu verorten und fachfremd zu definieren. Vgl. z.B. die quantitativ und qualitativ weit voneinander entfernten Veröffentlichungen von Klöppel/Vliex 1992 (Rhythmik als Heilpädagogik), Schaefer 1992 (Rhythmik als Interaktionspädagogisches Konzept), Kreutzkam 2003 (Rhythmik als kulturelle Basispädagogik/Propädeutik); vertieft wird das Problemfeld beispielsweise in Mahlert 2000.

ÉMILE JAQUES-DALCROZE ALS MUSIKER UND PÄDAGOGE – DIDAKTISCHE KRITIK ALS INITIALZÜNDUNG

Dalcroze studierte Komposition und Musiktheorie; die Erfahrungen in seiner eigenen Lernbiografie und die Beobachtungen, die er später während seiner Tätigkeit als Lehrer für Solfège und Musiktheorie am Genfer Konservatorium an seinen Schülern machen konnte, stimmten ihn zunehmend kritisch gegenüber den vorgefundenen didaktischen Prämissen, sowohl in Bezug auf die Instrumentalpädagogik als auch den Schulgesangsunterricht seiner Zeit.

Bereits in seinen ersten Lehrjahren begann er, bestehende Inhalte und Methoden zu hinterfragen und zu verändern, musikalisches Lernen neu zu denken. Jaques-Dalcroze beklagte an seinen Schülerinnen und Schülern Defizite im Ausdruckswillen und Empfindungsvermögen, wenn diese »die Harmonien einfach ausrechneten, die Akkorde gar nicht hörten, die sie schrieben« (Jaques-Dalcroze 1916: 3), sowie mangelndes rhythmisches Gestaltungsvermögen. Schon früh erkannte er: »Alle musikalischen Fehler haben eine physische Ursache und daher auch physische Mittel, sie zu *kurieren*.« (Jaques-Dalcroze 1907: 18, Herv.i.O.) Da Dalcroze in seinem energetisch orientieren Musikbegriff dem Rhythmus primäre Bedeutung unter den musikalischen Elementen beimaß, erkannte er dies auch als musikalisches Grundproblem seiner Schüler/innen. Er versuchte, dessen Lösung nun »durch immer wiederholte Erfahrungen beim Muskelspannen und -entspannen in allen Graden der Kraft und Geschwindigkeit« durch ganzkörperliche Bewegung und kam »zu dem Schluss, dass in der Rangordnung der musikalischen Elementarstudien die erste Stelle dem Muskelapparat gebührt« (Jaques-Dalcroze 1994b: 48ff.).

Auch befremdete ihn die an Nachahmung und Reproduktion orientierte Didaktik in der musikalischen Ausbildung von Kindern und Jugendlichen.

»In unseren Musikschulen wimmelt es von Jünglingen und jungen Mädchen, deren Finger, Lungen, Stimmbänder und Handgelenke zwar vorzüglich sind, die aber eines sicheren Gehörs, eines tieferen Musikverständnisses ermangeln. [...] Heutzutage ist [der Künstler] oft nur noch ein Arbeiter. [...] in der guten alten Zeit [waren] Tischler und Glaser schöpferische Künstler und Handwerker zugleich, indem sie selber zuerst die Modelle entwarfen, die sie dann ausführten. Wogegen sie sich heute damit bescheiden, alte Vorlagen nachzuahmen oder künstlerische Entwürfe, die ihnen die Zeichner liefern müssen, auszuarbeiten. Hierin eben zeigt sich ein Niedergang der Kunst [...]. Es wäre [...] angebracht, für die Minderbegabten, ehe sie das eigentliche Studium beginnen, eine Reihe von vorbereitenden Übungen zusammenzustellen, die das Ohr, das Musikverständnis und den Geschmack entwickeln. [...] Sonst werden [... sie] sich zu Papageien und Affen heranbilden, statt zu Musikern und Menschen.« (Jaques-Dalcroze 1994a: 37f.)

Die instrumentaldidaktischen Prämissen des Schweizer Pädagogen fußten auf drei Grundannahmen.[2] Zum einen sei Musizieren weit mehr als Handwerk, es sei ein schöpferischer Akt, der auf der Wahrnehmung aufbaut und im Ausdruck gipfelt. Des Weiteren sollte Instrumentalunterricht nicht nur zur Reproduktion, sondern vor allem zu Interpretation und Improvisation im täglichen Gebrauch befähigen. Darüber hinaus solle der Fokus musikalischen Lernens nicht auf der Vermittlung instrumentaler Technik, sondern auf der Ausbildung von Geschmack und Musikverständnis liegen; Schülerinnen und Schüler benötigten eine Unterweisung in »Musik«, anstatt im »Instrument«.

Für den Bereich der Schulmusik unterbreitete Dalcroze 1905 auf dem Solothurner Kongress für Musikunterricht »Vorschläge zur Reform des musikalischen Schulunterrichts« (Jaques-Dalcroze 1905: 6-36). Diese basieren auf der Feststellung, dass den Schülerinnen und Schülern die »allerelementarsten« (ebd.: 16) Fähigkeiten und Fertigkeiten fehlten. So wird exemplarisch gefragt, ob die Schüler nach Beendigung der Primarschule imstande seien, »den Takt zu schlagen zu einer vom Lehrer rubato gespielten Melodie«, »die erste oder die zweite Stimme eines Volksliedes mit den Textworten fehlerlos und im Takt vom Blatte zu singen«, ob es Schülern nach fünf bis sechs Jahren höheren Unterrichts gelänge, »vier Takte in irgend einer Tonart zu improvisieren«, »eine einzige Phrasierungs- und Nüancierungsregel zu nennen oder anzuwenden« oder »in Kürze Auskunft zu geben über die Unterschiede zwischen einem Lied, einer Sonate und einer Sinfonie« (ebd.: 15f.). Wie würden wir heute antworten? Seine Reformierungsvorschläge betreffen Veränderungen

- in den *Zielstellungen* des Musikunterrichts an Schulen, damit »er die Schüler m u s i k a l i s i e r t, d. h. ihr Temperament und ihren Hörsinn erschließt«, und bereits frühzeitig »Fragen des Geschmacks, der Nüance, der Ästhetik« (ebd.: 17, 21, Herv.i.O.) aufwirft.
- in den *Inhalten*, damit der schulische Musikunterricht »dazu befähigt, Melodien, Rhythmen und Harmonien aufzuzeichnen, und andererseits [...] ihr Gehör zu entwickeln, von dessen Feinheit Geschmack und Urteil in der Musik abhängen«. Der »auf Gesang gegründete Unterricht entwickelt das aktive Hören« (ebd.: 19f.), daher hält Dalcroze am Schulgesang fest, allerdings nicht unter kirchlichen oder politischen Vorzeichen.
- der *Unterrichtsmethoden*, um die Aktivität und die sinnliche Erfahrung bei den Schülern zu stärken, denn »der schöpferische Drang ist allen Kindern gemein«. Es sei nötig, »dieses System des papageienhaften Gehörsingens aus dem

---

2 Eine ausführliche Darstellung findet sich in Zwiener 2002: 56-75.

Unterricht zu verbannen«, »den Willen der Kinder zu lenken (nicht zu ersticken!) und die Geburt der Persönlichkeit zu fördern« (ebd.: 36, 18, 27).
- der *Organisation* des Schulmusikunterrichts, indem die zu unterrichtenden Gruppen nach ihrem Begabungsgrad zusammengestellt werden, sodass man »nicht von gewissen Schülern mehr verlangt, als sie leisten können; daß man die anderen so weit vorwärts bringt, wie sie bei ihrer Begabung überhaupt gelangen können« (ebd.: 36, 18, 26).
- im Qualifizierungsgrad der *Lehrenden* und im Sachverstand der Schulbehörden, denn die »Musik ist vielmehr eine Kunst als eine Wissenschaft« und wer »weder Melodien noch Harmonien hört, verspürt kein Verlangen, anderen den Sinn dafür zu erschließen«. Der Lehrende »muß unbedingt ein normales Gehör besitzen, die Musik auch praktisch bemeistern und wohl vertraut sein mit den Gesetzen der Tonbildung. Er muß den Gesang studiert haben, die für Atemführung und Artikulation geltenden Regeln kennen und dazu über eine besondere Kenntnis der kindlichen Stimmregister verfügen.« (Ebd.; 26, 13, 20)

Dalcroze strebte die musikalische Bildung einer breiten Masse an, die Förderung einer musikalischen Kultur aller, sein Interesse galt nicht einer instrumentalen und vokalen Elite. Sein Ziel war das Heranwachsen eines breiten, Musik liebenden und praktizierenden, dabei musikverständigen und interessierten Publikums.

Im weitesten Sinne steckte sich Dalcroze somit zum Ziel, die Musikalität der Schülerinnen und Schüler zu entwickeln. Sein Musikalitätsbegriff erweist sich dabei als innovativ, denn er umfasst körperliche, geistige, rezeptive und produktive Fähigkeiten gleichermaßen.

Sein didaktisches wie künstlerisches Credo – die Verbindung von Musik und Bewegung, von Körper und Geist, von Hörbarem und Sichtbarem – findet sich in seiner zentralen Schaffenszeit, den vierzig Jahren um die Jahrhundertwende, mannigfaltig in der Philosophie und Kunst seiner Zeitgenossen. Somit war er ein Kind seiner Zeit und doch ein herausragender Vordenker.

DIE METHODE JAQUES-DALCROZE – ERSTE MUSIKPÄDAGOGISCHE KONZEPTION DES 20. JAHRHUNDERTS (1906)

Es blieb nicht bei Kritiken und theoretischen Vorschlägen, Dalcroze entwickelte Übungen, die seinen didaktischen Prämissen entsprachen. Aus den ersten Experimenten entstand in Zusammenarbeit mit seiner Mitarbeiterin Nina Gorter in den ersten Jahren des Jahrhunderts ein umfassendes Lehrsystem, mit dem er Körper und

Gehör gleichermaßen schulen wollte – im Dienst des musikalischen Ausdrucks und des Musikverständnisses. Rhythmische Gymnastik und darauf aufbauend Solfège als eine, wie Dalcroze es verstand, »Schulung zu künstlerischem Hören« (Feudel 1956: 59) waren zwei Säulen der Methode, ergänzt durch Improvisation als dritte. Noch heute haben die Dalcroze-Methode und die daraus hervorgegangene und didaktisch stark verbreitete Rhythmik gemeinsame Basiselemente: Primat des Rhythmus, Improvisation (»Stegreifkunst« als Schulung und Ausdruck des musikalischen Denkens) und Körperbewegung als instrumentales[3] Wahrnehmungs- und Ausdrucksmittel. Auch wenn sich die Bewegungsästhetik inzwischen verändert hat, sind wichtige Übungsprinzipien heute noch Bestandteil rhythmischer Arbeit: Dirigier- und Schreitübungen, Unabhängigkeitsübungen, in denen die Bewegung der Gliedmaßen in verschiedenen Metren, Rhythmen oder Taktarten gleichzeitig oder sogar zeitversetzt geübt werden sowie Reaktionsübungen, welche eine möglichst rasche und kontrollierte Bewegungsänderung auf ein vereinbartes verbales oder musikalisches Zeichen zu erreichen suchen; sie dienten damals und eignen sich heutzutage dazu, den Schülern »ein deutlicheres Bewußtsein ihrer selbst zu geben, ihrem Organismus die zahlreichen motorischen Fähigkeiten zu offenbaren und die Summe ihrer vitalen Empfindungen zu mehren« (Jaques-Dalcroze 1994c: 83). Inhaltlich reichte dieser Unterricht über die üblicherweise praktizierte Gehörbildung hinaus: Nicht nur Rhythmen, Skalen, Intervalle und Akkorde waren Gegenstand der Solfège-Übungen, sondern auch Übungen zu Phrasierung, Klangfarbe, Dynamik und Agogik, denn sie zielten auf ein umfassendes musikalisch-künstlerisches Wahrnehmungs- und Ausdrucksvermögen. Der Körper sollte zu einem musikalischen Instrument im doppelten Sinne dieses Wortes erzogen werden.[4] Nachdem das Genfer Konservatorium auf Anfrage im Jahr 1904 die Unterstützung des Unterrichts in der Methode Jaques-Dalcroze und deren Weiterentwicklung aus Unverständnis versagte, arbeiteten Dalcroze und Gorter mit ihren Schülern außerhalb in angemieteten Räumen weiter.

Bis 1906 verdichteten sie das Erarbeitete und veröffentlichten es unter dem Titel *Methode Jaques-Dalcroze zur Entwicklung des Sinnes für Rhythmus und Tonart, wie zur Ausbildung des Gehörs*. Dabei handelt es sich nicht um einen Lehrgang oder eine spezielle Unterrichtsmethode, sondern vielmehr um eine musikdidaktische Konzeption. Dalcroze schildert Ziele, erweitert den Kanon der inhaltlichen Lernfelder und stellt dar, in welcher Weise diese zu vermitteln seien.

---

3 Gemeint ist die Verwendung der Körperbewegung als Instrument im doppelten Wortsinn: als kinästhetisches Wahrnehmungsmittel und musikalisch-künstlerisches Ausdrucksmittel.

4 Zum erkundenden und darstellenden Moment des Körpers als Instrument vgl. Uhde/Wieland 1985.

Sein musikpädagogischer Ansatz geht über die Rhythmische Gymnastik, auf die er häufig reduziert wird, weit hinaus. Bahnbrechend ist eben nicht nur, dass Dalcroze den Körper, die ganzkörperliche Bewegung für die musikvermittelnde Arbeit gewinnt. Auch der spezifische Umgang mit Musik und musikalischem Material ist als Reformleistung sehr hoch zu schätzen, von seinem reformpädagogischen Potential ganz zu schweigen.[5]

HELLERAUER UTOPIEN UND REALISATIONEN

Hellerau, die 1909 gegründete Gartenstadt und binnen weniger Jahre zur Künstlerkolonie sich entwickelnde Siedlung mit internationaler Strahlkraft,[6] hat für das Wirken von Dalcroze und dessen Rezeption eine unschätzbare, aber ebenso ambivalente Bedeutung. Dass und wie der Generalsekretär der für die Siedlungsgründung verantwortlichen Deutschen Werkstätten für Handwerkskunst und erster Sekretär des Deutschen Werkbundes, Wolf Dohrn, den Musikpädagogen Émile Jaques-Dalcroze nach Hellerau lockte, gehört gewiss zu den unglaublichsten Kulturgeschichten Deutschlands. Dalcroze sollte in Hellerau realisieren, was den Protagonisten im lebensreformerisch geprägten Gartenstadtgedanken vorschwebte: Arbeit und Wohnen mit Bildung und Kultur zu verbinden, unabhängig von der sozialen Herkunft der Bewohner. Dohrn erhoffte sich also von Dalcroze eine Musikalisierung der arbeitenden Bevölkerung, wie er Kultur zum zentralen Thema der Siedlung und als Zeichen dafür zum architektonischen Mittelpunkt erheben wollte. Unter Einsatz des Privatvermögens seiner Familie für die Finanzierung eines groß angelegten Schul- und Übernachtungskomplexes mit integriertem Festspielhaus gelang es Dohrn, Dalcroze davon zu überzeugen, die Arbeit in Hellerau aufzunehmen: in der 1911 bereits eröffneten Bildungsanstalt Jaques-Dalcroze. Der Gebäudekomplex strahlte nach außen ab, was sich innen entwickelte: eine innovative pädagogisch-künstlerische Werkstatt und Experimentierbühne.

Nicht zuletzt dank intensiver Öffentlichkeitsarbeit hatte es sich binnen weniger Monate in ganz Europa herumgesprochen, dass in dem rührigen Vorort Dresdens Zukunftsweisendes vonstattenging. So lesen sich die Gästelisten der 1912 und 1913 abgehaltenen Schulfeste wie Lexikonartikel über die künstlerische Avantgarde jener Zeit. Allerdings muss darauf hingewiesen werden, dass die Zeitzeugenberichte und Fotografien mancherlei Säulen im Gebäude der Methode Jaques-Dalcroze ver-

---

5   Zur Bedeutung und Rezeption von Émile Jaques-Dalcroze als Musikpädagoge vgl. Zwiener 2002.

6   Das Phänomen Hellerau wird ausführlich beschrieben in Zwiener 2008.

schleiern. Denn Dalcroze stand in einem Interessenkonflikt zwischen den von außen an ihn herangetragenen und stetig größer werdenden Erwartungen und seiner eigentlichen Zielsetzung: der Weiterentwicklung seiner musikpädagogischen Konzeption.

Die Analyse der 1916 bis 1917 veröffentlichten zweiten und weiterentwickelten Edition der *Méthode Jaques-Dalcroze* lässt Aussagen darüber zu, woran Dalcroze dabei intensiv arbeitete.[7] Zunächst fällt auf, dass Dalcroze neue Begriffe einführte. So ersetzte er die Bezeichnung »Rhythmische Gymnastik« durch »Rhythmik«, was u.a. einer Abgrenzung gegen andere der zahlreich kursierenden Gymnastiksysteme gedient haben mag. Der neue Begriff ist darüber hinaus aber als Synonym zu verstehen für die Verbindung von Musik und Bewegung, weil Rhythmus als zeitliche Organisation quasi als kleinster gemeinsamer Nenner Musik und Bewegung einander verwandt macht.

Darüber hinaus erschien als neue sechste Abteilung der Edition der Band *Exercises de Plastique Animée*. Dienten die Übungen der »Rhythmik« eher der eigenen Körper- und Musikerfahrung des Schülers, baute die »Plastique Animée« darauf auf und versuchte diese Erfahrung als künstlerische Anwendung auf ein Publikum zu übertragen.[8] Erstmals und ausdrücklich spricht Dalcroze hier von »Interpretation« von Musik durch Bewegung (Jaques-Dalcroze 1916: 48). Insgesamt wurden mit der neuen Edition der Methode Jaques-Dalcroze Übungsformen und Inhalte vielfältiger, ergänzt durch intensive Bewegungsschulung nach verschiedenen Gymnastiksystemen ohne spezifisch musikpädagogische Ausrichtung. Dalcroze entwickelte ein musikalisches Raumsystem, in dem neben rhythmischer Übertragung auch für Phrasierung, Artikulation, Dynamik sowie für Intervalle und Tonleitern Bewegungsparameter definiert wurden. Zunehmend gewann dabei die Form als ästhetische Kategorie an Bedeutung. Kompositorisches Denken wie Orchestermelodie, Reihentechnik oder Kontrapunkt wurden als Gestaltungsideen für Bewegung transferiert. In Hellerau gelang dann auch die Anwendung der rhythmisch-musikalischen Bewegungsstudien auf komponierte Kunstmusik. Die intensive Zusammenarbeit mit dem Theaterreformer Adolphe Appia, der ästhetische Vorstellungen Richard Wagners einbrachte, führte schließlich zu einer völlig neuen Art, Musik aufzuführen: körperbewegtes Visualisieren musikalischer Struktur und musikalischen Ausdrucks. Dass dabei Musik, Bewegung, Raum, Kleidung und Licht (als

---

7   Ausführliche Analysen zu den beiden Editionen finden sich in Zwiener 2008.
8   Der 1916 nur in französischer Sprache erschienene Übungsband *Exercices de Plastique animée* ist allerdings keine Anleitung zur bühnentauglichen Bewegungsinterpretation von Kunstmusik. Vgl. zum Wesen der Plastique Animée auch Gorter 1914: 9; Jaques-Dalcroze 1994d: 167.

Handlungsträger, Kommentator innerer Zustände und Instrument der Musik) in bis dahin unerreichter Weise ineinandergriffen, beeindruckte die Beobachter stark. Abstraktions- und Reduktionsprozesse in der Bewegungs- und Bühnenästhetik markieren dabei einen Übergang vom Jugendstil zum Expressionismus. Diese waren notwendig, um bei den Ausführenden und durch diese dann beim Zuschauenden Verständnis- und Einfühlungsprozesse zu initiieren: Wagners Werkbegriff, nach welchem das Kunstwerk im Betrachter während der Aufführung immer neu entstehen müsse, fand in Hellerau seine Realisation: Ein choreografischer Rahmen sorgte für die Umsetzung musikalischer Strukturen im Raum. Die bewegten Plastiker interpretierten die gehörte Musik zusätzlich, indem sie eigenen Emotionen und kinästhetischen Wahrnehmungen Ausdruck verliehen, welche die Musik in ihnen hervorrief. Dem Zuschauer und Zuhörer verlangte diese Herangehensweise Verständnis und Einfühlungsvermögen ab, wie sie diese auch gleichzeitig entwickeln wollte. Carl Dahlhaus definierte »Verstehen« als »eine doppelte Forderung, nämlich dass einerseits der Hörer die tönende Logik nachkomponierend begreifen und dass er andererseits den musikalischen Ausdruck – der die Substanz der dramatischen Handlung bildet [...] – einfühlend erfassen müsse« (Dahlhaus/Deathridge 1994: 95). Dieser doppelte Anspruch ist gerade in Bezug auf die Hellerauer Realisationen bemerkenswert. Zeitgenossen trauten Dalcroze und Appia eine Vollendung der Wagner'schen Visionen zu oder bescheinigten ihnen das sogar (Bachmann 1911/1912: 131-146; Storck 1912: 82; Verband Rhythmische Erziehung e.V. 1955: 3-15).

Möglich werden konnte dies durch eine entscheidende Weiterentwicklung in der Bewegungsästhetik: Das primäre Moment ist nicht mehr die Haltung als Start- oder Endpunkt, sondern die Bewegung als Gestaltung musikalischer Dauer, also ein Prozess zwischen Beginn und Abschluss. Hierin zeigt sich eine bahnbrechende Einsicht: Bewegung soll Musik nicht illustrieren und auch nicht nur visualisieren; durch Bewegung sollte Musik interpretiert und spürbar vermittelt werden: den sich Bewegenden, doch letztlich auch dem Zuschauer/Zuhörer. Dalcroze blieb Musikpädagoge.

Die Veröffentlichungen über die Bildungsanstalt, Berichte und Verlautbarungen von Schülern, Mitarbeitern und Augenzeugen in den Jahren 1910 bis 1914 zeichnen allerdings ein davon z.T. recht differentes Bild:

- Bei allem internationalen Interesse stand die Bildungsanstalt unter hohem finanziellem Druck. In fast unvorstellbarem Maß wurde die Öffentlichkeitsarbeit forciert – wohl alle größeren Tageszeitungen sowie unzählige Fachblätter aus Musik, Kunst, Pädagogik, Philosophie, Lebensreform usw. veröffentlichten Augenzeugenberichte von den extra für diesen Zweck vermehrt stattfindenden öffent-

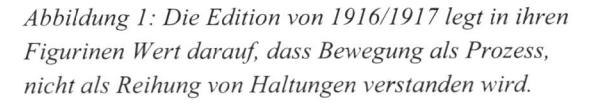

Abbildung 1: Die Edition von 1916/1917 legt in ihren Figurinen Wert darauf, dass Bewegung als Prozess, nicht als Reihung von Haltungen verstanden wird.

Quelle: Jaques-Dalcroze 1916: 64

lichen Vorführungen oder druckten Aufsätze über die Bildungsanstalt und Kritiken ab. Die durchaus gewollte breite Streuung der Resonanz in Verbindung mit der vermehrten Präsentation von Unfertigem war insofern problematisch, weil die verschiedenen Sichtweisen den musikpädagogischen Kern aus dem Blick verloren. Hinzu kam, dass die pressetauglichen Vorführungen nicht in ausreichendem Maße vermitteln konnten, dass im Zentrum der Bemühungen nicht die Plastique Animée als neue Kunstform, sondern der pädagogische, am Schüler wie Publikum stattfindende Lern- und Erfahrungsprozess stand. Dass Dalcroze diese Gefahr selbst erkannte, formulierte er im Jahrbuch der Bildungsanstalt 1911:

»Werden auch alle Besucher unsere Schulfeste verstehen, dass wir darauf halten, ihnen nicht eine Theatervorführung, einen Augen- und Ohrenschmaus zu bieten [...]? Für den Augenblick wünschen wir nichts so sehnlich, als dass die Festgäste wüssten und verstünden: wir zeigen nichts Fertiges, sondern Werdendes, wir suchen auch nichts Neues im Sinne der Schaubühne, sondern zeigen, was wir auf unserem konsequent beschrittenen Weg gefunden haben.« (Bildungsanstalt Jaques-Dalcroze 1912/1913: 49f.)

- Bekanntermaßen weckte das Geschehen auf dem Heller großes Interesse bei werdenden und etablierten Tänzern, Choreografen und Tanzpädagogen. Faszination, Missverstehen und Enttäuschung lagen dabei dicht beieinander. Legendär ist sicherlich die Inspiration, die Vaclav Nijinsky nach Besuchen in Hellerau für seine Skandalchoreografie von Strawinskys *Le sacre du printemps* erhalten hat. Allerdings interessierte ihn weniger der musikpädagogische Bezug als vielmehr der in Hellerau erreichte Abstraktionsgrad der Bewegung und ihre – insbesondere für »Sacre« notwendige rhythmische – Nähe zur Musik. Auch die Dalcroze-Schülerinnen und Mitarbeiterinnen Suzanne Perrottet und Marie Wiegmann profitierten von den Erfahrungen in Hellerau enorm, verlagerten ihr eigentliches Interesse dann aber in Richtung des Tanzes, sich vom Musikprimat lösend, und schlossen sich zunächst dem Tänzer Rudolf von Laban an (Oberzaucher-Schüller 1994). So verwundert es nicht, dass Dalcroze durch die tanzwissenschaftliche Brille betrachtet als tänzerischer Dilettant kritisiert wurde.[9] Dabei gerät oft aus dem Blick, dass die Plastique Animée zwar Musik als Tanz denkt;[10] dennoch ist sie keines von beiden: Sie ist keine Musik, weil sie nicht klingt, sondern eine Transferinterpretation und sie wird nicht als Tanz betrachtet, weil sie ihre Bewegungen ausschließlich aus der Musik und aus der musikalischen Erfahrung der Akteure generiert.
- Starke Resonanz erzeugte die Bildungsanstalt Jaques-Dalcroze auch im Bereich der Kunsterziehungsbewegung und Reformpädagogik. In Hellerau schien gefunden worden zu sein, was längst gesucht worden war. So beschwor der Reformpädagoge Alfred Lichtwark auf dem zweiten Kunsterziehungstag in Weimar bereits 1903 sowohl das pädagogische Anliegen einer Verbindung von Musik und Bewegung als auch die bis dato erfolglose Suche nach einer geeigneten Methode:

»In der Gymnastik können uns weder das deutsche noch das englische System genügen. Beiden fehlt von Hause aus das ästhetische Element. [...] Vor den Gefahren und Einseitigkeiten beider Systeme kann uns nur eine neue Gestalt der Gymnastik bewahren, die nicht auf brutale Kraft und höchste Leistungen im Wettkampf, sondern – namentlich auch durch eine Verbindung mit der Musik – auf die Entwicklung des Aus-

---

9   So spricht Gabriela Brandstetter (1995: 69) von der Methode Jaques-Dalcroze als »tanzpädagogisches Konzept der Statuen-Modellierung«, was nicht zutreffend ist. Denn der Vorwurf übersieht, dass es sich um einen musikpädagogischen, keinen tanzpädagogischen Ansatz handelt und im Zentrum die musikalisch spürbare Bewegung anstelle einer Reihung statuenhafter Haltungen stand.

10 Jürgen Uhde und Renate Wieland sprechen von zwei Polen des musikalischen Ausdrucks: Tanz und Deklamation (Uhde/Wieland 1985: 158).

drucks, vorwiegend auf Schönheit ausgeht. Deshalb gehört in den Mittelpunkt der Gymnastik der Tanz im alten, seit dem Anfang des neunzehnten Jahrhunderts vergessenen Sinne, der auf den freien künstlerischen Gebrauch der erworbenen Kräfte ausgeht.« (Lichtwark 1904[11], zitiert in Diem 1991: 17)

Der dritte Kunsterziehungstag in Hamburg vom 13. bis 15. Oktober 1905 war dann mit dem Thema *Musik und Gymnastik* überschrieben. Kein Wunder also, dass die Dalcroze'schen Bemühungen im Bereich der Reformpädagogik mit großen Erwartungen verknüpft wurden, rangen die Reformpädagogen doch um erfahrungsorientierte pädagogische Ansätze, wollten den Körper in Lehr- und Lernprozesse stärker einbeziehen, die Sparten- und Fächertrennung aufheben.

- Auch in den Bereichen Medizin, Heilpädagogik und Bewegungstherapie stieß das Wirken der Bildungsanstalt Jaques-Dalcroze auf Interesse. So begann der als Arzt mit der Bildungsanstalt verbundene Dr. Ernst Jolowicz, die Arbeit der Schule und die Weiterentwicklung ihrer Methode mit medizinischer und psychologischer Forschung zu begleiten. Einerseits sucht dieses Unternehmen als einzigartiger Versuch empirischer Fundierung einer Methode seinesgleichen. Andererseits stellen seine Arbeitsergebnisse und öffentlichen Äußerungen gerade die allgemein- und heilpädagogischen Bereiche zuungunsten des zentralen musikpädagogischen Anliegens ins öffentliche Bewusstsein. So hob er verstärkt die positiven Wirkungen der Rhythmischen Gymnastik für die Schulung von Konzentrations-, Aufnahme- und Reaktionsfähigkeit hervor. Gemeinsam mit seiner Frau, der Kinderärztin H. Meischeider-Jolowicz gründete er unter dem Namen *Waldhaus Hellerau* ein »Heim für nervöse und erholungsbedürftige Kinder«, in der Hoffnung, dass

»die heilpädagogischen Werte, die zweifellos in der rhythmischen Gymnastik liegen, für die Kinder in sachgemäßer Weise ausgenutzt werden. Sowie es ihr Zustand zuläßt, werden alle Kinder in der Dalcroze-Schule streng individualisierenden Unterricht erhalten, der, nach psychologischen Grundsätzen abgestuft, unter ärztlicher Überwachung erteilt wird.« (Jaques-Dalcroze 1913: 22)

---

11 Lichtwark, Alfred (1904): »Die Einheit der künstlerischen Erziehung«, in: Kunsterziehung. Ergebnisse und Anregungen des Zweiten Kunsterziehungstages in Weimar am 9., 10., 11. Oktober 1903. Deutsche Sprache und Dichtung, Leipzig: o.V.; Nachdruck in: Zentralinstitut für Erziehung und Unterricht in Berlin (Hg.) (1929): Kunsterziehung. Ergebnisse und Anregungen der Kunsterziehungstage in Dresden, Weimar und Hamburg, Leipzig: Voigtländer, S. 119.

Auch andere Schulen versuchten, sich in Hellerau zu etablieren und eine Zusammenarbeit mit der Bildungsanstalt zu erreichen.

- Die Dalcroze-Methode und ihre öffentliche Wirkung fanden starken Widerhall im Geist der Jahrhundertwende mit seinem Streben nach einer Erneuerung gesellschaftlicher und individueller Grundfeste. Die Breite dieser Resonanzen fasste August Horneffer treffend in seinem Schulfest-Bericht zusammen, den er in der Zeitschrift *Die Tat* veröffentlichte, die als Sprachrohr der Lebensreform gelten kann.

»Die Bühnenkünstler sahen hier einen Weg, um sich die schwer vermißte Elastizität und Schönheit in Haltung und Bewegung anzueignen, die Dramatischen Musiker und andere Künstler interessierten sich für die rhythmisierte Plastik, die Pädagogen erkannten, daß die Übungen hervorragend geeignet seien, Selbstbeherrschung, Straffheit und freie Einordnung zu lehren, die Ärzte betonten den gesundheitlichen Wert, und für viele waren die Vorführungen vor allem ein gefühlsmäßiges Erlebnis, das den Drang in ihnen auslöste, selber mitzutun oder wenigstens den Übungen häufiger beizuwohnen. [...] die Methode Jaques-Dalcroze führt uns an die Wurzeln des menschlichen Kulturwillens zurück; sie gibt dem viel mißbrauchten Begriff der ›formalen Bildung‹ seinen ursprünglichen Sinn.« (Horneffer 1912/1913: 128)[12]

Mit der Überhöhung von Intentionen und Potentialen der Dalcroze-Methode war Horneffer bei weitem nicht alleine. Die Bildungsanstalt in Hellerau avancierte in der Wahrnehmung zu einer »vom bewußten sozialen Willen geschaffene[n] Pflanzstätte der Kultur« (Brandenburg 1921: 95). Denn nicht zuletzt der Initiator, Organisator und Finanzier Wolf Dohrn argumentierte in der Öffentlichkeit gern mit der Omnipotenz der Methode Jaques-Dalcroze. Schon in seiner Rede zur Grundsteinlegung des Schulkomplexes sagte er z.B., man könne

»wirklich fast den Vergleich wagen und sagen, Jaques-Dalcroze hat uns durch sein System rhythmischer Körperbewegungen gelehrt, diese psychische Naturkraft, den Rhythmus, so zu beherrschen und zu verwerten, wie uns die technischen Erfinder gelehrt haben, die Spannkraft des Dampfes oder die Elektrizität zu beherrschen. Der Rhythmus, der bisher unbewußt und instinktartig wirkte, kann nun für die Entwicklung der Menschheit bewußt verwendet werden.« (Dohrn 1911: 12)

---

12 Weitere Publikationen zum Thema finden sich beispielsweise auch in den Schriften *Die Musik* und *Der Klavierlehrer* seit 1906.

Und Dalcroze selbst nimmt diesen Gedanken später wieder auf und steigert ihn weiter: Die Rhythmische Gymnastik »ist eine Kraft wie die Elektrizität oder eine andere große chemische oder physikalische Naturkraft: sie ist eine Energie, ein radio-aktives Agens mit der Wirkung, uns [...] der Kräfte der Menschheit bewußt werden zu lassen.« Die Rhythmik sei in der Lage, »unserm ganzen Lebensmechanismus das Gleichgewicht zu geben [...] die Menschen als solche einander näher zu bringen« (Jaques-Dalcroze 1916: 3). Eine Folge dieser unglaublichen Überhöhung war, dass die Protagonisten sich selbst, die Methode und das ganze Unternehmen uneinlösbaren Erwartungen aussetzten und ihre Ideen aus dem Bereich der Visionen in den von Utopien verlagerten. Eine andere ist der tiefe Fall, der auf die Schließung der Bildungsanstalt Jaques-Dalcroze 1914 folgte und der den aus politischen Gründen in Deutschland zur Persona non grata erklärten[13] Jaques-Dalcroze gnadenloser Kritik und Häme aussetzte.

Nachdem er 1915 in Genf das *Institut Jaques-Dalcroze* eröffnet hatte, konnte sich Dalcroze wieder stärker der ursprünglichen Zielstellung seiner Konzeption widmen, was sein Verehrer und Förderer, Fürst S.M. Wolkonski wohl vorausgesehen hatte, wenn er vermutete, dass Dalcroze »einmal sich selbst überlassen und durch keinerlei Verträge gebunden, sich mehr auf die erzieherische Seite seiner Methode als auf ihre bühnenkünstlerische Anwendung konzentrieren wird« (Wolkonski 1960: 30). Für die Rhythmik als Nachfolgedisziplin der Methode Jaques-Dalcroze führte die diffuse Ausprägung und Wahrnehmung der Hellerauer Jahre zu Perspektiverweiterungen aber auch schweren Identitätsproblemen, die bis in die Gegenwart reichen (Mahlert 2000).

PERSPEKTIVEN ODER: WARUM WIR HEUTE VISIONEN BRAUCHEN

Musikalische Visualisierung ist im Zeitalter der Digitalisierung ein Alltagsgeschäft. Allerdings ist damit eine Konsumhaltung verbunden, die ästhetische Erfahrung von Mensch und Musik weitgehend blockiert oder wenigstens verflacht. Youtube & Co. sorgen für eine Allgegenwart musikalischer Daten und eliminieren

---

13 Dalcroze hatte die Protestresolution europäischer Intellektueller und Künstler vom 27. September 1914 gegen die Beschießung der berühmten Kathedrale von Reims durch die deutschen Truppen unterschrieben. Zu Aufführungen in Genf weilend war es Dalcroze anschließend nicht möglich, nach Hellerau zurück zu kehren, was das Ende seiner Schule in Hellerau bedeutete.

gleichzeitig die Notwendigkeit persönlicher Auseinandersetzung und individueller Interpretation; digitale Verfügbarkeit ersetzt tendenziell die Live-Begegnung, ob im instrumentalen Lernprozess oder im Konzert. Dalcroze'sche Visionen können dazu Gegengewichte schaffen.

- In einer Zeit, in der das Singen, Musizieren und Instrumentallernen quantitativ und qualitativ rückläufig ist, bietet Rhythmik einen erfahrungsorientierten musikpädagogischen Ansatz jenseits mehr oder weniger bemühter konzertpädagogischer Ambitionen, weil sie Musik und Mensch in einzigartig unmittelbarer Weise miteinander in Kontakt bringt.
- Der Körperkult der Jahrhundertwende und mit ihm auch die Entstehung der Rhythmik war eine Reaktion auf die Entkörperlichung im Zuge der Industrialisierung im 19. Jahrhundert, die gerade auch in der Instrumentalpädagogik zu mechanistischen Tendenzen geführt hat (Wehmeyer 1983). Im 21. Jahrhundert sind wiederum Tendenzen von Körperkult wahrnehmbar,[14] als Reaktion auf eine noch viel weitreichendere Entkörperlichung im Spannungsfeld zwischen automobiler Fortbewegung, automatisierter Arbeit und digitalisierter Wahrnehmung. Diese Entwicklungen bergen umfangreiche Vermittlungsaufgaben in einer bewegungsorientierten Musikpädagogik.[15]
- In Hellerau war das Publikum mitgedacht – und zwar nicht, um es zufrieden zu stellen im Sinne einer Kommerz-Kultur, auch nicht, um es zu beeindrucken im Sinne des Virtuosentums des 18. bis 19. Jahrhunderts, sondern mit einem pädagogischen Vermittlungsanliegen. Es wurde in besonderem Maße ernst genommen: Der Zuschauer sollte Abstraktion und Einfühlung als Vorgänge selbst durchleben, indem die Musik in ihm entstand, vermittelt durch die körperbewegten Interpreten auf der Bühne, die im Grunde keine war. Dieser Erfahrungsprozess war die eigentliche Vermittlerebene, keine Schule.

Vernetztsein ist ein Charakteristikum und geradezu ein Erfordernis unserer Zeit. Ein Fach wie Rhythmik ist in diesem Sinne modern und muss sich dennoch davor hüten, den eigenen Kern zu vergessen, um kenntlich zu bleiben. Gerade deshalb gehört Rhythmik als Nachfolgedisziplin der Methode Jaques-Dalcroze als Ausbildungs- und Studienfach an Musikhochschulen.

---

14 Der Körper gerät wieder in den Fokus: in einem Spannungsfeld zwischen Yoga, Fitness-Wellness-Wahn, Ernährungsfetischismus und Körpermodifikation.

15 Die unmittelbare Erfahrung des Selbst in musikalischem Handeln sowie die Vermittlung zwischen Musik und Mensch als Körpererfahrung gerät zunehmend zur Rarität, was den Wert bewegungsorientierter Musikpädagogik vor Augen führt.

LITERATUR

Bachmann, Franz (1911/1912): »Jaques-Dalcroze und seine Bestrebungen. Eine Kulturstudie«, in: die Musik 2/15, S. 131-146.

Bildungsanstalt Jaques-Dalcorze (Hg.) (1912/1913): »Schularbeit und Schulfest«, in: Der Rhythmus. Ein Jahrbuch, Bd. 2.1, Hellerau: Hellerauer Verlag, S. 47-53.

Brandenburg, Hans (1921): Der moderne Tanz, München: Georg Müller.

Brandstetter, Gabriele (1995): Tanz-Lektüren. Körperbilder und Raumfiguren der Avantgarde, Frankfurt a.M.: Fischer.

Dahlhaus, Carl/Deathridge, John (1994): Wagner (The New Grove – die großen Komponisten), Stuttgart/Weimar: Metzler.

Diem, Liselott (1991): Die Gymnastik-Bewegung. Ein Beitrag zur Entwicklung des Frauensports, Sankt Augustin: Academia.

Dohrn, Wolf (1911): »Die Aufgabe der Bildungsanstalt Jaques-Dalcroze«, in: Bildungsanstalt Jaques-Dalcroze: Der Rhythmus, Jahrbuch Bd. 2.1, S. 12.

Feudel, Elfriede (1956): Rhythmisch-musikalische Erziehung, Wolfenbüttel: Möseler.

Gorter, Nina (1914): »Die Gehörsbildung, die Improvisation und die Rhythmische Gymnastik«, in: Berichte der Bildungsanstalt 1-2, S. 4-9.

Horneffer, August (1912/1913): »Jaques-Dalcroze in Hellerau«, in: Die Tat 4/3, S. 128.

Jaques-Dalcroze, Émile (1905): Vorschläge zur Reform des musikalischen Schulunterrichts, Zürich: o.V.

Jaques-Dalcroze, Émile (1907): Der Rhythmus als Erziehungsmittel für das Leben und die Kunst. Sechs Vorträge von Jaques-Dalcroze zur Begründung für seine Methode der rhythmischen Gymnastik, hg. von Paul Boepple, o.V.

Jaques-Dalcroze, Émile (Hg.) (1913): Berichte der Dalcroze-Schule, Heft 2, Hellerau: Selbstverlag.

Jaques-Dalcroze, Émile (1916): Exercices de Plastique animée, Lausanne: Jobin.

Jaques-Dalcroze, Émile (1916/1917): Die Rhythmik: Unterricht zur Entwicklung des rhythmischen und metrischen Instinktes, des Sinnes der plastischen Harmonie, des Gleichgewichtes der Bewegungen, und zur Regulierung der Bewegungsgewohnheiten, Bd. 1, Lausanne/Leipzig: Jobin.

Jaques-Dalcroze, Émile (1994a [1905]): »Das Klavier und die Musikschülerin«, in: Ders.: Rhythmus, Musik und Erziehung (unveränderter reprografischer Nachdruck der Ausgabe von 1921), Wolfenbüttel: Kallmeyer, S. 37-47.

Jaques-Dalcroze, Émile (1994b [1907]): »Einführung in den Rhythmus«, in: Ders.: Rhythmus, Musik und Erziehung (unveränderter reprografischer Nachdruck der Ausgabe von 1921), Wolfenbüttel: Kallmeyer, S. 48ff.

Jaques-Dalcroze, Émile (1994c [1914]): »Rhythmik, Gehörbildung und Stegreifkunst«, in: Ders.: Rhythmus, Musik und Erziehung (unveränderter reprografischer Nachdruck der Ausgabe von 1921), Wolfenbüttel: Kallmeyer, S. 72-92.

Jaques-Dalcroze, Émile (1994d [1919]): »Rhythmik und bewegte Plastik«, in: Ders.: Rhythmus, Musik und Erziehung, Basel: Benno Schwabe (unveränderter reprografischer Nachdruck der Ausgabe von 1921), Wolfenbüttel: Kallmeyer, S. 166-185.

Jaques-Dalcroze, Émile (1994e [1921]): »Vorschläge zur Verbesserung des Musikunterrichts an den Schulen«, in: Ders.: Rhythmus, Musik und Erziehung, Basel: Benno Schwabe (unveränderter reprografischer Nachdruck der Ausgabe von 1921): Wolfenbüttel: Kallmeyer, S. 6-36.

Klöppel, Renate/Vliex, Sabine (1992): Helfen durch Rhythmik. Verhaltensauffällige Kinder – erkennen, verstehen, richtig behandeln, Freiburg: Herder.

Kreutzkam, Joachim (2003): »Rhythmik als kulturelle Basispädagogik«, in: Bundesverband Rhythmische Erziehung BRE e.V. (Hg.): Jahrbuch zur Rhythmik, Remscheid: Eigenverlag, S. 81-90.

Mahlert, Ulrich (2000): »Identität und Offenheit. Überlegungen zur Klärung des Faches Rhythmik«, in: Üben und Musizieren 1, S. 17.

Oberzaucher-Schüller, Gunhild (1994): »Die Schule des Rhythmus. Die rhythmische Gymnastik von Emile Jaques-Dalcroze und der Stellenwert des Tanzes in Hellerau«, in: Rhythmik in der Erziehung 2, S. 38-48.

Schaefer, Gudrun (1992): Rhythmik als interaktionspädagogisches Konzept, Remscheid: Waldkauz.

Storck, Karl (1912): E. Jaques-Dalcroze. Seine Stellung und Aufgabe in unserer Zeit, Stuttgart: Greiner und Pfeiffer.

Uhde, Jürgen/Wieland, Renate (1985): »Der Körper als Instrument der Musik«, in: Üben und Musizieren 3, S. 155-160.

Verband Rhythmische Erziehung e.V. (1955): Rhythmische Erziehung, Ausgabe 3 bis 4, Dortmund: Verband Rhythmische Erziehung e.V.

Wehmeyer, Grete (1983): Karl Czerny und die Einzelhaft am Klavier oder Die Kunst der Fingerfertigkeit und die industrielle Arbeitsideologie, Zürich: Bärenreiter.

Wolkonski, S.M. (1960): Meine Erinnerungen: Jaques-Dalcroze – Die Dohrns – Wolf Dohrn – Hellerau«, in: Elfriede Feudel (Hg.): In memoriam Hellerau, Freiburg: 1961, S. 7-31.

Zwiener, Daniel (2002): »Mensch und Musik. Zur Bedeutung und Rezeption von Emile Jaques-Dalcroze als Musikpädagoge«, in: Diskussion Musikpädagogik 13, S. 56-75 (erschienen auch in: Stefan Gies/Christine Straumer/Daniel Zwie-

ner [Hg.] [2003]: Dalcroze 2000. Tagungsdokumentation zum Internationalen Symposium und zur Ersten internationalen Rhythmikwerkstatt Hellerau, Dresden: Sandstein Kommunikation).
Zwiener, Daniel (2008): Als Bewegung sichtbare Musik. Zur Entwicklung und Ästhetik der Methode Jaques-Dalcroze in Deutschland als musikpädagogische Konzeption, Essen: Die Blaue Eule.

Rethinking Jaques-Dalcroze
Gedanken zu Aspekten der Jaques-Dalcroze-Rezeption

Gunhild Oberzaucher-Schüller

Der nachstehende Dialog knüpft an jene Rede an, die die Autorin aus Anlass der Enthüllung der Gedenkplakette am Geburtshaus von Émile Jaques-Dalcroze in Wien – Am Hof 8 – am 26. Juli 2015 hielt. Der spätere Musikpädagoge war dort am 6. Juli 1865 geboren worden. Die Form eines Dialogs wurde damals und auch im Folgenden gewählt, um einen der wichtigsten Jaques-Dalcroze-Propagierer, den »Künder der Moderne« Sergei Fürst Wolkonski, zu ehren, der in vielen seiner Schriften diese Form wählte. Auch Jaques-Dalcroze selbst bediente sich, wie Daniel Zwiener in Erinnerung rief, dieser literarischen Gestaltung. Die Dialogpartner, die vor dem Geburtshaus von Jaques-Dalcroze in Wien stehen, sind: ein junger Mann, ein, wie sich bald herausstellt, Rhythmik-Student aus Dresden und eine aus Wien stammende Dame, die, wie sich ebenso schnell herausstellt, Tanzhistorikerin ist.

Die Historikerin steht sinnend vor der Tafel; da bemerkt sie, dass sich von hinten jemand nähert. Im Augenwinkel sieht sie, dass es ein junger Mann ist, der hinter ihr stehen bleibt, sein Handy zückt und fotografiert. Allmählich keimt in ihr die Vermutung, auch er könne um Jaques-Dalcrozes willen hier sein, dreht sich ihm zu, will mit ihm ins Gespräch kommen, weiß aber nicht, wie sie beginnen soll.

Die Tanzhistorikerin (im Folgenden T): Hallo!

Der junge Rhythmiker (im Folgenden R): Guten Tag!
Auch der junge Mann möchte ein Gespräch führen, weiß aber ebenso wenig, wie er es beginnen soll. Schließlich: Das ist aber ein schöner Platz hier!

T: Ja, nicht wahr? Da drüben, das ist die *Kirche am Hof*, und daneben, neben dem Durchgang dort, das ist ein Palais, in dem der Mozart gespielt hat. Und hier auf unserer Seite, das ist der Sitz der Wiener Feuerwehr, dahinter war das Judenghetto. Das Jaques-Dalcroze-Haus, also da, wo »Émile-Henri Jaques« geboren wurde, ist, glaube ich, schon um 1400 erwähnt. Ja, das ist ein uralter Wiener Platz. Zeitweise befand sich der Hof der Babenberger hier, zu dieser Zeit war er auch Turnierplatz. Und unter uns befinden sich gleich mehrere historische Schichten! Mittelalterliche und römische.

R: Geschichtsträchtig mit anderen Worten.

T: Allerdings! – Und Sie? Sie sind aus Deutschland? Hört sich fast wie Osten an? Wenn auch zum ›Hochdeutsch‹ neigend.

R: Naja, Dresden.

T: Wie bitte?

R: Ja, haben Sie etwas gegen Dresden?

T: Aber woher denn, ganz im Gegenteil, fast könnte man sagen, deswegen bin ich ja hier!

R: Wieso denn das?

T: Aber verstehen Sie doch, Hellerau ist ja schließlich ein Vorort von Dresden. Und es war doch in Dresden, wo Jaques-Dalcroze – bevor die Hellerauer Bildungsanstalt eröffnet wurde – unterrichtete.

R: Das ist mir bekannt!

T: Sind Sie am Ende seinetwegen da?

R: Das ist so, ja.

T: Ich glaube es nicht! Haben Sie gar irgendwie mit Jaques-Dalcroze zu tun?

R: ›Irgendwie‹ ja. Ich bin ein Student der Rhythmik.

T: Es ist nicht zu glauben!

Die Tanzhistorikerin ist so verblüfft, dass eine Pause entsteht.

R: Und Sie? Haben Sie etwas mit Jaques-Dalcroze zu tun?

T: ›Irgendwie‹ ja. Ich bin Tanzhistorikerin, daher habe ich auch Bewegung im Blick. Und da kommt man sehr schnell zu Jaques-Dalcroze und seiner Rhythmischen Gymnastik. Seit mehr als 30 Jahren beschäftige ich mich immer wieder mit ihm, mit der Zeit, in der er gewirkt hat und mit den Auswirkungen seines Schaffens.

R: Aber Jaques-Dalcroze hat doch nichts mit Tanz zu tun!

T: Ich glaube, man müsste richtiger sagen, Jaques-Dalcroze hatte ursprünglich nichts mit Tanz zu tun. Ich freue mich aber, dass Sie das sagen, denn es gibt Leute, die glauben, Hellerau sei eine schlecht funktionierende Tanzschule gewesen, oder auch Leute, die meinen, Jaques-Dalcroze, genauer seine Lehren, hätten nichts mit Tanz zu tun. Heute wissen wir ja, dass das Ideengut von Jaques-Dalcroze von enormer Bedeutung für den Modernen Tanz und für das Theatergeschehen der Zeit an sich war!

R: Für das Theater der Zeit? Ist das Ihr Ernst?

T: Aber ja! Für das Theater der Zeit. Für die Regie der Zeit, genauer: die Bewegungsregie. Gerade darüber könnte ich des längeren ausführen. Ich mach' das sehr gern, wenn Sie wollen, aber entschuldigen Sie, darf ich davor gleich einmal unhöflich sein und eine durchaus provokant gemeinte Bemerkung machen?

R: Schade, ich hätte gern über das Theater sprechen wollen!

T: Ja? Das wundert mich bei einem Rhythmiker.

R: Bei mir ist das ganz und gar nicht verwunderlich, denn …

T: *Sie fällt dem jungen Mann ins Wort*: Das ist aber wirklich bemerkenswert, das ist schon das Zweite, was an Ihnen außerordentlich ist. Aber noch etwas, bitte. Mich wundert – bitte seien Sie mir nicht böse, wenn ich das sage –, dass Sie, ein Rhythmiker, hierherkommen, zu Jaques-Dalcroze, an seinen Geburtsort, denn ich habe zuweilen das Gefühl, dass es den heutigen Rhythmikern fast peinlich ist, mit ihm in Bezug gebracht zu werden. In verschiedenen Ausbildungsstätten ist das vielleicht unterschiedlich. Man sieht zwar irgendwie ein, dass er, Jaques-Dalcroze, am Beginn einer Bewegung stand, die auch heute noch existiert. Man meint aber offensichtlich doch – so ist meine Wahrnehmung –, dass sein Wirken überschätzt wird, dass es ohnehin bald in den Hintergrund trat zugunsten anderer Ideen oder Personen, die, ich formuliere das einmal etwas übertrieben, klüger, fantasievoller, kundiger – oder was auch immer – waren oder auch sind. Ich habe das Gefühl, dass das Tun von Jaques-Dalcroze – ist so die Sicht heutiger Rhythmiker? – etwas ist, das man überwunden zu haben glaubt. Ich lese das übrigens aus verschiedenen Texten, ja sogar Lexikoneintragungen, heraus.

R: Es wird doch ein wahrer Kult um seine Person betrieben und es gibt doch wirklich Gesichtspunkte, die er nicht bedacht hatte.

T: »Kult um ihn betreiben«, was heißt denn das? Heißt das, dass er unverdient gefeiert wird?

R: Man muss es ja nicht übertreiben!

T: Wie bitte? Warum soll man einer charismatischen Person nicht huldigen, zumal wenn sie ein begeisternder Lehrer ist, das zum einen. Zum anderen aber: Das, was ihm vorschwebte, war doch eine grandiose Utopie. Dessen scheinen sich Kritiker heute nicht wirklich bewusst zu sein. Ich habe das Gefühl, dass man den Kontext, aus dem heraus die Ideen von Jaques-Dalcroze entstanden sind und in weiterer Folge eingebettet waren, aus den Augen verloren hat. Und zudem nicht würdigt, was für eine herausragende Position er, Jaques-Dalcroze, in diesem Kontext innehatte.

R: Aber wir würdigen doch sehr wohl Hellerau an sich und die Gartenstadt und ihre Architekten, wie sie alle heißen, und das Zentrum dieser Gartenstadt, die Bildungsanstalt.

T: Meines Erachtens nicht wirklich genug! Obwohl man dieser Haltung ja z.T. folgen kann, denn es ist heute nur sehr schwer, die Größe dieser Utopie nachzuvollziehen. Vor allem deswegen, weil das 19. Jahrhundert heute so fern ist. Man kann sich nicht vorstellen, was es damals um 1900 hieß, von einem

»neuen Menschen«, einem »Zukunftsmenschen« zu sprechen und den »bilden« zu wollen. Man sieht nicht die riesige Kluft zwischen dem Alten und dem Neuen. Das Grandiose ist, dass diese riesige Kluft überwunden werden konnte. Mit einem Mal schienen die Utopien um 1900 – Schulreformen, Lebens, Gesellschafts- und künstlerische Reformen – in der Bildungsanstalt in Hellerau tatsächlich realisiert zu sein. Jaques-Dalcroze hatte einen sich frei bewegenden, durch Musik sich frei bewegenden Menschen vor Augen. Das ist an sich ja schon ungeheuerlich! Dazu kommt, und das ist ja noch unglaublicher, dass er sich auch an Frauen richtete. Haben Sie verstanden: an Männer und Frauen!

R: Aber ja, das haben doch in dieser Zeit viele getan!

T: Ja? Wirklich, hat man das? Man(n) hat sich ohne Einschränkungen durch Religion und Gesellschaft der Frau zugewandt? 1900, 1910? Dem Körper der Frau? Ohne dabei bestimmte Absichten zu haben?

R: Hm.

T: Und Jaques-Dalcroze wendet sich ja – das kommt noch hinzu – dem ganz bewusst sichtbar gemachten Körper der Frau zu. Er sagt, er möchte musikalischen Rhythmus auch »sehen« und könne das nur, indem er hemmende Mäntel entferne.

R: Was für Mäntel?

T: Nun ja, nicht nur die buchstäbliche Umhüllung durch einengende Kleidung – die Übenden trugen ja dieses fabelhafte Adolphe-Appia-Trikot –, sondern die Mäntel der Konventionen, der Religion, der Gesellschaft, des Geschlechts, der Nation. Diese Konventionen haben doch den Geschlechtern einen Weg vorgegeben, den sie, vorausgesetzt sie wollten ein ›wertvolles‹ Mitglied der Gesellschaft sein, zu gehen hatten. Und da wendet sich Jaques-Dalcroze direkt dem Körper zu. Und stellt ihn in Bezug zur Musik. Beziehungsweise umgekehrt. Er geht von der Musik aus und stellt diese in Bezug zum Körper. Und der Körper macht die Musik sichtbar. So könne man auch wahrnehmen, dass der Körper vom Rhythmus diszipliniert und in Raum und Zeit geformt werde. Das ist doch grandios und einmalig, etwas vorher noch nicht Dagewesenes. Jaques-Dalcroze hat etwas Neues gefunden, er hat nicht, wie das die Leute nach ihm gemacht haben, Bestehendes paraphrasiert, verbessert oder umgedeutet.

Aber noch etwas, Jaques-Dalcroze hat ja auch das, was man damals unter ›alten Werten‹ verstand, über Bord geworfen. Er hielt sich nicht an diese Werte, nicht die, die man mit Vorstellungen von Krieg hatte. Er verhielt sich, so die Meinung der Deutschen, nicht wie ein Patriot! Er weigerte sich sogar zu akzeptieren – man stelle sich das nur vor –, dass man Kulturgüter anderer Nationen vernichtet!

R: Da war ja immerhin Krieg.

T: Das ist doch kein Entschuldigungsgrund! Aber gehen wir wieder zu unserem Körper zurück. Der sich frei bewegende Körper war ja Denk- und Bildfigur des späten 19. Jahrhunderts gewesen, er war schon Thema in literarischen Texten und in der bildenden Kunst, der Malerei und Plastik. Seine Existenz war gleichsam vorformuliert, Jaques-Dalcroze hat ihn in Hellerau verlebendigt! Der »neue Mensch« konnte nun »frei« agieren. Und in der Rezeption konnte man sich jetzt auch frei bewegen. Man konnte die neuen Mittel in der Jugenderziehung oder in der eigenen Körpererkundung und -gestaltung anwenden, in der Bewusstseinsbildung des eigenen Selbst oder eben auch im Tanz und in der Bewegungsregie.

R: Hm.

T: Und da soll ein Mensch nicht gefeiert werden? Jemand, dem wirklich Neues gelingt? Ich kenne im ganzen 20. Jahrhundert nur noch – und ich spreche jetzt als Tanzhistorikerin – einen Einzigen, nämlich Merce Cunningham, dem Neues gelungen ist, sonst niemanden! Ja, es kommt noch krasser, Jaques-Dalcroze träumte den jahrhundertealten Traum des Zusammenwirkens von Musik und menschlicher Bewegung. Es ist also nicht nur der Körper angesprochen, sondern eben auch die Bewegung. Und das ist ja noch einmal etwas anderes. Männer und Frauen sind jetzt frei, sich zu bewegen.

R: Und das wäre so grandios?

T: Aber das ist doch etwas ganz Elementares. Ein Mensch, in dem und mit dem Bewegung ist! Sich dessen bewusst zu sein und demnach zu agieren! Lesen Sie doch einmal Zeitungen, sagen wir von 1911. Nur die Zeitungen einer einzigen Woche und Sie werden verstehen, wovon ich rede. Die bewusste Bewegung war doch das Neue! Die war das Charakteristikum des neuen Jahrhunderts, ein Charakteristikum der Kunst und der Gesellschaft an sich. Schauen Sie sich doch einmal Fotografien aus der Zeit vor der Jahrhundertwende an: gehaltene

Pose, unterdrückte Bewegung, Einengung, Pathos. Sogar Turnerriegen wirken pathetisch.

R: Hm.

Die zunehmende Schroffheit der Tanzhistorikerin hat den jungen Rhythmiker im buchstäblichen Sinn zurückweichen lassen. Um den Wien-Besucher nicht zu verärgern, wechselt die Tanzhistorikerin das Thema.

T: Entschuldigen Sie, dass ich Sie mit all dem belästige. Aber als Wien-Besucher sollten Sie noch wissen, wo und wie sich hier in dieser Stadt die ›Rhythmusbewegung‹ ausgebreitet hat.

R: Haben seine Lehren denn bis hierher gewirkt?

T: Aber wie! Die ›Strahlkraft‹ des hier Geborenen war so groß, dass sie weit über alle Grenzen reichte. Sie umfasste insbesondere jenen ›kulturellen Raum‹, der in den letzten Jahrzehnten scheinbar wieder zu einem ›Mitteleuropa‹ zusammengewachsen ist.

Die Rolle, die Jaques-Dalcroze für Wien spielte, kann kaum überschätzt werden. Seine Lehren haben im buchstäblichen Sinne Bewegung in ›Jung Wien‹ gebracht. Wie auch andere Städte der österreichisch-ungarischen Monarchie – etwa Prag oder Budapest – verfiel Wien nicht nur der zauberischen Persönlichkeit von Jaques-Dalcroze, von der eine Sogwirkung ausging, sondern auch dem Gedankengut. Noch vor dem Ersten Weltkrieg war Wien – insbesondere die sogenannte ›Innere Stadt‹, der Mittelpunkt der Metropole also, wo wir uns jetzt gerade befinden – von einem Netz Aktiver überzogen, die allesamt, in welcher Form auch immer, in Sachen Jaques-Dalcroze arbeiteten. Dieses rasant wachsende Netz verdichtete sich zusätzlich in den Zwanziger- und Dreißigerjahren, bis zu dem Ausmaß, zu dem sein Name und seine Anliegen zu Haushaltsbegriffen geworden waren.

R: Das war mir nicht bekannt.

T: Eigentlich wollte ich Sie ja mit Details verschonen. Aber wenn Sie schon in Wien sind. Ich rede auch nur von den Aktivitäten bis 1914. Ja? Überfordert Sie das nicht?

R: *Wirkt beleidigt.* Aber ich bin doch nach Wien gekommen, um etwas zu erfahren!

T: Nun gut. Eigentlich könnten wir ja alles zu Fuß abgehen, das würde nicht einmal eine Stunde dauern. Aber kommen Sie, setzen wir uns doch dort auf die Bank in der Mitte des Platzes. Übrigens ist hier am Wochenende immer Markt, besonders zu Weihnachten ist das sehr stimmungsvoll.

R: Okay.

Die Tanzhistorikerin und der junge Mann sitzen nun auf einer Bank, die der in der Mitte des Platzes befindlichen Mariensäule zugewandt ist.

T: Die Familie von Jaques-Dalcroze hat ja bekanntlich Wien verlassen, aber er ist dann 1887 zurückgekommen, um hier zu studieren. Das Gebäude, wo er dies getan hat, war übrigens der Musikverein, Sie haben den sicher schon gesehen.

R: Ja, dort bin ich schon gewesen. Aber warum gerade dort?

T: Weil dort das Vorgängerinstitut der heutigen *Universität für Musik und darstellende Kunst* beheimatet war.

R: Wirklich?

T: Ja, die Ausbildungsstätte, an der Jaques-Dalcroze studiert hat, hieß damals *Conservatorium der Gesellschaft der Musikfreunde*. 1909 wechselte man dann den Namen zu *Akademie für Musik und darstellende Kunst* und zog hinüber in die Lothringerstraße, wo Teile der heutigen Universität ja noch immer sind.

R: Sie wollten aber noch von dieser frühen Wiener Zeit von Jaques-Dalcroze erzählen.

T: Weniger bekannt ist, dass bald nach der Jahrhundertwende, 1904 und 1906, in eben diesem Gebäude Konzerte stattfanden, bei denen Kompositionen von Jaques-Dalcroze gespielt wurden. 1904 wurde ein Violinkonzert von ihm im Großen Saal gegeben, und 1906 sang dann Nina Faliero, die Ehefrau von Jaques-Dalcroze. Und im November 1909 war die so unglaublich erfolgreiche Vorführung mit seinen Schülerinnen und Schülern, auch im Großen Saal, und ein Jahr später hat dann Jaques-Dalcroze selbst hier dirigiert, da ist nochmals das Violinkonzert gespielt worden.

1914 hat es dann wieder Vorführungen im Musikvereinsgebäude gegeben. Zwei Vorstellungen waren das, im März. Das war aber schon eine vollkommen andere Situation, da war Jaques-Dalcroze in Wien ja beinahe schon institutionalisiert! 1912 war von Eduard Favre und Suzanne Perrottet eine offizielle Zweiganstalt Hellerau gegründet worden, 1913 gab es hier bereits eine Jaques-Dalcroze-Gesellschaft. Im selben Jahr hat Perrottet das ›Tannhäuser‹-Bacchanal in der *Wiener Hofoper* choreografiert (der Regisseur hatte übrigens einen Sommerkurs in Hellerau besucht), und 1914 hat Gertrud Wiesenthal, eine Hellerau-Absolventin und Schwester von Grete Wiesenthal, begonnen, an der Akademie Rhythmische Gymnastik zu unterrichten.

Wie Sie sehen, Jaques-Dalcroze war also schon 1914 in Wien fest verankert.

R: Und das war in dieser Ausbildungsstätte, an der Jaques-Dalcroze studiert hatte?

T: Ja, an der heutigen *Universität für Musik und darstellende Kunst*.

R: Das ist ja wirklich eindrucksvoll.

T: Was nicht vergessen werden darf, ist nicht nur die große Resonanz, die die ›Rhythmische Gymnastik‹ an sich hatte, sondern dass die Frauen es waren, die dieses Angebot mit größtem Enthusiasmus annahmen. Jaques-Dalcroze wurde sogar derjenige, der junge Frauen aus dem Elternhaus herausführte. Bedenken Sie, was Frauen davor – aus der Sicht der Gesellschaft – ›möglich‹ war. Sie durften gerade einmal Klavier spielen! Und das war's! Und nun standen ihnen via Klavier die Bewegung und damit das Leben offen. Man kann das gar nicht oft genug betonen. Durch Jaques-Dalcroze wurde es vielen Frauen möglich, ein eigenbestimmtes Leben zu führen. Das hat sich schon im Krieg abgezeichnet. Nach dem Krieg war ja dann, was gesellschaftliche Strukturen anbelangt, eine ganz veränderte Situation. Durch das Abrutschen ganzer gesellschaftlicher Stände waren Frauen nunmehr vielfach gezwungen, auf eigenen Beinen zu stehen. Die Ausbildung, die sie vor dem Krieg genossen hatten, half nun beim Überleben. Und ich rede da gar nicht von jenen Frauen, ohne deren fachliche Mithilfe Jaques-Dalcroze nicht zu jenen Ergebnissen gekommen wäre, die er letztlich erzielt hat. Denken Sie nur an Suzanne Perrottet oder Nina Gorter.

R: Der Ausbruch des Krieges muss ein enormer Einschnitt gewesen sein.

T: In der Tat! Und ab nun wird die bis dahin noch leicht nachvollziehbare Jaques-Dalcroze-Rezeption immer schwieriger. Schon allein deswegen, weil – auch das eine Reaktion auf den Zerfall großer staatlicher Körperschaften – der Kontakt zur ›Leitfigur‹ verloren ging. Man führte das Gedankengut von Jaques-Dalcroze entweder nach seinem Willen weiter, mehr und mehr begann man aber das persönlich Übermittelte entweder zu hinterfragen, nach persönlichem Geschmack und Begabung zu ändern, den Bedürfnissen oder den Zwängen der Zeit anzupassen. Eine andere Variante war, sein Körperkonzept mit dem anderer Pioniere, etwa Rudolf von Laban, zu vergleichen. Manche filterten ganze Disziplinen aus den Ideen von Jaques-Dalcroze heraus, manche begannen einen Mix mit anderen Körperkonzepten. Die Gedankenwelt von Jaques-Dalcroze hielt dem allen stand. An der Vielfalt der möglichen Interpretation erkennt man schließlich auch die Größe einer Methode.

Und einige haben sich sehr eingehend mit dieser ›originalen‹ Gedankenwelt auseinandergesetzt. Ich könnte etwa über Elfriede Feudel oder Mimi Scheiblauer sprechen, aber ich möchte etwas nennen, das mit Theater zu tun hat.

R: Na endlich! Und was wäre das?

T: Ich möchte auf das russische Theater der Avantgarde eingehen.

R: Nein, das glaube ich jetzt nicht!

T: Haben Sie etwas gegen die russische Theater-Avantgarde?

R: Aber ganz im Gegenteil. Wenn ich sage, deswegen bin ich hier, ist das sehr übertrieben, aber man könnte es so sagen.

T: Wieso denn das?

R: Ich bin eigentlich ausgebildeter Schauspieler.

T: Ach so, ich dachte schon, wie ein Studienanfänger – pardon – wirken sie nicht gerade …

R: Was soll ich darauf sagen! Ich bin also Schauspieler und musste im Zuge meiner Ausbildung auch eine Arbeit über das russische und sowjetische Theater schreiben. Ich habe mich mit all den Großen wie Stanislawski und Meyerhold beschäftigt und natürlich auch mit der Bewegung, die in ihren Arbeiten eine so bedeutende Rolle spielte.

T: Nein, das glaube ich jetzt aber alles nicht! *Lacht.* Ist Ihnen dabei vielleicht auch der Fürst Wolkonski begegnet?

R: Freilich, ein bewundernswürdiger Mensch!

T: Ich fasse es nicht! Gerade wollte ich Ihnen von ihm erzählen!

R: Am Ende sogar von seinen fiktiven Gesprächen?

T: Eben diesen!

R: Da führe aber jetzt ich aus!

T: Sehr gern, ich höre.

R: Also, ich rede jetzt von einem ›Streitgespräch‹ aus dem Jahr 1911!

T: Ha, das kenne ich. Sie sind aber auch witzig, Sie lassen mich da reden und wissen ohnedies alles.

R: Also: Wolkonski redet mit einem Partner. Im Gespräch geht es um die Anwendbarkeit der Rhythmischen Gymnastik. Der Partner versteht nicht, Wolkonski erklärt. Er unterscheidet zwischen der pädagogischen und szenischen Anwendbarkeit der Rhythmischen Gymnastik. Der Gesprächspartner versteht noch immer nicht. Vor allem deswegen nicht, weil von der Anwendbarkeit der Rhythmischen Gymnastik im Drama die Rede ist. Rhythmische Gymnastik sei doch, so der Gesprächspartner, eine Verbindung von Musik und Bewegung.

T: Ja, das ist ganz wunderbar, wie er, Wolkonski, da argumentiert. Er sieht da etwas, was es in dieser Zeit noch gar nicht gibt.

R: So lassen Sie mich doch – bitte – ausreden. Wolkonski spricht also vom Drama. Warum könnte man den Text nicht mit Musik unterlegen und alle Bewegungen in Übereinstimmung mit dem Rhythmus dieser Musik einstudieren, die vielleicht sogar der musikalische Ausdruck des Versmaßes wäre?

T: Ich weiß, ich kenne diese Stelle, Wolkonski meint, die Musik wäre dann eine Art unsichtbarer Regisseur.

R: Ich bitte Sie nochmals, mich reden zu lassen! Wolkonski spricht weiter von der Übereinstimmung der rhythmisch-musikalischen Bewegung mit der rhythmisch-plastischen Bewegung. Er sagt dann, man könnte die Musik auch nur bei den Proben spielen lassen, für den Darsteller wäre sie in Folge immer weiter hörbar, wie ein ferner Regulator.

T: Darf ich da kurz unterbrechen. Da muss ich gleich an Mary Wigman denken, die sich ja von Jaques-Dalcroze getrennt hat, weil sie, wie sie es damals empfunden hat, den »Automatismus« der Beziehung zwischen Musik und Bewegung nicht mehr ertragen konnte. Dass sie sich natürlich in ihren Arbeiten nicht von der Musik an sich getrennt hat, diese eben auch ›der unsichtbare Regulator‹ war, sieht man ja sofort bei diesen kurzen Filmchen, die es gibt.

R: Darf ich jetzt weiterreden? Dem pflichtet ja dann auch Alexander Tairow in einer Antwort auf Wolkonskis *Streitgespräch* bei, wenn er sagt, er verwende die Musik als Hilfsmittel, sie hätte die Funktion eines »unsichtbaren Regisseurs«, die man als »fernes Regulativ« bei den Aufführungen beibehalten könne.

Tairows später entstandene Schriften wie seine Theaterarbeit stellen unter Beweis, in welchem Maße der Theoretiker und Regisseur Wolkonskis Korrekturen nachkam und in welcher Weise er sich das Gedankengut zu eigen machte. Er setzt ja sogar Jaques-Dalcroze'sche Übungsmuster ein. In einer Übung werden improvisierend Musikinstrumente mittels körperlicher Bewegung so gestaltet, dass ein ganzes ›Bewegungsorchester‹ entsteht. In diesem Zusammenhang sind einige Aussagen aufschlussreich, in denen Tairow über die Aufgaben des Regisseurs spricht. Eine der wichtigsten sei die Orchestrierung eines Stücks und ihre rhythmische Lösung. Es gelte, den rhythmischen Herzschlag eines Theaterstücks zu erfühlen, seinen Klang, seine Harmonie zu hören und sie dann gleichsam zu orchestrieren.

T: Ich bin beeindruckt. Von Ihrem Wissen, aber selbstverständlich auch und immer wieder von Wolkonski. Zu Tairow muss man allerdings noch hinzufügen, dass er sich letztlich einer ganz anderen, keiner ›freien‹, sondern einer sehr stilisierten, fast klassischen Bewegungssprache bedient hat.

R: Ja, das konnte man dann ja bei den deutschen Gastspielen der Tairow-Truppe in den Zwanzigerjahren sehen. Und wie wir wissen, war Wolkonski zeit seines

Lebens und überall dort, wo er nach seiner Flucht aus der Sowjetunion wirkte, ein enthusiastischer Jaques-Dalcroze-Anwalt geblieben.

T: Na ja, das ist ja ein ganz eigenes Kapitel. Da müsste man aber auch seine Auseinandersetzung mit François Delsarte erwähnen. Delsarte und der Delsartismus sind ja bei ihm immer Hand in Hand mit Jaques-Dalcroze gegangen. Interessant, dass man sich gerade jetzt wieder intensiv mit Delsarte auseinandersetzt.

R: Er hatte doch einen runden Geburtstag, nicht?

T: Ja, 2011 feierte man die Wiederkehr seines 200. Geburtstags. Ah, das ist jetzt ein gutes Stichwort, wieder zu den Frauen zu kommen!

R: Und wie machen Sie das? Delsartismus und Frauen? – Aber entschuldigen Sie, an sich wollte ich allmählich gehen.

T: Ich merke schon an Ihrem Unterton, dass Sie mir zutrauen, etwas zu konstruieren, was nicht wirklich der Entwicklung entsprach. Dem ist aber ganz und gar nicht so. Ich möchte nur kurz auf etwas hinweisen, das bislang nicht in entsprechendem Maß untersucht wurde.

R: Und das wäre?

T: Der Einfluss des Delsartismus auf das gymnastische und künstlerische Schaffen, fast möchte ich sagen Frauenschaffen, in Mitteleuropa. Ich lasse die Bezüge zur Gymnastikbewegung einmal außer Acht, weil sie nicht zur Debatte stehen –, auf welchen Köperkonzepten bauen denn die Frauen, egal in welchem Bereich, tatsächlich auf?

R: Wenn sie, wie Sie es formulieren, der »Familie Jaques-Dalcroze« angehörten, bewegten sie sich mithilfe der Rhythmischen Gymnastik, wenn nicht, dann eben mit anderen Konzepten. Aber, entschuldigen Sie, ich muss jetzt wirklich gehen.

T: Ja, schnell noch: Ich meine, das ›Schrittvokabular‹ der Rhythmischen Gymnastik, wenn ich das so bezeichnen kann, war ja eher klein und beruhte körpertechnisch gesehen auf keinem tragenden Fundament. Da aber zu dieser Zeit ein solches Fundament bereits vorhanden war, wurde dieses herangezogen.

R: Ach, und was wäre das gewesen?

T: Na, der Delsartismus eben, wie er nicht nur in ganz Deutschland von Bess M. Mensendieck und ihren Schülerinnen unterrichtet wurde. Ein Körperkonzept, das nüchtern und analytisch auf den Funktionen des Körpers aufbaut. Und das man im Unterschied zum amerikanischen Delsartismus als ›mitteleuropäischen Delsartismus‹ bezeichnen könnte. Das ist doch weitgehend das Fundament der Bewegung der Zwischenkriegszeit und auch darüber hinaus.

R: Ich nehme das einmal zur Kenntnis!

T: Erst mithilfe von Mensendieck und ihren Schülerinnen konnte jene vielzitierte ›ganzheitliche Körperbildung‹ – die ›Totalität‹ – erzielt werden, die Voraussetzung für weiteres Agieren auf welchem Gebiet auch immer war. Man wusste nun um Körperfunktionalität und sprach dann, sehr treffend, von einem ›klugen‹ Körper.

R: Bitte nehmen Sie nun bewusst zur Kenntnis, dass ich mich verabschieden wollte.

T: So warten sie doch noch ein paar Minuten. Ich habe einmal irgendwo gelesen, Jaques-Dalcroze, beziehungsweise seine Lehren, hätten in der Zeit zwischen den beiden Weltkriegen keinen Einfluss mehr gehabt. Diesen Irrtum möchte ich besonders im Hinblick auf die Theaterarbeit in Deutschland noch richtigstellen.

R: Ach, wie das?

T: Dass Jaques-Dalcroze für die Weiterentwicklung der Rhythmik eine Rolle spielt, ist ja klar. Jeder und jede tritt nach Kriegsende in Beziehung zu Jaques-Dalcroze. Entweder baut man auf seiner Arbeit auf oder distanziert sich. Man tritt also in jedem Fall in Beziehung zu ihm.

Aber ich möchte seinen Einfluss auf den Tanz, auf das deutsche Theater, auf Inszenierung, Choreografie und Regie besonders betonen. Ich habe mir zu diesem Zweck einmal die Leiter der Tanzensembles an den deutschen Bühnen von 1918 bis 1939 angesehen. Diese Theater sind meist Dreispartentheater, die bringen Schauspiel, Oper und Tanz. Ich habe mir 50 Bühnen in Deutschland – wohl die wichtigsten in diesem Zeitraum – näher angeschaut. Herausfinden wollte ich: Was für eine Rolle spielte der Tanz an diesen Bühnen? Wer stand dem jeweiligen Tanzensemble vor? Und vor allem: Was für einen Ausbildungsbackground hatten diese Personen, d.h., mit welchen Mitteln arbeiteten sie und was war ihre Ästhetik?

R: Was für ein Unterfangen!

T: Hören Sie zu. Zunächst hat mich einmal das Geschlechterverhältnis interessiert. Die Leitung des klassischen Tanzgeschehens an deutschen Häusern war im 19. Jahrhundert eher Männersache. Dies hatte sich mittlerweile wesentlich geändert. Dass die Rhythmusbewegung – auch – dafür verantwortlich war, ist klar ersichtlich. In der Zwischenkriegszeit war das Geschlechterverhältnis wie folgt: An den 50 Bühnen standen insgesamt an die 300 Personen den Tanzensembles vor. Davon waren mehr als zwei Drittel Frauen.

R: Also eindeutig mehr Frauen.

T: Ja, und berufstätig zu sein, war ihnen nunmehr, ich betone dies nochmals, dank ihrer Ausbildung möglich.

R: Aber wie bekommt man nun die Ästhetik dieser Leute in den Griff?

T: Das ist natürlich nicht so einfach, schon aus dem Grund, weil man den Ausbildungsweg vieler gar nicht kennt. Aus der eingehenden Auseinandersetzung mit diesen Zwischenkriegsjahren jedoch, mit einzelnen Personen, mit künstlerischen ›Familien‹, mit Zeitgeschmack, mit gesellschaftspolitischen Entwicklungen, mit Parteien – in Wien war es etwa die sozialistische Partei, die künstlerisch-gymnastische Frauenarbeit ausdrücklich förderte –, mit der Ausrichtung eines Theaters geht Folgendes hervor:

Ich teile meine Tanzschaffenden – bitte beachten Sie, ich spreche nur von der Arbeit am Theater – in folgende Gruppen: Es gibt ›Ballettmeister‹, deren Arbeitsfundament der klassische Tanz ist. Und es gibt ›Tanzmeister‹, die eine ›Moderne‹ vertreten. Darunter verstehe ich ein gedanklich fundiertes Körperkonzept, das sowohl auf der Rhythmusbewegung von Jaques-Dalcroze baut wie auf Rudolf von Labans Raumvorstellungen. Beides wird zu einer Basis, gleichsam zu einem Allgemeingut, ohne dem zu arbeiten, in den Zwanziger- und Dreißigerjahren undenkbar wird.

R: Und was ist nun das Ergebnis?

T: Dem Ballett sind etwa 80 Personen verhaftet, alle übrigen für das Theater tätigen Tanzschaffenden, das sind also mehr als 200, sind der Moderne verpflichtet.

R: Das ist eine eindrucksvolle Zahl!

T: Interessant dabei ist, dass im Verlauf der zwanzig Jahre Umschichtungsprozesse zu beobachten sind.

R: Was verstehen Sie unter ›Umschichtungsprozess‹?

T: Kurz nach dem Ersten Weltkrieg pflegten noch fast alle Theater den klassischen Tanz. Der zieht sich im Laufe der Zwanzigerjahre zurück, oder besser: Er wird von der Tanzmoderne verdrängt. Gegen Ende der Dreißigerjahre ist eine umgekehrte Entwicklung zu beobachten. Mit dem Einfluss der Nationalsozialisten kehrt das Ballett wieder an die Theater zurück. Die Präferenz der Nationalsozialisten für den klassischen Tanz ist aus deren Standpunkt leicht zu erklären. Das alte – den Mann unterhaltende – Frauenbild des 19. Jahrhunderts kehrt zurück, zudem ist das Produkt eines klassisch sich bewegenden Körpers, weil es sich ja aus bestimmten Ordnungen heraus entwickelt, eher vorhersehbar als das eines sich frei bewegenden Menschen.

R: Das ist logisch. Na und dann, was war dann? Sie können doch das Erbe von Jaques-Dalcroze nach 1945 nicht so einfach versanden lassen.

T: Ganz und gar nicht, aber wenn Sie schon gehen müssen ... Das, was nachher war, ist auch einfach nachzulesen. Bei Michael Kugler etwa, in seinem Aufsatz *Musik als visuelles Erlebnis*«. Da schreibt er 2010 über *Ein musikpädagogisches und künstlerisches Projekt der Moderne in der Bildungsanstalt Jaques-Dalcroze in Dresden-Hellerau*. Aber, bevor Sie gehen, bitte verraten Sie mir doch eines.

R: Ja, was denn?

T: Warum studieren Sie eigentlich Rhythmik?

R: »Rhythmik vereint Musik und Bewegung ...«, steht dort auf der Plakette des Geburtshauses. Und das ist das Leben, nicht wahr?

T: Na, freilich ... in diesem Sinne: Wo sehen wir uns wieder?

R: In Hellerau, wo sonst!

Die beiden stehen von der Bank auf. Der junge Mann geht rasch Richtung Freyung davon. Die Tanzhistorikerin wendet sich wieder dem Geburtshaus von Jaques-Dalcroze zu und bleibt sinnend vor der Plakette stehen.

Genese der Rhythmik als Hochschulfach

Brigitte Steinmann

»Worauf es beim Studium der Musik vor allem ankommt, ist, dass man die Schüler für ihren Einfluss empfänglich mache, dass man in ihnen das Verlangen und die Liebe zur Kunst erwecke.«
(*Jaques-Dalcroze 1921: 111*)

BEGINN

Zuschauer, Zuhörer und Schüler/innen wurden in Staunen versetzt von dem, was sie bei dem lebhaften Musiker Émile Jaques-Dalcroze im Unterricht erlebten. Nicht wenige von ihnen hegten den Wunsch, in gleicher Weise unterrichten zu lernen. Und so konnte Jaques-Dalcroze schon Ende 1910 mit den ersten von ihm fertig ausgebildeten Rhythmik-Lehrpersonen und mit über 40 Schüler/innen von Genf nach Hellerau bei Dresden ziehen.[1] Unzählige Künstler und Interessierte aus aller Welt besuchten dort das kulturelle Zentrum, wohnten entweder einer Vortragsstunde oder einem Festspiel bei, hospitierten einige Tage oder nahmen aktiv an einer kurzen Einführung teil. Einige blieben auch für die Dauer von zwei bis drei Jahren, um entweder eine Lehrbefähigung für den *Elementar-Unterricht in Rhythmischer Gymnastik nach Jaques-Dalcroze* oder erweitert das Diplom als *Lehrer der Rhythmischen Gymnastik nach der Methode Jaques-Dalcroze* zu erlangen. Die Verbreitung der Ideen von Jaques-Dalcroze nahm damit ihren internationalen Lauf.

---

1 Die hier genannten rein historischen Fakten sind u.a. den am Aufsatzende angeführten Quellen entnommen und werden wegen der unzähligen Überschneidungen nur als Bezeichnungen und Begriffe, nicht als Zitate gekennzeichnet. Die sichersten und umfassendsten Quellen hat Helga Tervooren (1987) erkundet und zusammengeführt.

Vortragsreisen mit praktischen Demonstrationen seiner Schüler/innen führten Jaques-Dalcroze selbst in viele Länder und seine Studienabsolventen trugen Teile seiner Lehre überallhin, auch in die Lehrpläne ihrer Schulen, Fachschulen oder Ausbildungsstätten. Bis Anfang der 1920er Jahre waren in Metropolen wie Moskau, Prag und London Zweiganstalten von Hellerau eröffnet worden; ähnlich waren an Konservatorien, Theater- und Musikschulen in vielen deutschen Städten Rhythmiklehrer/innen tätig geworden. An diesen Stellen haben viele Kinder und Erwachsene, auch ohne pädagogische oder musikalische Voraussetzungen, die Methode in Kursen erfahren. Allmählich veränderte sich dadurch der schulische Musikunterricht.

FORTSETZUNG

1914 kehrte Jaques-Dalcroze aus politischen Gründen nach Genf zurück und gründete sein *Institut Jaques-Dalcroze*. Als bis heute einzige Institution vergibt es international den postgradualen Abschluss *diplôme-supérieur methode jaques-dalcroze*. Hierbei werden hohe Ansprüchen an die Leistungen in Klavierimprovisation und Solfège gestellt und es berechtigt offiziell dazu, Rhythmik in der *Methode Dalcroze* zu unterrichten. Von Genf aus verfolgte Jaques-Dalcroze mit kritischem Blick die Gründungen neuer Ausbildungsstätten und die Verselbständigung seiner Idee und der *rhythmischen Erziehung* in der ganzen Welt.

Der in Notzeiten des Ersten Weltkrieges gegründete *Verein für rhythmisch-musikalische Erziehung Hellerau* eröffnete 1915 die *Neue Schule für angewandten Rhythmus Hellerau*, an der sowohl das dreijährige Rhythmik-Studium als auch die öffentlichen Sommerkurse und Schulfeste wieder etabliert wurden. 1925 zog die Schule unter Leitung von Ernst Ferand-Freund und Christine Baer-Frisell nach Laxenburg bei Wien. In Wien bestand seit 1912 eine Zweiganstalt von Hellerau und somit entwickelte sich dort (mit Unterbrechung von 1939-59) der bis heute an der *Universität für Musik und darstellende Kunst Wien* beheimatete österreichische Studiengang Rhythmik. Ähnliche Entwicklungen mit Anpassungen an nationale und sonstige äußere Bedingungen durchliefen die Studiengänge unter ehemaligen Hellerau-Absolventen in einigen anderen europäischen Ländern wie Polen und Schweden sowie außereuropäisch in Russland, den USA, Australien usw.

Während Jaques-Dalcroze ursprünglich in Hellerau seine eigentliche Wirkungsstätte sah, hatte er auch in Berlin eine Dalcroze-Schule eingerichtet, an der nun seine Absolventen und Absolventinnen weiter Rhythmik unterrichteten. Hier entstand ab 1921 unter der Leitung von Nina Gorter mit Adama van Scheltema und Anna Epping die erste Ausbildungsstätte für Rhythmik nach dem Ersten Weltkrieg. Bei Epping lernte auch der Musikpädagoge und spätere Reformpolitiker Leo Kestenberg

(1882-1962) die Rhythmik kennen und schätzen. Er verlieh 1925 der Berliner Dalcroze-Schule die Anerkennung des preußischen Kultusministeriums, wodurch Rhythmik zum Ausbildungsfach wurde und als Hauptfach im Rahmen der Staatlichen Privatmusiklehrerprüfung studiert werden konnte. Studierende an anderen Musikbildungsinstitutionen Deutschlands konnten ihre Abschlussprüfung in Rhythmik nur in Berlin ablegen. 1931 gliederte Kestenberg das Dalcroze-Seminar in die Berliner Musikhochschule ein. Unterdessen hatten auch die Konservatorien in Braunschweig, Dortmund und Frankfurt sowie die *Staatliche Hochschule für Musik Köln* und die *Folkwangschule für Musik, Tanz und Sprechen* in Essen die staatliche Anerkennung ihrer Abschlüsse erlangt. Das Fach hieß nun unterschiedlich, etwa *Rhythmische Erziehung und Gehörbildung*, *Rhythmische Erziehung in der Methode Jaques-Dalcroze* oder nur *Rhythmische Erziehung*. Vermutlich fußen die heute bekannten Uneindeutigkeiten in der Namensgebung von Beruf und Fach auf den schon damals verschiedenen Bezeichnungen.

ANSIEDLUNG EINES STUDIENGANGS RHYTHMIK

Wie gezeigt gehört das Studium des Faches Rhythmik traditionsgemäß an eine Musikhochschule. Aber immer wieder keimt angesichts der Breite sowohl der Ausbildungsinhalte als auch der zukünftigen möglichen Einsatzfelder der Gedanke, die Etablierung an einer erziehungswissenschaftlich ausgerichteten Hochschule oder einer Sporthochschule könnte gleichwertig oder sogar gewinnbringender sein. Eine klare Zuweisung an eine Musikhochschule ist begründbar und weiterhin unbedingt zu favorisieren: Einerseits sind Rhythmik-Lehrkräfte Musiker/innen, bzw. schon die Studierenden sollten sich als solche verstehen können, und andererseits beeinflussen und steigern die Möglichkeiten in der Kommunikation und Kooperation mit dem Kollegium bzw. den Kommilitonen einer Musikhochschule den künstlerischen Anspruch des Faches. Das Studium der Musik spielt die Hauptrolle und bedarf besonderer Sorgfalt. Nicht dass die fundierte pädagogische und körperliche Qualifikation zu vernachlässigen wäre, aber die Qualifikation im musikalischen Bereich ist deshalb so entscheidend, weil die mehrsemestrige und ständige Praxis des Musizierens, das Improvisieren und das technische Üben eines oder mehrerer Instrumente und der Stimme sowie die musikwissenschaftliche Auseinandersetzung mit Musik und der Erwerb eines umfassenden musikalischen Repertoires Voraussetzungen für erfolgreichen Musikunterricht sind.

Diesem Wissen, dass der Studiengang *Rhythmik* an Musikhochschulen richtig angesiedelt ist, setzte im Jahre 2002 das *Ministerium für Wissenschaft und Forschung des Landes Nordrhein-Westfalen* eine folgenschwere Entscheidung entgegen. Es monierte, dass die Studienrichtung *Rhythmik* gegenüber dem der *Allgemeinen Musikerziehung* (AME) zu geringe Studierendenzahlen aufweise und das Fach »trotz bemerkenswerter Anfangserfolge nicht die von den Begründern erhoffte Bedeutung«[2] habe erlangen können. Seine Empfehlung lautete, das Fach Rhythmik in andere Studienbereiche zu integrieren. Die Folge dieser nur an Zahlen orientierten Entscheidung war und ist bundesweit eine Schwächung des Studienganges Rhythmik mit ihrem Alleinstellungsmerkmal der Verflechtung von Musik und Bewegung. Vielerorts sind seither die Fächer *Elementare Musikpädagogik* (EMP) und *Rhythmik* nur noch mit einem gemeinsamen Lehrstuhl besetzt, was je nach Hintergrund der Lehrkraft inhaltlich einschneidende Konsequenzen hat. Von den elf Diplomstudiengängen Rhythmik vor 25 Jahren in Deutschland[3] gibt es heute nur noch vier mit einem *Bachelor of Music*[4] mit ausgewiesenem Schwerpunkt *Rhythmik* oder *Musik und Bewegung*. Die Einrichtung von einigen wenigen *Rhythmik-Instituten* an Musikhochschulen[5] könnten in Zukunft größere Spielräume und synergetische Prozesse ermöglichen und damit eine Sicherung und den Ausbau der rhythmikspezifischen Qualitäten gewährleisten.

STUDIENVORAUSSETZUNGEN

Die Zunahme Studierender schon in den Zeiten von Hellerau – 1912 waren es über 340, Anfang 1914 über 500 – machte die Einführung einer Aufnahmeprüfung nötig, wobei eine ganze Reihe von Aufgaben in Gehörbildung, Musiktheorie, Klavierspiel, Stimme und Bewegung gelöst werden mussten. Das gilt an deutschen Musikhochschulen heute noch bei der Aufnahme in den Bachelor-Studiengang, nur dass heute nicht mehr das Klavier das Hauptinstrument sein muss und die theoretischen Voraussetzungen (Gehörbildung, Harmonielehre etc.) dem Niveau der Aspiranten für andere Studienfächer entsprechen. 1991 glichen die Rhythmik-Lehrenden an Musikhochschulen[6] die Prüfungsanforderungen einander an.

---

2 Bericht der Kommission des Landes NRW (2002): Impulse und Modelle für das Musikstudium in NRW, Düsseldorf, S. 92f.
3 1989 an zehn Musikhochschulen und einem Konservatorium.
4 Je nach Hochschule *Bachelor of Music, Bachelor of Arts* o.ä.
5 Ein erstes ist kürzlich an der Musikhochschule Trossingen angesiedelt worden.
6 Zusammengeschlossen im *Arbeitskreis Rhythmik an Hochschulen (AKH)* des *Bundesverbandes Rhythmische Erziehung*. Heute ist er eingetragen unter dem Namen *Arbeitskreis Musik und Bewegung/Rhythmik an Hochschulen (AMBR)*.

Wie an den Zahlen abzulesen ist, gab es anfangs keine Probleme, Interesse am Fach Rhythmik oder für ein Rhythmik-Studium zu wecken. An der Sache selbst hat sich eigentlich wenig geändert, aber die enormen gesellschaftlichen und politischen Wandlungen, die wissenschaftlichen Erkenntnisse und vielerlei künstlerische und technische Neuerungen haben auf die Praxis Einfluss genommen. Durch die Verbreitung der Rhythmik, die über die Jahrzehnte wie selbstverständlich in viele andere Studien- und Ausbildungsgänge eingeflossen ist, mangelt es heute einerseits am Wissen um die Möglichkeit eines Rhythmik-Studiums und andererseits fehlen entsprechende studienvorbereitende Kurse an Musikschulen. Denn von Studienbewerbern werden nicht nur Interesse, sondern auch eine gewisse Vorbildung und grundlegende Qualifikationen, zumindest aber ein erkennbares Potential in den drei Sparten Musik, Bewegung und Pädagogik erwartet.

Nicht ohne Grund sind die Aufgaben der Rhythmik-Eignungsprüfungen sehr komplex und von umfangreicher Dauer.

In der Vorbereitung auf das Rhythmik-Studium empfiehlt sich die Hospitation an den verschiedenen Ausbildungsstandorten, denn wie auch in anderen künstlerischen und pädagogischen Fachbereichen prägen die inhaltlichen Schwerpunkte der hauptamtlichen Lehrkräfte das Ausbildungsprofil. Die Studienbewerber/innen erwartet ein Studium, in dem Musik und Bewegung vielfältig aufeinander bezogen sind.

STUDIENINHALTE

Schaut man zurück auf die Unterrichtsfächer bei Jaques-Dalcroze in Hellerau, sind die wesentlichen Inhalte gleich geblieben. Nur die Zunahme von Wissen, Technik, speziellen Bedürfnissen erweiterter Zielgruppen und die Veränderungen der Bewegungs- und Musikstile sowie der gesellschaftlichen Umstände lassen Inhalte anders erscheinen. Die Unterrichtsfächer in Hellerau hießen Rhythmische Gymnastik, Gehörbildung (Solfège), Improvisation, Anatomie, Chorgesang, Plastische Gruppenübung, Turnen und Hospitationen. Die heutigen Bezeichnungen lesen sich ähnlich. Neben dem Hauptfach Rhythmik – mit allen Facetten in Improvisation und Gestaltung – ist im Kernbereich Musik außer musiktheoretischen und musikwissenschaftlichen Inhalten die Qualifikation auf einem Instrument oder der Stimme in Improvisation und Interpretation der wichtigste Studieninhalt. Im Kernbereich Bewegung wird Wert gelegt auf eine spezielle Bewegungsausbildung, die eine intensive Schulung des Körperbewusstseins mit tänzerischen Grundlagen moderner, auf Exploration und Improvisation beruhenden Bewegungstechniken verbindet und damit die Entwicklung einer individuellen Bewegungssprache fokussiert. Dazu gehören auch Anatomie und Physiologie. Weiter ist die Auseinandersetzung mit der Entwicklung und der Literatur der Rhythmik und Musikpädagogik ein fester Bestandteil des Studiums. Inhalt ist auch die Analyse von Verhaltens- und Bewegungsbeobachtungen in Verbindung zur Ausgangslage der Schüler/innen sowie in Relation zum eigenen Verhalten und Wissen aus der pädagogischen Psychologie. Für die pädagogische Qualifikation sind neben dem Fachwissen die damit in Verbindung gebrachten praktischen Unterrichtserprobungen mit unterschiedlicher Klientel unverzichtbar.

Zusammengefasst werden im Rhythmik-Studium *Musik und Bewegung* vielfältig aufeinander bezogen. Inwieweit im Grundstudium inhaltliche Schwerpunkte bezüglich Arbeitsgebiete gesetzt werden müssen oder können, ist eine wiederkehrende Frage unter den Lehrenden. Jedenfalls werden die Studierenden auf eine Berufspraxis mit allen Altersgruppen vorbereitet und können später an unterschiedlichen Bildungsinstitutionen oder freiberuflich arbeiten. Das große inhaltliche Spektrum im berufsqualifizierenden vierjährigen Bachelor erleichtert die Wahl. Höhere Qualifikationen für bestimmte Berufsfelder (z.B. in Kliniken, an Kunsthochschulen) sind erst später durch zusätzliche Hospitationen, Einbeziehung weiterer Studien, Weiterbildungen und eigene Erfahrung zu erlangen.

STUDIENABSCHLÜSSE

Während die Auswahl und Akzentuierung der Studieninhalte den Lehrenden der jeweiligen Musikhochschulen obliegt, ist die Nennung dessen wichtig, was von Musiklehrer/innen mit einem Diplomabschluss, heute Bachelor und Master, in Rhythmik erwartet werden kann. Der *AKH* (s. Fußnote oben) hat 2004 in einem internen, unveröffentlichten Papier die Schlüsselkompetenzen in acht Punkten zusammengefasst:

- Repertoireerweiterung und Intensivierung des individuellen körpersprachlichen Ausdruckspotentials; funktionale und motivationsorientierte Analyse, Auswertung und Interpretation von Bewegungsprozessen.
- Improvisation durch Bearbeitung eines Ausgangsmaterials zu präsentierbaren künstlerischen Formen (Komposition, Choreografie, Performance).
- Instrumentalimprovisation im Dialog mit Bewegung:
   a. Erkennen, Transformieren und Antizipieren von dynamischen Bewegungsverläufen und deren unmittelbare adäquate Übersetzung in improvisierte Musik,
   b. spontanes Improvisieren musikalischer Verläufe zur Stimulation und dynamisch-antizipierender Lenkung von Bewegungsprozessen.

- Kommunikative Interaktionsprozesse im Synergiefeld von Musik und Bewegung; Auswertung dieses Feldes für künstlerische Produktionen.
- Identifizieren und Kreieren von synästhetischen Transferprozessen.
- Strukturanalyse, Interpretation und darstellende Übersetzung von Musik, insbesondere von aktueller Musik.
- Reflexion der entwicklungs- und sozialpsychologischen, kulturell und gesellschaftsbildenden Voraussetzungen und Bedingungen von Rhythmik-Unterrichtspraxis und situationsangemessener Anwendung der Rhythmik-spezifischen Methodik.[7]
- Altersgruppen- und berufsfeldbezogene Konzeptionalisierung von Rhythmikunterricht (von Projekten bis zu Lehrplänen).

Während die Bachelor-Abschlüsse im deutschsprachigen Raum vergleichbar sind, unterscheiden sich die Masterstudiengänge je nachdem, ob darin Teilgebiete der Rhythmik vertieft, wissenschaftliche Studien betrieben oder weitere besondere Fähigkeiten erworben werden. Ähnlich dem heutigen Masterstudium gab es nach 1953 zeitweilig in Berlin und später auch in Köln die Möglichkeit, nach weiteren Studiensemestern eine Reifeprüfung in Künstlerischer Rhythmik mit einem abendfüllenden Programm abzulegen. Dem entspricht heute der *Master of Music Rhythmik-Performance* in Trossingen. Zudem werden an der *Hochschule für Musik FRANZ LISZT Weimar* ein zweijähriger Master *Elementare Musikpädagogik/Rhythmik* mit Profil Performance und an der Universität Münster ein einjähriger Master mit dem künstlerischen Profil Bühnenpräsentation (Musik – Tanz – Sprache) angeboten. Im deutschsprachigen Raum ist es ferner in Biel möglich, einen *Master of Arts in Music Pedagogy* (Rhythmik) zu studieren. Ein zusätzlicher Abschluss kann auch eine Promotion in einem angrenzenden Fach sein. Die Tendenz künstlerischer Hochschulen, für die Besetzung eines Lehrstuhles eine wissenschaftliche Promotion vorauszusetzen, steht einer künstlerisch-pädagogischen Laufbahn von Musikpädagogen entgegen. Eine in Musik und Bewegung hoch qualifizierte, eine künstlerisch und pädagogisch sehr erfahrene Persönlichkeit, sollte mehr Gewicht haben als der Nachweis einer Promotion. Denn der Zeitaufwand für das Schreiben einer Dissertation lässt in der Regel wenig Platz für das Sammeln vielfältiger pädagogischer Erfahrungen oder die Investition in ein weiteres Studium bzw. eine Weiterbildung, die einer erfolgreichen Lehre zuträglicher wären. Die derzeitigen Überlegungen der Musikhochschulen, in Zukunft künstlerische Promotionsverfahren anzubieten, eröffnen neue Perspektiven.

---

7 Formulierung von der Autorin aktualisiert.

Wenn Rhythmiker/innen mit unterschiedlichen Zielgruppen in anderen Studien- und Ausbildungsgängen (Schulmusik, Sozialpädagogik etc.) arbeiten, sind sie an deren Richtlinien gebunden, können aber meist die Lehrpläne selbständig mit Inhalten aus der Rhythmik füllen. Das heißt, sie formulieren die Unterrichtsinhalte und Ziele überprüfbar und entwickeln eigene Konzepte für eine bestimmte Klientel. Auf diesem Weg und mit vielseitiger Praxiserfahrung wird die Rhythmik-Lehrperson zum Multiplikator: Sie unterrichtet ihr Fach an Fachschulen und Hochschulen, wird innerhalb von Fort- und Weiterbildungen für Pädagogen, Therapeuten etc. tätig oder veranstaltet eigenständig Kurse für unterschiedliche Berufsgruppen. Das bedeutet, dass Teile der Rhythmik auf die Bedürfnisse anderer Berufszweige zugeschnitten werden, sodass diese Pädagogen etwas daraus in ihren Berufsalltag mitnehmen können, ohne unbedingt besondere musikalische Voraussetzungen, bewegungstechnische Fähigkeiten oder Erfahrung im Gruppenunterricht mitgebracht zu haben. Für diese Zielgruppen geht es nicht darum, Rhythmik zu unterrichten, sondern um eine Bereicherung der eigenen beruflichen Tätigkeit durch künstlerisch und pädagogisch erweiterte Handlungskompetenzen. Den professionellen Rhythmik-Fachunterricht von einem beliebigen Unterricht mit Einflüssen aus der Rhythmik zu unterscheiden – beispielsweise bezüglich des künstlerischen Einsatzes von *Musik und Bewegung* und der pädagogischen Kompetenz – ist für Außenstehende zuweilen unmöglich und führt deshalb in der Öffentlichkeit immer wieder zu vielfachen Missverständnissen.

Durch die Veränderungen in den Studiengängen auch an Musikhochschulen wird es in Zukunft immer wichtiger werden, schon im Studium die zukünftigen Rhythmiker/innen darauf vorzubereiten, ihr Portfolio sorgfältig zu führen und mit der Darstellung und Hervorhebung ihrer besonderen Qualitäten in Musik und Bewegung nicht zu geizen.

LITERATUR

Erdmann, Alies (1973): Entwurf einer Neuordnung des Rhythmikstudiums an Musikhochschulen, Hennef: Bouvier.

Jaques-Dalcroze, Émile (1921): Rhythmus, Musik und Erziehung, Basel: Benno Schwabe.

Ring, Reinhard/Steinmann, Brigitte (1997): Lexikon der Rhythmik (musik paperback 53), Kassel: Gustav Bosse.

Schaefer, Gudrun (1992): Rhythmik als interaktionspädagogisches Konzept, Remscheid: Waldkauz.

Tervooren, Helga (1987): Die rhythmisch-musikalische Erziehung im ersten Drittel unseres Jahrhunderts, Frankfurt a.M.: Peter Lang.

Rhythmik in Bewegung

Transdisziplinäre und internationale Ausdehnungen

Dorothea Weise

RHYTHMIK – TANZ – SOMATIK

Rhythmik und Tanz verbindet von Beginn an eine Beziehung, doch ist sie zunächst von spannungsvoller Art, denn man bemüht sich um Abgrenzung. Im Jahr 1911 lehnt Dalcrozes Förderer Wolf Dohrn die Präsentation der *Bildungsanstalt für Musik und Rhythmus* im Rahmen eines Veranstaltungsprogramms im Museum Folkwang[1] in Kombination mit einer Aufführung des vom griechischen Altertum inspirierten russischen Tänzers Alexander Sacharoff am selben Tag ab: »[...] Auch müssen wir vorläufig darauf halten, in unseren Vorführungen das musikalische und das pädagogische Moment in den Vordergrund zu rücken, da an sich die Gefahr besteht, die Dalcroze-Methode nur als eine neue Tanzreform gelten zu lassen, wovon wir m.E. schon übergenug haben.« (Peter/Stamm 2002: 33) Die Vorstellungen der Jaques-Dalcroze-Schule fanden dann zwei Tage nach dem Solo-Tanzabend von Alexander Sacharoff statt.

Schülerinnen von Dalcroze wenden sich schon früh dem Tanz zu und entwickeln individuelle pädagogische und künstlerische Ausprägungen: Suzanne Perrottet, Mary Wigman und Myriam Ramberg, die sich später Marie Rambert nennt. Sie assistiert Vaslav Nijinsky, der sie in Hellerau gesehen hatte, bei der Einstudierung seiner Choreografie von Igor Strawinskys rhythmisch diffizilen *Le Sacre du printemps*. Suzanne Perrottet (1889-1983) ist eine frühe Schülerin von Dalcroze und erlebt den Aufbau und die ersten Erfolge seiner Methode mit. Sie folgt ihm nach Hellerau und unterrichtet dort u.a. Mary Wigman und Myriam Ramberg, bevor sie sich Rudolf von Laban und seiner Ausdruckstanz-Lehre anschließt. In ihrer überwiegend päda-

---

1 Damals noch im westfälischen Hagen ansässig.

gogischen Tätigkeit – sie bezeichnet sich darin als »Mitarbeiterin« ihrer Schüler (Wolfensberger o.J.: 216) – folgt Perrottet ihrer Intuition, kann dabei aber durch ihre Ausbildungen bei Dalcroze, Laban und später auch im klassischen Ballett auf einen breiten Fundus an Methoden zurückgreifen. Perrottets Arbeit mit Tanz, Musik, Improvisation und Spiel findet viel Beachtung, die sich bis in den therapeutischen Bereich erstreckt: Ärzte und Psychoanalytiker, darunter C.G. Jung, schicken ihr Patienten. Mary Wigman (1886-1973) geht nach ihrem Examen in Hellerau ebenfalls zu Laban und entwickelt sich rasch zu einer der prägendsten Persönlichkeiten des Ausdruckstanzes. Rhythmus bleibt für sie ein wichtiger Faktor, aber er soll sich aus der Bewegung heraus entwickeln und nicht von der Musik bestimmt sein. Ihre langjährige Mitarbeiterin Hanya Holm (1893-1992) hatte ab 1919 in Hellerau Rhythmik studiert und ging 1931 nach New York, wo sie bald »zu den führenden Persönlichkeiten auf tanzpädagogischem Gebiet sowie auch zur Elite der modernen amerikanischen Choreographen« gehört (Sorell 1986: 58).

Jarmila Kröschlová und Valeria Kratina studieren zusätzlich zur Dalcroze-Methode das System von Bess Mensendieck und begründen eine auf verfeinerter Selbstwahrnehmung beruhende Körperbildung innerhalb der Rhythmik. Rosalia Chladek (1905-1995), die in den frühen 1920er Jahren in Hellerau studiert, entwickelt diesen Ansatz zu einem eigenen Lehrsystem weiter, das auf dem selbständigen Experimentieren nach elementaren Gesetzen der Bewegung in Auseinandersetzung mit der Schwerkraft beruht und in die Rhythmik-Ausbildung an Musikhochschulen eingeflossen ist. Das ›Durchfühlen‹ und die Fähigkeit, den eigenen Zustand und das eigene (Bewegungs-)Verhalten wahrzunehmen, wird auch jenseits vom Anspruch des Tanzens als heilendes Element in pädagogischen Kontexten Einzug halten. So sucht Elsa Gindler (1885-1961) mittels »Selbstwahrnehmungsversuchen« (Ludwig 2002: 150) in alltäglichen Haltungen und Bewegungen das Sensorium für den eigenen Körper zu *entfalten*, um aus einer gelassenen Achtsamkeit heraus anstrengungslos agieren zu können. Der Begriff der Entfaltung spielt im Konzept des Musikers und Pädagogen Heinrich Jacoby[2], mit dem Elsa Gindler ab 1926 intensiv zusammenarbeitet, eine zentrale Rolle. Um Lernende zum Experimentieren und zur Äußerung spontaner Eindrücke ermutigen und sie darin unterstützen zu können, ist die Weiterentwicklung der Lehrenden hin zu Gelassenheit und Kontaktbereitschaft von Bedeutung (ebd.: 54). Beeindruckt von der Begegnung mit Gindler formuliert Jacoby:

---

[2] Jacoby lehrte in den Jahren 1913/14 Harmonie- und Formenlehre in der Ausbildungsstätte von Dalcroze in Hellerau. 1922-1924 arbeitete er am Ausbau des pädagogischen Konzepts in Hellerau mit und leitete die *Schule für Rhythmus, Musik und Körperbildung* zeitweise.

»Anstatt den Körper nach ästhetischen, formalen, optisch bestimmten Vorbildern und ›Idealen‹ [...] verbessern zu wollen, stand hier im Mittelpunkt aller pädagogischen Bemühungen das Sich-Erarbeiten einer wachen Beziehung zu den ordnenden und regenerierenden Prozessen des eigenen Körpers aufgrund bewussten Zustandsempfindens.« (Jacoby 1994: 19, Herv.i.O.)

Gerda Alexander (1908-1994) studiert bei dem Dalcroze-Schüler Otto Blensdorf und befasst sich ebenfalls mit der Erweiterung des Körperbewusstseins als Voraussetzung, um »in der Bewegung seine individuelle Persönlichkeit zu realisieren [...]« (Alexander 1986: 40). In der von ihr entwickelten Eutonie werden die Lösung fixierter Muskelspannungen und das Wiederauffinden eines flexiblen Muskeltonus, der zwischen Ruhe und Aktivität dynamisch hin und her schwingen darf, angestrebt (Sieben 2007: 143ff.). Auch sie spricht von Entfaltung: »In der eutonischen Bewegungsgestaltung [...] wird die Entfaltung und Steigerung der eigenen Körperdynamik im *bewußten* Kontakt mit einem jeden der Gruppe angestrebt.« (Alexander 1986: 34, Herv.i.O.) Die gegenseitige Beeinflussung von Körperspannung und Bewegungsdynamik bezeichnet sie lange vor der Entdeckung der Spiegelneuronen als *Tonusadaptation* (Schaefer 2017) und setzt diesen Kreislauf in der Eutonie-Therapie gezielt ein.

Dore Jacobs (1894-1979) studiert in der Blütezeit der Dalcroze-Jahre in Hellerau. Auch sie widmet sich anschließend intensiv der Bewegungsschulung als »menschliche Lebensäußerung«[3] (Jacobs 1978: 8). Themen aus ihren beiden Büchern wie »Innen- und Außenbewegung«, »Durchströmte Bewegung«, und »Belebte Technik« zeigen Jacobs' Bestreben, sich von einer mechanistischen Auffassung der Körperbildung abzuwenden und die Verfeinerung des Körperbewusstseins auf der Grundlage der Wechselwirkung zwischen Wahrnehmung und Bewegung zu fokussieren. Dore Jacobs bleibt von den hier genannten Bewegungsforscherinnen der Rhythmik am meisten verbunden. Die von ihr gegründete Schule nannte sich *Bundesschule für Körperbildung und rhythmische Erziehung* und existiert heute als *Dore-Jacobs-Berufskolleg* weiter.

Diese Protagonistinnen des Bewegungslernens durch kinästhetische Bewusstheit verändern die Entwicklung im Tanz, in der Gymnastik und in der Rhythmik. Die Ziele in der Bewegungsschulung verschieben sich: Bewegungsökonomie, ein gesunder, bewusster Umgang mit dem Körper und die Betonung des Individuellen im Bewegungsausdruck lösen mechanisches Üben und das Diktat der Bewegung durch

---

3 Beide von ihr stammenden Publikationen verweisen im Titel deutlich auf den anthropologischen Schwerpunkt ihrer Arbeit: *Die menschliche Bewegung* (1962 erstmals erschienen) und *Bewegungsbildung – Menschenbildung* (1978).

strenges Übersetzen musikalischer Gestaltungselemente ab. Karin Greenhead und John Habron fokussieren in ihrem Beitrag *The touch of sound: Dalcroze Eurhythmics as a somatic practice* (2015) den ›haptischen‹ Charakter von Klang als Motor für physische und psychische Bewegtheit sowie für verfeinerte Selbst- und Fremdwahrnehmung. Das Lauschen als Zustand der synästhetisch-kinästhetisch ausgerichteten Wahrnehmung im Beziehungsgeflecht von Musik und Bewegung bezeichnet einen »breiten, offenen Zustand der sinnlich/sensorischen Wahrnehmung« (Brandstetter 2012: 115). Er lässt sich mit dem englischen Begriff des *Listening* treffend beschreiben (ebd.: 113ff.). Zeitgenössische Tanz-Ausbildungen und -Produktionen beziehen vielfach somatische Zugangsweisen ein und bilden auf diesem Weg Verknüpfungen mit den Verfahrensweisen der Rhythmik.

KÜNSTLERISCHE PRODUKTION

Die Ansiedelung des Faches Rhythmik an den Musikhochschulen geht mit den dort üblichen Anforderungen der Präsentation künstlerischer Arbeiten einher. Da es, anders als in den instrumentalen Hauptfächern kein Repertoire gibt, müssen die Studierenden entlang formaler Vorgaben wie Solo-, Duo-, Gruppengestaltung, Komposition und Improvisation in Musik und Bewegung, technisch ausgerichtet oder mit künstlerischem Konzept eigene Stücke entwickeln. Es eröffnet sich ein immenser kreativer Raum, der allerdings nicht selten seine Begrenzung an den faktischen Unterrichts- und Aufführungsräumen in den mit Konzert- und Kammermusiksälen ausgestatteten Musikhochschulen findet. Der ganz auf die Bedürfnisse von Dalcroze zugeschnittene Festspielsaal in Hellerau mit der Lichtanlage von Alexander von Salzmann, den schlichten Treppenelementen und schrägen Ebenen Adolphe Appias ist bis heute einmalig und ermöglichte einen Inszenierungsansatz, der die Musik in den Mittelpunkt stellt (Zwiener 2008: 235ff.). Doch die körperbewegten Visualisierungen und mimisch-gestischen Darstellungen von Musik mit Bezug zum Bild der Antike in großen Gruppen weichen später anderen Aufführungsformen. Befeuert durch jeweils aktuelle Entwicklungen der sich zunehmend entgrenzenden Künste, die ihrerseits auf politische Umwälzungen und neue Gesellschaftsentwürfe reagieren, bringen Rhythmikerinnen und Rhythmiker unterschiedliche Präsentationsformen hervor, die entweder in Ermangelung einer eigenen Bezeichnung für die künstlerischen Produkte oder durch Kooperationen mit Künstlerinnen und Künstlern anderer Sparten unterschiedlich benannt werden. Der Begriff der *Gestaltung*[4] findet sich in vielen Formulierungen von Unterrichts- und Prüfungsinhalten. Er trifft zwar

---

4   Siehe hierzu den Beitrag *Gestalt geben* von Kurt Dreyer in diesem Band.

das multiple Gemisch aus gestaltender Wahrnehmung und dem Akt des Formens (Gutjahr 1986: 22), taugt jedoch nicht unbedingt, um Publikum außerhalb der eigenen Fachkreise zu interessieren. So werden vielfach bereits bestehende Bezeichnungen wie Komposition, Choreografie, Musiktheater, Tanztheater, Performance verwendet oder eigene kreiert wie »Rhythmical«, oftmals auch in Verbindung mit der jeweiligen Produktion, etwa »Eine musikalisch-szenische Revolution« oder »Reflexionen in Musik und Bewegung«.

Der künstlerische Raum, in dem Rhythmikerinnen und Rhythmiker sich heute verorten können, ist aufgrund der fachimmanenten Transdisziplinarität und des zurzeit bestehenden Interesses an Übersetzungsprozessen zwischen Klang und Bewegung, Musik und Körper[5] in Ausdehnung begriffen. Hinzu kommen die zunehmenden performativen Formate im Rahmen von Projekten der Kunstvermittlung in Museen, als künstlerische Reaktionen auf Werke der Bildenden Kunst oder als *site specific work* im öffentlichen Raum.

EXPANSION

Aus den fulminanten Jahren Dalcrozes' in Hellerau von 1911-1914 gehen Hunderte von ausgebildeten Rhythmikerinnen und Rhythmikern hervor, die ihre Wirkung im In- und Ausland entfalten. Es entstehen zahlreiche Rhythmik-Institute in Deutschland, weitere in Moskau, St. Petersburg, Kiew, Warschau, Prag, Wien und London (Leiser 1994: 64ff.; Heinold/Großer 2007: 435). Die Ausbildungsstätte in Hellerau wird unter dem Namen *Neue Schule für angewandten Rhythmus Hellerau* ab 1915 wieder eröffnet, bis sie 1925 nach Schloss Laxenburg bei Wien übersiedelt (ebd.: 437ff.). Dalcroze kehrt nach Genf zurück und kann zu Beginn des Ersten Weltkriegs an einem eigenen Institut weiterarbeiten. Der Erfolg seiner Methode ist nicht nur dem Zeitgeist der Reformpädagogik und Hinwendung zu »›natürlicher Körperbewegung‹, in der das Dynamische als ihr ursächlichstes Prinzip aufgefasst ist« (Huschka 2012: 89, Herv.i.O.), geschuldet, sondern auch seiner regen Öffentlichkeitsarbeit mit Vortragsreisen, Schulfesten und Demonstrationen seiner Unterrichtslektionen, mit denen er sich durch-

---

5   Als Beispiele seien hier genannt das von der *Gesellschaft für Tanzforschung* ausgerichtete Symposium *Sound – Traces – Moves* im Jahr 2016, an dem sich Rhythmik-Lehrende und -Studierende mit der Lecture Performance *Moving Messiaen* beteiligten (Karoß/Schroedter 2017), das jährlich in Berlin stattfindende *SounDance Festival* der Berliner Tänzerin Jenny Haack und das Symposium *Labor sonor: choreographins sound* (2018), http://laborsonor.de/choreographing-sound/ vom 04.11.2018.

aus auch an Künstler anderer Disziplinen wendet. So berichtet Suzanne Perrotet aus ihrer Schülerinnenzeit:

»Auf den vielen Tourneen hat Dalcroze uns überall hin mitgenommen. Wir machten Besuche bei Malern, Bildhauern und anderen Künstlern. So waren wir im Mai 1907 nach Paris gereist und haben in der Akademie getanzt vor dem berühmten Bildhauer Auguste Rodin [...].« (Wolfensberger o.J.: 59)

Aufgrund der Initiative des Kulturpolitikers und Musikpädagogen Leo Kestenberg wird 1925 Rhythmik als Studienfach an deutschen Konservatorien und Musikhochschulen eingeführt. Die Methode Jaques-Dalcroze scheint in Deutschland durch den Abschluss *Privater Musiklehrer* bzw. *Private Musiklehrerin* aufgewertet. Doch die in der ersten Generation in der Ausbildung tätigen Rhythmikerinnen (Charlotte Pfeffer, Nina Gorter, Marie Adama von Scheltema, Elfriede Feudel u.a.) finden sich in einem Konflikt wieder, der nur aus dem Verständnis für die damalige gesellschaftliche und soziale Position von Frauen nachvollzogen werden kann. Kestenberg lehnt es ab, die Studiengänge mit dem Namen Jaques-Dalcroze zu behaften, denn, so dessen Schülerin Adama von Scheltema 1926 in einem Brief an Dalcroze: »[...] [M]an will frei sein, dort [in Berlin] das Fach [...] zu verändern.« (Hürtgen-Busch 1996: 166) Die starke Bindung der Hellerau-Absolventinnen an Jaques-Dalcroze und dessen Sorge, seine Methode würde nicht in der von ihm entwickelten Form weitergegeben, führen zu langen, kräftezehrenden Rechtfertigungsbriefen der Rhythmikerinnen, um sich weiterhin dem Wohlwollen und der Zustimmung Dalcrozes' zu vergewissern. Doch die Veränderungen sind nicht aufzuhalten. Schon die seiner Hellerau-Ära nachfolgenden Lehrer und Lehrerinnen rücken bald vom Primat der Musik ab und betrachten die Körperbewegung als gleichwertig: Sie benennen die Ausbildungsstätte in *Schule Hellerau für Rhythmus, Musik und Körperbildung* um (Chladek 1972, zitiert in Heinold/Großer 2007: 386). Tanz wird in den Fächerkanon aufgenommen und von der Dalcroze-Schülerin Valeria Kratina, später auch von der Mensendieck-Schülerin und Tänzerin Jarmila Kröschlová (Tervooren 1987: 485) sowie in den Jahren 1924 und 1925 von Rosalia Chladek unterrichtet (Fleischle-Braun 2001: 48). Chladek übersiedelt dann mit der Hellerauer Schule nach Laxenburg und leitet sie von 1930-1938. Als weiterer Entwicklungsschritt dieser Zeit gilt die stärkere Betonung »des Spontanen, des Schöpferischen, der Selbsttätigkeit und Selbständigkeit, der Mitwirkung und der Mitbestimmung vonseiten der Schüler« (Tervooren 1987: 486). Die Rhythmik wendet sich stärker dem »allgemein Menschlich-Erzieherischem« (Ferand-Freund 1925: 36) zu.

Der Zweite Weltkrieg unterbricht die noch nicht lange begonnene Entwicklung der Rhythmik-Ausbildung an Hochschulen und Konservatorien vielerorts.

Vor allem jüdische Rhythmikerinnen verlassen Deutschland und entwickeln im Exil neue Dimensionen des Faches wie etwa Charlotte Pfeffer, die in Italien in die heilpädagogische Arbeit mit Bewegung und Musik hineinfindet und die psychomotorische Erziehung[6] entwirft. Hildegard Tauscher muss wegen ihrer jüdischen Abstammung ihren Lehrauftrag in Weimar aufgeben und engagiert sich nach dem Krieg vornehmlich in der Weiterbildung von Lehrerinnen und Erzieherinnen. Henrietta Rosenstrauch verlässt ihre Dalcroze-Schule in Frankfurt und emigriert 1933 über London, die Schweiz und den Niederlanden in die USA. Elfriede Feudel bleibt in Deutschland[7]. Sie entdeckt aus der Not nicht vorhandener Unterrichtsräume den Transfer von der Musik zum Bild, richtet später ihre Aufmerksamkeit verstärkt auf den Aspekt der Persönlichkeitsbildung und setzt sich vehement für die Implementierung der Rhythmik in der Grundschule ein.

Aus der Zerrissenheit und Diskontinuität in den Biografien vieler Rhythmikerinnen in Verbindung mit den sich wandelnden Auffassungen zur Art und Weise pädagogischen Wirkens entwickelt sich die Rhythmik in den deutschsprachigen Ländern mehr und mehr entlang der individuellen Schwerpunkte der in der Hochschulausbildung tätigen Rhythmikerinnen und Rhythmiker weiter. In der zweiten Hälfte des 20. Jahrhunderts zeichnen sich in den Studiengängen der deutschen Musikhochschulen und Konservatorien deutlich unterscheidbare Profile ab, wie z.B.:

- schauspielangewandte Rhythmik
- interaktionspädagogische Rhythmik
- heilpädagogische Rhythmik
- anthropologisch orientierte Rhythmik
- Rhythmik als Polyästhetische Erziehung[8]

---

6   Die Psychomotorik baut auf der kausalen Verbindung von Persönlichkeitsstruktur, Emotionalität und Motorik auf. Pfeffer prägte den Begriff, der später von Ernst Kiphard übernommen wurde.

7   Die Hintergründe ihrer Anpassungsstrategien an die damaligen Machthaber sind noch wenig erforscht (Oevers 1991: 78ff.; siehe https://www.musikbewegung.de/studieninformationen/schriftliche-abschlussarbeiten/).

8   Der von Wolfgang Roscher in den 1970er Jahre entwickelte Begriff der Polyästhetischen Erziehung ist in der Musikpädagogik beheimatet und basiert auf dem Konzept der vielgestaltigen Wahrnehmung und Verknüpfung mehrerer Sinnessysteme. Handlungsorientierung und der Aspekt des Gestaltens werden hierbei integrierend verbunden. Dabei ist statt einem quantitativen *Viel* dem qualitativen *Mehr* der Vorzug zu geben (Konrad 1984: 217f., 228).

Schnittmenge und Basis dieser Konzepte bleibt das Ansetzen am musikalischen Empfinden und am Körpergefühl des Menschen »die vielfältigen Wechselbeziehungen von der Musik zum Körper und von dem Körper zur Musik aufspürend und in einen unmittelbaren Zusammenhang stellend« (Tervooren 1987: 487). Dennoch verändern sich grundlegende Bestandteile der Dalcroze-Methode. Die von ihm neben den beiden Inhaltsbereichen Rhythmik und Klavierimprovisation umfangreich weiterentwickelte Solfège[9] geht in den an Musikhochschulen überwiegend analytisch-theoretisch orientierten Unterricht in Gehörbildung und Musiktheorie ein[10]. Seit den 1990er Jahren wird die musikalische Improvisation von der Beschränkung auf das Klavier gelöst und mit jedem Instrument[11] und mit Gesang praktiziert.

Im nicht-deutschsprachigen Ausland wird Rhythmik weiterhin mit dem Namen und der Methode Dalcroze verbunden. Eine besonders ausgedehnte Verbreitung findet die Rhythmik in der Tradition von Dalcroze in Polen und Japan. Aber auch in Belgien, England und Schottland, in den USA, in Australien und Kanada wird das Fach an Ausbildungsinstitutionen überwiegend in der Musikpädagogik, darüber hinaus stellenweise auch in der Tanz- und Schauspielausbildung gelehrt. Seit den 2010er Jahren hat sich besonders im ostasiatischen Raum ein verstärktes Interesse an Rhythmik gebildet, dem durch Unterrichtstätigkeiten und Weiterbildungskurse von Lehrkräften aus westlichen Ländern nachgekommen wird. Seit Beginn des 21. Jahrhunderts finden in mehrjährigen Zyklen verstärkt europäische und internationale Rhythmik-Kongresse mit dem Ziel des fachlichen Austauschs auf wissenschaftlichem, pädagogischem und künstlerischem Gebiet statt.

---

9   Solfège knüpft an die mittelalterliche Solmisationsmethode des Singens auf Tonsilben an und verbindet Gehörbildungsübungen mit einer musikalischen Elementarlehre. Dalcroze hat das Solfège durch vielfältige Gedächtnis-, Reaktions- und Erfindungs-Übungen in Kombination mit Bewegung erweitert. Einen Überblick gibt er erstmals in seinem 1905 erschienen Übungsband *Solfège Rythmique Vocal*. Eine kleine Auswahl an Übungen findet sich unter www.rhythmik.net/rhythmikarchiv/tauscher_geh.htm.

10 Dass diese Veränderung durchaus registriert wurde, zeigt eine in den 1950er Jahren von der Rhythmikerin Hildegard Tauscher durchgeführte Umfrage zum Verbleib der Rhythmik-Solfège in Deutschland.

11 Gemeint sind Instrumente, die an Musikhochschulen studiert werden können. Neben dem klassischen Profil ist auch zunehmend die Möglichkeit vorhanden, das Profil Jazz zu wählen.

LITERATUR

Alexander, Gerda (1986): Eutonie. Ein Weg der körperlichen Selbsterfahrung, München: Kösel.

Brandstetter, Gabriele (2012): »›Listening‹ – Kinaesthetic Awareness im zeitgenössischen Tanz«, in: Stephanie Schroedter (Hg.): Bewegungen zwischen Hören und Sehen. Denkbewegungen über Bewegungskünste, Würzburg: Königshausen & Neumann, S. 13-27.

Dalcroze, Émile-Jaques (1905): Solfège Rythmique Vocal. Préparations pour une méthode basée sur l'éxpérience des sensations de durée et de dynamisme et sur une éducation des centre nerveux, Lausanne: Jobin.

Ferand-Freund, Ernst (1925): »Schule Hellerau für Rhythmus, Musik und Körperbildung« in: Ludwig Pallat/Franz Hilker (Hg.): Künstlerische Körperschulung, Breslau: Hirt, S. 31-40.

Fleischle-Braun, Claudia (2001): Der Moderne Tanz. Geschichte und Vermittlungskonzepte, Butzbach-Griedel: Afra.

Greenhead, Karin/Habron, John (2015): »The touch of sound: Dalcroze Eurhythmics as a somatic practice«, in: Journal of Dance & Somatic Practices 7/1, S. 93-112.

Gutjahr, Elisabeth (1986): »Plädoyer für Gestaltung in der Rhythmik«, in: Bundesverband Rhythmische Erziehung e.V.: Standortbestimmung Rhythmik, Regensburg: Gustav Bosse, S. 22-27.

Heinold, Ehrhardt/Großer, Günther (2007): Hellerau leuchtete. Zeitzeugenberichte und Erinnerungen. Ein Lesebuch, Dresden: Verlag der Kunst Dresden.

Huschka, Sabine (2012): Moderner Tanz. Konzepte, Stile, Utopien, Reinbek bei Hamburg: Rowohlt.

Hürtgen-Busch, Songrid (1996): Die Wegbereiterinnen der rhythmisch-musikalischen Erziehung in Deutschland, Frankfurt a.M.: dipa.

Jacobs, Dore (1978): Bewegungsbildung – Menschenbildung, Kastellaun: Henn.

Jacobs, Dore (1985): Die menschliche Bewegung, Wolfenbüttel: Kallmeyer.

Jacoby, Heinrich (1994): Jenseits von ›Begabt‹ und ›Unbegabt‹. Zweckmäßige Fragestellung und zweckmäßiges Verhalten – Schlüssel für die Entfaltung des Menschen, 2. Aufl., hg. von Sophie Ludwig, Hamburg: Christians.

Karoß, Sabine/Schroedter, Stephanie (Hg.) (2017): Klänge in Bewegung. Spurensuchen in Choreografie und Performance (Jahrbuch TanzForschung), Bielefeld: transcript.

Konrad, Rudolf (1984): Erziehungsbereich Rhythmik. Entwurf einer Theorie (Perspektiven zur Musikpädagogik und Musikwissenschaft 8), Regensburg: Gustav Bosse.

Leiser, Holmrike (1994): »Rhythmik«, in: Christoph Richter (Hg.): Handbuch der Musikpädagogik, Bd. 3, Kassel: Bärenreiter, S. 64ff.
Ludwig, Sophie (2002): Elsa Gindler – von ihrem Leben und Wirken, Hamburg: Christians.
Oevers, Silke (1991): Die Rolle der Rhythmik im Nationalsozialismus zwischen 1933 und 1945, unveröffentlichte Hausarbeit zur Staatlichen Prüfung für Musikschullehrer und selbständige Musiklehrer im Hauptfach Rhythmik, Hochschule für Musik und Tanz Köln.
Peter, Frank-Manuel/Stamm, Rainer (Hg.) (2002): Die Sacharoffs. Zwei Tänzer aus dem Umkreis des Blauen Reiters, Köln: Wienand.
Schaefer, Karin (2017): »Was Gerda Alexander mit ihrem Spürsinn erforschte, wird wissenschaftlich bestätigt«, Fachbeitrag, Gerda-Alexander-Schule e.V., https://www.eutonie-ausbildung.de/sites/default/files/pdf/empirie-und-wissensc haft_02-2017.pdf vom 11.01.2018.
Sieben, Irene (2007): »Expeditionen zum inneren Lehrer«, in: Sabine Gehm/ Pirkko Husemann/Katharina von Wilcke (Hg.): Wissen in Bewegung. Perspektiven der künstlerischen und wissenschaftlichen Forschung im Tanz, Bielefeld: transcript, S. 143-150.
Sorell, Walter (1986): Mary Wigman. Ein Vermächtnis, Wilhelmshaven: Noetzel.
Tauscher, Hildegard (1955) »Zur Gehörbildung« in: Rhythmische Erziehung 2, o.S.
Tervooren, Helga (1987): Die rhythmisch-musikalische Erziehung im ersten Drittel unseres Jahrhunderts, Frankfurt a.M.: Peter Lang.
Wolfensberger, Giorgio J. (Hg.) (o.J.): Suzanne Perrottet. Ein bewegtes Leben, Bern: Benteli.
Zwiener, Daniel (2008): Als Bewegung sichtbare Musik. Zur Entwicklung und Ästhetik der Methode Jaques-Dalcroze in Deutschland als musikpädagogische Konzeption, Essen: Die Blaue Eule.

Spot 1: Monte Verità – Raumdeutungen

Ein Tanzfonds-Erbe-Projekt der Bundeskulturstiftung 2014

Juliette Villemin

Seit Jahren begleitete mich das Interesse, den Tanzraum neu zu erkunden und auszudehnen in »Deutungsräume« (Cramer 2005). Der historische Ursprung einer veränderten Körper-Raum-Wahrnehmung ist verortet, auf dem Monte Verità bei Ascona. Wir beforschten das *Archiv Darstellende Kunst in der Akademie der Künste Berlin*, das *Deutsche Tanzarchiv Köln* und das *Tanzarchiv der Universitätsbibliothek Leipzig*, die *Grafische Sammlung und Bibliothek des Kunsthauses Zürich*, die *Tanzbühne Laban* und das *Stadtarchiv Stuttgart*. Unsere Forschungen sind wissenschaftlich und künstlerisch zugleich. Gemeinsam mit Bildenden Künstlern der Kunsthochschule Stuttgart entwickelten wir ästhetische Erfahrungsräume auf den Bewegungsspuren von Mary Wigman, Rudolf von Laban, Suzanne Perrottet, Sophie Taeuber-Arp, Katja Wulff, Dussia Bereska, Hertha Feist. Wir gastierten in der *Akademie der Künste Berlin*, im *Bauhaus Dessau* und im *Stuttgarter Heusteigtheater*.

LITERATUR

Baxmann, Inge/Cramer, Franz A. (Hg.) (2005): Deutungsräume, Bewegungswissen als kulturelles Archiv der Moderne, München: Kaus Kieser, S. 79.

Spot 2: »encore, encore, encore, encore, encore...!«

Berliner Hochschulperformance zum 100. Geburtstag von »Le Sacre du Printemps«

Anna Petzer

SPIEL

Brotmesserteigtisch,

Ofenasche, Tau, Backpapier, Klebeband,

schwarzes Kleid - weißes Kleid, Pflanzen, Badeanzug, Wanderschuh,

Maniküreset, Rasierer, Lauchstange, Schminke,

Gefäääääääääääääääääß, 2 Hocker, 3 rote Seile,

Licht!

RITUAL

Symbole. Ereignisbezogene Entscheidungen. Tropfen, Haare, Schweiß. Orientierung. Zyklische Struktur encore ... encore ... encore ... enocore ...

Wandel. Stuhlkreis, Kreistanz. Kopfausschalter: nicht denken: Nichtdenken. Individuelles Verhalten, huh-ha-huh-ha, das durch Repetition hochaufgeladene, krisenhafte Vorgänge in routinierte Abläufe überführt.

Zwang. Ekstase. Glaube. Kult.
encore ...
Auseinandersetzung mit Grundfragen der menschlichen Existenz.
Entscheidung. Opfer. Sicherheit. Trance. Macht. Kampf.
Füße. Zeremonie.
... encore

Spot 3: Unter-Weg X.
Duo-Performance auf dem Ku'damm mit dem Künstler Simon Pfeffel

Dierk Zaiser

Tektonische Verschiebungen, (um)kultivierte Stadtgeologie, Verfremdung, Koinzidenz. Polaritäten: Klang und Rhythmus, Oberfläche und Untergrund, Öffnen und Schließen.

Innerhalb eines mit Aufwerfungen aus dunkelgrauen Schottersteinen markierten Gebiets bewege ich mich auf betonierten Gehwegplatten in einem gewöhnlichen großstädtischen Gelände. In der einen Hand halte ich einen stark abgenutzten, etwa daumenwurzeldicken Stock von etwa 30 Zentimeter Länge, in der anderen Hand einen Holzfäustel. Ich bücke mich, um die Gehwegplatten damit klangrhythmisch zu untersuchen. Gelegentlich löse ich Platten heraus, hebe sie an, unterlege sie mit Steinen, verändere ihre Stabilität und Lauteigenschaften. Simon, unauffällig im gemäßigten Gang, stößt mit dem Fuß unentwegt schwarze Kohle an. Er zeichnet eine deckungsungleiche Kreisbahn, großradial. Mit flachen Würfen stelle ich zufällige Verbindungen her, erzeuge Klang- und Zeitstrukturen, hinterlasse mit den Steinen Raum- und Bezugsspuren.

Fachtheoretische Ansätze

Vom Wert der Bewegung in der Musik

Holmrike Oesterhelt-Leiser

EINLEITUNG

Die Qualität einer Kultur spiegelt sich nicht nur in ihren künstlerischen Werken, sondern ganz maßgeblich in den kulturellen Aktivitäten ihrer Gesellschaft und im kulturellen Austausch ihrer Mitglieder. Offenheit und Toleranz sowie Neugier und Gestaltungswille sind dafür beste Voraussetzungen. Gleichgültig auf welchem Niveau und auf welchem Gebiet Aktivitäten stattfinden, gleichgültig ob das emotionale Erlebnis im Vordergrund steht oder ob unser Geist, unsere Sinne oder unsere Motorik beansprucht werden, Bedingung ist eine aktive Auseinandersetzung der Person mit dem Gegenstand der Betrachtung. In allen Kulturen finden wir vielfältige Ausprägungen einer Verbindung von Musik und Bewegung, die im gesellschaftlichen Leben und in Ritualen ihren festen Platz haben. Feierliche Empfänge, Feste in jeder Form, militärische Aufmärsche und religiöse Veranstaltungen nutzen diese Verbindung seit jeher für eigene Ziele. Wer über Musik und Bewegung Zugang zu den Emotionen einer Person hat, erreicht diese in ihrem Selbstverständnis. Im Fokus stehen dabei das Selbstbild des Menschen, seine Denkweisen, seine Ästhetik, seine Wert- und Moralvorstellungen und besonders seine geheimen Wünsche und Sehnsüchte. Nicht nur Beeinflussung, sondern Manipulation im großen Stil bis hin zu einer kulturellen Unterwanderung sollten dabei alarmierende Zeichen und gleichzeitig eine Aufforderung sein, Musikpädagogik in einen größeren kulturellen Zusammenhang zu stellen.[1]

---

1 Auf die besondere Rolle der Musik im Rechtsradikalismus kann hier nur hingewiesen werden. Siehe dazu https://www.hmt-rostock.de/hochschule/tagungen/rechtsextremismus-musik-und-medien-interdisziplinaere-tagung/ sowie »Die Tagung ›Rechtsextremismus. Musik und Medien‹ in Rostock: Einfluss und Unterwanderung«, in: SWR2 Treffpunkt Klassik. Musik, Meinung, Perspektiven vom 22.01.2018, 15:05 Uhr, https://

Aufgabe dieses Beitrags ist es, zu zeigen, was es mit der engen Beziehung von Musik, Emotion und Motio auf sich hat. Eine besondere Bedingung menschlicher Entwicklung ist die genetisch bedingte systemische Koppelung von Emotion und dem mit ihr verbundenen Muskeltonus, der sich der Situation entsprechend verändert. Ein erwachsener Mensch lebt seine Emotionen zwar nicht mehr in Bewegung aus, so wie man es bei Kindern beobachten kann, sie lösen sich aber auch nicht in Luft auf. Forschungsergebnisse der Neuro- und der Psychoneuroimmunologie belegen, dass nicht nur unser Nerven- und Immunsystem miteinander interagieren. Auch seelische Veränderungen sind an der Vernetzung der Subsysteme beteiligt. Die Botenstoffe dieser Systeme sind verantwortlich für vielschichtige Interaktionen, sodass unsere Gefühle und ebenso unsere individuelle Bewertung aller Sinneseindrücke ein integriertes Ganzes mit unserem Nerven- und Hormonsystem formen (Schubert 2015: 2ff. und 418ff.).

Die Verbindung von Motio, Emotio und Musik als besonderer musikpädagogischer Weg wird verständlich, wenn im Folgenden zunächst eine Grundbedingung menschlicher Entwicklung dargestellt wird, welche auf diese Zusammenhänge hinweist, die im Erwachsenenalter nicht verloren gehen (Bauer 2012).

MUSKELTONUS UND EMOTION: BEWEGUNG ALS BEDINGUNG FÜR DIE ENTWICKLUNG (NICHT NUR) DES DENKENS

Bewegung ist für Kinder ein Lebensmittel. Kind sein bedeutet: Emotion und Körper sind eins, Körper und Emotion sind gleichzeitig in Bewegung. Als Bewegungshandlung wird Wahrnehmung im Wechsel mit Bewegung zur unabdingbaren Voraussetzung für die Entwicklung nicht nur des Denkens, sondern für die Entwicklung des Kindes generell. Individueller Krafteinsatz im zeitlich-räumlichen Verlauf, verbunden mit Emotionen wird über Rückkoppelungsschleifen von Wahrnehmung und Bewegung als mehrdimensionaler Gesamteindruck gespeichert.

Die »systemische Koppelung von Muskeltonus und Emotion als Faktor menschlicher Individualentwicklung« (Leiser-Maruhn 2007: 252ff.) ist genetisch

---

www.swr.de/swr2/programm/sendungen/cluster/die-tagung-rechtsextremismus-einfluss-und-unterwanderung//id=10748564=21022700/nid=10748564/1n5p1xp/index.html; Penzlin, Dagmar (2018): »Ködern mit bekannten Klängen«, in: Deutschlandfunk, Reihe Musikszene, vom 27.02., 22:50 Uhr; Karnik, Olaf/Zander, Volker (2017): »Immersion – Abgetaucht« in: Feature – Deutschlandradio Kultur, Podcast vom 20.12.2017.

bedingt und bildet mit der Einheit von Psyche und Physis die Basis für das individuelle Ausdrucksvermögen jeder Person. Unabhängig von der weiteren Persönlichkeitsentwicklung bleibt diese Koppelung lebenslang erhalten.

Bereits vor der Geburt ist der Embryo einer Daueranimation durch die mütterlichen Herztöne ausgesetzt und sein Hörvermögen ist so weit entwickelt, dass er Geräusch, Ton und Musik im Mutterleib nicht nur wahrnimmt, sondern muskulär darauf reagiert. In der symbiotischen Phase der Entwicklung des Säuglings entsteht die Verständigung zwischen Mutter und Kind durch die Koppelung von Muskeltonus und Emotion: Der mütterliche Muskeltonus überträgt sich im Körperkontakt, über den Tonus der Stimmbänder kommuniziert die Mutter ebenfalls Emotionales. Muskelspannung und Emotion sind zwei Seiten derselben Münze und zudem Basis des Musikalischen (Nitzschke 2006: 313ff.; Tenbrink 2006: 453ff.). Parallel zu dieser ersten Verknüpfung findet nach und nach im Gehirn eine Entwicklung auf drei Ebenen statt, wobei die jeweils nächste von der vorhergehenden abhängig ist (Azémar 1978; Lapierre 1978; Vayer 1978):

1. Tonische Ebene (0.-2. Lebensjahr): Entwicklung von Hirnstamm und Kleinhirn. Sämtliche Aspekte der Kommunikation, der Affektivität und des Denkens in Bezug auf die Welt werden auf der Ebene des Muskeltonus erlebt.
Das Neugeborene erfährt Emotionales durch die Mutter (bzw. eine andere Bezugsperson) und entdeckt sich durch seine eigenen Emotionen, die von der Mutter bestätigt werden: Zufriedenheit ist an Entspannung gebunden und umgekehrt. Das Gleichgewicht des Körpers und seiner Positionierung im Raum auf der Basis des Muskeltonus ist Grundlage jeder körperlichen Aktivität. Körperkontakte, stimmliche Äußerungen, Halten und Bewegen des Säuglings teilen sich ihm als innere Bewegung mit: Freude, Beruhigung, Angst, Bestätigung, Ungeduld, Traurigkeit, Zärtlichkeit, Mitleid, Ärger der Mutter nimmt das Kind über den Muskeltonus wahr. Diese Koppelung ist Grundlage der ersten Interaktionen zwischen Mutter und Kind und bleibt lebenslang erhalten.

In präverbaler lautmalerischer Sprache und über Lallgesänge tauschen sich Mutter und/oder die vertrauten Bezugspersonen mit dem Kind in Dialogen bereits musikalisch aus. Variationen in Melodie und Rhythmus, Klangfarbe, Lautstärke und Tempo, Tonlage und Artikulation enthalten Botschaften, die über reines Befinden hinausgehen. Sie enthalten Fragen, muntern auf, versöhnen, klagen oder ängstigen. Sprechgesang, Wiegenlieder und später Spiellieder mit Bewegung erzählen Geschichten in musikalischer Form. Gekoppelt mit Bewegungsaktionen werden sie als »motorische Akte« bzw. als »Handlungen« (Rizzolatti/Sinigaglia 2012: 13ff.) gespeichert. Bewegungen der Muskulatur beim Atmen, tönend umgesetzt in stimmliche Äußerungen, werden frühzeitig im Dialog mit den ersten Bezugspersonen geübt, korrigiert, wiederholt, bis sie verstanden werden und zum Repertoire des emotionalen Austauschs gehören.

Stimmliche Äußerungen in Verbindung mit körperlichen Kontakten und dem Bewegtwerden lassen die erste präverbale ›Sprache‹ entstehen und vermitteln in den ersten zwischenmenschlichen Beziehungen zwischen Mutter und Kind.

2. Gestisch-fortbewegende Ebene (Kleinkindalter: 2.-5. Lebensjahr): Entwicklung des limbischen Systems und des R-Modus der gesamten Großhirnrinde, d.h., Wahrnehmung geschieht in Gesamtzusammenhängen.[2]

Durch Bewegung im Raum und stimmliche Äußerungen kommuniziert das Kind mit der Umwelt, sammelt Erfahrungen mit Menschen und Gegenständen. Ab dem 2. Lebensjahr sind Reaktionen auf emotionale Äußerungen Gleichaltriger beobachtbar. Gegenstände, ihre Eigenschaften und ihre Position im Raum sind begreifbar. Erkenntnisse beim Kind entstehen durch umfassende Handlungen seiner ganzen Person. Spontane und gezielte Handlungen sind Bausteine der progressiven Entwicklung. Bewegungshandlungen werden verinnerlicht und damit zu einer ersten Form des Denkens.[3] Etwa ab dem 4. Lebensjahr versteht ein Kind die Handlungen anderer, einschließlich der Handlungsabsichten, auf die es bereits reagieren kann, ohne dass begriffliche Zuordnungen, also kognitive Operationen nötig sind. Im Kontext musikalischer Aktivitäten ist es fähig, seine Handlungen zu differenzieren und mit seinen Hörerlebnissen und den Handlungen anderer abzustimmen, was zu größerer Unabhängigkeit führt. Mehr und mehr sind Bewegungen möglich, die den musikalischen Vorgaben entsprechen. In Bewegung erlebte musikalische Ereignisse können stimmlich oder instrumental hörbar gemacht oder in motorischen Handlungen dargestellt werden.

3. Verbale Ebene (mittlere Kindheit: 5.-7. Lebensjahr): Ausbildung des L-Modus. Sprache als Superstruktur entwickelt sich über dieselben sensomotorischen Stufen wie die ersten beiden Formen der Kommunikation und bleibt mit ihnen verbunden.

Der Erwerb von Kenntnissen und Wissen baut auf den vorangegangenen Phasen auf. Eine Entwicklung vom Gesamtzusammenhang zum Einzelelement setzt ein, von der Gesamtschau zur Analyse, vom Erlebten zur Vorstellung. Es entsteht eine innere Sprache. Kausalitätsbeziehungen werden praktisch erprobt. Körperlich Er-

---

2 R-Modus = Rechts-Modus, L-Modus = Links-Modus (Verarbeitungsmodi des Gehirns).

3 Vgl. Burghardt (2014: 23ff.) und https://www.dasgehirn.info vom 19.10.2018; Suchbegriffe: *Bewegung und Denken*, mit den Einträgen: *Warum sich Bewegung und Geist nur zusammen denken lassen; Zum Handeln geboren; Wir nennen das Gehirn unser Denkorgan. Tatsächlich ist es unser Handlungsorgan.*

lebtes und im Gedächtnis gespeicherte Inhalte können gestaltet, körperliche Aktionen zur Musik artikuliert, korrigiert und differenziert werden. Es hat sich eine »motorische Intelligenz« (Neuweiler 2008: 152ff.) entwickelt.

MOTIO, E-MOTIO UND MUSIK

Dass Kinder ganz unmittelbar und unverfälscht ihre Emotionen in Bewegung oder mit stimmlicher Äußerung ausleben, ist selbstverständlich und gesellschaftlich akzeptiert. Emotionen werden in Aktionen verarbeitet, oft haben sie szenischen Charakter. Ein solches Verhalten beim Erwachsenen gilt jedoch in vielen Kulturen als nicht angemessen bis nicht normal. Die emotionalen Ereignisse des Erwachsenen werden einem Prozess der Disziplinierung unterworfen und spielen sich dann auf einer inneren Bühne ab. Sichtbar nach außen finden wir höchstens noch das Tanzen vor Freude, Freudensprünge, heftiges Gestikulieren bei innerer Erregung und anderes. Auch eine Veränderung der Mimik oder der gesamten Körpersprache bei einem selbst oder dem Gegenüber ist ein Hinweis auf das Kräftespiel bzw. den Kampf der Emotionen, die sich im Inneren eines Menschen abspielen können (ebd.: 190ff.). Schließlich ist der Austausch von Emotionen ein existenzieller Teil unseres gesellschaftlichen Zusammenlebens, unserer zwischenmenschlichen Beziehungen und Interaktionen, und es ist wichtig, darauf hinzuweisen, dass das soziale System sich vor dem des Individuums entwickelt (Schubert 2015: 426).

Emotionen sind ohne Frage ein ganz wesentliches und unverzichtbares Potential kultureller Aktivitäten, und bezogen auf das Thema dieses Beitrags insbesondere, wenn sie von Musik ausgelöst werden. Werden diese mit plausiblen konkreten oder abstrakten Vorstellungsinhalten verbunden, lässt sich ein Spiel mit eigenen Regeln entwickeln.

Musik gestaltet die Zeit und wird als Bewegung erlebt, die sich im Tanz als gestaltete Bewegung äußert oder aber als innere Bewegung wahrgenommen wird. In beiden Fällen werden Emotionen zu einem wesentlichen Bestandteil des Erlebens und Gestaltens. Musikalische Gattungen wie die Oper oder das Musical, also theatralisch erlebbare Veranstaltungen verkörpern die Beziehung von Musik, Emotion und Bewegung ganz besonders. Ein ganzes System von Kräften und Energien treibt dabei als ›Innenbewegung‹ im Individuum ein dynamisches Spiel. Fachliches Wissen und Können, gespeicherte Erlebnisse und Erfahrungen, Intuition und Fantasie werden mit den Emotionen als ein Prozess innerer Auseinandersetzung aus vielerlei Quellen erlebt. Es ist der »potentielle Raum«, ein »Bereich zwischen äußerer und innerer Realität« (Winnicott 1973: 121ff.), in dem sich Kunst und Kultur in einem eigenen Handlungsraum als Dialog ereignen. Grundlage und Voraussetzung für ein Entstehen dieses »potentiellen Raumes« beim Erwachsenen ist das kindliche Spiel. Erst wenn die als Einheit erlebte Beziehung zwischen Mutter und Kind erfolgreich abgelöst wird durch eine Entwicklung zu größerer Eigenständigkeit, setzt beim Kind eine beobachtbare Vertiefung ins Spiel ein, die ein »sich im Spiel vergessen« ausstrahlt und damit Unabhängigkeit und Freiheit signalisiert. Besonders zu beobachten ist dies bei kindlichen Bewegungsspielen aller Art. Die körperlichen und seelischen Zustände lassen sich am Bewegungsverhalten ablesen.

In welcher Art und Qualität sich dieser potentielle Raum beim Erwachsenen entwickelt, hängt nicht nur von seinen frühen Erfahrungen als Kind beim Spielen ab, sondern ganz entscheidend von aktuellen kulturellen Angeboten, ihrer Qualität und der Gelegenheit zu aktiver Beteiligung. So besteht die Chance, mit Musik verschiedener Kulturen auf ästhetischer Ebene zwischen äußerer und innerer Realität im genannten potentiellen Raum zu interagieren. Die systemische Koppelung von Muskeltonus und Emotion bildet bei musikalischen oder körpersprachlichen Aktivitäten die Basis jeder averbalen Kommunikation.

Mit dem Phänomen des Eintauchens in eine Materie, also der Konzentration auf eine Sache, heute oft Immersion genannt, setzen viele kulturelle Institutionen wie Museen und Themenparks neue Maßstäbe bei der Vermittlung von Kultur. Ganz bewusst zielt man damit auf die aktive Beteiligung der Besucher und spricht ihre physischen und psychischen Möglichkeiten an, um ein Eingangstor für individuelles Erleben zu schaffen und damit die emotionale und auch die rationale Auseinandersetzung mit einem bestimmten kulturellen Thema zu vertiefen. Die heute vielfältigen technischen Möglichkeiten vergrößern den Reiz und damit auch die Motivation des Publikums. Als Beispiel sei hier das archäologische Freilichtmuseum Xanten genannt, welches zu ganz unterschiedlichen Themen eigene Veranstaltungen anbietet.

DER KÖRPER – INSTRUMENTARIUM ODER INSTRUMENT?

Musiker/innen entwickeln für Ihr Spiel auf dem Instrument ein hoch differenziertes technisches Können. Mit großer Selbstverständlichkeit instrumentalisieren sie ihren Körper, angepasst an die Bedingungen des Musikinstruments. Jeder musikalische Vortrag ist auf die Aktivierung der »Handlungsneurone« (Neuweiler 2008: 161ff.) angewiesen, sodass ein Musiker mehr als nur Bewegungen hervorbringt. Emotionales und Rationales wird mit musikalischem Wissen und subjektiven Vorstellungsinhalten in Feinstkoordination über das Nerven- und Muskelsystem in motorische Akte umgewandelt und auf einen anderen Körper, den Klangkörper übertragen. In einem komplizierten Prozess der Transformation werden geistige Inhalte in konkrete Spielbewegungen im Sinn einer Spielhandlung übersetzt, der Körper des Musikers wird zum Instrument seiner künstlerischen Gestaltungsabsichten.

Beim kammermusikalischen und generell beim Ensemble-Musizieren nach Noten sowie beim Improvisieren in den Bereichen Jazz, Pop, Rock bis hin zu Neuer Musik operieren Musiker/innen ganz besonders im zuvor genannten potentiellen Raum, dem gemeinsamen Handlungsraum, den sie bewahren oder ad hoc in jedem Moment neu herstellen müssen.

Um einem pädagogischen Auftrag oder einem Auftrag im Rahmen kultureller Bildung gerecht zu werden, sollen hier Wege aufgezeigt werden, wie Menschen, die kein Instrument spielen, nur begrenzte Spielfähigkeiten erworben oder eine unzureichende musikalische Bildung genossen haben, mit Bewegungshandlungen und mit musikalisch-instrumentalen Interaktionen in aktives Gestalten eingebunden werden können. Emotionen, die an den Bewegungsaktionen mit Musik beteiligt sind, werden an die konkrete Bewegungshandlung ›gebunden‹ und verlieren dadurch ihren flüchtigen, diffusen Charakter. Sie sind kritischer Reflexion zugänglich, ohne dass darin enthaltene Erlebnisse oder Gefühle öffentlich gemacht werden müssen. Und es mag paradox klingen, auch wenn es um geistige Inhalte in der Musik geht, ist aktives und konkretes Bewegungs-Handeln eine hilfreiche Brücke.

Ganz- oder teilkörperliche Bewegungen zur Musik am Ort oder/und im Raum werden mit entsprechenden geistigen oder bildhaften Vorstellungsinhalten verknüpft, um sie wiederholbar zu machen. Der Körper bekommt dadurch die Rolle eines Instruments. Auf diese Weise werden Inhalte über Bewegungsgesten oder Schrittmotive kommuniziert und können hinterfragt werden. Durch Interaktion und Improvisation, Reflexion und Gespräch sowie weitere Aktivitäten auf verschiedenen Ebenen durchläuft ein von der Musik ausgehendes Bewegungsvokabular mit den begleitenden Vorstellungsinhalten dann entweder einen Prozess der Bestätigung, der Korrektur oder der Erneuerung. Unsere Fähigkeit, die Muskelspannungen im Körper entsprechend einer Situation anzupassen, versetzt uns in die Lage, stimmliche Äußerungen und körpersprachliche Signale zu deuten, zu verstehen und zu beantworten (Rizzolatti/Sinigaglia 2012: 130ff., 174ff.). In der Oper bspw. werden Emotionen in dieser besonderen Form der Darstellung zu Akteuren auf einer höheren Ebene. Das Publikum wird unmittelbar in die Koppelung von Motio und Emotio, von Physis und Psyche einbezogen. Und wenn ein sensibler Zuschauer den Eindruck hat, sich räuspern zu müssen, kann dies durchaus an einem nicht optimal disponierten Sänger liegen.

Diese lebenslange Verbindung stimmlicher Äußerung mit Emotion und Muskelspannung ist Grundlage der Arbeit mit den averbalen Ausdrucksformen von Musik und Bewegung. Ton, Klang, Geräusche mit Atem, Stimme und Instrument und die averbalen Dialogformen gestalteter Bewegung werden zum Material auch der rationalen Auseinandersetzung. Unabhängig ob mit diesem Material am Musikinstrument oder in räumlich-choreografischer Form gespielt wird, immer ist das aktive Handeln, die inhaltliche Bewegung Grundlage auch der geistigen Auseinandersetzung. Bewegungen als sichtbarer Teil des Geschehens können allgemein verbindlich interpretiert werden. Sie werden als konkretes Material, welches mit Emotionen und individuellen Vorstellungsinhalten verbunden bleibt, zu einem wichtigen Bestandteil der Erarbeitung musikalischer Werke.

Die Dialogpartner Musik und Bewegung sollen mit dem Anspruch einer Auseinandersetzung auf kulturellem bzw. künstlerischem Gebiet miteinander verknüpft werden (Meyer-Kalkus 2007: 79ff.). Im Vordergrund steht ein Verständnis von Musik als Ausdrucksform innerer Bewegungen. Für diese müssen Übersetzungsschlüssel gefunden werden, sodass mit Bewegungshandlung im Raum oder mit Bewegungsgesten nachvollziehbare Entsprechungen einer musikalischen Aussage entstehen, über die man sich auch sprachlich austauschen kann. Schließlich übermittelt ein Dirigent beim klassischen Konzert mit seinen Bewegungen nicht allein die musikalischen Gestaltungselemente eines Werkes, sondern gerade auch die emotionalen Inhalte. Er muss also über einen Übersetzungsschlüssel verfügen, mit dem er sie als Ausdruck in seine Ganzkörperspannung und die peripheren Dirigierbewegungen überträgt, die wiederum vom Orchester verstanden werden müssen. Die sehr individuellen Unterschiede im körperlichen Ausdruck werfen ein Licht auf den Reiz, aber auch auf Schwierigkeiten bei der Übertragung sowohl musikalischer als auch emotionaler Elemente in Bewegung.

Musikpädagogen benötigen für einen in diesem Sinne differenzierten Einsatz der Bewegung ausreichend Kenntnisse und Erfahrungen auf weiteren Gebieten, wie z.B. allgemeine Pädagogik, spezielle Themenstellungen der Physiologie und Sportwissenschaft sowie Psychologie, Neurowissenschaften und Kunst.

Lernprozesse bei Musik einseitig der Ratio zu überlassen, hat zur Folge, dass die von Musik angesprochenen und ausgelösten Emotionen mit hoher Wahrscheinlichkeit in gesellschaftlich anderen Zusammenhängen und Situationen ausgelebt werden und damit auch dem Missbrauch beste Chancen eröffnen.

MOTORIK VERSUS BEWEGUNGSHANDLUNG

Komplexe Bewegungshandlungen haben in der neuesten Forschung (Neuweiler 2008: 176ff., 199ff.; Rizzolatti/Sinigaglia 2012: 122ff.) eine weit höhere Bedeutung für kognitive Prozesse, für Kreativität, Fantasie, Intuition und auch unsere soziale Kompetenz, als sie in der heute stattfindenden musikpädagogischen Praxis berücksichtigt werden. Dabei geht es nicht um reine Motorik, wie z.b. beugen und strecken, öffnen und schließen usw. oder um Bewegungsarten wie gehen, laufen, hüpfen, schwingen ... also nicht um Zweckbewegung, wie wir sie aus dem Alltag kennen, sondern es geht um Bewegungs*handlung*, d.h. um »motorische Akte« (ebd.: 130ff.; Oesterhelt-Leiser 2014: 257ff.), die sich folgendermaßen konstituieren:

- Visuelle und auditive Wahrnehmungen werden in »potentielle motorische Akte« transformiert, die im Verlauf von Lernprozessen individuell im »Wörterbuch der Akte und als motorisches Wissen« (Rizzolatti/Sinigaglia 2012: 132) aufbewahrt werden. Eine entscheidende Rolle spielen dabei die *Spiegelneurone* (Oesterhelt-Leiser 2014: 264ff.). Dies bedeutet, je größer die Erfahrung der Beteiligten mit eigenen und fremden Bewegungshandlungen ist, desto vielfältiger und reicher ist das Repertoire an motorischen Akten und motorischem Wissen, und desto schneller und flüssiger werden sensorische Informationen entschlüsselt und können in eigene Handlungen umgesetzt werden.
- Ein reiches Repertoire motorischer Akte und die Spiegelneurone genügen jedoch nicht. Notwendig ist ein *System der Kontrolle*. Fördernde und hemmende Neurone wirken mit bei der Entscheidung zu handeln oder die Handlung zu unterdrücken. Das Beobachten bekannter Bewegungshandlungen, auch solcher mit Musik, aktiviert zwar entsprechende Regionen zur Ausführung dieser Handlungen im Gehirn, setzt diese aber nicht unbedingt in Handlung um. Der Geigenlehrer, der seinen Schüler genau beobachtet, übt also eine anstrengende Tätigkeit aus, muss das, was er sieht, mithilfe seiner gespeicherten motorischen Akte und ebensolchem Wissen auf diesem Gebiet analysieren und es dann in pädagogisches Verhalten umgestalten. Alle Bewegungsformen des Alltags, Sportarten, Tanzstile und vieles mehr, womit wir Erfahrungen gesammelt haben, werden in uns beim Beobachten dieser Bewegungen aktiviert (Rizzolatti/Sinigaglia 2012: 141ff.).
- *Lernen durch Nachahmung* nimmt in der menschlichen Entwicklung einen breiten Raum ein und beruht auf dem Prinzip der Spiegelneurone. Die zwei Arten der Nachahmung (ebd.: 144ff.) sind:
  a. Bei beobachteten Abläufen: zum Beispiel beim Lernen einer Schrittfolge oder den Spielbewegungen auf einem Instrument wird das Beobachtete motorisch codiert und damit abrufbar. Wird der Gesamtzusammenhang der Elemente, also die endgültige Gestalt vom Beobachter verstanden, kann sie bei eigenen Aktionen verändert werden, bspw. in Bewegungsgröße, Dynamik oder Tempo.
  b. Das Erlernen eines neuen unbekannten Handlungsmusters erfordert die Integration von zwei Prozessen: Der Beobachter zerlegt die Handlung in Ein-

zelelemente, die bereits zu seinem *motorischen Wortschatz* gehören, und setzt sie zu einer Abfolge so zusammen, dass sie dem Vorbild möglichst ähnlich ist. Diese Form der Nachahmung ist besonders interessant bei ersten Lernschritten auf einem Musikinstrument oder wenn es um körper- oder raumchoreografische Umsetzung musikalischer Phrasen oder des Gesamteindrucks eines musikalischen Werks in räumliche Bewegung geht. Für das Verständnis musikalischer Zusammenhänge und für die Analyse musikalischer Werke bietet sich die musikalische und bewegungsmäßige Improvisation im Wechselspiel als ideale Aktionsform an. Elemente eines Werks können aufgegriffen, variiert, neu kombiniert werden.
- Beim Musizieren, unabhängig davon, ob mit einem Musikinstrument oder durch Körperbewegung, mit und ohne Fortbewegung im Raum, ist der Körper als Instrument abhängig von *motorischen Akten*, die mehr sind als rein funktional-motorische Bewegungen. Als Handlungen hängen beide Ausdrucksbereiche von komplexen, inhaltlich aufeinander bezogenen Bewegungssequenzen ab.
- *Bildhafte Vorstellungsinhalte*, die den Sachverhalt treffen und das Individuum ansprechen, beschleunigen die Umsetzung beobachteter Handlungen, sofern diese als motorische Akte codiert und für den Ausführenden das Ziel bzw. die Endgestalt verstehbar ist. Dies betrifft z.B. die Tongebung, Schnelligkeit bei Läufen, rhythmische Genauigkeit, Phrasierung, Artikulation, Vortragsweise, Zusammenspiel u.a.m. Visuelle, auditive, taktile, kinästhetische, psychische und soziale Informationen werden motorisch gespeichert.
- Wird die Beobachtung einer *Bewegungshandlung* anschließend in *eigene Aktion* übertragen, werden deutlich mehr Neurone aktiviert, d.h., diese Aktionen beginnen auf einem höheren Aktivitätsniveau.
- Ein kurzes *Innehalten* vor der eigenen Aktion ist effektiver für die Handlung, gleichgültig ob sie genau oder nur ähnlich sein soll (Rizzolatti/Sinigaglia 2012).

MUSIK IST BEWEGUNG AUF MEHREREN EBENEN

Zeit können wir nur erleben, wenn sich in ihr etwas ereignet. Als Hörer musikalischer Werke nehmen wir emotional, gedanklich und ideomotorisch teil an Ereignissen im Zeitverlauf, die durch Rhythmus, harmonische und dynamische Veränderungen und Wechsel von Geschwindigkeiten als Ereignis innerer Bewegung erlebbar werden.

Bei meinen zahlreichen Tätigkeiten als Musikpädagogin mit der Einbindung Dalcroze'scher Ideen, mit meinen Verpflichtungen an Schauspielschulen und Theatern haben mich besonders die Bedingungen der *psychophysischen Handlung*

(Stanislawski 1950; Toporkow 1952; Stanislawski 1958) und der Begriff der *Situation*[4] intensiv beschäftigt. Interaktionen bei Musik und Bewegung sind ohne diese beiden Begriffe nicht denkbar, wozu auch die unauflösbare Verbindung von Psyche und Physis gehört. Ein Mensch, der musikalisch und nonverbal in Bewegung handeln soll, zeigt sich immer als ganze Person und will als solche angesprochen werden. Grund genug, innere Vorstellungen, individuelle Ideen und emotional Erlebtes in Bewegungsaktion und musikalische Situation zu integrieren.

Ein einfaches Beispiel soll dies verdeutlichen:
Zu hören ist ein gleichbleibendes, unveränderliches Klangband, das keine rhythmischen Kennzeichen trägt und dynamisch unverändert ohne Pausen durchläuft, z.B. durchgehendes Wischen auf einem Paukenfell oder ein gleichmäßiges Rollen einer Kugel am Rand einer umgedrehten Rahmentrommel oder Tremolo auf Becken oder Gong, um nur einige Beispiele zu nennen. Einer Gruppe von Erwachsenen wird die Situation erläutert, die zum Handeln auffordert: Nach kurzem Einhören soll man sich gemäß diesem gleichbleibenden Klangband bewegen. Bewegen heißt hier: am Ort oder im Raum eine Entsprechung finden. Im weiteren Verlauf kann die Bewegung zu diesem Klangband durch Innehalten unterbrochen werden oder mit eigenen, auch gegensätzlichen Aktionen durchsetzt werden. Sehr bald schon füllen die Agierenden diesen relativ ereignisfreien monotonen Zeitverlauf mit eigenen Ideen: Betonungen, Rhythmisierung, Bewegungsmotive am Ort und im Raum, Pausen, Tempo- und Artikulationswechsel und ein intensiver individueller Einsatz prägen die Bewegungsaktionen, die in weiteren Situationen auch als stimmlich-musikalische Aktionen oder auf selbstgewähltem Instrumentarium vorstellbar sind.

Der Erfahrungsaustausch über die *Ereignisse* bei dieser *Versuchsanordnung* bezieht sich auch auf den eingangs erwähnten Satz: Zeit können wir nur erleben, wenn sich in ihr etwas ereignet. Die Situation ist gekennzeichnet durch eine Handlungsaufforderung mit Alternativen. Die Versuchsanordnung zeigt, dass im Gegensatz zur sonstigen Dichte musikalischer Ereignisse hier musikalisch gesehen sich nichts oder fast nichts bewegt. Das Bedürfnis der agierenden Teilnehmer/innen ist jedoch, *dass* etwas geschieht und die individuellen Aktivitäten werden zum Partner eines Dialogs mit dem Gehörten.

---

4 Der Begriff Situation steht hier für das Handeln einer Person in Bezug auf konkrete und bewusst wahrgenommene Vorgaben bezüglich der Parameter von Musik und Bewegung und der sechs Kernelemente (Erläuterung erfolgt an anderer Stelle dieses Beitrags). Diese Bedingungen stellen den Rahmen für Verhalten und Handlung der TN dar und sollen ergebnisoffen motivieren.

In der Arbeit mit Musik und Bewegung sind bei der Entwicklung solcher Versuchsanordnungen, welche eine Situation definieren, der Fantasie des Leiters/der Leiterin (L) kaum Grenzen gesetzt.

Solange eine Person die Bedingungen einer Situation nicht kennt, hat sie bei der Aufforderung averbal zu agieren keine Anhaltspunkte, fühlt sich alleingelassen in einem Meer von Verhaltens- und Handlungsmöglichkeiten. Mit präzisen Angaben zur körperlichen Situation jedoch findet eine Fokussierung der Aufmerksamkeit statt. Zur Klärung einer körperlichen Situation mit dem Ziel in einer musikalisch-inhaltlichen Situation zu ›handeln‹, gehören bspw. folgende Angaben bzw. Entscheidungen: Wo, an welcher Stelle im Raum befinde ich mich – mit welcher Ausrichtung im Raum – welcher Körperhaltung bzw. Formung der Wirbelsäule in ihren einzelnen Segmenten. Wie steht es mit der Gewichtsverteilung – mit Körperspannung – mit Kopfhaltung und Blickrichtung – Position von Armen und Beinen – Haltung und Ausrichtung der Hände und Finger und anderes mehr. Durch Kombinationen, Erweiterungen und Präzisierungen und durch freie Wahlmöglichkeiten ergeben sich zahlreiche Varianten. So klärt sich für alle Teilnehmer/innen (TN) die individuelle Situation.

Ein weiteres Beispiel:
Einige wenige rhythmische Motive werden auf Fellinstrumenten mit dynamischen und artikulatorischen Veränderungen gespielt und sollen sichtbar oder/und hörbar in Bewegung übertragen werden.

Im Rahmen der musikalischen Situation kennzeichnet die Wahlmöglichkeit folgender Vorgaben für eine Ausgangsposition die *körperliche Situation*:

- Sitzend auf einem Hocker in erhöhter Körperspannung, Gewicht mit Tendenz nach vorne, Blick offen nach außen, liegt eine Handfläche auf einem Oberschenkel, die andere am Rand der Sitzfläche, ein Fuß ist in der Luft.
- Stand leicht gebeugt, bei mittlerer Körperspannung, Gewicht gleich verteilt auf beiden Füßen, Knie leicht gebeugt, Blick gesenkt. Bewegung auf begrenzter Fläche (Kreide) mit der Vorstellung, der Boden sei ein bespielbares Fellinstrument.

Die jeweilige Ausgangsposition beeinflusst als körperliche Situation das Bewegungsmaterial und die intrapersonelle Kommunikation. Wird die Aufgabe erweitert zu interpersoneller Improvisation zwischen Bewegenden bzw. zwischen solistischer Bewegung und musikalischer Aktion, werden die explorierten Bewegungen und das bereits bekannte rhythmische Material zum Inhalt der neuen Situation.

Wurde das improvisatorisch verwendete rhythmische Material einem musikalischen Werk entnommen, stützt sich das anschließende erste Hören auf Bekanntes, es löst Assoziationen, Widersprüche, Fragen aus, wie z.B.:

- Kann ich die komplexen musikalischen Ereignisse intuitiv verstehen und mich spontan dazu bewegen oder entscheide ich mich für einen einzelnen musikalischen Aspekt?
- Ist mein bereits vorliegendes Bewegungsmaterial tauglich?
- Was teilen mir die musikalischen Ereignisse über Körperspannung und Körperverhalten, über Bewegungsansatz und ganz- oder teilkörperliches Bewegen, über Bewegungsgröße, Bewegungsebene, Raumwege und -richtungen, Tempo und Rhythmus, Dynamik, Artikulation und Phrasierung usw. mit?
- Welche Körperhaltungen und Bewegungsverläufe kann ich mir analog zu den musikalischen Ereignissen vorstellen?
- Kann ich meine Bewegungshandlungen mit denen anderer verbinden, gibt es Ähnlichkeiten im Bewegungsmaterial oder im Körperverhalten und damit Verständigungsmöglichkeiten?

Anschließend sorgen andere Bedingungen für neue Situationen und können interaktiv solistisch oder mit Partner(n) zur weiteren Erkundung genutzt werden. Im Rollenwechsel von Musik und Bewegung tauschen sich die Akteure gegenseitig aus über Gemeinsamkeiten und Unterschiede, über Spielformen und Bewegungen, Art und Qualität des Zeitverlaufs, Gefühle, Gedanken und Assoziationen, über das Instrumentarium, über Körpersprache, Können und Präsenz.

KERNELEMENTE EINER SYSTEMATISCHEN BETRACHTUNG DER RHYTHMIK-PRAXIS

Jeder Mensch bildet gemäß dem Prinzip der Autopoiese (Oesterhelt-Leiser 2014: 258f.) im Lauf seines Lebens in seiner Struktur etwas individuell Besonderes aus und entscheidet, zu welchen Veränderungen es in ihm kommt. Verhalten, Emotion, Kognition und bewusste wie unbewusste psychologische Prozesse sind darin dynamisch vernetzt. Bedingung dafür ist die Möglichkeit für das Individuum, eine Beziehung zum Objekt der Auseinandersetzung herzustellen und damit dem Geschehen im Arbeitsprozess eine subjektive Bedeutung zu geben (Schubert 2015: 423f.).

Für die gleichberechtigte dialogische Ausbildung musikalischer und körperlicher Interaktion habe ich eine umfassende Systematik der Studienrichtung Musik und Bewegung/Rhythmik an der *Hochschule für Musik und Tanz* in Köln entwickelt, mit

Übertragungsmöglichkeit auf eine der Rhythmik angemessene Körper- und Bewegungsbildung. Die Systematik wurde über mehrere Jahrzehnte praktisch erprobt; bis heute wurde sie nur in Ausschnitten veröffentlicht (Oesterhelt-Leiser 2014).

Für Planung und Analyse der pädagogischen Prozesse im Verständnis ›psychophysischen Handelns in Situationen‹ haben sich sechs Kernelemente und weitere Subelemente bewährt, die im Folgenden aufgelistet und kurz erläutert werden, um zum besseren Verständnis meiner bisherigen Ausführungen und Schlussfolgerungen beizutragen.

Eine Auffächerung in vier Aspekte der Betrachtung sowohl des Unterrichtsgeschehens als auch der vernetzten Funktionsweise menschlicher Handlungen bildet das erste Kernelement. Es soll als übergeordneter Bestandteil der Systematik näher erläutert werden.

I. Vier Aspekte der Rhythmik:
1. morphologischer Aspekt
2. neurophysiologischer Aspekt
3. anthropologisch-psychologischer Aspekt
4. kommunikativ-interaktiver Aspekt

1. Morphologischer Aspekt: Hierzu gehören Elemente in Musik und Bewegung, die sich konkret über alle Bereiche der Wahrnehmung annähernd objektiv beobachten, messen und beschreiben lassen, wie z.B.

- Gliederung, Struktur, und Gesetzmäßigkeit von Formen, Figuren und Gestalten. Aufbau und Verlauf in Raum und Zeit – Krafteinsatz und Energie.
- Körper- bzw. Spieltechniken mit Funktionen des Bewegungsapparates (Muskeln und Gelenke), sowie Themen wie: Gewichtsverteilung und Haltungsaufbau, Genauigkeit und Wiederholbarkeit statischer Positionen und dynamischer Bewegungsformen und -motive.
- Musikalische Formprinzipien, Merkmale und Verlauf bei Melodik, Rhythmik, Agogik, Dynamik und Harmonik.
- Satztechniken, Kompositions- und Improvisationsprinzipien.

2. Neurophysiologischer Aspekt: allgemeine und spezielle Leistungen des zentralen und peripheren Nervensystems, insbesondere im Zusammenhang mit sensomotorischen Voraussetzungen und Fähigkeiten. Im Mittelpunkt steht die Bahnung bzw. Veränderung von Bewegungsabläufen und -verhalten, ausgelöst durch die exterozeptive Wahrnehmung (Hören, Sehen und Tasten) als auch die interozeptive Wahrnehmung (aus und von eigenen Körpersegmenten).

Themen für Musik und Bewegung:

- Bewusstmachen der Ursachen einer nicht zielführenden muskulären Reaktion und Koordination sowie deren Korrektur.
- Planung, Koordination und Kombination vielschichtiger Bewegungen (inneres Vorstellen und Antizipieren) sowie steuerndes Eingreifen (korrigieren).
- Rückgriff auf motorische Akte und Bewegungsmuster beim Entwickeln neuer oder ungewohnter Bewegungsabläufe.
- Automatisierung von Bewegungsabläufen.

Beim Instrumentalspiel geht es bspw. um die Verbesserung von Körperhaltung und Spieltechnik, im Einzelnen um Themen wie Bewegungsfluss, Bedingungen für den Zusammenhang von Atem und Bewegung, Bogenführung, Anschlag, Schlagtechnik und anderes mehr.

3. Der anthropologisch-psychologische Aspekt versteht den Menschen bei allen Handlungen und Verhaltensweisen als sich selbst regulierendes (autopoietisches) System im Hinblick auf sein schöpferisches Potential und Kriterien der Ästhetik. Individuelle Gestaltung und persönlicher Ausdruck vor dem Hintergrund von Erlebnisfähigkeit und Fantasie, werden in einen intrapersonellen Dialog gebracht.

Zu denken ist dabei an:

- Assoziationsvermögen und intuitive Fähigkeiten
- Sensibilisierung und Differenzierung der verschiedenen Wahrnehmungsbereiche untereinander (visuell, auditiv, kinästhetisch)
- bildhaftes Vorstellen
- intrinsische Motivation
- Spontaneität und Selbstkontrolle

4. Der kommunikativ-interaktive Aspekt hat die interpersonelle Kommunikation zum Inhalt. Selbst- und Fremdwahrnehmung, Partner- und Gruppenkontakte stehen bezüglich Frustrations- und Ambiguitätstoleranz im Vordergrund. Je nach Aufgabenstellung sollen besonders bei prozessbezogenen Aktionsformen wie Spiel, Improvisation, Gestaltung, Gespräch, Entscheidungen im Spannungsfeld von Initiative und Anpassung, Spontaneität und Planung, Flexibilität und Perseveration getroffen werden.

II. Zehn Aktionsformen strukturieren die unterschiedlichen Phasen eines Arbeitsprozesses und mobilisieren die Fähigkeiten der Teilnehmer/innen im Rahmen der vier Aspekte: *Exploration – Experiment – Spiel – Übung – Beobachtung – Gespräch – Inneres Vorstellen/mentale Technik – Reflexion – Improvisation – Komposition.*

III. Vier Wege der Aneignung: Um sich beim Lernprozess etwas anzueignen, ist die Nähe des Individuums zur Materie eine Grundbedingung für den Erfolg: *Körperliches Bewegen – emotionales Durchleben – intuitiv-anschauliches Denken – diskursives/rational-begriffliches Denken.*

IV. Vier Bereiche der Verarbeitung: Reihenfolge, Gewichtung bzw. Balance bei der Verarbeitung sollte von L der Situation und den Individuen entsprechend flexibel gehandhabt werden: *Verstehen (emotional und rational) – Können – Wissen – Gestalten.*

V. Sozialformen: Ihre Wahl bezieht sich auf den Lerninhalt und die Kernelemente I. bis IV.: *Solo – Partner – Gruppe.*

VI. Technik des Wanderns ist zu verstehen als ein Wandern zwischen den übrigen Kernelementen bzw. ihren Unterelementen, welche dem Prinzip der dynamischen Vernetzung unseres Systems im Sinne eines lebendigen Lernens gerecht wird und Pädagogen/innen Wachheit bezüglich ihrer Flexibilität abfordert.

Die ›Technik des Wanderns‹ betrachte ich ausdrücklich als sechstes Kernelement, da es hier nicht um einen Methodenwechsel geht, sondern um die Vernetzung situativ anstehender künstlerischer Prozesse. Mit der ›Technik des Wanderns‹ ist es besonders der Wechsel zwischen den ersten fünf *Kernelementen* und allen Wahrnehmungsbereichen, der geeignet ist, Musik und Bewegung als Bezugssystem in seiner Komplexität zu bearbeiten.

Für ästhetische Gesichtspunkte musikalischer und körperlicher Gestaltung bietet die Anwendung der *Gestaltgesetze* wertvolle Anhaltspunkte.[5]

Des Weiteren sollte Musikpädagogen/innen, gleichgültig mit welchem Schwerpunkt,ein großes Repertoire zur Verfügung stehen von Listen und Vorlagen aus verschiedenen Bereichen, wie z.B.: *Gedichte/Texte – Objekte – Vortragsbezeichnungen – Notenfenster – Musikbeispiele – Bildmaterial – Vorstellungsinhalte – Feldgeschichten[6] – Ausgangspositionen – Verhaltensweisen für Körper und Be-*

---

5   Vgl. Oesterhelt-Leiser 2014: 260f.
6   Eine Feldgeschichte besteht aus Einzelelementen in Wort oder Bild, die den Rahmen für bewegungsmäßige und/oder musikalische Aktionen abgeben. Die bruchstückhafte

wegung – Bewegungs- und Fortbewegungsarten – Spielformen und -ideen für Musik und Bewegung.

Bei einer Tätigkeit als Musikpädagoge bzw. Musikpädagogin ist die Qualität der eigenen Erfahrungen bei Interaktion und Situation der Dialogpartner Musik und Bewegung ausschlaggebend. Sobald Kinder gehalten sind, sich in Mustern oder in Vorgaben mit zu geringem Spielraum zu bewegen, wird Musik, provokant formuliert, als Diktatur der Emotion empfunden. Um dies zu vermeiden, ist für die methodische Praxis die Balance zwischen präzisen Angaben, Ideen der Teilnehmer/innen und deren eigener Entscheidung wesentlich. Spätestens wenn Kinder das Mitmachen verweigern und spürbar Widerstand leisten, ist es an der Zeit, andere Verhaltensweisen für Bewegung und Musik ins Spiel zu bringen, welche Kontrast oder Variation zulassen. Ein großes Repertoire an methodischen Möglichkeiten, Ideen, Varianten und Kombinationsmöglichkeiten und natürlich die Anwendung der beschriebenen psychophysischen Rahmenbedingungen sind Voraussetzung, wenn es um ein *Für-sich-Entdecken* und damit ein besonderes Verständnis von Musik geht, bei dem die gestaltende Kraft der Bewegung eine wesentliche Rolle spielt.

MAURICIO KAGEL: *RRRRRRR... 5 JAZZSTÜCKE* (3. STÜCK: *REEDS*)

Abschließend soll ein praktisches Beispiel mit improvisationserfahrenen und musikalisch vorgebildeten Erwachsenen zeigen, wie ein möglicher Weg aussehen kann. Ausgehend von Mauricio Kagels *Rrrrrrr ... 5 Jazzstücke* – 3. Stück: *Reeds* f. Bassklarinette/Altsaxophon und Klavier (Abb. 1) wird nachfolgend eine Unterrichtseinheit skizziert.

Kennzeichen der Komposition sind: Synkopen durch Überbindungen und Pausen auf eigentlich unbetonten Taktzeiten des 2/4-Taktes; die Off-Beats sind wegen des hohen Tempos kaum wahrzunehmen. Die ständigen Wechsel der rhythmischen Gruppierungen sind nicht vorhersehbar, der Charakter in *Teil A*: »fast« ist rau, deftig, sprunghaft, hektisch, flirrig, abgerissen ... unterbrochen von Zäsuren. *Teil B*: »slow« ist ruhig, weich, fragend, legato, ... Tempo- und Dynamikunterschiede zwischen den Teilen »fast« und »slow« sind deutlich.

Reihung regt das individuelle Gestaltungspotential an. Die Reihenfolge des unvollständigen Gefüges kann geändert bzw. ergänzt werden im Hinblick auf ein plausibles Ganzes mit eindeutigem Charakter. Zwei Beispiele: 1) etwas stockt laufend – winkelt sich – ich warte; 2) hier und da ein Stuhl – Gekipptes – wo bin ich.

Abbildung 1: »Rrrrrrr ... 5 Jazzstücke« - 3. Stück: »Reeds« von Mauricio Kagel

Quelle: © 1981 Henry Litolff's Verlag

Einstieg:
Entwicklung von Bewegungsmaterial für die zwei Vortragsbezeichnungen: »fast« (A) und »slow« (B):

- Der Leiter/die Leiterin (L) improvisiert musikalisch auf Percussion-Instrumenten und lehnt sich dabei in Charakter, Lautstärke, Tempo, Rhythmisierung, Artikulation und Ausdruck an die Teile A und B an, unterbrochen von Pausen.
- Die Teilnehmer/innen (TN) entwickeln in der Bewegung Motive, die der Musik entsprechen. Musikalische Merkmale sollen sichtbar werden. Im Gespräch folgt ein Austausch über Eindrücke.
- Wiederholung der musikalischen Improvisation, aber die Teile »fast« und »slow« werden durch Generalpausen deutlich voneinander getrennt. Die TN führen in den Generalpausen wahlweise:
  - spontan ihre Motive ohne Musik weiter
  - nehmen ihr zweites Motiv vorweg
  - pausieren

Tempowahl frei und spontan

Eigene Improvisationskonzepte nach Vorlagen wahlweise:

a. Vorstellungsinhalte:
- ein verrückt gewordener Propeller
- hängengeblieben
- wie von der Tarantel gestochen
- verloren
- los, los!
- wehmütig, aber mit Augenzwinkern

b. Feldgeschichte:
Eine kleine aufgeputschte Terz zappelt chromatisch hin und her, verliert an Kraft, bäumt sich auf, war da was?

c. Notenfenster A (Abb. 2) und B (Abb. 3) aus *Reeds*:
- Zu Paaren wird aus den Vorlagen gewählt, evtl. kombiniert. Jedes Paar entwickelt im Gespräch ein Konzept für musikalische Improvisation; Instrumentenwahl frei.
- Alle Konzepte werden vorgespielt und bei Wiederholung evtl. von Bewegenden mit den in Phase 1 gefundenen Bewegungsmotiven kombiniert.
- Zuhörende TN beobachten, machen Notizen. Austausch im Gespräch über Merkmale und Ähnlichkeiten/Unterschiede.

Abbildung 2: A: Fast (♩= 128-132)

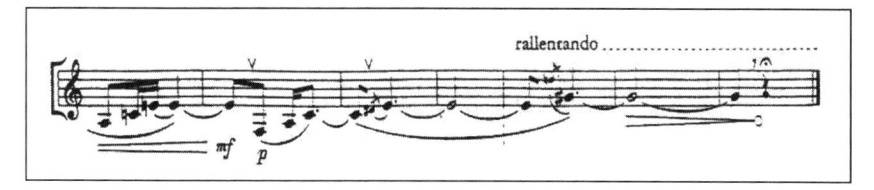

Quelle: © 1981 Henry Litolff's Verlag

Abbildung 3: B: Slow (♩= ca. 58)

Quelle: © 1981 Henry Litolff's Verlag

Vergleichende Aktionen:
- *Reeds* wird bis Takt 46 gehört, ohne die Schlusstakte mit Klavier.
- Zur eingespielten Musik bis Takt 46 soll das Bewegungsmaterial aus dem Einstieg verwendet oder angepasst werden.
- Zuschauende und bewegende TN tauschen sich aus, dabei kann auch ein Vergleich mit der Improvisation aus dem Einstieg auf Percussion-Instrumenten und den musikalischen Improvisationskonzepten sinnvoll sein.

Sonderrolle der Schlusstakte:
- *Reeds* anhören bis Takt 46.
- In Kleingruppen ein musikalisches Konzept mit dem Notenfenster B für »slow« entwickeln, wahlweise kombinieren mit geeigneten Teilen der Feldgeschichte oder der Vorstellungsinhalte mit dem Ziel, einen plausiblen Schluss zu finden.
- Alle Konzepte als Improvisation vorspielen.
- Hörend vergleichen mit dem originalen Schluss von *Reeds* (Takte 46-48).
- Reflexion, Notizen und Austausch im Gespräch über Fakten und subjektive Erfahrungen.

Aspekte: In diesem Praxisbeispiel dominiert der morphologische Aspekt. Die in der Musik vorgefundenen Strukturen werden sowohl in eine andere Instrumentierung als auch in die Bewegung transformiert. Der anthropologische Aspekt tritt immer dann in den Vordergrund, wenn die Fantasie sowie musikalischer und bewegungsmäßiger Ausdruck wirksam werden. Der interaktiv-kommunikative Aspekt spielt sowohl eine Rolle zwischen L und den TN, als auch bei den Partner-Settings und Gruppenimprovisationen.

Aktionsformen: Verschiedene Aktionsformen kommen zum Tragen: Beobachtung, inneres Vorstellen, Exploration, Improvisation, Reflexion und Gespräch. Außer Komposition sind alle Aktionsformen vertreten, wobei Experiment, Übung und Exploration als Voraussetzung der übrigen Aktionsformen auftreten.

Aneignungswege: In den verschiedenen Settings dominiert die Aneignung durch körperliches Bewegen, begleitet vom intuitiv-anschaulichen und diskursiven Denken.

Verarbeitungsbereiche: Emotionales und rationales Verstehen werden gleichermaßen angeregt sowie Können und Gestalten.

Sozialformen: Gruppe, Partner

Technik des Wanderns: In den unterschiedlichen Settings ist schon bei der Planung ein Wechsel zwischen den fünf ersten Kernelementen berücksichtigt. In der Durchführung ist das ›Wandern‹ zwischen dem morphologischen und anthropologischen Aspekt immer dann situativ notwendig, wenn entweder stringent an den vorgegebenen Strukturen der Kagel-Komposition gearbeitet wird oder der Fantasie- und Ausdrucks-Anteil der Improvisationen im Vordergrund steht.

Dieser Weg kann eine Brücke zum Verständnis der übrigen Stücke aus *Rrrrrrr …* sein oder den Zugang zu weiteren Kompositionen Mauricio Kagels erleichtern. Auch stilistische Vergleiche mit Jazz oder Werken mit weiteren Blasinstrumenten sind naheliegend.

 Erfahrung mit Varianten und Kontrasten bei Kompositionstechnik, Instrumentierung, Dynamik, Vortragsbezeichnung und Notenmaterial gehören zur Arbeitstechnik spielerischer Aktivitäten im elementaren Bereich mit Laien, gleichgültig ob mit Jugendlichen, jungen, mittleren oder interessierten älteren Erwachsenen. Die unauflösbare Verbindung von Psyche und Physis und allem, was mit »motorischer Intelligenz« und »motorischen Akten« als Qualität verbunden ist, verlangt nach einer musikpädagogischen Praxis, welche kreatives und ein von Neugier durchdrungenes Verhalten in den Mittelpunkt ihrer Bemühungen stellt und dabei die Koppelung von Musik und Bewegung als Bewegungsvorgang auf mehreren Ebenen begreift.

Die hier dargelegte Praxis wird in der aktuellen (elementaren) musikpädagogischen Praxis an Schulen und Musikschulen, welche die Bewegung lediglich als Mittel zum Zweck und nicht im Sinne individueller Handlungen einsetzt, immer noch kaum berücksichtigt. Der unterschätzte gleichberechtigte Dialog zwischen Musik und Bewegung bedeutet, dass der Körper in der beschriebenen Weise in seiner Rolle als Musikinstrument von weiten Teilen der Musikpädagogik noch zu entdecken ist.[7]

LITERATUR

Azémar, Jacqueline (1978): »Motorische Tätigkeit und kognitive Entwicklung«, in: Bundesinstitut für Sportwissenschaft (Hg.): Motorik im Vorschulalter. Wissenschaftliche Grundlagen und Erfassungsmethoden 2. Aufl., Schorndorf: Karl Hofmann, S. 47-55.
Bauer, Joachim (2012): Das Gedächtnis des Körpers, 19. Aufl., München/Zürich: Piper.
Burghardt, Daniel (2014): Homo spatialis, Weinheim/Basel: Beltz Juventa.
Lapierre, André (1978): »Die psychomotorische Erziehung, Grundlage jeder Vorschulerziehung«, in: Bundesinstitut für Sportwissenschaft (Hg.): Motorik im Vorschulalter. Wissenschaftliche Grundlagen und Erfassungsmethoden, 2. Aufl., Schorndorf: Karl Hofmann, S. 42-46.
Leiser, Holmrike (1985): »Die Bedeutung der Bewegung für die Entwicklung des Vorschulkindes«, in: Karl-Heinz Zarius (Hg.): Musikalische Früherziehung. Grundfragen und Grundlagen, Mainz: Schott, S. 75-93.
Leiser-Maruhn, Holmrike (2007): »Rhythmik«, in: Ludwig Finscher (Hg.): Die Musik in Geschichte und Gegenwart. Allgemeine Enzyklopädie der Musik, begründet von Friedrich Blume, Sachteil Bd. 8, 2. Aufl., Kassel u.a.: Bärenreiter, S. 252-257.
Meyer-Kalkus, Reinhart (2007): »Motorische Intelligenz beim Komponieren«, in: György Ligeti/Gerhard Neuweiler: Motorische Intelligenz. Zwischen Musik und Naturwissenschaft, hg. von Reinhart Meyer-Kalkus, Berlin: Wagenbach, S. 79-102.

---

7 Der hier abgedruckte Beitrag ist angelehnt an den Zeitschriftenaufsatz Oesterhelt-Leiser 2015: 11-18.

Neuweiler, Gerhard (2008): Und wir sind es doch – die Krone der Evolution, Berlin: Wagenbach.

Nitzschke, Bernd (2006): »Frühe Formen des Dialogs. Musikalisches Erleben – Psychoanalytische Reflexion«, in: Bernd Oberhoff (Hg.): Psychoanalyse und Musik, 2. Aufl., Gießen: Psychosozial-Verlag, S. 313-323.

Oesterhelt-Leiser, Holmrike (2014): »Bewegungsimprovisation – Ein Konzept«, in: Marianne Steffen-Wittek/Michael Dartsch (Hg.): Improvisation – Reflexionen und Praxismodelle aus Elementarer Musikpädagogik und Rhythmik (ConBrio Fachbuch 18), Regensburg: ConBrio, S. 229-271.

Oesterhelt-Leiser, Holmrike (2015): »Was uns bewegt«, in: Diskussion Musikpädagogik 65, S. 11-18.

Rizzolatti, Giacomo/Sinigaglia, Corrado (2012): Empathie und Spiegelneurone. Die biologische Basis des Mitgefühls, 4. Aufl., Frankfurt a.M.: Suhrkamp.

Schubert, Christian (2015) (Hg.): Psychoneuroimmunologie und Psychotherapie, 2. Aufl., Stuttgart: Schattauer.

Stanislawski, Konstantin S. (1950): Ethik, Berlin: Henschel.

Stanislawski, Konstantin S. (1958): Theater, Regie und Schauspieler, Hamburg: Rowohlt.

Tenbrink, Dieter (2006): »Musik als Möglichkeit zum Ausdruck und zur Transformation präverbaler Erlebnismuster«, in: Bernd Oberhoff (Hg.): Psychoanalyse und Musik, 2. Aufl., Gießen: Psychosozial-Verlag, S. 453-469.

Toporkow, Wassili (1952): Stanislawski bei der Probe, Berlin: Henschel.

Vayer, Pierre (1978): »Die Person des Kindes in einer ganzheitlichen Erfassung«, in: Bundesinstitut für Sportwissenschaft (Hg.): Motorik im Vorschulalter. Wissenschaftliche Grundlagen und Erfassungsmethoden, 2. Aufl., Schorndorf: Karl Hofmann, S. 17-22.

Winnicott, Donald Woods (1973): Vom Spiel zur Kreativität, Stuttgart: Klett.

Rhythmus und Gestaltung

Dorothea Weise

»Das Milieu wechseln, immer auf dem Sprung,
das ist der Rhythmus.«
(*Deleuze 1992: 428*)

Von der seitlichen Brüstung ringelt sich das Band einer Filmspule ab und bildet glänzende Schlaufen am Boden. Die in sich kreiselnde Bewegung findet ihre Entsprechung in den ersten Takten des Orchesterwerks *Stille und Umkehr* aus dem Jahr 1970, eine der letzten Kompositionen des im selben Jahr verstorbenen Bernd Alois Zimmermann. Eine junge Frau betritt die Bühne von rechts. Sie wird mit ihren Schritten, dem durchgängig erklingenden Zentralton ›d‹ des Stückes folgend, eine weiträumige Spirale zur Raummitte hin zeichnen und wieder zurückführen. Dabei markiert sie mit einem rückwärts ausgeführten Schrittmotiv das ebenfalls unaufhörlich erklingende, von Zimmermann als Blues-Rhythmus bezeichnete Schlagzeugostinato. Ihre Arme vollführen eine sich variierende und gelegentlich expressiv gesteigerte Gestenfolge, die in Resonanz auf solistische Einwürfe und Ornamente verschiedener Instrumentengruppen wahrzunehmen ist. Ihr Körper bewegt sich trotz der Isolierung der Gliedmaßen und gleichzeitigen Gestaltung des Raumweges, alles bezogen auf die drei Schichten des Musikwerks, in einer fluiden Gesamtgestalt durch das knapp zehnminütige Stück. Durch das Aufeinandertreffen und Zusammenwirken verschiedener Rhythmen, Tempi und Klangflächen wird die Gegenwart auf eigentümliche Weise gedehnt und als »Präsenz der Zeit« (Zimmermann 1974[1]:

---

[1] B.A. Zimmermann war zum Zeitpunkt des Erscheinens seines Buches *Intervall und Zeit* bereits verstorben. Das Zitat stammt aus einer in diese Publikation aufgenommenen Werkeinführung Zimmermanns zu *Intercommunicazione per violoncello e pianoforte* aus dem Jahr 1967.

115) erlebbar.² Die Choreografie vollzieht das sich perpetuierende Klanggebilde auf strenge Weise mit, verbindet mittels sparsamer Gebärden Hören und Sehen zu einem oszillierenden Ereignis, in dem die komplexe Struktur des Musikwerks einfach und klar zu werden scheint. Die Akteurin auf der Bühne ist Rhythmikstudentin und zeigte ihre Bewegungsgestaltung als Solo im Rahmen ihres künstlerischen Abschlusses.

Künstlerische Gestaltungen³ der Rhythmik thematisieren im Kern Beziehungsmodelle von Musik und Bewegung, je nach Schwerpunkt auch unter Einbeziehung von Sprache und Stimme. Das Phänomen Rhythmus wird durch vorbereitende Studien und in der Aufführung selbst in unterschiedlichen Kategorien bearbeitet und wirksam. Soll, wie im oben beschriebenen Fall, ein bereits vorhandenes Musikwerk Ausgangspunkt einer Bewegungsgestaltung sein, so sind verschiedene Grade von Übereinstimmung bezogen auf die Ebene der musikalischen Parameter und im Hinblick auf die Aussage, den Kontext oder die Stimmungswirkung des Musikstückes zu differenzieren: Synchrone, kontrapunktische und selbst aleatorische Verbindungen⁴ können kreiert werden. Die Rhythmisierung einer Gestaltung kann sich demnach auf unterschiedlichen Ebenen vollziehen. Das zwingt zu vielerlei kompositorischen Entscheidungen, die in ihrer beabsichtigten Wirkung und im Verlauf des Gestaltungsprozesses immer wieder zu überprüfen sind. So findet die Fachbezeichnung *Rhythmik* auch in Bezug auf künstlerische Gestaltungen ihre Relevanz.

FLIESSEN UND SCHNEIDEN

Die Übersetzung einer und mehrerer musikalischer Stimmen in entsprechende raum-zeitliche Körperbewegungen darf als Primat der von Émile Jaques-Dalcroze zu Beginn des 20. Jahrhunderts entwickelten *Rhythmik* gelten. Die über Jahrzehnte von ihm aus der musikpädagogischen Praxis heraus verfeinerten und komplexer werdenden Übungen zielten auf »die Vervollkommnung der Kraft und der Geschmeidigkeit der Muskeln, in den Proportionen von Zeit und Raum [...]«, wie es im Übungsband *Rhythmische Gymnastik* von 1906 heißt (Jaques-Dalcroze 1906: XIII). Die Empfindungsfähigkeit für musikalischen Rhythmus zu schulen, bedeutete für Jaques-Dalcroze, den Körper in den Dienst der Musik zu stellen. Gezielte, zunächst voneinander isolierte Übungen zu Bewegungen von Armen und Beinen,

---

2   Eine ausführliche Analyse von *Stille und Umkehr* findet sich auf der Website des Komponisten und Cellisten Michael Denhoff unter http://www.denhoff.de/stilleumkehr.htm.
3   Siehe hierzu den Beitrag *Gestalt geben* von Kurt Dreyer in diesem Band.
4   Vgl. die Tabelle zu intermedialen Bezugsformen von Dorothea Weise (Weise 2013: 12).

der Atemtätigkeit, des Gehörs und der Reaktionsfähigkeit verbanden sich zu komplexer werdenden, häufig spontan zu verändernden Koordinationsabläufen, begleitet oder initiiert durch Klavierspiel (Gobbert 1998). Auf dieser Grundlage entwickelte Jaques-Dalcroze in den fulminanten Hellerauer Jahren 1911-1914 die *Plastique Animée* als künstlerische Ausdrucksform der inzwischen in *Rhythmik* umbenannten Methode (Zwiener 2008)[5]. Es handelte sich dabei um groß angelegte chorische Bewegungsgestaltungen zu Werken aus dem Barock, der Klassik und der Romantik, die anlässlich der Schulfeste zur Aufführung kamen. Der Aufführungsbereich des großen Saals der Bildungsanstalt war mit den von Adolphe Appia entworfenen Bühnenelementen, den sogenannten *Rhythmischen Räumen*[6] ausgestattet, wodurch das dreidimensionale Arrangement der Gruppenchoreografien möglich wurde.

Jaques-Dalcroze bemängelte am klassischen Ballett und auch an den damals viel beachteten Tanzauftritten Isadora Duncans das posenhafte sich von Figur zu Figur bewegen; dadurch werde, entgegen dem Fluss der Musik, das Statische hervorgehoben. Im Gegensatz dazu sollte der Bewegungsfluss durch Haltemomente lediglich unterbrochen werden, die daraus entstehende Haltefigur sich noch aus der vorherigen Bewegung speisen oder die darauf folgende bereits innerlich und muskulär vorbereiten. Hören und sich Bewegen als kinästhetisches Erleben oder als »[...] so etwas wie eine ›plastische Melodie‹ [...]« (Jaques-Dalcroze 1907, zitiert in Zwiener 2008: 237), sollte die Kenntlichmachung der musikalischen Rhythmen mit der Empfindung des gestalteten Zeitverlaufs vereinen. Die Pause ist damit »[...] weiter nichts, als eine bloße Unterbrechung des klanglichen Lebens oder, anders ausgedrückt, eine Übertragung von Empfindungen des äußeren Ohrs auf das innere Gehör« (ebd.: 241).

Diese Gleichzeitigkeit von *Fließen* als wechselhafter Strom musikalischer Ereignisse in verschiedenen Spannungszuständen und *Markieren* von rhythmischen Gestalten ist wie das gleichzeitige Betrachten einer Sache aus zwei verschiedenen Perspektiven. Der Musikwissenschaftler Steffen A. Schmidt unterscheidet in der musikalischen Rhythmusgestaltung vertikale von horizontalen Schnitten. Vertikale Schnitte ordnen sich in der Regel dem Metrum als taktgebende Struktur zu; sie lassen sich quasi anhand der Taktstriche identifizieren. Schmidt spricht in dem Zu-

---

5   Näheres im Beitrag *Zwischen Musikunterricht, Tanzreform und Weltenformel. Beobachtungen aus den Anfängen der Rhythmik* von Daniel Zwiener in diesem Band.
6   Eine eindrucksvolle Rekonstruktion der Bühnenelemente Appias mit Treppen und Plattformen verschiedener Größen und teilweise mit Neigung versehen, die unterschiedlich im Aufführungssaal des Festspielhauses angeordnet werden können, war 2017 im Rahmen des Projekts *Rekonstruktion der Zukunft* in Hellerau zu sehen.

sammenhang von »vertikal-metrischen Schnitten« (Schmidt 1999: 70). In metrisch gebundener Musik ist die Betonung meist leicht zu erkennen, aber schon in ungeraden Taktarten höherer Ordnung, bei Taktwechseln oder in freimetrischer Musik wird die Bestimmung der vertikalen Schnitte zu einer Herausforderung. Horizontale Schnitte ergeben sich aus der klanglichen, dynamischen oder rhythmischen Phrasierung, die nicht unbedingt in die metrische Betonungsstruktur eingepasst sein muss. Bei mehrstimmiger Musik kommt hinzu, dass die verschiedenen Stimmen ihre Identitäten untereinander austauschen, überlagern oder verschieben, wodurch ein Ineinanderwirken unterschiedlicher zeitlicher Gestalten entsteht.[7] Dieses Konzept, dass Schmidt »Ansätze zu einer integralen Funktionstheorie des musikalischen Rhythmus nennt« (ebd.) kommt der Rhythmusauffassung von Jaques-Dalcroze nahe: »*Kontinuierlichkeit und zeitliche Nuancierung bilden zwei Hauptelemente des Rhythmus [...] Ihre abgemessenen Formen entwickeln den Sinn für Metrik; ihre Akzente, ihre ›crescendi‹ und ›diminuendi‹ erziehen das Gefühl für ›Dynamik‹.*« (Jaques-Dalcroze o.J., zitiert in Gobbert 1998: 45, Herv.i.O.) Das Ineinandergreifen von unterteilenden (schneidenden) und den Zeitfluss horizontal gestaltenden (strömenden) Elementen wird in diesen Worten deutlich.

Für choreografische Gestaltungsprozesse sind oftmals improvisatorische Ansätze, die sich als bewegtes Hören beschreiben lassen, der Einstieg in die intensive Auseinandersetzung mit einem Musikwerk. Kategorien wie *Fließen* und *Schneiden* können hierbei den Wahrnehmungsprozess unterschiedlich lenken, individuelle Hörweisen bewusst machen und weiter ausdifferenzieren.

»SAGEN UND ZEIGEN«

Betrachtet man Ergebnisse künstlerischen Schaffens als individuelle Modelle von Wirklichkeit und Fantasie, so stellen sich Fragen der Auswahl der Mittel und ihrer Anordnung, wie auch der Übermittlung des Produkts durch Ausführung und Interpretation. Im eingangs beschriebenen Beispiel der Bewegungsgestaltung war die Entscheidung einer hohen Übereinstimmung zwischen Musik und Bewegung früh gefallen und wurde von der Studentin in meiner Wahrnehmung beinahe entschuldigend als »traditionelle Umsetzung« bezeichnet. Eine mögliche Deutung dieser Aussage, diese Form der Transformation sei weniger eine individuell künstlerische denn eine handwerkliche Arbeit, liegt nahe. Ob wahr oder nicht, die Trennung des

---

7   Schmidt erläutert in *Schnitt und Strom* (1999) die von ihm vorgeschlagene Differenzierung in vertikale und horizontale Schnitte anhand von Teilanalysen zu Werken von Claude Debussy, Ludwig van Beethoven und Igor Strawinsky.

Zeigens von Geschick und Fertigkeiten in einer »Réalisation«[8] von der Entwicklung einer eigenkünstlerischen Aussage prägt nicht selten den Diskurs mit Rhythmik-Studierenden bezogen auf die Wertigkeit einer Gestaltung. Als ob es einer Entscheidung für das eine und damit gegen das andere bedürfe. Vielmehr sollen die beiden Aspekte als Pole eines Spannungefüges begriffen werden, das sich aus der »Sensibilität für Überraschungen und Neuentdeckungen, Widerstände und Konfrontationen« (Schroedter 2012: 48) heraus differenziert und damit den »ästhetischen Erfahrungs- und Erwartungshorizont« (ebd.) zu erweitern imstande ist.

Die Verkörper(lich)ung eines Musikstücks beinhaltet bereits durch den Prozess der Transformation in ein anderes Ausdrucksmedium, in dem Raum, Kraft und Form gänzlich andere Wirkungsweisen entfalten, zahlreiche Auswahlvorgänge. Bewegungsstilistik, die Anordnung von musikalischen Phrasen im Raum, Abstraktion oder Charakterdarstellung, Formenspiel oder Handlungsstrang – oftmals werden Gestaltungsentscheidungen dieser Art in einem auf Improvisationen beruhenden Probenprozess intuitiv getroffen und ihre Stimmigkeit dann in der Phase der Ausarbeitung bewusst überprüft. In Gruppenarbeiten – eine in der Rhythmik häufig anzutreffende Konstellation – ist die Palette der Intuitionen dabei durchaus reichhaltig, abhängig von den individuellen Hörweisen, dem persönlichen Bewegungsrepertoire und den je eigenen Assoziationen und Kontextualisierungen, die sich einstellen. Aus dieser Diversität gilt es, tragende Ideen zur choreografischen Konzeption zu generieren und auszuarbeiten, ein in weitgehend selbständig und demokratisch arbeitenden und kommunikativ handelnden[9] Gruppen von Studierenden mit unterschiedlichen ästhetischen Vorstellungen zuweilen langwieriger Vorgang. Ist der Einstieg gefunden, vollzieht sich die Weiterentwicklung und Ausarbeitung meist flüssiger. Aus der Gruppe heraus oder aber von Probenbegleitern artikuliert, treten bald Fragen zur Ausdifferenzierung der Bewegung im Verhältnis zum musikalischen Verlauf und zur beabsichtigten Aussage auf. Je nachdem, ob die Musikauswahl zuerst erfolgte, ob diese zu einem vorher gesetzten Thema[10] getroffen wurde oder ob erst

---

8   *Réalisation* oder *Réalisation corporelle* sind in der Methode von Jaques-Dalcroze Bezeichnungen für die körperliche Wiedergabe von Rhythmen und anderen musikalischen Gestaltungselementen.

9   Gudrun Schaefer hat in ihrem interaktionspädagogisch ausgerichteten Konzept der Rhythmik »Kommunikatives Handeln« als Prozess der Verständigung bezeichnet, der dann gelingt, wenn die daran beteiligten Personen so handeln, dass sie zu einer gemeinsamen Auffassung der Situation kommen« (Schaefer 1992: 172ff.).

10 Gestaltungsthemen können ihren Stoff neben der Vielzahl an Themen aus dem Spektrum Musik und Bewegung auch außerfachlich, etwa durch Bezugnahme auf gesellschaftliche, politische und persönliche Frage- oder Problemstellungen beziehen.

später in Bezug auf bereits entstandene choreografische Sequenzen nach Musik gesucht wurde, variiert die Balance der Gestaltungsbestandteile Musik – Bewegung – Thema. Zugespitzt gefragt und ohne die vielfältigen Nuancen der sich eröffnenden Gestaltungsräume leugnen zu wollen: Steht die Bewegung im Dienste des Themas oder steht sie im Dienste der Musik?

Diese beiden Gestaltungsaspekte lassen sich frei nach Ludwig Wittgenstein als »Sagen und Zeigen«[11] beschreiben. Stark vereinfacht, wird *Zeigen* als ein Ausdruck verstanden, der in seiner Artikulation und Struktur dem Gezeigten gleich ist, sodass das Gezeigte auch sichtbar bzw. hörbar wird. Das *Sagen* kann als Behauptung oder Auslegung beschrieben werden, oder – übertragen auf die musikalische Verkörperung – als Veränderung der musikalischen Struktur durch die bereits erwähnten Gestaltungsmittel der Bewegung.

Wird das *Zeigen* favorisiert, entstehen Bewegungsgestaltungen von hoher Synchronizität mit der Musik. Steht das *Sagen* im Vordergrund, ergeben sich vielfältige Varianten im Bezugsverhältnis von Musik und Bewegung, in denen eigenständige Bilder oder Narrative neue Deutungshorizonte eröffnen können. Bei Wittgenstein verbleibend sind *Sagen und Zeigen* die zwei Elemente jedes sinnvollen Satzes: »[...] [K]ein Sagen kann dieses Zeigen ersetzen.« (Kienzler 2015: 32) Jedoch können – zurück zum Zusammenspiel von Musik, Körper und Thema – die Gewichtung und die gegenseitige Durchdringung der Gestaltungselemente sehr unterschiedlich ausfallen:

»Insofern sind auch jene choreographischen Umsetzungen von Musik, die in erster Linie versuchen, musikalische Strukturen zu visualisieren bzw. Musik zu bebildern[,] grundsätzlich von Choreographien zu unterscheiden, die in die innere, nicht sichtbare Kinetik der Musik (durchaus visuelle Vorstellungen zu Hilfe nehmend) vorzudringen suchen, um mit ihr in einen Dialog zu treten.« (Schroedter 2012: 95)

Hier klingt an, dass das *Zeigen* als eine »unmittelbare Korrespondenz« (ebd. 84) von Bewegung mit Musik sehr unterschiedliche Ergebnisse hervorbringen kann und zwar bezogen auf die kinästhetische Durchdringung der Klangqualitäten und Strukturelemente eines musikalischen Werks. Wie diese in physische Energien transformiert werden, wie sie mit der Musik interagieren und wie sie dann für Betrachtende und Zuhörende körperlich und emotional erfahrbar werden, hängt

---

11 Sagen und Zeigen sind zentrale Begriffe in Wittgensteins philosophischem Werk zur (sprachlichen) Erfassung der Wirklichkeit mithilfe stellvertretender Darstellungen. Vgl. hierzu Goppelsröder 2007; eine kurz gefasste Auslegung findet sich bei Kienzler 2015.

unmittelbar von der Differenzierung des *Zeigens* ab. Daraus kann dann in der Wahrnehmung von außen durchaus auch ein *Sagen* hervortreten.

Das *Sagen* kann ebenfalls im Vordergrund stehen, jedoch kommt auch dieses nicht ohne seinen Gegenspieler, das *Zeigen* aus. Die solistische Bewegungsgestaltung eines Rhythmik-Studenten im Rahmen einer künstlerischen Teilprüfung thematisierte »Lorem ipsum«, die geläufige Bezeichnung für einen an die lateinische Sprache angelehnten Blindtext, der nichts bedeutet, sondern lediglich als Platzhalter verwendet wird, um Layouts zu gestalten. Die selbst komponierte Musik zu dieser Gestaltung bildete eine Collage aus sich überlagernden elektronischen Klängen und repitiven Sprachsequenzen. Mit einer Chaiselongue, einem Spiegel und einem mittig vorne platzierten kleinen Holzschreibtisch samt Stuhl ließ das Bühnenszenario das Bild einer kargen Schreibstube entstehen, in der der zum Schreiben entschlossene oder besser gesagt sich selbst verdonnerte Schriftsteller doch nichts außer leeren Vokabeln zu produzieren imstande ist. Sein Stoizismus, aber auch Momente der Verzweiflung wurden schmerzhaft und zugleich komisch deutlich in Bewegungen des Wälzens auf dem Tisch, des Abspulens aussageloser Tanzfloskeln und des Hin- und Herschwenkens des Zopfes auf der Schreibfläche, das sich mit kopfüber gehaltenem Oberkörper zu wildem Schleudern steigerte. In gelegentlicher Korrespondenz mit den klanglichen Rhythmen und der Bedeutung der Sprachfetzen pendelte das Geschehen zwischen physischer Lust an der Energie der gleichwohl sinnlosen Bewegung, Erschöpfung und erneutem Wiederaufraffen. Die strukturierenden Wechsel der Gestaltungselemente und deren zwischen Vorhersehbarkeit und Überraschung austarierte Artikulation und Phrasierung können als *vielsagendes Zeigen* beschrieben werden.

Eine völlige Entkopplung von Musik und Bewegung wäre kaum denkbar und wohl höchstens als Experiment, um das Gegenteil zu beweisen, vorstellbar.[12] Als Beispiel für eine der geringstmöglichen Übereinstimmungen von Strukturen ist die von Merce Cunningham und John Cage in ihrer Zusammenarbeit praktizierte Autonomie von Tanz und Musik. Die Koexistenz der beiden Ausdrucksformen wurde lediglich zusammengehalten durch die minimale Verabredung des punktuellen Zusammentreffens rhythmischer Ereignisse. Cage und Cunningham koordinierten in ihren gemeinsamen Produktionen der 1940er bis 1960er Jahre oft nur die Gesamtdauer und die Einteilung innerhalb ihrer Stücke.[13] Damit hoben sie die Möglichkeit

---

12 Ein solches Experiment beschreibt Peter Jarchow in seinem Beitrag *Improvisation: (k)ein Kinderspiel* im Abschnitt *Vom Zaubern* in diesem Band.

13 Merce Cunningham beschreibt das Vorgehen folgendermaßen: »What was involved was a macro-microcosmic rhythmic structure in which the large parts were related to the small parts in divisions of time. [...] This use of a time structure allowed us to work

der Orientierung durch das zeitliche Zusammenfallen von Ereignissen in Musik und Bewegung auf und gaben damit der »Koexistenz der Differenzen« (Naumann 2005: 137) Vorrang. »Nicht die Inszenierung einer subjektiven Durchdringung des Kunstmaterials steht hierbei im Vordergrund, sondern das Loslassen der subjektorientierten Tanz- und Musikkunst, die sich als Darstellung und Interpretation der zur Anschauung kommenden Subjektivität verstanden hatte.« (Ebd.: 131) Könnte es sich hier im Verweisen auf die Eigenständigkeit von Musik-Zeit und Tanz-Zeit in momenthaften Begegnungen von Abschlüssen und Anfängen um ein *doppeltes Zeigen* handeln? Naumann scheint diese Frage gleichzeitig zu bejahen und zu verneinen: »Wenn diese Tanzform dennoch ein sinnfälliges rhythmisches Bezugsgeflecht entwickelt – und dem Zuschauer drängt sich dieses Bezugsgeflecht, man möchte sagen: wunderbarerweise, deutlich auf –, dann aufgrund des dynamischen Potentials des Körpers, der sich selbst in solchen Figuren mitteilt.« (Ebd. 130)

Wie auch immer letztendlich die Zuordnungen ausfallen oder als sinnstiftend wahrgenommen werden, das Schaffen von oder das Rekurrieren auf vorhandene Denk-Kategorien hilft dabei, Gestaltungen zu analysieren und im Entstehungsprozess gezielt zu reflektieren. *Sagen und Zeigen* dabei als rhythmische Strukturen anzunehmen, lässt sich in der Auffassung von Rhythmisierung als ein zwischen sich gegenseitig bedingenden Polaritäten ausschwingendes Geschehen verstehen.

GESTALT(EN)

Die in diesem Buch zwischen die Kapitel eingefügten *Spots* weisen nicht die schlüssige Abfolge aufeinander aufbauender Sätze auf, die das Denken in eine von Autor oder Autorin ersonnene Logik lenken möchten. Ihre oftmals fragmentarischen, sprunghaft oder lose gefassten Einblicke in performative oder unterrichtliche Situationen fordern zu einem Dialog mit der eigenen Vorstellungswelt, mit Assoziationen, Erinnerungen und Gedanken auf, der ganz eigene Rhythmen in einer spontan wechselnden Aufmerksamkeit beim Lesen und beim Kreieren innerer Bilder hervorbringt. Sie sind Artefakte von ihrerseits an bestimmte Situationen gebundene Erinnerungen derer, die sie entworfen, ausgeführt oder sinnlich mitvollzogen haben.

---

separately, Cage not having to be with the dance except at structural points, and I was free to make the phrases and movements within the phrases vary their speeds and accents without reference to a musical beat, [...].« (Gena/Brent 1982: 107f.)

In den als »Rhythmusexperimente« bezeichneten Gedankenausführungen des amerikanischen Musiktheoretikers und Komponisten Christopher Hasty nimmt er Rhythmus »[...] als Form dauerhafter Aufmerksamkeit [...]« in den Blick, »[...] in der Festhalten und Bewegen zusammenkommen – Festhalten gegenwärtiger oder stattfindender Ereignisse und Bewegung zwischen ihnen« (Hasty 2014: 155). Hasty begreift Rhythmus als Verlaufsform von Aufmerksamkeit, als, wie er sagt, *gefühlten* Vollzug im Spüren von Veränderung. Das Spüren ist bei Hasty aber nicht als passiver Akt zu verstehen, Rhythmus wird »als die kontinuierliche Erzeugung neuer gefühlter Ereignisse« (ebd.: 158) gedacht. Die Bildung solcher Erfahrungsereignisse, man könnte auch sagen Erfahrungs-Gestalten geschieht durch Wiederholung und Vergleich.

Ein weiteres Beispiel: Beim Sehen einer tänzerischen Bewegungsgestaltung und gleichzeitigem Hören der dazu sich vollziehenden Musik wird etwa ein bestimmtes Bewegungsmotiv deutlich, das sich mit dem entsprechendem Gestus in der Musik verbindet, das Wiedereintreten des Zusammenfallens von Bewegungsmotiv und musikalischer Geste wird erwartet, aber nur teilweise erfüllt, da die Bewegung sich nun in einem anderen Körperteil vollzieht. Das Sehen der Bewegung löst möglicherweise eine Assoziation aus, die mit mehreren gedanklichen Verknüpfungen vom aktuellen Geschehen wegführt. Erst an anderer Stelle verbindet sich die Wahrnehmung wieder damit, vielleicht durch den gedanklichen Ausflug in veränderter Art.

Die sich in dieser Weise vollziehenden Wechsel der Fokussierung von Aufmerksamkeit sind allesamt Teil des rhythmischen Prozesses. Hasty betrachtet das ständige Knüpfen von Bezügen auf verschiedenen Ebenen als Ausprägung von *Kontinuität* im Herstellen von Verbindung zwischen Erfahrungsereignissen. Artikulation und Fluss sind demnach keine Gegensätze, vielmehr verstärken sie sich gegenseitig zu einer komplexen und subtilen Mischung aus unterschiedlic hen Qualitäten des In-Verbindung-Seins. Hasty ist der Auffassung, »dass es in komplexen Erfahrungen eine Mischung aus Verbindung und Verbindungslosigkeit geben muss und dass diese Mischung instabil ist, und zwar vielleicht gerade in jenen Erfahrungen, die wir ›rhythmisch‹ nennen« (ebd.: 167, Herv.i.O.).

In der Rhythmik ist das körperlich-sinnliche In-Verbindung-Kommen mit Materialien und mit Bewegung, sei es den eigenen oder denen anderer, und ebenso mit Werken aus Musik, Bildender Kunst und Literatur ein zentraler Inhalt zur Bildung ästhetischer Erfahrungen. Die tätige Auseinandersetzung und das Reflektieren darüber bewirken »Such-Bewegungen« (Rittelmeyer 2014: 160) im Spiel von Rezeptivität, Spontaneität und kognitiver Erfassung. Die Kultivierung des Wahrnehmungsvermögens als ein umfassendes In-Verbindung- und In-Austausch-Kommen mit den Gegenständen der Wahrnehmung erfordert Sensitivität und Offenheit. Das

Entwickeln von Gestaltungen verlangt überdies das Ausformen der vielfältig gemachten Erfahrungen. Im Ziehen von Grenzen finden Auswahlprozesse statt und im Erfinden einer Ordnung als kompositorischer Akt transformieren sich dann die Wahrnehmungsereignisse zur individuellen Gestalt(ung).

Wie diese dann im Rahmen öffentlicher Präsentationen in Resonanz mit dem Publikum gerät, hängt nicht nur von der Offenheit der Rezipierenden ab. Die Rhythmisierung einer Bewegungs-Gestaltung kann in mehrfacher Hinsicht zu responsivem Geschehen einladen:

- In der präzisen Visualisierung von Musik kann durch die Hinführung zu spontanen Einfühlungsprozessen beim Publikum der ursprünglich von Jaques-Dalcroze intendierte Zustand »die Musik und sich selbst in der Musik zu genießen« (Zwiener 2008: 244) eintreten;
- als gegliedertes Geschehen, das sich in Artikulation und Phrasierung wie auch in der Differenzierung von *Fließen* und *Schneiden* vielschichtig zeigt;
- in der durch *Sagen* und *Zeigen* hervorgerufenen Bedeutungsvielfalt, die ihrerseits Türen zu imaginativen Räume öffnet, kann die Wahrnehmung der Rezipierenden zwischen Bühnengeschehen und der Kreation individueller Erfahrungsereignisse pendeln.

Die vorangegangenen Betrachtungen beziehen sich auf den in der Rhythmik ›klassischen‹ Aktionsraum von Musik und Bewegung. In der Einbeziehung von digitalen Medien eröffnen sich weitere Felder zeitlicher und rhythmischer Gestaltung, die ein multiples Netz an Interaktionen ermöglichen. Die Flüchtigkeit von Bewegung und Musik wird in auditive und visuelle Spuren übersetzt, fragmentiert und raumzeitlich verschoben, Wahrnehmungsrhythmen im Feld von Erinnern, Löschen, Vergessen und Vorausahnen multisensorisch miteinander verzahnt. Neue hybride performative Formen und Formate auf der Basis der dargestellten Rhythmuskonstellationen zu entwickeln, ist ein unbedingt weiter auszubauender Bestandteil zeitgenössischer künstlerischer Arbeit von Rhythmikerinnen und Rhythmikern.

LITERATUR

Deleuze, Gilles (1992): Tausend Plateaus, Berlin: Merve.
Gena, Peter/Brent, Jonathan (Hg.) (1982): A John Cage Reader. In celebration of his 70th birthday, New York: Peters.
Gobbert, Joachim (1998): Zur Methode Jaques-Dalcroze, Frankfurt a.M.: Peter Lang.
Goppelsröder, Fabian (2007): Zwischen Sagen und Zeigen. Wittgensteins Weg von der literarischen zur dichtenden Philosophie, Bielefeld: transcript.
Hasty, Christopher (2014): »Rhythmusexperimente – Halt und Bewegung«, in: Grüny, Christian/Nanni, Matteo (Hg.): Rhythmus – Balance – Metrum. Formen raumzeitlicher Organisation in den Künsten, Bielefeld: transcript, S. 155-208.
Jaques-Dalcroze, Émile (1906): Rhythmische Gymnastik (Methode Jaques-Dalcroze Bd. 1), Paris/Neuchâtel/Leipzig: Sandoz, Jobin & Cie.
Kienzler, Wolfgang (2015): »Wittgenstein über Sätze und Bilder: Sagen und Zeigen«, in: VSH-Bulletin 41/3, S. 31-36.
Naumann, Barbara (2005): »Kopflastige Rhythmen. Tanz ums Subjekt bei Schelling und Cunningham«, in: Dies. (Hg.): Rhythmus. Spuren eines Wechselspiels in Künsten und Wissenschaften, Würzburg: Königshausen & Neumann, S. 123-139.
Rittelmeyer, Christian (2014): Aisthesis. Zur Bedeutung von Körper-Resonanzen für die ästhetische Bildung, München: kopaed.
Schaefer, Gudrun (1992): Rhythmik als interaktionspädagogisches Konzept, Remscheid: Waldkauz.
Schmidt, Steffen A. (1999): »Schnitt und Strom. Ansätze zu einer integralen Funktionstheorie des musikalischen Rhythmus«, in: Musik & Ästhetik 3/9, S. 58-72.
Schroedter, Stephanie (2012): »Neues Hören für ein neues Sehen von Bewegungen: Von der Geburt eines zeitgenössischen Balletts aus dem Körper der Musik – Annäherungen an Martin Schläpfers musikchoreographische Arbeit«, in: Dies. (Hg.): Bewegungen zwischen Hören und Sehen, Würzburg: Königshausen & Neumann, S. 43-110.
Weise, Dorothea (2013): »Grundlagen der Rhythmik. Leitgedanken zum Unterrichten«, in: VdM Verband deutscher Musikschulen (Hg.): Spektrum Rhythmik, Musik und Bewegung/Tanz in der Praxis, Bonn: VdM Verband deutscher Musikschulen, S. 9-21.
Zimmermann, Bernd Alois (1974): Intervall und Zeit, Mainz: Schott.

Zwiener, Daniel (2008): Als Bewegung sichtbare Musik. Zur Entwicklung und Ästhetik der Methode Jaques-Dalcroze in Deutschland als musikpädagogische Konzeption, Essen: Die blaue Eule.

Das Individuelle

Zugangs- und Entwicklungsformen in Improvisation und Gestaltung

Dierk Zaiser

»Das Ich ist nicht Ich ohne die Welt.«
(Waldenfels 1985: 157)

WAHRNEHMUNG UND VORSTELLUNG

Jeder Mensch nimmt die Welt anders wahr, Sinneswahrnehmungen am selben Objekt und an derselben Handlung werden verschieden interpretiert, auch und gerade in der Kunst. Pluralistische Sichtweisen hinterfragen einmütiges Bekennertum. Die Freiheit der Kunst geht mit einer Wahrnehmungsfreiheit einher, die sich dem Unbekannten stellt und es reflektierend in Produktions- wie in Rezeptionsprozessen untersucht (Welsch 1996: 191). Eine konstruktivistische Pädagogik geht davon aus, dass Wirklichkeiten vom Wahrnehmenden selbstreferentiell und selbsterhaltend (autopoietisch) konstruiert werden (Stein/Müller 2016: 127ff.). Das Selbst gewinnt durch die Konstruktion in einem eigenständigen Prozess an Lebendigkeit (Richter 2012: 77). Erlebnisse auf der kognitiven, der emotionalen und der körperlichen Ebene werden zwischen außen und innen abgeglichen: Über die sinnliche Wahrnehmung von Handlungen und deren Interpretation verschafft sich der Mensch im aktiven Vollzug neue Erkenntnisse, die er sich einverleibt, sofern sie Eindruck hinterlassen. Dieses System ist für äußere Reize selbstverständlich offen, es lebt ja schlichtweg davon; im Hospitalismus werden die Folgen einer Weltabgewandtheit in umgekehrter Konsequenz zur pathologischen Gewissheit. Das Erkenntnissystem ist jedoch trotz seiner Offenheit ein für sich stehendes, seiner jeweiligen Existenz gewahr, an sich selbst spürend, reflektierend und konstruierend.

Rhythmik findet in der Gruppe statt. Mehrere Menschen sind derselben Situation ausgesetzt, nehmen sie aber unterschiedlich wahr. Dies hat Konsequenzen für jede/n Einzelne/n, aber eben auch für die Beziehungen innerhalb der Gruppe und für das Lehr-Lern-Verhältnis. Auseinandersetzungen über Selbst- und Fremdwahrnehmungen führen zu einer Hinterfragung oder Bestätigung eigener Sichtweisen, die über die Betrachtung körperlich-organischer Vorgänge hinausgehen. Offensichtlich wird im Musik- und Bewegungsunterricht nicht nur mit den Augen und den Ohren wahrgenommen, es gibt da ein Mehr an Sinnlichkeit, was »Menschen in der Gegend ihres Körpers von sich spüren, ohne die Zeugnisse des Sehens, Hörens, Tastens, Schmeckens und Riechens in Anspruch zu nehmen« (Schmitz 1985: 71). Die weitergehende Differenzierung in »bloßes Wahrnehmen des Gefühls als Atmosphäre und affektives Betroffensein (Ergriffenheit) vom Gefühl« (ebd.: 98) spielt auf eine mittelbare oder eben eine unmittelbare Anteilnahme des Einzelnen an – nicht von jedem Gefühl, das man wahrnimmt, wird man ergriffen. Über ein Erkennen und Benennen gelangt man zur Distanznahme als Grundlage einer Handlungs- und Reflektionsfreiheit.

Neurophysiologisch werden mit Musik und Bewegung mindestens zwei Sinneskanäle gleichzeitig angesprochen: Das Auge und das Ohr, Sehen und Hören[1]. Beides sind Fernsinne, aber mit unterschiedlichen Zugangs- und Verarbeitungsformen: Sehen orientiert sich primär am Raum, an Verkörperung, an Bewegung, während sich das Hören zeitlichen Phänomenen zuwendet – dem Klang, dem Geräusch, der Musik. Aus der Perspektive einer philosophisch geprägten Aisthesis betrachtet Wolfgang Welsch das Sehen als einen Sinn der Affektlosigkeit, Kontrolle und Individualität, der Distanz aufbaut, Ordnung schafft und Erkenntnis generiert, während er das Hören mit einem Einlassen, einer Offenheit, Unmittelbarkeit und Gemeinsamkeit verbindet (Welsch 1996: 247ff.). In Musik und Bewegung werden die von Welsch getroffenen Zuordnungen überwunden. Auch absoluter Musik[2] werden mittels Bewegung weitere Dimensionen zugeordnet, wenn sie durch den *Körper* gehört wird. Ein »KörperHören« (Schmidt 2012: 486) verbindet Bewegung ohne formal definierte Tanzstilistiken direkt mit der Musik und lässt den Körper unter dem Eindruck der Musik sichtbar werden als »eine hemmungsfreie Verführung der Körperbewegung durch den Klang« (ebd.). Zeit in der (hörbaren) Musik wird durch Bewegung im Raum sichtbar gemacht und wahrgenommen, die Bewegung selbst hörbar.

---

1 Auf das Fühlen im Sinne einer cutanen, taktilen oder haptischen Wahrnehmung als Nahsinn kann an dieser Stelle nicht eingegangen werden.

2 »[…] losgelöst von Bedingungen, die außerhalb ihrer selbst liegen […] frei von der Absicht,…Begriffliches und Gegenständliches nachzuahmen, […] Affekte oder Gefühle darzustellen.« (Gurlitt/Eggebrecht 1967: 4)

Die aisthetische Verschränkung geht weiter, wenn sichtbare Bewegung zum Auslöser für hörbare Musik wird und wenn es zur Interaktion zwischen Musik und Bewegung kommt. Wenn die Bewegung in ihrer raumzeitlichen Dimension zur *inneren Vorstellung* einer Musik anregt, wird die Beziehung beider Sinnesmodalitäten noch subtiler. Mit dem *inneren Ohr* können in der Stille Vorstellungen von Klang, Harmonie und Rhythmus, von Geräusch und Musik simultan zur Bewegung hervorgerufen werden. »Eine musikalische Methode muß vor allem die Erweckung dieses inneren Gehörs anstreben.« (Jaques-Dalcroze 1994: 113) Bei gleichzeitigem Erklingen von Musik kann die Bewegung eine zusätzliche *innere Stimme* verkörpern, mit dem *inneren Auge* kann Musik als Bewegung vorgestellt werden.

»Vorstellung ist eine reproduzierte Wahrnehmung, das Abbild eines Sinneseindrucks elementarer, empfindungsmäßiger oder viel häufiger ausgestalteter, wahrnehmungsgemäßer Art [...] Daß es nicht nur abbildende, aus der Erinnerung in den inneren Vorstellungsraum gerufene, reproduzierte, sondern das sinnliche Erfahrungsmaterial umgestaltende und produktiv neu gestaltende Vorstellungen gibt, darf man nicht übersehen.« (Weitbrecht 1968: 25)

Die innere Vorstellung fußt auf Mustern, die vom Individuum selbst wahrgenommen, internalisiert, interpretiert und in der Realisation neu ausgestaltet werden. Der Choreograf Xavier Le Roy geht in *Mouvements for Lachenmann* so weit, dass er die Körperbewegungen und Gesten zur Erzeugung instrumentaler Klänge von der Musik trennt und vor die Musik selbst stellt, die dann teilweise nur noch in der Vorstellung des Publikums erklingen soll (Siegmund 2012). In seiner Solo-Performance *Self-Unfinished* betritt Le Roy die leere Bühne und drückt auf den Knopf eines Kassettenrekorders – es erklingt jedoch keine Musik, er erweckt mit seiner Geste also nur die Illusion, schärft die Wahrnehmung und stärkt die Vorstellungskraft des Publikums (Brandstetter 2012: 113).

Die innere Vorstellung ist eine individuelle, durch die Interaktion von Gruppen in Musik und Bewegung geraten innere Vorstellungswelten und äußere reale Welt aktiv miteinander in Verbindung. Die Ausdrucks- und Deutungshoheit bleibt beim Einzelnen, in der Kommunikationstheorie spricht man von Sender und Empfänger, die in unserem Fall Musik und Bewegung als Medium nutzen und in einem wechselseitigen Verhältnis zueinander stehen. Der inneren Vorstellung und der Wahrnehmung von Außenwelt kann als dritte Ebene die leibliche Empfindung hinzugefügt werden. Sie bezieht den Leib als Ganzes in die Wahrnehmung ein und widerspricht einer

»sensualistischen Reduktion [...] Der Eindruck vom gegenwärtig Anderen und seine beständige Differenzierung entstammen [...] keineswegs bloß der Wahrnehmung, sondern ebenso wechselseitiger Einverleibung [...] So ist die Weise, den Anderen zu erfassen, das Gespür für seine Sonderheit, seine augenblickliche Verfassung, nicht zuletzt auch eine ›Wahrnehmung mit verkehrten Fronten‹ [...]: Man spürt den Anderen am eigenen Leibe, indem man sich eigentümlich berührt fühlt.« (Schmitz 1985: 89, Herv.i.O.)

Eine vierte Ebene befragt die Eigenwahrnehmung körperlicher Haltungs- und Bewegungsvorgänge – das Vestibularsystem mit dem Gleichgewichtsorgan und die Kinästhesie. »Kinästhesie ist eine Funktion, die bei allen Arten von Bewegungswahrnehmung und -steuerung wirksam ist und die in enger Verbindung zu allen anderen Wahrnehmungssystemen [...] steht.« (Schaefer 1992: 85) Anders als bei der leiblichen Empfindung lässt sich der Propriozeption ein neurologisches System zuordnen, auf das hier nicht eingegangen wird. Vielmehr interessiert an dieser Stelle nochmals die Konkretisierung von leiblichen Dimensionen, die über die bloße Wahrnehmung und Steuerung des Körpers hinausgehen. Der Rhythmiker Rudolf Konrad hat sich ausführlich mit dieser Thematik beschäftigt und wichtige Bezüge hergestellt (Konrad 1995: 155ff.). Vorstellung und Wahrnehmung von Körper begegnen und kreuzen sich im sogenannten *Körperschema*, das sich von innen und außen entlang der eigenen Erfahrungen entwickelt. In der Weiterentwicklung des Körperschemas durch eine »somatomotorisch-ästhetische Bildung« (ebd.: 145ff.) sieht Konrad eine wichtige »Stufe auf dem Weg zur Leiblichkeit« (ebd.: 195), die über eine »Haltung in der Mitte« Anbindungen an tief liegende Bewusstseinsschichten erfährt und sich dort als »Urphantasie« entfaltet, die Konrad als eine Quelle für Perzeption, Rezeption, Produktion und Beurteilung von Kunst bezeichnet (ebd.: 200f.). Durch eine leibbezogene Musik und eine musikbezogene Bewegung, mehr noch durch die gegenseitige Durchdringung von Musik und Bewegung können solche Tiefenschichten erreicht werden. Die Grundlagen sind als Teil des kollektiven Unbewussten nach C.G. Jung (1989) in jedem Menschen archetypisch angelegt, eine tatsächliche Freilegung muss aber ob der bisher beschriebenen Zusammenhänge individuell erfolgen. In einer Zugangsform ohne Eingrenzung durch ein geschlossenes, kodifiziertes System, können sich »personale Leiblichkeit [...] und Gestalt(ung) durch freien, libidinösen Fluss« (Konrad 1995: 195) entfalten und sich in Musik und Bewegung ein individueller Stil entwickeln, der auf der eigenen Persönlichkeit und Leiblichkeit beruht.

»Je mehr wir [...] unsere instinktiven Körperbewegungen von allen Hemmungen befreien (die durch Lebensumstände und Umwelt entstanden [...] sind); je mehr wir die intellektuellen und nervösen Widerstände ausschalten [...] in desto reicherem Maße wird unser Muskelspiel dem Geiste scharf umrissene, unsere eigenste Persönlichkeit offenbarende rhythmische Bilder zur Verfügung stellen.« (Jaques-Dalcroze 1994: 203f.)

EIGENES UND ANDERES

Eigenes entsteht aus einer Sphäre der Freiheit, in der stilistische und normative Bezugssysteme und Traditionen als legitime Konventionen untersucht und hinterfragt werden. Selbstbestimmung in (künstlerischen) Denk- und Handlungsmustern orientiert sich an den funktionalen, kognitiven, psychologischen wie körperlichen Voraussetzungen und Möglichkeiten. Authentizität[3] umfasst darüber hinaus den Freimut, in der Kommunikation persönliche Einstellungen, Dispositionen und Emotionen zu offenbaren und damit Raum für Ausdrucks- und Bedeutungsdifferenzierungen zu generieren.

»Kennzeichnend für authentisches Sich-Bewegen ist [...] das innere Beteiligtsein, und gleichzeitig die Möglichkeit, sich frei und ohne Zensur zu bewegen [...] Immer wenn zu der bloßen Abfolge von Bewegungen die innere Beteiligung und Sinngebung hinzukommt, wird Bewegung authentisch, d.h. sie wird in diesem Moment Ausdruck des Individuums.« (Sheleen 1985: 481f.)[4]

Auf schmalem Grat muss eine Abgrenzung von Zurschaustellung zu Präsenz ebenso gelingen wie diejenige von Selbstdarstellung zur Darstellung von Authentizität. Irritationen können in Kauf genommen und handelnd, produktiv, kommunikativ sowie reflexiv bearbeitet werden; unangemessene Eigen- und Fremdgefährdungen sollen zur Aufrechterhaltung der Handlungsfähigkeit (selbst-) empathisch erkannt werden. Die Entäußerung des Authentischen über die Verinnerlichung geschieht aus der Wahrnehmung des Eigenen und der Wahrnehmung des Anderen – dem Raum, der Atmosphäre, der Musik, der Bewegung, der Gruppe, dem Partner, dem Detail und dem Gesamten. Die Merkmale des Anderen geraten in simultanen Setzungen aneinander und übereinander, es entstehen Koinzidenzen, die auf der Basis unserer kulturellen, sozialen und individuellen Erfahrungen gefiltert werden. Durch Erfahrungen können Aufmerksamkeitsmomente verstellt werden, weil der oder die Wahrnehmende zu sehr mit sich selbst beschäftigt ist und das Wahrzunehmende darüber in ein Hintertreffen gerät. Ein fließendes

---

3   Eleonore Kalisch (2007) untersucht Authentizität anhand einer etymologischen Grundlage in historischen, philosophischen, theologischen und anthropologischen Dimensionen. Sie erklärt dabei deren (Rollen-)Problematik und benennt die Darstellung als »konstitutives Moment von Authentizität« (ebd.: 31).

4   Laura Sheleen begründete die »Expression Corporelle«, ein körpertherapeutisches Verfahren das sich ähnlich wie »Authentic Movement« (Folberth-Reinprecht 2009) intensiv mit inneren Zugängen und deren Ausdruck in Bewegung beschäftigt.

Durchdrungensein durch das Wahrzunehmende gelingt in der offenen Bereitschaft, »sich treffen zu lassen. Darin sind die Geduld und die Intensität der Aufmerksamkeit, das Wahrnehmen in einem Umgang mit den Dingen zu entwickeln, die Neugier darauf, das Außen als innere Befindlichkeit zu erleben und dieses Erleben genau vergleichend auszumachen.« (zur Lippe 1987: 369) Es bedarf zudem einer Konzentration auf das Unbekannte im Bekannten, einer *Entroutinisierung* allzu vertrauter Handlungs- und Wahrnehmungsstrukturen, in der die Spannung einer erstmaligen Entdeckung liegt (Rumpf 1994: 94f.). Um an Neues zu geraten und das Repertoire zu erweitern, muss man es sich auf »qualifizierte Weise schwer machen« (ebd.: 101), sich eingrenzen, an den Rändern und in weit entfernten Gebieten forschen.

Die Improvisation in Musik und Bewegung bietet größtmöglichen Spielraum, etwas in und außer mir Befindliches in einen eigenen künstlerischen Ausdruck zu transformieren. In der Improvisation werden »unablässig Bild in Bild, Form in Form verwandelt […] Die Einbildungskraft ist *Kraft* […], weil sie in einem Hervorbringen wirkt, in dem dieselbe Energie, die das Bild hervorgebracht hat, dieses Bild wieder auflöst und in ein anderes verwandelt.« (Menke 2013: 155, Herv.i.O.) Im Spiel als Hervorbringungsweise der Einbildungskraft gibt es nach Christoph Menke kein richtig oder falsch, es stehe »jenseits oder diesseits der sozialen Sphäre der Normativität, in der wir als fähige Subjekte praktisch frei sein können« (ebd.). Der improvisatorische Spiel-Raum lässt spontan Abseitiges zu und fordert Flexibilität, er erzeugt Bestimmungs- und Bewegungsfreiheiten und eröffnet darüber Differenzierungsmöglichkeiten in polaren Spannungsfeldern, bis hin zur Freiheit der Stille und des Stillstands als einer Polarität zu Klang und Bewegung an sich, »um sich zu erinnern, innere Bewegung zu sein und aus ihrem Innern wieder greifbare Bewegung zu werden« (zur Lippe 1987: 519). In Pausen kann Spannung ohne äußeres Fortschreiten aufgebaut werden, der Klang und die Bewegung in den

»weiter gezählten Zeiten der Pause die Elastizität der Beziehungslinien dehnen und spannen. Die Meditierenden lassen, wenn sie summen oder singen, dann erst die Stimmen verstummen, wenn die Klänge sich innerlich weiterbewegen. Dann allerdings wird Stille hörbar, in der Stille der Klang als Nachklang, wird antwortendes Mitklingen und eigene Musikalität erfahren.« (Ebd.: 529)

Die lustvolle Auseinandersetzung mit sich Selbst und dem Anderen in Form von Kunst verhilft zu einer Tiefensensibilität, die als *Selbstvergewisserung* und als *Vergewisserung des In-der-Welt-Seins* taugt. Der Improvisierende schöpft aus seinem Selbst und greift Motive, Charaktere, Bewegungen, Spielweisen von anderen auf, um sie sich mimetisch anzueignen, an sich selbst zu überprüfen, weiterzuentwickeln, zu kontrastieren oder zu verwerfen.[5] Prüfungen und Manipulationen der Mimesis verhindern eine Dopplung des Anderen, der Transfer verlangt eine Auseinandersetzung mit dem Gegebenen. Die Arbeit an improvisatorischen Potentialen bedeutet sowohl »Selbsterfahrung und Selbstverwirklichung als auch Fremderfahrung und Begegnungsmöglichkeit« (Frohne 1997: 18).

»Gestaltung eines *im Selbst* positionierten Anderen« (Kubitza 2005: 286, Herv.i.O.) bezeichnet Helmuth Plessner als *Verkörperung* in einem niemals abgeschlossenen dialektischen Prozess von Selbstsein und Anderswerden. Er propagiert mit der Verkörperung eine leiborientierte Bildung, in der das Subjekt aus einer Gestaltung der Differenzen von Selbst und Anderem sowie der Gestaltung von Fremdheit mit uns selbst, sich immer wieder neu bildet, kontinuierliche und diskontinuierliche Erfahrungsmomente gleichermaßen berücksichtigend (ebd.: 298f.). Auch Präsenz konstituiert sich nicht einfach aus einem Da-Sein, sondern in einem ständigen Prozess des Werdens und des Veränderns (Blasius 2011: 78), aus einem Nicht-Abgeschlossensein von Handlung und Subjekt.

Selbstbegegnung in der Kunst profitiert von der Konfrontation mit Fremdem und der Verfremdung im Eigenen und Anderen, vom Transfer und von der Einmaligkeit (Richter 2012: 87f.). Einmaligkeit ist ein wesentliches Kennzeichen der Improvisation in Musik und Bewegung – die intra- und intersubjektiven, raumzeitlichen und künstlerischen Erlebnisse sind nicht wiederholbar. Damit entziehen sie sich beim Handelnden einer Objektivierbarkeit – das künstlerische Erlebnis und dessen subjektive Eingebundenheit bestimmen die Situation nur im Augenblick.

»Das Erleben des Augenblicks schafft eine neue Sensibilität für Brüche, die keine Einbrüche, sondern Aufbrüche markieren, die ein Erleben zulassen, das als innerlich oder äußerlich zu bezeichnen, den Moment des Übergangs außer acht läßt. Das Erleben des Augenblicks sprengt die Erfahrung von Kontinuität, es stört den Kreislauf automatisierter Reproduktion und dauernder Langeweile.« (Seitz 1994: 182)

Die Aufmerksamkeit in der Improvisation ist demnach auf jeden Moment gerichtet, konzentriert und im Denken gleichzeitig entspannt, der eigenen Intuition folgend und die Intention behaltend.

---

5   Waldenfels bezieht sich auf Merleau-Ponty, wenn er Leiblichkeit nicht auf faktisch Vorgefundenes und auf eigene Entwürfe begrenzt sieht. Leiblichkeit besagt für ihn zugleich »Initiative, Intentionalität, Transzendenz in statu nascendi – eine begrenzte Offenheit für die Welt und die Andern« (Waldenfels 1985: 157f.).

ZUGANG UND ENTWICKLUNG

Improvisation kann ein Mittel der Gestaltung sein oder ein Weg zur Gestaltung (Zaiser 2008). Improvisation kann in der Gestaltung zur festgelegten Form werden. Wenn es um Festlegungen geht, müssen Inhalte und Ausdrucksmittel befragt und beurteilt werden.[6] Aus dem Gedächtnis und über Videodokumentationen lassen sich Gesamtverläufe, Formteile und Details rekapitulieren. »Gestalten [...] sind eben jene Momente, in denen der Kreis von Sich-Bewegen und Wahrnehmen innehält und uns Bilder von seinem Vollzug gestattet, freilich nur, um sie im weiterführenden Vollzug wieder aufzulösen und neu einzulösen.« (zur Lippe 1987: 370) Individualität kann in solch einer Phase künstlerischer Prozesse noch differenzierter ausformuliert werden, wenn nach innen und außen genau geschaut und gehört, in die Bewegung und den Klang hineingeforscht und aus einer Distanz heraus erkannt wird, wo technische und künstlerische Stärken und Schwächen liegen. Im Gestaltungsprozess selbst »lässt das anfängliche emotionale Beteiligtsein allmählich nach [...] Für die Gestaltung ist das bewusste Wählen und Entscheiden bzw. die Arbeit am Auswählen und Entscheiden charakteristisch.« (Willke 1990: 273)

Die Gestalttheorie liefert Anhaltspunkte, um Entwicklungen, Übergänge und Verläufe in Musik- und Bewegungsgestaltungen zu untersuchen und zu reflektieren. Eine Metaperspektive behält den jeweiligen Bezug zum Ganzen, die Kontextualität und Emergenz im Blick. Die Geheimnisse der künstlerischen Arbeit und deren Ergebnisse stecken nicht nur im Detail, ihrer sorgfältigen Ausarbeitung und kunstvollen Zusammensetzung.[7] Die aus der Gestalttheorie entwickelten Gestaltprinzipien sind für künstlerische Analysen von Gestaltungen auf unterschiedlichen Wahrnehmungs- und Ausdrucksebenen von Bedeutung. Das zentrale Prinzip der Einfachheit besagt, »dass alle Reizmuster so gesehen werden, dass die resultierende Struktur so einfach wie möglich ist« (Frings 2016: o.S.). Die Prinzipien von Figur und Grund, der Nähe, der Ähnlichkeit, der Verbundenheit von Elementen, der Vertrautheit, der Symmetrie etc. befragen Erscheinungen nach ihrer Unterscheidung und gleichzeitig nach ihrer Zusammenfassung. Das Prinzip von Figur und Grund hebt das Individuelle aus dem Gesamten hervor – ein nicht nur gestalttheoretisch zu interpretierender Aspekt.

Die präsentative Symbolik von Musik und Bewegung zeichnet sich dadurch aus, dass sie das Individuelle in den künstlerischen Darstellungs- und Interpretationsprozessen einfordert – sowohl in der Improvisation wie in der Gestaltung,

---

6   Eine methodisch-didaktische Vertiefung findet man bei Vent 1994: 32ff.
7   Vgl. Wertheimer 1991: 124.

sowohl aus der Sicht des Produzierenden als auch des Produkts und des Rezipienten. Im Unterschied zu einem sprachlichen, diskursiven Symbolsystem eröffnet eine »zeigende Aneignung offene Räume des Nicht-Identischen. Es sind dies Räume, die Platz lassen für das Subjektive, das Körperliche, das Emotionale, das Unbewusste.« (Brandstätter 2013: 39)

Den Lehrenden in der Rhythmik kommt eine besondere Vermittlungsaufgabe zu, die sich weniger an vorgezeichneten Lösungswegen und tradierten Mustern als an einer forschenden Haltung der Lernenden orientiert und diese geradezu einfordert.

»Wie viele Kräfte der Phantasie erwachen nur deshalb so spät, weil die Lehrer von ihren Schülern nie etwas anderes verlangen, als die Ausführung dürrer Formeln und weil sie bei ihnen erst das bewußte, dann das unbewußte Nachahmen von Kompositionsweisen begünstigen, die uns Vorfahren mit ganz anderem Daseinsgefühl, als das unsrige ist, überliefert haben – statt in ihnen jenen […] Ausdruckswillen zu fördern, der in ihrem eigensten – leiblichen und seelischen – Temperament unmittelbar seinen Ursprung hat.« (Jaques-Dalcroze 1994: 121f.)

Das Individuelle benötigt Lehrpersonen, die das Besondere wahrnehmen, erkennen, benennen und in einer für die unterschiedlichen Individuen verständlichen Ausdrucksform vermitteln. Künstlerinnen und Pädagoginnen, Lehrende und Lernende suchen und finden in Aufgabenstellungen von Musik und Bewegung nach individuellen Lösungen – hierin liegt eine künstlerische und didaktische Qualität sondergleichen.

LITERATUR

Blasius, Sebastian (2011): »Das Nagen des Raums am Objekt«, in: Franziska Sick (Hg.): Raum und Objekt im Werk von Samuel Beckett, Bielefeld: transcript, S. 67-82.
Brandstätter, Ursula (2013): Erkenntnis durch Kunst. Theorie und Praxis der ästhetischen Transformation, Wien: Böhlau.
Brandstetter, Gabriele (2012): »›Listening‹ – Kinaesthetic Awareness im zeitgenössischen Tanz«, in: Stephanie Schroedter (Hg.): Bewegungen zwischen Hören und Sehen. Denkbewegungen über Bewegungskünste, Würzburg: Königshausen & Neumann, S. 113-127.
Folberth-Reinprecht, Hannah (2009): Authentic Movement, http://www.folberth-reinprecht.at/authentic-movement/vortrag-entstehung vom 16.08.2018.

Frings, Christian (2016): »Gestaltgesetze, Gestaltfaktoren«, in: Markus Wirtz (Hg.): Lexikon der Psychologie, https://portal.hogrefe.com/dorsch/gestaltgesetzegestaltfaktoren/ vom 20.01.2019.
Frohne, Isabelle (1997): »Vorwort«, in: Fritz Hegi: Improvisation und Musiktherapie. Möglichkeiten und Wirkungen von freier Musik (Kunst – Therapie – Kreativität 4), Paderborn: Jungfermann, S. 17-18.
Gurlitt, Willibald/Eggebrecht, Hans Heinrich (1967): Riemann Musiklexikon, Mainz: Schott.
Jaques-Dalcroze, Emile (1994 [1921]): Rhythmus, Musik und Erziehung (unveränderter reprografischer Nachdruck der Ausgabe von 1921), Wolfenbüttel: Kallmeyer.
Jung, Carl Gustav (1989): Die Archetypen und das kollektive Unbewußte, Freiburg: Walter.
Kalisch, Eleonore (2007): »Aspekte einer Begriffs- und Problemgeschichte von Authentizität und Darstellung«, in: Erika Fischer-Lichte/Christian Horn/Isabel Pflug/Matthias Warstatt (Hg.): Inszenierung von Authentizität, 2. Aufl., Tübingen/Basel: Francke, S. 31-44.
Konrad, Rudolf (1995): Erziehungsbereich Rhythmik. Entwurf einer Theorie, Seelze: Kallmeyer.
Kubitza, Thorsten (2005): Identität – Verkörperung – Bildung. Pädagogische Perspektiven der Philosophischen Anthropologie Helmuth Plessners, Bielefeld: transcript.
Menke, Christoph (2013): Die Kraft der Kunst, Berlin: Suhrkamp.
Petzold, Hilarion (Hg.): Leiblichkeit. Philosophische, gesellschaftliche und therapeutische Perspektiven, Paderborn: Junfermann.
Richter, Christoph (2012): Musik verstehen, Augsburg: Wißner.
Rumpf, Horst (1994): »Die unbekannte Nähe – Über Entautomatisierungen«, in: Wolfgang Zacharias (Hg.): Sinnenreich. Vom Sinn einer Bildung der Sinne als kultur-ästhetisches Projekt (Edition Umbruch, Texte zur Kulturpolitik 6), Essen: Klartext, S. 93-105.
Schaefer, Grudrun (1992): Rhythmik als interaktionspädagogisches Konzept, Remscheid: Waldkauz.
Schmidt, Steffen A. (2012): »Gesten der Überschreitung und Strategien, sie in Grenzen zu halten«, in: Stephanie Schroedter (Hg.): Bewegungen zwischen Hören und Sehen, Würzburg: Königshausen & Neumann, S. 473-490.
Schmitz, Hermann (1985): »Phänomenologie der Leiblichkeit«, in: Hilarion Petzold (Hg.): Leiblichkeit. Philosophische, gesellschaftliche und therapeutische Perspektiven, Paderborn: Junfermann, S. 71-106.

Seitz, Hanne (1994): »Sinnloser Sinnentaumel? Der ›Augenblick‹ – Ein Moment ästhetischer Erfahrung«, in: Wolfgang Zacharias (Hg.): Sinnenreich. Vom Sinn einer Bildung der Sinne als kultur-ästhetisches Projekt, Edition Umbruch (Texte zur Kulturpolitik 6), Essen: Klartext, S. 175-188.

Sheleen, Laura (1985): »Bewegung in Raum und Zeit. Zum Sinn von Tanz und Bewegung in der ›Expression Corporelle‹«, in: Hilarion Petzold (Hg.): Leiblichkeit. Philosophische, gesellschaftliche und therapeutische Perspektiven, Paderborn: Junfermann, S. 453-464.

Siegmund, Gerald (2012): »Wahrnehmen statt Hören: Xavier Le Roys Erkundung von Helmut Lachenmanns Musik«, in: Stephanie Schroedter (Hg.): Bewegungen zwischen Hören und Sehen, Würzburg: Königshausen & Neumann, S. 251-262.

Stein, Roland/Müller, Thomas (2016): Wissenschaftstheorie für Sonderpädagogen, Bad Heilbrunn: Klinkhardt.

Vent, Helmi (1994): »Choreographie – ästhetische und pädagogische Aspekte«, in: Ursula Fritsch (Hg.): Tanzen. Ausdruck und Gestaltung (Afra-Sport-Buch: Praxis 5), Karben: AFRA.

Waldenfels, Bernhard (1985): »Das Problem der Leiblichkeit bei Merleau-Ponty«, in: Hilarion Petzold (Hg.): Leiblichkeit. Philosophische, gesellschaftliche und therapeutische Perspektiven, Paderborn: Junfermann, S. 149-172.

Weitbrecht, Hans (1968): Psychiatrie im Grundriss, Berlin: Springer.

Welsch, Wolfgang (1996): Grenzgänge der Ästhetik, Stuttgart: Reclam.

Wertheimer, Michael (1991): »Max Wertheimer Gestaltprophet«, in: Hans-Jürgen Walter (Hg.): Max Wertheimer. Zur Gestaltpsychologie menschlicher Werte. Aufsätze aus den Jahren 1934 bis 1940, Opladen: Westdeutscher, S. 123-170, http://www.gestalttheorie-dagp.de/images/pdf/werth1991.pdf vom 06.08.2016.

Willke, Elke (1990): »Ansätze und Methoden der Tanztherapie«, in: Eva Bannmüller/Peter Röthig (Hg.): Grundlagen und Perspektiven ästhetischer und rhythmischer Bewegungserziehung, Stuttgart: Klett, S. 273-300.

Zaiser, Dierk (2008): »Von der Musik- und Bewegungsimprovisation zur Szene«, in: Verein Integrative Kulturarbeit (Hg.): sicht:wechsel – Internationales Integratives Kulturfestival. Dokumentation 07, Linz: sicht:wechsel, S. 48-55.

zur Lippe, Rudolf (1987): Sinnenbewußtsein, Hamburg: rororo.

Real Time Subtleties

Jazz, Groove und Drumset im Kontext der Rhythmik

Marianne Steffen-Wittek

Drumset-Klänge im Rhythmik-Raum: Varianten des ›big beat‹[1] wechseln mit ternären Grooves ab, zu denen Rhythmik-Studierende Bewegungen improvisieren, dann den Shim Sham, Boogie backward/forward, Indian Step, Jumping Jack und Running Man ausprobieren. Die Jazzdance- und Hip-Hop-Moves sind eine wahre Herausforderung für diejenigen, die sich bisher vorwiegend mit der abendländisch-klassischen und Neuen Musik auseinandergesetzt und noch nie eine Nacht mit groovebasierter Musik durchgetanzt haben.

Über 100 Jahre früher: Während Émile Jaques-Dalcroze in Genf mit Bewegungsmöglichkeiten für ein besseres Rhythmusverständnis experimentiert, basteln Schlagzeuger in New Orleans an einem neuen Schlagzeug-Set, mit dem sie die Musik des Early Jazz besser umsetzen können. Obwohl das Drumset und der Jazz fast genauso alt sind wie die Dalcroze'sche Rhythmik, gab es Anfang des 20. Jahrhunderts nur wenige Berührungspunkte.

Das Fachgebiet der Rhythmik bietet zwar ein großes Praxis- und Forschungsfeld für die vielfältigen Beziehungen von Musik und Bewegung unterschiedlichster Musikgenres. Untersucht man aber die bevorzugten Musikkulturen der Rhythmik-Anfänge, so wird deutlich, dass ›afroamerikanische‹[2] Musik wie Blues und Jazz keine

---

1   Hiermit ist nicht der gleichnamige Techno-Stil, sondern das von Bram Dijkstra beschriebene Backbeat-Pattern am Drumset gemeint (Wolff 1996: 74f.).

2   Die Begriffe ›schwarze‹ und ›weiße Musik‹ sind problematisch, da eine physiologische Verbindung hergestellt wird »zwischen der Hautfarbe eines Menschen und der Art, wie er oder sie Musik macht.« (Ebd.: 12) Aber auch die Begriffe ›afroamerikanische‹, ›afrikanische‹ und ›europäische‹ Musik sind unzulänglich. Es sind äußerst grobe Kategorien, die in diesem Beitrag sensibel betrachtet werden sollen. Wolff stellt im Übrigen

Erwähnung finden. Zwar schrieb Émile Jaques-Dalcroze das Stück *Unser kleiner Jazz*, das 1932 dank der Dalcroze-Schülerin Henrietta Rosenstrauch in Frankfurt a.M. in seiner Anwesenheit »instrumentiert, dirigiert und ausgeführt« wurde (Programmzettel von 1932, abgebildet in Lorenz 1983: 13). Dennoch waren seine Kompositionen und Improvisationen weitgehend von einem neoromantisch abendländischen Stil geprägt. Das Rhythmusmaterial, aus dem er seine Übungen generierte, enthielt allerdings auch Polyrhythmen und zeigte Spuren seiner Begegnung mit algerischer Musik. Rosenstrauch, die als Jüdin 1933 in die USA emigrierte, widmete sich verstärkt den Schlaginstrumenten. Sie komponierte kleine Percussion-Stücke. Diese weisen einen lateinamerikanischen Rhythmus-Charakter auf und enthalten ebenfalls Polyrhythmik (Notenmaterial in Lorenz 1983: 14). In ihren Schriften und Vorträgen zum Thema Rhythmus, Percussion und Bewegung geht sie auf die Vorzüge von Schlaginstrumenten im Rhythmikunterricht differenziert ein, afro- und lateinamerikanische Musik erwähnt sie jedoch nicht (Rosenstrauch 1973; 1983).[3]

Bemerkenswerterweise wendeten sich Anfang des 20. Jahrhunderts afroamerikanische Tänzerinnen wie Alison Burroughs[4] und die in Deutschland lange Zeit kaum rezipierte Tänzerin, Choreografin und Anthropologin Katherine Dunham der Dalcroze-Methode zu. Hier gab es Bezüge, die bisher nur in der englischsprachigen Literatur Erwähnung finden (Manning 2004; Dee Das 2017):

»[Dunham] joined her high school's Terpsichorean Club, a dance group that emphasized what Dunham called ›free-style movement‹ based in the teachings of Austrian-born Émile Jaques-Dalcroze and the Hungarian-born Rudolf Laban.[...] Although Dalcroze is best

---

    fest, dass Bezeichnungen wie ›schwarze Musik‹ und ›Frauen in der Popmusik‹ sehr viel häufiger vorkommen als ›weiße Musik‹ und ›Männer in der Popmusik‹. Das »beleuchtet die vorliegende Kultur und ihren Musikmarkt: Beides wird in der Tat von weißen Männern beherrscht.« (Ebd.)

3 Siehe zum Thema ›Percussion in der Rhythmik mit Kindern‹ den Beitrag *Percussion-Instrumente im Rhythmikunterricht mit Kindern* von Sabine Vliex in diesem Band.

4 Alison Burrough war die Tochter des Theaterregisseurs Charles Burroughs und Schülerin von W.E.B. Du Bois, der um 1913 in Harlem eine eigene Theatergruppe gründete. Alison Burroughs Mutter »was a schoolteacher and, according to the *New York Age*, it was her enthusiasm for the work of Émile Jaques-Dalcroze that directed her Daughter, Alison, to study at the Dalcroze Institute in Geneva. Indeed, for years Alison was the only African-American graduate of Dalcroze's Institute, where she studied a rigorous yet flexible method for interrelating music and movement. Like many modern dancers during that period, Burroughs based her subsequent career as a performer and choreographer on her Dalcroze training.« (Manning 2004: 71, Herv. i.O.)

known for creating a system of teaching music through movement (eurythmics) and Laban for notating dance (Labanotation), both men also influenced 1920s dance pedagogy in the United States. Dalcroze believed that the gesturing body was the best medium for expressing rhythm. He championed improvisation and, in contrast to the rote repetition model of his gymnastics-oriented peers, emphasized the harmony of mind and body, in which one mentally comprehended physical sensations in order to provide the fullest natural expressions of rhythm. [...] The teenager Dunham ›waved her arms in a figure eight design to the chiming of a gong and the thumping of a tom-tom,‹ which suggests that her teacher emphasized percussive rhythm. She also ›practiced special techniques for sitting, falling, jumping, leaping and stretching,‹ which accorded with Dalcroze/Laban ideas about dance as emerging from natural, everyday movement.« (Dee Das 2017: 15f., Herv.i.O.)

Dunham allerdings fühlte sich mit ihrer Bewunderung und Faszination für die Anmut der Ballerina-Ästhetik mehr zur verzauberten Welt des klassischen Balletts hingezogen (ebd.: 16). Dieses ›Anspringen‹ von Mädchen und jungen Frauen auf die angebotenen Rollenklischees mag auch heute noch dazu beitragen, dass sie weltweit die männerdominierten Kunstformen, wie z.B. das Drumset-Spiel, kaum für sich entdecken.[5]

Obwohl das Drumset als das ›Groove-Instrument‹ des 20. Jahrhunderts schlechthin gilt, hat es auch bei Rhythmikerinnen bisher wenig Interesse geweckt. Während sich Komponisten wie Erik Satie, Igor Strawinsky, Darius Milhaud sowohl für die speziellen Drumset-Spieltechniken als auch für die mit dem Schlagzeug verbundene Jazzstilistik interessierten und diese in ihre Kompositionen einfließen ließen (Reimer 2013), wurde das Instrument in der Literatur der Musikpädagogik bisher wenig differenziert behandelt. Dabei ist es ein komplexes Rhythmus- und Klanginstrument par excellence. Groove, Polyrhythmik, verschiedene Rhythmuskonzepte, Klangfarben, Instrumentierung und Möglichkeiten der ›freien‹ Improvisation bieten einen Reichtum an musikalischen Gestaltungsmitteln, solistisch oder im Ensemble, die zum Dialog mit der Bewegung und zu historischen und analytischen Betrachtungen einladen.

Bis heute führen afroamerikanische Musik- und Bewegungsformen auf Rhythmik-Veranstaltungen und in den verschiedenen Berufsfeldern der Rhythmik ein Randdasein. In der Rhythmik-Fachliteratur wird der Jazz nur von wenigen

---

5   Dunham interessierte sich später als Tänzerin, Choreografin und Wissenschaftlerin u.a. für afrokaribische und latein-amerikanische Tänze und Percussion-Musik. Sie nahm entsprechende Stücke auf Schallplatte auf (z.B. *Katherine Dunham Presents Drum Rhythms of Haiti, Cuban, Brazil. The Singing Gods*, 1956, AFLP 1803).

erwähnt (Ring 1990: 54; Steffen-Wittek 1996, 2000; Oesterhelt-Leiser 2014: 256). Ein Grund mag sein, dass der Jazz weltweit eine Männerdomäne war und Jazzmusikerinnen auch heute noch eine Minderheit darstellen. In der Rhythmik sind vorwiegend Musiker/innen tätig, die in der abendländisch-klassischen und Neuen Musik sozialisiert wurden und darin zu Hause sind. Ferner mag das Stigma der ›minderwertigen‹ Subkultur und die Ächtung der angeblich ›primitiven‹, schlagzeugbasierten Rhythmuskonzepte Populärer Musik als Gegensatz zu ›höherstufigen‹ Rhythmen Alter und Neuer Musik in einem elitären akademischen Umfeld noch immer eine Rolle spielen, auch wenn längst Lehrstühle an Hochschulen für den Bereich des Jazz und der Populären Musik eingerichtet sind. Im Tanz- und Bewegungsbereich sind ebenfalls Rezeptionsdesiderate afroamerikanischer Bewegungskunst festzustellen. Sie wurde in der Tanzwissenschaft der USA lange vernachlässigt und findet im Kontext ihrer Musik weder im zeitgenössischen Tanz und der deutschsprachigen Tanzwissenschaft noch im Fachgebiet der Rhythmik bis heute genügend Aufmerksamkeit. Marginal ist die Literatur, die zu den Themen Groove in Musik und Bewegung und Rhythmen Populärer Musik im Bereich der Rhythmik bisher veröffentlicht wurde (Zaiser 2011: 111ff.; Krepcik 2012; Steffen-Wittek 1996, 2000, 2004, 2010, 2014, 2017). Dennoch ist das Fachgebiet der Rhythmik geradezu prädestiniert für die praktische und theoretische Auseinandersetzung mit dem Embodiment des frühen, späteren und heutigen Jazz[6] sowie dem Aufspüren der ›Real Time Subtleties‹ (Echtzeit-Feinheiten) in der sogenannten Populären Musik.

REAL TIME SUBTLETIES – GROOVE-EMBODIMENT

Der Begriff ›Groove‹ gehörte längst zum Jargon afroamerikanischer Musiker/innen, bevor er von der Musikwissenschaft aufgegriffen wurde. Danach ist Groove die Bezeichnung »für ein intensives rhythmisches Gefühl eines oder mehrerer Musiker, das eine besondere musikalische Vitalität bewirkt und den Zuhörer mitzieht und ihn die Musik bewußter und spannungsreicher erleben läßt, [….]« (Ziegenrücker/Wicke 1987: 161) Die Groove-Gestaltung spielt in der Populären Musik

---

6 Eine der wenigen, die Jazzmusik und Rhythmik seit langem miteinander vernetzen, ist die amerikanische Jazzpianistin und Rhythmikerin Joy Kane (Kane 2007). Sie lehrte auf Einladung von Holmrike Oesterhelt-Leiser regelmäßig in der Rhythmik-Abteilung der Musikhochschule Köln als Gastdozentin. Zur jüngeren Generation in diesem transdisziplinären Bereich gehört die österreichische Jazzpianistin, Komponistin und Rhythmikerin Verena Zeiner.

eine wesentliche Rolle. Phänomene wie Puls, Beat, Onbeat, Downbeat, Backbeat, Upbeat, Offbeat, Cutbeat, binäre und ternäre Rhythmisierung, Drive, Swing, Mikrotimimg sind vor allem in den verschiedenen Genres und Stilen der afroamerikanischen Musik anzutreffen.

Zwar steht der Begriff Groove seit den 1960er Jahren hauptsächlich für die repetitiven Patterns der Funk-Musik und ähnliche, tanzbare Musikgenres, doch wurde er bereits in der Swing-Ära verwendet. ›To play in the groove‹ bezog sich sowohl auf eine gelungene, inspirierte Improvisationsweise eines Jazzsolisten als auch auf ein rhythmisch mitreißendes Ensemblespiel (Pfleiderer 2006: 298f.). Später rückte der Begriff Groove in der Bedeutung »einer rhythmischen Matrix, die Interaktion und Improvisation ermöglicht, ins Zentrum [...].« (Ebd.: 299)

Als Groove-Musik per se gilt der Funk, der von vielen westlich orientierten Musikhörer/innen in seiner Differenziertheit oft nicht wahrgenommen und verstanden wird. Anne Danielsen geht davon aus, dass die Form groovebasierter Funk-Musik durch den Zeitfluss nur erfahren wird, solange man sich im ›participatory mode‹ befindet. Dieses Erlebnis der Jetzt-Zeit und das Sich-Einlassen auf die Musik ermöglicht ein intensiviertes Hören von Feinheiten, zumal wenn der Bewegungsaspekt hinzukommt. »Getting into the groove« verlangt nach einem Hörmodus, der sich ganz auf das Hier und Jetzt einstellen kann. Die Autorin untersucht, wie die rhythmische Gestaltung des Groove auf der Mikroebene zu diesem Erlebnis beiträgt (Danielsen 2018: 2). Funk-Musik enthält keinen übergeordneten harmonischen Verlauf oder eine thematische Entwicklung. Die häufig auf einem Zyklus von acht Beats aufbauenden rhythmisch-melodischen Groove-Patterns werden nicht stoisch wiederholt, sondern durch verschiedene Gestaltungsmittel verändert. Sie unterliegen einer improvisatorischen Grundhaltung und dienen auch als Improvisationsbasis. Solistische Improvisationen im Funk unterscheiden sich allerdings von traditionellen Jazzimprovisationen.[7]

---

7 »Each musician sticks to his or her pattern, which is repeated throughout each part. Moreover, each pattern is clearly distinguishable from the others while being at the same time closely related; often two patterns have a complementary design. In ›Funky Drummer‹ there are also longer stretches where one of the instrumentalists is assigned to taking a free, improvisatory role. One of them is a sax solo by Maceo Parker. However, his improvisation does not follow the dramatic curve of a more traditional jazz improvisation. Rather, it unfolds in dialogue with the groove; it is driven by the energy of the interlocking patterns of the ›support drums‹ and adds to the groove, emphasizing the excellent qualities that were already there and making the underlying groove even more interesting.« (Danielsen 2018: 3, Herv.i.O.)

Ein weiteres Gestaltungsmittel der Funk-Musik ist der ›Break‹, bei dem z.B. im Falle des ›Funky Drummer‹ von James Brown nur noch das Drumset[8] weiterspielt und der durch einen ›Cut‹ der übrigen Instrumente eingeleitet wird. Zum einen erfährt der zuvor im Kollektiv-Kontext gehörte Drumset-Groove mit seinen außerordentlichen Qualitäten dadurch eine neue Aufmerksamkeit, aber auch die Instrumente, die nun fehlen, werden im Nachhinein als Groove-Schichten (Bass, Hammond-Orgel, Gitarre, Bläser) intensiver wahrgenommen. Ein Effekt des Break ist nach Danielsen neben der intensivierten Wahrnehmung des Drumset-Spiels mit all seinen Feinheiten das Erlebnis des erneuten Beginns des Kollektiv-Grooves: »Suddenly there is a difference, an intensified feeling, as if we suddenly sense the quality and the qualities of the groove in a new way.« (Ebd.: 4) Wenn ein Groove gelingt, sprechen Musiker/innen von ›locking the rhythm‹ oder ›nailing the rhythm‹. Drumset-Spieler/innen nennen dies ›playing in the pocket‹. Dabei treten die vorhandenen technischen Qualitäten der Musiker/innen in den Hintergrund. Präzision und Timing als unabdingbare Voraussetzungen für eine gelingende Groove-Performance fallen nur noch dann auf, wenn sie fehlen.[9] Die Autorin weist darauf hin, dass die Qualitätsmerkmale der Mikro-Ebene eines Funk-Groove und die ausschlaggebenden feinen Differenzen in der Wiederholung der Groove-Patterns von einer ›skeptischen‹ Hörerschaft möglicherweise gar nicht wahrgenommen werden (Danielsen 2006: 159). Auch Hans T. Zeiner-Henriksen stellt fest, dass die Nuancen des Groove Populärer Musik bei einer westlich geprägten Hörweise möglicherweise nicht erfasst werden (Zeiner-Henriksen 2016: 125). Dies trifft ebenso auf die Rezeption komplexer Drumset-Grooves zu, die selbst von ausgebildeten klassischen Musiker/innen häufig nicht als nuancierte Musik mit all ihren Feinheiten wahrgenommen werden.

---

8   Der ›Funky Drummer Beat‹ (ca. ab 05:35 Min.) zählt zu den meist gesampelten Break-Beats.

9   »The trustworthiness of a groove, one in which the technical skills or competencerelated aspects of the performance are transparent, is very important so that the groove's partakers can get into the groove and remain there, in the participatory mode, for a long time. However, when this happens, not only the groove's ›craftsmanship‹ disappears; even the fact that the same basic musical unit is repeated throughout remains hazy. In a song like ›Funky Drummer‹ its repetition leads us deeper down into the groove. At the same time repetition is in a sense absolutely without interest for those of us who are being moved. Repetition is almost transparent.« (Danielsen 2018: 6, Herv.i.O.)

Danielsen unterscheidet zwischen ›groove mode‹ und ›song mode of listening‹ (Danielsen 2006: 147).[10] Die Autorin konstatiert, dass bestimmte Hörerwartungen die Interaktion zwischen Publikum und Musik einschränken können. So erkannte die nordeuropäische Hörerschaft von afroamerikanischer Tanzmusik in den 1970er Jahren Groove zwar als Teil von Songs, wusste jedoch Groove als Gesamtprinzip einer formalen Organisation ohne Songstruktur nicht einzuordnen. Darauf reagierte die Musikindustrie mit dem Mainstream-Funk, der die angloamerikanische Songform zu einem Crossover mit der Funkmusik verband (ebd.: 147f.).

Ein Gefühl, als könnte es immer weiter gehen, so beschreibt Danielsen den Zustand des In-der-Musik-Seins beim Hören von und sich bewegen zu Funk, der nur in der Kombination von Erfahrung und Analyse wissenschaftlich zu erfassen ist. Sie bezieht sich auf Jonathan Kramers Kategorien musikalischer Zeitkonzepte, die er als Variationen und Kombinationen von Linearität und Non-Linearität betrachtet (Kramer 1988). Kramer sieht auch in der tonalen westlichen Musik Aspekte von Non-Linearität. Dies veranlasst Danielsen festzustellen: »[...] [T]he idea that linearity can be overtaken by musical aspects that are not dependent upon pitch, such as tempo, texture, figuration, instrumentation, rhythm, is a good one.« (Danielsen 2006: 152)

Einig sind sich viele Forscher/innen darin, dass eine enge Verbindung zwischen Groove und körperlicher Bewegung besteht. Sie gehen aus unterschiedlichen Perspektiven der Frage nach, wie swingende und groovebasierte Musik Energie generiert und Rhythmus verschiedene Körperbewegungen auslöst (Todd/Cody 2000; Iyer 2002; Gerischer 2003; Keil/Feld 2005; Phillips-Silver/Trainor 2005; Trainor/Unrau 2009; Zeiner-Henriksen 2010; Doffman 2013; Todd/Lee 2015). Zeiner-Henriksen untersucht diesbezüglich die Disko-Musik der 1970er und cluborientierte Tanzmusik der 1980er und 1990er Jahre, die jeweils einen eindeutigen Basis-Beat aufweist, den ›four-to-the-floor‹ der Bass Drum. Seine Studien zur körperlichen Umsetzung der Phänomene Downbeat (Bass Drum-Sound) und Upbeat (Hi-Hat-Sound) zeigen, dass das Zusammenwirken multipler Sounds vertikale Bewegungen hervorzurufen vermag. Dabei können benachbarte Laute so gruppiert werden, dass sie die Pulsempfindung formen. In der elektronischen Tanzmusik geschieht dies z.B., indem die Basslinie und ein absteigender Bass-Drum-Sound vermischt werden (Zeiner-Henriksen 2010: 148). Neigel P. Todd und Christopher S. Lee fanden

---

10 »The fact that this notion of what music is (and should be) occupies a primary position within the Western music-cultural field affects how music is experienced within the field of popular music as well, and especially its Anglo-American strands. The notion surfaces in both production and reception as a relatively primary interest in songs, understood as melody and chords, rather than grooves.« (Danielsen 2006: 153f.)

heraus, dass der Bass-Aspekt von Tanzmusik auf die Niederfrequenz-Empfindlichkeit des Vestibularapparates zurückgeführt werden kann (Todd/Lee 2015). Beziehungen zwischen dem Gleichgewichtsorgan und der Lautstärke von Musik werden auch in dem Phänomen des sogenannten *Rock and Roll Threshold* deutlich (Todd/Cody 2000). Verschiedene Autoren weisen die engen Verbindungen von afroamerikanischen Rhythmuskonzepten mit den Rhythmen der Tanzbewegungen von B-Boys und B-Girls nach (Schloss 2009: 30ff.; Williams 2010).

Wie sich Beat und Puls auf die Körperbewegung auswirken, hängt auch davon ab, welche Rezeptionsweise im jeweiligen Rhythmus-Kontext die angemessene ist. Obwohl es so scheint, als ließen sich Klänge in der Groove-Musik immer auf einen isochronen Puls beziehen, der notierbar ist, können bestimmte rhythmische Referenzstrukturen durch verschiedene Klangereignisse destabilisiert werden und den Zuhörer in divergierende Richtungen der Pulswahrnehmung ziehen. Danielsen stellt drei verschiedene Modelle der Pulswahrnehmung zur Diskussion, die je nach rhythmisch-klanglicher Gestaltung wirksam werden. Das ›metronome model‹ setzt eine dominante und korrekte Platzierung des internen Grundschlags voraus, bei dem die Interonsets[11] isochron sind. Beim ›local time shift model‹ verschiebt sich die Zeitreferenz in der Mitte jeder Grundeinheit auf eine neue Position. Das ›beat bin model‹ schließlich ist relevant bei verschiedenen Klangereignissen, die am Puls beteiligt sind, sich verschmelzen und verlängern (Danielsen 2016).[12] Während westliche Notationen und Syntax-Beschreibungen eine ›Point-in-Time‹-Sichtweise nahelegen, vermögen Begriffe wie ›Rad‹ oder ›Welle‹ die Wechselwirkung zwischen Körperbewegungen und Pulsempfinden, die mit den gehörten, rhythmisch komplexen Klängen verbunden ist, am besten zu treffen (Kvifte 2004: 62, zitiert in Zeiner-Henriksen 2010: 149).

Tanz und Bewegung beeinflussen die Art und Weise, wie Groove rezipiert wird und umgekehrt können innere oder äußere Bewegungen durch Groove-Musik erzeugt werden. Sebastian Matthias untersucht das Entrainment von Step-Touch-Bewegungen im Zusammenhang mit dem Bounce bei Tanzenden im Club auf das Phänomen Bewegungsgroove hin[13] und geht u.a. den Improvisationsan-

---

11 Interonset ist ein Begriff aus der Rhythmusforschung und bezeichnet den Zeitraum zwischen dem Beginn aufeinander folgender Schallereignisse (Onsets).

12 Als Beispiel für das notwendige Switchen zwischen den drei Pulswahrnehmungsmodellen stellt Danielsen das Stück *Left and Right* von D'Angelo vor (Danielsen 2016).

13 »Die Kombination aus Fallen und Wiederansteigen wird nicht im Sinne einer Schrittfolge oder Tanzphrase als eine Abfolge einzelner Teilschritte verwendet, sondern modular als Qualität erkennbar, die überall im Körper auftreten kann, wenn sich ein Körperteil in seine spezifische Schwingung begibt [...].« (Matthias 2018: 57)

teilen sowie der Wirkung von raumgreifenden exaltierten Armbewegungen oder dem plötzlichen Stillstehen auf der Tanzfläche nach (Matthias 2018). Es ist noch weitere Forschungsarbeit zu leisten, um die Verbindungen von groovebasierter Musik und Bewegung zu ergründen. Dazu kann auch eine zukunftsweisende Rhythmik etwas beitragen, da in ihrer Praxis ähnliche Phänomene erfahrbar und beobachtbar sind.

Groove versus Bedeutung?

Ein Stigma, das sowohl dem Hochschulfach Rhythmik als auch der afroamerikanischen Groove-Musik anhaftet, ist die vermeintliche Reduktion auf das bloß Körperliche. Der sogenannte *body turn* in den Kultur- und Geisteswissenschaften hat zwar die westlich geprägte, dualistische Sichtweise auf Körper und Geist aufgelöst und den alten Begriff ›Leib‹ als verbindende Brücke eingeführt. Dennoch bleibt die Erforschung musikalisch-tänzerischer Sub- und Popkulturen ein musikpädagogisches Desiderat im deutschsprachigen Bereich. Festzustellen ist, dass die Rhythmik mit ihrem zentralen Bezug zu Körper, Leib und Bewegung transdisziplinäre Möglichkeiten auch für die Populäre Musik anzubieten hat.

Es liegt nahe, die afroamerikanische Musik- und Bewegungskultur, die häufig auch im Fachgebiet der Rhythmik noch als das exotische, radikale Andere betrachtet wird, stärker zu integrieren.[14] Dies umso mehr, da sowohl die Rhythmik-Praxis als auch das Phänomen Groove dem westlichen Missverständnis von Körper und Geist als dualistisch getrennte Entitäten entgegenwirken.

Erfreulicherweise werden die musikalischen Feinheiten und Spezifika – auf die es letztendlich in jedem Musikgenre ankommt – der groovebasierten afroamerikanischen Musik von heutigen internationalen Rhythmus-Forscher/innen und Musikwissenschaftler/innen differenziert untersucht. Danielsen stellt wie Gabriele Klein (Klein 2004: 250) fest, dass sich Groove in Musik und Bewegung nicht

---

14   »As long as the dominant white Western culture seems to constantly produce a need for subverting this dominant order, we may assume that there will remain a substantial resistance to giving up our understanding of black culture as a bearer of nonconformity or a means of distanciation from the mainstream – in short, as a bearer of a potential experience of otherness. African American rhythms probably still constitute a field of otherness; the involvement with much African American music has remained a means of catharsis, of dealing with the ›prohibited‹ pleasures of the body. Or, put differently, for many funk fans within the mainstream pop and rock audiences of the 1970s it might still to some extent be raw, unmediated nature that is drawn upon when James Brown howls or his band starts to groove.« (Danielsen 2006: 213f.)

durch einen westlich geprägten Diskurs bestimmen und vereinnahmen lassen. Groove-Musik entstand weder, um avantgardistische Aufgaben zu erfüllen, noch, um von dominierenden westlichen Denkweisen zur Rechenschaft gezogen zu werden (Danielsen 2006: 216). Die Autorin verweist auf die Zusammenhänge von Bedeutung, Sein und Ereignis im Kontext der Funk-Musik. Sie führt aus, dass sich während des Groove-Geschehens ein tiefes, sinnerfülltes Sein entfaltet. »Funk is experienced as highly meaningful, but the meaning is a very different one to hold on to. At the very moment we try to articulate the meaning, it disappears.« (Ebd.: 215) Es ist davon auszugehen, dass das Heraustreten aus der Unmittelbarkeit des Körpers und der Versuch, Funk in die abgekoppelte Welt des Denkens, der Reflexion, zu überführen, die Erfahrung von Funk als Repräsentation aktiviert, was dem Zweck von Funk-Musik nicht entspricht (ebd.).

Auch geht es bei der Betrachtung von Funk-Groove nicht darum, diese auf die Dichotomie von *Ereignis* und *Bedeutung* hin zu verengen, um sie dann des Fehlens einer westlichen, metaphysischen *Bedeutung* zu überführen und herabzumindern. Funk und groovebasierte Bewegung basiert nicht ›nur‹ auf Körper im engeren Sinne und muss auch nicht dem westlichen Kunstverständnis nach das Ereignis philosophisch bezeugen. Funk ist ein Ort des Seins und der Präsenz, der Körper und Seele die Möglichkeit bietet, ohne Distanz in der Welt zu sein. Er lässt Raum für die Teilnahme am Dasein im Hier und Jetzt.

»In this context, the whole point of funk may be to take some time off from reason, both the pure and the practical, from the very imperative of meaning, including the nonmeaning required by the critical discourse of Adorno and his followers. It is not the absence of the absence of the metaphysical presence that is the point of funk, but rather the absence of absence in the actual Presence in the groove.« (Ebd.: 217)

In einem westlichen, auf den Geist konzentrierten Universum, so die Autorin, wird das radikale Andere – das Ereignis – auf den äußeren Körper reduziert. Anscheinend kann im westlichen Sinne die radikale Andersartigkeit des Seinszustandes im Körper nur als ›körperlich‹ betrachtet werden.[15] Darin mag der Versuch liegen, etwas zu erklären, das niemals geklärt werden kann. Danielsen konstatiert dazu selbstreflexiv »[...] and that we as Westerners therefore attempt to control in a double movement of repression: first by capturing it, taking control of it, and giving it a name, and then by rejecting it as something subordinate, secondary, and ›primitive‹.« (Ebd.: 217) Die Autorin stellt fest, dass die mit den musikalischen Qualitäten von Funk-Musik

---

15 Siehe hierzu auch den Beitrag *Bewegung ist gestaltete Wahrnehmung* von Franz Mechsner in diesem Band.

verbundenen Erfahrungen einem interessierten Publikum das Ausleben des eigenen ›inneren Anderen‹ in einer dominanten westlichen Kultur auf dem Tanzboden ermöglichen. Die von der westlichen Metaphysik vergessene körperlich-mentale Präsenz findet hier ihren Zufluchtsort (ebd.: 214).

Nicht nur im Funk lässt sich die enge Verbindung von Körper, mentalen Vorgängen und Musik nachvollziehen. Die Forschungsergebnisse von Danielsen sind in gewisser Weise auch auf den Jazz übertragbar.[16] Afroamerikanische Musik und Bewegungskultur laden regelrecht zur Erforschung vielfältiger Vernetzungen ein.

Tapdance und Drumset – Swing-Embodiment

Während Dalcroze-Schüler/innen Melodierhythmen u.a. von J.S. Bach mit den Füßen ›realisierten‹, setzten afroamerikanische Männer und Frauen in den Fußbewegungen des Tapdance (dt. Stepptanz) Jazzrhythmen um. Zwar praktizierten in der Frühzeit des Tapdance im 19. Jahrhundert überwiegend Männer diesen Tanzstil, dennoch beteiligten sich auch immer wieder Frauen daran.[17] Die um 1900 vermutlich ausschließlich männlichen Schlagzeuger richteten sich nach den Tanzbewegungen der Tapdancer und umgekehrt griffen die Tänzer/innen die Swing-Rhythmen des Drumsets auf. Die Beziehung zwischen Musik und ihrer Verkörperung war hier besonders eng. So lassen sich in bestimmten Jazzdance-Bewegungen eindeutige Swing-Rhythmen wiederfinden. Im *Half Break, Boogie backward* und *Tackey Annie* z.B. wird ein typisches Swing-Pattern angedeutet, das als Timeline variantenreich auf Ride-Cymbal oder Hi-Hat gespielt wird. Viele wei-

---

16 »Auch die Musik aus Nord- und Lateinamerika und der Karibik, die von der Folklore der dorthin verschleppten westafrikanischen Sklaven geprägt wurde, basiert auf einer Dominanz des Rhythmus, der durch winzige Variationen lebendig gehalten wird. Die verschiedenen Spielarten des Jazz, des Reggae, Calypso oder Samba leben häufig von rhythmischen Variationen, die oft so minimal sind, dass sie mit den traditionellen Methoden westlicher Notation gar nicht aufgeschrieben werden können. Sie *swingen* oder haben den *Groove* – zwei Begriffe, die aus dem Musiker-Slang stammen, aber inzwischen auch in die Musikethnologie und -theorie Einzug gehalten haben.« (Baumgärtel 2015: 334, Herv.i.O.)

17 »In the African American Community, tap dance ›challenges‹, friendly competitive contests in street corner dancing, were generally reserved for men. The development of tap dance as a male-dominated form is shaped by history. Steps danced from the early 1800s, which evolved into several styles of tap dance, were nurtured and presented in the male cast of Minstrelsy. Women did not appear in the performance of tap dance until the 1890s.« (Willis 2014: 60, Herv.i.O.)

tere Gestaltungsmittel und Qualitätsmerkmale lassen sich sowohl im Tapdance als auch in der Jazzmusik identifizieren.[18] Darüber hinaus weisen zahlreiche Hand- und Fußtechniken des Trommel- und Drumset-Spiels Ähnlichkeiten mit Fußtechniken des Tapdance auf:

- *Heel-Toe-Technik*, *Heel Down/Heel Up*, *Flatfooted*, *Dancing on the Ball of the Foot* (Tapdance – Hi-Hat, Bassdrum)
- *Stomp* (Fußpattern beim Tapdance entspricht dem Heel-Tip-Handpattern der Conga = Floating Hand)
- *Brush* (Fußartikulation im Tapdance – Jazzbrushes beim Drumset-Spiel)
- *Double*, *Triple*, *Paradiddle*, *Shuffle* … (Jazzsteps – Trommelspiel)
- *Bounce* (Jazzdance – Drum-Technik mit Sticks)

Tapdancer arbeiteten mit Sand auf dem Boden – Schlagzeuger imitierten diesen Sound mit Jazzbesen. Der schnelle Wechsel des Gewichts (z.B. beim Kickball Change) findet sich in adaptierter Form bei den Fußtechniken des Drumsets wieder. Die Bewegungskoordination beim Jazzdance ist übertragbar auf die Koordination der vier Extremitäten beim Schlagzeugspiel und das ›Sticking‹. Unterschiedlichste Fußartikulationen wie Stomp, Stamp, Tap, Brush, Sliding, Gliding entsprechen weitestgehend den Anschlagsartikulationen des Drumsets mit Händen, Sticks, Paukenschlägel, Jazzbesen und Füßen. Viele Schlagzeuger des frühen Jazz waren selbst Tapdancer oder hatten eine enge Beziehung zu diesem Tanzgenre.[19]

---

18 »Rhythm Tap is characterized by intricate rhythmic motifs, polyrhythms, multiple meters, and elements of swing defined as off beat phrasing and suspension of the beat. For example, a rhythmic phrase may have several simultaneous rhythms with the accent off the beat or in a delayed response to the beat, which produces the swing feel. Structured and collective improvisations (two or more dancers contributing improvised rhythms within the structure) are components of the rhythm. The movement of the dance is quick, yet subtle. Weight is balanced on the entire foot as the dancer moves easily between heel, toe, ball and side of the foot. Rhythm tap moves in a horizontal plane with weight shifts initiating from the pelvis. Arms and torso respond to the shifting of weight.« (Ebd.: 59f.)

19 Z.B. Jo Jones, Gene Krupa, Max Roach, Ed Blackwell. Der ehemalige Schlagzeug-Hauptfachlehrer der Autorin, Christoph Caskel (langjähriger Professor für Schlaginstrumente an der *Hochschule für Musik und Tanz Köln*), erwähnte in einem persönlichen Gespräch (15.12.2018), dass er sich als junger Hochschullehrer für die Zusammenhänge von Tapdance und Schlagzeug interessierte und einen Stepptanz-Kurs an einer Tanzschule belegte.

Bounce im Jazzdance und beim Drumset-Spiel

Im frühen Jazzdance findet sich, wie ausgeführt, ein Bewegungsvokabular, das Ähnlichkeiten und Verwandtschaften mit verschiedenen Drumset-Spielweisen aufweist. Besonders hervorzuheben ist der Bounce, dessen Spezifik und Qualitäten sowohl im Jazzdance als auch beim Drumset-Spiel ausschlaggebend sind. In der Bounce-Tanzbewegung spielt der kurze Moment des *Fallens* eine ebenso essentielle Rolle wie bei der Schlagzeug-Spieltechnik. Wenige heutige Tanzwissenschaftler/innen berücksichtigen in ihrer Forschungsarbeit Phänomene der afroamerikanischen Bewegungskultur, wie den Bounce und das darin enthaltene Fallmoment. Claudia Jeschke weist auf ein Desiderat der traditionellen Tanzforschung hin, die davon ausgeht,

»[...] daß d a s wesentliche Thema des Tanzes im 20. Jahrhundert der Boden, die Erdanziehung, die Körperschwere sei. Daß dagegen der Gesellschaftstanz das Thema Körperschwere eben nicht formal wie das Tanztheater, sondern energetisch aufgreift, mag vielleicht ›tacit knowledge‹ sein, ist aber bislang von der Tanzforschung nicht zur Diskussion gestellt worden.« (Jeschke 1999: 178, Herv.i.O.)

Matthias beschreibt Bounce-Bewegung im Tanz als ein körperliches Rhythmuspattern, »das den Körper des Wippenden in eine kontinuierliche Schwingung versetzt.« (Matthias 2018: 57) Dabei werden die Knie-, Hüft- und Sprunggelenke kurz gebeugt, »damit das Gewicht leicht in Richtung Boden fallen gelassen werden kann, wodurch eine elastische Spannung in den Muskeln das Gewicht und die Beine wieder hochschnellen lässt.« (Ebd.) Dieses Rückfedern wird sowohl homolog ausgeführt als auch mit den verschiedensten Gleichgewichtsverlagerungen, Step-Touch-Bewegungen und weiteren Jazzdance-Mustern kombiniert und kann alle Körperteile erfassen.

Die Verbindung der Bounce-Charakteristik mit komplexen Gewichtsverlagerungen beim Jazzdance findet sich in verschiedenen Drumset-Spielweisen wieder. Das Spiel mit der Balance des Körpers ist übertragbar auf die Fußkoordination zwischen Bass Drum und Hi-Hat, wobei der Körper im Sitzen gut ausbalanciert sein muss. Um Balance geht es auch bei der Drumstick-Technik. Hier gilt es den richtigen *fulcrum point* zu finden, damit der Stick sowohl fallen, rückfedern und manipuliert werden kann. Begriffe wie Down Stroke, Full Stroke, Upstroke, Tap, Rebound weisen auf die nuancierten Bewegungsspezifika hin. Gut koordinierte Fall-, Rückprall- und Berührungsmomente sind ausschlaggebend für die verschiedenen Klänge und Artikulationsweisen. Diese Spieltechniken werden mit vielfältigen Spielfiguren, Paradiddles und Wirbel (Open-Roll, Closed-Roll) ausgeführt.

Je nach musikalischem Kontext sollen multiple Bounce-Effekte aus einer einzigen Arm- bzw. Handbewegung heraus ausgelöst werden.

Auch im Jazzdance ist ein Multiplizieren der Bounce- und Tanzbewegungen bekannt. Der Bounce ist ein integrierter Bestandteil des Jazz Walk.»»Die typische Fortbewegungsart des Jazz Dance sind die kleinräumigen Jazz Walks, die auf der Technik der Multiplikation beruhen.« (Günther 2005: 203) Helmut Günther spricht bei Jazzdance-Bewegungen am Platz von »Binnenkörperlichkeit« (Motion), bei der die Raumbewegungen (Movement) entfallen (ebd.: 23).

Der Jazzdance bietet eine Vielzahl von Artikulationsfeinheiten, vergleichbar mit den *Real Time Subleties* musikalischer Groove-Patterns. Beim Spiel mit dem Bounce des Step-Touch, mit dem ständigen Wechsel von Standbein und Spielbein sowie der Artikulation der Füße – ob hörbar (Tapdance) oder ›nur‹ sichtbar (Softshoe) – musiziert der ganze Körper und die tiefe Verbindung zwischen Tanzbewegung und Drumset-Musik des Jazz ist evident.[20] Weitere Jazzdance- und Gesellschaftstanzformen des 20. und 21. Jahrhunderts bieten eine Fülle an Material für die Erforschung der Zusammenhänge von Musik und Bewegung.[21]

GROOVE IN DER RHYTHMIK-PRAXIS

Embodiment von Rhythmen, Groove und Swing findet in einer Rhythmik-Praxis, die die Qualitäten afroamerikanischer Musik professionell einbezieht, ständig statt. In verschiedenen Versuchsanordnungen lässt sich das Phänomen *Entrainment* als Echtzeiterfahrung im Kontext groovebasierter Musik erkunden. Die körperliche Bewegung kann den Beat- und Puls-Referenzrahmen für rhythmische Strukturen verschiedenster afroamerikanischer und lateinamerikanischer Rhythmuskonzepte bilden. Sie ermöglicht es ferner, die unterschiedlichen Back- und Offbeat-Muster der Rockmusik, des Funk und des Jazz zu erforschen. Binäre, ternäre, quaternäre und weitere Phrasierungen des Basispulses werden körpersinnlich und mental angeeignet. Verschiedene Pulswahrnehmungsweisen

---

20 Siehe z.B. Performance von Jimmy Slyde, Jo Jones und George Benson in dem Film *L'Aventure du Jazz* (Frankreich 1972) von Louis Panassié (https://www.youtube.com/watch?v=MjCg7o1quAQ) und den Auftritt von Maurice Chestnut, Terry Lyne Carrington und Gery Allen beim *Berklee Commencement Concert* 2014 (https://www.youtube.com/watch?v=ICvMBGQBQPY).

21 Tom Ralabate gibt sowohl einen Überblick über bestimmte Musikstile und die damit verbundenen Kategorien des Jazzdance, als auch über die zahlreichen Jazz-Tanzformen vom 19. Jahrhundert bis heute (Ralabate 2014).

lösen beim Hören Bewegungsvorstellungen aus und können mittels Körperbewegungen auch kognitiv erfasst werden. Rhythmische Permutationen, Kreuz- und Polyrhythmen werden nur durch den körperlich-mentalen Bewegungsvollzug verstanden und stehen erst dann als künstlerische Gestaltungsmittel zur Verfügung. Die Koordination der vier Extremitäten in Verbindung mit rhythmischen Ganzkörperbewegungen wie dem Bounce, die Koordination und Synchronisation mit anderen Bewegenden und Musizierenden, inklusive der Wahrnehmung mikrorhythmischer Verschiebungen und Feinheiten, dies gehört zu den bewusst angelegten Musik- und Bewegungs-Lernerfahrungen in der Rhythmik. Viele der im Kontext der sozialen Elemente des afroamerikanischen Jazzdance genannten Stichworte,[22] treffen auch auf eine gelingende Rhythmik-Praxis zu. Die spezifischen kinetischen Elemente[23] sind manchen Rhythmik-Studierenden oder Teilnehmer/innen eines Rhythmik-Workshops vertraut, anderen dagegen fremd. Es bedarf entsprechender Angebote der Ein- und Weiterführung, um die Feinheiten musikalischer und bewegungsorientierter Groove-Phänomene zu erkunden und als kreativ zu handhabendes Improvisations- und Gestaltungsmaterial für die eigene Bewegungsgenerierung und Musikpraxis zur Verfügung zu haben.

Essaywhuman – Never More – Mockju

Drei Beispiele aus der Praxis veranschaulichen im Folgenden mögliche Ansätze der Rhythmik im Kontext von Hip-Hop- und Jazzmusik.

Essaywhuman !???!!??! (Musik: Questlove, Black Thought; Album: *Do You want More?*, The Roots 1995: Black Thought – Rap, Scott Storch – key, Leonard Hubbard – b, Questlove – d); Rap/Hip-Hop-Groove/Jazz, ternäre 16tel (86 bpm).

---

22 *Soziale Elemente*: »Community – the circle, Individual creativity within the group, Vocal encouragement, Lack of separation between performer and spectator, Friendly challenges among the dancers, Confrontational attitude (›in your face‹), Joyousness Call and response, Interaction (conversation between musicians and dancers).« (Cohen 2014: 5f., Herv.i.O.)

23 *Kinetische Elemente*: »Use of the flat foot, bent hip, knee and ankle joints, articulated, inclined torso, Body part isolations, groundedness (earthiness), improvisation, embellishment and elaboration, polyrhythms and syncopation, polycentrism, angularity and asymmetry, personal expression and creativity.« (Ebd.)

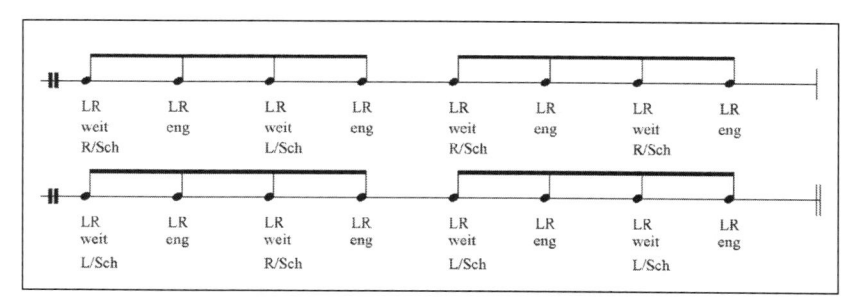

Abbildung 1: Jumping Jack als Paradiddle

LR weit R/Sch	LR eng	LR weit L/Sch	LR eng	LR weit R/Sch	LR eng	LR weit R/Sch	LR eng
LR weit L/Sch	LR eng	LR weit R/Sch	LR eng	LR weit L/Sch	LR eng	LR weit L/Sch	LR eng

LR = beide Füße gleichzeitig, R/Sch = rechte Schulter in Richtung Kreismitte oder in Richtung rechter Schulter von Partner/in, L/Sch = linke Schulter entsprechend

Die Versuchsanordnung beginnt mit einem Warm-up, das die Bounce-Bewegungen unwillkürlich anregt und zu Experimenten damit einlädt. Homologe und laterale Rutschbewegungen auf den flachen Füßen, das Spiel mit Bounce-Bewegungen, Gewichtsverlagerungen und verschiedenen Standbein-, Spielbein-Mustern laden zur Erkundung neuer, intra-koordinierter Bewegungsqualitäten ein.

Bewegungsmuster aus dem Hip-Hop-Bereich wie *Running Man*, *Jumping Jack*, *Indian Step* und *Side Kick* werden geübt und das Bounce-Phänomen dabei erkundet und reflektiert. Eigene Bewegungssequenzen lassen sich aus dem angebotenen Stil-Bereich entwickeln und schließlich zur live gespielten Funk-Drumset-Musik der Lehrperson (oder zu Drumset-Aufnahmen) im Wechsel mit Improvisationsanteilen ausprobieren. Aus den Ideen der Teilnehmer/innen (TN) werden verschiedene Bewegungsmuster zur Aufnahme von *Essaywhuman* generiert.

Eine Paradiddle-Variante des Jumping Jack wird geübt und anschließend paarweise ausprobiert (Abb. 1). Beide Beteiligten stehen sich gegenüber und drehen jeweils die eigene rechte Schulter zum Gegenüber hin, so als wollten sich die Schultern berühren. Entsprechend nähern sich die jeweils linken Schultern einander an usw. (R L R R L R L L).

Bei dieser Übung ist je nach Vorerfahrung der TN festzustellen, dass alle eine eigene, individuelle Bounce-Technik mit allen möglichen Unterschieden aufweisen. Sind die einzelnen für sich gut koordiniert und wird der Fokus entsprechend auf das Gegenüber gerichtet, entsteht ein spürbares und für Außenstehende oft auch sichtbares *Entrainment*. Dies führt zu einer Interkoordination, die einen regelrechten Energieschub auslöst. Die Bounce-Bewegungen nähern sich im fein abgestimmten Micro-Timing und Raumverhalten immer mehr an (ohne ihre Individualität zu verlieren). Das Tanzen wird synergetisch mühelos und leicht, wenn sich beide auf den *participatory mode* einlassen können. Untersucht wird, wie sich die Musik auf

Abbildung 2: Adaption von Bassdrum und Snaredrum für Conga, Takt 3-4 der ersten Strophe von Essaywhuman *(Frage-Antwort: Rap – Drumset) – Ausführung*

```
  3    3    3    3    3    3    3    3    3    3    3    3
R  L R  L R  L R  L R  L R L R L  R  L R  L R  L R  L R  L R  L R  L
+  + + + + + + + + + + + + + O O O B + + B O B + B + B B + B + O +
```

+ = unbetonte Tap Strokes, O = Open Stroke, B = Bass Stroke, R, L = rechte, linke Hand

Abbildung 3: Takt 3-4 (Rap – Drumset) – Snare- und Bassdrum (bzw. Open Stroke und Bass Stroke, ternäre 16tel) – Notation

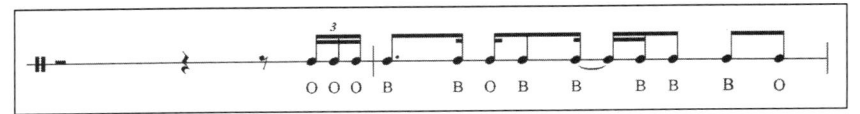

```
                3
            O O O B   B O B    B   B B    B    O
```

die Bounce-Qualitäten auswirkt und was mit dem Bounce-Entrainment ohne Musik passiert. Welchen Einfluss haben diese Bewegungserfahrungen auf das Verständnis und Spielen von Groove-Elementen? Elemente der Drumset-Musik von *Essaywhuman* werden als Hand-zu-Hand-Spiel auf die Conga übertragen (Abb. 2 und 3).

Never More (Harold Battiste; Album: *In The Beginning*, 1958: Alvin Batiste – cl, Harold Battiste – ts, Ed Blakwell – d, Ellis Marsalis – p, Otis Duvernay – b); Medium Swing (164 bpm)

Der von Max Roach beeinflusste Jazzschlagzeuger Ed Blackwell hatte eine starke Beziehung zum Tapdance. Er gilt als Schlagzeuger mit enger Anbindung an die New-Orleans-Tradition des *Second Line Drumming*, integrierte westafrikanische und karibische Elemente in sein Spiel und war als Pionier an der Entwicklung des Free Jazz beteiligt (Schmalenberger 2000). Hervorzuheben sind seine klanglichen und trommelmelodischen Gestaltungsmittel sowie der Tanzgestus seiner Drumset-Musik.

Exploration, Experiment, Übung, Improvisation, Tanzformen:
Nach der spontanen Bewegungsexploration zur Musik und experimentellen Versuchsanordnungen werden verschiedene Jazzdance-Muster geübt. Anschließend improvisieren die TN zur Musik der Lehrperson (Elemente von *Never More*) mit diesem Bewegungsmaterial. Aus der Improvisation heraus lässt sich eine Abfolge aus geeigneten Jazzdance-Elementen entwickeln. Sie dient als verkörperter Re-

ferenzrahmen für das Hören auf Feinheiten, z.B. der Drumset-Musik von Ed Blackwell in diesem Stück.

Mögliche Tanzabfolge zu *Never More*
Teil A: 8 Takte Shim Sham Basic
Teil B: 8 Takte Charleston
Teil A: 8 Takte Shim Sham
Teil C: 6 Takte Tackey Annie, 2 Takte Half Break
Entwicklung verschiedener Bewegungssettings zu den Chorus-Durchgängen der solistischen Instrumental-Improvisationen.

Neben verschiedenen Höraufgaben kann bei der Charleston-Bewegung zum B-Teil auf das Entrainment mit der Hi-Hat und deren Sound (Zählzeiten 2 und 4) geachtet werden. Wer die Wahrnehmungspräsenz bei der Ausführung des Charleston im participatory mode aufbringt, wird eine enge Verbindung zwischen Jazzdance und Jazzdrumming erfahren können. Reflexionen zum bewegungsbasierten Erleben des Themas von *Never More* und der musikalischen Improvisationen mit dem Hörfokus auf die Drumset-Interaktion, das eigene Musizieren mit den Elementen des Stücks sowie die Beschäftigung mit Schlagzeug-Historie und Schlagzeugstilen vertiefen die Annäherung an diese Musik.

Den Abschluss der Praxisbeispiele bildet ein Stück der Autorin, das sie 1986 mit vier weiteren Jazzmusikerinnen eingespielt hat (Gruppe *F*). Es dient als Beispiel für ein Uptime Stück, bei dem der schnelle Puls improvisatorisch aufgebrochen und wieder aufgenommen wird.

Mockju (Marianne Steffen-Wittek; Album: *Schwarzwaldmädel*, Eine Coproduktion der Gruppe *F* mit dem *Westdeutschen Rundfunk Köln* für: Jazz Haus Musik, JHM 24 St, 1986: Monika Haas – as, Heike Röllig – ts, Heike Beckmann – p, Ula Oster – b, Marianne Steffen-Wittek – d); Uptime Swing (155 bpm; Beat hier = Halbe Note)

Improvisation – Gestaltung – Reflexion
Für das Thema dieser Uptime-Swing-Musik (Abb. 4) bietet die Lehrperson eine Bounce-Tanzabfolge auf der Basis von Halben an (Abb. 5). Verschiedene Improvisationssettings, die geeignet sind, die freien Powerplay-Soli der Musik im Bewegungsdialog zu erfassen, lassen sich zu festgelegten Gestaltungen und Choreografien weiterentwickeln.

Reflexion: Wie ist das Thema phrasiert und wie verhalten sich die Bounce-Tanzschritte dazu? Wie sind die Soli gestaltet und welche Interaktionen finden in

Abbildung 4: Mockju *(Thema)*

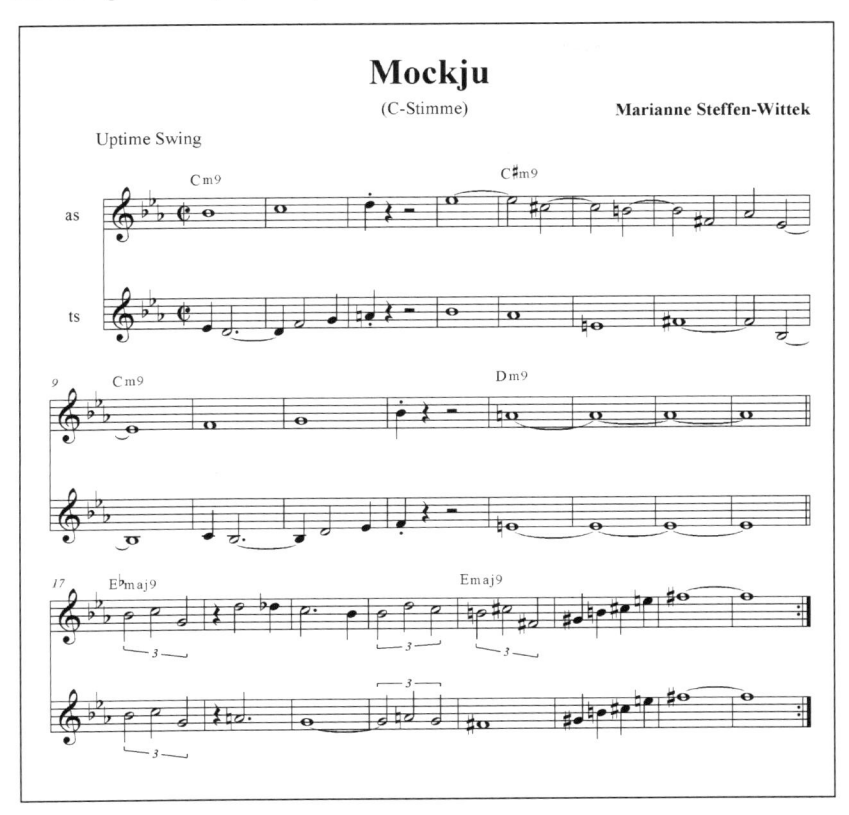

der Band zwischen Drumset, Bass, Klavier und Tenorsaxophon statt? Wie wirken sich die Gestaltungsmittel des Up Time Swing und der rhythmisch freieren Stellen auf die Bewegung aus? Reflexionen zur eigenen Musiksozialisation im Kontext der Gender-Frage lassen sich durch die Musik einer Frauen-Jazzband anstoßen und mit einem kritischen Blick auf das Musikbusiness verbinden (Steffen-Wittek 1996).

Transdisziplinäre Perspektiven

Die Verknüpfung von Musik und Bewegung ist in dem Phänomen *Groove* wie in keinem anderen per se wirksam. Wer im Bereich des Groove agiert, forscht und lehrt, kann dies nur mit einer transdisziplinären Einstellung tun. Im Fach Rhythmik ist die Durchdringung von Musik und Bewegung dadurch gewährleistet, dass die Lehrperson in beiden Gebieten qualifiziert ist.

Abbildung 5: Tanzform zum Thema von Mockju

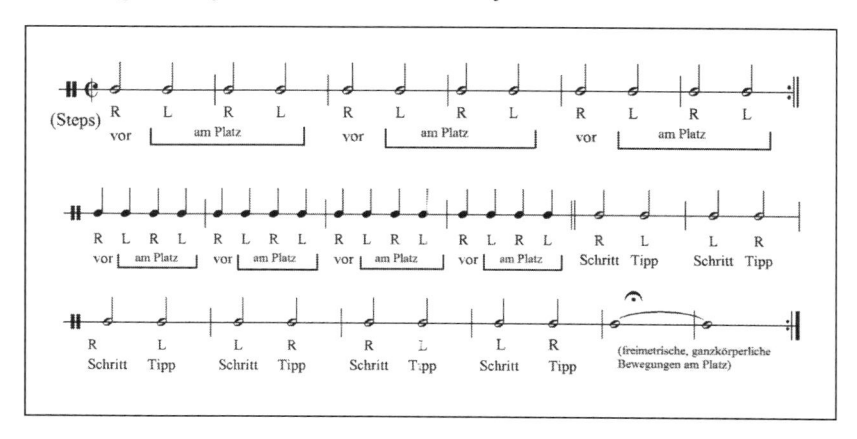

Abbildung 6: Hörbeispiel Mockju

Abbildung 7: Video Drumset & Percussion in der Rhythmik[24]

Wünschenswert ist die Zusammenarbeit der Rhythmik an den Musikhochschulen mit Jazzinstituten, den Lehrbereichen der Jazztheorie und der *Transcultural Studies*. In Bezug auf Jazz, Swing und Groove spielen Begriffe wie Entrainment, Koordination und Embodiment eine herausragende Rolle. Sie werden in der bewegungsorientierten Musikpraxis untersucht und in der Theorie aus verschiedenen Perspektiven betrachtet. Hier kann sich die Rhythmik zukünftig noch mehr öffnen und im Austausch mit benachbarten Disziplinen Musik- und Bewegungskulturen erschließen, die in der Berufspraxis dringend benötigt werden.

---

24 Kennwort für das Video: TLmw?NQA.

LITERATUR

Baumgärtel, Tilman (2015): Schleifen. Zur Geschichte und Ästhetik des Loops, Berlin: Kulturverlag Kadmos.

Cohen, Patricia (2014: »Jazz Dance as a Continuum«, in: Lindsay Guarino/ Wendy Oliver (Hg.): Jazz Dance. A History of the Roots and Branches, Gainsville Florida: University Press of Florida, S. 3-7.

Danielsen, Anne (2006): Presence and Pleasure. The Funk Grooves of James Brown and Parliament, Middletown, Connecticut: Wesleyan University Press.

Danielsen, Anne (2016 [2010]): »Here, There and Everywhere: Three Accounts of Pulse in D'Angelo's ›Left and Right‹«, in: Dies. (Hg.): Musical Rhythm in the Age of Digital Reproduction, London/New York: Routledge, S. 19-35.

Danielsen, Anne (2018): »Continuity and Break: James Brown's ›Funky Drummer‹«, in: PopScriptum 11 – The Groove Issue, Schriftenreihe herausgegeben vom Forschungszentrum Populäre Musik der Humboldt-Universität zu Berlin, https://www2.hu-berlin.de/fpm/popscrip/themen/pst11/pst11_danielsen.pdf vom 16.11.2018.

Dee Das, Joanna (2017): Katherine Dunham. Dance and the African Diaspora, New York: Oxford University Press.

Doffman, Mark (2013): »Groove: Temporality, Awareness and the Feeling of Entrainment in Jazz Performance«, in: Martin Clayton/Byron Dueck/Laura Leante (Hg.): Experience and Meaning in Music Performance, New York: Oxford University Press, S. 62-85.

Gerischer, Christiane (2003): O suingue baiano. Mikrorhythmische Phänomene in baianischer Perkussion, Frankfurt a.M.: Peter Lang.

Günther, Helmut (2005): Jazz Dance. Geschichte, Theorie, Praxis. Neu bearbeitet von Judith Frege, Berlin: Henschel.

Iyer, Vijay (2002): »Embodied Mind. Situated Cognition, and Expressive Microtiming in African-American Music«, in: Music Perception. An Interdisciplinary Journal 19/3 (Spring): S. 387-414.

Jeschke, Claudia (1999): Tanz als Bewegungstext. Analysen zum Verhältnis von Tanztheater und Gesellschaftstanz (1910-1965) (Theatron. Studien zur Geschichte und Theorie der dramatischen Künste 28), hg. von Hans-Peter Bayerdörfer, Dieter Borchmeyer und Andreas Höfele, Tübingen: Niemeyer.

Kane, Joy (2007): Move that Song Along – Mon corps sait chanter, Collection You are the Music, Paris: Lemoine.

Keil, Charles/Feld, Steven (2005): Music Grooves, Chicago: University of Chicago Press.

Klein, Gabriele (2004): Electronic Vibration. Pop Kultur Theorie, Wiesbaden: VS Verlag für Sozialwissenschaften.

Kramer, Jonathan D. (1988): The Time of Music: New Meanings, New Temporalities, New Listening Strategies, London: Schirmer.

Krepcik, Barbara (2012): Rhythmus und Körper (Musik und Bewegung 1), Wien: Re Di Roma.

Kvifte, Tellef (2004): »Description of Grooves and Syntax/Process Dialectics«, in: Studia Musicologica Norvegica 30, S. 54-77.

Lorenz, Karl (1983): »Zum Tode von Henrietta Rosenstrauch«, in: Rhythmik in der Erziehung 2, S. 12-13.

Manning, Susan (2004): Modern dance. Negro dance: race in motion, Minneapolis: University of Minnesota Press.

Matthias, Sebastian (2018): Gefühlter Groove. Kollektivität zwischen Dancefloor und Bühne, Bielefeld: transcript.

Oesterhelt-Leiser, Holmrike (2014): »Bewegungsimprovisation«, in: Marianne Steffen-Wittek/Michael Dartsch (Hg.): Improvisation – Reflexionen und Praxismodelle aus Elementarer Musikpädagogik und Rhythmik (ConBrio Fachbuch 18), Regensburg: ConBrio, S. 229-271.

Pfleiderer, Martin (2006): Rhythmus. Psychologische, theoretische und stilanalytische Aspekte populärer Musik, Bielefeld: transcript.

Phillips-Silver, Jessica/Trainor, Laurel J. (2005): »Feeling the Beat: Movement Influences Infant Rhythm Perception«, in: Science 308/5727, S. 1430.

Ralabate, Tom (2014): »Historical Movement Chart«, in: Lindsay Guarino/Wendy Oliver (Hg.): Jazz Dance. A History of the Roots and Branches, Florida: The University Press of Florida, S. 69-71.

Reimer, Benjamin, N. (2013): Defining the Role of Drumset Performance in Contemporary Music, Dissertation, Montreal/Quebec, http://www.pas.org/docs/default-source/thesisdissertations/Reimer_-_Defining_the_Role_of_Drumset_Performance_in_Contemporary_Music.pdf vom 19.12.2018.

Ring, Reinhard (1990): Rhythmik. Die musikalische Bewegung, Solingen: Waldkauz.

Rosenstrauch, Henrietta (1973): Essays on Rhythm Music Movement, Pittsburgh: Volkwein Brothers.

Rosenstrauch, Henrietta (1983 [1954]): »Wert und Anwendung von Schlaginstrumenten«, in: Rhythmik in der Erziehung 2, S. 15-18.

Schloss, Joseph P. (2009): Foundation. B-Boy, B-Girls, and Hip-Hop Culture in New York, New York: Oxford University Press.

Schmalenberger, David, J. (2000): Stylistic Evolution of Jazz Drummer Ed Blackwell: The Cultural Intersection of New Orleans and West Africa, Dissertation,

Morgantown/West Virginia, http://www.pas.org/docs/default-source/thesisdissertations/schmalenbergerdj_2000.pdf?sfvrsn=0 vom 17.12.2018.

Steffen-Wittek, Marianne (1996): »I've got the Power! Das traditionelle Hochschulfach ›Rhythmik‹ und seine möglichen Auswirkungen auf die musikalische Sozialisation von Mädchen und Frauen heute«, in: Jürgen Terhag (Hg.): Populäre Musik und Pädagogik 2: Grundlagen und Praxismaterialien, Oldershausen: Lugert, S. 205-219.

Steffen-Wittek, Marianne (2000): »Improvisierte und populäre Musik mit Kindern. Ein Modellprojekt der Offenen Jazz Haus Schule«, in: Offene Jazz Haus Schule (Hg.): 20 Jahre Offene Jazz Haus Schule, Köln: OJHS, S. 37-42.

Steffen-Wittek, Marianne (2004): »Onbeat – Backbeat – Offbeat. Sensomotorische und kognitive Zugänge zu Groove-orientierten Rhythmen«, in: Meinhard Ansohn/Jürgen Terhag (Hg.): Musikunterricht heute 5: Musikkulturen – fremd und vertraut, Oldershausen: Lugert, S. 160-177.

Steffen-Wittek, Marianne (2010): Let forever be. Körperinszenierungen elektronischer Musik in der Schule, in: Georg Maas/Jürgen Terhagen (Hg.): Musikunterricht heute 8: Zwischen Rockklassikern und Eintagsfliegen – 50 Jahre Populäre Musik in der Schule, Oldershausen: Lugert, S. 365-377.

Steffen-Wittek, Marianne (2014): »Blame it on the Boogie. Bewegungsimprovisation und groovebasierte Musik«, in: Dies./Michael Dartsch (Hg.): Improvisation – Reflexionen und Praxismodelle aus Elementarer Musikpädagogik und Rhythmik (ConBrio Fachbuch 18), Regensburg: ConBrio, S. 272-293.

Steffen-Wittek, Marianne (2017): »Inklusive Praktiken entwickeln – Unterrichtsentwicklung am Beispiel des Schlagzeugs«, in: VdM Verband Deutscher Musikschulen (Hg.): Spektrum Inklusion – wir sind dabei! Grundlagen und Arbeitshilfen: Wege zur Entwicklung inklusiver Musikschulen, Bonn: VdM Verband Deutscher Musikschulen, S. 186-196.

Todd, Neil P./Cody, Frederick W. (2000): »Vestibular responses to loud dance music: A physiological basis of the ›rock and roll threshold‹?«, in: Journal of the Acoustical Society of America 107, S. 496-500.

Todd, Neil P./Lee Christopher S. (2015): The sensory-motor theory of rhythm and beat induction 20 years on: a new synthesis and future perspectives, Front Hum Neurosci, August, https://www.ncbi.nlm.nih.gov/pubmed/26379522 vom 20.01.2019. DOI: 10.3389/fnhum.2015.00444

Trainor, Laurel J./Unrau, Andrea (2009): »Extracting the beat: An experience-dependent complex integration of multisensory information involving multiple levels of the nervous system«, in: Empirical Musicology Review 4/1, S. 32-36.

Williams, Justin A. (2010): »The Construction of Jazz Rap as High Art in Hip-Hop Music 27/4«, in: The Journal of Musicology, S. 435-459.

Willis, Cheryl M. (2014 [1997]): »African American Rhythm Tappers«, in: Sharon E. Friedler/Susan B. Glazer (Hg.): Dancing Female: Lives and Issues of Women in Contemporary Dance, London/New York: Routledge, S. 59-66.

Wolff, Karsten (1996): Trommeln und Teutonen. Afrikanische Musik auf dem deutschen Pop-Musikmarkt (Schriftenreihe zur Popularmusikforschung 1), hg. von Helmut Rösing in Zusammenarbeit mit dem Arbeitskreis Studium populärer Musik (ASPM), Hamburg, und dem Musikwissenschaftlichen Institut der Universität Hamburg, Karben: Coda.

Zaiser, Dierk (2011): Rhythmus und Performance. Kulturprojekte als Chance für sozial benachteiligte und straffällige Jugendliche, München: kopaed.

Zeiner-Henriksen, Hans T. (2010): The ›PoumTchak‹ Pattern: Correspondences Between Rhythm, Sound, and Movement in Electronic Dance Music, Dissertation, Universität Oslo, https://folk.uio.no/hanst/ThePoumtchakPattern.pdf vom 15.12.2018.

Zeiner-Henriksen, Hans T. (2016): »Moved by the Groove: Bass Drum Sounds and Body Movements in Electronic Danc Music«, in: Anne Danielsen (Hg.): Musical Rhythm in the Age of Digital Reproduction, London/New York: Routledge, S. 121-139.

Ziegenrücker, Wieland/Wicke, Peter (1987): Sachlexikon Popular Musik. Pop, Rock, Jazz, Folk, Mainz: Schott.

Rhythmik goes China
Gedanken zu einer kultursensiblen Rhythmik in China

Cheng Xie

Rhythmik ist ein künstlerisch-pädagogisches Fach (Leiser 1994: 81), das mittlerweile weltweit anerkannt ist und eingesetzt wird. Von Anbeginn fehlte es der Rhythmik nicht an internationalen Bezügen: Zu nennen sind die aus unterschiedlichen Nationen stammenden Schülerinnen und Schüler des in der Schweiz aufgewachsenen und selbst in verschiedenen europäischen Ländern ausgebildeten, ja sogar einige Zeit als Musiker in Algerien tätigen Begründers der Rhythmik, Émile Jaques-Dalcroze (Ring/Steinmann 1997: 140). Bedeutung haben auch die vom Nationalsozialismus erzwungenen Auswanderungen einiger Schülerinnen, die nach dem Zweiten Weltkrieg in Ländern wie Israel tätig wurden. Schließlich sind seit den 1990er Jahren und dem Fall des Eisernen Vorhangs weltweit zunehmende internationale Verflechtungen und Austauschbemühungen zu verzeichnen. So hat die Rhythmik auch den Weg nach China gefunden. Hier trifft sie auf eine Situation, die durch einige Besonderheiten der dortigen Musikpädagogik geprägt ist.

MUSIKPÄDAGOGIK IN CHINA

Entwicklung der chinesischen Musikpädagogik bis 1978

Die chinesische Musikpädagogik hat sich als Spiegelbild zur wirtschaftlichen und politischen Entwicklung des Landes entfaltet, d.h., sie nahm entweder Einflüsse gerne auf oder unterlag umgekehrt einer Stagnation. Musik und Musikerziehung spielten auch im alten China eine große Rolle. Es gab neben den Schulen zur Ausbildung des Nachwuchses von hohen Beamten (Hohe Schule) auch Landschulen für Knaben, die meist von Großfamilien getragen wurden, und in denen einfache Lieder und Tänze eingeübt wurden (Nolte/Weyer 2011: 144ff.). In der Hohen Schule gehörten auch Instrumentalspiel und Musiktheorie zur Ausbildung, der Gesangsunterricht war mit der Sprecherziehung verbunden (ebd. 2011: 150). Wie bei einigen alten Ritualen war in der Erziehung die Verbindung von Dichtkunst und Musik und von Wort und Tanz wichtig (Bauer 2017: 71). Grundlegend war der konfuzianische Gedanke einer erzieherisch orientierten musikalischen Unterweisung (Nolte/Weyer 2011: 167). Eine Musikpädagogik im heutigen Sinne entwickelte sich aber erst, als am Ende des 19. Jahrhunderts zur Zeit der letzten Kaiser-Dynastie westliche Kolonialmächte neben ihrer Kultur (z.b. in Missionsschulen) auch ihr Schulsystem nach China brachten (Jiang 2015: 126ff.). Während der Zeit der Republik China (ab 1912) öffnete sich das Land stark den westlichen Kunstformen (z.b. Oper und Ballett). Gleichzeitig wurden erste Musikverbände und Bildungseinrichtungen gegründet, die die Keimzellen für spätere Musikakademien und -hochschulen waren. Die Ausbildung von Musikpädagogen im heutigen umfassenden Sinne stand allerdings noch nicht im Vordergrund, ging es doch in der Schule hauptsächlich darum, zu singen, möglicherweise als Lehrperson auch Klavier oder Orgel zu spielen. Das Bildungssystem orientierte sich an den Vorbildern Japans und Deutschlands. Während der Zeit der japanischen Invasion (1937-1945) stagnierte die Entwicklung der Musikpädagogik kriegsbedingt.

Nach dem chinesischen Bürgerkrieg entstand 1949 die Volksrepublik China. Zunächst galten die Anstrengungen im Lande dem Wiederaufbau nach dem Krieg. Aber auch das staatliche Bildungssystem erfuhr, insbesondere ab 1958, eine Reformierung. Das Fach Musik wurde in den Lehrplan aufgenommen. In der Musikkultur gewann die chinesische Volksmusik an Gewicht, aber auch die (klassische) europäische Musik genoss wieder hohes Ansehen. Im Musikunterricht dominierte immer noch der Gesang. Die Kulturrevolution ab 1966 erfasste dann allerdings den gesamten kulturellen, schulischen und universitären Bereich und beendete die Erneuerungsbewegung. Gerade Intellektuelle wurden zur Arbeit aufs Land geschickt und das Singen in der Schule diente nur noch propagandistischen Zwecken. In der Verbindung von Traditionellem und politischer Erneuerung entstanden die »Modellopern« als eigene Formen des Musiktheaters.

Musikpädagogik in China seit 1978

Seit dem Ende der Kulturrevolution, also seit 1978, hat sich China wieder der Welt geöffnet. Ein geordnetes Schulsystem wurde aufgebaut und die Anstrengungen galten auch einer niveauvolleren Ausbildung der Musiklehrer an allgemeinbildenden Schulen. Aus dem Singunterricht wurde Musikunterricht (Zhonghua 1993: 160). Vorbild für neue Unterrichtsmethoden war das westliche Ausland. Bereits in den 1980er

Jahren traf der chinesische Professor Liao Naixiong den Komponisten und Musikpädagogen Carl Orff und verbreitete dessen »Orff-Schulwerk« in China. Miu Li brachte nach einem Studium in Japan die Dalcroze-Methode (im englischen Sprachraum auch ›Eurhythmics‹ oder inzwischen ›Rhythmics‹ genannt) nach China. Durch die wirtschaftlichen Reformen öffnete sich das Land immer weiter. Infolge der Globalisierung wurde westliche Popkultur auch in China beliebt. Im universitären Bereich ist der Austausch mit Dozenten aus anderen, insbesondere europäischen und nordamerikanischen Ländern selbstverständlich geworden.

Als besonderes Beispiel der Offenheit Chinas für die Gedanken der Rhythmik kann *New System* gelten. Dabei handelt es sich um eine Fakultät für Musikpädagogik beim Zentralkonservatorium für Musik in Peking, die aufgrund der besonderen Bemühungen der Professorin Gao Jianjin entstanden ist. Hier wird von in Europa fundiert ausgebildeten Lehrkräften der Versuch unternommen, das chinesische Schulmusik-System zu verändern und auf dieser Basis ein eigenes musikpädagogisches System für Chinas Schulen zu entwickeln. Dabei wird – anders als sonst in China – in der Ausbildung besonderer Wert auf die Unterrichtspraxis gelegt. Die Methoden von Orff, Zoltán Kodály und Dalcroze spielen in diesem Zusammenhang eine große Rolle.

Aktueller Stand der Rhythmik in China

Die Übernahme westlicher Musikpädagogik-Konzepte in das chinesische Bildungssystem wirft – auch in Bezug auf die Rhythmik – Fragen auf: Wie wird heute die Rhythmik in China tatsächlich rezipiert und praktiziert? Der Befund ist ernüchternd: Westliche Dozenten, oft Hochschullehrende, werden in den Universitäten und Musikhochschulen Chinas begeistert aufgenommen und präsentieren in speziellen Kursen ihre Ideen und Methoden. Solche Angebote, genauso wie die Kurse von privaten Fortbildungsinstituten, bieten zwar einen wichtigen Einstieg und behandeln einige Grundlagen des Faches; doch dabei bleibt es zumeist. Auch einige (westliche) Musiklehrwerke, die sich mit der elementaren Musikpraxis (zumeist dem Orff-Schulwerk) befassen, werden zwar ins Chinesische übersetzt und in eingeschränktem Umfange auch eingesetzt. Eine Adaption, die die Besonderheiten Chinas berücksichtigt, gelingt aber bislang nur ansatzweise. Außerdem gibt es nur wenige gut ausgebildete Fachlehrerinnen und Fachlehrer. Der Transfer der Rhythmik nach China erscheint so als einseitige Angelegenheit. Nur ganz selten bringen sich Chinesen selbst, bringt man die chinesische Kultur in diese Begegnung ein. Es fehlt an wirklich gut ausgebildeten chinesischen Rhythmiker/innen, die in Verbindung mit der chinesischen Musikkultur selbst kreativ unterrichten. Traditionelle und aktuelle chinesische Kultur bleiben als Medium oder Arbeitsmittel (Vogel-Steinmann 1979: 32) für einen Rhythmikunterricht in China weitgehend unbeachtet. Aus diesen Überlegungen heraus war es für mich naheliegend, danach zu fragen, ob diese ›Einbahnstraße‹ zu einer wirklichen Begegnung werden kann. In diesem Zusammenhang entstand die Idee einer *kultursensiblen Rhythmik* für China (Xie 2019: 2).

KULTURSENSIBILITÄT

Kultursensibilität und Adaption

Kultursensibel bedeutet in dem hier thematisierten Zusammenhang, dass ein musikpädagogisches Konzept achtsam in ein bestimmtes Umfeld eingebettet wird. Das geht weit darüber hinaus, nur gewisse Anpassungen bei der Anwendung des Konzeptes in einem anderen Land vorzunehmen. Solche Adaptionen bzw. geringfügigen Anpassungen sind manchmal schon jetzt anzutreffen und bestehen darin, in einem Musikbuch Lieder, die zum typischen christlichen Jahreskreis (Weihnachten, Ostern) gehören, einfach gegen andere Lieder auszutauschen, die typische Feste des anderen Landes betreffen (z.B. das chinesische Frühlingsfest). Kultursensibel im hier gebrauchten Sinne bedeutet aber vielmehr, dass die philosophischen Hintergründe, pädagogischen Rahmenbedingungen und kulturellen Besonderheiten des Landes bei der Entwicklung und Implementierung eines musik- und bewegungspädagogischen Konzeptes berücksichtigt werden sollen.

Kultursensibilität und Interkulturalität

Ein kultursensibler Ansatz unterscheidet sich von einem interkulturellen Musikunterricht. Letzterer wird vor allem in den multikulturellen Gesellschaften der westlichen Länder im Zusammenhang mit der Unterrichtung von Schüler/innen mit Migrationshintergrund (Merkt 1993: 141ff.) oder in Zusammenhang mit einer polyästhetischen Erziehung (Krakauer 1993: 29ff.) bereits praktiziert. Zwar gibt es gewisse Gemeinsamkeiten zwischen dem kultursensiblen und dem interkulturellen Ansatz: Beide wollen auf Möglichkeiten gegenseitiger kultureller Bereicherung aufmerksam machen und im Rahmen von kultureller Begegnung Verständnis und Toleranz fördern (Schatt 2007: 108). Ein kultursensibler Rhythmikunterricht zielt aber nicht in erster Linie darauf ab, Elemente einer ›fremden‹ Kultur in den Unterricht zu integrieren, damit diese besser kennengelernt werden kann. Vielmehr geht es darum, ein (neues) musikpädagogisches Konzept in die pädagogischen und kulturellen Rahmenbedingungen entweder durch Lehrer/innen des eigenen Landes oder durch kultursensible Lehrkräfte von außen so einzupassen, dass weder die Unterrichtsmethoden als solche noch die Unterrichtsinhalte als ›von außen übergestülpt‹ empfunden werden. Das Kennenlernen der lokalen kulturellen Bedingungen ist dabei von großer Bedeutung. Diese können berücksichtigt und reflektiert werden.

Kultursensibilität und Enkulturation

Gleichsam nebenbei kann ein solcher kultursensibler Ansatz in der speziellen Situation von China erreichen, dass kulturelle Ausdrucksformen, die in Vergessenheit zu geraten drohen, wieder mehr Aufmerksamkeit genießen. Schüler/innen, die sich in ihrer Freizeit fast ausschließlich mit westlicher Popkultur beschäftigen, können im Rhythmikunterricht einerseits neue Facetten populärer und improvisierter Musik erleben. Andererseits lässt sich das Schülerinteresse an der chinesischen traditionellen Kultur mithilfe einer modernen musikpädagogischen Methode vorsichtig und mit geeigneten Mitteln wieder wecken. Zu solchen traditionellen chinesischen Ausdrucksformen zählen insbesondere Bewegungen, Musik und Objekte aus der sogenannten »Pekingoper« (JingJu 京剧). JingJu ist keine ›Oper aus Peking‹, sondern eine Form des traditionellen chinesischen Musiktheaters, das seit dem Ende des 18. Jahrhunderts als Verschmelzung aus verschiedenen lokalen Musiktheaterformen hervorgegangen ist. Berücksichtigt man das Ziel eines kultursensiblen Ansatzes, kann ein entsprechender Rhythmikunterricht als eine Form der »Enkulturationshilfe« (Callo 2002: 63) für junge Chinesen verstanden werden, ihnen also wieder eine Beziehung zur regionalen Kultur vermitteln. Dabei geht es nicht darum, welche Kultur oder kulturelle Ausdrucksform wertvoller ist, sondern darum, Scheu, Distanz und möglicherweise auch Scham und Minderwertigkeitsgefühle in Bezug auf bestimmte traditionelle Ausdrucksformen abzubauen. Chinesischen Schüler/innen soll es ermöglicht werden, sich nicht allein über eine globalisierte Popkultur zu identifizieren, sondern auch in der Auseinandersetzung mit traditionellen Kunstformen Neues und Eigenes zu entwickeln.

Kultursensibilität und »Glokalisierung«

Die soeben entworfenen Gedanken entsprechen in gewisser Weise auch einer Form der »Glokalisierung«. Diese ist, kulturell betrachtet, eine Verbindung von *Globalem* und *Lokalem*, also eine gewisse Rückbesinnung auf kulturelle Ressourcen unter Berücksichtigung örtlicher Besonderheiten. Der von Roland Robertson aus dem japanischen Geschäftsjargon hervorgegangene Begriff der »Glokalisierung« (Robertson 1998: 197) beinhaltet zwar auch eine Form der Weltoffenheit, bei der alle Kulturen anerkannt und respektiert werden. Dennoch sind gerade lokale oder regionale Verwurzelungen wichtig. Dieser Begriff kann nach meinem Verständnis insoweit übertragen werden, als nicht nur Zeitgenössisch-Lokales[1], sondern auch Traditionell-Lokales in einer globalisierten Welt erlebt wird, damit kulturelle Vielschichtigkeit erhalten bleibt.

FORSCHUNGSVORHABEN ZUR AKZEPTANZ DER RHYTHMIK IN CHINA

Mein Forschungsvorhaben stellte sich der grundlegenden Frage, ob eine solche kultursensible Rhythmik in China überhaupt auf Akzeptanz stoßen wird und zur Anwendung kommen kann. Daneben sollte untersucht werden, ob bzw. welche Elemente chinesischer Kultur für eine solche kultursensible Rhythmik herangezogen werden können. Es war also nicht in erster Linie Aufgabe, ein unmittelbar im Unterrichtsalltag einsetzbares Konzept zu entwickeln. In Bezug auf ausgewählte Elemente chinesischer Kultur und die Berücksichtigung von Besonderheiten des chinesischen Bildungssystems können der Arbeit aber auch gewisse Anregungen für ein Konzept entnommen werden.

Gang des Forschungsvorhabens

Zur Beantwortung der Forschungsfrage wurden als Erkenntnisquellen Experteninterviews genutzt. Siebzehn Expertinnen und Experten aus China wurden anhand eines strukturierten Leitfadeninterviews befragt. Sie stellten einen repräsentativen Querschnitt aus dem musikpädagogischen Bereich dar. Es handelte sich um Hochschullehrerinnen und -lehrer unterschiedlichen Alters und aus unterschiedlichen Provinzen Chinas. Expertenstimmen aus der musikpädagogischen Schulpraxis, dem Musikverlags- und dem privaten Fortbildungsbereich waren ebenfalls in der Auswahl vertreten. Die Interviews wurden auf Chinesisch geführt und in Chinesisch transkribiert. Anonymisierte Kurzzusammenfassungen der Interviewinhalte wurden auf Deutsch erstellt, wobei die inhaltliche Richtigkeit der Zusammenfassungen durch ein Peer-Review einer chinesischen Doktorandin gewährleistet wurde. Schließlich erfolgte eine computergestützte Analyse anhand zuvor erstellter Codes unter Verwendung einer speziellen Software. Bestandteil der Interviews war auch ein Fragebogen, der darauf abzielte, herauszufinden, welche Ziele der Rhythmik für die Implementierung in China als besonders wichtig erachtet werden. Dieser Fra-

---

1 Wie z.B. die Hip-Hop-Kultur (Klein 2003: 89).

gebogen sollte von allen Experten ausgefüllt werden. Die Auswertung der Fragebögen führte zur Erstellung aufschlussreicher Kreisdiagramme.

Ergebnisse des Forschungsvorhabens

Die Auswertung der Interviews hat zutage gefördert, dass der aktuelle Zustand der Musikpädagogik in China von den Experten durchaus kritisch betrachtet wird, vor allem einzelne Bedingungen des Schulsystems. Es wurde immer wieder eine Dominanz westlicher Einflüsse beklagt und das Fehlen eines eigenen musikpädagogischen Systems bemängelt. Bereits in der Ausbildung der Musikpädagogen werde im Instrumentalspiel zu viel Wert auf die Spieltechnik (Gesang, Klavier) gelegt, während die Gestaltung der Unterrichtspraxis vernachlässigt werde. Plakativ und kritisch bezogen auf die Maßstäbe der musikpädagogischen Ausbildung zitiert ein Experte einen beliebten Aphorismus, nach dem Abin (ein bekannter Künstler auf dem Instrument der Erhu), Liu Tianhua (ein beliebter Komponist) und Mei Lanfang (einer der bedeutendsten Jing-Ju-Darsteller), heute die Aufnahmeprüfungen an den Hochschulen möglicherweise nicht mehr bestehen würden! Auch die tatsächlichen Bedingungen des Schulsystems seien problematisch. Es gebe zu große Unterrichtsgruppen, außerdem überwiege passives Lernen und es fehle an Raum für die Entwicklung von Kreativität und Interaktionsfähigkeit.

Ausgehend von diesem Befund sahen die Experten ein tatsächliches Bedürfnis und gute Entwicklungsmöglichkeiten für die drei musikpädagogischen Konzepte Orff, Kodály und Dalcroze in China. Sie begründeten dies mit langsam aufkommenden innovativen Vorgaben in staatlichen Lehrplänen. Neben dem Verlagswesen und den zunehmenden universitären Angeboten spiegelten auch die bereits gegründete Orff-Gesellschaft und die von *New System* ausgehenden Impulse für einen innovativen Musikunterricht das Interesse der staatlichen Seite wieder. Aus neuester Zeit ist noch das staatliche Pilotprojekt zu nennen, das den Namen *Xi Qu* (戏曲 = in die Schule hineinbringen) trägt. *XiQu* ist das chinesische Musiktheater. Hier ist vorgesehen, neue Angebote zu entwickeln und durchzuführen, mit denen auch Raum für Inhalte und Methoden der Rhythmik in Verbindung mit dem chinesischen Musiktheater geboten werden kann.

Von Bedeutung, so die Auswertung der Experteninterviews, ist neben dem akademischen Interesse aber auch ein gewisser wirtschaftlicher Anreiz. Private Fortbildungseinrichtungen registrieren ein reges Interesse, die Anzahl der Angebote für Fortbildungen steigt ständig und die Nachfrage ist groß. Auch der internationale Austausch gehört zu den Faktoren, die ein tatsächliches Bedürfnis nach mehr Rhythmik begründen. Das Interesse und die Wertschätzung, die musikpädagogischen Konzepten wie der Rhythmik im akademischen Bereich entgegengebracht werden, beschrieb einer der Experten besonders eindrucksvoll: Ein *Erlebnislernen* verändere die traditionellen Unterrichtsformen, bei denen nur das Singen und das Befolgen der Vorgaben des Lehrers Bedeutung hätten, und machten den Unterricht lebendiger und vielfältiger, weshalb die Schüler und Studenten mehr Interesse zeigten. Auch die Berücksichtigung einer solchen Unterrichtspraxis bereits in der Ausbildung wurde befürwortet. Ein anderer Experte sagte selbstkritisch, dass er zu viel Zeit für Klavier und Gesang investiert habe, obwohl nach dem Studium das Wichtigste sei, wie man den Unterricht leitet und wie man die Schüler motiviert.

Allerdings wiesen die Experten und Expertinnen auch auf Probleme beim Einsatz der drei o.g. musikpädagogischen Konzepte hin. Sie beklagten den Mangel an Fachkräften, das fehlende tiefergehende Verständnis für diese Konzepte (insbesondere, was die im Vergleich zum Orff-Schulwerk noch weniger bekannte Dalcroze-Methode betrifft) und eine fehlende Adaption. Es handele sich bislang oft nur um deren reine Imitation, ohne Berücksichtigung der chinesischen Kultur. In Bezug auf die tatsächliche Anwendung formulierte ein Experte drastisch: »Alles, was aus dem Westen kommt, ist gut!«, sei eine Denkweise, die dazu führe, dass ohne eigenes Urteilsvermögen und eigene Kritikfähigkeit nur nachgemacht werde. Daneben wurden aber auch ganz praktisch die ungenügenden Raumkapazitäten und die zu großen Unterrichtsgruppen genannt. Einen Überblick über die wesentlichen Stichworte, die sich bei der Auswertung der Experteninterviews ergeben haben, gibt Abbildung 1.

Darauf aufbauend befürworteten die Experten fast durchgängig die Etablierung eines kultursensiblen Ansatzes. Sie hielten dabei auch gerade die Verbindung der JingJu mit den Grundgedanken der Rhythmik für fruchtbar und zeigten sich offen, dass insbesondere die künstlerischen Elemente dieses traditionellen chinesischen Musiktheaters in einem Rhythmikunterricht aufgenommen werden könnten. Zwar warnten einige Experten davor, dass die traditionelle chinesische Kultur im Rahmen eines Rhythmikunterrichts nicht verfälscht werden dürfe. Die meisten sahen aber mehr Chancen als Risiken: Schüler interessierten sich für die chinesische Kultur, wenn sie diese durch geeignete Methoden kennenlernten. Sie sei ihnen mangels eines entsprechenden Unterrichts bislang aber oft schlicht unbekannt.

Besonders hervorzuheben ist, dass die Experten auf Gemeinsamkeiten zwischen der traditionellen chinesischen Kultur und den Grundgedanken der Rhythmik (mit ihrer Verbindung von Musik und Bewegung) hinwiesen: Chinesische Kultur sei schon immer eine Einheit von Lyrik, Musik und Tanz gewesen. Ein interessanter chinesischer Aphorismus belegt das auf eindrucksvolle Weise: »Wenn die Sprache das Gefühl nicht ausdrücken kann, dann singt man; wenn auch das Singen das Gefühl nicht ausdrücken kann, dann bewegt man sich ganz unwillkürlich!«

Abbildung 1: Stichworte Experteninterviews

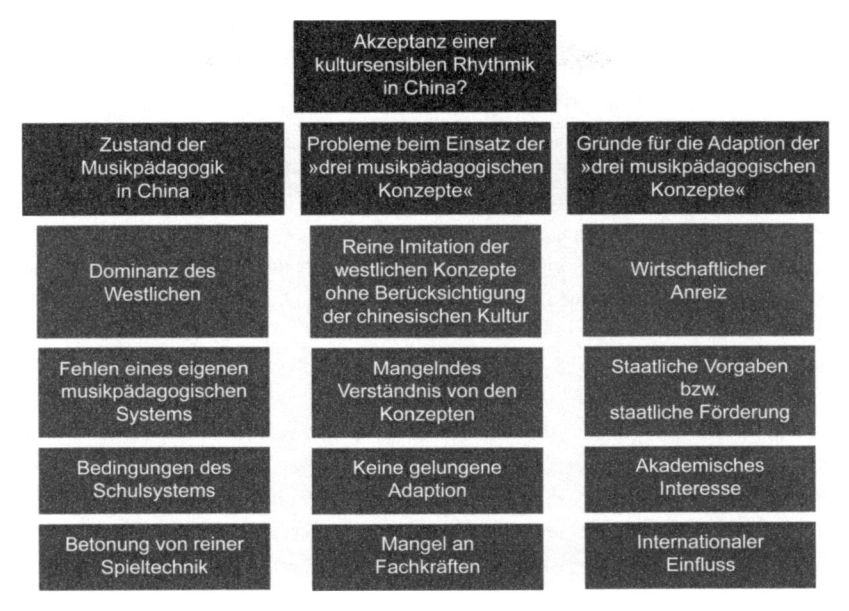

```
                    ┌─────────────────────────┐
                    │  Akzeptanz einer        │
                    │  kultursensiblen Rhythmik│
                    │  in China?              │
                    └─────────────────────────┘
                              │
     ┌────────────────────────┼────────────────────────┐
┌─────────────┐      ┌─────────────────┐      ┌──────────────────┐
│ Zustand der │      │ Probleme beim   │      │ Gründe für die   │
│Musikpädagogik│      │ Einsatz der     │      │ Adaption der     │
│ in China    │      │»drei musikpäda- │      │»drei musikpäda-  │
│             │      │gogischen        │      │gogischen         │
│             │      │Konzepte«        │      │Konzepte«         │
└─────────────┘      └─────────────────┘      └──────────────────┘

┌─────────────┐      ┌─────────────────┐      ┌──────────────────┐
│ Dominanz des│      │ Reine Imitation │      │ Wirtschaftlicher │
│ Westlichen  │      │ der westlichen  │      │ Anreiz           │
│             │      │ Konzepte ohne   │      │                  │
│             │      │ Berücksichtigung│      │                  │
│             │      │ der chinesischen│      │                  │
│             │      │ Kultur          │      │                  │
└─────────────┘      └─────────────────┘      └──────────────────┘

┌─────────────┐      ┌─────────────────┐      ┌──────────────────┐
│ Fehlen eines│      │ Mangelndes      │      │ Staatliche       │
│ eigenen     │      │ Verständnis von │      │ Vorgaben bzw.    │
│musikpädago- │      │ den Konzepten   │      │ staatliche       │
│gischen      │      │                 │      │ Förderung        │
│Systems      │      │                 │      │                  │
└─────────────┘      └─────────────────┘      └──────────────────┘

┌─────────────┐      ┌─────────────────┐      ┌──────────────────┐
│ Bedingungen │      │ Keine gelungene │      │ Akademisches     │
│ des Schul-  │      │ Adaption        │      │ Interesse        │
│ systems     │      │                 │      │                  │
└─────────────┘      └─────────────────┘      └──────────────────┘

┌─────────────┐      ┌─────────────────┐      ┌──────────────────┐
│ Betonung von│      │ Mangel an       │      │ Internationaler  │
│ reiner      │      │ Fachkräften     │      │ Einfluss         │
│ Spieltechnik│      │                 │      │                  │
└─────────────┘      └─────────────────┘      └──────────────────┘
```

Quelle: Eigene Darstellung in Anlehnung an Xie 2019: 147

Die Forschungsfrage konnte also dahingehend beantwortet werden, dass eine kultursensible Rhythmik, die bestimmte Elemente von JingJu, vor allem Bewegungen, Rhythmen, Masken, Kostüme und Farben, integriert, in China für sinnvoll gehalten und akzeptiert wird. Sie sollte deshalb auch in praktischen Unterrichtskonzepten umgesetzt werden. Die Auswertung der Fragebögen erbrachte dabei das Ergebnis, dass von den allgemeinen Zielen der Rhythmik (Danuser-Zogg 2013: 49) die Förderung der Wahrnehmungsfähigkeit, die Verfeinerung nonverbaler Interaktion, die individuelle Ausdrucksfähigkeit sowie die Schulung von Bewegung und Koordination[2] als besonders wichtig eingeschätzt wurden. Auf dieser Grundlage kann in Anlehnung und Erweiterung bekannter Skizzierungen der Arbeitsmittel und Ziele der Rhythmik (ebd.: 51) eine kultursensible Rhythmik entwickelt werden, die den Menschen und seine Kultur in den Mittelpunkt dieser künstlerischen Musik- und Bewegungspädagogik stellt.

---

2   Siehe hierzu auch den Beitrag *Rhythmisch-musikalisches Lernen im Lichte des Konzepts der Koordination* von Maria Spychiger in diesem Band.

KULTURSENSIBLE RHYTHMIK UND BESONDERHEITEN CHINAS

Geeignete Elemente der JingJu (京剧)

JingJu (Pekingoper) ist eine multimediale Kunstform, die verschiedene künstlerische Ausdrucksmedien integriert. Neben der Musik, dargeboten auf verschiedenen traditionellen Musikinstrumenten, und dem Gesang spielen vor allem eine Vielzahl von Bewegungen eine große Rolle, die Akrobatik und Kampfkunst einschließen, sich aber keinesfalls darauf beschränken. Daneben haben die Masken der Rollenfächer, ihre Kostüme und sonstige dekorativen Gegenstände eine große Bedeutung. Interessant sind schließlich die rhythmischen Sprachlaute (Luo Gu Jing, 锣鼓经).

Die Musik der JingJu, insbesondere der Gesang, mutet für heutige Ohren, auch in China, oft fremd an. Die für einen Rhythmikunterricht geeigneten künstlerischen Elemente der JingJu müssen deshalb mit Bedacht ausgesucht werden. Sie sollten zwei Voraussetzungen entsprechen: Sie müssen zum einen die chinesische Kultur repräsentieren, zum anderen relativ einfach zu realisieren und zu verstehen sein. Daher sind Masken und dekorative Objekte in ihrer typischen farblichen Gestaltung gut einzusetzen. Es empfiehlt sich aber auch, das Bewegungsvokabular der JingJu näher zu betrachten. Obwohl hier oft eine Stilisierung festzustellen ist, bietet die Ausführung von Bewegungen dennoch Raum für Kreativität und Improvisation mit persönlichem Ausdruck. Dies gilt sowohl für die besonders ausdifferenzierten Handbewegungen als auch für die Schritte und Gesten, die dem Kenner der JingJu Wichtiges über Personen und Handlung verraten. Schließlich ist der Einsatz des vielfältigen Schlagwerks der JingJu interessant. Die Bedeutung der Rhythmusgruppe ist für das Geschehen auf der Bühne besonders wichtig. In diesem Zusammenhang können die typischen rhythmischen Sprachlaute (Luo Gu Jing) in einfachen Formen vorgestellt und geübt werden. Es kann gelernt werden, musikalische Sprechrhythmen, verkörpert durch die Luo Gu Jing, und (Bühnen-) Bewegung miteinander in Verbindung zu bringen.

Gesellschaftliche und kulturelle Besonderheiten

Will man einen Rhythmikunterricht in China kultursensibel gestalten, sind einige weitere Besonderheiten zu berücksichtigen. Denn Theorie und Praxis der Rhythmik müssen zu den reellen Gegebenheiten des Landes passen und sich zumindest an diesen orientieren. Dabei handelt es sich insbesondere um die drei im Folgenden beschriebenen Umstände:

Erstens: Chinesische Schüler/innen stehen unter enormem Leistungsdruck. Das Schulsystem ist sehr leistungs- und prüfungsbezogen. Kognitive Fähigkeiten, insbesondere Fächer wie Mathematik, haben, noch weit mehr als im Westen, erhebliche Bedeutung bei den landesweiten Schulabschlussprüfungen, deren Ergebnisse den Lebensweg jedes Schülers vorzeichnen. Die Folge davon ist, dass über die gesamte Schulzeit hinweg ein hoher Lerndruck von außen und das Lernen in Konkurrenz zueinander im Vordergrund stehen. Erst langsam setzt sich die Erkenntnis durch, dass dies nicht nur eine ungesunde einseitige Beanspruchung ist, die die körperliche Bewegung vernachlässigt, sondern auch das eigenständige, kreative Denken behindert. Eine kultursensible Rhythmik-Praxis in China kann daher zunächst die behutsame Verbesserung der koordinativen Bewegungsfähigkeiten und die kreativen Potentiale der Schüler/innen im Kontext von Musik und Bewegung im Blick haben.

Interessant ist, dass die chinesische Philosophie genauso wie die Rhythmik (Feudel 1965: 28ff.) eine einheitliche Sicht auf Körper, Geist und Seele kennt. Die »Vereinigung von Himmel und Menschen« kann allgemein als Grundlage klassischen chinesischen Denkens angesehen werden. Das Yin-und-Yang-Zeichen bringt den Ausgleich von Polaritäten zum Ausdruck.

Abbildung 2: Yin-und-Yang-Symbol

Dieses Zeichen ist – als früher Beweis für eine Verbindung von Rhythmik und chinesischem Denken – auch bei den ersten gedruckten Werken von Jaques-Dalcroze und am Festspielgebäude in Hellerau wiederzufinden (Xie 2015: 27).[3]

Zweitens: Rhythmikunterricht in westlichen Ländern, zumal vorwiegend außerhalb der Schule stattfindend, wird idealerweise in kleinen Lerngruppen durchgeführt (Bankl/Mayr/Witoszynskyj 2009: 32). Dies ist im Schulunterricht in China jedoch (zumindest zurzeit) nicht möglich. Die normale Klassenstärke beträgt hier immer noch etwa fünfzig Schülerinnen und Schüler. Musikunterricht ist in China traditionell auch Frontalunterricht. Mit diesen beiden Faktoren muss kreativ umgegangen werden. Soweit nicht spezielle Unterrichtsräume entstehen, sollten

---

3 Vgl. zur Asienrezeption im deutschen Kaiserreich und in der Weimarer Republik Wedemeyer-Kolwe 2004: 129ff.

die vorhandenen Räume wenigstens umgestaltet werden, um Platz zu schaffen. Außerdem muss die Lehrperson in Eigeninitiative Ideen entwickeln für einen kultursensiblen Rhythmikunterricht in verschiedenen Kleingruppen, deren Aufgaben aufeinander bezogen sind. Der Einsatz von modernen Medien (z.B. Video) sollte nicht gescheut werden. Neben der Klavier- und Stimmimprovisation lässt sich der Rhythmikunterricht durch die Vielfalt chinesischer Schlaginstrumente bereichern, wie sie in der JingJu vorkommen. Das sind insbesondere Klapper, Trommeln, Gongs und Becken (Xie 2019: 100ff.). Sie haben gegenüber dem Klavier den Vorteil, dass mehrere Schüler/innen gleichzeitig mit ihnen improvisieren und gestalten können.

Drittens: Schließlich ist noch auf die Bedeutung von Vor- und Nachmachen in der chinesischen Pädagogik einzugehen. Im Westen besteht ganz allgemein das Vorurteil, dass Chinesen nur ›nachmachen‹ können und nicht selbst kreativ sind. Freilich beruht dies teilweise auf Unkenntnis gegenüber der chinesischen Bildungskultur. Vormachen und Nachmachen sind nach traditionellem chinesischem Verständnis vielmehr wesentlicher Inhalt der Lehrer-Schüler-Beziehung (Brandl 2007: 32). Nachmachen bedeutet dabei nicht ›Imitation‹, sondern ist idealerweise Auslöser für einen eigenen kreativen Prozess. Dies lässt sich mit mimetischen Prozessen vergleichen, die im Betrachter Bilder lebendig werden lassen, die er aufgrund eigener, verarbeiteter Erfahrungen entwickelt (Gebauer/Wulf 1995: 171). In China gibt es insoweit den aufschlussreichen Ausspruch »von einem Beispiel auf drei andere Beispiele schließen«. Schüler/innen sollen nach diesem Verständnis über das vorgemachte Beispiel nachdenken und eigene Bezüge herstellen. Richtig verstanden, entfaltet sich so ein Prozess, der wiederum auch einschließt, dass die Lehrperson auf die vom Schüler entwickelten Gedanken eingeht. Dieser pädagogische Gedanke kann also durchaus bei der Entwicklung von kreativen Prozessen und Improvisationen fruchtbar gemacht werden. Es lohnt sich, im Rahmen einer kultursensiblen Rhythmik auf diese besonderen chinesischen Gedanken einzugehen und ›Nachmachen‹ nicht oberflächlich zu betrachten.

Die hier vorgestellte kultursensible Rhythmik ist insgesamt ein offenes Konzept, das Weiterentwicklungen nicht nur zulässt, sondern für wünschenswert hält. Offenheit für Innovatives und das Zulassen von neuen Wegen ist für die Rhythmik schon immer typisch gewesen. Und so soll es auch sein, wenn sie ihren eigenen Weg nach China geht und sich dort mit den Besonderheiten eines riesigen Landes und seiner Kultur verbindet!

LITERATUR

Bankl, Irmgard/Mayr, Monika/Witoszynskyj, Eleonore (2009): Lebendiges Lernen durch Musik, Bewegung, Sprache, Wien: G & G.

Brandl, Rudolf M. (2007): Einführung in das Kunqu. Die klassische Oper des 16.-19. Jahrhunderts, Göttingen: Cuvillier.

Bauer, Kristin (2017): Musik, Mythen und Riten alter und moderner Gesellschaften, Hamburg: disserta.

Callo, Christian (2002): Modelle des Erziehungsbegriffs, München/Wien: Oldenbourg.

Danuser-Zogg, Elisabeth (2013): Musik und Bewegung. Struktur und Dynamik der Unterrichtsgestaltung, 3. Aufl., Sankt Augustin: Academia.

Feudel, Elfriede (1965): Durchbruch zum Rhythmischen in der Erziehung, Stuttgart: Klett.

Gebauer, Gunter/Wulf, Christoph (1995): »Mimesis und Visualität«, in: Internationale Zeitschrift für Historische Anthropologie 4/1, S. 163-172.

Jiang, Hong (2015): Vergleich der gegenwärtigen Musiklehrerausbildung für das Lehramt Musik zwischen Deutschland und China, Dissertation, Humanwissenschaftliche Fakultät der Universität Köln, http://kups.ub.uni-koeln.de/6380/ vom 21.01.2019.

Klein, Gabriele (2003): Is this real? Die Kultur des HipHop, Berlin: Suhrkamp.

Krakauer, Peter (1993): »Das dialogische Prinzip als Chance einer interkulturellen Integration«, in: Reinhard Böhle (Hg.): Möglichkeiten der Interkulturellen Ästhetischen Erziehung in Theorie und Praxis, Frankfurt a.M.: IKO, S. 29-46.

Leiser, Holmrike (1994): »Rhythmik«, in: Christoph Richter (Hg.): Handbuch der Musikpädagogik, Kassel: Bärenreiter, S. 62-93.

Merkt, Irmgard (1993): »Das Eigene und das Fremde. Aspekte einer interkulturellen Musikpädagogik«, in: Reinhard Böhle (Hg.): Möglichkeiten der Interkulturellen Ästhetischen Erziehung in Theorie und Praxis, Frankfurt a.M.: IKO, S. 141-151.

Nolte, Eckhard/Weyer, Reinhold (2011): Musikalische Unterweisung im Altertum, Frankfurt a.M.: Peter Lang.

Ring, Reinhard/Steinmann, Brigitte (1997): Lexikon der Rhythmik (musik paperback 53), Kassel: Gustav Bosse.

Robertson, Roland (1998): »Glokalisierung: Homogenität und Heterogenität in Raum und Zeit«, in: Ulrich Beck (Hg.): Perspektiven der Weltgesellschaft, Frankfurt a.M.: Suhrkamp, S. 192-220.

Schatt, Peter W. (2007): Einführung in die Musikpädagogik, Darmstadt: Wissenschaftliche Buchgesellschaft (WBG).

Vogel-Steinmann, Brigitte (1979): Was ist Rhythmik?: Analyse und Bestimmung der rhythmisch-musikalischen Erziehung (Bosse Musik Paperpack), Regensburg: Gustav Bosse.

Wedemeyer-Kolwe, Bernd (2004): »Der neue Mensch«. Körperkultur im Kaiserreich und in der Weimarer Republik, Würzburg: Königshausen & Neumann.

Xie, Cheng (2015): »Rhythmik im Wandel. Die Bedeutung von ›YinYang‹ für Jaques-Dalcroze«, in: Fachzeitschrift Rhythmik Schweiz 27, S. 26-29.

Xie, Cheng (2019): Kultursensible Rhythmik und 京剧 (»Peking-Oper«) – Ein musik- und bewegungspädagogisches Konzept für China, Mainz: Schott Campus.

Zhonghua, Zheng (1993): »Chinesische Musikerziehung und europäische Kultur«, in: Reinhard Böhle (Hg.): Möglichkeiten der Interkulturellen Ästhetischen Erziehung in Theorie und Praxis, Frankfurt a.M.: IKO, S. 152-161.

Spot 4: Networking

Bewegungs- und Stimmimprovisation

Frauke Haase

I
Unterwegs?
Nie ohne Handy. Vernetzt sein ist wichtig. Sehr wichtig!
Beim Gehen aufs Handy schauen. Beim Stehen sowieso.
Daumen hoch? Daumen runter?
Daumen hoch!
Gut vernetzt sein ist wichtig.
Klappt auch ohne Handy:
Weit in den Raum gestreckte Hände, vorbeistreifende Kleidung.
Blicke wie Verbindungslinien, die mich durch das Kommunikationsnetz leiten.
Rückendeckung, die ich anderen gebe.
Wo kommt das dünne Seil her? Und noch eins. Vernetzung wird sichtbar.
Gefällt mir. Daumen hoch?
Doch es wird eng, das Netz zieht sich zusammen. Daumen runter.

II
Auch ich bin Teil des Netzwerkes. Vernetze, absichtsvoll oder beiläufig.
Networking – very important. Aber wo ist noch Raum?
Ich summe einen Ton. Er wird gehört, er wird beantwortet. Ein neuer Raum entsteht, ein Klangraum aus vielen Tönen. Das Netzwerk verändert sich, wird durchlässiger, lässiger, die Spannung der feinen Seile gibt nach. Die Seile verschwinden, das Netz bleibt, tönend, blickend, berührend. Ja, berührend. Ich finde eine Ruheposition, das Klangnetz schwebt im Raum, wird unhörbar.

III
So vernetzt sein tut gut.

Spot 5: Anamnesis

Bewegungsimprovisation mit Objekten in der Rhythmik-Praxis mit älteren Menschen

Vasiliki Psyrra

Großer Raum, ältere Frauen sitzen auf Stühlen,
ruhig. Sie halten in den Händen ihre Lieblingsobjekte:
Seidenschal, Ohrringe, Halskette, chinesischer Porzellan-Hahn, Muschel.
Warum ist das für mich besonders?
Lass mich mit Dir tanzen – wenn ich tanze, fühle ich mich wieder jung.
Erinnerungen bewegen den Körper, die Objekte bekommen eine andere Form, einen anderen Zustand.
Zeit und Raum sind jetzt individuell;

ich bin das Objekt.

Die Gruppenimprovisation fängt an. Die Frauen warten auf die Musik.
Der erste Klang des präparierten Klaviers gibt das Signal und die Frauen in Bewegung stellen sich vor, dass sie zusammen mit ihren Erinnerungen tanzen und sie die Klänge der Anamnesis hören.
Amores IV, John Cage.

Kontraste, bewegte oder stehende Bilder, Exploration, Variation,
das Objekt bestimmt wieder den Raum und die Zeit.
Die Zeit.

Das präparierte Klavier, ein multimediales Instrument, das klanglich und rhythmisch die Polymorphie der Assoziationen unterstützt;
Objekt und Körper.
Die Musik ist zu Ende. Die Frauen sitzen.
Sie sind wieder da.

In der Gegenwart.

Spot 6: Qualitative Forschung im Feld: Rhythmik inklusiv

Julia Wernicke

Kurzfristig wird die letzte Semesterstunde »Theater mit Musik« in den angrenzenden Stadtpark verlegt. Mit nur zwei statt der üblichen vier Kameras wird die Videografie ad hoc den Gegebenheiten im öffentlichen Raum angepasst. Hier ein Auszug aus den ergänzenden Beobachtungsnotizen: »Eine Rhythmikstudentin und ein Mann mit geistiger Behinderung improvisieren ein Bewegungsduo. Der Projektleiter begleitet mit klangvariablem Spiel auf dem Crashbecken. Der Rest der Gruppe schaut zu. Sie steht rechts neben ihm, ihr linker Fuß liegt in seiner linken Hand und ihre linke Hand in seiner rechten. Langsam dreht sie ihr Bein ein und plötzlich wieder zurück. Er beginnt ihren Fuß fortzuziehen, bis sie nach vorn auf ihr Knie fällt. Langsam schiebt er sie weiter auf ihre linke Schulter. Sie löst ihre linke Hand und hebt den rechten Fuß, den er ergreift und in eine Kerzenposition zieht. Sie öffnet die Arme in eine rückwärtige V-Position.« Beide Duopartner erforschen und gestalten ihre Bewegungen durch sensibles wechselseitiges Führen und Folgen.

Spot 7: Junge Männer unterschiedlicher Herkunft I

Rhythmus und Performance im öffentlichen Raum

Dierk Zaiser

13. Jahrhundert
    Kloster der Klarissinnen.
21. Jahrhundert
    Ort un-/bürgerlicher Kultur.

10 muslemische junge Männer,
2 anderen Glaubens,
    mit Masken, Kutten
    bandeln,
    bewandeln
    historisches Gebiet.

Auf Takt
    Auf Fässern.
    Auf Mauern
Auf Kisten.

Ab gestimmte Garten
– Flächen –
– Klänge –
    Aus Richtung.
    Aus Druck.

    Sprechgitter
Innen – Welt | Außen – Welt
    Darbukas
      Palaver
Tausendundeiner Nacht

Transdisziplinäre Bezüge

Bewegung ist gestaltete Wahrnehmung

Franz Mechsner

VOM STOLPERN ZUM TANZEN

»Tanzen ist das Bemühen, der Partnerin nicht auf die Füße zu treten – oder wenn, dann wenigstens nicht zu doll.« Hoffnungsfroh hatte ich dem Beginn meiner Tanzstunde entgegen gesehen. Doch nach meinen unbeholfen durchstolperten ersten Lektionen hätte meine subjektive Arbeitsdefinition auf die Frage »Was ist Tanzen?« derart desillusioniert lauten können. Ich war 17 Jahre alt, Schüler an einem ›Knabengymnasium‹. Wie es aussah, musste ich mich bei dieser ersten Gelegenheit, einen nachhaltig guten Eindruck auf ähnlichaltrige weibliche Wesen zu machen, auf meine intellektuell-verbalen Fähigkeiten beschränken, die schon immer ganz o.k. waren, allerdings ebenso unerprobt beim weiblichen Geschlecht. Wie sehnte ich mich danach, tanzen zu können! Eine traurige Niederlage für mein Selbstbewusstsein, und erstmal ein Desaster für mein Daseinsgefühl.

Die Geschichte ging am Ende erfreulich aus, bestens sogar. Ich erzähle sie hier, weil der von mir als kleines Wunder erlebte schließliche Fortschritt mich schon als Schüler darauf stieß, mir zum Thema ›Wahrnehmung und Bewegung‹ Gedanken zu machen, damals durchaus existenzielle Gedanken.

Nach einigen Wochen geschah ein erstaunlicher, mir rätselhafter Wandel von Überlebensstolperei zu gutem Tanzen, von ängstlicher Fuß-Vorsicht zu Wohlgefühl. Mit einem Mal waren die Füße unwichtig, in gewissem Sinne gab es gar keine Füße mehr: Ich empfand, dass meine Partnerin und ich gleichsam in der Musik ›schwebten‹, dass wir uns schwerelos um einen gemeinsamen Schwerpunkt drehten, anstrengungslos, ja rauschhaft durch den Raum glitten, getragen und getrieben von den Klängen und Rhythmen, in gewissem Sinne eins mit ihnen.

STOLPERN MIT DEN FÜSSEN, TANZEN MIT ANMUT

Was war in diesem magischen Moment geschehen? Wie war es möglich geworden, dass ich so plötzlich vom kläglichen zum guten Tänzer werden konnte? Es war offensichtlich: Das deutlich bessere Tanzen hatte mit der beschriebenen veränderten Wahrnehmung zu tun, beruhte vielleicht sogar auf dieser. Denn ich bemerkte: Um die schöne Tanzerfahrung zu wiederholen, konnte ich mein Erleben meiner selbst und der Szene bewusst dem begleitenden Empfinden annähern, die schöne Wahrnehmungserfahrung wieder beleben. Und schon schwebte ich wieder mit meiner Partnerin in Raum und Musik. Zusammen mit einer wunderbar tanzenden Partnerin gewann ich beim Abschlussball sogar den Preis für den besten Walzer und damit einen kostenlosen Fortgeschrittenenkurs.

Bis dahin hatte ich mich als gut im Nachdenken und schlecht im Sport erlebt. Nun erfuhr ich es anders herum: Plötzlich hatte ich nicht nur ein unerwartet erfreuliches Bewegungserlebnis, sondern sogar einen gleichsam sportlichen Erfolg – doch im Nachdenken darüber tat ich mich schwer. Ja, je mehr ich überlegte, desto weniger konnte ich mir erklären, was da eigentlich passiert war.

Soviel war immerhin deutlich: Indem ich meine Selbstwahrnehmung und mein Selbsterleben bewusst gestaltete, konnte ich meine Bewegung verbessern. Der entscheidende Faktor schien die Art und Struktur der Wahrnehmung zu sein. Doch war es nicht zumindest seltsam, dass die neue Wahrnehmung keineswegs meine genaue Körpergestalt und die detaillierten Bewegungsformen beinhaltete? Das neue Erleben entfernte sich sogar von der konkreten Bewegung, hatte ich doch ›vorher‹ immerhin stark auf die Füße geachtet, ›nachher‹ aber so etwas erlebt wie »wir schweben um unseren gemeinsamen Schwerpunkt im Raum und in der Musik«.

BEWEGUNG = DIE KUNST, DIE RICHTIGEN MUSKELN ZU AKTIVIEREN?

Eine erfolgreiche Bewegung beinhalte die Kunst, die richtigen Muskeln zur richtigen Zeit mit den richtigen Intensitäten zu aktivieren und zu deaktivieren – so wusste ich es aus dem Biologieunterricht oder glaubte es zu wissen. Doch wenn das so ist, warum musste ich dann für eine bessere Bewegung nicht aktiv mein Muskelspiel besser orchestrieren? Warum bemerkte ich nicht einmal, dass ich diese Kunst zu lernen und zu kultivieren hatte? Ich wusste ja nicht einmal recht, welche Muskeln in welcher Weise an welchen Bewegungen beteiligt waren. Vom Erleben aus geurteilt, verbesserte ich keineswegs bewusst das Zusammenspiel der

Muskeln. Eine gute Eigenwahrnehmung zu organisieren (und damit eine gute Bewegung) ist offensichtlich etwas ganz anderes. Es geht um ein integriertes leiblich-geistiges szenisches Erleben eigener Art, das mir wie Zauberei schien und – was die Mechanismen und Wirkungsweisen betrifft – geheimnisvoll blieb. Besonders geheimnisvoll erschien mir dabei nicht nur die Abwesenheit von Anatomie und Bewegungsdetails in der ›neuen‹ Selbstwahrnehmung. Faszinierend rätselhaft war auch die scheinbar unauflösliche Einheit von Körper und Umwelt im guten Tanzen sowie die scheinbar unauflösliche Einheit von Körperlichem und Geistigem im Erleben der neuen guten Bewegung. Nicht die Muskeln kontrollieren wir beim Bewegen, sondern das szenische Selbsterleben – wenn sich hier überhaupt von Kontrolle sprechen lässt. Denn im Flow geschieht Bewegung wie von selbst, ohne viel bewusste ›Kontrolle‹. Noch so ein Geheimnis.

BEWEGUNG IST DIE KUNST, WAHRNEHMUNG ZU ORGANISIEREN

Das Thema hat mich nicht mehr losgelassen, betrifft es doch das Zentrum und das Wesentliche unserer Existenz, nämlich die fundamentale Weise unseres Daseins in der Welt. Später, ab 1998, hatte ich Gelegenheit, Experimente zum Thema Wahrnehmung und Bewegung zu machen, am *Max-Planck-Institut für Psychologische Forschung* in München. Psychologen haben Bewegung traditionell als der Wahrnehmung und Kognition nachgeordnet verstanden, nämlich als ›Reaktion‹ auf ›Reize‹. Ein neu aufkommendes Verständnis von Bewegung, wie es mir seit meinem Tanzerlebnis intuitiv bereits selbstverständlich war, drehte die postulierte Beziehung um: Nicht gleichsam aus dem Nichts kommende ›Reize‹ lösen Bewegungen aus, sondern wir suchen und organisieren uns beim Handeln genau die Wahrnehmungen, die unsere Bewegungen unterstützen (Mechsner 2012).

Deutsche Pioniere dieses Ansatzes waren der Würzburger Professor Joachim Hoffmann und Wolfgang Prinz, Direktor des genannten Max-Planck-Institutes. Ein Statement von Joachim Hoffmann charakterisiert die leitende Idee: »Praktisch alles Verhalten ist durch Absichten und Ziele gekennzeichnet. Menschen verhalten sich beispielsweise, um eine Straße zu überqueren, eine Tür zu öffnen […].« (Hoffmann 2009: 10; Übersetzung aus dem Englischen: F.M.) Das von Hoffmann und Mitarbeitern entwickelte »ABC«(Anticipatory Behavior Control)-Modell »berücksichtigt den Absichts-Charakter praktisch allen Verhaltens durch die Annahme, dass Verhalten nicht durch die gegenwärtige Stimulation bestimmt wird, sondern durch erwünschte oder ›zu produzierende‹ Effekte« (Hoffmann 2009: 10, Herv.i.O.; Übersetzung aus dem Englischen: F.M.).

FINGERBEWEGUNGEN IM DIENSTE DER WISSENSCHAFT

Bei der Suche nach Ideen für Experimente, die diesen Ansatz und damit meine Ahnungen aus dem Tanz-Erlebnis unterstützen könnten, stieß ich auf das erstaunliche Phänomen der sogenannten »Symmetrietendenz«. Klassische Experimente dazu stammen von Scott Kelso (1984): Die Versuchsperson legt beide Fäuste mit dem Handrücken nach oben auf den Tisch und streckt die beiden Zeigefinger parallel nach vorn aus. Zum sich beschleunigenden Takt eines Metronoms bewegt sie rhythmisch die beiden Finger in den Fingerwurzeln wie Scheibenwischer, mit einem Zyklus pro Metronomklick. Ein symmetrisches Bewegungsmuster (Abb. 1A). bleibt bis zu den höchsten für die Finger überhaupt ausführbaren Frequenzen erhalten. Dies ändert sich, wenn die Finger sich im Takt parallel bewegen (Abb. 1B). Langsam funktioniert dies ohne Probleme, doch mit sich steigernden Frequenzen (ab ca. 2,5 bis 3 Hz) wird das parallele Muster zunehmend instabil und kippt schließlich in eine symmetrische Bewegung.

Seit den Experimenten von Kelso wurde die spontane Symmetrietendenz mit ihrem aufregenden Kippverhalten intensiv beforscht, als eine Art »Drosophila« der Bewegungswissenschaft. Wie kommt das unwillkürliche Kippen oder »Switchen« in Symmetrie zustande? Aus der Beantwortung dieser Frage erhofften und erhoffen Wissenschaftler sich wichtige Einsichten in fundamentale Mechanismen der menschlichen Bewegungssteuerung. Die weithin akzeptierte Erklärung Kelsos (im Einklang mit Leon Cohen, der das Phänomen 1971 erstmals beschrieb) lautete: Die Symmetrietendenz beruht auf einer physiologischen Tendenz zur synchronen Aktivierung homologer Muskeln. Dass motorische Efferenzen aus dem Gehirn jeweils auch Abzweigungen zu den jeweils kontralateralen homologen Muskeln senden, machte diese Erklärung besonders einleuchtend.

SPONTANE BEWEGUNGSMUSTER ERWEISEN SICH ALS WAHRNEHMUNGSMUSTER

Doch ist die Interpretation auch richtig? Eine alternative Hypothese – im Einklang mit der Idee, dass Bewegungen mental als Wahrnehmung, sich zu bewegen, gesteuert werden – liegt auf der Hand: Es könnte doch sein, dass die Symmetrietendenz mit Recht so heißt und in Wahrheit eine Tendenz zu einem wahrnehmbaren symmetrischen Bewegungsmuster ist, vielleicht weil als symmetrisch wahrgenommene Bewegungen besonders leicht zu steuern sind. Wir haben die »Wahrnehmungshypothese« der Symmetrietendenz untersucht, und zwar auf höchst einfache Weise (Mechsner et al. 2001). Die Versuchsanordnung war exakt die gleiche wie bei Kelso

Abbildung 1: Versuchsanordnung Fingeroszillation

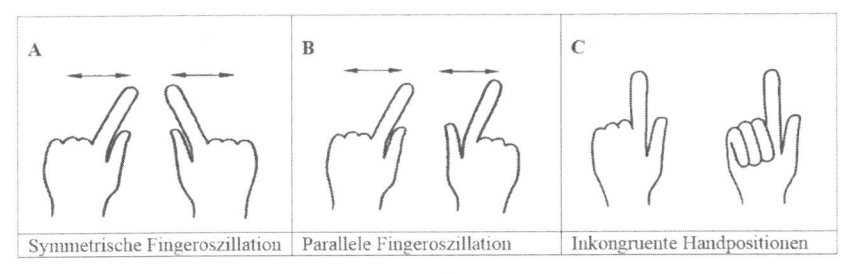

A	B	C
Symmetrische Fingeroszillation	Parallele Fingeroszillation	Inkongruente Handpositionen

Quelle: Mechsner/Kerzel/Knoblich 2001: 69; © Nature

(1984) mit einer entscheidenden Variation: Während die Versuchspersonen Kelsos ihre beiden Zeigefinger stets in der Position »beide Handrücken nach oben« bewegten, platzierten sie in unserem Experiment die Hände in allen Kombinationen von Handrücken nach oben und Handrücken nach unten.

Die entscheidende Bedingung war jene, in der ein Handrücken nach oben und einer nach unten lag (inkongruente Handpositionen, Abb. 1C), denn eine Ko-Aktivierung homologer Muskeln bei den beschriebenen Zeigefingerbewegungen resultiert hier nicht in einer symmetrischen Bewegung, und symmetrische Bewegung beinhaltet keine Ko-Aktivierung homologer Muskeln. Sprich: Ist die physiologische Hypothese Kelsos richtig, dann sollte sich bei dieser Bedingung keine Symmetrietendenz finden. Eine Symmetrietendenz zu finden würde bedeuten, dass diese als Tendenz zur wahrgenommenen Symmetrie zu interpretieren ist.

Das Resultat war eindeutig: Bewegten die Versuchspersonen die Finger zu steigenden Metronom-Geschwindigkeiten wie beschrieben, dann fand sich immer eine starke Symmetrietendenz bei höheren Frequenzen, völlig unabhängig davon, wie die Hände lagen. Entsprechend der Logik des Experimentes bedeutet dies: Die Symmetrietendenz ist keine Tendenz zur neuronal bedingten Ko-Aktivierung homologer Muskeln, sondern eine Tendenz zur wahrgenommenen Symmetrie, somit nicht ein banales physiologisches, sondern ein psychologisches Phänomen. Selbst solche simplen systematischen Bewegungsfehler scheinen mental als wahrnehmbare Ereignisse organisiert zu werden, wobei die Muskeln sich flexibel und automatisch auf die jeweilige Aufgabe einstellen – gelernt war das Umkippen in Symmetrie in Kelsos und unseren Experimenten sicherlich nicht.

WERDEN BEWEGUNGEN UNMITTELBAR MENTAL GESTEUERT?

Diesem ermutigenden Ergebnis mit den Fingerbewegungen folgten weitere Experimente und theoretische Überlegungen, welche die leitende Idee einer unmittelbar mentalen Bewegungsplanung und -steuerung unterstützten. Ich möchte diese hier nicht im Einzelnen berichten und auf andere Quellen verweisen (Mechsner 2004a, 2004b). Zumindest erwähnen möchte ich jedoch noch das an der Sporthochschule Köln entwickelte ingeniöse Projekt von Thomas Schack, der sich fragte, wie denn größere umfassende Körperbewegungen im Sport, Tanzen, Musizieren oder im Alltag mental organisiert werden könnten. Denn letztlich möchten wir vor allem unser normales Verhalten verstehen, möchten strukturelle Vorstellungen, Belege und Argumente für einen psychologischen Ansatz für unsere normalen Bewegungen finden. Thomas Schack fragte sich, wie ein Könner einen Tennisaufschlag mental planen und ausführen könnte. Seine Grundidee: Wer eine Bewegung angemessen und erfolgreich machen will, muss unter anderem die mit der Bewegung verbundenen physikalischen Herausforderungen meistern. Schack nahm an, dass ein Geübter die Lösungen für diese Aufgaben in Form sogenannter »Basic Action Concepts« (BACs) in seinem Gedächtnis zur Verfügung hat, und zwar als zusammenhängendes integriertes Gedächtnis-Netzwerk, das die gekonnte flüssige Bewegung insgesamt darstellt sowie flexibel abrufbar und anwendbar ist. Für den Tennisaufschlag identifizierte Schack elf basale physikalische Aufgaben und korrelierte sie mit beobachtbaren Bewegungselementen bzw. -aspekten wie »Ball hochwerfen«, »Knie nach vorn«, »Ellenbogen beugen«, »Körper strecken«, »Schläger beschleunigen« etc. Er konnte dann mit einer ausgetüftelten Methode zeigen, dass Spitzentennisspieler tatsächlich ein hoch integriertes Netzwerk von BACs in ihrem Gedächtnis gespeichert haben, während dies bei Anfängern weniger bis nicht der Fall ist (Schack/Mechsner 2006). Spitzenspieler könnten dies Gedächtnis-Netzwerk prinzipiell zur flexiblen situationsangepassten Steuerung des Tennisaufschlages nutzen, und Schack nimmt an, dass sie das auch tun. In jedem Falle stellen seine Überlegungen und Ergebnisse eine wertvolle und wegweisende Unterstützung der Idee der mentalen Bewegungssteuerung dar, da sie erste detaillierte Vorstellungen vermitteln und experimentell untermauern, wie Ganzkörperbewegungen als wahrnehmbare Muster mental organisiert sein könnten.

Die leitende Idee einer unmittelbaren mentalen Bewegungssteuerung blieb nicht ohne Widerspruch. Viele Wissenschaftler empfanden und empfinden sie als provokativ, einseitig oder gar von vornherein unplausibel und widerlegt (JMB 2004). Zu eingefleischt sind traditionelle Vorstellungen, etwa dass Bewegungen über sogenannte »motorische Programme« organisiert werden, im Gehirn abgespeicherte Aktivierungsmuster von Neuronen und Muskeln, ein Zwischenschritt, den anzunehmen ich nicht nur für überflüssig halte, sondern der Bewegungen unnötig kompliziert und teilweise unausführbar machen würde (Mechsner 2004a, 2004b). Arbeit um Arbeit erschien mit behaupteten Widerlegungen der »mentalen« oder »psychologischen« Hypothese der Bewegungssteuerung. Man verzeihe mir, dass ich die Kontroverse hier nicht im Detail darstelle und diskutiere. Der Grund dafür ist nicht, weil ich mich drücken möchte, sondern weil es mir in der hier gebotenen Kürze nicht möglich ist. Ich kann an dieser Stelle nur mein eigenes Fazit nennen: Keine der behaupteten Widerlegungen veranlasste mich, die leitende Idee einer mentalen Bewegungssteuerung aufzugeben oder auch nur infrage zu stellen. Sie scheint mir weiterhin ein plausibles umfassendes Gesamtkonzept zum Verständnis von menschlichen Körperbewegungen (von wenigen speziellen Ausnahmen wie Herzschlag und Darmkontraktion, Aspekten der Atmung oder auch Unfällen wie Stürzen, Stolpern etc. abgesehen). Zu meiner großen Freude erschien kürzlich ein kluges und detailliertes Review zu meinen Arbeiten von Tetsuro Muraoka und Kollegen (2016) mit der folgenden Quintessenz:

»In diesem Review behandeln wir die in *Nature* publizierte einflussreiche Studie von Mechsner et al. (2001), die einen psychologischen Ansatz unterstützt. Nach gründlicher Verifizierung der Arbeit und begleitenden Studien ergab sich, dass keine einzige Studie Gegenbeweise gegen den psychologischen Ansatz erbracht hat. Tatsächlich haben Untersuchungen der Bewegungskoordination unter perzeptuell-kognitiver Perspektive neue Entdeckungen ermöglicht.« (Muraoka et al. 2016: 349, Herv.i.O; Übersetzung aus dem Englischen: F.M.)

MENTALE BEWEGUNGSSTEUERUNG BEINHALTET INTEGRIERTE WAHRNEHMUNG VON KÖRPER UND UMWELT

Eine unmittelbar mentale Bewegungssteuerung bettet den sich bewegenden Menschen »immersiv« in die wahrgenommene Szenerie ein. Sie ermöglicht, Aktionen unmittelbar als Wahrnehmungen zu planen und zu steuern, welche nicht nur den Körper, sondern Leib und Umwelt in integrierter aufeinander bezogener Form beinhalten. Anders ausgedrückt: Bewegungsplanung und -ausführung ist genuin szenisch, nicht nur auf den Körper bezogen. So ließe sich etwa ein Tanz über Vorstellungen und Wahrnehmungen wie »Ich schwebe in der Musik« organisieren.

Wir nehmen übrigens tendenziell die Umwelt im Lichte möglicher Bewegungen wahr: Eine Bank lädt uns gewissermaßen zum Sitzen ein, ein Apfel zum

Essen. Und wollen wir uns setzen, so kann uns eine Bank ins Auge fallen, die wir ansonsten vielleicht gar nicht gesehen hätten. Wollen wir essen, so entdecken wir den Apfel leichter. Solche »Aufforderungen« der Umwelt, wie der Psychologe James J. Gibson (1979) das Wahrnehmungsphänomen nannte, sind der äußere Pol einer Mensch und Umwelt integrierenden polaren Beziehung, dem als innerer Pol die (von Maurice Merleau-Ponty 1966 beschriebene) leibliche Ausrichtung auf das Wahrgenommene entspricht.

Das Konzept einer unmittelbaren mentalen Bewegungssteuerung widerspricht übrigens auch der verbreiteten Vorstellung, dass Wahrnehmung und Bewegung wechselseitig aufeinander bezogen seien, sich in Abwechslung gegenseitig bedingen und Ähnlichem. Mentale Bewegungssteuerung bedeutet, dass das Erleben das fundamentale Medium der Bewegung ist: Bewegung IST eine Wahrnehmung, die als solche geplant und gesteuert wird. Mentales und Körperliches lassen sich hier nicht mehr sinnvoll analytisch trennen. Schon wenn ich den Mund einem Essen nähere, nach etwas greife oder irgendwo hingehe, hat die Bewegung einen mentalen oder geistigen Aspekt, nämlich eine Absicht.

MENTALE BEWEGUNGSSTEUERUNG UND PHÄNOMENOLOGIE

Diese Vorstellung scheint mir recht gut zu korrespondieren mit dem von phänomenologisch orientierten Philosophen entwickelten Begriff der umweltbezogenen »Leiblichkeit«: Phänomenologen haben, um die unauflösliche mental-organismische Einheit des Bewegens und Handelns zu betonen, den erlebten und erlebenden »Leib« vom anatomisch-physiologischen »Körper« unterschieden. Kurz und plakativ: Ich »bin« ein Leib und »habe« einen Körper (siehe z.B. Hähnel/Knaup 2013).

Lars Oberhaus schreibt dazu mit Bezug auf die phänomenologischen Klassiker Edmund Husserl, Maurice Merleau-Ponty und Helmuth Plessner:

»Der Leib ermöglicht die beidseitige Verflechtung von innerer und äußerer Wahrnehmung. Er ist wahrnehmend auf die äußerlichen Eigenschaften eines Objekts und die dabei zugehörigen Empfindungen gerichtet. Demnach konstituiert er sich nach Husserl auf doppelte Weise, denn ‚einerseits ist er physisches Ding, Materie, er hat seine Extension, in die seine realen Eigenschaften, die Farbigkeit, Glätte, Härte, Wärme und was dergleichen materielle Eigenschaften mehr sind, eingehen; andererseits finde ich auf ihm und empfinde ich ›auf‹ ihm und ›in ihm‹ (Husserl 1952: 145). Diese Doppelempfindung wird von Merleau-Ponty radikalisiert, indem er den Leib immer schon in situative Handlungszusammenhänge eingebunden sieht. Nach ihm ist er kein Gegenstand, sondern wird zum grundlegenden Engagement der Weltaneignung. In Form einer Ambiguität hat er sich seine Welt ›einverleibt‹. (Merleau-Ponty 1966: 168). Verstehen ist kein rationaler und passiver Vorgang, sondern vielmehr erst durch das ›Zur-Welt-Sein‹ (Merleau-Ponty 1966: 104) gegeben, also durch leibliche Vollzugsformen, die immer neue Erfahrung bereitstellen.« (Oberhaus 2004: 364, Herv. F.M.)

Mit Blick auf Musik schreibt Oberhaus weiter: »Übertragen auf den Bereich ästhetisch-musikalischer Erfahrung wird Leiblichkeit zur allgemeinen Bedingung der Produktion und Wahrnehmung von Kunst.« (Ebd.)

MERLIN DONALD: GEISTIGER REICHTUM MENSCHLICHER BEWEGUNG WURZELT IN ARCHAISCHER »MIMETISCHER KULTUR«

Einen weiteren gedanklichen Beitrag zur leitenden Idee einer mentalen Bewegungssteuerung bietet eine faszinierende Hypothese des kanadischen Psychologieprofessors Merlin Donald (1991). Er verbindet darin die spezifischen Lebens- und Ausdrucksformen des Menschen in bedenkenswerter Weise mit einer plausiblen evolutionären Vergangenheit im Übergang vom Affen zum Menschen. Diese Entwicklung durchlief Donald zufolge die Stufe einer der ausgeformten Sprache vorausgehenden, jedoch bereits menschlich zu nennenden »mimetischen Kultur«. Diese Kultur sei durch eine gegenüber dem Affenstadium weit fortgeschrittene und leistungsfähige körperliche Ausdrucksfähigkeit geprägt gewesen. Donalds Überlegungen zur uns vielleicht immer noch fundamental prägenden mimetischen Kultur sind höchst inspirierend, wenn es darum geht, die hoch entwickelte »körperlich-geistige« Eigenart der menschlichen Bewegung besser zu verstehen.

Merlin Donald wendet sich gegen die verbreitete These »Mensch = Affe + Sprache«: Bevor Menschen komplex sprechen, müssen sie Komplexes zu sagen haben. Donald zufolge lässt sich in plausibler Weise vermuten: Es gab eine evolutionäre Stufe zwischen Affen und modernen sprechenden Menschen, die bereits kommunikativ und vergleichsweise hoch entwickelt, jedoch ohne grammatikalische Sprache war. Über Mienenspiel und körperlichen Ausdruck, Gesten, Laute, Lautmodulation und vielleicht einzelne Wörter waren die Menschen in der Lage, symbolisch zu agieren, etwa indem sie über eine Wellenbewegung der Hand einen Fluss evozierten oder Situationen theatralisch-szenisch darstellten. Sie konnten gemeinsam schwierige sinnreiche Tänze aufführen, junge Menschen lehren, einen Faustkeil herzustellen und so fort.

RHYTHMUS ALS BASALE FERTIGKEIT EINER »MIMETISCHEN KULTUR«

Auch rhythmische Fähigkeiten dürften sich Donald zufolge in der mimetischen Phase der Menschwerdung herausgebildet und weiterentwickelt haben. Sie bildeten eine wichtige Grundlage für gemeinsamen Tanz und Frühformen der Musik. Rhythmisches Tun erfordert, verschiedene Körperteile, äußere und innere Abläufe, Gesehenes, Gehörtes und Gefühltes in einer einzigen regelmäßigen Zeitstruktur verbinden zu können. So wird es beispielsweise möglich, in einer Gruppe diffizil verschlungene Trommelklänge zu erzeugen und dazu zu tanzen. Rhythmische Strukturen können symbolisch verwendet werden und so fort.

Wenn eine solche durch leiblichen Ausdruck charakterisierte mimetische Epoche – wie Donald annimmt – ein bis zwei Millionen Jahre gedauert hat und beispielsweise der Homo erectus diese Art vorsprachlicher jedoch bereits menschlicher Kultur besaß und allmählich (sehr langsam im Vergleich zur sprachlich geprägten Kultur des späteren Homo sapiens) weiterentwickelte, dann stand genügend Zeit zur Verfügung, um Anpassungen an diese mental-körperliche Leib- und Ausdruckskultur auch im menschlichen Erbgut zu verankern. Vielleicht sind wir somit in unserer basalen Struktur, unseren elementaren Empfindungen und Bedürfnissen noch immer fundamental mimetische Wesen – mit Sprache als zusätzlicher Errungenschaft.

Sprache, aber auch z.B. schriftliche Notierung von Musik erlaubt uns heutigen zivilisatorischen Menschen Ausdrucksformen zu entwickeln und körperlich zu verankern, die es ohne diese zusätzlichen symbolischen Errungenschaften nicht gegeben hätte. Klassische Musik zu komponieren und zu spielen ist sicherlich ein Beispiel, ebenso komplexe Improvisation wie etwa im Jazz, die hauptsächlich oral-aural gelehrt und vermittelt wird und sich flankierend auch symbolischer Notationen bedient. Sprache und symbolische Notierung spielen beim Erfinden, Vermitteln, Proben etc. eine wichtige Rolle.

Dazu gehören auch rhythmische Aspekte. Rhythmisches Erfinden und Verstehen, Lehren und Üben können von Sprache enorm profitieren (Lehmann 2007; Wiehmayer 2010) mit dem Resultat einer innigen Verbindung, Integration und Ko-Evolution von mimetischer Leib-Kultur und moderner Zeichenkultur. Bewegung wird nicht nur als Lage- und Ortsveränderung organisiert. Zur mentalen Bewegungssteuerung gehören auch geistige Aspekte, welche Bewegung und Bewegenden in die menschliche Kultur einbetten und im günstigen Falle selbst höchst entwickelte Kulturleistungen bedeuten können. Auch ein schwungvoll getanzter Walzer, Tango oder Lindy Hop erwächst aus solcher Verbindung.

LEIBLICH-RÄUMLICHES ERLEBEN – FUNDAMENT UND MEDIUM ALLES MENTALEN?

Es deutet sich ein umfassendes Bild zur fundamentalen Rolle leiblich-räumlichen Erlebens und Gestaltens für unser mentales Leben an mit der Möglichkeit, mentale Prozesse durch stärkere Verankerung in bewegter Körperlichkeit intensiver und erkenntnisträchtiger auszubilden. Die berichteten Experimente liefern wissenschaftliche Evidenz für die These, dass menschliche Bewegung ein genuin psychischer Vorgang ist, dass Bewegung über mentale Werkzeuge und Mechanismen organisiert wird als Wahrnehmung, sich zu bewegen. Die dabei leitende Idee, dass Bewegung wesentlich geistig ist, berührt und verschwistert sich – wenn man so will ›von unten‹ – mit der quasi umgekehrten These ›von oben‹, dass mentale Prozesse bis hin zu den scheinbar abstraktesten geistigen Leistungen leiblich verankert sind, in Bewegung wurzeln und Bewegung oder mögliche Bewegung beinhalten. Theoretiker des »Embodied Mind« haben in jüngerer Zeit argumentiert, dass all unser Wahrnehmen, Denken und Handeln leiblich und bewegungsbezogen verankert ist (Lakoff/Johnson 1980, 2007).

Nimmt man Merlin Donalds Vorstellung des Leibes als Träger einer hoch entwickelten mimetischen Kultur hinzu, ergibt sich die Hypothese: über körperliches – oder besser *leiblich-räumliches* – Spüren und Gestalten steht uns ein gewaltiger Resonanzraum und kreatives Medium für mentale Prozesse aller Art zur Verfügung. Dies kreative Medium leiblich-räumlich bewegten Spürens scheint nicht nur geeignet, mentale Vorgänge in anderen Modalitäten (visuell, akustisch ...) synästhetisch zu festigen und zu stärken, sondern ermöglicht auch Wahrnehmungen, kreative Prozesse und Einsichten eigener Art. Darüber hinaus scheint es, dass dies fundamental mimetische Medium eigentlich das Fundament des Empfindens bildet und somit geeignet ist, jegliche mentalen Prozesse empfindungsmäßig und damit in der Intensität des Erlebens zu verstärken. Leiblich-räumliche und bewegungsmäßige Verankerung von Mentalem bedeutet somit wahrscheinlich eine profunde Aktivierung unserer fundamentalen Weise, überhaupt leiblich-geistig als Subjekt in der Welt zu sein.

LEIBLICH-RÄUMLICHES ERLEBEN, BEWEGUNG UND RHYTHMIK

Was bedeuten diese Ergebnisse, Theorien und Überlegungen nun für das Fach Rhythmik?

Wenn ich es recht sehe – ich bin selbst kein Rhythmiker – ist das Fach Rhythmik seit je unter anderem durch das Bemühen charakterisiert, Zusammenhänge von Musik und Körperlichkeit, insbesondere von Musik und Bewegung nicht nur durch künstlerische, sondern auch durch phänomenologische und experimentelle Erforschung zu erhellen. Einsichten in die allgemeine Wesensart und Bedeutung von Körperlichkeit und Bewegung sind hierbei selbstverständlich nicht unerheblich, sondern fundierend. Dass Rhythmiker und Rhythmikerinnen solche Wissenschaft ernst nehmen und – wenn es passend scheint – integrieren, ist unschwer zu erkennen beispielsweise an Leittermen wie »Embodied Listening« oder »Embodied Music Cognition«, unter denen Experimente und Überlegungen aus dem innovativen Forschungskontext »Embodied Mind« für den Zusammenhang von Körperlichkeit, Bewegung und Musik fruchtbar gemacht werden.

Es gibt bewegungswissenschaftliche Vorstellungen, die ich für weniger anwendbar halte auf praktische Erfahrungen mit geistvollen Bewegungen. So besagt etwa Richard Schmidts einflussreiche Theorie »Generalisierter Motor Programme«, dass Bewegungen als komplexe und in Bezug auf gewisse Parameter flexible neuro-muskuläre Programme gelernt und ausgeführt werden. Im Rahmen dieser Theorie scheint es mir allerdings nahezu unmöglich, etwa spontane Handlungsflexibilität auf vielen geistigen, Umgebungsfaktoren integrierenden Dimensionen angemessen zu erfassen – etwa in einer Musik interpretierenden choreografischen Performance. So scheint etwa das Konzept »anmutige Bewegung« in dieser Theorie nicht darstellbar, und warum sich jemand auf den Zuruf »Bewege Dich ein bisschen anmutiger« oft tatsächlich sofort insgesamt anmutiger bewegen kann, muss ein Rätsel bleiben. Dies Beispiel zeigt: Bewegungswissenschaft, die sich nicht umfassend an praktischer Bewegungserfahrung orientiert, ist zur Sterilität verdammt, wenn sie wesentliche Aspekte, die dem Praktiker klar und evident sind, nicht erfassen kann.

Die Inspiration von Wissenschaft und praktischer Erfahrung sollte also gegenseitig sein. Ich habe jedenfalls meine grundlegenden Leitvorstellungen – etwa dass Bewegung nicht mit Mentalem »wechselwirkt«, sondern wesentlich ein mentaler Vorgang ist – nicht aus Beschäftigung mit Wissenschaft, sondern aus Erlebnissen, Beobachtungen und Nachdenken etwa im Zusammenhang mit Tanzen gewonnen. Ich bin immer wieder hoch beeindruckt, mit welch umfassendem Tiefgang und mit welcher Feinsinnigkeit erfahrene Bewegungspraktiker über Bewegungen nachdenken und Bescheid wissen, Bewegungen beschreiben, interpretieren, kreativ gestalten und andere zu Bewegungen anleiten können. Von solcher Expertise können und sollten Wissenschaftler sich inspirieren lassen und lernen. Für einen intensiven und detaillierten Dialog und letztlich ein Ineinander von Wissenschaft und Praxis scheint mir das Fach Rhythmik sehr geeignet, geht es hier doch sehr detailliert und auf hohem Niveau beispielsweise darum, welche Dimensionen von Musik auf welche Weise in Bewegung darstellbar und ausdrückbar sind.

LITERATUR

Cohen, Leon (1971): »Synchronous bimanual movements performed by homologous and non-homologous muscles«, in: Percept Mot Skills 32/2, S. 639-44.

Donald, Merlin (1991): Origins of the Modern Mind. Three Stages in the Evolution of Culture and Cognition, Cambridge, Mass.: Harvard University Press.

Gibson, James Jerome (1979). The Ecological Approach to Visual Perception, Boston: Houghton Mifflin Harcourt.

Hähnel, Martin/Knaup, Marcus (Hg.) (2013): Leib und Leben – Perspektiven für eine neue Kultur der Körperlichkeit, Darmstadt: Wissenschaftliche Buchgesellschaft (WBG).

Hoffmann, Joachim (2009): »ABC: a psychological theory of anticipative behavioral control«, in: Giovanni Pezzulo/Martin V. Butz/Olivier Sigaud (Hg.): Anticipatory behavior in adaptive learning systems: from psychological theories to artificial cognitive systems, Berlin: Springer, S. 10-30.

Husserl, Edmund (1952): Ideen zu einer reinen Phänomenologie und phänomenologischen Philosophie. Zweites Buch. Phänomenologische Untersuchungen zur Konstitution, hg. von Walter Biemel, Husserliana IV, Den Haag: Martinus Nijhoff.

JMB (Journal of Motor Behavior) (2004): Commentaries on F. Mechsner (2004): »A Psychological Approach to Human Voluntary Movements«, in: Journal of Motor Behavior 36/4, S. 371-407.

Kelso, J. A. Scott (1984): »Phase transitions and critical behavior in human bimanual coordination«, in: American Journal of Physiology-Regulatory, Integrative and Comparative Physiology 246/6, Am J Physiol Regul 15, R1000-R1004. DOI: https://doi.org/10.1152/ajpregu.1984.246.6.R1000

Lakoff, George/Johnson, Mark (1980): Metaphors We Live By, Chicago: University of Chicago Press.

Lakoff, George/Johnson, Mark (2007): The Meaning of the Body. Aesthetics of Human Understanding, Chicago: University of Chicago Press.

Lehmann, Silke (2007): Bewegung und Sprache als Wege zum musikalischen Rhythmus (Osnabrücker Beiträge zur Musik und Musikerziehung), Osnabrück: epOs.

Mechsner, Franz/Kerzel, Dirk/Knoblich, Günther/Prinz, Wolfgang (2001): »Perceptual basis of bimanual coordination«, in: Nature 414, S. 69-73.

Mechsner, Franz (2004a): »A psychological approach to human voluntary movements« (target article), in: Journal of Motor Behavior 36/4, S. 355-370.

Mechsner, Franz (2004b): »Actions as perceptual-conceptual Gestalts« (response to commentaries), in: Journal of Motor Behavior 36/4, S. 408-417.

Mechsner, Franz (2012): »Anticipation and ontology«, in: International Journal of General Systems 41/1, S. 23-42.
Merleau-Ponty, Maurice (1966): Phänomenologie der Wahrnehmung, Berlin: de Gruyter.
Muraoka, Tetsuro/Nakagawa, Kento/Kato, Kouki/Qi, Weihuang/Kanosue, Kazuyuki (2016): »Interlimb coordination from a psychological perspective«, in: The Journal of Physical Fitness and Sports Medicine 5/5, S. 349-359.
Oberhaus, Lars (2004): »Vorurteilshaftigkeit im Körperverständnis. Triftigkeit des phänomenologischen Leibbegriffs«, in: Hermann Josef Kaiser (Hg.): Musikpädagogische Forschung in Deutschland. Dimensionen und Strategien, Essen: Die Blaue Eule, S. 351-367.
Plessner, Helmuth (1928): Die Stufen des Organischen und der Mensch. Einleitung in die philosophische Anthropologie, Berlin: de Gruyter.
Schack, Thomas/Mechsner, Franz (2006): »Representation of motor skills in human long-term memory«, in: Neuroscience Letters 391, S. 77-81.
Wiehmayer, Theodor (2010): Musikalische Rhythmik und Metrik (unveränderter reprografischer Nachdruck der Ausgabe von 1917), Whitefish, Mont.: Kessinger Publishing.

Rhythmisch-musikalisches Lernen im Lichte des Konzepts der Koordination

Maria Spychiger

Koordination ist zentraler Bestandteil von Lernprozessen aller Art. Das Phänomen – das Zusammenspiel, die Angleichung in gegenseitiger Wahrnehmung, die Synchronizität von Bewegungen, der körperliche und vokale Ausdruck von wechselseitiger Übereinstimmung und im kommunikativen Austausch, ggf. das Einander-Widersprechen in der diskursiven Auseinandersetzung – ist in der rhythmisch-musikalischen Betätigung besonders offen zu beobachten. Viel zu selten wird es in der Fachliteratur thematisiert. Die folgenden Erläuterungen möchten für das facettenreiche Konzept sensibilisieren und dafür eine begriffliche Systematik, ein Hintergrundwissen und theoretische Fundierung präsentieren. Zuerst geht es um die elementare Bedeutung von Koordination nicht nur in der Individualentwicklung, sondern auch in der Evolution der menschlichen Spezies. Danach ist die Perspektive eine pädagogische, es geht um Koordinationsprozesse in unterrichtlichen Interaktionen. Es wird ein Lehrverhalten beleuchtet, das vorläufig als pädagogisches Halten oder *Halt-Geben* bezeichnet ist. Anhand von empirischen Beispielen wird es inhaltlich gefüllt und zugänglich gemacht. Der Beitrag möchte die genuin musikalisch-rhythmische Anlage der Koordination und ihre pivotale Rolle in Lehr-Lern-Prozessen aufzeigen.

GRUNDLAGEN

Begeben wir uns direkt in den musikalischen Bereich, kann Koordination konkreter umschrieben werden: Es ist die gemeinsame Ausdrucksweise im Zusammenspiel und im musikalischen Duktus, was in der Simultaneität von Bewegungen bei sich einander angleichenden Individuen sichtbar, in einem runden Klang hörbar wird und sich als Einigung einer Gruppe auf einen gemeinsamen Rhythmus und als Einschwenken auf eine Klangfarbe und in der Gestaltung der Dynamiken und Lautstärken manifestiert (Spychiger 2008: 7).

Entrainment und Koordination – die Fähigkeit zum Einschwingen

Zu Beginn der Auseinandersetzung mit Koordination ist jedoch ein wichtiger vormusikalischer Begriff zu besprechen, derjenige des *Entrainments*. Er bezeichnet »the capacity to keep time und to entrain to a repetitive beat« (Merker 1999/2000: 59). Das Tierreich ist voller Koordinationen von der Art dieses Entrainments, die visuell und/oder akustisch wahrnehmbar sind. Björn Merker geht es aber um die spezifisch menschliche Ausübung von Koordination, der Autor hat die herausragende Kompetenz im Sinn, sich selbst wahrzunehmen und zu steuern. Sie basiert auf einem »Mind, so Rare« (Donald 2001; siehe auch unten Abschnitt *Objekt-Koordination: Die freien Hände und der menschliche »Mind, so Rare«*), dem Mind also, der über Selbstbewusstsein verfügt und sich durch Perspektivwechsel auch in das Denken anderer hineinversetzen kann.[1]

Entrainment wird dann nicht nur emergent erfahren und situativ ausgeübt, sondern planend und gezielt für koordinierte Handlungen eingesetzt. Ein Individuum kann seine Aufmerksamkeit bewusst lenken und *rhythmic joint action* herbeiführen, was sich etwa im Ensemblespiel exemplarisch verwirklicht (dazu Keller 2008). In einer Untersuchung zur Koordination im instrumentalen Gruppenmusizieren von Bianca Hellberg (2017) konnten anhand von audiovisuellen Aufzeichnungen Phasen des Gewinnens (von einer Lehrperson als *Einrasten* bezeichnet) und in zeitlicher Sequenz des Verlierens von Koordination identifiziert werden. Beteiligte berichten, dass sie dies z.T. bewusst erleben (ebd.: 135). Die Fähigkeit zum Entrainment zeichnet sich entsprechend durch Beweglichkeit und Anpassungsfähigkeit aus. Es bedeutet insbesondere auch, sich an Tempoveränderungen rasch anpassen zu können (dazu Altenmüller/Kopiez 2005). Weitergehend präzisiert Martin Clayton (2012: 50), dass Entrainment keinesfalls der exakten Synchronisation des metronomischen zeitlichen Miteinanders entspricht. Vielmehr werden Rhythmen immer wieder stabilisiert, Abweichungen in Regelmäßigkeit überführt – »re-established after it is disturbed« (Geeves/McIlwain/Sutton 2014: 2). Dieser Vorgang ist gut beobachtbar, etwa wenn Menschen miteinander klatschen.

Das Klatschen mag auch als eingängiges Beispiel für das Einschwingen auf einen gemeinsamen Rhythmus und gleichermaßen für einen situationsbezogenen

---

1 Die Fähigkeit, sich in das Denken einer anderen Person versetzen zu können, ist Gegenstand der *Theory of Mind*. Sie wurde von Heinz Wimmer und Josef Perner seit 1983 entwickelt und hat seither sehr viel Folgeforschung hervorgebracht.

gemeinsamen Ausdruck stehen. Die erhöhte Fähigkeit zum Entrainment hat für die Bewusstseinsfunktion bei hoch entwickelten Lebewesen eine wichtige ökologische Funktion, diejenige der Kontingenzreduktion. Lebewesen, die über sich selbst nachdenken, Zukunft antizipieren und sich in das Denken anderer versetzen können, sind grundsätzlich mit einer großen Fülle an Möglichkeiten konfrontiert, was im nächsten Augenblick geschehen könnte oder sollte. Sie sind auf Mechanismen zur Verringerung dieser Möglichkeiten angewiesen, um handlungsfähig zu sein. So geht die ausgeprägte Fähigkeit zu Entrainment und Koordination als Handlungskompetenz gleichzeitig mit der Kompetenz einher, Kontingenz nach Bedarf zu reduzieren.

Koordination als vorsprachliche Fähigkeit in der Ontogenese

Für die rhythmisch-musikalische Sinneswahrnehmung und Handlungsorganisation kann man sich vorstellen, dass sich das Spiegelneuronensystem mit der Fähigkeit zum Entrainment verbindet. Spiegelneuronen sind ein neurobiologisches Korrelat koordinierter vokaler Äußerungen und Bewegungen.[2] Während Merker (1999) noch dachte, dass das willentliche Einschwenken auf einen externen Beat eine spezifisch menschliche Fähigkeit ist, löst sich diese Zuweisung in den vergangenen Jahren zunehmend auf. Das Video mit einem Kakadu, welcher in der Lage war, einen externen Beat zur Ausübung von als Tanz anmutenden Körperbewegungen aufzunehmen, machte zuerst auf wissenschaftlichen Konferenzen und dann per Youtube seine Reise um die Welt und hat die Wahrnehmung für das Entrainment als Fähigkeit bei Tieren geschärft. Viele weitere hoch differenzierte Interaktionen, etwa die Wechselgesänge von Walen, die Liebesgesänge der Gibbons oder die Art und Weise, wie sich Pinguine einander zuwenden, haben weitgehend den Charakter rhythmisch-musikalischer Interaktionen.

Koordination manifestiert sich in der Individualentwicklung von allem Anfang an. Sie ist immer schon da. Das Baby erwidert das Lächeln der Person, die sich ihm zuwendet, und reagiert auch vokal auf deren Äußerungen. Dieser Interaktionsprozess findet primär mit den nächsten Bezugspersonen statt, allem voran mit der Mutter, und wird in der Fachliteratur als Motherese oder Babytalk bezeichnet. Väter heben sogar unbewusst ihre tiefen Stimmen an, um mit ihrem Baby zu sprechen. Sie koordinieren sich damit in Tonhöhe und Klangfarbe mit der vokalen Äußerung des kleinen Kindes; auch ältere Geschwister tun dies. Es handelt sich

---

2   Im Anschluss an die Entdeckung durch Giuseppe Di Pellegrino, Luciano Fadiga, Leonardo Fogassi, Vittorio Gallese und Giacomo Rizzolatti (Di Pellegrino et al. 1992). Für die Implikationen des Musiklernens siehe Spychiger 2015: 55ff.

um den von Daniel Stern (seit 1985) beschriebenen Vorgang des Attunement. Bei diesen Koordinationsprozessen sind die verschiedenen Sinneswahrnehmungen miteinander verbunden, auch wenn das Hören in diesem Fall im Vordergrund steht. Es spielen taktile, motorische und feinmotorische Äußerungen und Erfahrungen mit. Dem Sehsinn fällt auch eine wichtige Rolle zu (zum Blickkontakt vgl. Abschnitt *Ausgewählte Unterrichtssituationen*).

Das Kind macht wesentliche Erfahrungen im Zuge der Koordination, lange bevor es sprechen und via verbal-symbolischer Gehirnaktivität denken kann. Grundlage dieser frühen Interaktions- und Lernprozesse sind die Wahrnehmung und Ausführung der eigenen Bewegungen (dazu schon Piaget 1967). Kognition ist körperlich gebunden. Francisco J. Varela, Evan Thompson und Eleanor Rosch (1991) haben hierzu das Theoriegebäude der *Embodied Cognition* bzw. das Konzept des *Embodiment* geliefert. Für die Prozesse der Musikausübung und des Musiklernens haben u.a. Wolfgang Rüdiger (z.B. 2017) und Wolfgang Lessing (z.B. 2018) bereits in mehreren Beiträgen das musikalische Embodiment herausgearbeitet. Rüdiger hat wiederholt darauf verwiesen, dass es Bewegungen sind, die Klänge erzeugen, und Lessing hat das Spielen auf einem Instrument als Umgang mit einem Werkzeug oder Gerät herausgearbeitet, welcher spezifische körperliche Techniken erfordert.

Von neuphänomenologischer Seite kamen im Anschluss an die Arbeiten von Hermann Schmitz zum *Leib* und den Blick auf den »übergreifenden Leib« (Schmitz 1980: 24) Entwicklungen, die sich sehr gut mit dem Konzept der Koordination verbinden. Dies gilt insbesondere für Robert Gugutzers interaktionsbezogene, leibbasierte Handlungstheorie (Gugutzer 2010).

Koordination als Motor der Evolution

Die vorliegende Schrift vertritt die These, dass Koordination in der Funktion eines rhythmischen Triebwerks den einzigartigen Aufstieg der Spezies Mensch herbeigeführt hat. Edward Hagen und Gregory Briant (2003) nehmen an, dass aus der wahrgenommenen Qualität musikalisch-rhythmischer Koordination das Ausmaß und die Güte der Organisation und des Zusammenhalts einer Gruppe abgeleitet wird. Dies bedeutet, dass musikbezogene Koordination direkt mit Koalitionsfähigkeit in Verbindung gebracht wird.[3]

---

3 In der Literatur wird öfter der Begriff der Synchronisation verwendet, wenn es um Phänomene geht, die hier als musikalisch-rhythmische Koordination bezeichnet sind. So sprechen Karin Schumacher und Claudine Calvet (2007) in ihrem musiktherapeutischen Konzept für die Arbeit mit Kindern im Autismus-Spektrum von Synchronisation, und auch Hagen und Briant (2003) entscheiden sich für den Begriff »music synchrony«.

Absichtsvolle und zielführende Koordinationen, sei es beim Musikmachen oder in anderen Lebensbereichen – Sport, Jagd, Nahrungszubereitung, spirituelle Betätigung u.v.a.m. – gehen mit dem Entwicklungsstand der Bewusstseinsfunktion einher. Johann Gottfried Herder, auf den wir in diesem Text noch mehrmals zurückkommen werden, umschreibt das Bewusstsein als »das überblickende Auge« des aufrecht gehenden Menschen (Herder 1784, zit. nach Ders. 2002: 135).[4] Zwei Jahrhunderte später, zum Ende des 20. Jahrhunderts, spricht der Neurowissenschaftler John F. Searle von einer privaten, subjektiven Qualität (1993: 4), einer Anlage zur Individualisierung bzw. zur *Individuation* (nach C.G. Jung), mit welcher der einzelne Organismus beginnt, *sich selbst* wahrzunehmen.

Gemäß evolutionsgeschichtlicher Darstellungen vollzieht sich der über mehrere Millionen Jahre ausgedehnte Tier-Mensch-Übergang zusammen mit der Entwicklung des aufrechten Ganges (Steitz 1993). Gegenstände aus der Umgebung werden nun zu *Objekten*, die von einem Ort zum anderen getragen, als Werkzeuge verwendet und schließlich, nach Bearbeitung, zu Geräten oder *Instrumenten* für verschiedenste Zwecke verwendet werden können. Dazu gehört auch die Erzeugung von Klängen und akustischen Signalen (Alperson 2008). Zusammen mit der Entwicklung der Stimme im Zuge der Neupositionierung des Kehlkopfes an der aufgerichteten Wirbelsäule erhielten Geräte zur Klang- und Rhythmuserzeugung wohl den Charakter von Musikinstrumenten. Sie unterstützten vokale Äußerungen und Körperbewegungen im Tanz und wurden für den rituellen Ausdruck eingesetzt.

So wurden die Menschen nicht plötzlich, sondern nach und nach zu *Freigelassenen* (Herder 2002: 35). Die Prozesse setzten lange vor der Sprachentwicklung ein; die Spezies war über lange Zeiträume ein »semiotic animal« (Deely 2005), d.h. semiotisch aktiv. Der Zeichengebrauch war vorerst präsentativ, d.h. gegenständlicher und konkreter als er mit dem Einsatz der Sprache ist (dazu Langer 1965). Mit letzterem stimmen Menschengruppen sich emotional, kognitiv und volitional zunehmend ab und bringen damit die Welt, in der sie leben, immer mehr selbst hervor. Sie tanzen, singen, musizieren, sprechen, rennen, fahren, verrichten Arbeiten aller Art, schaffen Objekte aller Art, jagen und sammeln Pflanzen und Beeren, spielen, treiben Sport. Die »zwo freien Hände« des Menschen, nochmals eine Ausdrucksweise von Herder (ebd.), führten zu immer höherer Leistung und Perfektion.

Demgegenüber bezeichne ich nur gleiche Bewegungen im gleichen Zeitraum (synchron) als Synchronisation. Koordination steht in meinen Überlegungen und Forschungen als Oberbegriff.

4 Das vollständige Zitat findet sich im Abschnitt *Objekt-Koordination: Die freien Hände und der menschliche »Mind, so Rare«.*

Als Rahmenbedingung der Koordination wird Rhythmus angenommen, und mit ihm zusammen die menschliche Fähigkeit, ihn wahrzunehmen und sich darauf einzuschwingen, einzukoordinieren[5] und ihn zu halten – das, was unter dem Begriff des Entrainments verstanden wird. Für die Rhythmik als musikpädagogische Disziplin sind diese Zusammenhänge von konstitutiver Bedeutung und zentral für das Selbstverständnis ihrer Fachleute. Unter anderem beruht das wichtige Konzept »Führen und Folgen«, wie es Elfriede Feudel schon 1926 eingeführt hat und von Gudrun Schaefer (1992) interaktionspädagogisch ausgearbeitet wurde, auf Abstimmungsprozessen genau dieser Art (Steinmann 2016).

Trias der Koordination

Als Grundlage für die weitere Entwicklung der Thematik und der Erklärung deren Bedeutung ist noch *die Trias der Koordination* einzuführen. Es sind die Elemente (1) Kraft, (2) Schönheit und (3) Glück, welche die Erfahrung von Koordination wesentlich ausmachen. Vielleicht ist es zuerst die Schönheit, die das Konstrukt zur faszinierenden Befassung werden lässt. Nebst den musikalischen Erzeugnissen sind viele weitere koordinierte Phänomene schön, oder erhaben[6]: der Vogelzug, die sich im Einklang bewegende Gazellenherde, der sich wie als Gesamtkörper bewegende Fischschwarm, das rhythmische An- und Abschwellen des Zirpens der Grillen. Im Sport sind die synchronen Bewegungen von Ruderern schön, die künstlerisch ausgestalteten Aufführungen der Eiskunstläuferin, die perfekte Drehung des Diskuswerfers. Aber auch der geordnet ablaufende Straßenverkehr ist schön, und ebenso – womit die moralische Ambivalenz und die kritische Wahrnehmung des Gegenstands ins Spiel kommt – das als Drill anmutende Kommando für eine japanische Precision-Walk-Gruppe oder die Paraden militärischer Einheiten.

---

5   Der Ausdruck *Einkoordinieren* ist bei Julia Jung (2018) ausgearbeitet und wird auch schon bei Hellberg (2017) verwendet. Bei Jung bezeichnet er das Tun einer Lehrperson, die sich spürend an den Schülerinnen und Schülern orientiert, sich auf sie einstellt, mit ihnen in Kontakt tritt, die gemeinsame Wirklichkeit sucht, um auf eine gemeinsame Ebene zu kommen und Atmosphäre schaffen zu können.

6   Gut verständliche kunstphilosophische Ausführungen zu dieser Unterscheidung finden sich bei Harry Lehmann (2016, bes. S. 50ff.). Die Schrift thematisiert auch viele weitere Themen, die im Zusammenhang mit Koordination wichtig sind, hier aber nur am Rande angesprochen werden, etwa die Erfahrung von Sinn und Gehalt in *Abwesenheit* von Schönheit (wie dies bei der Diskoordination anklingt (siehe den Abschnitt *Lernpsychologischer und pädagogischer Wert des Halt-Gebens*).

In den sportbezogenen Beispielen ist auch das Element der Kraft evident. Koordination bündelt Kraft, dies wird weiter unten mit den Inter-Koordinationen noch viel deutlicher hervortreten. Auch das letzte Element, das Glück, wird in den folgenden Abschnitten mit den Beispielen aus den videografierten Unterrichtsbeobachtungen ausführlich zur Sprache kommen. Es sei in diesem Zusammenhang aber bereits die Studie von Colwyn Trevarthen und Stephen Malloch (2017) erwähnt, bei der Kinder im Vorschulalter aufgefordert waren, sich zu Musik frei zu bewegen. Die Autoren berichten über die hohe Bereitschaft und Freude der Kinder, sich musikalisch auszudrücken, und resümieren: »They show delight on their faces.« (Ebd.: 161)

TYPEN DER KOORDINATION

Koordination lässt sich durch ihre verschiedenen Erscheinungsweisen systematisieren, wir sprechen von (1) Bewegungskoordination, (2) vokaler Koordination, (3) Objektkoordination und (4) Bedeutungskoordination. Alle Typen können als Intra- oder als Inter-Koordinationen auftreten, d.h., die Koordination liegt entweder (primär) im Organismus selbst, oder aber sie erfolgt zwischen zwei oder mehr Organismen, ggf. auch zwischen einem Objekt und einem Organismus oder mehreren Organismen wie etwa im Mannschaftssport mit einem Ball. Der Mensch hat angeborene kognitive Voraussetzungen für die vielseitigen Koordinationsfähigkeiten. Die Koordinationsprozesse lösen ihrerseits Synapsenverschaltungen aus, generieren Gedächtnis und triggern die rasante kognitive Entwicklung beim Kleinkind.

Inter-Koordination und »Awareness of Others«

Der Begriff der Koordination ist seinem Wesen nach ein ökologischer, weil damit die Bezugnahme auf die *Umwelt*[7] gemeint ist: Ein Lebewesen stellt sich auf die Bedingungen und anderen Lebewesen in seiner Umgebung ein, schwingt und agiert mit ihnen, wendet sich ihnen zu. Diesen Typus der Koordination bezeichnen wir als Inter-Koordination. Wenn es um Interaktionen zwischen Menschen geht, kann man von inter*personaler* Koordination sprechen (Spychiger 2008). Da sich aber solche Prozesse zwischen verschiedensten Lebewesen ereignen und auch räumliche und atmosphärische Gegebenheiten daran beteiligt sind, ist es einfacher und

---

7 Jakob von Uexküll hat den Begriff »Umwelt« in der ersten Hälfte des 20. Jahrhunderts eingeführt, dies vorerst im Umfeld der Meeresbiologie (siehe Uexküll 1964).

umfassender, von Inter-Koordinationen zu sprechen. Zu den Inter-Koordinationen gehören auch die *intergruppalen Koordinationen*, d.h. der Typus der Koordination, wo sich wie z.b. im Orchester oder in vielen Sportarten gut sichtbar Gruppen und Untergruppen miteinander, ggf. auch gegeneinander koordinieren. Intergroup Entrainment und Intergroup Coordination wurden interessanterweise insbesondere von ethnomusikologischer Seite thematisiert und erforscht (vorerst durch Martin Clayton, siehe Clayton 2013; für Erläuterungen siehe Hellberg 2017: 18-20).

Die menschliche Spezies ›ergatterte‹ sich unter den Lebewesen der Erde einen ausgeprägten Selektionsvorteil. Im Lichte der erhöhten Koordinationsfähigkeit kann man es so sehen, dass Menschengruppen durch Planung und Lernprozesse die Kraft der einzelnen Individuen nicht nur zu einem großen Körper bündeln, der etwa wie bei Tiergruppen die Wärme speichert oder die Reichweite des Fluges erheblich verlängert, sondern solche Vorgänge antizipativ in die Zukunft projizieren können. Kraft dieses in die Selbstprozesse hineinreichenden Bewusstseins können die Menschen die Ergebnisse ihres Handelns wahrnehmen, ggf. schon im Prozess einschätzen, sich daran erfreuen und sie genießen, oder aber korrigierend verbessern.

Gut laufende Koordinationen erfolgen im Zusammenspiel der verschiedenen Typen der Koordination, und sie gehen oft gerade ihrer Komplexität wegen mit Gefühlen der Erfüllung, Erweiterung und des Glücks einher. Prototypisch seien wieder gemeinsam tanzende und musizierende Menschen vorgestellt; die Interaktion zwischen den Ausdrucksmedien Musik und Bewegung insbesondere in der Improvisation ist denn auch ein wesentlicher Bestandteil der Rhythmik.[8]

Das Phänomen der gesteigerten *Awareness of Others* im Umfeld musikalischer Betätigung wurde von Dimitra Kokotsaki und Susan Hallam (2007) und auch schon von Harland et al. (2000) beobachtet und benannt. Gemeinsames Musizieren erfordere nicht nur das koordinierte Zusammenspiel, sondern befördere direkt die Wahrnehmung und Achtsamkeit für die anderen, so die Autorinnen und Autoren. Koordinierte Bewegungen ziehen unmittelbar viele weitere Koordinationen nach sich, darunter insbesondere diejenige von Körperfunktionen wie Atem, Herzschlag, Körpertemperatur (vgl. z.B. Vickhoff et al. 2013). In deren Zuge gleicht sich auch emotionales Erleben an. Deshalb ist die erhöhte Awareness of Others ein gut nachvollziehbarer Effekt geteilten *Music Engagements*, um an dieser Stelle auch noch den gut passenden Begriff einzuführen, wie Susan O'Neill (2014) ihn verwendet.

---

[8] Bezeichnungen und Konzepte wie Gruppen-Flow oder Groove (Zaiser 2011: 213, 113) haben ähnliche Phänomene im Sinn.

Zu den Aussagen über die Steigerung der Awareness of Others in der Folge gemeinsamen Musizieren ist kritisch zu vermerken, dass es wenig Anlass zur Annahme gibt, dass dieses Phänomen die Zeitspanne der gemeinsamen Betätigung lange überdauern würde. Jedoch ist die *Gemeinschaftserfahrung* beim gemeinsamen Musizieren häufig, und diese hat manchmal eine die Zeit des gemeinsamen Tuns überdauernde gruppenbildende und identitätsstiftende Wirkung. Man kann sich vorstellen, dass dieser Vorgang seinerseits auf die unter der Bedingung der Koordination beim Musikerleben situativ gesteigerte Awareness of Others zurückzuführen ist (für angewandte Beispiele siehe Zaiser 2011: 117).

Intra-Koordination: Lern- und Entwicklungsprozesse des Individuums

Die Ergänzungen zu den Inter-Koordinationen sind die Prozesse der Abstimmung *innerhalb* eines Organismus, die wir Intra-Koordinationen nennen wollen. Es ist der Vogel, dessen Organe und Innervierungen so verschaltet sind, dass er zu singen und seinen Flug zu leiten vermag, oder der Delphin, der kunstvoll aus dem Wasser und wieder zurück springt. Eine Chirurgin, deren Hand während einer anspruchsvollen Operation präziseste Bewegungen ausführt, eine Tänzerin, die bestimmte Tanzfiguren ausführt, erbringen Intra-Koordinationen auf sehr hohem Niveau. Das Zusammenspiel der Sinne, der Verarbeitung im Gehirn und der Ausführung von Bewegungen zur Erzeugung solch geplanter Effekte erfordert hoch komplexe Vorgänge innerhalb des Körpers. Performanzen dieser Art verlangen jahrelanges Training, um die vielfältigen und sich immer feiner verästelnden Synapsenverbindungen herbeizuführen und die entsprechenden Prozesse abzurufen. Die komplexe Tätigkeit des Musizierens ist wiederum ein herausragendes Beispiel, aber es können ebenso feinmotorische Geschicklichkeiten wie z.B. das Jonglieren oder kunsthandwerkliche und sportliche Tätigkeiten genannt werden.

Mit der Theorie der *deliberate practice* haben Anders K. Ericsson und Mitarbeiter (1993) den Vorgang beschrieben, der zu Steigerungen der intrapersonalen Koordinationsperformanzen eines Individuums in der Folge von gezielten, geplanten Lernarrangements führt. Auch alltäglichere Übeprozesse für Tätigkeiten wie Radfahren, Zähneputzen, Nähen, Sägen oder Scherenschnitte herstellen beruhen auf Intra-Koordinationen, in deren Zuge sich die Feinmotorik entwickelt. Während Inter-Koordination sich bei einem bewussten Lebewesen in der Zuwendung zum anderen realisiert, beruht Intra-Koordination auf der Zuwendung zum eigenen Organismus.

Objekt-Koordination: Die freien Hände und der menschliche »Mind, so Rare«

Intra-Koordinationen beziehen sich nur im seltenen Fall vollumfänglich auf den eigenen Körper. Viel häufiger stehen sie im Dienste des Gebrauchs eines Gegenstands oder Werkzeugs wie einer Motorsäge, einer Pinzette, einem Fahrzeug, einem Musikinstrument, einer Tastatur oder einem Sportgerät. Wir nennen diese Art der Koordination *Objekt-Koordination*. Sehr oft zielt diese Art der Koordination auf Inter-Koordinationen, sei dies als Arbeit oder als Spiel. Zu früheren Zeiten war dies etwa die geübte Bewegung der Gruppe von Dreschern, die ihr Arbeitsgerät, den Dreschflegel, als Objekt zwar individuell meisterten, die Tätigkeit aber im Gruppenrhythmus und als gemeinsamer Arbeitskörper, in geteilter Leiblichkeit ausübten. Im Mannschaftssport ist es die Lenkung des Balls, im handwerklichen und künstlerischen Beruf die Führung des Instruments in der Hand. Ein Gerät oder Instrument zu spielen, zu bedienen, zu führen, geht im Pendant zur gesteigerten Awareness of Others auch mit einer Steigerung der Self-Awareness einher.

Aus psychologischer Perspektive sind die Prozesse des Bewusstseins mit denjenigen der Aufmerksamkeit konfundiert. Merlin Donald (1995, 2001) stellt die Entwicklung des Bewusstseins in drei Stufen vor, welche zur Autonomie des »Mind, so Rare« führen: (1) die Fähigkeit zur perzeptuellen Bindung, (2) die operative Verfügbarkeit von Perzepten in einem Arbeitsspeicher (Kurzzeitgedächtnis) und (3) die Fähigkeit zur Reflexion infolge von Repräsentationen, die aus der Langzeitspeicherung abgerufen werden können. Nur die dritte Stufe ist im Sinne Donalds ›selten‹. Während höhere Säugetiere etwa über ein episodisches Langzeitgedächtnis verfügen, reflektiert der Mensch darüber hinausgehend extensiv anhand abstrakter Zeichen; er verfügt über die Zeichenkategorie der Symbole.

Wie bereits angedeutet ist die Trennung von Intra- und Inter-Koordination eine künstliche, beruht aber auf einem kulturell tradierten Verständnis von Person und Welt und ist, so meine Annahme, auch in unserem Zusammenhang für das Verständnis des Konzepts der Koordination hilfreich. Wir kehren nochmals zu Herder zurück. Die »zwo freie Hände« stehen in seinen *Ideen zur Philosophie der Geschichte der Menschheit* für eine weitergehende Freiheit, die des Geistes. Im vollen Wortlaut wird die moralphilosophische Botschaft deutlich, dahingehend dass er den Menschen für die Werke seiner Hände verantwortlich macht:

»Der Mensch ist der erste Freigelassene der Schöpfung; er steht aufrecht. [...] Wie die Natur ihm zwo freie Hände zu Werkzeugen gab und ein überblickendes Auge, seinen Gang zu leiten, so hat er auch in sich die Macht, nicht nur die Gewichte zu stellen, sondern auch, wenn ich so sagen darf, selbst Gewicht zu sein auf der Waage.« (Herder 2002: 135).

Das menschliche Bewusstsein rekurriert auf ein Selbstsystem, der Mensch erwirbt schon früh in seiner Entwicklung ein *Selbst*bewusstsein. Es ist Voraussetzung für die von Moralphilosophen eingeforderte Selbstverantwortung. Sie schließt mit Kants Kategorischem Imperativ ein, sich für das Gute zu entscheiden, und dies in der Dimension der Verantwortung für die Mitmenschen. Damit ist ein anspruchsvoller Entwicklungsprozess angeordnet, der offensichtlich erzieherische Begleitung erfordert (Kant 1970, 1986). – Die Rückbesinnung auf Kants (moral-)pädagogischen Beitrag bietet an dieser Stelle einen guten Anlass zum Übergang in den pädagogischen Bereich.

DIE PÄDAGOGISCHE KOORDINATION

Der Erwerb, die Erweiterung und Verfeinerung der Koordinationsfähigkeiten sind pädagogische Aufgaben von Lehrenden. Die Ungleichheit der Partner im pädagogischen Verhältnis ist gegeben, die Lehrenden stellen sich auf die Lernenden ein, es passt sogar der Begriff des Einschwingens, wie er im Zusammenhang mit dem Entrainment erläutert wurde . Diese spezifische Art der Koordination bezeichnen wir als *pädagogische Koordination*. Innerhalb dieser ist noch das Konzept des *Halt-Gebens* zu erarbeiten. Vor diesem erweiterten Hintergrund ist Koordination nicht nur Motor der Kulturevolution und der individuellen Entwicklung, sondern auch zentrale Funktionsweise der pädagogischen Interaktion.

Merkmale und Situationen der pädagogischen Koordination

Pädagogische Koordination steht in der Sphäre der Förderung. Es geht darum, Lernprozesse zu begleiten, Selbstwirksamkeitserfahrungen zu ermöglichen und schließlich, hoffentlich, Autonomieentwicklung zu gewinnen.

Sinnbild ebenso wie reale Situation zur Verwirklichung pädagogischer Koordination ist der Kreis. Er ist die ideale Sozialform des Erwerbs und der Ausübung rhythmisch-musikalischer Koordination, wofür auch die höchst variantenreichen, in allen Kulturen vorzufindenden Kreis- und Bewegungsspiele stehen (Spychiger 2015: Kap. 2.2). Für Lerninhalte, die auf Sprache und Diskurs beruhen, ist der Kreis auch geeignet, weil er den Wechsel bzw. die Verbindung zwischen sprachlichen und nicht-sprachlichen Koordinationen, etwa den Blickkontakt beim Sprechen oder Singen, begünstigt oder überhaupt hervorbringt. Der Kreis steht faktisch wie sinnbildlich für den *koordinativen Raum*. Hellberg (2017: Kap. 8) hat die Bedeutung des Kreises für das instrumentale Lernen in der Gruppe empirisch fundiert und das Konzept differenziert.

Der Fokus der Aufmerksamkeit kann im pädagogischen Bezug auf der Lehrperson liegen, aber ebenso zwischen den Lernenden aufkommen und die ganze Gruppe umfassen.[9] Das Nicht-Eingehen oder Verhindern pädagogischer Koordination, wie dies für den autokratischen Führungsstil typisch ist, bewirkt oder bezweckt sogar Schmerz und Leiden. Unbeabsichtigt kann dies auch beim Laissez-faire-Stil eintreten, wenn die erziehende Person bei Gefährdungen es verpasst, einzugreifen. Die Experimente im Anschluss an Kurt Lewins Arbeiten zu den Führungsstilen ab Mitte der 1930er Jahre haben dies bereits deutlich gemacht (Lewin/Lippitt/White 1939).

Das Konzept des Halt-Gebens (»Holding-Keeping-Engaging«)

In der eigenen Forschung zur Entwicklung der musikalischen Selbstkonzepte und deren pädagogischen Förderung hat sich die Ermutigung als spezifischer Faktor erwiesen (Oser 1994; Spychiger/Aktas 2015: 43f.). Lehrpersonen ermutigen ihre Schülerinnen und Schüler im Unterricht in unterschiedlichem Ausmaß und mit unterschiedlicher Qualität. Diesen Vorgang kann man ins Licht der Koordination einbetten und die Ermutigung als Merkmal der pädagogischen Koordination verstehen.

Aus der wiederholten Untersuchung von videografiertem Unterricht und in der Folge von Diskussionen in Fachkreisen ist im Anschluss an die pädagogische Koordination ein Konstrukt hervorgegangen, welches diese vertieft, und das wir vorläufig als *Halt-Geben* bezeichnen. Es bedeutet, dass eine Lehrperson sich in einer bestimmten Situation konzentriert einem Kind zuwendet, weil dessen Lernprozess oder persönliche Integrität es erfordert, für einen bestimmten Zeitraum gehalten, vielleicht sogar beschützt zu werden, mit dem Ziel, es für den weitergehenden Lernprozess motivieren zu können. Im englischen Idiom passen etwa die Begriffe Holding – Keeping – Engaging für die Bezeichnung der drei – oft aufeinander bezogenen – Formen pädagogischer Zuwendung. Die lehrende und die lernende Person oder ggf. eine Lerngruppe treten in eine spezifische Koordination, in welcher die Beziehung zum Lerngegenstand zu zweit, ggf. in der Gruppe oder durch die Lehrperson stellvertretend aufrecht erhalten werden. Der Vorgang kann wenige Sekunden dauern oder sich auf einen etwas längeren Zeitraum erstrecken und sich nach Bedarf wiederholen.

Halt-Geben umfasst etwa die Komponenten der Aufmerksamkeit, der Zuwendung und Fürsorglichkeit (das Spektrum des engl. Begriffs »care«) sowie die oben

---

9 Auch in der Aufführungssituation kann die Idee des Kreises verfolgt werden, etwa wenn die auftretende Gruppe sich im Halbkreis aufstellt und sich mit dem anwesenden Publikum, das an der Koordination mehr oder weniger stark partizipiert, verbindet.

erwähnte Ermutigung. Die haltgebende Person ist pädagogisch aktiv, sie begleitet jemanden durch eine schwierige oder anspruchsvolle Situation hindurch. Sie vermittelt dabei eine positive Erwartung und Beziehungssicherheit.

Ausgewählte Unterrichtssituationen

Als erstes Beispiel pädagogischen Halt-Gebens im Unterricht soll uns die Situation »Auf dem Meer« dienen. Es handelt sich um eine Beobachtung, die im Rahmen eines bewegungspädagogischen Projektes dokumentiert ist (vgl. Spychiger/Wulf/ Eiholzer 2008: 9ff.). Der Lehrer hatte vor dieser Szene mit der Schülergruppe auf dem Kreis am Boden sitzend die spezifische Bewegung eingeführt, die linke Hand flach auszustrecken und mit der rechten darauf einen Mast aufzuziehen. Das Gefühl für die Räumlichkeit und Dreidimensionalität des Körpers verstärkt sich auf diese Weise, und dies noch ausgeprägter, wenn man sich dazu fortbewegt. Der Lehrer induzierte dazu das weitere Bild »Mit einem Schiff auf dem Meer fahren«. Darauf folgend sollte die Bewegung als Paarübung ausgeführt werden.

Der Lehrer hatte beobachtet, dass Elena noch unsicher war und wählte sie aus, um mit ihr die gemeinsame Bewegung vor der Klasse vorzumachen, aber mehr noch, ihr in der pädagogischen Interaktion einen geschützten Überaum zu bieten (Abb. 1a). Als die Bewegung gut lief und sie sich sicher fühlte (Abb. 1b), lenkte er sie mit der Hand an ihrem Rücken sachte in die Gruppe (Abb. 1c), wo sie die Übung dann als Paar mit einer Mitschülerin sicher ausführte. Gut sichtbar ist in diesem Beispiel die Hand als haltgebende Instanz. Marco Wehr hat die Hand als »Werkzeug des Geistes« bezeichnet (Wehr/Weinmann 2009), sie ist ebenso Werkzeug des Erziehens. Sinnbildlich und leiblich-faktisch wirkt die Hand lenkend und rahmend.

Im Videomaterial dieser Studie finden sich auch viele Sequenzen, in welchen während einer Lehrer-Schüler-Interaktion ein Lächeln oder Strahlen auf dem Gesicht des Kindes erscheint. Es sind Momente eines Blickkontakts oder der körpersprachlichen Interaktion. Die positive emotionale Reaktion kommt insbesondere dann auf, wenn ein Schüler oder eine Schülerin sich in persönlicher Weise wahrgenommen fühlt.[10]

---

10 Auch in ausgewählten Phasen des pädagogischen Haltens oder Halt-Gebens, finden sich glückliche Gesichter, die man etwa als Ausdruck der Entlastung interpretieren kann. Sie können auch als Indikator des Faktors »Glück« aus der Trias der Koordination verstanden werden (s. oben den Abschnitt *Trias der Koordination*). Glück zeigte sich in unseren Videoaufnahmen auf den Kindergesichtern auch deutlich bei Intra-Koordinationen, die nach Erarbeitung zustande kommen, dann, wenn eine Bewegung ›gefunden‹ ist.

Abbildungen 1a-c: Pädagogische Koordination als Halt-Geben:
Vom Aufbau der Tätigkeit (a) zur Ausübung (b) hin zur »Freilassung« in die
selbständige Ausübung als Tätigkeit in der Kindergruppe (c) (Bilder sind zur
Anonymisierung jeweils auf das Zentrum fokussiert)

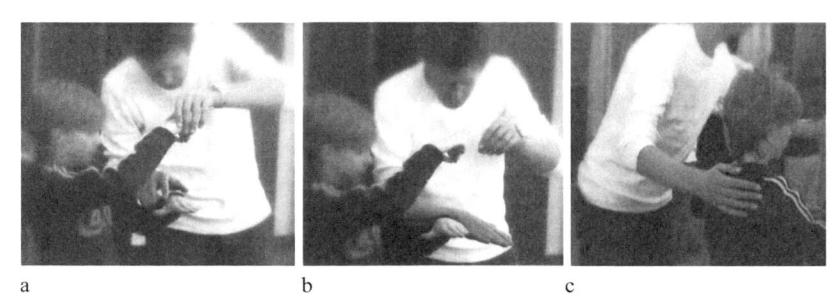

a   b   c

Quelle: Screenshots aus dem videografischen Material in Spychiger/Wulf/Eiholzer 2008

Der Blick spielt generell eine sehr wichtige Rolle in der Koordination. Weitergehend ist aber der *versichernde Blick* ein starkes non-verbales Medium des Halt-Gebens. Das folgende Beispiel ist aus dem Mathematikunterricht: Ein Schüler hat gerade eine Reihe von Divisionsaufgaben falsch ausgeführt. Er steht neben der Lehrerin, die an ihrem Pult sitzt, also auf Augenhöhe. Die Lehrerin hat ihm das Problem aufgezeigt und sie haben die Aufgaben gemeinsam durchgearbeitet. Nun soll der Junge die nächste Aufgabe alleine an seinem Sitzplatz lösen. Auf dem Weg zu seinem Pult schaut er einen kurzen kleinen Moment zurück zur Lehrerin. Es gibt keine Worte, aber einen Blickkontakt, der etwa sagen mag: »Soll ich, kann ich, muss ich wirklich?« – Der Blick der Lehrerin bestätigt »Ja, ja, mach nur, probier es«, oder »Ja, du wirst es können!«, oder bei Bedarf die Aufforderung »Ja, das tust du jetzt, ich erwarte es von dir, du musst!«.

In diesem Beispiel erhält der Schüler von seiner Lehrerin die positive Erwartung deutlich in der Form eines Vorschusses, als *trust-in-advance* (Oser/Althof 1996): Sie glaubt daran, sie vertraut im Voraus darauf, dass er es selbst können wird, auch wenn der Beweis in diesem Moment noch aussteht.

Lernpsychologischer und pädagogischer Wert des Halt-Gebens

Übergeordnet und entwicklungsbezogen richtet sich das Halt-Geben auf die Kontinuität und Förderung der systemimmanenten motivationalen und Identität aufbauenden Instanzen der gehaltenen Person, etwa die fachbezogenen Selbstkonzept- und Selbstwirksamkeitsüberzeugungen. Erziehende und Lehrende begleiten

Lernende in der beschriebenen Art, wenn sie eine direkte Förderabsicht haben oder aber der Edukand oder die Edukandin aus einer bestimmten Koordination herausgefallen und potentiell oder faktisch gefährdet ist. Auf der physischen Ebene kann der Haltebedarf als Hilfsbedürftigkeit auftreten, etwa wenn jemand Schwindel hat und vielleicht umfallen würde, wenn niemand der Person beisteht. Gemeint ist hier jedoch der Bedarf vor allem in der Folge mentaler Defizite, die wir als *Diskoordinationen* bezeichnen, etwa wenn jemand aus dem Fluss der Gruppentätigkeit fällt, weil er oder sie etwas nicht weiß oder einen Fehler gemacht hat.[11] In diskoordinierten Situationen erfordert das Halt-Geben mit Rekurs auf Otto Friedrich Bollnow (1995: Kap. 9) in besonders hohem Maße *Pädagogische Haltung*. Bollnow unterscheidet »Haltung« von »Stimmung«: Haltungen sind erarbeitete Einstellungen, die sich auch dann in Handlungen aktualisieren, wenn dazu momentane Stimmungen überwunden werden müssen.[12]

Der Mensch kann in hohem Maße Koordinationen willentlich herbeiführen und ebenso freiwillig aufgeben und gleichermaßen auch mit Diskoordinationen umgehen. Diskoordinationen sind fordernd und können progressiv wirken. Ständig nur in Koordinationen zu leben wäre regressiv, vermeidend, reduzierend, kitschig. Allerdings ist die Selbstbestimmung im Herbeiführen und Beenden von Koordination ebenso wie von Diskoordination begrenzt. Die Metapher des Paradieses zu Hilfe nehmend könnte man etwa sagen, dass das momentane Glückserleben in der Folge von Koordination dem Aufenthalt in diesem Ort der Harmonie entspricht und die Diskoordinationen dessen Verlassen bedeutet. Das Paradies hat den Freigelassenen gegenüber eine gewisse Eigenkraft – *the door swings both ways.*

---

11 Der Begriff der Diskoordination geht auf einen Beitrag zur Fehlerpsychologie zurück, in welchem das Merkmal der Fehler und Irrtümer als Unterbrechung von Koordinationen herausgearbeitet wurde. Fehler versetzen den Organismus in einen neuen Zustand der Aufmerksamkeit, fokussieren das Bewusstsein auf eine neue Aktion und haben damit einen progressiven Charakter (Spychiger 2010: 50f.). Das Fazit hinsichtlich der *Entstehung* von Bewusstsein ging aber dahin, dass das Koordinationserleben trotzdem bedeutender ist und der fördernden Funktion der Diskoordination vorgeordnet ist.

12 Auch im Zitat von J.G. Herder (2002: 135) im Abschnitt *Objekt-Koordination: Die freien Hände und der menschliche »Mind, so Rare«* geht es um Haltung. Einerseits bezeichnet er den Menschen mit Bezug auf eine bestehende göttliche Ordnung als Freigelassenen, als Aufklärer aber rückt er die damit einhergehende Verantwortung ins Zentrum. Herder weiß, wie ein heutiger Fehlerpsychologe, dass der Mensch »auch vieles dunkel und falsch« sieht (ebd.: 134), dass er oft sogar seine Schritte vergisst, strauchelt, und darüber hinaus dabei lernt. Er lernt sogar »durch Fallen gehen«; und oft »kömmt (er) nur durch Irren zur Wahrheit« (ebd.).

ABSCHLIESSENDE ÜBERLEGUNGEN

Der Beitrag möchte für das Phänomen der Koordination, ihre Präsenz und Funktion in interaktiven Prozessen sensibilisieren. Einige Überlegungen seien zusammenfassend und in aller Vorläufigkeit aufgeführt:

(a) Koordinationsprozesse verändern sich in der Folge von Digitalisierung und künstlicher Intelligenz
Die medial vermittelten sozialen Interaktionen haben sich mit der Ablösung der analogen durch die digitalen Medien stark vermehrt und beschleunigen sich ständig noch. Soziale Kontakte sind durch die digitalen Geräte objekt-koordiniert, was dem einzelnen Individuum nicht unbedingt bewusst ist, sondern selbstverständlicher Bestandteil der Interaktion ist. Aber auch schon in viel früheren Formen der Kommunikation waren Objekte zwischen die Interaktionspartner geschaltet, um sie von Zeit und Raum unabhängiger zu machen: Feuer, Steine, Briefe, Telefone hatten diese Rolle auch schon, aber in den kommenden Jahren werden wir zunehmend mit der sich schnell entwickelnden künstlichen Intelligenz in wesentlich weitergehende technisch vermittelte Koordinationsprozesse treten. Es ist noch nicht abzuschätzen, was diese Aktivitäten hinsichtlich der Koordinationserfahrungen für Veränderungen herbeiführen werden. Geräte mit künstlicher Intelligenz verfügen über zunehmende Grade an Autonomie und sind selbst koordinationsfähig. Ich nehme an, dass dem rhythmisch-musikalischen Lernen zukünftig neue und erhöhte Bedeutungen zufallen, wenn es in unmittelbarer Interaktion im physisch geteilten sozialen Raum erfolgt.

(b) Erkenntnisinteresse und Weiterentwicklung guter Praxis
Die Untersuchung der Koordination erfordert extensive empirische Befassung mit aufwendiger Methodologie. Theoretische Grundlagen sind geschaffen. Neuere methodische Zugänge und Ansätze zur Analyse von videografiertem Unterricht helfen, den Wissensgewinn aus empirischen Daten zu vermehren (Dinkelaker/ Herrle 2009). Darüber hinaus gibt es seit wenigen Jahren wesentlich verbesserte Möglichkeiten zur Analyse von nicht-sprachlichen sozialen Interaktionen, etwa in der Folge von Christine Moritz (2011), weiter auch die Reflexive Grounded Theory nach Franz Breuer (2009). Sie stehen bereit, die Ausbildungen sollen heranwachsende Fachleute befähigen, sie zu nutzen und weiterzuentwickeln.

(c) Koordination braucht Übung
So sehr dem Menschen die Fähigkeiten des Entrainments und zur vielfältigen Koordination angeboren sind, so sehr sind sie auf Förderung angewiesen. Anspruchs-

volle Aktivitäten wie Jonglieren, ein Musikinstrument spielen, Hochgebirgsklettern, Wellenreiten usw., erfordern viel Zeit und Training, um sie individuell zu erlernen, voranzubringen oder auch nur zu erhalten. Auch die Inter-Koordinationen, die als *social skills* fungieren – das Aufeinander-Achten, die Fähigkeit zum Zuhören, Begeistern, Anspornen (dazu Wömmel 2016), die Empathie, Geduld, Fürsorglichkeit usw. – bedürfen der Übung und Ausübung, um sie bewahren und verlässlich abrufen zu können. Schließlich sind die heutigen großen Kulturleistungen, wie z.B. das Funktionieren des Straßenverkehrs, ebenfalls Ergebnisse solcher Lernprozesse. Kinder lernen, sich auf der Straße zu verhalten, Erwachsene können den Fahrausweis erwerben und verpflichten sich, die Verkehrsregeln einzuhalten. Es ist ein großes Zusammenspiel, auf welches Gesellschaften sich einigen. Die dahinter stehenden Motivationen, Lernprozesse und moralischen Entscheidungen sind fragil und störanfällig.

(d) Bedeutung der Koordinationsfähigkeit für das Zusammenleben
Die Fähigkeit zur Koordination ist ihrem Wesen nach nicht per se positiv oder gar moralisch gut. Mit koordinierter Kraft sind grandiose soziale Werke und ästhetische Bauten entstanden und ebenso Soldaten im Gleichschritt in den Krieg gezogen, um zu vernichten und zu töten. Weitergehend nutzen Diktatoren und autoritäre Erzieherinnen und Erzieher die bindende Kraft der Koordination zur Machtdemonstration und Disziplinierung. Auch für das im vorangegangenen Abschnitt dargestellte entgegengesetzte Prinzip der Diskoordination – das Auf- und Unterbrechen von Koordinationen – trifft zu, dass Diskoordination als Medium des Widerstands eine progressive, bewusstseinsfördernde, korrigierende Energie ist. Sie kann aber auch einen gut laufenden Prozess unnötig aufhalten oder sogar zerstören. Die koordinierende Wirkung von Musik und Rhythmus kommt im gesamten Spektrum menschlichen Zusammenlebens auf. Kraft, Schönheit und Glück, die Trias der Koordination, ist im gleichen Maße Geschenk und Aufgabe.

LITERATUR

Alperson, Philip (2008): »The Instrumentality of Music«, in: The Journal of Aesthetics and Art Criticism 66, S. 37-51.

Altenmüller, Eckart/Kopiez, Reinhard (2005): »Schauer und Tränen: Zur Neurobiologie der durch Musik ausgelösten Emotionen«, in: Claudia Bullerjahn/ Heiner Gembris/Andreas C. Lehmann (Hg.): Musik: gehört, gesehen und erlebt. Festschrift Klaus-Ernst Behne zum 65. Geburtstag (IfMpF Monografie 12), Hannover: Hochschule für Musik und Theater, S. 159-179.

Bollnow, Otto Friedrich (1995 [1956]): Das Wesen der Stimmungen, Frankfurt a.M.: Klostermann.

Breuer, Franz (2009): Reflexive Grounded Theory. Eine Einführung für die Forschungspraxis, Heidelberg: Springer.

Clayton, Martin (2012): »What is entrainment? Definition and application in musical research«, in: Empirical Musicology Review 7/1-2, S. 49-56.

Clayton, Martin (2013). »Entrainment, ethnography and musical interaction«, in: Ders./Byron Dueck/Laura Leante (Hg.): Experience and Meaning in Music Performance. New York: Oxford University Press, S. 17-39. DOI: 10.1093/acpr of:oso/9780199811328.003.0002

Deely, John (2005): »Defining the Semiotic Animal«, in: American Catholic Philosophical Quarterly 79/3, S. 461-481, https://www.pdcnet.org/acpq/content/acpq _2005_0079_0003_0461_0481 vom 20.07.2018.

Dinkelaker, Jörg/Herrle, Matthias (2009): Erziehungswissenschaftliche Videographie. Eine Einführung, Wiesbaden: GWV Fachverlag.

Di Pellegrino, Giuseppe/Fadiga, Luciano/Fogassi, Leonardo/Gallese, Vittorio/ Rizzolatti, Giacomo (1992): »Understanding motor events: a neurophysiological study«, in: Experimental brain research 91/1, S. 176-180.

Donald, Merlin (1995): »The Neurobiology of Human Consciousness: An Evolutionary Approach«, in: Neuropsychologia 33/9, S. 1087-1102.

Donald, Merlin (2001): A Mind so Rare. The Evolution of Human Consciousness, New York: W.W. Norton.

Ericsson, Anders K./Krampe, Ralf Th./Tesch-Römer, Clemens (1993): »The Role of Deliberate Practice in the Acquisition of Expert Performance«, in: Psychological Review 100/3, S. 363-406.

Feudel, Elfriede (1982 [1926]): »Rhythmik«, in: Dies. (Hg.): Rhythmik, Theorie und Praxis der körperlich-musikalischen Erziehung (unveränderter reprografischer Nachdruck der Ausgabe München 1926), Wolfenbüttel: Kallmeyer, S. 28-37.

Geeves, Andrew/McIlwain, Doris J./Sutton, John (2014): »The performative pleasure of imprecision: a diachronic study of entrainment in music performance«, in: Frontiers in Human Neuroscience 8, S. 863. DOI: 10.3389/fnhum.2014.00863

Gugutzer, Robert (2010): »Soziologie am Leitfaden des Leibes. Zur Neophänomenologie sozialen Handelns am Beispiel der Contact Improvisation« in: F. Böhle/ M. Weihrich (Hg.): Die Körperlichkeit sozialen Handelns. Soziale Ordnung jenseits von Normen und Institutionen, Bielefeld: transcript, S. 165-184.

Hagen, Edward H./Briant, Gregory A. (2003): »Music and Dance as a Coalition Signaling System«, in: Human Nature 14/1, S. 21-51. DOI: 10.1007/s12110-003-1015-z

Harland, John/Kinder, Kay/Lord, Pippa/Stott, Alison/Schagen, Ian/Haynes, Jo/ White, Richard/Cusworth, Linda/Paola, Riana (2000): Arts education in secondary schools: Effects and effectiveness, London: NFER/The Arts Council of England, RSA.

Hellberg, Bianca (2017): ›Jetzt greift es wirklich ineinander‹. Koordinationsprozesse beim Musizieren im Instrumentalen Gruppenunterricht, unveröffentlichte Dissertation, Frankfurt a.M.: Hochschule für Musik und Darstellende Kunst.

Herder, Johann Gottfried (2002 [1784]): Ideen zur Philosophie der Geschichte der Menschheit, Werke, hg. von Wolfgang Pross, Band III/1, München: Hanser.

Jung, Julia (2018): Stimmungen weben. Eine philosophisch-empirische Betrachtung des Unterrichts zur konzeptionellen Entwicklung des atmosphärischen Vermögens für die Lehrerbildung, unveröffentlichte Dissertation, Frankfurt a.M.: Hochschule für Musik und Darstellende Kunst.

Kant, Immanuel (1986 [1785]): Grundlegung zur Metaphysik der Sitten, Stuttgart: Reclams Universal-Bibliothek.

Kant, Immanuel (1970 [1803]): »Über Pädagogik«, in: Wilhelm Weischedel (Hg.): Immanuel Kant Werke in sechs Bänden, Band VI: Schriften zur Anthropologie, Geschichtsphilosophie, Politik und Pädagogik, Darmstadt: Wissenschaftliche Buchgesellschaft (WBG), S. 691-761.

Keller, Peter A. (2008): »Joint action in music performance«, in: Francesca Morganti/Antonella Carassa/Guiseppe Riva (Hg.): Enacting Intersubjectivity: A Cognitive and social perspective on the study of interactions, Amsterdam: IOS Press, S. 205-221.

Kokotsaki, Dimitra/Hallam, Susan (2007): »Higher education music students' perceptions of the benefits of participative music making« in: Music Education Research 9/1, S. 93-109. DOI: 10.1080/14613800601127577

Langer, Susanne K. (1965 [1942]): Philosophie auf neuem Wege. Das Symbol im Denken, im Ritus und in der Kunst, Frankfurt a.M.: Fischer.

Lehmann, Harry (2016): Gehaltsästhetik. Eine Kunstphilosophie, Paderborn: Wilhelm Fink.

Lewin, Kurt/Lippitt, Ronald/White, R.K. (1939): »Patterns of Aggressive Behavior in Experimentally Created ›Social Climates‹«, in: Journal of Social Psychology, 10, 271-279.

Lessing, Wolfgang (2018): »Üben als Handeln«, in: Wilfried Gruhn/Peter Röbke (Hg.): Musiklernen. Bedingungen – Handlungsfelder – Positionen, Esslingen: Helbling, S. 70-93.

Merker, Björn (1999/2000): »Synchronous Chorusing and the Origins of Music«, in: Musicae Scientiae, Special Issue, S. 59-73.

Moritz, Christine (Hg.) (2011): Die Feldpartitur. Multikodale Transkription von Videodaten in der Qualitativen Sozialforschung, Heidelberg: Springer.

O'Neill, Susan A. (2014): »Engagement in the arts«, in: Larry O'Farrell/Shifra Schonmann/Ernst Wagner (Hg.): International Yearbook for Research in Arts Education, Münster: Waxmann, S. 204-207.

Oser, Fritz (1994): »Zu-Mutung: eine basale pädagogische Handlungsstruktur«, in: Norbert Seibert/Helmut J. Serve (Hg.): Bildung und Erziehung an der Schwelle zum dritten Jahrtausend: multidisziplinäre Aspekte, Analysen, Positionen, Perspektiven, München: Pims, S. 773-800.

Oser, Fritz/Althof, Wolfgang (1996): »Trust in Advance: on the professional morality of teachers«, in: Journal of Moral Education 22/3, S. 253-275. DOI: https://doi.org/10.1080/0305724930220306

Piaget, Jean (1967): Biologie et connaissance: Essai sur les relations entre les régulations organiques et les processus cognitifs, Paris: Gallimard.

Rüdiger, Wolfgang (2017): »Die Geburt der Musik aus dem Geiste des Körpers. Aspekte musikalischen Embodiments von der kommunikativen Musikalität der frühen Kindheit bis zur komplexen musikalischen Körperlichkeit«, in: Lars Oberhaus/Christoph Stange (Hg.): Musik und Körper. Interdisziplinäre Dialoge zum körperlichen Erleben und Verstehen von Musik (Musik und Klangkultur 20), Bielefeld: transcript, S. 269-293.

Schaefer, Gudrun (1992): Rhythmik als interaktionspädagogisches Konzept, Remscheid: Waldkauz.

Schmitz, Hermann (1980). »System der Philosophie. Bd. 5: Die Aufhebung der Gegenwart«, Bonn: Bouvier.

Schumacher, Karin/Calvet, Claudine (2007): Synchronisation/Synchronization. Musiktherapie mit Kindern mit Autismus/Music Therapy with Children on the Autistic Spectrum (DVD), Göttingen: Vandenhoeck & Ruprecht.

Searle, John F. (1993): »The Problem of Consciousness«, in: Social Research 60/1, S. 3-16.

Spychiger, Maria (2008): »Musikalisches Lernen als Ko-Konstruktion? Überlegungen zum Verhältnis individueller und sozialer Dimensionen musikbezogener Erfahrung und Lernprozesse. Einführung des Konstrukts der Koordination«, in: Diskussion Musikpädagogik 40, S. 4-12.

Spychiger, Maria (2010): »Fehler als Erfahrung. Zur Rolle von Koordination und Diskoordination in bewussten Prozessen«, in: O. Neumaier (Hg.): Was aus Fehlern zu lernen ist in Alltag, Wissenschaft und Kunst, Wien: LIT, S. 31-54.

Spychiger, Maria (2015): »Lernpsychologische Perspektiven für eine grundschulspezifische Musikdidaktik«, in: M. Fuchs (Hg.). Musikdidaktik Grundschule, Esslingen: Helbling, S. 41-63.

Spychiger, Maria (2019): »The Sacred Sphere. Its Equipment, Beauty, Functions, and Transformations under Secular Conditions«, in: Alexis A. Kallio/Philip Alperson/Heidi Westerlund (Hg.): Music, Education, and Religion: Intersections and Entanglements, Indiana: Indiana University Press.

Spychiger, Maria/Wulf, Hans-Henning/Eiholzer, Hubert (2008): Wahrnehmungsförderung durch Improvisation. Hochschule für Musik und Darstellende Kunst Frankfurt a.M. und Conservatorio della Svizzera Italiana in Lugano: 3. Forschungsbericht z. Hd. der Stiftung Accentus.

Spychiger, Maria/Aktas, Ulas (2015): Primacanta – Jedem Kind seine Stimme. Eine Intervention in 3. und 4. Klassen, unveröffentlichter Schlussbericht über die wissenschaftliche Begleitung, Frankfurt a.M.: Hochschule für Musik und Darstellende Kunst.

Steinmann, Brigitte (2016): Rhythmik und Elementare Musikpädagogik – Ein historischer Abriss und eine kurze Betrachtung der heutigen Situation der beiden Fächer. Kulturelle Bildung Online, https://www.kubi-online.de/artikel/rhythmik-elementare-musikpaedagogik-historischer-abriss-kurze-betrachtung-heutigen-situation vom 20.07.2018.

Steitz, Erich (1993): Die Evolution des Menschen, Berlin: Schweizerbart'sche Verlagsbuchhandlung.

Stern, Daniel (1985). The Interpersonal World of the Infant, New York: Basic Books.

Trevarthen, Colwyn/Malloch, Stephen (2017): »The Musical Self. Affection for Life in a Community of Sound«, in: David J. Hargreaves/Raymond MacDonald/Dorothy Miell (Hg.): The Oxford Handbook of Musical Identity, Oxford: Oxford University Press, S. 155-175.

Uexküll, Gudrun von (1964). Jakob von Uexküll, seine Welt und seine Umwelt, Hamburg: Christian Wegner.

Varela, Francisco J./Thompson, Evan/Rosch, Eleanor (1991): The Embodied Mind. Cognitive Science and Human Experience, Cambridge, Mass.: MIT Press.

Vickhoff, Björn/Malmgren, Helge/Åström, Rickard/Nyberg, Gunnar/Ekström, Seth-Reino/Engwall, Mathias/Snygg, Johan/Nilsson, Michael/Jörnsten, Rebecka (2013): »Music structure determines heart rate variability of singers. Frontiers in Psychology«, in: Frontiers in Psychology 4/334 vom 9. Juli. DOI: https://doi.org/10.3389/fpsyg.2013.00334

Wehr, Marco/Weinmann, Martin (2009): Die Hand. Werkzeug des Geistes, Heidelberg: Spektrum Akademischer Verlag.

Wimmer, Heinz/Perner, Josef (1983): »Beliefs about beliefs: Representation and constraining function of wrong beliefs in young children's understanding of deception«, in: Cognition 13, S. 103-128.

Wömmel, Kristin (2016): Enthusiasmus. Untersuchung eines mehrdimensionalen Konstrukts im Umfeld musikalischer Bildung, Wiesbaden: Springer VS.

Zaiser, Dierk (2011): Rhythmus und Performance: Kulturprojekte als Chance für sozial benachteiligte und straffällige Jugendliche, München: kopaed.

Körper – Bewegung – Musik
Zur Perspektive von Leiblichkeit in der Ästhetischen Bildung

Constanze Rora

MUSIK UND BEWEGUNG

Musik und Bewegung bezeichnet ein Verhältnis, das für alle Felder, in denen Musik gelehrt und gelernt wird, von Bedeutung ist. Mit Bewegung ist dabei zugleich der sich bewegende Körper angesprochen, der sich deutlich sichtbar oder auch subtil, musizierend, lauschend oder tanzend zur Musik in Beziehung setzt. Bereits in dieser Formulierung deutet sich an, dass der Körper in dem hier thematisierten Kontext nicht nur als Medium, sondern auch als Agens des Handelns in Erscheinung tritt. Die Aufwertung des Körpers im Sinne eines Fühlen und Denken fundierenden Leibes ist theoretisch angelegt in der Phänomenologie der Leiblichkeit, wie sie u.a. von Maurice Merleau-Ponty und Helmuth Plessner entfaltet wurde. In aktuellen Ansätzen zur philosophischen Ästhetik und Hermeneutik wird der Frage der Leiblichkeit besondere Aufmerksamkeit zuteil. Im Folgenden wird Musik und Bewegung als ein Praxisfeld Ästhetischer Bildung behandelt, dessen Betrachtung ermöglichen soll, allgemeine Überlegungen und Reflexionen zur Leiblichkeit ästhetischer Bildung zu konkretisieren und hinsichtlich ihrer Relevanz für die pädagogische Praxis zu reflektieren.

ÄSTHETISCHE BILDUNG

Ästhetische Bildung ist ein schillernder Begriff, der im Verlauf der Geschichte verschiedene Ausprägungen erfahren hat. Zwar entstand das begriffliche Konzept von Ästhetik als einem eigenen Erkenntnisbereich erst im 18. Jahrhundert, jedoch reichen Überlegungen zu einer Bildungsrelevanz der Künste weit in die Geschichte zurück. Leopold Klepacki und Jörg Zirfas beginnen daher bei ihrer Geschichtsschreibung der Ästhetischen Bildung in der Antike und beziehen somit Epochen ein, in denen dieser Begriff nicht explizit verwendet wurde (Klepacki/Zirfas 2012: 68). In vergleichbarer Unschärfe wird von mir im Folgenden auch von ›den Künsten‹ gesprochen, womit keine Beschränkung auf Kunstwerke – etwa in Abgrenzung von angewandter Kunst – gemeint ist, sondern ein allgemeiner Gegenstandsbereich des Schönen, der in jeweils spezifischer Weise zu ästhetischer Wahrnehmung herausfordert.

Das Theorem Ästhetische Bildung befasst sich mit Fragen nach dem Wert des Schönen für den Menschen. In bis heute relevanter Weise hat dies Friedrich Schiller in seinen Briefen zur ästhetischen Erziehung (1795) beantwortet: Der Mensch befreit sich im Spiel, das als Äquivalent für den Bereich des Schönen gilt, von den Zwängen der Vernunft ebenso wie von den Triebkräften seiner natürlichen Existenz. Die Bedeutung, die dem Umgang mit den Künsten von Schiller gegeben wird, korrespondiert mit einer Neubewertung und Neubeschreibung der sinnlichen Wahrnehmung im 18. Jahrhundert, in der diese, »als eine eigene Weise subjektiver Tätigkeit« erscheint (Menke 2002: 25). Mit Bezug auf Alexander G. Baumgarten[1] arbeitet Menke heraus, dass der Ästhetik-Begriff von Beginn an auf den Vollzugscharakter sinnlicher Wahrnehmung und damit auf ein aktives (und nicht nur passiv empfangendes) Subjekt verweist:

»Der Subjektbegriff ist das Siegel auf die neue, durch die Ästhetik formulierte Auffassung des Menschen als Instanz eigener Vollzüge und Tätigkeiten, eingeschlossen der sinnlichen, die die rationalistische Philosophie als passiv verstanden und abgewertet hatte.« (Ebd.: 28)

Zu bedenken ist bei dieser Neubestimmung des Subjektbegriffs, dass darin nicht nur die Dimension des Tuns, sondern auch die des Lassens enthalten ist: »Zu allem sinnlichen Erfassen aber gehört, von dem bestimmt zu werden, oder besser: sich von dem bestimmen zu lassen, das es erfaßt.« (Ebd.: 32) Entsprechend dieses Subjektbegriffs soll im Folgenden mit Klepacki und Zirfas Ästhetische Bildung »im Sinne einer sinnlich reflexiven und performativ-handlungs-bezogenen menschlichen Praxis verstanden werden« (Klepacki/Zirfas 2012: 68).

---

1 Baumgarten gilt als Begründer der philosophischen Ästhetik. Menke bezieht sich hier auf das erste Hauptwerk Baumgartens, die *Metaphysica* von 1739.

ÄSTHETISCHE WAHRNEHMUNG
ALS PERSPEKTIVWECHSEL

Ungeachtet verschiedener Nuancierungen in den Überlegungen zur Ästhetischen Bildung bis heute bleiben die Errungenschaften des 18. Jahrhunderts in Geltung, sinnlich-ästhetische Wahrnehmung als aktive Erkenntnistätigkeit aufzufassen, die insofern als zweckfrei verstanden werden kann, als sie im Hinblick auf die Zwänge des Alltags handlungsentlastet ist. Wahrnehmung im ästhetischen Sinne dient nicht der Gewinnung von Informationen über die Umwelt, um sich in dieser gefahrlos und Existenz sichernd bewegen und verhalten zu können, sondern sie geschieht im Modus einer fragenden Haltung, in der sich das Individuum zugleich auf die Welt und auf sich selbst bezieht. In der ästhetischen Wahrnehmung reflektiert das Subjekt sich selbst im Vollzug einer Wahrnehmung. »Es geht den Subjekten der ästhetischen Wahrnehmung um ein Verspüren der eigenen Gegenwart im Vernehmen der Gegenwart von etwas anderem.« (Seel 2003: 62) Die Begriffe des Verspürens und Vernehmens markieren dabei einen Unterschied zur Auffassung von Wahrnehmung als Konstruktion. Sie enthalten einen Hinweis auf die Körperlichkeit – oder besser: Leiblichkeit – des Individuums, weil sie deutlich machen, dass wir ungeachtet der Fähigkeit, die Wirklichkeit zum Objekt zu machen und Eigenschaften begrifflich »festzustellen« (Seel), mit der Welt verwoben bleiben:

»Die Möglichkeit und Notwendigkeit einer virtuellen Distanznahme zur Welt, die uns erlaubt, gleichsam von außen auf unser Dasein zu blicken, dürfen uns nämlich nicht darüber hinwegtäuschen, dass wir als leibhaftige Menschen dennoch involviert bleiben in ein Geschehen, das der Subjekt-Objekt-Differenz voraus liegt. Die Welt liegt uns nicht in völliger Transparenz vor Augen, sondern wir bleiben auch als erkennende und handelnde Subjekte Teil dieser Welt, eingebunden in ihre verborgenen Strukturen auch dann, wenn wir sie zum Gegenstand unserer rationalen Erkenntnis und unserer willentlichen Eingriffe machen.« (Müller 2004: 63)

Indem der Mensch einen Körper hat, ist er Teil der Natur (natürliche Existenz); seine Möglichkeit sich zu seiner Leiblichkeit zu verhalten und sie zu thematisieren, deutet hingegen auf seine kulturelle Existenz (Meuter 2006:11). Kennzeichnend für die Seite der natürlichen Existenz ist unsere Möglichkeit, Handlungen aus der Mitte heraus »zentrisch«[2] zu vollziehen; kennzeichnend für die Seite der kulturellen Existenz ist unser Beobachtungsvermögen:

---

2   Mit diesem Begriff bezeichnet Plessner das Erleben im Hier und Jetzt »im Zentrum totaler Konvergenz des Umfeldes und des eigenen Leibes« (Plessner 2003: 365).

»Wenn es klingelt, ich mich von dem Schreibtisch erhebe und die Tür öffne, dann tue ich das in der unproblematischen Gewissheit, dass ich es bin, der in und mit meinem Körper agiert, und frage mich nicht lange, wie ich das Zusammenspiel zwischen meinem Körper und der Umwelt so organisieren kann, das am Ende die Tür aufgeht.« (Müller 2004: 64)

Dass es uns zugleich aber möglich ist, uns in unserem Tun zu beobachten, ermöglicht uns unsere Doppelheit, in der wir nicht nur in der Welt »zentrisch verankert« sind, sondern uns zugleich der Welt gegenüber, »exzentrisch«, »positionieren« (ebd.). Das Nebeneinander von zentrischer und exzentrischer Perspektive auf die Welt führt zu der zentralen Bildungsaufgabe, beide Perspektiven miteinander zu verbinden und aufeinander zu beziehen. Bildung erscheint in dieser Perspektive als Weg und Fähigkeit, das eigene Leben nicht nur zu leben, sondern auch zu führen:

»Sich des eigenen Lebens und Tuns zunehmend als des eigenen Lebens und Tuns bewusst werdend, greift das menschliche Subjekt strukturierend ein in diejenigen Prozesse, von denen es selbst strukturiert wird.« (Ebd.: 65)

In dem Modus ästhetischer Wahrnehmung wie Seel ihn beschreibt, wird diese menschliche Fähigkeit offenbar. Außerhalb von bedrohlichen oder emotional angespannten Situationen steht es dem Menschen weitgehend frei, in den Modus ästhetischer Wahrnehmung zu wechseln. Allerdings gibt es Impulse, die eine ästhetische Wahrnehmungshaltung befördern, indem »uns ein Erscheinendes plötzlich in seinen Bann schlägt, wenn uns der Umschlag in ein ästhetisches Bewußtsein widerfährt.« Seel betont aber, dass auch in solchen Momenten »fast immer« beides gegeben ist – der Impuls von außen und das absichtliche Einnehmen einer ästhetischen Wahrnehmungshaltung: »Ästhetische Wahrnehmung ist ein Spiel, das wir spielen und das mit uns gespielt wird.« (Seel 2003: 65)

Aspekte der Leiblichkeit ästhetischer Wahrnehmung von Musik

Insbesondere in der Begegnung mit den Künsten wird das Spiel der Wahrnehmung gespielt. Die Kunst erscheint hier als »Lehrmeisterin« (Zirfas 2017: 24f.); sie fungiert als »Wahrnehmungsschulung« (ebd.), die wesentlich zur Entfaltung der Sinne beiträgt. Mit Bezug auf Ästhetische Erziehung als Unterrichtsprinzip in der Grundschule hebt Gundel Mattenklott die Bedeutung des Umgehens mit Kunstwerken für die Förderung des Wahrnehmungsvermögens hervor. Ästhetische Wahrnehmungserziehung sei nicht nur im Blick auf sinnliches Wahrnehmen aufzufassen.

»Vielmehr bieten die Künste und die künstlerischen Gestaltungsverfahren, als sinnlich wahrnehmbar, leiblich zu vollziehen und bedeutungsreich, ihre bevorzugten Erfahrungs- und Übungsräume. Die Kunstgebilde sind es vornehmlich, die unsere Sinne öffnen, um unser eigenes alltägliches Leben neu und anders (oder erstmals) wahrzunehmen.« (Mattenklott 1998: 36)

Eine solche Auffassung von Kunst als Anstoß zu einer »praktischen Reflexion« (Bertram 2014: 79ff.), d.h. einer Reflexion, die imaginativ und selbstbezüglich das Wahrgenommene auf die eigene Lebenspraxis bezieht, vertritt auch Georg Bertram. In Auseinandersetzung mit Kunstwerken entwickeln Rezipierende verschiedene Praktiken, in denen sie ein Kunstwerk artikulieren. Im Hinblick auf die leibliche Dimension Ästhetischer Bildung ist eine von Bertram angedeutete Differenzierung zwischen leiblicher und perzeptiver Praxis im Umgang mit Kunstwerken von Interesse. Für beide betont Bertram eine »interpretative« Aktivität des Rezipienten (ebd.: 125). Unter leiblicher Artikulation von Musik sind die spontanen Bewegungen des Hörers bzw. Tänzers zu verstehen. Unter perzeptive Artikulation fallen dagegen Wahrnehmungsaktivitäten, die in der Auseinandersetzung mit Kunstwerken »entwickelt und geschult« (ebd.) werden.

Emil Angehrn fasst die leibliche Ebene der Begegnung mit Musik als eine Form des Verstehens auf, bei der das Subjekt sich in seiner gesamten Leiblichkeit – und nicht nur mit dem Hörsinn – auf die Musik ausrichtet: »Die Erweckung von Gesten, das Einschwingen in eine Verlaufsfigur sind Formen eines responsiven Verhaltens, in welchem das Hören an der gleichen Bewegtheit partizipiert, die sich im Ausüben von Musik ereignet und in der allein ein Verständnis möglich ist.« (Angehrn 2011: 211) Dieses »leibliche Involviertsein« (ebd.: 210) in die Musik ist die Grundlage für das musikalische Verstehen. Es ist als »Machen« bzw. »Partizipation an diesem Machen« (ebd.: 211) zu verstehen, ohne das musikalischer Sinn unzugänglich bleibt. In ähnlicher Weise fasst Matthias Vogel das leibliche Auffassen von Musik als Nachvollzug auf, der auch im bloßen Hören – als »ein Tun, das auf dem Wege inneren Mitsingens klangliche Vorstellungen erzeugt« (Vogel 2007: 327) – stattfinden kann. Die Möglichkeit des Nachvollzugs im Zuhören begründet Vogel mit »wahrnehmungsstrukturierenden Modellen«, die uns zugänglich sind »sei es, weil wir bestimmte kulturelle Erfahrungen teilen oder weil wir körperliche Erfahrungen – einen jagenden Puls, das Gleichmaß des Atmens beim Einschlafen oder die Anspannung beim Heben von Lasten – teilen« (ebd.).

In der leiblichen Begegnung mit Musik – sei es im Sinne responsiven Verhaltens (Angehrn) oder im Sinne des Nachvollzugs (Vogel) – erschöpft sich jedoch die musikalisch-ästhetische Erfahrung von Musik nicht. Erfahrung im emphatischen Sinne entsteht in einem weiteren Schritt bzw. auf einer neuen Ebene, indem wir unsere leiblichen Wahrnehmungen hinsichtlich ihres Beitrags zum Gelingen des Nachvollzugs befragen (ebd.: 333). Zu der leiblichen Partizipation an der musikalischen Bewegung kommt in der musikalisch-ästhetischen Erfahrung die Reflexion der Sinneseindrücke und Gestaltwahrnehmungen hinzu. Erst mit der reflektierenden Befragung unserer leiblichen und perzeptiven Artikulationen gelangen wir somit von der Ebene der Wahrnehmung auf die Ebene der Erfahrung. Die Beobachtung musikalisch-struktureller Zusammenhänge (sei es im mimetisch-spontanen oder im analytisch-perzeptiven Zugang) bleibt im Hinblick auf die Erfahrung musikalischen Sinns unvollständig, wenn sie nicht in einen »hermeneutischen Weltbezug« (Angehrn 2011: 206) mündet, »der weniger bestimmte Inhalte als die Art und Weise betrifft, wie wir die Welt erfahren und uns zu uns selbst verhalten« (ebd.).

Zwischen der gestalthaften Wahrnehmung musikalisch-struktureller Zusammenhänge und ihrer hermeneutischen, auf Sinnbildung und Verstehen zielenden Reflexion liegt aber ein Abstand, dessen Überbrückbarkeit infrage steht und der auf die Bedeutung der Sprache für die ästhetische Erfahrung verweist. Angehrn sieht für Musik eine sprachliche Zugänglichkeit – zum einen in der Weise, dass wir über sie sprechen, zum anderen aber vor allem auch wegen »des allgemeineren Sachverhalts, dass Sprache in die nichtsprachliche Äußerung und Rezeption eingeht (wie sich die ertastete Umwelt für Helen Keller mit der Entdeckung der Worte grundlegend verwandelte)« (ebd.: 217). Auch unser leiblich-mimetisches Verhältnis zur Musik ist kulturell fundiert und durch unser Sprachvermögen geprägt.

Musik und Bewegung als Praxisbereich Ästhetischer Erziehung

Bildung ist ein individueller Prozess, der lebenslang und keinesfalls nur in formellen Lehr-Lern-Situationen erfolgt. Daher zielt auch das Theorem Ästhetische Bildung auf die allgemeine Frage, was Menschen in der Begegnung mit den Künsten erfahren, und nicht auf pädagogische Zusammenhänge im engeren Sinne. Dort wo es um eine curriculare Verankerung von Perspektiven Ästhetischer Bildung im Kontext pädagogischer Institutionen geht, wird eher von Ästhetischer Erziehung gesprochen. Cornelie Dietrich, die den unterschiedlichen Konnotationen des Erziehungs- und Bildungsbegriffs in diesem Zusammenhang nachgeht, weist auf die Schwierigkeiten hin, die entstehen, versucht wird an die großen Ziele Ästhetischer Bildung anzuschließen:

»Denn selbst, wenn man (was keineswegs immer geschieht) systematisch berücksichtigt, dass Bildung letztendlich immer auch Selbstbildung ist und nicht allein durch äußere Einwirkungen realisiert werden kann, bleibt die Kluft zwischen dem, was man als Ergebnis systematischer pädagogischer Bemühungen realistischerweise erwarten kann, und den Bildungsansprüchen doch so groß, dass sie zumindest pädagogisch nicht überbrückt werden kann.« (Dietrich/Krinninger/Schubert 2012: 26)

Die Aussichten für das, was Pädagogik leisten kann, werden von ihr daher begrenzt. Zwar kann Ästhetische Erziehung kein ästhetisches Erleben und Erfahren erzeugen, »aber sie kann es vorbereiten und zu ihm hinführen« (ebd.). »Die Entfaltung der sinnlichen und emotionalen Kräfte des Kindes und ihre Integration in den Bildungsprozeß sind Anliegen der Ästhetischen Erziehung«, formuliert Gerhard Schneider im Rahmen eines Fernstudienprojekts zur Musisch-Ästhetischen Erziehung als fächerübergreifendes Unterrichtsprinzip in der Grundschule (Schneider 1987: 4). Das Projekt steht im Zusammenhang mit dem in den 1980er Jahren insgesamt zu beobachtenden Impuls, sich nach einer Phase der Wissenschaftsorientierung auch im Grundschulunterricht wieder stärker an den sinnlichen Voraussetzungen des Lernens zu orientieren. Bestandteil des pädagogischen Konzepts sind Materialien zu »Bewegungserziehung und ästhetische Erfahrung« von Eva Bannmüller. Einen Unterrichtsvorschlag aus diesen Materialien, der sich mit der »Wechselwirkung von Musik und Bewegung« (Bannmüller 1987: 32) befasst, möchte ich nun im Hinblick auf die Frage, in welcher Weise hier ästhetische Wahrnehmung und Erfahrung angebahnt werden, untersuchen.

Zeigen, Übersetzen, Modellieren als Möglichkeiten, mit Bewegung auf Musik Bezug zu nehmen

Zeigen
Ausgangspunkt bildet die Aufgabe, den Höreindruck einer Gigue von Pachelbel sichtbar zu machen: »Die Schüler sollen den Verlauf der Melodie auf verschiedene Weise zeigen (mit Händen, mit dem ganzen Körper, mit Hilfe graphischer Notation).« (Ebd.: 35, Herv. C.R.) Gegeben ist neben der Aufgabenstellung die Partitur zur ›Gigue‹ für drei Violinen und Generalbass von Johann Pachelbel sowie ein Foto einer Unterrichtsszene, in der die Lehrerin auf der Geige spielt und die Kinder am Boden liegen bzw. sich bewegen. Dieses Bild ergänzt die schriftlichen Ausführungen, insofern als es für die genannte, den Melodieverlauf fokussierende Aufgabe erforderlich scheint, dass die Lehrerin die »leicht in Bewegung umzusetzende Melodie« (ebd.) aus dem polyphonen Kontext herauslöst und den Kindern einstimmig zu Gehör bringt.

Was bedeutet die Aufforderung, einen Höreindruck mit dem Körper zu zeigen, im Hinblick auf die Hinführung zu ästhetischer Wahrnehmung? Zweifellos zielt die Aufgabe auf einen Nachvollzug (Vogel), der auf einer spontanen mimetischen Annäherung in Form sichtbarer Bewegung basiert. Mit Günther Figal lässt sich die Geste des Zeigens so verstehen, dass in ihr eine Sache in den Vordergrund tritt, die zuvor verborgen war. Wenn durch eine Bewegung der Verlauf der Melodie ›gezeigt‹ wird, so setzt sich der Zeigende in ein sachliches Verhältnis zu seinem Höreindruck: »Darin, dass es im darstellenden Zeigen um das Sichzeigende geht, liegt seine Sachlichkeit.« (Figal 2009: 202) Die Sachlichkeit des Zeigens setzt eine kommunikative Situation voraus (die auch imaginiert sein kann): Zeigen ist adressiert. Das Zeigen des Melodieverlaufs mit dem Körper bewirkt, dass sich dieser in der Körperbewegung zeigt. Zwischen Zeigen und Sichzeigen gibt es einen Umschlagpunkt, eine »eigentümliche Wendung« (ebd.), in dem Zeigen als Tun und Sichzeigen als Geschehen in unlösbarem Zusammenhang zueinander stehen. In der Aufgabe, mit dem Körper auf das Sosein der Musik zu zeigen, entsteht somit eine Gleichzeitigkeit von Tun und (Geschehen-)Lassen. Da der Zeigende will, dass sich die Sache selbst zeigt, »gehören die Reflexion der eigenen Sicht und die Berücksichtigung mehrerer Perspektiven zur Sachlichkeit des Zeigens hinzu« (ebd. 203). Seels Beschreibung ästhetischer Wahrnehmung als »ein Verspüren der eigenen Gegenwart im Vernehmen der Gegenwart von etwas anderem« (s.o.) trifft auf diese Konstellation des auf das Erklingende zeigenden Körperleibes zu.

Im körperlich-sichtbaren Nachvollzug des Erklingenden zeigt sich das Nachvollzogene und wird damit der Reflexion zugänglich. Im Hinblick auf die pädagogische Intention dieser Aufgabe wäre auf das Ziel einer Durchlässigkeit des wahrnehmenden Körpers zu verweisen, die es als Fähigkeit anzueignen bzw. zu erhalten gilt. Die Fähigkeit, »sich auf Rhythmen einzulassen (sich von ihnen ergreifen zu lassen, sich in sie einzuschwingen)« ist für die rhythmische Erziehung grundlegend (Bräuer 1990: 77). Sie wird ergänzt durch die Fähigkeit »sich wieder herauslösen und distanzieren zu können« (ebd.). Um beides geht es Bräuer in seinem Konzept einer Ästhetischen Elementarerziehung, das ebenso wie Bannmüllers Unterrichtsvorschlag Bestandteil des Tübinger Fernstudienprojekts ist. Auch in dem Vorschlag Bannmüllers geht es um Empfindungsfähigkeit – die hier weniger am Rhythmus als an der Melodie geübt wird. Weiterhin kommt in den Blick, dass die Aufgabe in den sozialen Kontext einer Gruppe gestellt ist: Die Kinder zeigen den Melodieverlauf, indem sie ihn mimetisch nachvollziehen – und sie sehen einander dabei zu.

Roswitha Staege, die den videografierten Umgang von Kindern mit einer Bewegungsaufgabe aus der Praxis der Rhythmik beschreibt, bei der sich die Bewegenden aufeinander beziehen und gegenseitig nachahmen, verweist auf die Erfahrung *exzentrischer Positionalität*:

»Die Wahrnehmung der eigenen Bewegung, die immer schon (auch) aus einer Position heraus erfolgt, die diejenige eines (möglichen) Anderen sein könnte, wird in der tänzerischen

Interaktion ästhetisch gesteigert und gestisch artikuliert. Im Tanz wird so mit der Beweglichkeit des Menschen die selbstbewusste Wahrnehmung der eigenen Bewegung aus der Position eines anderen, die die leibliche Subjektivität kennzeichnet [...] und für die Plessner den eingängigen Begriff ›exzentrische Positionalität‹ [...] geprägt hat, ästhetisch erfahren.« (Staege 2019: 208f., Herv.i.O.)[3]

Übersetzen

In der Fortsetzung der Unterrichtseinheit wird der Melodieverlauf des ersten Teils der nun mehrstimmig erklingenden ›Gigue‹ in einen Raumweg übertragen, der von den in drei Gruppen aufgeteilten Kindern nacheinander in der Reihenfolge der Stimmeinsätze umgesetzt wird. Ein Schrittmotiv wird eingeführt und die räumliche Einteilung ausprobiert. Damit die Kinder die Einsätze zuverlässig hören und mitvollziehen können, wird zunächst die Aufnahme gehört und dabei das jeweilige Einsetzen der Stimmen durch Klatschen oder andere Bewegungen markiert. Auch ein Mitverfolgen der Partitur, in der die verschiedenen Stimmen farblich voneinander abgehoben sind, wird einbezogen.

Gegenüber der Aufgabe »Zeige, was du hörst« (Bannmüller 1987: 35)[4], in der ein individueller und spontaner Nachvollzug gefragt war, geht es nun um ein Vorgehen, das Planung und Vorbereitung und analytische Vorbereitung erfordert. Im Unterschied zur leiblichen Artikulation des Zeigens wird hier perzeptive Artikulation geübt. Anstelle der subjektiven Auffassung stehen objektivierbare Eigenschaften der Musik im Vordergrund; statt individueller Mimesis wird Bewegungsmaterial vorgegeben. In Anlehnung an Dorothea Weise, die Musik und Bewegung in der Rhythmik als zwei Partner, »die unterschiedliche Sprachen sprechen« (Weise 2013: 9), sieht, möchte ich diesen Teil des Unterrichtsvorschlags als Übersetzen bezeichnen.

»Man stelle sich beide je am Ufer eines Flusses vor. Das Hinüberwechseln von einer zur anderen Seite ist mit Sorgfalt zu praktizieren, als ›Über-Setzen‹ ein aktiv zu gestaltender Prozess, der die Verbindung zwischen den beiden Partnern lebendig hält und immer wieder neu definiert. Unerlässlich ist es dabei, Vokabeln, Semantik und Syntax beider Sprachen zu kennen.« (Ebd., Herv.i.O)

---

3 Siehe den Beitrag *Bewegung als bildende Erfahrung – Rhythmik in schulischen Unterrichtssituationen* von Roswitha Staege in diesem Band.

4 Die Aufgabe verweist auf einen »klassischen Bestandteil« der Rhythmik nach Dalcroze, den »Realisationen« (Steffen-Wittek 2002: 127).

Ungeachtet der Anforderung an den Übersetzer, beide Sprachen zu kennen, gibt es i.A. doch ein Gefälle, das daraus entsteht, dass die eine Sprache in höherem Maße die eigene ist als die andere. »Bei der Übersetzung von einer Sprache in eine andere muß man in die andere, fremde Sprache gelangt sein, um aus dieser etwas in die eigene Sprache zu holen und es derart zu verstehen.« (Figal 2010: 217) Das im Übersetzen liegende Verstehen entsteht daraus, dass es dem Übersetzenden gelingt, das im Kosmos der anderen Sprache – sozusagen auf der anderen Seite des Flusses – Erfahrene, in der eigenen Sprache zum Ausdruck zu bringen, d.h. mit ihm wieder zur eigenen Uferseite überzuwechseln. »Übersetzen ist das Verstehen, das sich darin ergibt und erweist, daß man etwas anders sagen kann.« (Ebd.: 218)

Ein Hin- und Herwechseln zwischen den Sprachen oder ›Ufern‹ der Musik und der Bewegung lässt sich in dem vorliegenden Aufgabenvorschlag gut erkennen. Auf beiden Seiten wird dabei die Sprachfähigkeit methodisch unterstützt – hier mit dem Heranführen an Strukturmerkmale der Musik, dort mit der Vorgabe von Bewegungsvokabeln. Ein Gefälle besteht dahingehend, dass die Bewegung das Ausgangs- und Zielmedium ist, in dem sich die Kinder ausdrücken; sie erscheint daher eher als das Eigene. Dies ergibt sich auch aus dem übergeordneten Thema »Bewegung und kulturelle Objektivationen«, das darauf zielt, »Kindern eine Vielfalt von Zugängen zu Kunstwerken und der sie umgebenden kultivierten Lebenswelt« zu ermöglichen (Bannmüller 1987: 32). Die Erfahrung, etwas anders sagen zu können und mit der eigenen Bewegung die Musik differenziert und kontrolliert zu artikulieren, verändert gegenüber dem spontanen Nachvollzug im ersten Teil der Unterrichtseinheit die Balance zwischen Tun und Lassen zugunsten des Machens. Ein Wechsel von der Ebene ästhetischer Wahrnehmung zu einer Ebene ästhetischer Erfahrung (s.o.) ist hingegen in der Aufgabenstellung nicht angelegt, da kein Impuls zur Selbstreflexion gegeben wird, sondern sachliche Beobachtung und kontrollierte Ausführung vorgegebener Bewegungen gefragt sind.

Modellieren

Im letzten Abschnitt der Unterrichtseinheit wird der zweite Teil der ›Gigue‹ ebenfalls in Bewegung übertragen. Dabei werden in der gleichen Gruppenaufteilung wie zuvor die nacheinander einsetzenden Stimmen in Raumwege übersetzt. Im Unterschied zur Bewegungsübersetzung des ersten Teils bestehen diese nun in freien Schlangenbewegungen. Zugleich reagiert die Choreografie auf die dynamische Steigerung in diesem Teil: Das Hinstreben zu einem musikalischen Höhepunkt wird in der Bewegung durch eine Steigerung der Schritte zum Seitengalopp und durch das Übergehen zu einer Kreisform umgesetzt.

Als neues Element kommt in diesem Teil der Unterrichtseinheit eine größere Bandbreite der in Bewegung übersetzten musikalischen Elemente hinzu. Es entsteht eine Bewegungschoreografie, die das Stück in seinem Gesamtablauf repräsentiert. Der Begriff der Repräsentation scheint dabei allerdings nicht ganz passend zu sein, da sich mit der Einbeziehung der Parameter Dynamik und Spannung ein größerer interpretatorischer Spielraum für die Bewegungsfindung öffnet. Die gewählte Umsetzung orientiert sich allerdings weiter an der Figur des Übersetzens, indem die Beziehung zwischen Bewegung und musikalischem Verlauf den Prinzipien der Analogie und Synchronisation folgend angelegt ist.

In einer tabellarischen Aufstellung möglicher Bezugnahmen zwischen Musik und Bewegung unterscheidet Dorothea Weise zwischen Synchronisation, Kontrapunkt und Aleatorik (Weise 2013:13). Neben den auf Synchronisation zielenden Figuren des Zeigens und Übersetzens kommen damit Möglichkeiten des Explorierens und Experimentierens in den Blick. Während sich das Zeigen gerade dadurch auszeichnet, dass es von einer Positionierung absieht und eine Sache durch ein Sichähnlichmachen (Figal 2010: 113) zur Erscheinung bringt, kommt mit einer Bewegung, die den Höreindruck kontrastierend beantwortet, ein neues Element hinzu, das auf die Reflexion und die Gestaltungsfreiheit des Rezipienten verweist. Auch eine aleatorisch konzipierte Beziehung zwischen Musik und Bewegung regt zu Reflexion an, indem die Stimmigkeit des zufällig entstehenden Verhältnisses infrage steht, und öffnet gleichfalls Freiräume. Für die hieraus entstehende Möglichkeit einer Wirkungen erkundenden und stellungnehmenden Entwicklung eines choreografischen Konzepts möchte ich den Begriff des Modellierens vorschlagen. In Anlehnung an Reinhard Wendler verstehe ich das Modellieren im Sinne eines prozesshaften gegenständlichen Denkens, das nachbildende und kommentierende Aktivitäten impliziert (Wendler 2013).

Eine Erweiterung der Aufgabenstellungen Bannmüllers im Sinne einer Anregung freien Modellierens könnte z.B. darin bestehen, die genannte musikalische Steigerung durch eine langsamer oder auch kleiner werdende Bewegung zu kontrastieren. Die in solcher Aufgabe geforderte Reflexion läge darin, dass eine gewohnheitsmäßige Kopplung, »eine Trennung von sonst selbstverständlich miteinander verbundenen Empfindungen« (Dietrich 2004: 204) aufgegeben werden soll und dadurch in den Blick gerät. Mit Cornelie Dietrich kann darin eine Anbahnung zu ästhetischer Erfahrung gesehen werden:

»Allein nur ein rhythmisches Gleichmaß zu halten und dabei die Lautstärke zu verringern oder umgekehrt, ein crescendo zu formen, ohne dabei das Tempo zu beschleunigen, bedeutet jedes Mal ein Verzicht auf Gewohntes, eine eigentümliche Erfahrung von Selbstdistanzierung. [...] Ist es übertrieben, hier eine Autonomieerfahrung im Sinne eines ›Triumphgefühls‹ über die Zwänge alltäglicher Selbstverständlichkeiten in der Verknüpfung von Bewegungsdynamik und Lautgebung, eine Erfahrung der gelungenen Vermittlung von ›Körper sein‹ und ›Körper haben‹, einen Moment von Freiheit zu vermuten?« (Ebd., Herv.i.O.)

FAZIT

Es wurde gezeigt, dass zwischen der Musik- und Bewegungspraxis der Rhythmik im Sinne eines Praxisfeldes Ästhetischer Erziehung und den theoretischen Beschreibungen ästhetischer Wahrnehmung und Erfahrung Übereinstimmungen bestehen. Die als Beispiel herangezogene Bewegungsaufgabe von Bannmüller, kann dabei in zwei Richtungen als exemplarisch gelten: Zum einen handelt es sich bei der Aufgabe, ein Musikstück in Bewegung zu übertragen, um ein für das Praxisfeld repräsentatives Format, zum anderen steht ihr Unterrichtsvorschlag im Kontext einer konkreten Konzeption für die Musisch-Ästhetische Erziehung in der Grundschule. Es ist daher naheliegend, die Frage nach Aspekten der Leiblichkeit in der Ästhetischen Bildung anhand dieser Bewegungsaufgabe zu konkretisieren. Berücksichtigt werden muss allerdings, dass aus der schriftlichen Niederlegung eines Aufgabenvorschlags nur mit Einschränkung auf die konkrete Praxis geschlossen werden kann, der sie entstammt bzw. zu der sie anregt, weil einer Beschreibung stets Grenzen gesetzt sind.

Festzuhalten ist, dass sich unterschiedliche Formen von Aufgaben unterscheiden lassen, die in jeweils unterschiedlicher Weise auf Ästhetische Bildungspotentiale verweisen: Bewegungen können als Form des Zeigens auf die Musik angelegt sein und damit zu leiblichem Nachvollzug anregen. Sie können als Übersetzung musikalisch-struktureller Elemente ihren Fokus auf die Schulung der Wahrnehmung legen. Oder sie können im Sinne explorierender Modellbildung angelegt sein und mit Möglichkeiten der Bezugsetzung zwischen Musik und Bewegung experimentieren.

Hervorgehoben sei abschließend, dass diese drei Formen in keinem hierarchischen Verhältnis zueinander stehen. Der Begriff des »kinästhetischen Hörens« (Schroedter 2017), in dem die Körperbewegung als Organ der musikalischen Wahrnehmung erscheint, verdeutlicht eine prinzipielle Zusammengehörigkeit der drei Aufgabenformen, die sich als unterschiedliche Akzentuierungen eines gleichen Grundanliegens verstehen lassen.

Insbesondere der spontane leibliche Nachvollzug im Zeigen sollte im Kontext Ästhetischer Bildung nicht vernachlässigt und durch die anspruchsvolleren Formen des Übersetzens und Modellierens abgelöst werden, sondern, wie Bräuer es ausdrückt, als »eine sich der leiblichen Ressourcen produktiv vergewissernde Regression« (Bräuer 1990: 84) und Ergänzung der anderen Wege behandelt werden.

LITERATUR

Angehrn, Emil (2011): Sinn und Nicht-Sinn. Das Verstehen des Menschen, Studienausgabe, Tübingen: Mohr Siebeck.

Bannmüller, Eva (1987): »Bewegungserziehung und ästhetische Erfahrung«, in: Deutsches Institut für Fernstudien an der Universität Tübingen (DIFF) (Hg.): Musisch-Ästhetische Erziehung in der Grundschule, Tübingen: DIFF, S. 8-66.

Bertram, Georg W. (2014): Kunst als menschliche Praxis. Eine Ästhetik, Frankfurt a.M.: Suhrkamp.

Bräuer, Gottfried (1990): »Zur Bedeutung des Rhythmisierens in der Elementarerziehung«, in: Eva Bannmüller/Peter Röthig (Hg.): Grundlagen und Perspektiven ästhetischer und rhythmischer Bewegungserziehung, Stuttgart: Klett 1990, S. 72-84.

Deutsches Institut für Fernstudien an der Universität Tübingen (DIFF) (Hg.) (1987): Musisch-Ästhetische Erziehung in der Grundschule. Studieneinheit: Bewegungserziehung und ästhetische Erfahrung, Tübingen: DIFF.

Dietrich, Cornelie (2004): »Unsagbares machbar machen? Empirische Forschung zur musikalischen Erfahrung von Kindern«, in: Gundel Mattenklott/Constanze Rora (Hg.): Ästhetische Erfahrung in der Kindheit. Theoretische Grundlagen und empirische Forschung, Weinheim/München: Juventa, S. 195-208.

Dietrich, Cornelie/Krinninger, Dominik/Schubert, Volker (2012): Einführung in die Ästhetische Bildung, Weinheim/Basel: Beltz Juventa.

Figal, Günter (2009): Verstehensfragen: Studien zur phänomenologisch-hermeneutischen Philosophie, Tübingen: Mohr Siebeck.

Figal, Günter (2010): Erscheinungsdinge. Ästhetik als Phänomenologie, Tübingen: Mohr Siebeck.

Klepacki, Leopold/Zirfas, Jörg (2012): »Die Geschichte der Ästhetischen Bildung«, in: Hildegard Bockhorst/Vanessa-Isabella Reinwand/Wolfgang Zacharias (Hg.): Handbuch Kulturelle Bildung, München: kopaed, S. 68-77.

Mattenklott, Gundel (1998): Grundschule der Künste. Vorschläge zur Musisch-Ästhetischen Erziehung, Baltmannsweiler: Schneider Hohengehren.

Mattenklott, Gundel/Rora, Constanze (Hg.) (2004): Ästhetische Erfahrung in der Kindheit. Theoretische Grundlagen und empirische Forschung, Weinheim/München: Juventa.

Menke, Christoph (2002): »Wahrnehmung, Tätigkeit, Selbstreflexion: Zu Genese und Dialektik der Ästhetik«, in: Andrea Kern/Ruth Sonderegger (Hg.): Falsche Gegensätze. Zeitgenössische Positionen zur philosophischen Ästhetik, Frankfurt a.M.: Suhrkamp, S. 19-48.

Meuter, Norbert (2006): Anthropologie des Ausdrucks. Die Expressivität des Menschen zwischen Natur und Kultur, München: Wilhelm Fink.

Müller, Hans-Rüdiger (2004): »Übergänge. Bildungsbewegungen im Geflecht symbolischer Ordnungen«, in: Gundel Mattenklott/Constanze Rora (Hg.): Ästhetische Erfahrung in der Kindheit. Theoretische Grundlagen und empirische Forschung, Weinheim/München: Juventa, S. 61-76.

Oberhaus, Lars/Stange, Christoph (Hg.) (2017): Musik und Körper. Interdisziplinäre Dialoge zum körperlichen Erleben und Verstehen von Musik (Musik und Klangkultur 20), Bielefeld: transcript.

Plessner, Helmuth (2003): Die Stufen des Organischen und der Mensch. Einleitung in die philosophische Anthropologie. Gesammelte Schriften IV, Frankfurt a.M.: Wissenschaftliche Buchgesellschaft (WBG).

Schneider, Gerhard (1987): »Vorwort«, in: Deutsches Institut für Fernstudien an der Universität Tübingen (DIFF) (Hg.): Musisch-Ästhetische Erziehung in der Grundschule, Tübingen: DIFF, S. 4.

Schroedter, Stephanie (2017): »Musik erleben und verstehen durch Bewegung. Zur Körperlichkeit des Klanglichen in Choreographie und Performance«, in: Lars Oberhaus/Christoph Stange (Hg.): Musik und Körper. Interdisziplinäre Dialoge zum körperlichen Erleben und Verstehen von Musik, Bielefeld: transcript, S. 221-244.

Seel, Martin (2003): Ästhetik des Erscheinens, Frankfurt a.M.: Suhrkamp.

Steffen-Wittek, Marianne (2002): »Der Beitrag der Rhythmik zum Thema ›Musik und Bewegung in der (Elementaren) Musikpädagogik‹«, in: Juliane Ribke/Michael Dartsch (Hg.): Facetten Elementarer Musikpädagogik. Erfahrungen, Verbindungen, Hintergründe (ConBrio Fachbuch 9), Regensburg: ConBrio, S. 125-156.

Vogel, Matthias (2007): »Nachvollzug und die Erfahrung musikalischen Sinns«, in: Alexander Becker/Ders. (Hg.): Musikalischer Sinn. Beiträge zu einer Philosophie der Musik, Frankfurt a.M.: Suhrkamp, S. 314-368.

Weise, Dorothea (2013): »Musik ist Bewegung ist Musik. Grundlagen der Rhythmik«, in: Verband deutscher Musikschulen (Hg.): Spektrum Rhythmik. Musik und Bewegung/Tanz in der Praxis, Bonn: VdM Verband deutscher Musikschulen, S. 9-16.

Wendler, Reinhard (2013): Das Modell zwischen Kunst und Wissenschaft, München: Wilhelm Fink.

Zirfas, Jörg (2017): »Zur Musikalischen Bildung des Körpers. Ein pädagogisch-anthropologischer Zugang«, in: Lars Oberhaus/Christoph Stange (Hg.): Musik und Körper, Bielefeld: transcript, S. 21-40.

Bewegung als bildende Erfahrung
Rhythmik in schulischen Unterrichtssituationen

Roswitha Staege

Musik und ihre Bedeutung für die kindliche Entwicklung haben in den letzten Jahren eine gesellschaftliche Aufwertung erfahren. Allerdings gilt ein Großteil des gewachsenen öffentlichen Interesses weniger dem Musikmachen als solchem, als vielmehr den davon erwarteten Transfereffekten: Musik mache Kinder intelligenter, fördere die Konzentrationsfähigkeit, verbessere das Sozialverhalten usf. Diese primär auf wünschenswerte Wirkungen abhebende Thematisierung dominiert jedenfalls im Fahrwasser der PISA-Studien den öffentlichen Diskurs um schulische und außerschulische Musikerziehung.

In meinem Beitrag[1] werde ich nicht auf die methodologischen Probleme eingehen, die mit der Transferforschung verbunden sind,[2] sondern einige filmisch dokumentierte Unterrichtssequenzen aus dem Rhythmik-Projekt *Musik und Bewegung an Grundschulen im sozialen Brennpunkt* der *Hochschule für Musik FRANZ LISZT Weimar* unter einer ganz anderen wissenschaftlichen Perspektive betrachten. Mein Interesse gilt den bildenden Erfahrungen, die die Schüler/innen machen. Dabei gehe ich davon aus, dass Bildung sowohl als Prozess wie als Resultat ein Weltverhältnis von Subjekten einschließt, d.h. ein Weltverhältnis von solchen, die, indem sie etwas erfahren, zugleich immer auch sich erfahren.[3] Qua

---

1 Für den Beitrag wurde ein Text überarbeitet, der in dem von Julius Kuhl, Susanne Müller-Using, Claudia Solzbacher und Wiebke Warnecke herausgegebenen Sammelband *Bildung braucht Beziehung* im Verlag Herder publiziert wurde (Kuhl et al. 2011: 79-87).

2 Vgl. zur kritischen Diskussion u.a. Schumacher 2007; Stroh 2008; Rittelmeyer 2012; Gembris/Kraemer/Maas 2014.

3 Damit greife ich eine Bestimmung auf, die als Kernbestand traditioneller wie aktueller Bildungstheorien gelten darf (vgl. zusammenfassend z.B. Garz/Blömer 2009: 573; Dörpinghaus/Poenitsch/Wigger 2008).

Subjektivität werden Bildungsprozesse durch ›sinnstrukturierte‹ Tätigkeiten (Gruschka 2007: 18) konstituiert, in denen Welt angeeignet, d.h. in ihren Bedeutungszusammenhängen erschlossen wird. Bei meiner beschreibenden Annäherung an das Unterrichtsgeschehen fokussiere ich den Aspekt der (körperlichen) Bewegung. Wie Bewegungen zur Musik vollzogen werden und welche Bedeutungen dabei hervorgebracht und erfahren werden, soll exemplarisch (und ohne Anspruch auf Vollständigkeit) herausgearbeitet werden. Anschließend wird in einer bildungstheoretischen Wendung die tänzerische Bewegung auf das sich in ihr realisierende spezifische Selbstverhältnis hin befragt.

GEMEINSAMES HERVORBRINGEN VON ÄSTHETISCHEM UND SOZIALEM SINN

Im Rhythmus der gemeinsam gesprochenen Silbenfolge »Ka – ra – te – do« führen die im Kreis stehenden Kinder einer dritten Grundschulklasse reihum jeweils eine (individuell aus dem Moment heraus ›gefundene‹) kraftvoll-plötzliche Bewegung aus. Jede dieser Bewegungen wird zu einer Geste, die ihre Bedeutung zum einen aus dem mimetischen Bezug zu den Kampf- bzw. Kampfsportbewegungen des Karate und zum anderen aus dem Kontext der Unterrichtssituation bezieht: Indem die Schüler jeweils ›ihre‹ Bewegung ausführen, präsentieren sie diese den anderen im Kreis. Ihre Bewegung ist eine Geste des Vorführens, die auf die Bewegung selbst als auf das Vorgeführte verweist. Die Bewegung ist also Vorführen und Vorgeführtes zugleich. Zu ihrem sozialen Sinn gehört aber noch mehr: Jede der individuellen Bewegungen reiht sich an die vorausgehende und fordert zu einer nachfolgenden auf; sie verweist durch die räumliche Positionierung ihres Akteurs (im Kreis der anderen Akteure) und durch ihre zeitliche Einordnung in eine rhythmische Abfolge auf die Gesamtheit der Bewegungsvollzüge der Mitakteure. Diese (formale) Bezogenheit der Bewegungen auf einander wird von den Kindern situativ erfasst und in die Gestaltung der einzelnen Bewegungen einbezogen, indem sie Bewegungsmotive voneinander übernehmen, variieren oder ihre Bewegung kontrastierend zu der vorausgehenden in Beziehung setzen. Sozialer *und* ästhetischer Sinn der Bewegungen werden so durch die *Choreografie* hervorgebracht, die die Bewegungen der einzelnen zeitlich und räumlich ordnet und zueinander in Beziehung setzt. Und: Diese Choreografie ist zugleich pädagogische Gestaltung der *Unterrichts*situation.

GESTEN DER AUFMERKSAMKEIT

Später – die Unterrichtsstunde ist bereits vorüber – stellen sich die Kinder noch einmal im Kreis auf. Die Raummitte, die durch die Kreisformation entsteht, wird nun zum Zentrum ihrer Aufmerksamkeit und zum Raum für den Tanz, den einer der Schüler aufführt. Zur Musik von Bushido führt Ali Hip-Hop-Bewegungen vor, wobei die im Kreis gruppierten Zuschauer sich an der Aufführung nicht bloß zuschauend beteiligen: Die Rhythmiklehrerin begleitet Alis Tanz, indem sie auf der Cajon dazu trommelt, während seine Mitschüler Beat und Backbeat als Body-Percussion ausführen. Wichtig ist dabei, dass die Zuschauer dem Tänzer den Rhythmus nicht etwa vorgeben – dann wären sie keine Zuschauer mehr; die Body-Percussion und das Spiel auf der Cajon sind vielmehr Gesten teilnehmender Aufmerksamkeit. Sie sind ästhetische Präzisierungen einer Beziehung auf den Tänzer, die bereits durch die Ausrichtung der Körper, ihre Hinwendung und Zentrierung, hergestellt und zum Ausdruck gebracht wird. Zum Bedeutungsgehalt dieser körperlichen und musikalischen Beziehungsgestaltung trägt wesentlich bei, dass Ali die Musik, zu der er tanzt, selbst gewählt und sich für diese Stunde gewünscht hat. Es handelt sich um Musik, die er in seiner Freizeit bevorzugt hört. Auch sein tänzerisches Können hat er sich außerhalb der Schule angeeignet. Mit seiner Tanzaufführung gewährt der Junge seinen Mitschülern, der Rhythmikerin und der gleichfalls anwesenden Klassenlehrerin Einblick in seine außerschulische musikbezogene Erfahrungswelt.[4] Der Tanz, den Ali sehen, und das Musikstück, das er hören lässt, bilden einen ästhetisch verdichteten Ausschnitt aus dieser Erfahrungswelt. Ali selbst zeigt sich darin als jemand, der eine technisch anspruchsvolle Bewegungsfolge souverän beherrscht – und damit zugleich als jemand, der aus eigener Initiative einen vermutlich nicht immer einfachen und mit wiederholtem Üben verbundenen Lernweg zurückgelegt hat. In der gelungenen Präsentation bewährt sich das Gelernte und gewinnt an Relevanz, indem das zuvor nur subjektiv Erlebte in eine intersubjektiv geteilte Realität überführt wird.[5]

---

4 Den Ergebnissen der von Renate Beckers durchgeführten Studie zur musikalischen Lebenswelt vier- bis zehnjähriger Kinder zufolge teilen Grundschulkinder sich innerhalb der Schule nur ungern über außerschulische musikalische Präferenzen mit (Becker 2004: 162). Dadurch werde »eine klare Trennlinie zwischen den außerschulischen und schulischen musikökologischen Zonen durch die Beteiligten selbst gezogen«. Beckers vermutet, dass die Zurückhaltung der Schüler damit zusammenhängen könnte, dass Eltern und Kinder nachteilige Konsequenzen bezüglich der Notengebung fürchten (ebd.).

5 Vgl. Nohl 2006: 164. In seiner Untersuchung spontaner Bildungsprozesse von Jugendlichen, Erwachsenen in der Lebensmitte und Senioren arbeitet Arnd-Michael Nohl (ebd.)

MIMETISCHES LERNEN

In einer anderen Unterrichtssituation (und einer anderen Klasse) spielt ein Mädchen, Marie, eine Melodie auf seiner Gitarre. Auch hier arrangiert die Rhythmiklehrerin die Situation so, dass die Aufmerksamkeit der Zuhörer in Formen musikalischer Teilnahme ausgestaltet wird: Sie selbst begleitet das Spiel des Mädchens zunächst auf der Melodika, dann macht sie vor, wie sich der Fluss der von Marie gespielten Melodie in schwebende und gleitende Bewegungen der Arme und Hände übertragen lässt und fordert die Schüler auf, jeweils eigene Gleit-(»Surf«-)Bewegungen zu finden, einander dabei zuzuschauen, die individuellen Bewegungsmuster von einander zu übernehmen und gemeinsam in der Gruppe auszuführen. In ihren Bewegungen verhalten sich die Schüler in zweifacher Hinsicht mimetisch (Wulf 2007a: 45f.): Sie verhalten sich mimetisch zu der von Marie gespielten Melodie und sie beziehen sich mimetisch auf die jeweilige Bewegung einer oder eines anderen. Der Rhythmus der Musik synchronisiert ihre Bewegungen. Marie macht dabei die Erfahrung, mit ihrem individuellen Können und Engagement etwas zu schaffen und zur Verfügung zu stellen, das integriert und Anderen Teilnahme ermöglicht.

Wenn die Schüler/innen, wie in der beschriebenen Unterrichtssequenz, die Bewegung eines anderen – hier die jeweils spontan hervorgebrachte Gleit- bzw. Surfbewegung – nachahmen, so kopieren sie diese nicht einfach, sondern erzeugen jeweils individuell eine eigene Bewegung, mit der sie sich auf die des anderen beziehen. Das mimetische Lernen der Bewegungen ist unmittelbar verbunden mit Akten gesteigerter Aufmerksamkeit, die zugleich auf die zu lernende Bewegung und auf denjenigen, der sie mit seinem Körper vollzieht, gerichtet sind. Weil der Lerngegenstand das, was er ist, nur ist, sofern er körperlich aufgeführt wird, ist die Aufmerksamkeit für den anderen, der in der Präsentation der Bewegung zugleich sich selbst in seiner Körperlichkeit und Beweglichkeit präsentiert, wesentliches Moment des Lernprozesses. »Im Zentrum der mimetischen Bewegung steht

---

eine Abfolge von sieben Phasen heraus. Auf Phasen spontanen Handelns, unspezifischer Reflexion und explorativen Lernens, mit denen der Bildungsprozess beginnt, folgt eine »Phase der ersten gesellschaftlichen Bewährung«, der sich nach einer zweiten Phase spontanen Handelns eine »zweite gesellschaftliche Bewährung« anschließt (ebd.: 163ff.). Obwohl Nohls Untersuchung sich nicht auf kindliche Bildungsprozesse erstreckt und die genaue Abfolge der einzelnen Phasen daher auch nicht ohne weiteres auf diese Altersgruppe übertragen werden kann, kann die Bildungsbedeutung des Präsentierens neu erlernter Fähigkeiten insofern für alle Altersgruppen generalisiert werden, als ihre Explikation sich auf die phänomenalen Züge, die ein Präsentieren neu erlernter Fähigkeiten als solches aufweist, stützt.

der Bezug auf das Andere, das es nicht einzuverleiben, sondern dem es sich anzugleichen gilt.« (Wulf 2007b: 95) Und: Die zu lernende Bewegung ist nicht ›irgendeine‹; sie ist Geste, d.h. Bewegung, die kultur-, zeit- und situationsspezifisch als Zeichen fungiert und intentional gehandhabt und gestaltet werden kann (Wulf 2001: 80f.), und sie ist tänzerische Geste, d.h. Geste, deren präsentative Funktion sich darin erfüllt, »die Beweglichkeit als solche in Szene [zu setzen]« (Waldenfels 2007: 29). Diese Geste wird nicht schon durch die spontane Bewegung des einzelnen, sondern im mimetischen Prozess gemeinsam hervorgebracht. Denn erst in der mimetischen Bezugnahme wird die vorgängige Bewegung als Geste tänzerisch inszeniert und aufgeführt (Wulf 2007b: 97).

LEIBLICHES WISSEN UND DIE BILDUNGSBEWEGUNG DES TANZES

Die mit dem mimetischen Lernen verbundene Ausweitung der Wahrnehmungs- und Ausdruckswelt durch die »Anähnlichung« an die Gesten eines anderen (Wulf 2001: 86) wird noch in einer anderen Szene besonders deutlich:

Zur Musik der *Red Hot Chili Peppers* führen die Kinder Bewegungen mit unterschiedlichen Antriebsenergien aus: Kraftvoll-plötzliche Stoßbewegungen wechseln sich mit sanft-getragenen Schwebe- und Gleitbewegungen ab. Als Bewegungsmodelle dienen Sportarten (Karate, Surfen), deren charakteristische Bewegungen den Kindern bekannt sind und die durch bildliche Darstellungen ergänzend vergegenwärtigt werden, sowie Bewegungen, die die Rhythmiklehrerin vorführt und die die Bedeutung der Bilder präzisieren: Erst die Vorführung der Bewegungen durch die Rhythmikerin lässt für die Kinder erkennbar werden, um welchen Aspekt des (z.B.) Surfens oder des Karate es geht. Und erst in der mimetischen Übernahme werden die spezifischen Bewegungsqualitäten, werden die »kraftvolle Plötzlichkeit« des Stoßens (Laban 2001: 80) und die »sanfte Getragenheit« des Schwebens (ebd.: 81) von den Kindern erfasst; indem die Schüler/innen die Bewegungsmuster frei im Raum erkunden, machen sie Bewegungserfahrungen, »wie sie in keiner anderen physischen Aktivität vorkomm[en]« (ebd.) und erschließen sich die den Bewegungen inhärenten Wahrnehmungs- und Ausdrucksmöglichkeiten.

Das Kind fühlt *sich* im Vollzug der Bewegungen, es fühlt sich kraftvoll und schnell, wenn es die stoßenden Bewegungen, und es fühlt sich sanft getragen, in-sich-schwebend[6] und leicht, wenn es die schwebenden Bewegungen mit Armen

---

6 »Der Gehalt des Schwebens [...] bedeutet nicht ein Darüberschweben, eher schon ein In-sich-Schweben, das den Boden, auf dem es gewöhnlich steht, jetzt in sich trägt.

und Händen, Beinen, Füßen oder Kopf ausführt. Sich leicht und sich kraftvoll fühlen sind Weisen des Sich-Fühlens, die in dem Sinne leiblich sind, dass sie durch eine bestimmte Körperhaltung oder eine Bewegung evoziert werden können, die zugleich Ausdruck (und dadurch Zeichen) dieses Sich-Fühlens sind. Sowohl im Tanz als auch in der Rhythmik wird diese Einheit von emotionaler und leiblicher Selbstbeziehung in performativen ästhetischen Gestaltungen zur Darstellung gebracht und in besonderer Weise erfahren.[7]

Ihr leibliches Selbstverhältnis, kraft dessen die Schüler/innen sich im Vollzug der Bewegungen fühlen, schließt sie nicht ein und gegen anderes ab, sondern öffnet sie für die Bewegung des anderen. Im mimetischen Lernen der tänzerischen Gesten überschreitet jeder von ihnen sich selbst, d.h. die bisherige Grenze seines leiblichen (Sich-)Wissens. In dieser selbst-überschreitenden Ausweitung der Wahrnehmungs- und Ausdruckswelt liegt eine bildende Wirkung der tänzerischen Bewegung. Ein Aspekt dieser Bildungsbewegung hängt mit der tanzspezifischen Raumerfahrung zusammen: Auf die Aufforderung hin, sich im Raum zu verteilen und zur Musik die Schwebe- und Stoßbewegungen individuell für sich zu variieren, führen die Kinder diese spontan so aus, dass sie sich dabei einem oder mehreren anderen adressierend zuwenden: Der getanzte Raum ist Interaktionsraum, d.h., »das dreidimensionale zeitliche Gebilde besteht am Ende aus nichts anderem als aus Interaktionen der Tänzer« (Kuhlenkampff 2008: 10). In der tänzerischen Beziehung auf den anderen konkretisiert sich das (räumliche) Außerhalb des leiblichen Selbst in der räumlichen Position des anderen, der seinerseits mit Blicken und Gesten auf den Sich-Bewegenden bezogen ist. Die Wahrnehmung der eigenen Bewegung, die immer schon (auch) aus einer Position heraus erfolgt, die diejenige eines (möglichen) Anderen sein könnte, wird in der tänzerischen Interaktion ästhetisch gesteigert und gestisch artikuliert. In

---

Schweben heißt Boden in sich haben, und nur dem diese Erfahrung des Schwebens nicht Machenden oder bisher nicht gemacht Habenden erscheint dies abstrus und ›abgehoben‹.« (Stenger 2008: 91, Herv.i.O.)

7 Eine Tänzerin des Wuppertaler Tanztheaters beschreibt diese Erfahrung anhand eines Beispiels: »Ich fand es total faszinierend, mit welcher Präzision sie [Pina Bausch] es geschafft hat, für Emotionen und Befindlichkeiten Bewegungsideen zu finden und diese in so passende Formen zu übersetzen, dass ich als Tänzerin genau diese Emotionen und Befindlichkeiten erlebe und durchlebe, wenn ich diese Formen tanze. [...] Wenn ich zum Beispiel eine Bewegung tanze, die zentral ist, nach innen geht und die einen Akzent hat, werde ich nach und nach eine selbstzerstörerische Kraft in mir spüren. Und nicht weil ich mir vornehme: ›So, jetzt will ich zeigen, dass ich mich selbst zerstöre‹, sondern weil ich die entsprechenden Bewegungen mache, komme ich in den Zustand, den sie ausdrücken sollen.« (Brandstetter/Klein 2007: 77)

der tänzerischen Bewegung wird so die selbstbewusste Wahrnehmung der eigenen Bewegung aus der Position eines anderen, die die leibliche Subjektivität kennzeichnet (Gerhardt 1999: 205) und für die Plessner den eingängigen Begriff »exzentrische Positionalität« (Plessner 1981: 360ff.) geprägt hat, ästhetisch erfahren.

GESTEN DES LERNENS

Die leibliche Aneignung der Bewegungsmuster – dies scheint mir für das Verständnis aller beschriebenen Szenen wesentlich – geschieht im Kontext schulischen Unterrichts. Die Bewegungen der Kinder gewinnen ihre performative Bedeutung daher immer auch daraus, dass die Kinder Schüler und ihre tänzerischen Gesten als Gesten der leiblichen Aneignung von Bewegungsmustern Gesten des Lernens sind.[8] Die inszenatorischen und choreografischen Handlungen der Rhythmiklehrerin sind zugleich Handlungen, durch die Unterrichtssituationen gestaltet werden, und ihre auffordernden, die Schüler zum Nach- und Mitmachen animierenden Gesten fungieren als Aufforderungen zur (bildenden) Selbsttätigkeit.[9] Die Auseinandersetzung mit dem Lerngegenstand, zu der die Schüler aufgefordert werden, vollzieht sich interessanterweise in Aufmerksamkeitsszenarien, die die teilnehmende, teils mimetisch Bezug nehmende lernende Hinwendung zu der Tätigkeit eines anderen Schülers performativ zur Darstellung bringen. Gehören Gesten, durch die die Schüler/innen Aufmerksamkeit signalisieren, zu den institutionsspezifischen Ausdrucksformen des Körpers im schulischen Kontext (Wulf 2001: 84), so sind die Schüler/innen hier ebenso sehr Adressaten von Aufmerksamkeit, und zwar einer Aufmerksamkeit, die sich auf sie als auf solche, von denen sich etwas lernen lässt, richtet.

---

8   Leopold Klepacki und Eckart Liebau (2008) unterscheiden in Vorbereitung einer bildungstheoretischen Thematisierung des Tanzes zwei (potentiell) biografisch bedeutsame Prozesse: »Ganz grundsätzlich und ganz allgemein ist Tanz auf einer subjektbezogenen Ebene zunächst einmal offenbar ein doppelt gerichtetes biographisches Phänomen. Unterteilen lässt es sich in den Prozess der leiblichen Aneignung tänzerischer Bewegungsformen und in den Prozess der performativen Handlung und damit zugleich Präsentation.« (Ebd.: 70) Legt man diese Unterscheidung zugrunde, so lässt sich für die beschriebenen Unterrichtssituationen sagen, dass in ihnen leibliche Aneignung und performative Handlung als zwei Dimensionen eines Bewegungsvollzugs auftreten.

9   Vgl. Dietrich Benners Bestimmung der »Aufforderung zur Selbsttätigkeit« als konstitutives Prinzip pädagogischen Denkens und Handelns (Benner 2001: 80ff.).

LITERATUR

Beckers, Renate (2004): Die musikalische Lebenswelt 4- bis 10-jähriger Kinder. Eine musikökologische Erkundung, Münster: LIT.

Benner, Dietrich (2001): Allgemeine Pädagogik. Eine systematisch-problemgeschichtliche Einführung in die Grundstruktur pädagogischen Denkens und Handelns, Weinheim/München: Beltz Juventa.

Brandstetter, Gabriele/Klein, Gabriele (2007): »Die Performanz des Rituals«, in: Dies. (Hg.): Methoden der Tanzwissenschaft. Modellanalysen zu Pina Bauschs »Le Sacre du Printemps«, Bielefeld: transcript, S. 75-81.

Dörpinghaus, Andreas/Poenitsch, Andreas/Wigger, Lothar (2008): Einführung in die Theorie der Bildung, 2. Aufl., Darmstadt: Wissenschaftliche Buchgesellschaft (WBG).

Garz, Detlef/Blömer, Ursula (2009): »Qualitative Bildungsforschung«, in: Rudolf Tippelt/Bernhard Schmidt (Hg.): Handbuch der Bildungsforschung, 2. Aufl., Wiesbaden: VS Verlag für Sozialwissenschaften, S. 571-588.

Gembris, Heiner/Kraemer, Rudolf-Dieter/Maas, Georg (2014): Macht Musik wirklich klüger? Musikalisches Lernen und Transfereffekte, 5. Aufl., Augsburg: Wißner.

Gerhardt, Volker (1999): Selbstbestimmung. Das Prinzip der Individualität, Stuttgart: Reclam.

Gruschka, Andreas (2007): »Bildungsstandards oder das Versprechen, Bildungstheorie in empirischer Bildungsforschung aufzuheben«, in: Ludwig A. Pongratz/Roland Reichenbach/Michael Wimmer (Hg.): Bildung – Wissen – Kompetenz, Bielefeld: Janus Presse, S. 9-29.

Klepacki, Leopold/Liebau, Eckart (2008): »Die getanzte Zeit«, in: Dies. (Hg.): Tanzwelten. Zur Anthropologie des Tanzens (Erlanger Beiträge zur Pädaogik 6), Münster u.a.: Waxmann, S. 65-79.

Kulenkampff, Jens (2008): »Notizen zum getanzten Raum. Anstatt eines Vorwortes«, in: Leopold Klepacki/Eckart Liebau (Hg.): Tanzwelten. Zur Anthropologie des Tanzens (Erlanger Beiträge zur Pädaogik 6), Münster u.a.: Waxmann, S. 9-10.

Laban, Rudolf von (2001): Der moderne Ausdruckstanz, 5. Aufl, Wilhelmshaven: Noetzel.

Nohl, Arnd-Michael (2006): »Qualitative Bildungsforschung als theoretisches und empirisches Projekt. Anlage und Ergebnisse einer Untersuchung zu spontanen Bildungsprozessen«, in: Ludwig Pongratz/Michael Wimmer/Wolfgang Nieke (Hg.): Bildungsphilosophie und Bildungsforschung, Bielefeld: Janus Presse, S. 156-179.

Plessner, Helmuth (1981 [1928]): »Die Stufen des Organischen und der Mensch. Einleitung in die philosophische Anthropologie«, in: Ders.: Gesammelte Schriften Bd. 4, Frankfurt a.M.: Suhrkamp.

Rittelmeyer, Christian (2012): Warum und wozu ästhetische Bildung? Über Transferwirkungen künstlerischer Tätigkeit. Ein Forschungsüberblick, Oberhausen: Athena.

Schumacher, Ralph (2007): Macht Mozart schlau? Die Förderung kognitiver Kompetenzen durch Musik, Bonn/Berlin: Bundesministerium für Bildung und Forschung.

Staege, (2011): »Bewegung, Geste, Tanz: Bildung und Beziehung in einem musikpädagogischen Projekt«, in: Julius Kuhl/Susanne Müller-Using/Claudia Solzbacher/Wiebke Warnecke (Hg.): Bildung braucht Beziehung. Selbstkompetenz stärken – Begabungen entfalten, hg. vom Niedersächsischen Institut für frühkindliche Bildung und Entwicklung nifbe, Freiburg/Basel/Wien: Herder, S. 79-87.

Stenger, Georg (2008): »Autopoietik des Tanzes – Ein phänomenologisch-anthropologischer Blick«, in: Leopold Klepacki/Eckart Liebau (Hg.): Tanzwelten. Zur Anthropologie des Tanzens (Erlanger Beiträge zur Pädaogik 6), Münster u.a.: Waxmann, S. 81-105.

Stroh, Wolfgang Martin (2008): »Musik macht dumm«, in: Zeitschrift für Kritische Musikpädagogik, http://zfkm.org/08-stroh.pdf vom 27.01.2019.

Waldenfels, Bernhard (2007): »Sichbewegen«, in: Gabriele Brandstetter/Christoph Wulf (Hg.): Tanz als Anthropologie, München: Wilhelm Fink, S. 14-30.

Wulf, Christoph (2001): Anthropologie der Erziehung, Weinheim/Basel: Beltz.

Wulf, Christoph (2007a): »Ästhetische Erziehung: Aisthesis – Mimesis – Performativität. Eine Fallstudie«, in: Christoph Wulf/Jörg Zirfas (Hg.): Pädagogik des Performativen. Theorien, Methoden, Perspektiven, Weinheim/Basel: Beltz, S. 42-48.

Wulf, Christoph (2007b): »Mimetisches Lernen«, in: Michael Göhlich/Ders./Jörg Zirfas (Hg.): Pädagogische Theorien des Lernens, Weinheim/Basel: Beltz, S. 91-101.

Körper und Bewegung als Konstituenten musiktheoretischen Denkens
Ein Plädoyer zur Dynamisierung musiktheoretischen Lernens in der Schule

Elisabeth Theisohn

> »Der Körper ist mehr als nur die Bedingung der Möglichkeit musikbezogenen Verstehens: Er eröffnet handelnd im Vollzug die musikalische Welt.«
> (*Oberhaus 2017: 182*)

LERNEN IN BEWEGUNG

Es kommt Bewegung in das schulische Lernen. Leibhaftigkeit, Sinnlichkeit und Bewegung werden mit neuen, umfassenden Konzepten wie beispielsweise der *bewegten Schule* zu Leitbegriffen, die für die Entwicklung und Bildung ebenso prägend wie förderlich sind und deshalb einer besonderen Berücksichtigung im Schulalltag bedürfen (Dordel/Breithecker 2003; Schlöffel 2012). Auf eine lang verdrängte Sinnlichkeit folgt nun ein *body turn*, der auch in den verschiedensten musikaffinen wissenschaftlichen Disziplinen in den letzten Jahren thematisiert wurde (Oberhaus/Stange 2017). Für die Musikpädagogik im Speziellen scheint die Integration von Bewegung in den schulischen Musikunterricht auf den ersten Blick indes keine wirkliche Neuerung. In die deutschsprachigen Bildungspläne haben bewegungsorientierte Kompetenzziele längst Einzug gehalten. Darüber hinaus existieren z.B. mit dem musikdidaktischen Konzept der szenischen Interpretation (Stroh 1982) oder dem Modell des Aufbauenden Unterrichts (Jank 2012) Vorlagen und Anregungen für die Integration von Bewegung in musikalische Lern-

und Bildungsprozesse, die mittlerweile zum gängigen Methodenrepertoire eines Musiklehrenden gehören.

Von Nahem betrachtet aber fällt auf, dass diese Modelle und Konzepte die Aspekte Körper und Bewegung weder explizit noch umfassend diskutiert und untersucht haben. Und von anderer Seite betrachtet erscheint es noch auffallender, dass bis zum heutigen Tag keine tragfähige Übersetzung fachbezogener Erkenntnisse z.B. der Rhythmik, welche die Beziehung von Musik und Bewegung als Grundlage ihrer Musikpädagogik setzt, in musikdidaktische Modelle ausgemacht werden kann (Oberhaus/Stange 2017). Beides soll und kann heute an dieser Stelle auch nicht erfolgen, wenngleich die Aufgabe ebenso sinn- wie reizvoll erscheint. Dieser Artikel könnte aber als ein Impuls in diese Richtung verstanden werden. Eine neue Perspektive, über die Rolle der Bewegung und Körperlichkeit in musikalischen Bildungs- und Lernprozessen nachzudenken, bildet das immer stärker beachtete Forschungsfeld rund um den Begriff des *Embodiments* (Leman 2008; Varela/Thompson/Brandes 2016). Im Zentrum der Theorien über dieses Phänomen steht die Annahme, dass Wahrnehmung und Motorik konstitutiv für den Aufbau kognitiver Repräsentationen und Prozesse sind. Auf dieser Grundlage soll in diesem Beitrag ein Teilaspekt musikalischen Lernens – das musiktheoretische Denken – im Allgemeinen, aber besonders im Hinblick auf seine implizite methodisch-didaktische Anlage im schulischen Kontext und der gängigen Unterrichtspraxis kritisch hinterfragt werden. Mit dem Ziel, neue Handlungs- und Bildungsräume im Lernfeld Musiktheorie zu eröffnen, werden in diesem Zusammenhang Körper und Bewegung als Konstituenten musiktheoretischen Denkens gehandelt, mit denen im Sinne einer konstruktivistisch gedachten Musiktheorie in musiktheoretischen Denkprozessen operiert werden kann.

Diese Neubetrachtung musiktheoretischer Bildung, die bislang in der gängigen Schulpraxis auf methodischer wie fachdidaktischer Ebene meist sehr wenige Überschneidungen mit körperlichen oder bewegungsorientierten Lernprozessen hat, könnte eine weitere Annäherung im zuweilen schwierigen Verhältnis zwischen Musikpädagogik und Musiktheorie darstellen. In erster Linie aber soll sie als Plädoyer betrachtet werden, musiktheoretisches Lernen in der Schule zu dynamisieren. In welcher Form, wird dabei am Ende zu klären sein.

EINE DIDAKTIK DER MUSIKTHEORIE AUS KONSTRUKTIVISTISCHER PERSPEKTIVE

An den Anfang seien zwei bildungstheoretische Prämissen für Lernprozesse musiktheoretischen Denkens gestellt. Die erste formuliert Martina Krause, indem sie die Wichtigkeit hervorhebt, Musiktheorie nicht propädeutisch, sondern konstruktivistisch zu denken und zu lehren. Ausgangspunkt ihrer Argumentation ist, dass musiktheoretisches Wissen selbst durch Praxis, Tradition und Interpretation zu dem geworden ist, was es ist und gerade der Nachvollzug des Prozesses musiktheoretisches Denken fördert, »um Schülerinnen und Schülern deutlich zu machen, dass musiktheoretisches Wissen nicht einfach vorhanden, sondern gemacht ist« (Krause 2011: 23). Dabei liegt der Fokus der Lernprozesse auf der individuellen Bedeutungszuweisung musikalischer Erfahrungen der Schülerinnen und Schüler und nicht auf dem davon losgelösten Nachvollzug musiktheoretischer Inhalte. Dies wiederum setzt voraus, dass gestaltende, hörende, interpretierende oder auch transformierende Erfahrungen im Musikunterricht immer auch individuell, intrapersonell und musiktheoretisch zu reflektieren sind. Musiktheoretisches Denken erscheint im Sinne einer konstruktivistischen Didaktik nicht mehr separiert, »sondern wird integriert in ein Konzept von Musikunterricht, welches aus meiner Sicht konstruktivistisch zu fundieren ist, da es in musikdidaktischen Prozessen eben nicht um die Vermittlung von Inhalten, sondern um die Konstruktion von musikbezogener Bedeutung geht« (ebd.). Oliver Krämer plädiert ebenfalls für eine konstruktivistische Ausrichtung musiktheoretischen Lernens in der Schule, indem die Lernenden sich aktiv eigene Wege in musikalische Phänomene bahnen und ihre Erfahrungen zunächst selbst zu ordnen und zu benennen suchen, um erst in einem nächsten Schritt ihre Herangehensweise mit der traditionell gewachsenen Sicht auf die Dinge zu vergleichen. Er zieht dabei eine m.E. essentielle Folgerung, wenn er betont, eine »solche phänomenologisch orientierte Musiktheorie von unten müsste stärker noch von den kognitiven Operatoren ausgehen, die das musiktheoretische Denken an sich konstituieren« (Krämer 2011: 20). Dies sei als zweite Prämisse den weiteren Überlegungen vorausgeschickt. Zum einen setzt Krämers Forderung eine Kompetenzorientierung im musiktheoretischen Lernen voraus. Zum anderen bildet seine phänomenologische Ausrichtung musiktheoretischen Lernens eine Perspektive, wie sie weder in der fachdidaktischen musiktheoretischen Literatur noch in den Curricula der Länder abgebildet ist. Er verweist dabei explizit auf die kognitiven Operatoren, die das Wesen musiktheoretischen Denkens ausmachen. Um also musiktheoretisches Denken und Verstehen zu fördern, muss eine Orientierung an den Konstituenten dieses Denkens und Verstehens vorausgehen. Krämer benennt diesbezüglich vier phänomenologische Bereiche und ordnet ihnen unterschiedliche Operatoren zu (Abb. 1).

Die Sammlung der hier genannten Operatoren ist zunächst nicht als eine vollständige zu sehen, sie bildet aber sicherlich eine tragfähige Diskussionsgrundlage für die hier relevante Fragestellung. Es gilt nun zu prüfen, inwieweit Körper und Bewegung als Konstituenten im Aufbau eines solcherart angelegten Kompetenzerwerbs betrachtet werden können und müssen. Hierfür seien im Folgenden aktuelle

Abbildung 1: Phänomenologische Bereiche und mögliche kognitive Operatoren musiktheoretischen Denkens

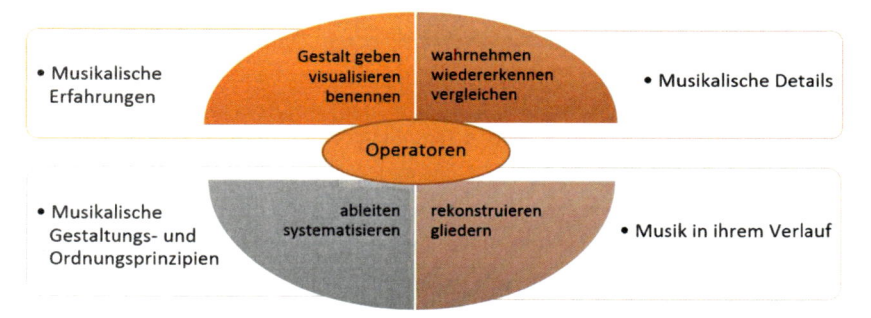

	Gestalt geben visualisieren benennen	wahrnehmen wiedererkennen vergleichen	
• Musikalische Erfahrungen			• Musikalische Details
	Operatoren		
• Musikalische Gestaltungs- und Ordnungsprinzipien	ableiten systematisieren	rekonstruieren gliedern	• Musik in ihrem Verlauf

Quelle: Eigene Darstellung in Anlehnung an Krämer 2011

Forschungsergebnisse der letzten Jahre zu Rate gezogen, welche die Rolle von Körper und Bewegung in kognitiven Prozessen mit veränderter Perspektive betrachten.

KÖRPERLICHES ERLEBEN UND VERSTEHEN VON MUSIK

Im Hinblick auf kognitive Prozesse erfährt der Körper eine Aufwertung in den jüngsten Forschungen rund um das Phänomen des *Embodiments*, das körperlichen bzw. sensomotorischen Aktivitäten eine weitaus tragendere Rolle bei der Erkenntnisbildung und in Verstehensprozessen zuschreibt. Der in der Umwelt situierte Körper verarbeitet nicht länger Sinneseindrücke, er bringt Kognition in einem dynamischen Prozess handelnd hervor und erzeugt sie, wobei zwischen den Ebenen Geist, Körper und Umwelt nicht mehr unterschieden werden kann. Der Mensch wird zum *Complete Agent* (Varela/Thompson/Rosch 2016). In dieser Einheit »lassen sich mentale Prozesse nicht auf ihre neuronalen Korrelate reduzieren« (Oberhaus 2017: 181), sodass der Körper nicht mehr allein der Bereitstellung von Sinneseindrücken dient, sondern er selbst aktiv, handelnd und interagierend kognitive Prozesse bestimmt, beeinflusst und generiert. Wie Objekte und Ereignisse mental repräsentiert sind, hängt also zunächst und in erster Linie von der individuellen Handlungserfahrung ab. Dieses implizite Handlungswissen bildet die Grundlage für alle weiteren kognitiven Operationen.

Dass Körper und Bewegung Ursprung allen Musikmachens und -erlebens sind, erscheint zunächst sinnfällig und einleuchtend.

Die originäre Verbindung von Körper und Musik bedarf jedoch einer weitreichenderen Betrachtungsweise. So seien im Folgenden die Arbeiten Marc Lemans zur *Embodied Music Cognition* und Stephanie Schroedters zum *situierten Bewegungshören* bzw. *Embodied Movement Listening* speziell im Begriff des *kinästhetischen Hörens* (Leman 2008; Schroedter 2017) rudimentär skizziert.

In seinem Action-Reaction-Cycle entwirft Leman ein dynamisches Modell des Musizieraktes, das sich als undurchbrechbarer Kreislauf zwischen Wahrnehmung und Handlung zeigt. Bewegungen reagieren auf akustische, sensomotorische und taktile Signale, die wiederum Bewegungen evozieren, sodass sich Musik und sogenannte Ausdrucksgesten in einem widerspiegelnden Wechselverhältnis befinden. Der musizierende Körper ist gleichzeitig Impulsgeber wie -nehmer. Beim Hörenden und Sehenden können diese Gesten aufgrund ihrer kulturellen Codierung intersubjektiv nachvollzogen werden. Implizite Wissensbestände über Musik werden beim Musizierenden resp. Bewegenden und Wahrnehmenden offenbar und bestätigt bzw. erweitert. Oberhaus wirft in diesem Zusammenhang die Frage auf, »inwieweit körperliche Darstellungen von Musik selbst ›Verstehenspotentiale‹ beinhalten […], indem das ›Verstehen‹ als innerer Vollzug musikimmanenter Gesten aufgefasst wird« (Oberhaus 2017: 180f., Herv.i.O.).

Während Leman sich in erster Linie mit der Akteursperspektive beschäftigt, stellt Schroedter die Musikperzeption in den Mittelpunkt ihrer Betrachtungen. Sie nimmt die körperliche Dimension von Musik als Ausgangspunkt, um verschiedene Modi des Musikhörens zu unterscheiden. So zeigt sich beispielsweise das *kinetische Hören* in einer direkten, deutlich erkennbaren physischen Reaktion auf rhythmisch-musikalische Phänomene (Wahrnehmung von Musik *in* Bewegung). Bei der Wahrnehmung von Musik *als* Bewegung spricht sie vom *kinästhetischen Hören*. Dieser Hörmodus zeichnet sich dadurch aus, dass er weder eine sichtbare physische bzw. kongruente Reaktion zeigen muss und in Beziehung zu allen musikalischen Parametern bzw. deren Zusammenspiel stehen kann. Beim *kinästhetischen Hören* nimmt die Musik »körperhafte bzw. körperliche Konturen an bzw. schreibt sie sich insbesondere durch ihre Melodik und ihr Klangvolumen (mittels Instrumentation und Dynamik) in den Umraum des Hörenden ein, choreographiert geradezu den akustischen Raum« (Schroedter 2017: 224). Dies kann aber nur wahrgenommen werden, wenn eine dezidierte Bewegungssensibilität entwickelt ist. So bilden beispielsweise aktive Musiker im Laufe ihrer musizierenden Tätigkeit unbewusst ein unauflösbares Beziehungsgeflecht zwischen akustischen Ereignissen und motorischen Vorgängen aus, sodass aus Bewegungen Klangvorstellungen resultieren und umgekehrt. Bewegungssensibilität kann aber auch durch ein kritisches, selbstreflektierendes Hören erreicht werden, nämlich dann, wenn »die Wahrnehmung des eigenen Körpers und seiner Bewegungen durch Tiefensensibilität (Signale aus der Skelettmuskulatur, den Sehnen und Gelenken der Propriorezeptoren), mit der Orientierung im Raum bzw. der Wahrnehmung von Menschen/Dingen und deren Bewegungen im Raum in Relation gesetzt werden« (ebd.: 225). Für die Förderung eines differenzierten und bewussten Hörens, welches Ziel und gleichzeitig Grundlage einer jeden musikalischen und besonders musiktheoretischen Ausbildung sein sollte, scheint die Fähigkeit *kinästhetischen Hörens* demnach ein wichtiger – und bislang vernachlässigter – Bestandteil zu sein. Das hierdurch erwerbbare Wissen über Verlauf, Details und Beschaffenheit von Musik zeichnet sich zunächst dadurch aus, implizit, nur bedingt verbalisierbar und meist einverleibt zu sein, so wie es auch Leman in seinem Action-Reaction-Cycle beschreibt. Die Ausbildung impliziten musikalischen Wissens im Musizieren, körperlichen Wahrnehmen und Bewegen sowie die Förderung eines bewegungssensiblen und reflexiven Hörens von Musik und ihrer körperlichen Dimension sollen im Folgenden dazu dienen, Körper und Bewegung als Konstituenten musiktheoretischen Denkens zu handeln und sie in einen methodisch-didaktischen Rahmen zu setzen.

KÖRPER UND BEWEGUNG ALS KONSTITUENTEN MUSIKTHEORETISCHEN DENKENS

Lehrende sehen sich in der Begleitung und Initiierung musiktheoretischer Lernprozesse in der Schule oftmals mit unterschiedlichen Problemstellungen konfrontiert. Zu der sowieso schon bestehenden heterogenen Ausgangslage, bedingt durch die übergroße Spannweite aus Instrumentalisten und Nicht-Instrumentalisten, kommt hinzu, dass die meist im Vordergrund stehenden Inhalte allgemeiner Musiklehre für die einen redundant und für die anderen nicht sinnstiftend und erfahrungsbereichernd sind, und noch gravierender, dadurch oftmals nicht nachhaltig verinnerlicht werden und jedes Jahr aufs Neue wiederholt werden müssen. Zudem beziehen sich die Inhalte oftmals auf Musiken, die nicht mit den eigenen Hörerfahrungen übereinstimmen. Bedauerlicherweise münden die Bemühungen der Lehrenden dann in den häufigsten Fällen in einer Theorieverdrossenheit und seltener in einem tieferen Verstehen von und Denken in Musik, das eigentlich zu einem lustvollen, neugierigen und erfüllenden Umgang mit Musik in all ihrer Tiefe führen soll. Die Beschäftigung mit musiktheoretischen Regeln, Normen und Traditionen wird im schlimmsten Fall zu einem Logikrätsel, das mit einem vertieften Musikverständnis bzw. -empfinden wenig gemein hat (vgl. Bieneck-Hempel 2009; Ruf 2014).

Eine Grundlage für musiktheoretische Denkprozesse schaffen

- Musikalische Erfahrungen

*Gestalt geben
visualisieren
benennen*

Es wundert nicht, dass sich die Musiktheorie im schulischen Kontext mit solcherlei Problemen konfrontiert sieht, wenn wir sie aus der Perspektive der *Embodied Cognition* betrachten. Ausgangslage aller kognitiver Operationen bildet das implizite Handlungswissen. Bei mangelnder Erfahrung im aktiven, handelnden Umgang mit Musik lassen sich kognitive Operationen, die sich auf musikalische Phänomene wie z.B. musikalische Details, Strukturen, Gestaltungs- und Ordnungsprinzipien richten, nur mühsam vollziehen und nicht nachhaltig verankern. Es gilt demnach, möglichst viele und auch vielfältige Erfahrungen mit Musik zu machen, da sie die Grundlage für musiktheoretische Denkprozesse bilden. Wie von Krause gefordert, können dann musiktheoretische Inhalte als selbstverständlich zugehörige Aspekte des Musikverstehens erfasst und als Vertiefung und Weiterführung in einen konstruktivistisch ausgerichteten Musikunterricht integriert werden. Krämer räumt den musikalischen Erfahrungen sogar einen eigenen Teilbereich musiktheoretischen Lernens ein. Sie sollen von der impliziten Ebene durch gestaltendes oder verbalisierendes Agieren auf die bewusste Ebene transferiert werden. Dabei scheinen die Operatoren ›Gestalt geben‹ und ›visualisieren‹ in besonderer Weise mit den Aspekten Körper und Bewegung als potentielle Operateure in Verbindung zu stehen. Musikalische Erfahrungen durch und in Bewegung zu machen, ihnen so Gestalt zu geben und auch für andere zu visualisieren, lassen sowohl beim Agierenden als auch Perzipierenden die körperliche Dimension von Musik sowie ihre kulturelle Codierung in besonderem Maße augenscheinlich werden. Ein sensibler, reflektierender Umgang mit den empfundenen und wahrgenommenen Eindrücken auf beiden Seiten machen die musikalischen Erfahrungen für folgende musiktheoretische Operationen erst fruchtbar.

Es sei aber betont, dass nicht jede Erfahrung zu verbalisieren und zu reflektieren ist, damit sie für musiktheoretische Lernprozesse sinnhaft wird. Das implizite Handlungswissen ist Grundlage für alle kognitiven Operationen. Wichtig erscheint, dass hierfür gerade in einem oft normierten Schulalltag ein Bewusstsein geschaffen werden muss, ebenso wie für die Tatsache, dass die Berücksichtigung körperlicher Zustände und Befindlichkeiten bei jeder Auseinandersetzung mit Musik – ob aktiv oder passiv – Auswirkungen auf deren Wahrnehmung und mögliche Erkenntnisbildung haben. Noch einen Schritt weitergehend gilt es bezüglich einer Hör- und Wahrnehmungserziehung dann, im Sinne Schroedters Begriff des *kinästhetischen Hörens*, ein kritisches und selbstreflektierendes Hören zu ermöglichen und zu fördern. Die Wahrnehmung des eigenen Körpers und seiner körperlichen Reaktionen zu Musik müssen bewusst gefördert und berücksichtigt werden, damit sie zur Grundlage eines verinnerlichten Musikverstehens werden können.

Körper und Bewegung als kognitive Operateure

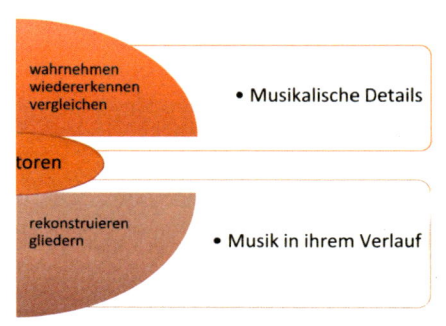

In Anlehnung an Krämers Entwurf eines kompetenzorientierten musiktheoretischen Lernens müssen wir Körper und Bewegung nicht nur im phänomenologischen Feld der musikalischen Erfahrungen als konstitutiv betrachten, sondern können dies auf die Felder »musikalische Details« und »Musik in ihrem Verlauf« übertragen. Ihre methodisch vielfältige Einsatzfähigkeit im Hinblick auf die Operatoren *wahrnehmen – wiedererkennen – vergleichen – rekonstruieren – gliedern* lassen bewegungsorientierte und wahrnehmungsfördernde methodische Zugänge einerseits zum Mittel werden, kognitive Operationen in aktiv rezipierenden oder gestaltenden Aufgabenstellungen durchzuführen.[1] Der Körper bildet dabei das ureigenste Instrument und Ausdrucksmittel, der Bewegende kann sich im Hinblick auf seine musikalischen Eindrücke und Vorstellungen als ausdrucksfähig erleben. Ungeachtet einer instrumentalen Ausbildung oder Vorerfahrung – und dieser Aspekt sei besonders hervorzuheben – trägt dies im besonderen Maße zum Kompetenzerleben der Lernenden bei. In diesen Aufgabenstellungen wird der Körper in Wahrnehmung und Bewegung selbst zum Denkenden, zum Verstehenden im Akt des Musizierens sowie des körperlichen Mit- und Nachvollzugs. Ausdruck und Bewegung werden dann gleichsam zum kognitiven Akt.

Andererseits bilden körper- und bewegungsorientierte Methoden die Grundlage, kognitive Operationen bewusst zu machen und sie auf verbaler Ebene zu strukturieren, zu ordnen und zu systematisieren. Im besten Falle vollzieht sich musiktheoretisches Lernen in einem dynamischen Wechselspiel zwischen einem bewegungssensiblen oder aktiv-gestaltenden Hören und dem Verbalisieren und Strukturieren musiktheoretischer Phänomene (Brandes/Theisohn 2017). Um musiktheoretisches Wissen als wichtigen Bestandteil eines verinnerlichten Musiker-

---

1 Mögliche Beispiele hierfür finden sich z.B. bei Glathe/Krause-Wichert 1997; VdM Verband deutscher Musikschulen 2013; Theisohn/Brandes 2016; Theisohn 2018.

lebens und -empfindens wahrnehmen und nachvollziehen zu können, muss bei den Lernenden ein Bewusstsein dafür entstehen, dass sich musikalische Phänomene sowohl bewegend, interagierend, erfahrend und handelnd als auch hörend, notierend und reflektierend erschließen lassen – und auch erschlossen werden sollten.[2, 3]

PLÄDOYER ZUR DYNAMISIERUNG MUSIKTHEORETISCHEN LERNENS IN DER SCHULE

Wenn ich über diese Ausführungen als ein Plädoyer zur Dynamisierung spreche, dann bezieht sich diese Dynamisierung auf verschiedene Ebenen musiktheoretischen Lernens in der Schule. Zum einen ziele ich ganz konkret auf die Dynamisierung durch körper- und bewegungsorientierte Methoden ab, mit denen musiktheoretische Inhalte erfahren, angeeignet und einverleibt werden können. Dynamisch auch deshalb, weil sie stets in einem Wechselspiel mit reflektierenden und rezipierenden Methoden sowie individuellen Eindrücken und historischen Entwicklungen zu sehen sind. Dabei spielt das in einem dynamischen Prozess Geworden-Sein musiktheoretischer Regeln und Ordnungen eine wichtige Rolle. Weiter sollte sich der gesamte Lernprozess als ein dynamischer gestalten, indem die Lernwege agil und beweglich gehalten werden. Die Auseinandersetzung mit musikalischen Phänomenen und deren Vertiefung sollte methodisch

---

2   Einen besonders interessanten und inspirierenden Ansatz verfolgt Rebekka Hüttmann, die statt phänomenlogischer Felder allgemeine Gestaltungsprinzipien wie z.B. *Öffnen – Schließen, Kontrast, Anfänge, Licht und Farbe* etc. zur Grundlage musikvermittlerischer Arbeit macht. Allgemeine Gestaltungsprinzipien bilden mögliche Ansatzpunkte, Musikwerke unter einem Aspekt zu betrachten und miteinander in Beziehung zu setzen. Aus ihren Ausführungen zu den unterschiedlichen Gestaltungsprinzipien lassen sich vielerlei gestaltende und bewegungsorientierte Aufgabenstellungen kreieren, welche zu einer Vertiefung musiktheoretischen Denkens führen können (Hüttmann 2014; Theisohn 2017).

3   Leman formuliert als Grundlage eines ästhetischen Verstehens das Vermögen, Musik körperlich nach- bzw. mitvollziehen zu können: »From my personal experience with music, I would be inclined to say that the better we know the music, the more we enjoy its simulated conrol, as if we were the musician or the conductor. Music thereby offers the proximal sonic cues and engages us to move along with the distal action that could have produced these cues. This feeling of resonance, control, and anticipation may be important in aesthetic pleasure.« (Leman 2008: 97)

und inhaltlich flexibel in alle Richtungen möglich sein und sich an den Fragestellungen der Lernenden orientieren.[4] Und auch hier gilt es, Dynamik zuzulassen zwischen den Impulsen, Widerständen und Bedürfnissen der Lehrenden wie der Lernenden.

Sowohl die originäre Verbindung von Musik und Bewegung als auch die Erschließung und Einverleibung von Musik über Bewegung, Raum und Interaktion haben eine lange musikpädagogische Tradition in der Rhythmik und sind dort methodisch-didaktisch vielfältig bearbeitet und erprobt (Konrad 1984; Schaefer 1992; Glathe/Krause-Wichert 1997; Steffen-Wittek 2002; Weise 2013; Oesterhelt-Leiser 2014). Ein möglicher nächster Schritt im Sinne einer Dynamisierung musiktheoretischen Lernens wäre die interdisziplinäre Auseinandersetzung der Methoden und Inhalte aus den Bereichen der Rhythmik wie der Musiktheorie, um zu einem modifizierten Modell schulischen Musiklernens zu gelangen.[5] In diesem Modell müsste die Ausbildung von Körper, Bewegung und Wahrnehmung eine ebenso große Rolle spielen wie die Förderung musiktheoretischen Denkens. Auf methodischer Ebene müssten vermehrt Praktiken der Auseinandersetzung mit Musik im Vordergrund stehen, die körperliche und kognitive Prozesse aufeinander beziehen und miteinander verschränken. Dann könnte durch das Ineinandergreifen von Wahrnehmung, Nachvollzug und Kognition jene Hoffnung eingelöst werden, dass im schulischen Musikunterricht potentiell allen Schülerinnen und Schülern ungeachtet ihrer außerschulischen (Vor-)Erfahrungen Wege zu jenem umfassenden Musikverstehen und -erleben ermöglicht werden, das der Musik in ihrem Wesen und in ihrer Vielschichtigkeit gerecht wird.

---

4 Für die Offenheit, Mehrperspektivität und Agilität musikalischer Lernprozesse formuliert auch die Rhythmik eine klare methodische Leitlinie: »Von Bedeutung ist im Unterricht daher viel mehr das Erlauben von und das Ermuntern zu unterschiedlichen Lösungen, die dann im Hinblick auf Stimmigkeit in Bezug zur gegebenen Thematik oder zur Aufgabenstellung einzuordnen sind.« (Weise 2013: 10)

5 Nicht nur auf schulischer, sondern auch auf hochschulischer Ebene muss diese Auseinandersetzung stattfinden, nicht zuletzt um künftige Lehrende zu einem modifizierten musiktheoretischen Lernen zu befähigen (Brandes/Theisohn 2017; Steffen-Wittek/Zimpel 2017).

LITERATUR

Bieneck-Hempel, Melanie (2009): Musiktheorie im Musikunterricht an niedersächsischen Gymnasien. Eine Bestandsaufnahme mit statistischer Auswertung (Musikwissenschaft/Musikpädagogik in der Blauen Eule 85), Essen: Die Blaue Eule.

Brandes, Juliane/Theisohn, Elisabeth (2017): »Musik, Bewegung und ... Formenlehre? Werkstattbericht über ein interdisziplinäres Seminar«, in: Jörn Arnecke (Hg.): Praktische Musiktheorie (Paraphrasen – Weimarer Beiträge zur Musiktheorie 5), Hildesheim/Zürich/New York: Olms, S. 171-192.

Dordel, Sigrid/Breithecker, Dieter (2003): »Bewegte Schule als Chance einer Förderung der Lern- und Leistungsfähigkeit«, in: Haltung und Bewegung 23/2, S. 5-15, https://www.novex.ch/bgnvfresh/studien/anhang/bewegte_schule_als_chance_e.pdf vom 07.06.2018.

Glathe, Brita/Krause-Wichert, Hannelore (1997): Rhythmik und Improvisation. Modelle für Rhythmikunterricht und musikalische Improvisation, Seelze-Velber: Kallmeyer.

Hüttmann, Rebekka (2014): Wege der Vermittlung von Musik. Ein Konzept auf der Grundlage allgemeiner Gestaltungsprinzipien (Berliner Schriften 87), 2., unveränd. Aufl., Augsburg: Wißner.

Jank, Werner (Hg.) (2012): Musik-Didaktik. Praxishandbuch für die Sekundarstufe I und II, 4. Aufl., Berlin: Cornelsen Scriptor.

Konrad, Rudolf (1984): Erziehungsbereich Rhythmik. Entwurf einer Theorie (Perspektiven zur Musikpädagogik und Musikwissenschaft 8), Regensburg: Gustav Bosse.

Krämer, Oliver (2011): »Mit der Muße des Beschauens der Beschaffenheit der Musik nachgehen. Musiktheorie im Lehramtsstudium und im Schulfach Musik«, in: Zeitschrift der Gesellschaft für Musiktheorie 8/1, S. 19-22, https://www.gmth.de/zeitschrift/artikel/610.aspx vom 07.06.2018.

Krause, Martina (2011): »›Wozu brauche ich das?‹. Der Anteil der Musiktheorie an der Konstruktion musikbezogener Bedeutung in Schule und Hochschule«, in: Zeitschrift der Gesellschaft für Musiktheorie 8/1, S. 23-25, https://www.gmth.de/zeitschrift/artikel/613.aspx vom 07.06.2018.

Leman, Marc (2008): Embodied Music Cognition and Mediation Technology, Cambridge, Mass./London: MIT Press.

Meyer, Claudia/Stiller, Barbara/Dartsch, Michael (Hg.) (2010): Musizieren in der Schule. Modelle und Perspektiven der Elementaren Musikpädagogik (ConBrio Fachbuch 16), Regensburg: ConBrio.

Oberhaus, Lars (2017): »Quälende Qualia. Argumente gegen die Reduktion sinnlicher Erfahrungen auf körperliche Zustände«, in: Ders./Christoph Stange (Hg.): Musik und Körper. Interdisziplinäre Dialoge zum körperlichen Erleben und Verstehen von Musik (Musik und Klangkultur 20), Bielefeld: transcript, S. 165-186.

Oberhaus, Lars/Stange, Christoph (Hg.) (2017): Musik und Körper. Interdisziplinäre Dialoge zum körperlichen Erleben und Verstehen von Musik (Musik und Klangkultur 20), Bielefeld: transcript.

Oesterhelt-Leiser, Holmrike (2014): »Bewegungsimprovisation – Ein Konzept«, in: Marianne Steffen-Wittek/Michael Dartsch (Hg.): Improvisation – Reflexionen und Praxismodelle aus Elementarer Musikpädagogik und Rhythmik (ConBrio Fachbuch 18), Regensburg: ConBrio, S. 229-271.

Ribke, Juliane/Dartsch, Michael (2004): Gestaltungsprozesse erfahren – lernen – lehren. Texte und Materialien zur Elementaren Musikpädagogik. Symposion des Arbeitskreises Elementare Musikpädagogik, Stuttgart, 18./19. Oktober 2003 (ConBrio Fachbuch 11), Regensburg: ConBrio.

Ruf, Benedikt (2014): »Wie denken Lehrer*innen über (das Unterrichten von) Musiktheorie?«, in: Bernd Clausen (Hg.): Teilhabe und Gerechtigkeit (Musikpädagogische Forschung 35), Münster/New York: Waxmann, S. 131-143.

Schaefer, Gudrun (1992): Rhythmik als interaktionspädagogisches Konzept, Solingen: Waldkauz.

Schlöffel, Ralf (2012): Weiterentwicklung des Teilbereichs bewegtes Lernen im Rahmen des pädagogischen Konzepts der bewegten Schule. Evaluation zum bewegten Lernen aus den Perspektiven der Schüler und Lehrer, http://www.qucosa.de/recherche/frontdoor/?tx_slubopus4frontend%5bid%5d=urn:nbn:de:sz:15-qucosa-91203 vom 06.04.2018.

Schroedter, Stephanie (2017): »Musik erleben und verstehen durch Bewegung. Zur Körperlichkeit des Klanglichen in Choreographie und Performance«, in: Lars Oberhaus/Christoph Stange (Hg.): Musik und Körper. Interdisziplinäre Dialoge zum körperlichen Erleben und Verstehen von Musik (Musik und Klangkultur 20), Bielefeld: transcript, S. 221-244.

Steffen-Wittek, Marianne (2002): »Der Beitrag der Rhythmik zum Thema ›Musik und Bewegung in der (Elementaren) Musikpädagogik‹«, in: Juliane Ribke/Michael Dartsch (Hg.): Facetten elementarer Musikpädagogik. Erfahrungen, Verbindungen, Hintergründe (ConBrio Fachbuch 9), Regensburg: ConBrio, S. 125-156.

Steffen-Wittek, Marianne/Zimpel, Christhard (2017): »Schubert in Bewegung. Musikverstehen im Kontext der Hochschulfächer Rhythmik und Musiktheorie«, in: Jörn Arnecke (Hg.): Praktische Musiktheorie (Paraphrasen – Weimarer

Beiträge zur Musiktheorie 5), Hildesheim/Zürich/New York: Olms, S. 193-226.

Stroh, Wolfgang Martin (1982): »Szenisches Spiel im Musikunterricht«, in: Musik und Bildung 6, S. 403-497.

Theisohn, Elisabeth (2017): »Wann hört der Anfang auf? Wie Anfänge in der Musik eröffnen, verdichten und versprechen«, in: Musik und Bildung 2, S. 42-47.

Theisohn, Elisabeth (2018): »Den Feuervogel zum Fliegen bringen. Gestaltende Arbeit mit Igor Strawinskys Musik«, in: Musik und Bildung 1, S. 34-39.

Theisohn, Elisabeth; Brandes, Juliane (2016): »Hören – Bewegen – Verstehen. Eine Einführung ins analytische Hören über Bewegung«, in: Musik und Bildung 4, S. 43-49.

Varela, Francisco J./Thompson, Evan/Rosch, Eleanor (2016): The embodied mind. Cognitive science and human experience, Cambridge, Mass./London: MIT Press.

VdM Verband deutscher Musikschulen (Hg.) (2013): Spektrum Rhythmik. Musik und Bewegung/Tanz in der Praxis, Bonn: VdM Verband deutscher Musikschulen.

Weise, Dorothea (2013): »Musik ist Bewegung ist Musik. Arbeitsweisen der Rhythmik«, in: VdM Verband deutscher Musikschulen (Hg.): Spektrum Rhythmik. Musik und Bewegung/Tanz in der Praxis, Bonn: VdM Verband deutscher Musikschulen, S. 9-16.

Ravel: *Pavane pour une infante défunte*
Musiktheorie und Rhythmik
in der Instrumental- und Gesangsausbildung

Marianne Steffen-Wittek, Christhard Zimpel

> »Ich war Pianistin – aber hatte ich jemals versucht, einen eigenen musikalischen Gedanken auf dem Klavier auszudrücken? Ich hatte im Konservatorium ganze Hefte voller Akkorde aufgeschrieben und seitenlange Aufgaben aus der Harmonielehre auf dem Papier gelöst – aber wußte ich etwas vom Klang dieser Akkorde?«
> (*Feudel 1982: 10*)

Die von Émile Jaques-Dalcroze um 1900 entwickelten Praktiken zur Einbeziehung der Bewegung in die Musikausbildung wurden 1926 von seinen Schüler/innen in dem Buch *Theorie und Praxis der körperlich-musikalischen Erziehung* reflektiert und kritisch gewürdigt. Darin sind mehrere Beiträge der von Dalcroze beeinflussten Gehörbildung, Musiklehre und Musiktheorie gewidmet. Feudel weist darauf hin, dass Dalcroze zunächst den Fokus auf die Verkörperlichung von Metrum, Rhythmus und Agogik richtete, zunehmend aber auch Dynamik und Klang in der Körpersprache berücksichtigte (Feudel 1982: 30).[1]

---

1 »Er [Dalcroze] erbaute also seine neue Erziehung zur Musik auf zwei Grundlagen: rhythmische Gymnastik und Gehörbildung, beide in enger Beziehung zueinander stehend und in ihrem Zusammenwirken dazu bestimmt, ein inneres, lebendiges, gewissermaßen körperliches Verhältnis des Menschen zur Musik herzustellen. Was der Körper als Rhythmus, Dynamik, Agogik durch Bewegung erlebte, sollte das Ohr durch

Rhythmik wird heute an manchen Musikhochschulen als Hauptfach angeboten und ist vielerorts als Nebenfach im Studium der Schulmusik, der EMP sowie der künstlerisch-pädagogischen Instrumental- und Gesangshauptfächer verankert oder kann als Wahlfach belegt werden.

Während die Rhythmik als Hochschulfach bis heute den vielfältigen Zusammenhängen von Musik und Bewegung in Forschung, Lehre und künstlerischen Produktionen nachgeht, blieben Musiktheorie und Gehörbildung von Überlegungen zum *Phänomen der Leiblichkeit* in der Musik weitgehend unberührt. Zwar plädiert Jörn Arnecke 2017 für eine praxisorientierte Musiktheorie, die künstlerisch ausgerichtet sein soll (Arnecke 2017: 5), der Praxisbezug richtet sich dabei allerdings hauptsächlich auf das Musizieren und Komponieren. Welche Rolle aber kann die Bewegung heute in der Musiktheorie spielen und wie kann die Vernetzung von Rhythmik und Musiktheorie zur künstlerischen Professionalisierung der Studierenden beitragen?

Die Musiktheorie als Teil der heutigen Instrumental- und Gesangsausbildung an Musikhochschulen steht unter ähnlichen Herausforderungen wie zu Dalcrozes Zeiten, denn sie muss Studierende erreichen, die sich einem Leistungsdruck und Verdrängungswettbewerb ausgesetzt fühlen. Von den Studierenden wird ein hoher Grad an Professionalität erwartet, der sich am Niveau internationaler Standards bemisst. Bewältigt werden müssen die Anforderungen im Instrumental- oder Gesangsfach, vor allem im Einzelunterricht und in der Orchester- und Ensemblearbeit.

Es fragt sich, wie die Musiktheorie die Studierenden in dieser Situation unterstützen kann. Dienen die analytischen Ergebnisse nicht eher der Bestätigung des theoretischen Ansatzes, anstatt aufführungspraktische Impulse zu geben? Und begnügt sich das erkennende Hören nicht zu sehr mit der Spezialsituation von Papier und Bleistift? Ohne Frage hat sich in letzter Zeit viel in der Lehre getan. Aber die Angebote in Musiktheorie, Rhythmik und den Instrumental- und Gesangsfächern könnten besser aufeinander abgestimmt werden.

Ein Blick auf die Praxis der Rhythmik mag ermutigen, musiktheoretische Themen stärker mit dem Körper und der Bewegung in Beziehung zu setzen. Charlotte Pfeffer, eine Schülerin von Jaques-Dalcroze, praktizierte neben anderen Rhyth-

---

Aufnahme von Tonhöhe, Tonstärke und Klangfarbe ergänzen und die Gesetzmäßigkeit alles musikalischen Geschehens im Zusammenwirken von Harmonik, Rhythmik und Melodik empfinden lernen.

So prägte Dalcroze den Begriff der Gehörbildung als einer Schulung zu künstlerischem Hören – wie man etwa künstlerisch sehen lernt – und ging damit weit über das hinaus, was bisher im Solfège-Unterricht angestrebt worden war.« (Feudel 1982: 42)

miker/innen bereits 1926 eine bewegungsorientierte Hochschularbeit, verknüpft mit Gehörbildung und Musiktheorie.[2]

Dalcroze war ein Pionier, der die Bedeutung der Bewegung für das Musiklernen und die Musikpraxis lange vor dem *body turn* (Gugutzer 2006) der heutigen Zeit erkannte. An den Musikhochschulen füllt die Rhythmik seither eine Nische, in der ihre Weiterentwicklung in Lehre und Forschung relativ unbeachtet von der Fachöffentlichkeit betrieben wird. Ein Heraustreten aus dem Schatten der EMP, der Schulmusik sowie der Instrumental- und Gesangsfächer scheint heute ratsamer und notwendiger denn je. Indizien für eine stärkere Hinwendung zur Körperlichkeit in der musikbezogenen Forschung und Praxis finden sich in vielen aktuellen Fachpublikationen. So verweist Steffen A. Schmidt im Kontext des musikalischen Rhythmus auf die musikalische Erfahrung der Neuzeit, die durch ein »KörperHören« geprägt sei. Er appelliert u.a. an die Musiktheorie, die Verbindung von Körper und Klang stärker zu berücksichtigen, da die Musik vermutlich eine Vermittlerrolle zwischen ›Herz und Hirn‹ einnehme (Schmidt 2014: 69).[3]

An der *Hochschule für Musik FRANZ LISZT Weimar* entstand der Wunsch, Rhythmik und Musiktheorie in einem Pilotprojekt miteinander zu vernetzen (Steffen-Wittek/Zimpel 2017). Ziel war es, herauszufinden, wie sich Musik, Körper und Bewegung, angeregt durch musiktheoretische Fragestellungen, aufeinander beziehen lassen. Die Suche nach Synergien bei der Verzahnung beider Fächer sollte der Wegweiser sein, um die Instrumental- und Gesangsausbildung an einer Musikhochschule sinnvoll zu unterstützen. Gefragt wurde danach, welches Erfahrungswissen der Rhythmik zu einer lebendigen Musiktheorie beitragen und welche Vorgehensweisen der Musiktheorie in den Rhythmikunterricht integrierbar sind.

---

2   »Unzählige Fragen der Dynamik, Agogik, Phrasierung, Form, des rhythmischen Kontrapunktes, der Instrumentierung usw. kommen hierbei zur Erörterung. Klangliches und Rhythmisches verbindet sich immer fester und bewußter, Erziehung von Ohr, Auge und Bewegung kettet sich untrennbar ineinander. Opernschule und Orchesterschule haben grundverschiedene äußere und innere Ziele; was aber beiden nottut, ist die Erkenntnis von dem engen Zusammenhang zwischen Ohr, Auge und Körperbewegung […].« (Pfeffer 1982: 73f.)

3   »Wenn dem so wäre, dann könnte ein großes Arbeitsgebiet gegenwärtiger Klangforschung nicht der reine Ton an sich, sondern das Spannungsverhältnis von Körper und Klang sein. Auf dem Gebiet der Emotionsforschung werden derzeit Wege beschritten, die in diese Richtung weisen, allerdings auf rein systematischer Ebene.[…] Musikgeschichte und -theorie müssten hier Perspektiven aufzeigen, die eben das besagte Spannungsverhältnis von Körper, physiologisch und psychologisch, und seine Beziehung zum Klang entlang des historischen Materials thematisieren.« (Schmidt 2014: 69f.)

Im Folgenden wird zunächst die Situation der Musiktheorie innerhalb der Instrumental- und Gesangsausbildung beleuchtet. Anschließend werden Bedingungen für die Einbeziehung von Musik und Bewegung in der Musikausbildung untersucht. Maurice Ravels *Pavane pour une infante défunte* dient als Beispiel für die synergetische Vernetzung von Musiktheorie und Rhythmik auf Hochschulebene.

PRAXISBEZOGENE MUSIKTHEORIE

Wenn sich die Sinnhaftigkeit von Musiktheorie vermitteln soll, muss sie noch stärker an der zukünftigen Berufspraxis der Studierenden ausgerichtet sein. Der Prüfstein der musiktheoretischen Arbeit ist die Anwendbarkeit beim Instrumentalspiel und Gesang. Es reicht nicht aus, nur Choräle und Menuette zu schreiben, wichtig ist das Einbeziehen der Instrumental- und Gesangsliteratur. Je nach Fach gibt es ein mehr oder weniger stark umrissenes Repertoire an Stücken, die den Studierenden in ihrer Laufbahn immer wieder begegnen. An diesen Stücken kann im Theorieunterricht von Anfang an gearbeitet werden.

Ebenso notwendig ist es, dass die Studierenden ihre Instrumente im Theorieunterricht verwenden. Diese Forderung ist nicht leicht umzusetzen. Oft sind es die Studierenden selbst, die nur ungern ihre Tonsatzaufgaben oder Improvisationen auf ihrem Instrument ausprobieren, vom Hauptfach Klavier abgesehen. Ihnen erscheint der Unterschied zu den Meisterwerken zu groß. Oder sie meinen, es gebe schon genügend Kompositionen, als dass sie selbst noch eine hinzufügen müssten. Es gilt Überzeugungsarbeit zu leisten, dass es auf ihre eigene Fähigkeit zum musikalischen Erfinden ankommt.

Ein starkes Argument für den Einsatz von Instrumenten im Theorieunterricht ist die damit einhergehende Praxisorientierung. Das handelnde Lernen ist die Bedingung für ein nachhaltiges Aneignen von Musik. In ihm werden die musiktheoretischen Erkenntnisse Stück für Stück umgesetzt: Durch Probieren mit dem Instrument oder durch Gesang wird herausgefunden, an welchen Kadenzen und Schlüssen es sinnvoll ist, kurze Zäsuren oder Unterbrechungen zu setzen. Ebenso wird bei Akkordfolgen probiert, welche Akkorde zusammengehören und zwischen welchen unterbrochen werden sollte. Herausgefunden wird auch, zu welchen Stimmführungen die einzelnen Töne zusammengesetzt werden. Was während der Analyse zergliedert wurde, wird während des Musizierens wieder zu einer Einheit.

Der Einsatz der Instrumente schließt das Notenschreiben nicht aus. Erforderlich ist jedoch eine Umgewichtung zugunsten des handelnden Lernens. Das Notenschreiben ist zwar auch eine Handlung. Ähnlich wie das mentale Memorieren von Spielbewegungen setzt es auf die innere Vorstellung. Aber die Studierenden sind primär konzertierend tätig und nicht schreibend. Ebenso ist das Lesen der Noten eine innere Handlung und der versierte Umgang mit Noten ist eine Bedingung für das berufliche Ausüben eines Instruments. Das Ziel ist jedoch die Realisierung der Noten.

Die Hörentwicklung der Studierenden sollte stärker den affektiven Anteil beim Hören berücksichtigen. So vage der Begriff ›Musikalität‹ auch scheinen mag, er bildet eine Brücke in die Bereiche des Empfindens. Es kann fruchtbar sein, sich darüber zu verständigen, was ein ›musikalisches Spiel‹ im Einzelfall bedeutet. Wichtig ist der Austausch, denn von ein und demselben Musikstück können ganz verschiedene Wirkungen ausgehen und Empfindungen und Gedanken angeregt werden. Die Werkanalyse hat dann die Aufgabe, die kompositorischen Gestaltungen zu zeigen, die diese Wirkung begünstigen oder hervorrufen.

Bewegung im Sinne der Rhythmik ist musikalischer Vollzug schlechthin. Hier wird die Brücke zwischen dem musikalischen Erleben und dem künstlerischen Gestalten geschlagen. Ein Musikstück hören und seinen Wendungen im Raum nachzugehen, auch gemeinsam mit anderen, sich dabei von unerwarteten Umschwüngen überraschen und sie in die Bewegung einfließen zu lassen, das sind nur einige der vielen Möglichkeiten, die die Bewegung bietet. Durch die Bewegung entstehen Erfahrungen, die eng mit dem musikalischen Empfinden verknüpft sind.

BEWEGUNG UND MUSIK

Entscheidend für das Verstehen von Musik ist, wie intensiv sie erfahren wird. Wer sich zur Musik bewegt und sie dabei körperlich mitbildet, lernt unter Einbeziehung mehrerer Sinne. Formen im Raum auszubreiten und dadurch zu visualisieren, Rhythmen am eigenen Leib zu spüren oder Beziehungen zwischen Stimmen räumlich zu erleben, aktiviert tiefe Schichten der Wahrnehmung. Besonders fruchtbringend ist die Verbindung zwischen der Hörentwicklung und den Bewegungsangeboten aus der Rhythmik. Es ist ein großer Unterschied, ob die Musik durch Bewegung handelnd angeeignet wird, oder auf einem Stuhl sitzend aufgeschrieben. Die Chance, die Musik dauerhaft zu verinnerlichen und zu erkennen ist ungleich viel größer, wenn sie in der Bewegung nachgestaltet wird, wenn eine Stimme mit- und nachgesungen oder ihr Rhythmus körperlich wiedergegeben und verändert wird.

Ein solches Vorgehen ist eine didaktische Herausforderung. Einerseits muss das Musikstück dafür vorbereitet werden. Es werden verschiedene Abschnitte ausgewählt, mehrstimmige Tonsätze reduziert und Besonderheiten gezielt herausgearbeitet. Andererseits bedarf es auch einer körperlichen Präsenz und situativ offener Bewegungssettings, die das Einlassen auf Bewegung als Mittler zwischen Musikhören und Analyse erst ermöglichen. Nicht jede beliebige Bewegung ist geeignet, das Hören und Musikverständnis zu vertiefen. Ob spontane oder angeleitete Bewegungen dazu führen, sich der Musik anzunähern oder dies gerade verhindern, hängt von vielen Faktoren ab.

»The relationship of ›listening‹ to music and ›moving‹ to music, is, in short, a matter of convention, as is what sort of movement to make; even a spontaneous response has to be coded as ›spontaneous‹ … how free are we to move, how do we know what movement is appropriate? … When dancing we subject our body movements to musical rules … Movement to music seems more willed than movement without it; more thought is going into it.« (Frith 1996: 210, zitiert in Wöllner/Hohagen 2018: 83, Herv.i.O.)[4]

Aspekte der inneren Einstellung, der neurophysiologischen Voraussetzungen, der strukturellen Gegebenheiten und der Interaktionsebene sind zu berücksichtigen, wenn verschiedene Aneignungswege (körperliches Bewegen, emotionales Durchleben, intuitives und diskursives Denken) gewählt werden (Oesterhelt-Leiser 2014: 238). Damit die Bewegung das Hören vertieft, statt es zu stören, bedarf es angemessener Bewegungsaufgaben. Instrumental- und Gesangsstudierende haben zwar gelernt, ihren Körper zu disziplinieren und ihm eine Spiel- und Gesangstechnik ›abzuringen‹, die eine virtuose Spielfertigkeit ermöglicht. Ob diese ›Körpertechnik‹ der ›unerträglichen Leichtigkeit des Instrumentalspiels‹ bzw. des Musizierens (Biesenbender 1992) dient oder Probleme bereitet, hängt u.a. von der Körper- und Bewegungswahrnehmung, den sensomotorischen Feinheiten und der Strategie des Übens ab. In der Rhythmik erfolgt ein erster bewegungsorientierter Zugang häufig über vertrautes Bewegungsmaterial wie Gehen und Laufen. Außerhalb des Alltags ist dies im Kontext der Musik vielen Studierenden dennoch

---

4 Clemens Wöllner und Jesper Hohagen führen auf dieses Zitat bezogen weiter aus: »Albeit bodily motion with music may also be ›unwilled‹ and is certainly not entirely determined by culture, especially for overlearned movements, it is a task for future research to investigate the musical rules that are mentioned in this quote. The answer to the questions above may lie at the heart of why music indeed moves us. While rhythmic, harmonic and melodic musical characteristics are to some extent interrelated in the perception of music, little is known, for instance, whether a relative dominance of one of these musical features leads to differences in the perception of inherent musical motion or performed bodily movements when listening to music […].« (Wöllner/Hohagen 2018: 83, Herv.i.O.)

fremd. Es braucht Zeit, um die auf Musik bezogenen Gestaltungsräume darin zu entdecken. Die Thematisierung des Kinästhetischen[5] war und ist in der Rhythmik von großer Bedeutung, was ebenfalls für die Praxis unterschiedlicher Körpertechniken und den zeitgenössischen Tanz gilt (Brandstetter 2012: 119). Es bedarf einer behutsamen Anbahnung von Bewegungsaktivitäten, die auf den eigenen Körper individuell fein abgestimmt werden können. Experimentelle Aufgaben ermöglichen eine Sensibilisierung für Atmung, Schwerkraft, Bodenkontakt, Aufrichtung, Balance, Spannungsregulierung, Durchlässigkeit und helfen Bewegungshemmungen und -einschränkungen abzubauen (Steffen-Wittek 2011). Angebote, die die Bewegungsmöglichkeiten und Spannungsverhältnisse des Körpers, die Raumgestaltung, die zeitliche Gliederung und den Bezug zu einem Partner/zur Gruppe thematisieren, dienen der Einstimmung auf strukturelle Gegebenheiten und interaktiv-kommunikative Prozesse. Die Studierenden lernen, sich auf verschiedenen Ebenen zu fokussieren, sich mental-körperlich zu zentrieren. »Focus is to the mind what gravity is to the body – a basic force.« (Koner 1993: 5, Herv.i.O.) Der Fokus kann je nach Intention und situativer Notwendigkeit wandern und mal stärker auf den eigenen Körper, den Raum, die Zeit, den Partner/die Gruppe, die Musik gerichtet sein.

Warm-ups dienen in der Rhythmik, neben dem allgemeinen und dem spezielleren physischen Aufwärmen, auch der bewussten Fokussierung auf relevante ›Antennen‹. Dies bedarf sowohl einer gerichteten als auch einer wandernden Aufmerksamkeit, die bereits in einem Warm-up initiiert werden kann. Die Fern- und Nah-Sinne tragen bei entsprechender Fokussierung zu einer körperlichen und raum-zeitlichen Präsenz bei. Manche Aufgaben in der Rhythmik sind mit einfachen (Fort-)Bewegungen wie dem Gehen verbunden, wobei es aber auch hier auf das *Wie* und *Warum* ankommt.[6]

In der Aufforderung, sich frei gehend durch einen Raum zu bewegen, steckt für die Studierenden zunächst viel ›Künstlichkeit‹, die Hemmungen hervorrufen kann. Diese Schwelle zu überwinden, lohnt sich insofern, als Raum und Zeit in der Rhythmik – mit Merleau-Ponty übereinstimmend – nicht als abstrakte mathematisch-physikalische Größen betrachtet werden, sondern, »als vom Leib organisiert und erfahren« (Eberlein 2016: 230). Es gilt bei der Bewegungswiedergabe musikalischer

---

5 Kinästhesie = Bewegungsempfindung.
6 »Walking is one of the most difficult movements because it is so simple, so open, so revealing. Let us try what we normally do in life. We need to get somewhere. What do we do? We lead with the upper part of the body, not the feet. Our weight is shifted to the foot stepping forward leaving the other foot behind. The body leads – you, the person, want to get there.« (Koner 1993: 7)

Zeitordnungen, einen Ausgleich zwischen Eigen- und Fremdrhythmus herzustellen, was einiger Übung bedarf.[7]

Die situative Offenheit, mit der die Rhythmik den unterschiedlichen Bewegungsbiografien der Studierenden begegnet, berücksichtigt deren körperliche Verfassung und leibliche Erfahrungen. Die Bedeutung des Leibes[8] für das Lernen sowie die Rolle des körperlichen Wissens hebt Undine Eberlein hervor und rekurriert auf Maurice Merleau-Ponty und Bernhard Waldenfels, wenn sie schreibt:

»Dieses Lernen und Wissen umfasst generelle Fähigkeiten, die es ermöglichen, sowohl auf typische Situationen zu reagieren und zu antworten, als auch Strukturen zu verändern und neu zu schöpfen. Der sich bewegende lernende, erkennende, könnende und verstehende Leib ist somit eine Vermittlungsinstanz zwischen aktuellen Situationen und den schon erlebten, ›abgelagerten‹ Geschichten.« (Ebd.: 231, Herv.i.O.)

Soll die Bewegung das Musikerleben und das Musiklernen vertiefen, bedarf es einer Auswahl von Aufgaben, die eine Zentrierung auf die Musik während der Bewegungshandlung ermöglichen. Bewegungen, die einen hohen Grad an intra- und intermuskulärer Koordination abverlangen, die strukturell hochkomplex sind und enormer neurophysiologischer Aufmerksamkeit bedürfen, sind dafür nicht geeignet. Als günstig erweisen sich Bewegungen, die einerseits aktivierend wirken, andererseits eine gelassene, achtsame Rezeption zulassen. Christiane Hochstadt weist im Zusammenhang des Geschichten-Hörens auf das »aktiv-produktive Erleben im rezeptiven Handeln« hin und beruft sich auf Martin Seel, wenn sie von aktiv-passiven, performativen ästhetischen Prozessen bei Kindern spricht, denen eine Geschichte vorgelesen wird (Hochstadt 2016: 181). Die Annahme eines ›aktiv-produktiven‹ Erlebens in der rezeptiven (Bewegungs-) Handlung lässt sich durchaus auf verschiedene Settings der Rhythmik übertragen, bei denen sich die Teilnehmer/innen hörend bewegen und mimetische Prozesse angeregt werden.

---

7 »Gegenüber der freien Dynamik des Klangbereichs bedeutet die Zeitordnung zunächst eine Einengung des Bewegungsverhaltens: Grundübungen zur allmählichen Anpassung des menschlichen Eigentempos und freien Bewegungsverhaltens an die musikalischen Zeitordnungen – in Verbindung mit Singen, Sprechen, Klangerzeugen, Instrumentalspiel, z.B.: die Grundbewegung einer Musik [...] durch synchrones Bewegungsverhalten darstellen – das Tempo des Grundschlages [...] wiedergeben – die Phrasierungsbögen [...] mitzeichnen.« (Bünner/Leiser 1990: 163f.)

8 Die Leib-Körper-Dimension wurde unter anderem von Maurice Merleau-Ponty (Merleau-Ponty 1974) und weiteren Phänomenologen des 20. Jahrhunderts in das Blickfeld der Kulturwissenschaften und der Musikpädagogik gerückt.

Das mimetische Nachschaffen musikalischer Vorgänge und Formen durch Bewegung als kreativer Gruppenprozess

»[...] zwingt zu Vergleich und Auswahl, die körperlichen Ausdrucksmittel werden differenziert, Zuordnungen zu musikalischen Elementen erkannt. Der Bewegungsraum wird Mitspieler im unten-oben, vorwärts-rückwärts, rechts-links, in kreisenden und geradlinigen Bewegungsverläufen und wird dadurch qualitativ durchstrukturiert. Dennoch sprechen wir hier nicht von Tanz, sondern eher von einem Musizieren in der Bewegung.« (Bünner/Leiser 1990: 164)

In der Gruppen- und Partnerarbeit spielt der interaktiv-kommunikative Anteil des Bewegungsgeschehens eine große Rolle. Verschiedene Vermittlungs- und Kommunikations-Dimensionen lassen sich hier aufschlüsseln und beobachten.[9]

BEARBEITUNG ALS METHODE

Wenn Rhythmik und Musiktheorie gemeinsam Musik erarbeiten, kommt einiges zusammen: Verklingende Töne, angeregte Gefühle, Hörerwartungen, Bewegungsräume, Spiel-Regeln ... Wie können sich beide sinnvoll ergänzen, die Musiktheorie, die etwas Unbestimmtes präzise zu fassen sucht, und die Rhythmik, die flüchtige Musik körperlich werden lässt? Das Vorgehen ist eine Gratwanderung: Wirken vorgegebene Rahmenbedingungen inspirierend, oder werden sie als beengend erlebt? Können offene Anregungen als Gestaltungsraum genutzt werden, oder führen sie in die Beliebigkeit?

Wer sich zum ersten Mal zur Musik bewegt und gleichzeitig musiktheoretische Aufgaben erfüllt, empfindet möglicherweise eine Überforderung: Sich in der Musik hörend zu orientieren und gleichzeitig Bewegungen zu koordinieren, ist eine Herausforderung. Sie ähnelt dem erstmaligen Spielen mit Fußpedalen an der Orgel oder am Drumset.

Ein möglicher Einstieg kann am Anfang darin bestehen, die Höreindrücke zu reduzieren. Dies geschieht, indem entsprechende Stellen im Musikstück in einer Bearbeitung präsentiert werden. Aus didaktischen Gründen wird das Stück zunächst all dessen entkleidet, was seine Individualität ausmacht. Beim Bewegen zur Musik kann so die Aufmerksamkeit auf bestimmte Strukturen gerichtet wer-

---

9   Siehe hierzu den Beitrag *Rhythmisch-musikalisches Lernen im Lichte des Konzepts der Koordination* von Maria Spychiger sowie von Meike Schmitz und Marianne Steffen-Wittek den Beitrag ›Erstbegehung‹ *mit Jugendlichen* in diesem Band.

den. In weiteren Durchgängen treten dann allmählich die weiteren Einzelheiten hinzu, bis schließlich die Originalgestalt des Stücks erreicht ist. Nicht die ausschließliche Beschäftigung mit einem einmal entstandenen Meisterwerk in seiner endgültigen Fassung steht im Vordergrund, sondern das stückweise Annähern an das Original. Auch der umgekehrte Weg ist denkbar, vom Original zu seinen multimedial und multimodal zu bearbeitenden Bestandteilen.

Die Merkmale der einzelnen Bearbeitungsschritte sind aus der musikalischen Analyse des Stücks abgeleitet. Analysieren in diesem Sinn bedeutet, passend zu dem jeweiligen Werk diejenigen Schritte finden, aus denen es neu zusammengesetzt werden kann. Ziel einer solchen Analyse ist das Anwenden und Nachvollziehen, nicht das Etikettieren und Einordnen. Zwar wird es nicht möglich sein, bis in die letzten Feinheiten jeden Ton zu erklären. Aber wenn die Analyse eine schöpferische Auseinandersetzung mit dem Stück anregt, ist dann nicht ihr Ziel erreicht?

Die Bearbeitungen werden gemeinsam mit den Studierenden durchgeführt und ermöglichen diesen, ihre eigenen Lösungen zu entwickeln. Zu jedem Bearbeitungsschritt gibt es auch eine Lösung, die aus der originalen Komposition herausgezogen ist. Anschließend werden die Lösungen miteinander verglichen, dadurch entstehen tiefere Einsichten in das Stück. Das Bearbeiten in mehreren Teilschritten ermöglicht den Studierenden, selbst ein Stück auszuarbeiten, welches die Charakteristika der Vorlage enthält. Dieses Vorgehen animiert zu eigenen improvisatorischen, kompositorischen und bewegungsbezogenen Aktivitäten.

Gewählt wird ein Ausschnitt, der einen sinnfälligen Zusammenhang bildet, gut überschaubar ist und sich einprägen lässt. Jedes Stück erfordert besondere Entscheidungen darüber, wie der Ausschnitt bearbeitet wird. Genau diejenigen Merkmale werden zunächst eingeebnet, die das Besondere am Stück ausmachen. Etwa wird aus einer ausdrucksreichen chromatischen Tonfolge eine diatonische, oder es werden hervortretende Vorhalte auf ihre Hauptnoten zurückgeführt oder überraschende Synkopen egalisiert. Durch die Bearbeitung hören die Studierenden zunächst eine schlichte Variante des Abschnitts, welche in der Bewegung erfasst werden kann.

Bereits in der Bearbeitung soll das originale Stück mit seinem Geflecht an bestimmenden Merkmalen durchscheinen. Es geht nicht um das Isolieren eines einzelnen Parameters, sondern um dessen Abflachen unter Beibehalten der Gesamtgestaltung. Beispielsweise wird nicht einfach ein Rhythmus herausgetrennt und schlicht vorgespielt. Vielmehr bleiben auch seine Phrasierung, seine Artikulation, sein dynamischer Verlauf und seine Agogik erhalten. Der Rhythmus ist dann zwar vereinfacht, aber der Abschnitt ist trotzdem erkennbar. Sein Webmuster ist schon vorhanden, nur sind noch nicht alle Fäden kunstvoll eingefügt. So kann das Stück körperbezogen mit Stimme, Instrument und Bewegung erlebt werden.

Es zeigt sich, dass zusammenhängende Ausschnitte oft zu lang sind, um sie auf Anhieb zu erfassen. Sie werden daher in Portionen präsentiert und schließlich zusammengesetzt. Es gehört zum Arbeitsprozess dazu, dass die Studierenden selbst einschätzen, welchen Portionsumfang sie sich zumuten können. Ist die Portion zu klein, kann kaum eine Bewegung dazu entwickelt werden. Ist sie zu groß, lässt sie sich schwer merken. Das Einteilen und anschließende Zusammensetzen ist bereits eine wichtige Auseinandersetzung mit dem Abschnitt.

Das Arbeiten an zusammenhängenden Stellen schließt allerdings nicht aus, dass für ein Warm-up nur ein einzelnes, charakteristisches Element herausgetrennt wird. Günstig dafür sind wiederholbare Partikel, etwa ein sehr kurzer Rhythmus oder eine besondere Akkordverbindung. Das Wiederholen verringert die Informationsdichte und ermöglicht Warm-ups, um sich zu fokussieren und sich und andere besser wahrzunehmen.

PAVANE POUR UNE INFANTE DÉFUNTE – EINE ANNÄHERUNG

Die Imaginierung vornehmer Zurückhaltung

Anhand der *Pavane pour une infante défunte*[10] von Maurice Ravel werden nun Möglichkeiten aufgezeigt, Rhythmik und Musiktheorie miteinander zu vernetzen. Ravels Pavane macht mit einem ganzen Bündel aufeinander abgestimmter Merkmale besondere Hörerfahrungen möglich. Subjektiv lassen sich die Gestaltungsmittel so interpretieren: Die zarte Registrierung der Dynamik, welche mit einer starken Agogik korrespondiert, sowie Ausdruckswerte, die eher in der Schwebe halten, als dass sie eindeutig fixieren, rufen einen Gesamteindruck vornehmer Zurückhaltung hervor.

Auffällig an dem Stück ist die gedämpfte Stimmung. Zwar gibt es einige hervorgehobene Momente, jedoch sind keine größer angelegten Steigerungen in ihm angelegt. Abgesehen von einigen durch fortissimo herausgehobenen Klängen herrschen leise Töne vor, die bis ins piano pianissimo reichen.

Beim Spielen wird Contenance auferlegt, es sei »assez doux« zu spielen, oder wie »très lointain«. Das Zurücknehmen und Verharren durchzieht als ein Programm das gesamte Stück. Vielfach sei das Tempo zu verbreitern, um es nach einem

---

10 Das Stück ist 1899 entstanden. Die Orthografie des Titels basiert auf der von Hans Heinz Stuckenschmidt übermittelten Schreibweise (Stuckenschmidt 1966: 65f.).

Innehalten wieder aufzunehmen. Anweisungen wie »cédez«, »un peu retenu«, »un peu plus lent« oder »en élargissant« sind dafür charakteristisch.

Zweifellos handelt es sich um tonale Musik, jedoch mit einem offenen Ausgang. Die Klangfolgen drücken einen tonalen Bezug aus, um dann im letzten Moment doch in einen Nebenbereich einzubiegen. Regelmäßig wechselnde Klänge rufen eine leichte Vertrautheit hervor, welche aber bald wieder aufgegeben wird. Das Schwebende wird zum Prinzip, die Musik scheint zunehmend ätherische Bereiche aufzusuchen. Aber auch hierin verliert sie sich nicht, vielmehr wird nach Momenten der Entrückung wieder an die vorausgegangenen Abschnitte angeknüpft und so die ›Fassung bewahrt‹.

Insgesamt scheint es, als ob Ravels Pavane die höfische Erfahrungswelt musikalisch abbildet.[11] Das tänzerische Element des Erhöhens klingt an, ein geformter Ablauf gibt den Zusammenhalt, und die kleine Dimension eines abgezirkelten Spiels wird beibehalten. Das Ganze steht im Halbschatten einer Erinnerung an Traditionen, die nur noch zu imaginieren sind. Spannend ist es, wie Studierende dieses Stück empfinden und beschreiben, wenn sie sich bewegend auf die Musik einlassen.

Einstieg
- Jede/r gestaltet solistisch drei Phrasierungsbögen mit Atemgeräuschen (Strömungslaute),[12] die von der Gruppe durch gestische Bewegungen mitgestaltet werden.
- Eine/r gibt drei Phrasierungsbögen gestisch vor, die von der Gruppe mit Strömungslauten umgesetzt werden.
- Drei Phrasierungsbögen werden nach Bildvorlage (Abb. 1) mit Strömungslauten und gestisch wie zuvor umgesetzt, allerdings noch metrisch ungebunden.

Warm-up in Bewegung
- Freies Gehen und Laufen im Raum, mit unterschiedlichen Tempi, Schrittgrößen, Raumrichtungen, Raumwegen.
- Person A bewegt sich in einem selbstgewählten Tempo durch den Raum. Die Gruppe passt sich dem Fortbewegungstempo an, bis Person A stehen bleibt. Person B wählt ein neues Tempo usw.

---

11 Die Pavane ist ein langsamer, feierlicher höfischer Schreit- und Prunktanz der Renaissance, vermutlich spanisch-italienischer Herkunft.

12 Strömungslaute (f, s, ß, sch, ch) sind stimmlose Frikative, die ohne Beteiligung der Stimmorgane gebildet werden. An verschiedenen Artikulationsstellen wird der ausströmenden Luft ein Widerstand entgegengesetzt.

Abbildung 1: PUID (Pavane pour une infante défunte), *T. 1-12,
drei Phrasierungsbögen*

[musical notation: ♩ = 54, p, mf, Cédez; En mesure, p, en peu retenu, pp, En élargissant, f]

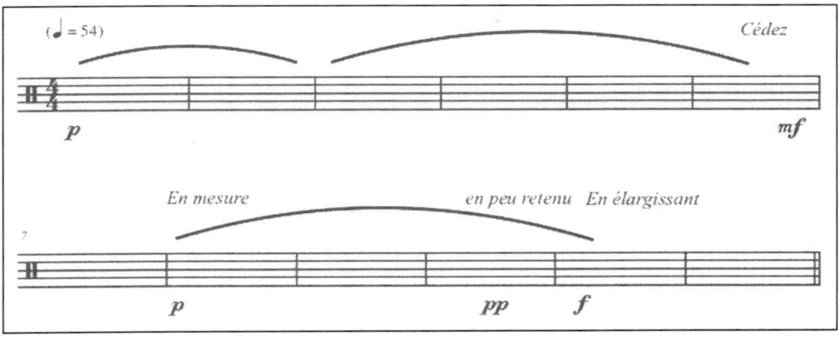

- Aufgabe wie zuvor, Person A (anschließend B, C usw.) bewegt sich durchgehend im einmal gewählten Tempo; die Gruppenmitglieder können dazu ihr Tempo halbieren oder verdoppeln.

Phrasierungsbögen und rhythmisches Referenzsystem
- Person A gibt das Fortbewegungstempo vor, das von der Gruppe übernommen wird (Schritte = Grundschläge/Viertelnoten). Sobald A mit den Strömungslauten einsetzt, werden die vorgegebenen Phrasierungsbögen von allen unisono ebenfalls mit Strömungslauten umgesetzt, diesmal auf den Grundschlag als Referenz bezogen (Abb. 1). Nachdem zwölf Takte vorbei sind, bleiben alle stehen. Person B gibt ein neues Tempo vor. Sie setzt mit dem ersten Phrasierungsbogen mit Strömungslauten ein, sobald die Gruppe sich im Fortbewegungstempo mit ihr koordiniert hat usw.
- Nach einem stimmlichen Warm-up bewegen sich alle im gleichen Tempo durch den Raum. Jede/r improvisiert leise Melodien über die drei Phrasierungsbögen. Variante: Alle bewegen sich, ein/e Instrumentalist/in improvisiert Melodien, angelehnt an die drei Phrasierungsbögen.
- Die Lehrperson gibt das Fortbewegungstempo vor und singt die ersten zwölf Takte der Melodiestimme der *Pavane pour une infante défunte* mit dem reduzierten Rhythmus ohne die Haltebögen (Abb. 2). Die Gruppe bewegt sich im Hörmodus dazu (freies Gehen im Raum in Koordination mit dem Fortbewegungstempo der Lehrperson; Schritte = Grundschlag). Takt 1-2 wird mehrmals wiederholt, anschließend T. 3-6 und T. 8-10, bis alle die jeweilige Phrase erst innerlich (wahrnehmend) ›singen‹, dann real mitsingen, während sie sich weiter dazu im Raum bewegen. Die Lehrperson singt die zwölf Takte mehrmals wieder im Zusammenhang. Die Gruppe nimmt wahr, memoriert und singt schließlich mit.

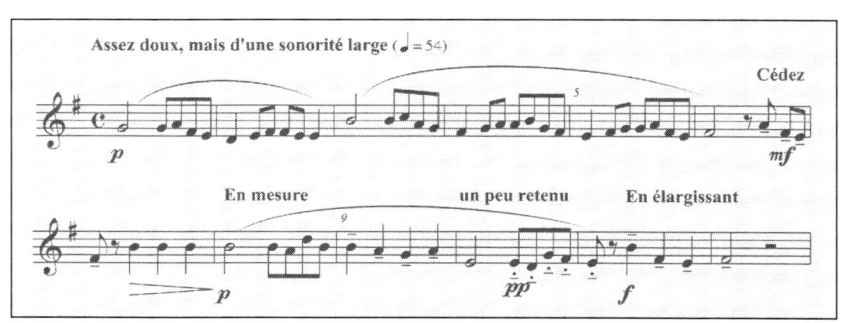

Abbildung 2: PUID, T. 1-12, Melodie mit reduziertem Rhythmus ohne Haltebögen

Musik hören, notieren, verbalisieren

- Die Studierenden notieren die Melodiestimme der Pavane mit dem reduzierten Rhythmus ohne die Haltebögen und vergleichen ihre Version mit der Vorlage (Abb. 2).
- Die Lehrperson spielt die ersten zwölf Takte der Pavane nun am Klavier in der Originalfassung. Die Studierenden tragen die entsprechenden Haltebögen in die Vorlage ein (Abb. 3).
- Reflexionen und Gespräch über die Wirkung der Haltebögen, Melodik, Harmonik und Periodik dieser zwölf Takte.

Schon in der rhythmisch vereinfachten Melodieversion (Abb. 2) ist der wechselhafte, zu kleinen Ausbrüchen und Unterstreichungen, aber auch zu innigen Verzögerungen neigende Charakter der ersten zwölf Takte zu erkennen. Die periodische Aufteilung bildet den Rahmen für interne Unregelmäßigkeiten, für kleine Erweiterungen, für sich selbst vergewissernde kurze Wiederholungen des gerade Gesagten und für ein gelegentliches ungeduldiges Verkürzen. All dies macht spürbar, dass es sich um eine ambitionierte Ausgestaltung einer überkommenen Form handelt.

Erlebt werden kann in diesen Settings der Aufbau der zwölf Vierviertaktakte (Abb. 3). Sie sind periodisch gebildet, mit einem siebentaktigen Vordersatz, und einem fünftaktigen Nachsatz, der mit dem Vordersatz verschränkt ist. Der Vordersatz besteht aus einer zweitaktigen Phrase (T. 1-2) und beginnt mit g'. Deren erste Hälfte wird abgespalten, nun beginnend mit h', dann wird sie zwei Mal abwärts sequenziert, sodass vier Takte entstehen (T. 3-6). Ein echoartiger Schluss wird angefügt (T. 6-7). Der Nachsatz ab T. 8 wird mit einem langen Auftakt auf dem Ton h' vorbereitet und greift die Phrasenwiederholung von T. 3ff auf. Er ist jetzt auf fünf Takte verkürzt und klingt durch die Portati in T. 9 und T. 11 gewichtiger. Der Aufbau kann anhand der Phrasierungsbögen gespürt werden. Die Phrasierung unterstützt den Aufbau des Abschnitts, indem sie die Taktgruppen zusammenfasst.

Abbildung 3: PUID, T. 1-12, Melodiestimme mit den Haltebögen

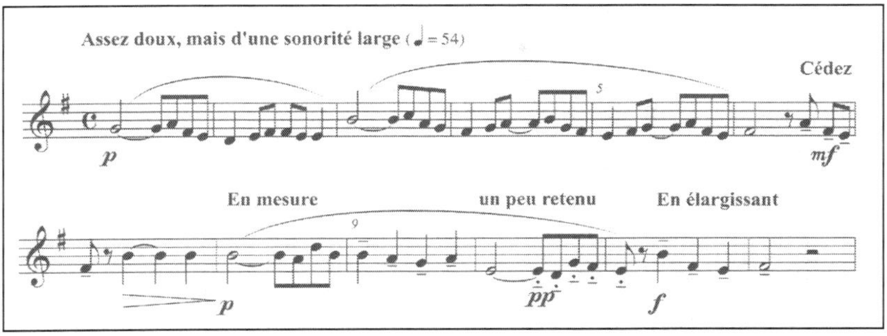

Gekoppelt an die Bewegung als Zeitreferenz hören die Studierenden den Melodie-Rhythmus mehrmals in einem ›Aktiv-passiv‹-Modus, können diesen in Ruhe wahrnehmen, verinnerlichen, im Gedächtnis behalten und schließlich selbst singen und spielen. Im Gedächtnis verankert kann er schließlich notiert werden. Dies ist vielleicht nicht die schnellste Methode der Gehörbildung, aber sie ist nachhaltig. Wer ohne Aktionismus und Zeitdruck Musik auf sich einwirken lässt und verinnerlicht, entwickelt sein Gehör langfristig. Das Konzentrieren auf den Melodierhythmus ist eine Form der angewandten Analyse. Ist der A-Teil erst einmal als Ganzes und in verschieden differenzierten Ausformungen erkannt, können einzelne Merkmale herausgelöst werden.

Je nach Vorerfahrungen und Vorlieben empfinden die Studierenden die Musik als zerbrechlich, zart, schwebend, transparent. Für einen Studierenden strahlt sie eine Ruhe aus, einer anderen fällt auf, dass sie keinen Höhepunkt anziele. Das Prinzip der Wiederkehr oder der Variation von Abschnitten herrsche vor. Die von den Studierenden beschriebene Wirkung des A-Teils der Pavane wird durch spezielle Satzmerkmale und die Besonderheiten auf rhythmischer Ebene hervorgerufen.

GEHÖRBILDUNG UND TONSATZ MIT STIMME UND BEWEGUNG

Harmonische Quintfallsequenz

Um die harmonischen Fortschreitungen von Ravels *Pavane pour une infante défunte* zu verstehen, wird ein Exkurs zu dem Jazzstandard *Fly me to the Moon* unternommen. Dieses von Bart Howard 1954 veröffentlichte Stück ist bekannt für die harmonische Quintfallsequenz, die im Jazz oft auch »Turnaround« genannt wird.

Abbildung 4: Bart Howard, Fly me to the Moon, Akkorde von T. 1-8.
Die Pfeile verweisen auf die harmonischen Quintfälle.

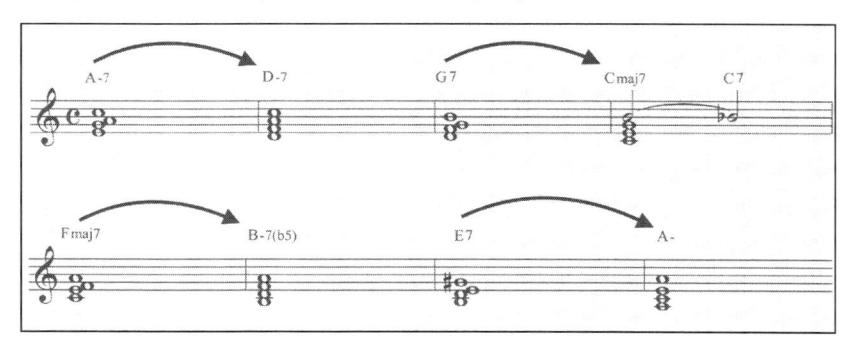

Durch das gleichmäßige Fallen entwickelt sich ein Gefühl von Vertrautheit mit der Klangfolge. Zusammen mit dem Text ruft das Stück die Vorstellung von Schweben und Leichtigkeit hervor. Damit ähnelt es in seiner Wirkung dem von Ravel.

- Zu einer Aufnahme von *Fly me to the Moon*[13] bewegen sich die Studierenden mit Bounce-Schritten improvisatorisch tanzend im Raum.
- Nach einem Gespräch über die Bounce-Bewegungen, die durch die Swing-Musik angeregt werden und einen Bewegungskontrast zu den langsam schreitenden Pavane-Schritten darstellen, wird die gehörte Harmonik besprochen und mit der Notenvorlage verglichen (Abb. 4). Da auch Ravels *Pavane pour une infante défunte* solche Sequenzen enthält, liegt die Vermutung nahe, dass sie ebenfalls auf dem harmonischen Quintfall beruhen.

In der Melodiestimme von *Fly me to the Moon* sind die Sequenzen unverkennbar. Die ersten beiden Takte bilden das Modell der Sequenz, der a-Moll-Septakkord des ersten Takts wird zum d-Moll-Septakkord des zweiten Takts weitergeführt, dabei entsteht der harmonische Quintfall. Dieses Modell wird anschließend drei Mal einen Ton abwärts sequenziert, vom G-Dur-Dominantsept zum C-Major, vom F-Major zum h-Halbvermindert und vom E-Dominantsept zum a-Moll. Der Quintfall findet also insgesamt vier Mal statt (siehe Abb. 4). Er steht hier am Anfang des Stücks in der Tonart a-Moll.

---

13 Z.B. Aufnahme mit Frank Sinatra und der Count-Basie-Band auf dem Album *It might as well be swing* (1964).

Abbildung 5: Ravel, PUID, T. 3-6, reduzierte Oberstimme. Gegeben ist die Oberstimme, gesucht ist die Unterstimme.

Wie lässt sich dieses Prinzip auf die Melodiestimme der *Pavane pour une infante défunte* übertragen, die ebenfalls Sequenzen aufweist? Zu finden ist eine Unterstimme, die die Quintfälle enthält. Beachtet werden soll Ton für Ton der Intervall-Zusammenklang zwischen Ober- und Unterstimme. Jeder Ton der Unterstimme wird dann als Akkord ausgesetzt, er bildet jeweils den Grundton. Das Finden der Unterstimme ist eine Kontrapunktaufgabe, denn Kontrapunkt beschäftigt sich traditionell mit den Intervall-Zusammenklängen zwischen zwei Stimmen und ihrer Abfolge. Da aus der Unterstimme Akkorde abgeleitet werden, handelt es sich um einen harmonischen Kontrapunkt.

Ausgewählt ist der Melodieausschnitt der zweiten Phrasierung aus der Pavane (T. 3-6). Die Stimme ist bearbeitet, zur Erleichterung sind einige Vorhalte auf ihre Hauptnote reduziert. Zu finden ist der richtige Anfang der Quintfallsequenz.

Es schult das Hören besonders, wenn die zweite Stimme zunächst singend ausprobiert und dann erst notiert wird. Als Vorübung singen alle eine harmonische Quintfallsequenz in G-Dur, mit den Tönen g'-c' - fis'-h - e'-a - d'-g. Gesungen wird je nach musikalischer Vorbildung auf Tonnamen, absoluten oder relativen Tonsilben (Solmisation oder Jale[14]) oder Stufenzahlen – zur Übung auch in einer Benennung, die einem selbst weniger vertraut ist. Zur Visualisierung werden auch Handzeichen einbezogen. Nun singt eine Hälfte der Gruppe die Oberstimme, die andere die Unterstimme. Gelingt der zweistimmige Gesang, wird beim Singen jeweils der Zusammenklang hörend bestimmt und die dem Intervall entsprechende Zahl mit den Fingern gezeigt. So werden die Tonabstände sinnlich erlebt (Abb. 5).

Es liegt nahe, die Sequenz mit dem Grundakkord G beginnen zu lassen (siehe Abb. 5). Doch dabei stellt sich heraus, dass als Zusammenklang meistens eine Oktave entsteht, was klanglich nicht überzeugt.

---

14 *Jale* ist ein Unterrichtskonzept von Richard Münnich, das auf einer relativen Solmisation (mit den Silben ja, le, mi, ni, ro, su, wa, ja) und Handzeichen aufbaut. Es wurde hauptsächlich in der Musikpädagogik der DDR angewendet.

Abbildung 6: Ravel, PUID, T. 3-6, reduzierte Oberstimme. Gegeben ist die Oberstimme, gesucht ist die Unterstimme. Alternative Lösung

Das hörende Bestimmen beim zweistimmigen Singen der Zusammenklänge von *Fly me to the Moon* zeigt, dass dort alle zwei Takte eine Dezime zwischen der Oberstimme und dem Grundton des Akkords entsteht. Offensichtlich ist es günstiger, wenn der Melodieton zur Terz wird, wenn also der Anfangston c'' ein a als Unterstimme erhält. Mit dieser Information wird ein zweiter Kontrapunkt zur vereinfachten Melodie der *Pavane pour une infante défunte* versucht: Die Quintfallsequenz soll erst beim zweiten Melodieton c'' einsetzen, dieser wird mit a in der Unterstimme unterlegt (siehe Abb. 6), genau wie in dem Jazzstück der erste Ton. Von hier aus läuft die Quintfallsequenz ab mit den Unterstimmentönen A - d - G - c - Fis - h. Allerdings steht diese Quintfallsequenz nicht mehr in G-Dur, sie bezieht sich vielmehr auf die Tonart e-Moll. Sie setzt in der iv. Stufe von e-Moll ein und endet auf der v. Stufe h-Moll.

- Das Hören der Intervalle beider Beispiele (Abb. 4 und 6) wird in einem Bewegungssetting vertieft. Gruppe A singt die Melodie, Gruppe B singt die Bass-Töne (Rollentausch). Beide Gruppen bewegen sich dabei rhythmisch koordiniert (Fortbewegungstempo = Grundschlag), aber auf individuell freien Raumwegen. Dabei wechseln sie zwischen einer ternären Swing-Phrasierung der Melodie von *Fly me to the Moon* (Harmonien Abb. 4), die die Bounce-Bewegungen erfordert mit einer langsameren binären Umsetzung ab (Abb. 6), zu der mit Schrittelementen der Pavane improvisiert werden kann.

Die Studierenden erleben in der Bewegung die Quintfallkadenz und ihre harmonische Energetik. Sie können sich in der Bewegung als Zeit- und Energiereferenz koordinieren, um freier zu singen und auf die Intervalle zu achten, die sie bei der Zweistimmigkeit produzieren.

Ravels *Pavane pour une infante défunte* wurde vielfach im Jazz rezipiert. *The lamp is low* von Peter DeRose und Bert Shefter greift die Quintfallsequenz in Form von ii-V-i-Verbindungen auf. In der Aufnahme von Mildred Bailey aus dem Jahr 1939 klingen sowohl die Harmonieprogressionen als auch Ravels Melodiestimme

Abbildung 7: Pierre Attaignant, Pavenne 6, T. 1-5.

als Zitat in der Klarinettenstimme an. Das Stück bildet den spannungsreichen Charakter von Ravels Vorlage in einer Bigband-Instrumentierung mit Gesang nach.

Mit dem vorübergehenden Schließen auf der V. Stufe der Tonart e-Moll nach dem Beginn in G-Dur lässt Ravel die Klanglichkeit historischer Pavanen-Kompositionen anklingen. Pierre Attaignants 6. Pavenne (um 1530) beginnt mit der Finalis b und erreicht schon zu T. 5 die Klausel in der V. Stufe d der Finalis g (Abb. 7). Damit weichen sowohl Ravels als auch Atteignants Stück bereits wenige Takte nach Beginn in die sechste Stufe der Ausgangstonart aus und schließen dort auf deren Quintklang.[15] Mit dem frühen Hinwenden in den Bereich von e-Moll greift Ravel die tonartliche Führung von Renaissance-Pavanen auf und hält das Stück in der Schwebe.

Das Verhältnis Ravels zu seinen musikalischen Vorbildern untersucht Ortrud Kuhn-Schließ. Sie sieht nach eingehender Analyse in Ravels Stück »die Eigenart des Ravel'schen Stils, der sich darin auch als klassizistisch, d.h. auf Vorbilder und Einflußbereiche bezogen, erweist [...]« (Kuhn-Schließ 1992: 118). Demnach bezieht sich Ravel in seinen Werken auch auf musikgeschichtliche Vorbilder. Diese klassizistische Tendenz in Ravels Schaffen ist gerade in der *Pavane pour une infante défunte* unverkennbar. Durch die Gegenüberstellung mit einer Pavane aus der Renaissancezeit lässt sich ein tieferes Verständnis für die tonartliche Gestaltung Ravels erreichen.

---

15 Der Schlusston d' der Bassstimme wird aus dem oberen Halbton es' erreicht (T. 4-5). Bernhard Meier diskutiert diese Wendung im Zusammenhang mit Stücken im neunten Ton und bezeichnet sie als »phrygisierend« (Meier 1992: 88). Ravel setzt also eine zur Pavenne analoge Fortschreitung ein. Er verzichtet lediglich auf die Erhöhung der Terz im Schlussklang, verwendet also nicht die piccardische Terz dis', sondern den leitereigenen Ton d' (T. 6).

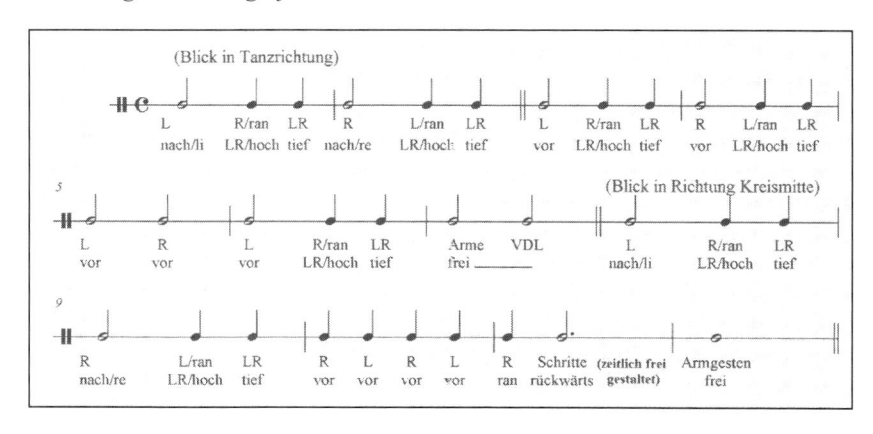

Abbildung 8: Choreografie zum A-Teil der PUID

L = linker Fuß, R = rechter Fuß, LR/hoch = linke und rechte Ferse gleichzeitig anheben, LR/tief = linke und rechte Ferse gleichzeitig absenken, nach/li = nach links, nach/re = nach rechts, VDL = Vierteldrehung links

Bewegung als Blaupause des Hörens

- Die Studierenden lernen die historischen Pavane-Grundschritte und tanzen sie zu verschiedenen Pavane-Stücken, um sich in das Klima der Renaissance-Musik auch körpersinnlich hineinzufühlen und zu imaginieren (Abb. 8, T. 3-6).
- Reflexionen über das Tanzgefühl und die Passung von Pavane-Schritten und Pavane-Musik werden im Gespräch ausgetauscht. Bei der tanzenden Begegnung mit der 6. Pavenne von Pierre Attaignant, die wegen der Tonartenführung ausgewählt wurde, fällt die Diskrepanz der fünftaktigen ersten Phrase zu der viertaktigen Pavane-Tanzschritt-Phrase auf. In der Bewegung kann hier ein Innehalten oder die Andeutung einer Referenz im fünften Takt auf der Dominante gewählt werden.
- Zur Stabilisierung und improvisatorischen Verfügbarkeit der Pavane-Schritte bewegen sich die Studierenden frei wechselnd im Viertel-, Halbe- und Achtel-Tempo zu der von der Lehrperson improvisierten Musik durch den Raum. Aufgabe: Jede/r für sich improvisiert zwischendurch mit Elementen der Pavane-Schritte (Abb. 8, T. 3-6), sodass eine Bewegungsmehrstimmigkeit im Raum wahrnehmbar ist. Eine von der Lehrperson vorgegebene Choreografie, basierend auf Pavane-Tanzschritten, wird im Kreis, passend zum A-Teil von Ravels Pavane geübt (ohne Musik), bis die Bewegungssequenzen sicher und vertraut sind (Abb. 8). Diese Choreografie basiert auf dem Idiom der Pavane-Schritte und weiteren, improvisatorisch angelegten gestischen Bewegungselementen. Sie adaptiert die in Abbildung 1 gekennzeichneten Phrasierungsbögen und die rhythmisch-melodisch

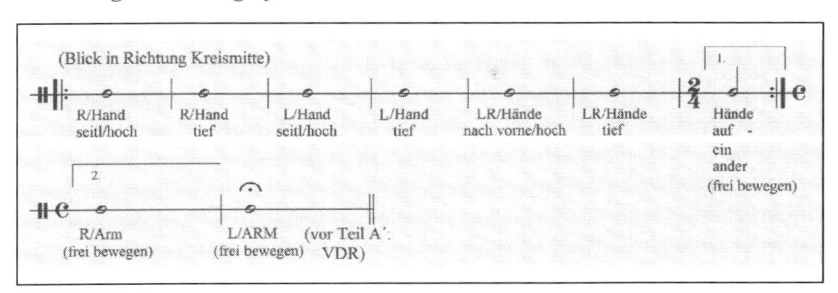

Abbildung 9: Choreografie zum B-Teil der PUID

```
(Blick in Richtung Kreismitte)
R/Hand     R/Hand    L/Hand      L/Hand    LR/Hände        LR/Hände    Hände
seitl/hoch tief      seitl/hoch  tief      nach vorne/hoch tief        auf-
                                                                       ein
                                                                       ander
                                                                       (frei bewegen)

R/Arm           L/ARM          (vor Teil A':
(frei bewegen)  (frei bewegen)  VDR)
```

R/Hand = rechte Hand, L/Hand = linke Hand, R/Arm = rechter Arm, L/Arm = linker Arm, VDR = Vierteldrehung nach rechts

harmonischen Wendungen des Vorder- und Nachsatzes durch das Schritt- und Gestik-Material sowie durch die Raumausrichtung der tanzenden Körper.

- Zu einer Live-Musik am Klavier oder einer Klavieraufnahme von Ravels Pavane tanzt die Gruppe jeweils zum A-Teil die geübte Choreografie. Im B-Teil zeigt die Lehrperson Bewegungen, die von der Gruppe sofort mimetisch aufgegriffen werden können (Abb. 9).

Für das intensivere, mehrfache Hören des C-Teils wird ein neues Bewegungssetting angeboten und zu einer Partneraufgabe eingeladen. Auslöser für die Bewegungsimprovisation ist das Bild *Las Minenas* von Diego Velázquez (1656-1657)[16]. Die Gruppenmitglieder arbeiten paarweise und lassen sich von dem Bild zu einem Bewegungsthema inspirieren (entweder szenische Aktionen oder abstrakte Bewegungen). Die Partner/innen probieren eine wiederholbare Bewegungssequenz zu ihrem Thema und führen diese jeweils der Gruppe vor.

---

16 Das Gemälde stellt einen Raum des spanischen Hofes in der Hauptresidenz von Philip IV. dar. Es zeigt das Königspaar (im Hintergrund) und seine Kinder sowie Bedienstete. Zu sehen ist ebenfalls der Maler selbst, an einer großen Leinwand arbeitend, aber mit Blick auf den Betrachter von *Las Minenas*. Dieses Ölgemälde gilt in der Kunstgeschichte als durchdachtes Werk, das selbstreflexiv darauf verweist, was ein Gemälde darstellen kann. Maurice Ravel wurde von Velázquez zu seiner *Pavane pour une infante défunte* inspiriert. »Ravel sagt selbst auch, die aristokratische Formalität des langsamen Tanzrhythmus im Stück würde ›eine Pavane‹ beschwören, ›die eine Prinzessin aus längst vergangenen Zeiten an einem Hof in Spanien getanzt haben mag‹. Danach erklärte er das Wort *défunte* jedoch folgendermaßen: Die Musik sei ›keine Trauerklage für ein totes Kind, sondern eine Vorstellung von einer Pavane, wie sie vielleicht von so einer kleinen Prinzessin in einem Gemälde von Velázquez getanzt wurde.‹« (McDonald 2010: 8, Herv.i.O.)

Tabelle 1: Mögliche Paar-Choreografie zum C-Teil der PUID

Takt (T.)	Paar-Choreografie
T. 40-41	A bewegt sich vom Kreis weg durch den Raum (leichte Laufschritte, angeregt durch den Gestus der Musik, aber rhythmisch frei fließend zur Musik); B folgt als ›Schatten‹.
T. 42-43	A und B stehen sich gegenüber und ›malen‹ im Gestus der Musik (Führungspunkte/-flächen = Hände).
T. 44-45	A bewegt sich durch den Raum; B folgt als ›Schatten‹.
T. 46-49 (T. 49 = 2/4)	A und B stehen sich gegenüber und ›malen‹ im Gestus der Musik.
T. 50-51	B bewegt sich durch den Raum; A folgt als ›Schatten‹.
T. 52-53	B und A stehen sich gegenüber und ›malen‹ im Gestus der Musik.
T. 54-55	B bewegt sich durch den Raum zum Kreis zurück (wie alle ›B-Partner/innen‹); A folgt als ›Schatten‹.
T. 56-59 (T. 59 = 2/4)	B und A stehen sich gegenüber und ›malen‹ im Gestus der Musik.

- Im Gespräch tauscht sich die Gruppe darüber aus, wie jedes Paar die Aufgabe gelöst hat. Das Bewegungsmaterial wird analysiert und kategorisiert (narrativ, szenisch, pantomimisch, abstrakt?) und auf die ›Passung‹ zur Musik hin untersucht (approximativ, kongruent, kontrapunktisch, aleatorisch, die Musik ignorierend?).
- Die Paare verändern und erarbeiten ihre Bewegungssequenz nun so, dass sie die Phrasierungen des C-Teils widerspiegelt und ›nachgestaltet‹. Sie präsentieren ihre Ergebnisse. Abschließend wird beraten, welche der Bewegungssequenzen von allen Paaren übernommen werden können, um sie als Paar und als Gruppe gut koordiniert zur Musik umzusetzen (Fokus: Phrasierung, Energetik, Dynamik, Rhythmik, Melodik, Hauptstimme/Begleitung, Harmonik?, vgl. Tab. 1).

Die vorgegebene und z.T. von den Studierenden selbst entwickelte Choreografie dient als ›Blaupause‹[17] für das ›aktiv-passive‹ Hören und Nachgestalten der Musik. Nachdem die choreografisch festgelegten und improvisatorischen Anteile mehrfach zur Klavierfassung der *Pavane pour une infante défunte* ausprobiert wurden,

---

17 *Blaupause* wird in diesem Zusammenhang als ›Bewegungsfolie‹ für das intensivierte Hören betrachtet. Die Musik kann sich dabei ins Bewegungsgedächtnis ›einschreiben‹.

kann dieses Bewegungsmaterial zum Mitverfolgen der Form (A-B-A´-C-A´´),[18] zur Wahrnehmung der Rhythmik, Melodik, Harmonik, Satztechnik und Klangfarbe verwendet werden.[19] Die von Ravel instrumentierte Orchesterfassung sowie eine Interpretation des Gitarristen Larry Coryell,[20] die auch improvisatorische Anteile enthält, werden herangezogen und lassen sich mit dem erarbeiteten Bewegungsmaterial hörend erforschen.

Welche Unterschiede in der Bewegungsausführung ergeben sich beim Hören der Orchesterinstrumentierung und wie werden die interpretatorischen Freiheiten von Larry Coryell körpersinnlich nachempfunden? Subjektive Empfindungen werden mit dem musiktheoretischen Einblick in das Stück reflektierend zusammengeführt.

RESÜMEE

Wie können Studierende etwas »vom Klang dieser Akkorde« erfahren, um Elfriede Feudels Frage von 1926 aufzugreifen, die wir diesem Beitrag als Motto vorangestellt haben? Wie können sie »eigene musikalische Gedanken« entwickeln? Die Frage zielt auf den Ursprung jeder musikalischen Betätigung: Wie gelingt es, die Musik mit mehreren Sinnen und als Ausdruck unserer individuellen Empfindungen zu erleben und unseren eigenen Zugang zu finden? Wir haben versucht, uns diesem Anspruch zu stellen, indem wir Verbindungen zwischen der Musiktheorie und der Rhythmik hergestellt haben, die im Fächerkanon der Hochschulen getrennt sind. Die Arbeit im Tandem hat sich als befruchtend herausgestellt und durch die gemeinsame Planung, Durchführung und Nachbereitung neue Ressourcen freigesetzt.

Ein Schlüssel für die gelingende Durchführung liegt in der Reduktion. Die Ausschnitte müssen so gewählt werden, dass sie überschaubar und herausfor-

---

18 Zur Visualisierung der Rondoform werden ›Formkarten‹ hinzugezogen. Die drei Teile der Rondoform werden immer länger, das kann auch durch die Karten visualisiert werden. Der A-Teil wirkt als ein Ganzes, der B- und der C-Teil hingegen sind in sich halbiert: Die zweite Hälfte ist jeweils eine auskomponierte Wiederholung der ersten Hälfte.

19 Während Forschungen zur Zeitdimension im Wechselspiel von Musik und Bewegung bereits weit fortgeschritten sind, besteht ein Forschungsdesiderat bezüglich der Frage, ob bestimmte musikalische Gestaltungselemente bei der Wahrnehmung und körperlichen Umsetzung von Musik je nach Kontext dominieren (vgl. Fußnote 4).

20 Larry Coryell auf dem Album *The Restful Mind* (LP: Vanguard 1975; CD: Universe 2013).

dernd zugleich sind. Die Beschäftigung mit dem Ausschnitt erfolgt in mehreren Durchgängen. Begonnen wird mit basalen Übungen, dann werden mit zunehmender Komplexität die Fäden aufgenommen, die das Stück bietet. Tempo, rhythmische, melodische, harmonische, dynamische, artikulatorische und instrumentengegebene Gesichtspunkte werden berücksichtigt. Für die Musiktheorie bedeutet die Reduktion, die Ausschnitte zu bearbeiten und im Einfachen den Kern herauszuschälen. Die Studierenden setzen dann in der Bewegung Schicht um Schicht das zusammen, was die musikalische Analyse getrennt hat.

Die zweite Antwort auf die Frage nach dem Eigenen in der Musik liegt in dem Schöpferischen der Auseinandersetzung. In dem Reproduzieren von Musik muss immer auch ein Moment des Ausprobierens, des Selbst-Gestaltens liegen. Gemeinsam eine Bewegungsfolge erarbeiten, durch Improvisieren der Komposition auf die Schliche kommen und verschiedene Versionen ausprobieren sind unabdingbare Voraussetzungen für eine kreative Aneignung.

Ein dritter Schritt ist der Transfer. Wenn es gelingt, ein gefundenes Phänomen in einen anderen Kontext zu übertragen, entwickelt sich ein tieferes Verständnis für die Zusammenhänge. Durch die Konfrontation mit den Vorbildern der Gattung erhält das Stück eine historische Dimension. Jazzstücke einzubeziehen bedeutet, von einem Bereich zu profitieren, der immer schon in einem produktiven Austausch stand.

Den körperlichen Vollzug von Gestaltungsmitteln der Musik reflektieren und kognitiv ergründete, diskursiv erarbeitete Bausteine eines Musikstücks in der Bewegung lebendig nachgestalten, solche nicht linear gedachten ›Schleifen‹ und Perspektivwechsel könnten als gemeinsames Anliegen von Rhythmik und Musiktheorie weiter erforscht werden. Im Teamteaching auf Hochschulebene ergeben sich schon für die Lehrenden bereichernde Aspekte, die bisher nur selten in den Blick genommen wurden (Brandes/Theisohn 2017; Steffen-Wittek/Zimpel 2017). Auch die Auswirkungen solch transdisziplinärer Erkundungen auf die Musikpraxis mit Kindern, Jugendlichen und Erwachsenen wurden bisher kaum erforscht.[21] Die in der Kultur- und Tanzwissenschaft thematisierte Verkörperung von Musik, der Ansatz der *Embodied Music Cognition* (Leman 2008) und des *Embodied Music Listening* (Schroedter 2017) bieten auch für die Praxis der Rhythmik und Musiktheorie Grundlagen, die synergetisch weiterverfolgt werden können.

---

21 Siehe hierzu den Beitrag *Körper und Bewegung als Konstituenten musiktheoretischen Denkens* von Elisabeth Theisohn in diesem Band.

LITERATUR

Arnecke, Jörn (2017) »Vorwort«, in: Ders. (Hg.): Praktische Musiktheorie (Paraphrasen – Weimarer Beiträge zur Musiktheorie 5), Hildesheim/Zürich/New York: Olms.

Biesenbender, Volker (1992): Von der unerträglichen Leichtigkeit des Instrumentalspiels. Drei Vorträge zur Ökologie des Musizierens, Vorwort von Yehudi Menuhin (Wege – musikpädagogische Schriftenreihe 2), Aarau: Musikedition Nepomuk.

Brandes, Juliane/Theisohn, Elisabeth (2017): »Musik, Bewegung und ... Formenlehre? Werkstattbericht über ein interdisziplinäres Seminar«, in: Jörn Arnecke (Hg.): Praktische Musiktheorie (Paraphrasen – Weimarer Beiträge zur Musiktheorie 5), Hildesheim/Zürich/New York: Olms, S. 171-191.

Brandstetter, Gabriele (2012): »›Listening‹ – Kinaesthetic Awareness im zeitgenössischen Tanz«, in: Stephanie Schroedter (Hg.): Bewegungen zwischen Hören und Sehen. Denkbewegungen über Bewegungskünste, Würzburg: Königshausen & Neumann, S. 113-127.

Bünner, Gertrud/Leiser, Holmrike (1990): »Rhythmik – Rhythmisch-musikalische Erziehung«, in: Eva Bannmüller/Peter Röthig (Hg.): Grundlagen und Perspektiven ästhetischer und rhythmischer Bewegungserziehung, Stuttgart: Klett, S. 153-182.

Eberlein, Undine (2016): »Zwischenleiblichkeit. Formen und Dynamiken leiblicher Kommunikation und leibbasiertes Verstehen«, in: Dies. (Hg.): Zwischenleiblichkeit und bewegtes Verstehen. Intercorporeity, Movement and Tacit Knowledge (KörperKulturen), Bielefeld: transcript, S. 215-248.

Feudel, Elfriede (1982 [1926]): »Rhythmik«, in: Dies. (Hg): Rhythmik: Theorie und Praxis der körperlich-musikalischen Erziehung, Wolfenbüttel: Kallmeyer, S. 28-37.

Gugutzer, Robert (Hg.) (2006): body turn. Perspektiven der Soziologie des Körpers und des Sports (Materialitäten 2), Bielefeld: transcript.

Hochstadt, Christiane (2016): »Frühkindliches mimetisch-ästhetisches Erleben in Vorlesesituationen«, in: Roswitha Staege (Hg.): Ästhetische Bildung in der frühen Kindheit, Weinheim/Basel: Beltz Juventa, S. 181-202.

Koner, Pauline (1993): Elements of Performance: A Guide for Performers in Dance, Theatre and Opera, Chur: Harwood Academic Publishers.

Kuhn-Schließ, Ortrud (1992): Klassizistische Tendenzen im Klavierwerk von Maurice Ravel, Regensburg: Gustav Bosse.

Leman, Marc (2008): Embodied music cognition and mediation technology, Cambridge, Mass./London: MIT Press.

McDonald, Calum (2010): »Ravel (1875-1937) Pavane pour une infante défunte (1899, orch. 1910)«, in: Booklet LSO live, Ravel, Daphnis et Chloé, Boléro, Pavane pour une infante défunte, Valery Gergiev, London: London Symphony Chorus, London Symphony Orchestra, S. 8, https//www.chandos. net/chanimages/Booklets/LS0693.pdf vom 22.09.2018.

Meier, Bernhard (1992): Alte Tonarten. Dargestellt an der Instrumentalmusik des 16. und 17. Jahrhunderts, Kassel: Bärenreiter.

Merleau-Ponty, Maurice (1977 [1966]): Phänomenologie der Wahrnehmung (6. Aufl., Phänomenologisch-psychologische Forschung, hg. von C.F. Graumann und J. Linschoten, Bd. 7), Berlin: Walter de Gruyter & Co.

Oesterhelt-Leiser, Holmrike (2014): »Bewegungsimprovisation – Ein Konzept«, in: Marianne Steffen-Wittek/Michael Dartsch (Hg.): Improvisation: Reflexionen und Praxismodelle aus Elementarer Musikpädagogik und Rhythmik (ConBrio Fachbuch 18), Regensburg: ConBrio, S. 229-271.

Pfeffer, Charlotte (1982 [1926]: »Die Methode Dalcroze im Dienste der musikalischen Berufsausbildung«, in: Elfriede Feudel (Hg.): Rhythmik. Theorie und Praxis der körperlich-musikalischen Erziehung, Wolfenbüttel: Kallmeyer, S. 70-74.

Schmidt, Steffen A. (2014): »Kulturen des musikalischen Rhythmus«, in: Christian Grüny/Matteo Nanni (Hg.): Rhythmus – Balance – Metrum. Formen raumzeitlicher Organisation in den Künsten, Bielefeld: transcript, S. 59-72.

Schroedter, Stephanie (2017): »Musik erleben und verstehen durch Bewegung. Zur Körperlichkeit des Klanglichen in Choreographie und Performance«, in: Lars Oberhaus/Christoph Stange (Hg.): Musik und Körper. Interdisziplinäre Dialoge zum körperlichen Erleben und Verstehen von Musik (Musik und Klangkultur 20), Bielefeld: transcript, S. 221-243.

Steffen-Wittek, Marianne (2011): »Die ›Befreiung‹ des Körpers. Die bewegungsexperimentellen Körperverfahren von Elsa Gindler, Dore Jacobs und Gerda Alexander wirken bis in unsere Zeit«, in: Üben & Musizieren 2, S. 12-15.

Steffen-Wittek, Marianne/Zimpel, Christhard (2017): »Schubert in Bewegung. Musikverstehen im Kontext der Hochschulfächer Rhythmik und Musiktheorie«, in: Jörn Arnecke (Hg.): Praktische Musiktheorie (Paraphrasen – Weimarer Beiträge zur Musiktheorie 5), Hildesheim/Zürich/New York: Olms, S. 193-225.

Stuckenschmidt, Hans Heinz (1966): Maurice Ravel. Variationen über Person und Werk, Frankfurt a.M.: Suhrkamp.

Wöllner, Clemens/Hohagen, Jesper (2018): »Gestural Qualities in music and outward bodily responses«, in: Clemens Wöllner (Hg.): Body, Sound and Space in Music and Beyond. Multimodal Explorations, London/New York: Routledge, S. 69-88.

Phrasierung

Bettina Rollwagen, Elisabeth Pelz

EINFÜHRUNG

Oft hört man, jemand wolle Zeit sparen, etwas schneller erledigen, um mehr tun zu können. Aber Zeit lässt sich nicht sparen, denn sie ist nichts anderes als Leben, das wir im Verlauf wahrnehmen (Geißler 2012). Sensomotorisch nehmen wir Zeit durch Bewegung wahr, durch Veränderung, durch den Wechsel von hell und dunkel, kalt und warm, einatmen und ausatmen, Systole und Diastole des Herzschlages, Anspannung und Entspannung. Zeit ist nicht als absolutes objektives Phänomen auffindbar, wie man seit der Veröffentlichung 1905 von Albert Einsteins Relativitätstheorie weiß (Wallace 2018: 41). Dennoch wurde Zeit in allen Kulturen definiert, um eine Ordnung zu schaffen. Sie wurde in Minuten, Stunden, Tage, Monate, Jahre unterteilt und analog zu den Bewegungen der Gestirne mithilfe von Uhren, Chronometern und Metronomen als ›objektive‹ Zeit messbar bzw. sichtbar gemacht.

In der griechischen Mythologie unterschied man zwei wesentliche Zeitqualitäten, symbolisiert als die Brüder ›Chronos‹ und ›Kairos‹. Während ›Chronos‹ den gezählten Takt, die gemessene Zeit verkörperte, stand ›Kairos‹ für den richtigen Zeitpunkt einer Handlung (Ziegler/Sontheimer 1979: 48). Der Zeitforscher Karlheinz Geißler legt dar, dass durch das Entstehen kapitalistischer Produktionsweisen zu Anfang des 19. Jahrhunderts die messbare Zeit (*Chronos*) zunehmend dominiert. ›Pausen‹, ›Warten‹, ›Wiederholungen‹ und ›Langsamkeit›, alles lebenswichtige Zeitqualitäten, die sich auch in der Musik wiederfinden, sind in einer »Zeit ist Geld«-Gesellschaft nahezu eliminiert worden (Geißler 2012). Viele Menschen erleben heute ständigen Zeitdruck, wobei es ja nicht die Zeit ist, die drückt, sondern das Verhältnis von ›Gewolltem und Gemusstem‹ zu dem ›Machbaren‹ unserer biologischen Organismen. Auch Kinder müssen Lern- und Arbeitsleistung inzwischen meist unter Zeitdruck erbringen und ihr Lernpensum ist weniger an ihren Fragen an die Welt orientiert, als am Zeittakt der Lehrpläne, Unterrichtsstunden und Freizeitaktivitäten.

Um diesem von außen aufgedrängten Zeitgeschehen etwas eigen Gewähltes und Gestaltetes entgegenzusetzen, ist es wichtig, dem Thema Phrasierung eine größere Rolle zukommen zu lassen. Phrasierung lässt sich auf den ›Bruder Kairos‹ beziehen, den richtigen Zeitpunkt. Sie orientiert sich an biologischen oder anders sinnhaften Prozessen und kann eine befriedigende Handlungsorganisation als Lebensqualität hervorbringen. Eine Phrase ist erstmal wörtlich ›ein Satz‹ und hat diese Bedeutung sowohl in der Musik, in der Sprache als auch in der Bewegungs- und Handlungsorganisation. Eine Phrase hat einen klaren Anfang und ein klares Ende. In jeder Bewegung, vom ersten Atmen bis zum Hochleistungssport oder bis zu einer Musikperformance, strukturieren Phrasen den zeitlichen Ablauf der Bewegung, sowohl zum Zweck der funktionalen Effizienz als auch im Sinne eines persönlichen und emotionalen Ausdrucks. Definitionen innerhalb der Musiktheorie werfen ein Licht auf die Bedeutung von Strukturen für ein sinnhaftes Erleben und auf das Einbeziehen unserer Wahrnehmungsphysiologie. »Komplexe Erscheinungen können vom Menschen nur dann ›begriffen‹ werden, wenn sie der Konstitution des menschlichen Wahrnehmens entsprechen. Begreifen geschieht durch Artikulieren, d.h. durch das Schaffen von Sinnzusammenhängen, von Struktur.«[1]

Im Folgenden werden fünf Arten von Phrasierungen vorgestellt, die eine positive Wirkung auf die Lebensqualität und das Lernen von Menschen jeden Alters haben. Die biologischen und neurophysiologischen Prozesse während der verschiedenen Phrasierungen werden jeweils skizziert. Jede Phrasierung besitzt eine Funktion oder Wirkung auf unsere somatischen Grundlagen. In der Laban-Bartenieff-Bewegungsanalyse (Kennedy 2014: 81ff.), im Kestenberg Movement Profil (Bender 2014) und auch im Body-Mind Centering (Hartley 2012) werden verschiedene Phrasierungsarten in der Bewegung unterschieden.[2] Die folgenden Ausführungen beziehen sich auf verschiedene Aspekte der Bewegungsphrasierung und ihrer entwicklungspsychologischen Betrachtung. Typische Störungsbilder zeigen auf, was geschieht, wenn gesunde Phrasierung nicht erlebt, vorgelebt und gestaltet wird. Exemplarische Unterrichtssequenzen und -methoden aus der Rhythmik veranschaulichen die Phrasierungsarten und ihre Wirkungen.

---

1 Musicademy. Die interaktive Lehrplattform, Stichwort »Phrasierung«, http://www.musicademy.de/index.php?id=2606 vom 15.01.2019.

2 Siehe auch den Beitrag *Tanz der inneren Ströme* von Irene Sieben in diesem Band.

FÜNF PHRASIERUNGSARTEN

1. Phrasierung: Beginn – Durchführung – Abschluss (oder Pause/Übergang statt Abschluss)

Vergleichbar mit einer musikalischen Phrase lässt sich die Bewegungsphrase in Anfang, Mitte und Ende gliedern, auch wenn sie rhythmisch-metrisch ungebunden ist (Bartenieff/Lewis 1980: 71). Laban drückt es in *Choreographie* so aus: »Jede Bewegung hat ihren Beginn in einem Stillstand, einen Weg, der zu einem neuen Stillstand führt und den zweiten Stillstand als Abschluss.« (Laban 1926: 75)

Gelungene wie misslungene Phrasierung wird, wenn in früher Kindheit erlebt, im impliziten Körpergedächtnis gespeichert und prägt unbewusst das Phrasierungsverhalten der Kinder. Das implizite Körpergedächtnis speichert alle unbewussten Bewegungsmuster und Automatisierungen. Es steht als zweites großes Gedächtnis neben dem expliziten, deklarativen Gedächtnis, welches Fakten mit Worten wiedergeben kann (Annunctiato 2010: Folie 55). Emmi Pickler beschreibt eindrücklich, wie wichtig es für Kinder ist, in ihrer natürlichen Phrasierung von Beginn, Durchführung und Abschluss wahrgenommen zu werden und wie schädlich das ständige Unterbrechen der Kinder für ihre Selbstorganisation, aber auch für Selbstwahrnehmung und Selbstwert ist (Pickler 1988). Kinder, die nie ›einen Punkt machen können‹, sondern ständig im freien Fluss bleiben, keinen Anfang und kein Ende finden, sind in ihren frühen Phrasierungen vermutlich nicht gut begleitet oder später in ihrem Lerntempo durch äußeren Druck ständig unterbrochen worden (Rollwagen 2010: 97f.). Beispielsweise zelebrierte ein Kind mit ›ADHS‹-Diagnose in einer Unterrichtsstunde pausenlose Bewegungen und ununterbrochenen Sprechfluss. Gefragt, ob es einmal einen Punkt machen könne, rief es: »Ich hasse den Punkt!« Das war deutlich zu sehen und spiegelt den inneren Zusammenhang von Nichtphrasierung in der Bewegung und Gründe fehlender Interpunktion in der Rechtschreibung wider. Auch im Verfassen seiner schriftlichen Arbeiten hatte es immer pausenlos geschrieben, an den Satzenden den Punkt ausgelassen und dafür schlechte Bewertungen erhalten.

Eine abwechselnde Phrasierung in einer Partnerarbeit im Unterricht, ›etwas vormachen, das von einem anderen Kind anschließend nachgemacht wird‹, kennzeichnet durch die Aufgabenstellung einen klaren Anfang und ein klares Ende sowie einen deutlichen Wechsel. Da Spiegelneuronen im Gehirn Bewegungen direkt erfahren und sie durch eigene spiegelnde Bewegungen beantworten können (Bauer 2002) und auch der prämotorische Kortex Gesehenes zur Vorbereitung der eigenen Motorik direkt nutzen kann (Annunctiato 2010), hilft der Wechsel von ›schauen‹ und ›machen‹, die Bewegung zu präzisieren und unterstützt die kleinste Einheit des

Lernens, die sensomotorische Schleife (siehe unten unter Punkt 4). Warum der heutzutage überwiegend getakteten Zeit, dem ›Chronos‹, die sinngebende Unterstützung der Phrasierung im ›Kairos‹ entgegenzusetzen ist, dafür sei noch ein weiterer neurobiologischer Grund genannt:

Heureka! Das Gehirn arbeitet neurophysiologisch wie ein Orchester. Im Erkenntnisprozess werden alle Sinneseindrücke und Verarbeitungen miteinander abgeglichen. Erst wenn alle Informationen im Bewusstsein zu einem Wahrnehmungsobjekt oder Sachverhalt zusammenkommen, stellt sich ein ›Aha-Erlebnis‹ ein, ist die neue Erkenntnis vollendet (engl.: critical insight). Wie Instrumente bei einem Orchestertusch, so synchronisieren sich in diesem Moment alle Teile des Gehirns zu dem einen ›Aha-Erlebnis‹, um gleich wieder neue Konstellationen einzugehen, die mit dem ›Wie weiter?‹ zu tun haben (Varela 2005: 453).

Nicht selten fehlt Kindern heutzutage die intakte Ausprägung aller Sinneswahrnehmungsfähigkeiten (Kannegießer-Leitner 2015: 17), sodass ihnen zu dem Erkenntnismoment eine Information fehlt bzw. sie mehr Zeit zum Verstehen und zur Verarbeitung bräuchten. Sie gelangen nicht zum Aha-Effekt und müssen frustriert ohne befriedigenden Abschluss die Lernzeit beenden. Zur Verbesserung der Wahrnehmungssituation und der sensorischen Integration können auch andere Phrasierungsarten beisteuern, wie später zu erläutern ist.

Die Erfahrung und das Erlernen von sinnhaftem und freudvollem Beginnen, Durchführen und Abschließen mit Pausen und Übergängen sind für Kinder von grundlegender Bedeutung.

2. Phrasierung: Anstrengung – Erholung
[I]st funktional im Sinne der physikalischen Bewegungsorganisation (Kennedy 2014: 81ff.) und der Erhaltung der vitalen Funktionen (Hartley 2012: 281).

›Anschwellen – Abschwellen‹, ›Anspannen – Entspannen‹ bezeichnen den rhythmischen Wechsel von Agonisten und Antagonisten, den beiden funktionellen Gegenspielern in der Bewegung.

»Wenn man die menschliche Bewegung beobachtet, fällt einem vor allem ein regelmäßiger Wechsel in derselben auf. Es ist ein Wechsel zwischen Anschwellen und Abschwellen der Kraftanspannung, zwischen der An- und Abspannung, die den Körper dehnt und zusammenzieht, hebt und senkt, der die ganze Bewegung einer Art Pulsschlag, einer Atmung unterwirft.« (Laban 1926: 48f.)

Die rhythmische Phrasierung von z.B. drücken und ziehen, beugen und strecken, die beim Laufen, Kraulen und vielen anderen Bewegungen stattfindet, gehört zu den kleinsten, meist unbewusst physiologisch gesteuerten Bewegungsphrasierungen von Beanspruchung und Erholung. Anstrengung und Erholung finden nicht nur im muskulären Bereich statt, sondern sie umfassen auch die vegetativen und anderen lebenserhaltenden großen Phrasierungen von

essen *und verdauen,*
wachen *und schlafen (träumend),*
erleben *und verarbeiten,*
Außenfokus (Umwelt) *und Innenfokus (Gefühle, Bedürfnisse),*
Spannung *und Entspannung.*

Im autonomen Nervensystem (ANS) wird die Phrasierung *Anstrengung – Erholung* von Sympathikus und Parasympathikus reguliert, sodass die Energien im Sinne eines Wohlgefühls und entspannter Wachheit ausbalanciert werden. Dabei ist der Sympathikus mit der erregenden Seite, mit Neugierde und Außenorientierung verbunden, und der Parasympathikus fokussiert die Innenorientierung, die Verdauung und Verarbeitungen von Informationen (Hartley 2012, 281ff.). Diese Arten der funktionellen, unbewussten Phrasierungen entwickeln sich von der Empfängnis an und haben sich in Jahrtausenden der Evolution von Lebewesen herausgebildet (Hartley 2012). Die Anlagen können sich nur durch das eigene Erleben von Beanspruchungswechseln im Rhythmus der Aktivierung und Ruhe entfalten. Es braucht das dreidimensionale körperliche Tun, um sie im impliziten Gedächtnis abspeichern zu können. Sie sind weder zu erdenken noch theoretisch zweidimensional von Papier oder digital von Bildschirmen zu erlernen.

Die Rhythmik spricht vom polaren Wechselspiel oder polarem Spannungsfeld, dem Verhältnis der polaren Kräfte und Faktoren eines Spannungsfeldes (Frohne 1981: 28). In diesem Spannungsfeld ist das Verhältnis von Stärke des einen Poles und Widerstand des anderen Poles wichtig, um sich in einem rhythmisch ausgeglichenen Verhältnis zu bewegen. Émile Jaques-Dalcroze hatte wiederum beobachtet, dass wir den Rhythmus unserer biologisch vegetativen Prozesse und unsere Körpersprache wahrnehmen können.

»Das Studium des Rhythmus soll uns dahin bringen, uns in allen Lebensäußerungen auf individuelle Weise zu gehaben, d.h. unser Fühlen dem natürlichen Rhythmus gemäß zu offenbaren, der uns eigen ist und der seinerseits von unserer Leibesbeschaffenheit, vom Kreislauf unseres Blutes, von unserem Nervensystem abhängt.« (Jaques-Dalcroze 1921: 111)

So könnte es von Vorteil sein, auch die Anstrengungs- und Erholungsphrasierung auf der somatischen Grundlage zu erkennen und zu verstehen. Damit würde man

Prozesse, die unserer Gesundheit, unserer Vitalität, dem Lernen und der Kreativität unterliegen, ins Bewusstsein heben und sich aneignen, um aktiv damit umzugehen. Doch in der heutigen Kultur existiert eben diese von Geißler auch aus der wirtschaftlichen Produktionsweise hergeleitete Verschiebung zur vermehrten Aktion, zum sensorischen pausenlosen Input, zur Anerkennung über Leistung, zur Überbeanspruchung des sympathischen Systems. Verloren gehen die anderen Zeitqualitäten von Pause und Langsamkeit, die Würdigung der Ruhe und Verdauungsphasen nach der Informationsphase: alles, was dem parasympathischen System zugeordnet ist. Die zunehmende Stress-Symptomatik in der Gesellschaft ist auch Ergebnis dieser nicht ausbalancierten Anstrengungs-Erholungs-Phrasierung.

3. Phrasierung: Antriebe

Rudolf von Laban interessierte sich für die Bewusstmachung der Bewegung in Tanz und Theater als Körpersprache im künstlerischen Sinn. Auch betonte er den pädagogischen Zweck, Körpersprache und Bewegung in Kunst und Alltag zu verstehen und zu fühlen. Es ging ihm um das Verhältnis der von außen beobachtbaren Bewegung und der Verbindung zu den inneren Emotionen, Einstellungen und dem Erleben in der Bewegung. »Unsere Emotionen, unser Wille zum Handeln, unsere Träume und Sehnsüchte, kurz unsere ganze innere Welt muss angerührt werden und in eine harmonische Beziehung zu den außen erscheinenden formenden Elementen gebracht werden.« (Laban 1984: 135) Deshalb untersuchte er in seiner Analyse die Verbindung zwischen den objektiv messbaren, von außen beobachtbaren physikalischen Bewegungsfaktoren Kraft, Fluss, Raum und Zeit und dem inneren Erleben, der inneren Haltung zu diesen Faktoren in einer Bewegungshandlung. Diese unterschied er in zwei gegensätzliche Pole und ihre graduellen Abstufungen. Er bezeichnete sie als ›erspürende‹ oder ›komprimierende‹ Ausprägungen des Bewegungsfaktors (Tab. 1).

Laban findet in der Beobachtung von Alltagsbewegungen verschiedene Kombinationen und Phrasierungen der Antriebselemente und identifiziert diese auch als ein natürliches Bedürfnis von Anstrengungs-Erholungs-Phrasierung. Man kann sich nicht ständig beschleunigend bewegen, ohne sich in einem Verzögern zu entspannen, sich direkt fokussieren, ohne sich im indirekten Umherschweifen zu erholen. Erholung sei in dem Fall kein Nichtstun oder Stille, sondern Tätigkeit in anderen Antriebselementen (ebd.: 70). Laban stellt auch fest, dass viele Menschen die innere Aktivierung einzelner Bewegungsfaktoren nicht beherrschen. »Ein derart gestörtes Gleichgewicht der Bewegungsantriebe mit seiner nachteiligen Auswirkung auf das Leistungsvermögen und Wohlbefinden des einzelnen und der Gemeinschaft kommt viel häufiger vor, als man gemeinhin annimmt.« (Ebd.: 69)

Tabelle 1: Bewegungsfaktoren: physikalisch messbar und innerlich erlebbar, bzw. die innere Haltung dazu- unterschieden nach R.v. Laben

Objektiv messbare Faktoren	Subjektive innere Haltung komprimierend bis erspürend
Zeit: Dauer/Geschwindigkeit	plötzlich – verzögernd
Kraft: Widerstand/Gewicht	kraftvoll – leicht/zart
Raum: Ausdehnung/Fokus	direkt/einfokus – indirekt/multifokus
Fluss: Progression	gebunden – frei fließend

Quelle: eigene Darstellung in Anlehnung an Kennedy 2014: 85

Eine Empfehlung von Laban folgt, dass Lehrer wie Kinder beide Pole eines Antriebs am ›eigenen Leib‹ üben sollten, um eine breite Palette von funktionalen wie emotionalen Fähigkeiten zu erwerben und bei anderen erkennen zu können (ebd.: 68f.).

Wenn man neurobiologisch sucht, wo die Regulierung der Bewegungskoordination je nach innerer Haltung zu Kraft-, Fluss-, Zeit- und Raum – also das ›Wie‹ der Bewegung – stattfindet, gelangt man zu den Basalganglien, die räumlich zwischen dem Groß- und Kleinhirn angeordnet sind. Die bewusst geplanten Bewegungen werden vom Großhirn, die automatisierten Bewegungen vom Kleinhirn gesteuert. Die Feinabstimmungen der Bewegung hinsichtlich der Antriebsfaktoren sind oft unbewusste Steuerungen, wenngleich sie auch von bewussten Informationen, den Erfordernissen der Umwelt oder dem emotionalen Bezug geleitet werden (Bähr/Frotscher 2014: 363). Sie sind daher dem impliziten Gedächtnis zuzuordnen.

Die Aktivierung und Phrasierung der Antriebselemente, das Einüben der Feinabstimmung von Kraft, Fluss, Raum-Aufmerksamkeit und Zeit der Bewegung, stellen ein funktionales und expressives Übungsfeld dar. Dabei geht es darum, beide Pole der jeweiligen Bewegungsfaktoren möglichst in verschiedenen Kombinationen und Phrasierungen aktiv auszuüben (Rollwagen 2007: 207f.). Zu viele Kinder nutzen heutzutage nur einen Pol: Sie sind z.B. immer im freien Fluss, umherschweifend im ganzen Raum mit ihrer Aufmerksamkeit, entweder zu kräftig oder nur kraftlos. Ein Beispiel: Ein Kind, in der Lerntherapie wegen Aufmerksamkeitsstörung und Lese-Rechtschreib-Schwäche, sollte wegen fehlender Zusatzräume im Musikraum arbeiten. Dort angekommen, spielte es ohne Unterbrechung im freien Fluss und ›multifokus-indirekt‹ sämtliche Instrumente. Mitten in einer Melodie brach es ab und zog neue Instrumente hinzu. Nach einer Weile der

Beobachtung bekam das Kind die Einladung, nur auf dem Xylophon zu spielen, laut und leise abzuwechseln und am Ende eines frei improvisierten Stückes, den letzten Ton laut und endbetont zu spielen, deutlich vernehmbar »fertig!« zu sagen und sich nach dieser Vorführung vor dem Beobachter zu verbeugen. Mit dieser klaren Aufgabe einer Kraft-Phrasierung fand es in die Intention, einen Anfang mit Durchführung und Ende zu gestalten, mit Genuss nahm es den kleinen Applaus als rückführende Energie entgegen. So erlebte es selber bewusst die Energie, die aus dem klaren Anfang und deutlich gekennzeichneten Abschluss der Handlung entsprang. Dies war der Beginn seiner zunehmenden Fähigkeit, Handlungen zu phrasieren. Nach einem Jahr Therapie (*Lernen.bewegt.entwickeln*) mit Phrasierungsübungen, auch im Antrieb, konnte es angemessen am Unterricht teilnehmen, selbständig die Tasche packen und die Lese-Rechtschreib-Schwäche mit weiterer Unterstützung überwinden.

Da sich die Antriebselemente, manchmal ›Farbe der Bewegung‹ genannt, in der Musik wiederfinden, wie z.B. in legato – staccato (Fluss/Zeit), accelerando – ritardando (Zeit), forte – piano (Kraft) usw., bieten gerade das Bewegen nach Musik, das Singen und das Instrumentalspiel der Kinder vielfältige Möglichkeiten, Variabilität im Funktionalen wie im Künstlerischen zu erreichen.

»[...] die Aufgabe der Phrasierung ist dieselbe wie die der Interpunktionen in der Sprache, sie grenzt die musikalischen Satzteile gegeneinander ab; es gibt also im allgemeinen nur eine richtige Phrasierung, aber viele Möglichkeiten der Artikulation. Die Phrasierung ist verantwortlich für den Sinn einer musikalischen Phrase, die Artikulation für den Ausdruck. ›Was ich sage‹, das hat die Phrasierung zu verdeutlichen, ›wie ich es sage‹, das hat die Artikulation zu bestimmen. Beide sind also gleich wichtig, aber im Wesen völlig verschieden.« (Keller 1952: o.S., Herv.i.O.)

So kann die Verwendung der Musik im Unterricht Kinder darin unterstützen, sowohl die Phrasierung von Beginn – Durchführung – Ende als auch die Phrasierungen bestimmter Antriebselemente und deren Kombinationen zu erleben. Gleichzeitig werden mit den Antrieben grundlegende Gestaltungsfaktoren benannt, die sich in den Bildenden Künsten, in Musik, Literatur, Tanz und Theater finden und diese interdisziplinär verbinden.

4. Phrasierung: Simultan (gleichzeitig) – Sukzessiv (nachfolgend)

Hier nicht nur auf Körperteile oder den Einsatz von Tänzern in der Gruppe bezogen, sondern auch neurobiologisch im Sinne der simultanen oder sukzessiven Aktivierung verschiedener Sinnessysteme und dem sukzessiven Abwechseln sensorischen Wahrnehmens mit motorischen Aktionen (Kennedy 2014: 83).

In der Rhythmik ist ein wesentlicher Faktor, dass Bewegung, Musik, Singen, Sprache und Darstellung entweder methodisch sukzessiv aufeinander aufbauen oder gleichzeitig geschehen. Beides ist neurobiologisch sehr wesentlich: Sukzessiver Einsatz von sensorischem Eindruck und motorischem Ausdruck entspricht der kleinsten Einheit des Lernens, der sensomotorischen Schleife. Im ständigen Wechsel von Wahrnehmung (Sensorik) und Reaktionen (Motorik), gefolgt von der nächsten Wahrnehmung, der neuen Situation usw. entwickeln wir uns schon lange vor der Geburt abhängig von äußeren Einflussfaktoren aktiv in jedem Moment. Die sensomotorische Schleife ist der innere, unsichtbare biologische Prozess, mit dem in unserem Nervensystem Verbindungen und Wege gebildet werden (Rollwagen 2014: 161). So prägt unser Erleben die Wahrnehmungs- und Handlungsmuster im impliziten Körpergedächtnis. Da die Sinnesverarbeitung hören, sehen, spüren, bewegen jeweils verschiedene Rindenfelder in der Großhirnrinde zur Verarbeitung und Speicherung besitzt (Bähr/Frotscher), ist auch simultanes multisensorisches Phrasieren der verschiedenen Sinnesgebiete wesentlich.

Wenn ein Kind die Kulturtechniken Lesen, Schreiben, Musizieren, Rechnen entwickelt, braucht es zwischen diesen Rindenfeldern viele horizontale Assoziationsfasern. Lesen-Lernen ist neurobiologisch genau genommen einer bestimmten Form aus der Sehrinde (Buchstaben, Noten auf Linien) und einem Klang in der Hörrinde (Konsonanten, Vokale, Tonhöhe, Sprachrhythmus) zuzuordnen (ebd.: 401ff.). Durch das Verbinden von Bewegung, Sprache und Musik, angefangen bei Bewegungsliedern und Fingerspielen im Kindergarten bis hin zu Tanztheaterformen mit eigener instrumental-stimmlicher Begleitung im Teenageralter, werden immer wieder Assoziationsfasern zwischen den Sinnesfeldern gebildet. Diese ermöglichen ein schnelles Assoziieren und Verknüpfen sowohl im funktionalen als auch im kreativen Bereich.

5. Entwicklungspsychologische Phrasierung
[V]on Bindungssicherheit – Autonomieentwicklung – Separation und Empathie (Rollwagen 2018: 72)

Hier bezieht sich der Begriff Phrasierung, der im Zusammenhang mit der Entwicklungsbegleitung und Therapie geprägt wurde, auf die Chronologie der Entwicklungsphasen, die sich bedingen, unterstützen und in der Beziehung zu anderen herausbilden. Das Kind durchläuft eine Bewegungsentwicklung, in der es im Kontakt mit der Umgebung als erstes Bindungssicherheit braucht. Wenn diese nicht vorhanden ist, befindet sich das Kind immer in einer angestrengten Situation, unbewusst ist das vegetative Nervensystem in einer Alarmbereitschaft, die im Hirnstamm reguliert wird. Eventuell unbewusste Schutzmuster werden sichtbar – durch mangelnde Aufmerksamkeitssteuerung und Entspannungsfähigkeit, große motorische Unruhe oder überspannte Muskulatur. Angstfreiheit und korrekte Selbstwahrnehmung sind allerdings Bedingung für echte Autonomieentwicklung, Separation und Abgrenzung vom Verhalten Anderer und Empathie (ebd.). Eine Abfolge von im Körper angelegten Bewegungs-Entwicklungsmustern unterstützen die jeweils anstehenden psychischen Entwicklungsphasen. Sie zu kennen, hilft in der Beobachtung, in welcher Entwicklungsphase ein Kind steht und was es jetzt braucht. Die entwicklungslogische Abfolge in der Beziehungsgestaltung zwischen Lehrenden und Lernenden spielt eine wesentliche Rolle, die in der Unterrichtsplanung bewusst bedacht werden kann. Damit lässt sich eine sichere, freundliche Lernsituation für das Kind herstellen, als Voraussetzung für ein entspanntes, erfolgreiches Lernen.

RHYTHMIK

Die Rhythmik bietet in ihrem pädagogischen Grundverständnis und der Unterrichtsorganisation viele interaktive Handlungsformen, in denen die Phrasierung eine Rolle spielt, wie: Vormachen – Nachmachen, Spiegelungen, Führen und Folgen, Tutti – Solo. Diese Handlungsformen unterstützen entwicklungspsychologische Reifungsschritte. Mit klaren Unterscheidungen von Anstrengung und Erholung sowie von Beginn – Durchführung – Abschluss wird in der Rhythmik die Strukturierung von Musik- und Bewegungsphasen unterstützt. Durch das polare Wechselspiel in Musik und Bewegung lernt das Kind aktiv, beide Pole der Antriebselemente in Kraft, Raum, Fluss und Zeit zu entwickeln und in verschiedenen Phrasierungen zu kombinieren. Der nachfolgende Einsatz von verschiedenen Sinnen und motorischen Antworten in der Rhythmik entspricht der physiologisch kleinsten Lerneinheit, der sensomotorischen Schleife. Weil sie Musik, Bewegung und Sprache verbindet sowie alle Sinne anspricht, werden wichtige neuronale vertikale Projektionsfasern in den Körper und horizontale Assoziationsfasern im Kortex angelegt, die später das Lernen unterstützen (Annunctiato 2010: Folie 35-37). Da in der Rhythmik gezielt strukturierte Interaktionen eine wichtige Rolle spielen, können ihre Methoden zur Bindungssicherheit, Autonomieentwicklung und Empathiefähigkeit der Adressaten beitragen.

Im Folgenden werden einige der eben genannten Phrasierungen angesprochen, die wir im Kontext der Rhythmik-Praxis differenziert betrachten wollen.

Phrasierung in der Rhythmik-Praxis

Beginn – Durchführung – Abschluss und Anstrengung – Erholung

In seiner ›Einführung in die musikalische Phrasierung‹ schlägt Dalcroze vor: »Jede Periode eines rhythmischen Satzes wird wechselweise durch eine andere Schülergruppe dargestellt. Die Gruppen interpungieren gleichsam die verschiedenen Abschnitte des musikalischen ›Gesprächs‹.« (Jaques-Dalcroze 1921: 83, Herv.i.O.) Die u.a. auf der Beachtung der Phrasierung beruhende künstlerische Umsetzung von Musik in Bewegung nannte Dalcroze »Plastique Animée«, die die Basis der folgenden Aufgabe darstellt.

Aufgabe: Phrasierung im Musikstück hören, in Bewegung als kinetische Melodie umsetzen und eine »Plastique Animée« entwickeln (Musik: Philip Glass, Album: *music from the screens*, Track 4: *Decorating the dummies*).

- Hören der Musik.
- Mit geschlossenen Augen die Phrasierungsbögen im Wechsel der Hände mitbewegen.
- Im Kreis mit geöffneten Augen einen Phrasierungsbogen ›mitzeichnen‹ und an den Nächsten weitergeben.
- Paarweise: Die Phrasierung wird auf den Rücken der Partnerin ›gezeichnet‹, später modelliert (Resonanz von den Füßen durch den Körper wahrnehmen, Interaktion zwischen Geste des Partners/der Partnerin, der Bewegung und der Körperteile untereinander). Der Phrasierungsanfang wird als Anfangsimpuls von A gegeben und B tanzt/bewegt die Phrasierung aus. A folgt der Bewegung von B und setzt beim Anfang des nächsten Phrasierungsbogens einen nächsten Impuls.
- Aus den Bewegungsideen der Paare zur Phrasierung lässt sich im weiteren Verlauf eine Gruppenstudie im Sinne der »Plastique Animée« entwickeln.

Zu einer gelungenen Phrasierung gehört ein intendierter Beginn, der die weitere Entwicklung des Bogens bis zum Schluss bestimmt. Der klar gestaltete Phrasierungsbogen des Musikers findet Resonanz im Interpreten und im Weiteren den Transfer in die Entwicklung des Phrasierungsbogens der Bewegung (kinetische Melodie). Was vollzieht sich währenddessen? Die Agierenden beginnen in Stabilität, der Atem phrasiert mit, wird durchlässig für den Klang, der sich im Spannungsaufbau des Bogens entwickelt und dann die lösende Melodieentwicklung zum Ende des Bogens beschreibt. Und dann? Atempause – Leere – Öffnung für Neues, Wachheit und auftaktiges Atemholen für den Beginn des nächsten Bogens, den die Musik deutlich anstimmt. Bogen für Bogen mitklingen, in Atem, Bewegung der

Körperteile mit- und untereinander, Armgestus, Durchlässigkeit von Kopf bis Fuß, in Resonanz mit anderen (Paar oder Gruppe). Körper, Musik, Raum, Charakter, die Haut als Grenze und Verbindung zugleich, orchestrales Miteinander.

Immer enger verknüpfen sich Außenfokus (Tun und Wahrnehmen nach/von außen) und Innenfokus (Wahrnehmen von inneren Emotionen und Impulsen), bahnen neue Verknüpfungen in Empfindung und Differenzierung des Ausdrucks. In jedem weiteren, aufbauenden Entwicklungsschritt geschieht die Beantwortung des Eindrucks im Ausdruck auf einer ›höheren‹, komplexeren Ebene.

Phrasierung von Antriebskombinationen im Tanz der Elemente

Luft, Erde, Feuerflammen und viele kleine Wassertropfen
Musik: Uli Führe, *Regentanz* (Trisam: *Mondstein. Spirit of folk*)

Für die Einführung der Tondauern werden die Qualitäten der Naturelemente verwendet. Sie werden in Form von beschreibenden Sätzen gesprochen, gesungen und in Bewegung umgesetzt. Hierbei spielt die Phrasierung der Antriebselemente eine wesentliche Rolle.

Text	Tondauer	Bewegungsidee
Luft zieht sanft Kreise	in Ganzen:	Arme im Bogen nach außen kreisen
Elemente-Kombination phrasiert:	*plötzlich-direkt hin zu allmählich-flexibel*	
Er-de, Er-de trägt uns sicher	in Halben:	die Hände kraftvoll in die Oberschenkel modellieren
Elemente-Kombination phrasiert:	*kräftig-direkt-verzögert hin zu kräftig-direkt wiederholend anfangsbetont.*	
Feuerflammen züngeln heiter	in Vierteln:	die Hände fegen über den Körper
Elemente-Kombination phrasiert:	*leicht-indirekt-beschleunigend wiederholend mittelbetont*	
viele kleine Wassertropfen, die hier an mein Fenster klopfen	in Achteln:	tupfende Bewegung der Finger auf dem Körper
Elemente-Kombination phrasiert:	*plötzlich-leicht-direkt wiederholend mittelbetont*	

Vertiefende methodische Impulse:

- Die Sätze werden gesprochen und mit den Körpergesten artikuliert.
- Zur Musik auf den Rücken einer Partnerin modellieren.
- Nach der Musik die vier Elemente, über den vorbereiteten Armgestus, mit Wachsmalblöcken auf Papier malen.

Erst wird der Text phrasiert gesprochen, dann werden aus dem Sprechen bei gleichzeitigem Hören die Handbewegungen in den entsprechenden Antriebsphrasierungen abgeleitet, die die dynamische Qualität des jeweiligen Elementes erspüren lassen.

Über den methodischen Aufbau der sukzessiven Hinzunahme einer weiteren Sinnesmodalität und Bewegen anderer Körperteile lässt sich eine sensomotorische Integration mehrerer Sinnessysteme entwickeln.

- sensorisch: hören, sehen, kinästhetisch und taktil wahrnehmen
- motorisch: Mundmotorik (sprechen), Hand- und Armmotorik

Über die gegenseitige sensomotorische Unterstützung der klaren Phrasierung hinaus kommen wir durch die Worte auf die Bedeutungsebene. Die Rhythmen und Antriebselement-Phrasierungen knüpfen in ihrer Phrasierung an die vier Elemente Raum (Luft), Kraft (Erde), Fluss (Wasser) und Zeit (Feuer) an.

Das eigene sensorische Erleben im Hören und Spüren wird über das Sprechen hinaus mit der Handmotorik auf das Papier gezeichnet. Anschließende Anmerkungen der Teilnehmer/innen: Durch die gemeinsame künstlerische Gestaltung auf einem Blatt potenzierte sich das eigene Erleben, indem die Handbewegungen und Formfindungen der Anderen wahrgenommen wurden. Hier hat ein Akt der Übertragung passend auf der allem unterliegenden unbewussten Körperphysiologie stattgefunden, was ein besonders intensives Erleben von Stimmigkeit hervorbrachte.

Implizites Gedächtnis in der Rhythmik

Anspruchsvolle Koordination von Hand- und Mundmotorik kann in der Rhythmik durch Bodypercussion in Verbindung mit dem Singen/Sprechen als Basis-Handlungsmuster in der Einführung komplexer musikalischer Strukturen bei Kindern angeregt werden. Koordinationsvorgänge im Groß- und Kleinhirn werden dabei aktiviert: Wenn im Kleinhirn bestimmte Bodypercussion-Abläufe im impliziten Gedächtnis automatisiert sind, kann die Rhythmisierung der Stimme und Sprache als koordinative Großhirnaktivität hinzukommen. Durch den methodischen Aufbau der ständigen Wiederholung in Variationen unter Hinzunahme eines weiteren Elementes kann genau diese Automatisierung der Bewegungsabläufe gelingen. Hierbei kommt es nachhaltig zu einer simultanen Vernetzung von Assoziationsfasern im Großhirn und sensorischen und motorischen Nervenfasern zwischen Gehirn und dem gesamten Körper – als implizites Gedächtnis. Gleichzeitig wird die Verknüpfung im Sinne einer sensorischen Integration beschleunigt, da durch die simultane Phrasierung von Bewegen, Sprechen, Zuhören und Zuschauen eine ständige sensomotorische Lernschleife von Spüren, Wahrnehmen und Tun erlebt wird. Gerade für das Erlernen der Kraftdosierung hilft die Kombination von Hören der Lautstärke, Spüren des Drucks auf dem bespielten Körperteil, z.B. beim Spielen des Beat auf den Oberschenkeln. Hier führt der ständige Wechsel von Wahrnehmen und motorischer Reaktion bestmöglich dazu, diese Kraftanpassung neurobiologisch regulieren zu können. Diese Fähigkeit der Feineinstellungen wird im impliziten Gedächtnis abgespeichert.

Die Phrasierung in der Entwicklungspsychologie findet sich in folgenden ausgewählten Prinzipien der Rhythmik wieder:

Bindung – Vertrauen

Am Anfang einer Rhythmik-Einheit findet die Begrüßung oft in Worten, Gesten, einer kleinen Melodie und meist im Kreis statt. Ein gemeinsames Sich-sehen-können ein Sich-selber-spüren in der Gruppe durch Gesten und ein verbindendes ›Willkommen‹ unterstützen den Bindungsaufbau.

Auch die Qualität der Berührung spielt eine wichtige Rolle in der Beziehung. Zum Beispiel könnte die Einführung des Themas ›staccato – legato‹ mit einem Pinsel so gestaltet werden, dass die Lehrperson von Kind zu Kind geht, die Hand nimmt und den Namen des Kindes in unterschiedlicher Betonung (Silbenimprovisation) auf die Handinnenfläche ›malt‹. Das Kind wird berührt, die Lehrperson und das Kind sind im klaren Kontakt. Es spiegelt in der Wiederholung als Antwort, den Pinsel übernehmend, das Gehörte, Gefühlte und Gesehene malend in die Hand der Lehrperson.

Bewegungsbezogene Improvisation

In der Rhythmik geht die Lehrperson auf die spontanen Bewegungen des Kindes durch musikalisches Improvisieren interaktiv ein. Es entsteht ein ständiger Dialog zwischen Musik und Bewegung wie auch zwischen der Lehrperson und dem Kind. Die Bindungssicherheit und ein freundliches Gruppenklima sind Voraussetzung für entspanntes Lernen. Das Kind wird mit seinen Bewegungen durch die musikalische Begleitung gespiegelt. Es fühlt sich gesehen und das schafft Selbstbewusstsein als Grundlage für die Autonomieentwicklung. Jetzt kann es improvisierend reagieren und Neues im Dialog initiieren. In Folge dieser Selbstwirksamkeit, im Rahmen des Dialoges, lernt es zu differenzieren, zu unterscheiden, was wiederum eine Voraussetzung für Empathie herstellt.

Autonomieentwicklung

In der Aufgabenstellung ›Führen und Folgen‹, im impulsgebend Initiierenden und übernehmend Reagierenden wird die Phrasierung adaptiert, das Entwickeln von Vertrauen, von Toleranz und Akzeptanz anderer Standpunkte angelegt. Die Resonanz zwischen den Agierenden gibt Raum für Integration und Selbstentfaltung. Die Beantwortung auf der reagierenden Seite und das Initiieren im Führen stärkt die Autonomieentwicklung, indem die Kinder ermutigt werden, eigene Gedanken, Bewegungen, musikalische Motive den eigenen Fähigkeiten entsprechend zu äußern. In der Wiederholung konsolidieren sich das Gefühl des Könnens und die Differenzierung der Inhalte.

Dies sind nur wenige Beispiele dafür, wie verschiedene psychologische Entwicklungsschritte durch bestimmte Unterrichtsmethoden unterstützt werden können. Wenn wir von gelungener Phrasierung in diesem Zusammenhang sprechen, bezieht sich das auf die chronologische Abfolge der entwicklungspsychologischen Phasen, wie sie im Unterricht methodisch angeordnet werden.

FAZIT

Anhand der Auswahl von Phrasierungsarten aus der Bewegungs- und Musikanalyse, der neurobiologischen Erläuterung ihrer somatischen und psychischen Bedeutung und den Praxisbeispielen wurde aufgezeigt, welche Rolle die Rhythmik als künstlerisch-pädagogisches Fach spielen kann. Durch die klare Phrasierung von Beginn, Durchführung und Abschluss und der damit meist verbundenen Phrasierung von Anstrengung und Erholung erlangt das Kind Fähigkeiten, diese Strukturen anzuwenden und zu übertragen – im funktionalen wie im künstlerischen Bereich.

Die sukzessive und simultane Phrasierung des multisensorischen Lernens im Spüren, Hören, Sehen, Tun und Kreativsein sowie die Phrasierung interaktiver Unterrichtsangebote können positive Auswirkungen generell auf die Wahrnehmungsfähigkeit sowie auf die emotionale und soziale Bewusstheit des Kindes und auf seine Gestaltungsfähigkeit von Beziehung haben.

Diese Fähigkeiten entfalten sich während der gesamten Kindheit durch die sensomotorischen Schleifen, im Wechsel von Wahrnehmung der Umgebung und umweltbezogenen Reaktionen. So prägen sich über die Jahre somatische Grundlagen der eigenen Wahrnehmungs- und Handlungsmuster und Lernfähigkeiten als implizites Gedächtnis aus. Das implizite Gedächtnis wird hier exponiert, weil unser Bildungswesen auch infolge der gesamtgesellschaftlichen Bewertung das explizite Gedächtnis viel mehr wertschätzt, belohnt und entlohnt als das implizite Gedächtnis.

Das 21. Jahrhundert ist von Digitalisierung und Globalisierung geprägt. Detailliertes, explizites Faktenwissen lässt sich jederzeit schnell im Internet finden. Dahingegen können ›verkörperlichte‹ Fähigkeiten wie sinnvolle Phrasierungen und Handlungsfähigkeiten im emotionalen und sozialen Kontext nur durch ein persönliches Miteinander erfahren und praktisch erlernt werden.

Die globale Vernetzungsmöglichkeit des *World Wide Web* ist eine Chance, globales und systemisches Denken zu erlernen, das für dieses Jahrhundert ein wichtiges Bildungsziel sein wird (Goleman/Senge 2014). Es braucht nur zusätzlich ein Verstehen der weitreichenden, weil interkulturell gültigen Bedeutung des impliziten Gedächtnisses in der Bildungspolitik.

Phrasierung ist dem Kairos zugeordnet. Kairos bedeutet nicht nur »der richtige Zeitpunkt«, sondern auch »das rechte Maß«. Es ist heutzutage oft nicht Zeit, die fehlt, sondern das Gefühl für das richtige Maß des Machbaren und für gesunde sinnenhafte Phrasierung. Wird diese zu wenig erfahren, kann das mittelfristig sogar für Gesundheit und Persönlichkeitsentwicklung von Nachteil sein. So gilt für Kinder, Jugendliche und Erwachsene gleichermaßen, dass Phrasierung ein zu berücksichtigendes künstlerisches Gestaltungsmittel in Musik und Bewegung und im übertragenen Sinne auch im alltäglichen Lebensrhythmus darstellt.

LITERATUR

Annunctiato, Nelson (2009): Formatio Reticularis & Limbisches und vegetatives Nervensystem, Essen: ZIFF.

Annunctiato, Nelson (2010): Höhere Funktionen des Nervensystems, Unterrichtsskript, Burgau: Therapiezentrum Burgau.

Bähr, Mathias/Frotscher, Michael (2014: Neurologisch-topische Diagnostik, 10. Aufl., Stuttgart: Thieme.

Bartenieff, Irmgard/Lewis, Doris (1980): Body Movement. Coping with the Environment, New York: Gordon and Beach.

Bauer, Joachim (2006): Warum ich fühle, was du fühlst. Intuitive Kommunikation und das Geheimnis der Spiegelneuronen, 8. Aufl., München: Heyne.

Bender, Susanne (2014): Die psychophysische Bedeutung der Bewegung, Handbuch der Laban Bewegungsanalyse und des Kestenberg Movement Profiles, Berlin: Logos.

Frohne, Isabelle (1981): Das Rhythmische Prinzip, Lilienthal/Bremen: Eres Edition.

Geißler, Karlheinz A. (2012): Lob der Pause. Von der Vielfalt der Zeiten und der Poesie des Augenblicks, München: Oekom.

Goleman, Daniel/Senge, Peter (2014): The Triple Focus, A New Approach to Education, Florence, MA: More Than Sound.

Hartley, Linda (2012): Einführung in Body-Mind Centering. Die Weisheit des Körpers in Bewegung, Bern: Huber.

Jaques-Dalcroze (1921): Rhythmus, Musik und Erziehung, Basel: Benno Schwabe.

Kannegießer-Leitner, Christel (2015): ADS, LRS und Co, Rastatt: Sequenz Medien Produktion.

Keller, Hermann (1952): »Von der musikalischen Artikulation. Ein Beitrag zu der Frage, wie man unbezeichnete Musik spielen soll«, in: Zeitschrift der Hausmusik, http://www.hermann-keller.org/content/aufsaetzeinzeitschriftenundzei tungen/1952vondermusikalischenartikulation.html vom 17.08.2007.

Kennedy, Antja (Hg.) (2014): Bewegtes Wissen, Berlin: Logos.

Laban, Rudolf von (1926): Choreographie, Jena: Eugen Dietrichs.

Laban, Rudolf von (1984): Der moderne Ausdruckstanz, Wilhelmshaven: Heinrichshofen's.

Pickler, Emmi (1988): Laßt mir Zeit. Die selbständige Bewegungsentwicklung des Kindes bis zum freien Gehen, München: Pflaum.

Rollwagen, Bettina (2007): »LBBS für Kinder mit Lernstörungen. Neurobiologie und Praxis«, in: Sabine Koch/Susanne Bender (Hg.): Movement Analysis – Bewegungsanalyse. The Legacy of Laban, Bartenieff, Lamb and Kestenberg, Berlin: Logos, S. 134-161.

Rollwagen, Bettina (2010): »Hier fängt mein Raum an. Kinesphäre im Sozialtraining«, in: Susanne Bender (Hg.): Bewegungsanalyse von Interaktionen. Movement Analysis of Interaction, Berlin: Logos, S. 91-106.

Rollwagen, Bettina (2014): »Lernen bewegt entwickeln. Eine Brücke zwischen Lerntheorien und bewegungsorientierten Therapiemethoden«, in: körper tanz bewegung 4, S. 160-168.

Rollwagen, Bettina (2018): »Stark wie ein Baum, möchte ich werden. Eine körperintegrierende Sicht auf kindliches Lernen«, in: körper tanz bewegung 2, S. 68-79.

Varela, Francisco (2005): »Wissenschaftliche Erforschung des Bewusstseins«, in: Daniel Goleman (Hg.): Dialog mit dem Dalai Lama. Wie wir destruktive Emotionen überwinden können, München: dtv, S. 433-473.

Wallace, B. Alan (2018): Physik und Bewusstsein, Amerang: Crotona. (dt. Übersetzung der englischsprachigen Ausgabe Hidden Dimension von 2007, New York: Columbia University Press)

Ziegler, Konrat/Sontheimer, Walther (Hg.) (1979): Der kleine Pauly. Lexikon der Antike in fünf Bänden (Bd. 1, 3), München: dtv.

Tanz der inneren Ströme

Irene Sieben

> »Energie vibriert und erzeugt Muster in der Natur. Die Muster wiederholen sich auf allen Ebenen der Existenz. Die in der äußeren Welt gibt es auch innen im Körper [...] Wie die verschiedenen Saiten eines Instruments verschiedene Töne erklingen lassen, resonieren die unterschiedlichen Gewebe des Körpers mit spezifischen Vibrationen.«
> (*Bainbridge Cohen 2012: 66*)

Was haben die Flossen der Fische mit den Fingern und Füßen des Menschen gemeinsam? Diese Distanz schien lange unüberbrückbar. Für Charles Darwin war sie der *Missing Link* seiner Evolutionstheorie. Der Paläontologe Neil Shubin[1] schloss nun diese Lücke. Im Norden Kanadas endeckte der US-amerikanische Forscher das 380 Millionen Jahre alte Fossil *Tiktaalik roseae* – einen amphibienähnlichen Fleischflosser – und in den Flossen dieses Urfischs, der als erster an Land kroch, das Gen *Sonic Hedgehog*. Ein sensationeller Fund, denn das entschlüsselte Wachstumsprotein findet sich nicht nur in Flossen, Flügeln und Pfoten aller Lebewesen, sondern auch in unseren Händen und Füßen. Es bestimmt bis heute die Abfolge der Finger und Zehen. Der Fisch mit seinen spezifischen Qualitäten lebt also in uns weiter, so auch der Titel von Shubins Buches *Der Fisch in uns* (2008). Das Eintauchen in die inneren Gewässer und Spielarten flüssiger Bewegung, mit der sich somatische Methoden beschäftigen, haben nun jeden Hauch von Esoterik verloren und können als Echo einer kollektiven Geschichte erlebt werden.

---

1   https://de.wikipedia.org/wiki/Neil_Shubin

VOM WASSER ZUM LAND

Leben beginnt und endet in der Zelle. Das wässrige Element ist die Urheimat des Wachstums. In der Bewegungsentwicklung jedes Menschen kann die Historie der Arten immer wieder neu abgelesen werden (Bainbridge Cohen 2012: 98-113): Der Weg vom Urmeer (dem Uterus) zum aufrechten Gang, vom Einzeller über den Seestern mit seiner radialen Symmetrie und dem Mund (Nabel), durch den er sich ernährt, vom Fisch über die schwimmenden, hüpfenden Amphibien, die kriechenden, krabbelnden Reptilien bis zu den Landwirbeltieren, die alle Bewegungsarten der Vier- und Zweibeiner durchspielen und den äußeren Ozean ihrer Vorfahren in ihr inneres Universum verlegt haben. Je flüssiger der Lebensraum, desto beweglicher, veränderbarer ist die Struktur, die Anpassung; je flüssiger die Bewegung, desto weniger Reibung, Widerstand, Verschleiß, Steifheit, vorzeitiges Altern zeigt sich. Die Evolution lehrt uns, wie die Natur Formen bildet und sich Veränderungen ergeben durch die Dynamik von Druck und Widerstand, von Wind und Wasser. Ein kontinuierlicher Wandel nach dem Prinzip *Form follows function* (Todd 2001: 22)[2], die Form folgt der Funktion. Kinder lieben Tiere und sind dem eigenen Schlängeln, Kriechen, Krabbeln, Hüpfen als ›Toddler‹ noch sehr nahe. Mit einem Sprung ins Tierreich kann im Bewegungsunterricht mit Kindern ein Potential frei werden, das artenübergreifend viele Millionen Jahre alt ist.[3]

Die Gewebe des Körpers bilden mit ihren unterschiedlichen Texturen eine Landschaft. Wie Berge, Täler, Ebenen, Einschnitte, Höhlen und Gewässer in der Natur, so werden auch Knochen, Bänder, Sehnen, Muskeln, Bindegewebe und Organe umspült und gespeist vom wässrigen Element. Meeren und Flüssen gleich fließt, pulsiert, strömt oder tropft dieser Saft, der 70 bis 80 Prozent des menschlichen Organismus ausmacht, je nach Geschlecht, Alter und Muskelmasse. Doch an dieses flüssige Universum in sich selbst denken viele Bewegungsexperten zuletzt – wenn überhaupt. Ihr Hauptfokus richtet sich meist auf die Muskulatur oder auf die Knochen. Dabei ist dieses liquide System, zu dem auch das Faszienetzwerk zählt, ein unschätzbar intelligenter Lehrer für Dynamik, Verwandlung, Rhythmus, Impuls, Stille und Kreativität. Achtsam beschwommen und erkundet entstehen Richtung, Leichtigkeit, physische Stärke und Bewegungsfluss. Das Studium seiner Physiologe verhilft dazu, in kinästhetisches Neuland vorzudringen und Fluss zu *verkörpern*.

---

2 Mabel E. Todd hat bereits 1937 den Wechsel der Lebewesen vom Wasser zum Land und deren Anatomie beschrieben.

3 Vgl. Vortrag von Irene Sieben *Vom Seestern zum aufrechten Gang – Bewegungsentwicklung und kreativer Kindertanz im Spiegel der Evolution* beim Symposium *Kindertanz*, 12.-14.11.1999, Hasting-Studio in München, abgdruckt in Sieben 2000: 27-31.

AUF DER WELLE REITEN

Wellenbewegungen gehören in indigenen Kulturen zu den Grundbewegungsarten tanzender Menschen. Und sie kehren wieder in etlichen Stilen des modernen Tanzes und der somatischen Praxis mit der Rückbesinnung auf die elementare Kraft, die auf der Welle des Atems, des Klangs und den Rhythmen verschiedener Flüssigkeitssysteme schwimmt. Die akribische Suche nach der Vielfalt von Bewegungsvarianten und jenseits hochathletischer Kraftvergeudung lockt in den Dschungel des Organismus, in unbekannte Räume, wo Sensitivität, Transparenz, Mühelosigkeit und Energie entstehen dürfen. Hier greifen Flüsse, Pulse, Ströme, Vibrationen zahlloser Funktionssysteme in perfekter Integration ineinander, wie die filigrane Kathedral-Architektur der Knochen in die stützenden Bandagen der Bänder und die dehnbaren faszialen Sehnenbrücken in die Muskulatur.

Der Physiologie und Dynamik der Gewässer im Organismus haben sich – parallel zur Entstehung somatischer Lernmethoden (zu Beginn des 20. Jahrhunderts) und zur Blüte des postmodernen Tanzes (zu Beginn der 1960er Jahre) – besonders zwei Bewegungsforscherinnen aus den USA zugewandt: Bonnie Bainbridge Cohen (*1941) und Emilie Conrad (1934-2014). Beide kamen vom Modern Dance, Bainbridge Cohen studierte bei Erick Hawkins, Conrad bei Katherine Dunham. Ihre Praxis im Lehren und Erkunden war höchst unterschiedlich. Sie kannten und schätzten einander. Während Bainbridge Cohen in ihrer sich bis heute stetig weiterentwickelten Praxis *Body-Mind Centering BMC*[4] auf ihre medizinischen Vorkenntnisse sowie auf asiatische und europäische Einflüsse (Noguchi, Laban/ Bartenieff, Bobath) zurückgriff und analytisch sowie erfahrungsorientiert ins anatomische Detail aller Körpersysteme und Entwicklungsstufen des Menschen geht bis zurück zur Embryologie, machte sich Conrad in ihrer Lern- und Heilmethode *Continuum Movement*[5] auf die Suche nach eher unspezifischen essentiellen, primären und fortlaufenden Bewegungen, die allen Lebensformen und kulturellen Einflüssen unterliegen. Conrad lebte fünf Jahre in Haiti, tauchte dort tief ein in die afrikanischen und karibischen Wurzeln der Bewegungs- und Tanzkultur. Speziell inspirierten sie darin Wellenbewegungen und das kringelnde Kriechen der Schlange. Die Methode *Continuum Movement,* in der Wandlungsprozesse angeregt werden, benutzt vor allem Atem und Stimme, authentische Bewegungsimprovisation und meditative Stille, um den inneren Ozean mit dem Rhythmus aller Gewässer – auf dieser Erde wie im Universum – schwingen zu lassen: eine wie

---

4 https://www.bodymindcentering.com; https://www.moveus.de/content/about-bmc/42-index.html

5 https://continuummovement.com

sie sagt *biokosmische Choreografie*.[6] Der Mensch habe zwar gelernt, an Land zu leben, sagt Conrad, doch sein genetischer Code enthalte alle Informationen über den evolutionären Prozess, der sich vom Moment der Zeugung bis zur Geburt wiederhole und *Flux* erlaube. *Im-Fluss-Sein* heißt für sie auch *Reflux* geschehen zu lassen, Ebbe und Flut, Bewegung ohne Absicht, ohne Form, ohne ethnische Zugehörigkeit, aber mit einem Verwandtschaftsgefühl zur biologischen Zugehörigkeit zu Fisch, Qualle, Oktopus, Schlange, Frosch, Robbe, Vogel, Katze, Affe.

ERFAHRBARE ANATOMIE

Auch *BMC* fordert ungebremste Experimentierlust, aber zu Beginn geschieht das kognitive, konkrete Anatomiestudium der Körpersysteme: Knochen, Bänder, Muskeln, Organe, Drüsen, Nerven, Haut, Fett, Flüssigkeiten, Reflexe, Stimmfunktion. Erst dann schickt Cohen den *Mind*[7] auf die Reise. Die individuelle Erfahrung im Feld von Bewegung, Stimme und Berührung bekommt Gewicht. Das Konzeptuelle und Experimentelle begegnen sich. Sie nennt es *erfahrbare Anatomie*. Gewebe und Strukturen werden *verkörpert*, der kleinsten Zelle wird beim Erkunden *somatic awareness* zugesprochen. Jede Phase des achtsamen Hineinspürens findet in freien Improvisationen nach Musik, mit Objekten (Bällen, Stäben etc.), in Partnerarbeit oder mit Stimmeinsatz Ausdruck im Außen, oft sehr ausgelassen und humorvoll. Im Folgenden möchte ich, stark verkürzt, das flüssige System des Körpers vorstellen, wie es Cohen beschrieb. Das Kapitel *The Dynamics of Flow* erschien, wie die meisten Texte des Bandes, zuerst in der US-Zeitschrift *Contact Quarterly*. Die Herausgeberinnen Nancy Stark Smith und Lisa Nelson gehörten zum Kreis von Steve Paxton und damit in den 1970er Jahren zu den Mitentwicklerinnen der Contact Improvisation. Das völlig neue virtuose ›Schwimmen‹ im dreidimensionalen Raum durch Berührung, Kontakt und Gewichtsübertragung warf Fragen auf, die in periodischen Interviews mit Cohen diskutiert und für beide Seiten zu einer starken Inspiration wurden. Letztlich bildeten sie die Basis der ersten Edition von *Sensing, Feeling and Action*.[8]

---

6   https://www.youtube.com/watch?v=IAacwbfveys; Emilie Conrad, aufgenommen am 23.01.2013 in ihrem Studio in Santa Monica.

7   *Mind* in seiner umfassenden Bedeutung als kinästhetischer Kompass: Geist, Verstand, Gefühl, Empfindung, Bewusstheit.

8   Die erste Edition von *Sensing, Feeling and Action* erschien 1991, 2012 die dritte, erweiterte Auflage. Die deutsche Übersetzung erscheint demnächst.

DIE SECHS SÄFTE

Bonnie Bainbridge Cohen unterscheidet sechs Ströme, die in einem großen Transportsystem zwar durch Membranen und Kanäle verbunden und gleichzeitig getrennt sind, sieht sie aber – beeinflusst vom Druckmodell des Osteopathen John Abledger, der die *Craniosacrale Therapie*[9] entwickelte – als dynamisch vernetztes Zirkulations-System, das alle Säfte des Organismus zu einem großen Meer verbindet. Versetzt man sich gedanklich und sinnlich, durch Berührung und Stimme in ihre Funktion, können sich Wahrnehmung, Emotionen, das Denken und Handeln verändern. Flüssigkeiten, sagt Cohen, erlauben Präsenz und Transformation, sie spielen eine wichtige Rolle in der Balance zwischen Spannung und Entspannung, Ruhe und Aktivität und unterstützen diese Fähigkeit zur Verwandlung und Umformung von einem Energiezustand in einen anderen als Quelle für Kreativität, Veränderung, Spielfreude und Kommunikation.

Zellflüssigkeit: 65 Prozent des gesamten menschlichen Flüssigkeitsvolumens finden sich in den Zellen, in denen die Hauptlebensfunktionen geschehen. Der zelluläre Rhythmus von Ausdehnen/Zusammenziehen, Füllen/Entleeren kann als innerer Atem des Menschen wahrgenommen werden, im Gegensatz zum äußeren Atem durch Nase und Lungen. Beide dienen dem Austausch von Sauerstoff und Kohlensäure. In Stille zu sitzen oder zu liegen, zu ruhen, im Augenblick zu sein, den Säften zu erlauben *heimzukommen*, diesem Bewusstseinsstadium entspricht der Eintritt in die Gewässer der Zelle. Durch die Zellmembran geschieht der Austausch der Flüssigkeit in die wässrige Umgebung, zur Gewebsflüssigkeit.

Gewebsflüssigkeit: Sie umspült und verbindet gelartig sämtliche Bindegewebe, die alle Körperstrukturen zusammenhalten. »Es ist der Ozean, in der die Zelle verweilt.« (Bainbridge Cohen 2012: 71) Ihre Aktivierung wirkt wie eine periphäre Pumpe in die Organe und Muskeln und zurück zum Herzen, als Grundlage für Vitalität und Kraftfluss zur äußeren Welt. Dem Ausdrücken eines Schwammes gleich kann diese Pumpe in der Bewegung in Gang gesetzt werden durch kräftiges Zusammenziehen der Skelettmuskeln und flüssiger Bewegung, die dabei durch den gesamten Körper wogt.

---

9 Alternativmedizinische manuelle Behandlungsform, die sich aus der Osteopathie entwickelt hat. Zwischen Schädel (*cranio*) und Kreuzbein (*sacrum*) wird das feine Pulsieren der Gehirnflüssigkeit erspürt und von Einschränkungen befreit.

Arterielles/venöses Blut: Vom Herz bis zu den fein verzweigten Kapillaren (in denen der osmotische Austausch zwischen Sauerstoff/Kohlensäure etc. geschieht) strömt Blut in einem eigenen Kanalsystem (Arterien) in rhythmisch gleichmäßigem Puls. Der Rückfluss von den Kapillaren zur Lunge geschieht durch die Venen. Bewegung, die der Qualität arteriellen Blutes entspricht, ist, so wie BMC es verkörpert, rhythmisch, erdig, mit klarem metrischem Beat wie Gehen, Händeklatschen oder das Stampfen und wellenförmige Durchströmen der Wirbelsäule im traditionellen westafrikanischen Tanz. Auch das Spiel mit Bällen und Stäben wird diesem Puls zugeordnet. Venöses Blut drückt sich in schwingenden Bewegungen aus, in zyklischer Unendlichkeit, im Walzertakt, Steigen und Fallen, Ebbe und Flut, dem Zug der Schwerkraft und der Strebekraft folgend. Auch Bewegungen mit Tüchern und großem Stoffmaterial spiegeln diese schwingende Qualität. Der Zustand des Gasaustausches im Endstromgebiet des Kreislaufes kommt einem Ruhezustand gleich am Übergang zwischen diesen zwei Phasen.

Lymphe: Die Lymphflüssigkeit – Schutz- und Überlebenssystem des Körpers – wehrt Toxine und Erreger ab. Die Lymphe sammelt Flüssigkeit, die aus den Blutgefäßen in die Gewebsspalten ausgetreten ist, und führt sie durch Gefäße von der Peripherie zurück zum Herz. Diese bewegen sich in einer Gegenbewegung zur nach innen strömenden Flüssigkeit nach außen. Bei Fehlfunktionen sammelt sich Flüssigkeit im Bindegewebe, Schwellungen sind die Folge. Cohen schreibt der Lymphe folgende Qualitäten zu: klar, direkt, spezifisch, fein, deutlicher Fokus, Grenzen setzend, Abwehr. Sie hat die Erfahrung gemacht, dass sich besonders bei Bewegungen mit diesen Eigenschaften die Lymphe entfalten kann, aber auch bei Spielen mit Präzisionsanspruch: beispielsweise Dart und Bogenschießen. Auch die Kampfkünste spiegeln nach Cohens Einsichten beim Studium des Aikido in Japan diese Qualität.

Gelenkflüssigkeit: Sie ist der Saft der Knochen und hält die Oberflächen der Gelenke feucht und geschmiert. Verbunden mit der Lymphe transportiert sie Schädigendes ab. Charakteristische Qualitäten: frei fließend, locker, auf- und abschnellend, sorglos sein, entspannt. Bewegungen wie ungehindertes Ausschütteln, lockeres Hängen, spielen mit Würfeln oder Hula-Hoop-Reifen sowie feines Schwingen auf einem hochelastischen Trampolin unterstützen den Fluss.

Liquor: Es ist das Wasser des Nervensystems. Produziert in den Ventrikeln des Gehirns bewegt sich die cerebrospinale Flüssigkeit in sehr langsamem Rhythmus den Wirbelkanal entlang, vom Schädel (*cranium*) zum Kreuzbein (*sacrum*) und leert sich in die Gewebsflüssigkeit, kreist zurück zum Herz und durch die Venen in die Lymphe. Diese Pumpbewegung bewirkt in der Phase des Ansteigens der Flüssigkeit eine Ausdehnung der Nähte der sieben Knochen des Kopfes um Bruchteile von Millimetern. Eine für Geübte fühlbare langsame *Atembewegung*. Diese Flexion und Extension wird spürbar als subtile Beugung und Auswärtsdrehung der Knochen des Körpers oder als Streckung und Innenrotation. Dieser Rhythmus kann ganz konkret jede Bewegungsänderung unterstützen. Gleichmäßiger Fluss und völlige Mühelosigkeit von raumgreifenden Bewegungen sind der Lohn für das Erspüren dieser Schwingungen. Um sich mit ihrer Bewegungsqualität vertraut zu machen, empfiehlt es sich, mit Seifenblasen oder Luftballons zu spielen, in Bewegungsphasen des Wechsels von Körperseiten, Raumrichtungen, Beugung oder Streckung innezuhalten und in Stille auf den Moment zu warten, in dem die Veränderung von selbst zu geschehen scheint.

Bindegewebe/Faszien: Seit es möglich ist, das innere Universum des Menschen per endoskopischer Minikamera zu bereisen, eröffnete sich das weitgespannte Netzwerk umspült von semi-viskoser Flüssigkeit. Dieses zähe Gewebe, das früher von Anatomen als nutzloser Ballast wegpräpariert wurde, weil man seine Bedeutung unterschätzte, verbindet Knochen, Muskeln und Organe und erlaubt ganzheitliche, kontinuierliche, kraftvolle Dehnbewegungen, wie wir sie von Katzen kennen. Es sorgt für Unterstützung, Verbundenheit und Vertrauen in den eigenen ›Body-Mind‹. Im Rhythmik-Studium kommt dieser spezifischen Bewegungsqualität im Hinblick auf musikalisch gestaltete Bewegung besondere Bedeutung zu.

FLOW

Flow zu erleben, dazu braucht es weder diesen von Cohen differenzierten Wissenskanal noch den Ausflug ins Unbewusste der inneren Gewässer wie bei Conrad. Der Psychologieprofessor Mihaly Csikszentmihalyi bringt Flow in Zusammenhang mit jeder *optimalen Erfahrung,* jenen Situationen, »in denen die Aufmerksamkeit frei gelenkt werden kann, um ein persönliches Ziel zu erreichen, weil es keine Unordnung gibt, die beseitig werden müsste, keine Bedrohung für das Selbst, gegen das es sich verteidigen müsste« (Csikszentmihalyi 1992: 62). Dieses Glück kann in jeder künstlerischen oder handwerklichen Praxis erlebt werden. Differenziertheit und Integration als Komponenten dieser optimalen Erfahrung sind auch im Bewegungslernen entscheidend.

Moshé Feldenkrais benutzte fast nie den Begriff Fluss. Er sprach von gut koordinierter Handlung mit ausgeglichenem Tonus, die zu freier Wahl, Ruhe, Gelassenheit und »erhöhter Bewusstheit eines Wohlgefühls« (Feldenkrais 1981: 74) führt. Ihn interessierten als Physiker und Judoexperten allerdings auch die hemmenden *parasitären* (Feldenkrais 1992: 124-129) Aspekte einer Handlung, jene Störfaktoren, die das Lernen behindern – und er kannte Strategien, sie bewusst zu machen und mit dem kinästhetischen Sinn zu erspüren.

BEWEGUNG DENKEN

Eine spezielle Spielart dieser bewussten Präsenz fordert die *Ideokinese*[10] heraus: Bildhafte Vorstellungen (Images) werden genutzt, um neuromuskuläre Muster umzubilden und damit ineffiziente Verhaltensweisen zu verändern. Das kann in völliger Ruhe im Liegen geschehen[11] oder auch in Bewegung: *Tun ohne zu tun* nach dem Prinzip »Think it, imagine it, let it happen«.[12] André Bernard, einer der Hauptvertreter von Mabel E. Todds Ansatz des mentalen Trainings, betont, wie wichtig es sei, Vorstellungsbilder zu benutzen, die eine starke Wirkung auf das Nervensystem ausüben, damit Bewegung auf subkortikaler Ebene geschehen darf, also ohne willkürliche Einmischung. Die Bilder, meist aus der Natur, müssen dynamisch, sinnlich und ungewöhnlich sein und sollen als *Köder* den *Fisch* (das Gehirn) zum Anbeißen zwingen (Bernard/Stricker/Steinmüller 2011: 28). Aus dem Image-Repertoire von Luftballons, zerknitterten Anzügen und atmenden Regenschirmen ist in diesem Zusammenhang die Vorstellung von Flüssen, Fontänen und Schiffen, die auf einem Strom in eine bestimmte Richtung treiben, von Bedeutung. Sie unterstützen die Kraftlinien des Körpers und umgehen unzweckmäßige Korrekturmechanismen, die durch zielgerichtetes Tun oder Haltungskonzepte entstehen. Zwei Beispiele aus der Bildbibliothek, die schon Todd benutzte:

1. Ein Fluss strömt an der Vorderseite der Wirbelkörper nach oben, wendet am ersten Brustwirbel und fließt über die Dornfortsätze hinten wieder hinunter.
2. Die Schulterblätter sind kleine Schiffchen, sie schwimmen auf einem Strom den Rücken entlang zu den Sitzhöckern, diese treiben allmählich bis zu den Fersen hinab. Die Schulterblätter werden dabei die Fersen nie einholen ...

---

10 Die Bezeichnung geht auf den Klavierpädagogen Luigi Bonpensière zurück: *Ideo* (Idee/Gedanke), *Kinesis* (Bewegung). Der Gedanke, die Imagination wird zum Förderer der Bewegung. Die Schüler von Mabel E. Todd (*The thinking body* 1997) gaben ihrer schlicht *The Work* genannten Arbeit diesen Namen.
11 Z.B. in der *konstruktiven Ruhelage*, liegen mit aufgestellten Füßen und über dem Brustkorb gekreuzten Armen (Bernard/Stricker/Steinmüller 2011: 59-70).
12 Siehe dazu die Workshop-Protokolle von André Bernard in: ebd.: 41.

Dieser kontinuierliche Fluss dient, wie Vieles in der Ideokinese, der intrinsischen Muskulatur, »das ist unser Mittel, um der Schwerkraft entgegen zu wirken« (ebd.: 50).

SCHWIMMEN IM DREIDIMENSIONALEN RAUM

Beim Schwimmen gibt uns das Wasser permanenten Widerstand. An Land müssen wir neuromuskulär oder mental die Schwerkraft überwinden. Oder wir verbinden uns mit dem *Pulley Tower* des Julius Horwath, in den 1980er Jahren Erfinder des *Gyrotonic Expansion System*.[13] Diese Maschine erlaubt weit ausgreifende dreidimensionale Bewegungen, gibt permanent Widerstand wie beim Schwimmen im Wasser, doch mit klarer Führung. Der zentrale Ort, von dem die Bewegung ausgeht, ist die Wirbelsäule mit ihrem Potential kreisender, spiral- und wellenförmiger ›Moves‹, die hier frei von Turbulenzen ablaufen dürfen. Die Bogenspannung von *arch and curl*, Strecken und Beugen in einer weichen Welle, dient fast allen Übungen als Grundimpuls, begleitet von gelenkten Atemrhythmen und höchster Achtsamkeit. Alles ist im Fluss, vom Zentrum zur Peripherie. Brustbein und Kreuzbein spielen als Pole zusammen. Für mechanisches Üben wie im Fitnessstudio ist der Pulley Tower viel zu komplex, denn Horvarth ließ alle Erfahrungen, die er als Athlet, Schwimmer, Tänzer und Yogalehrer machte, in sein System zirkulärer Artikulation einfließen. Als Fitnessprogramm, Verletzungsprophylaxe, Meditation oder Therapie ist es, wie auch die sanfteren somatischen Praktiken, gleichermaßen wirksam.

LEARN TO DO MORE WITH LESS

›Arch and curl‹, Flexion und Extension sind Urbewegungen der Lebewesen. Dieser reflexartige Puls unterliegt vorgeburtlich sämtlichen Bewegungsmustern und macht Fortbewegung und fortlaufende Bewegungen erst möglich. »Das, was uns innen bewegt, bringen wir nach außen«[14], so beschreibt die Tänzerin Susanne Linke ihre feine Bewegungsqualität, ohne vermutlich je an Flüssiges in sich gedacht zu haben. In ihren Choreografien *Wandlung/Der Tod und das Mädchen* (1978), *Flut* (1981) und *Penthesilea Ping* (2001) hat sie sich Wasser und seinen Aggregatzuständen tanztheatralisch hingegeben und die Tänze an die jüngere Generation

---

13 http://www.gyrotonic-europe.de/gyrotonic-information/
14 Susanne Linke über ihr Stück *Schritte verfolgen*, Goethe-Institut Barcelona 2013, https://www.youtube.com/watch?v=v4UnbIs2VVU vom 15.01.2019.

weitergereicht. Sie führt dieses emotionale Wogen und Wallen auf die Bewegungsqualität zurück, die sie aus der Tradition des expressionistischen Tanzes ihrer Lehrer Mary Wigman sowie Kurt Jooss und Rudof Laban ins Heute trägt.

Auch Pina Bausch war in ihrer Bewegungssprache von diesem Strömen erfasst. Als Tänzerin sah man sie schlafwandlerisch im Café Müller an der Wand hinuntergleiten und durch die Drehtür schwebend unseren Blicken entschwinden, als habe sie ihre Transformation ins Jenseits vorausgeahnt. Anders Trisha Brown. Geschult durch die *Release Technique*[15] der postmodernen New Yorker Judson-Church-Tänzer ließ sie ihre Company und sich selbst in berückender Weise durch lichte Räume schweben und schwimmen wie in einem magisch beleuchteten Aquarium, begleitet von den unendlichen Klangschlaufen von Philip Glass oder Laurie Anderson. Ihr multidirektionaler abstrakter Tanz der frühen Jahre erreichte eine Durchlässigkeit, die nie an Auflösung denken ließ, aber die Spiegelneuronen der Zuschauer stimulierte. Transformation entstand beiderseits der Rampe.

Wildkatzenähnliche globale Faszienverbindungen bringt Ohad Naharins *Gaga Movement*[16] hervor, mal flüssig sprudelnd wie Spagetti in kochendem Wasser, dann ausgreifend kraftvoll tauchen die Tänzer in endlos scheinenden Improvisationen jenseits aller athletischen Anstrengung in ein Wechselbad der Empfindungen und Qualitäten: überraschend, sinnlich, delikat, *meaningful listening*: »You learn to do more with less.« (Ohad Naharin, Leiter der *Batsheva Dance Company*)

Rhythmus trägt als Urelement den Fluss bereits in sich, in der etymologischen Verbindung von Rhythmus (griech.) gleich Fließen. In den künstlerischen Solo- und Gruppenarbeiten der Rhythmik-Studierenden, die ja keine Tänzer sind, aber kompositorisches Wissen mit oft sehr ursprünglichem kreativen Potential mischen, wird das eindrucksvoll deutlich. Sie haben gelernt, dass Durchlässigkeit und feines Gespür für Bewegungsqualitäten nötig ist, um die Bandbreite musikalischen Ausdrucks in ihren Körpern wach werden zu lassen. Aus meiner Erfahrung mit Rhythmik-Studierenden gelingt das nicht so leicht durch die Konfrontation mit einem festen tänzerischen Vokabular oder dem einengenden Codex eines spezifischen Stils, sondern durch die tiefe Auseinandersetzung mit grundlegenden Be-

---

15 Somatische Trainingspraxis basierend auf Alexander-Technik, BMC, Feldenkrais, Ideokinese ect. Vgl. Daniel Lepkoff, *What is Release Technique?*, http://daniellepkoff.com/writings/What%20is%20Release%20Technique%20-%20Daniel%20Lepkoff%205.pdf vom 15.01.2019.

16 Eine Trainingspraxis, inspiriert u.a. von der Feldenkrais-Methode. *Ohad Naharin discusses Gaga movement*, https://www.youtube.com/watch?v=OGPG1QL1vJc.

wegungsprinzipien. Sie öffnen die Schleusen zur Kreativität und reduzieren einschränkende Denk- und Handlungsmuster. Kate Tarlow Morgan hat den Aspekt der *Basic Neurological Pattern* ins Zentrum ihrer Forschungen gestellt, die kulturhistorischen Zusammenhänge zwischen der deutschen Rhythmus-Bewegung und dem amerikanischen Äquivalent *Rhythms*[17] zu durchleuchten (Morgan et al. 2017: 184-187), quer durch alle reformpädagogischen und somatischen Ausprägungen. Die Autorin, auch BMC-Pracitioner und Rhythms-Teacher an allgemeinbildenden Schulen in New York und Vermont, entdeckte, dass das Wissen um diese *neurologischen Bewegungsmuster* schon sehr früh im Lernstoff der amerikanischen *Rhythms*-Bewegung verankert war und ein wesentlicher Faktor zur Entfaltung holistischen Denkens wurde. Rhythmiker, die diese *Fundamentals* durch die Feldenkrais-Methode, Laban-Bartenieff-Arbeit oder andere somatischen Methoden verinnerlicht haben, verfügen über feine Bewegungsverbindungen und eine natürliche Körperpräsenz, die ihnen eine Differenzierung ihres Ausdrucksrepertoires speziell in der künstlerischen Arbeit ermöglicht.

---

17 *Rhythms* sowie *Rhythms Fundamentals* wurden 1922 von Ruth Doing an der *City and Country School NYC* entwickelt, basierend auf Konzepten reformpädagogischer Strömungen und der *Physical Culture Movement* in Europa und den USA, historisch inspiriert u.a. von Françoise Delsarte, Mabel Todd, Émile Jaques-Dalcroze, Geneviève Stebbins, Isadora Duncan, Rudolf Steiner, Elsa Gindler, Margret Newell H'Doubler. Doings Leitprinzip: Jedes Kind hat seinen eigenen inneren Rhythmus. Durch Musikalität und pure Freude an der Bewegung werden kreative Impulse und Körpererfahrung geweckt. Im Zentrum stehen u.a. *physical* und *perceptual skills* wie rollen, kriechen, krabbeln, schwimmen, springen, laufen, Interaktion mit Material (Bälle, Seile, Tücher, Ringe), Gruppen/Partnerarbeit zur Stimulation aller Sinne, Bewegung zu Musik, vor allem Welt- und klassischer Musik, die Kreation von Tänzen und die Fähigkeit, still zu werden und zu lauschen. *Rhythms* ist gegenwärtig Teil des Curriculums an der *Marlboro Elementary School* in Marlboro, Vermont, mit Studien in Bewegung, Musik, Schauspiel und Sozialwissenschaften.

LITERATUR

Bainbridge Cohen, Bonnie (2012): Sensing, Feeling and Action. The Experiential Anatomy of Body-Mind Centering®, Northampton: Contact Editions.

Bernhard, André/Stricker, Ursula/Steinmüller, Wolfgang (2011): Ideokinese. Ein kreativer Weg zu Bewegung und Körperhaltung, 2. Aufl., Bern: Huber.

Csikszentmihalyi, Mihaly (1992): Flow. Das Geheimnis des Glücks, Stuttgart: Klett-Cotta.

Feldenkrais, Moshé (1981): Abenteuer im Dschungel des Gehirns. Der Fall Doris, 17. Aufl., Frankfurt a.M.: Insel.

Feldenkrais, Moshé (1992): Das starke Selbst. Anleitung zur Spontaneität, 11. Aufl., Frankfurt a.M.: Insel.

Morgan, Kate Tarlow/Selver-Kassell, Eve/Lipman, Lauren/Brehm, Mary Ann (2017): »Learning the Fundamentals: The History of Rhythms and the Natural Mind« in: Martha Eddy (Hg.): Mindful Movement. The Evolution of the Somatic Arts and Conscious Action, Bristol/Chicago: Intellect Books/The University of Chicago Press, S. 184-187.

Shubin, Neil (2008): Der Fisch in uns, Frankfurt a.M.: Fischer.

Sieben, Irene (2000): »Vom Seestern zum aufrechten Gang – Bewegungsentwicklung und kreativer Kindertanz im Spiegel der Evolution«, in: Tanzdrama 53, S. 27-31.

Todd, Mabel E. (1997 [1937]): The Thinking Body. A Study of the Balancing Forces of Dynamic Man, London: Dance Books.

Todd, Mabel E. (2001): Der Körper denkt mit. Anatomie als Ausdruck dynamischer Kräfte, Bern: Huber

Spot 8: Die Stadt als Partitur der Be_weg_ung
Performance im urbanen Raum

Meike Britt Hübner

```
                        und
                rauf         TRE
        PPE                      PPE
        TRE                              runter
  Ge
    lä           Bor_d s_t ein  B^a lan_c i^e re^n
      nd
        er
          Gl                 S H L E    S A O
            ei
              ten            C I D R    L L M
```

Finde Deinen Weg…
Lauf!
Hier der Start und dort das Ziel:
3- 2- 1: Go!
Los…
Tempo!
Schilder-Slalom, Stufen, Stau: Stehen.
Plötzlich Pause. Phrase?
Pfeiler, Pfosten, Pflastersteine.
Richtung. Raum!
Du entscheidest:
Bordstein, Balustrade, Balancieren und: am glitschigen Geländer-Gleiten.
Ich dagegen:
Treppe rauf und rückwärts runter.
Das kostet Kraft.
An der Ampel: Anhalten! Und Atmen.
Perspektivenwechsel praktisch:
Hindernisse heißen hier Herausforderung!
Urbanes untersuchend
folgst du Fährten und erspähst
im Parkour der Stadt-Struktur deine Spur.

Spot 9: Klang – Körper – Farbe

Renate Kühnel

Flächig-sphärische Musik: ein Klangteppich aus tiefen Streicherklängen, über dem sich in langen Phrasierungsbögen ein Hornsolo entwickelt. Der Körper reagiert mit breit gezogenen, dichten Bewegungen im legato, verfolgt den Tonhöhenverlauf. Füße ziehen langsam über den Boden, transportieren den Körper durch den Raum. In der Gruppe entstehen Begegnungen, Flächen kreuzen und überlagern sich, enden in einer Körperskulptur. Dann ein Stück für Holzbläser: knappe, abgehackte Schulterbewegungen, im piano tupfen Finger Töne in die Luft, auf den eigenen Körper oder einen anderen Rücken. Der Eindruck lässt die Hände in Fingerfarben eintauchen. Verdichtete Bewegung auf Papier, sichtbare Musik. Reflexion über gewählte Farben, deren Intensität, Vergleich unterschiedlicher Übersetzungsformen. Analogien zwischen den Kunstformen werden transparent.

Eigenständige Neuschöpfung: Zerteilen der Farbgestaltung, neu gruppieren, komponieren: Ein- und Mehrstimmigkeit, Kanon, Steigerung, Generalpause. Diskutieren, verändern, fixieren.

Rückübertragung in Bewegung auf Basis der bildnerischen Vorlage. Stimmliche Improvisation intensiviert den Bewegungsausdruck, Instrumente kommen hinzu, der Prozess geht weiter ...

Spot 10: Insinn 7

Tanz/Theater/Neuer Zirkus

Ria Rehfuß

Intro:
»Mein Klavier steht am Strand,
Sand weht über die Tasten.
Ein Schwein kotzt,
die Flut kommt.«

1. Bild:
Düsternis.
Vages Schleifen von weit weg.
Wellenschleuder, Lichterflackern, Tönehämmern, Händeflüstern.

2. Bild:
Ein Mädchen mit rosa Mütze und kurzen Zöpfen,
plappert und klatscht,
im Duett.

3. Bild:
Ein Weißkittel schimpft in fremder Sprache
Rituale im musikalischen Rausch.
Jongliert mit Kreiden
ein Bild am Boden: so eine Sau!

4. Bild:
Finger untersetzen, übersetzen, aussetzen, nachsetzen,
fangen den Klang.

5. Bild:
Einer schrumpft, fällt vorbei
an Resonanzraumwächtern
ins Schallloch.
Ping-Pong.
Stille.

6. Bild:
Zwei boxen Kampf.

7.Bild:
Topftierchen auf stacksigen Beinen
rumpelt gegen die Wand.
Weißkittel untersuchen den Fall.

8. Bild
Topftrommeldonnern unter beschwörendem Singsang,
Nacktgeschöpf renn!

9. Bild
Paralyse,
Vokalise.

Rhythmik – Praxeologie

Percussion-Instrumente im Rhythmikunterricht mit Kindern
Musizieren geschieht durch Bewegung

Sabine Vliex

Die Arbeit mit Musikinstrumenten spielt für die Musikalisierung von Kindern im Rhythmikunterricht eine große Rolle. Rhythmik setzt bei Vermittlungsprozessen immer dort besonders an, wo Körperbezug und spürbares Bewegungserleben mit dem Lernprozess in Verbindung stehen. Sowohl für die Übertragung von Höreindrücken in die ganzkörperliche Bewegung als auch beim Musizieren auf Instrumenten, deren Handhabung eher manuelle Bewegungsvorgänge erfordern, ist eine intensive Sensibilisierung für diese Bewegungshandlungen ebenso wesentlich wie die Verfeinerung des Hörens. Obwohl die Körperklänge (Bodypercussion, Vocussion, Human Beatboxing) einen wichtigen Bestandteil der Rhythmik-Praxis ausmachen, wird in diesem Beitrag der Umgang mit Percussion-Instrumenten im Kontext der Rhythmik fokussiert.

DAS INSTRUMENTARIUM

Seit jeher ist neben der Schulung der Bewegungsmusikalität und dem intensiven Singen auch das Musizieren auf Instrumenten ein fester Bestandteil des Faches Rhythmik.[1] Der Themenschwerpunkt ›instrumentales‹ Musizieren, der möglicherweise eher der Elementaren Musikpädagogik zugeordnet wird, findet im Studium *Musik und Bewegung* sowohl mit dem eigenen Instrument (in Literaturspiel

---

1 Die Bezeichnungen *Rhythmik* und *Musik und Bewegung* werden in diesem Text gleichbedeutend verwendet.

und Improvisation), als auch im Fach *Percussion* statt. Letzteres ist über mehrere Semester zu belegen und bereitet die Studierenden auf die spätere Musizierpraxis mit Gruppen vor. Die Instrumentengruppen und -typen, die zum Einsatz kommen, sind inzwischen so reichhaltig, dass die im Titel gewählte Bezeichnung zwar den größten Teil, aber nicht das ganze Spektrum erfasst.[2]

Eine kurze und systematische Orientierung zum Stichwort Percussion findet sich im *Lexikon der Rhythmik* (Ring/Steinmann 1997: 196ff.). Marianne Steffen-Wittek trägt hier drei Wissensgebiete zusammen und informiert über a) den Gebrauch der Begriffe, b) die Geschichte der Percussion-Instrumente und c) Percussion-Instrumente in der Rhythmik. Sie zeigt auf, wie die Instrumente nach Klangentstehung, Spielart, Bauweise und Material kategorisiert werden können und beschreibt die dazugehörigen Percussion-Instrumente aus verschiedenen Weltregionen sowie Mallet Instruments, das Drumset und das sogenannte Orff-Instrumentarium.

Die Musikpädagogin Verena Wied beschäftigt sich ebenfalls mit dem Begriff Percussion. Sie führt an, dass »Tonerzeugung und Klangeigenschaft in einem abhängigen Verhältnis zu einander stehen und dass ein hartes Pizzicato auf dem Griffbrett einer Geige, auch diese zu einem Percussioninstrument werden lassen kann« (Wied 2017: 47). Weiter heißt es:

»[...] eine Mehrschichtigkeit des Begriffs Percussion [ist] zu sehen. Es gibt keine klaren Abgrenzungen zwischen den verschiedenen Aspekten, sondern die Art des Instrumentariums, der methodische Umgang wie auch eine bestimmte Klanglichkeit spielen bei der Bestimmung des Begriffs eine Rolle. Gerade eine Mischung aus diesen Aspekten scheint den Begriff Percussion auszumachen.« (Ebd.: 49)

Auch im Rhythmikunterricht mit Kindern kommt diese ›Bedeutungs-Mischung‹ des Begriffs Percussion zum Tragen. Insofern soll die Bezeichnung ›Percussion-Instrumente‹ übergeordnet für alle hier erwähnten Instrumente stehen. Neben Ideo- und Membranophonen werden auch Cordophone (wie Monochorde) und Aerophone (Schwirrhölzer, Heulschläuche) eingesetzt. Wegen der hygienischen Einschränkungen finden Blasinstrumente seltener Verwendung, es sei denn, die Kinder besitzen jeweils eigene Instrumente. Häufig gespielt wird auf Membranophonen wie Congas, Bongos, Djemben, Darabukas, Rahmentrommeln und auf Instrumenten mit bestimmbarer Tonhöhe wie Pauken und Stabspiele, außerdem auf

---

[2] Auch die Begriffe »Elementares Instrumentarium« und »Orff-Instrumentarium« genügen als Oberbegriff für das in der Rhythmik verwendete Schlaginstrumentarium nicht.

Small-Percussion-Instrumenten wie Claves, Guiro, Maracas, Cabasa, Cowbell, Triangel und Zimbeln. Daneben können zahlreiche Effektinstrumente, Windspiele und neu entwickelte Schlaginstrumente mit bestimmbarer[3] oder unbestimmbarer Tonhöhe[4] verwendet werden, die im Gruppenunterricht mit Kindern einen hohen Aufforderungscharakter haben.

In den europäischen Kompositionen nimmt das Schlaginstrumentarium seit dem 20. Jahrhundert eine Schlüsselrolle ein, während es in anderen Weltregionen seit jeher zur Musikkultur gehört. Die Emanzipation der Schlaginstrumente in Europa hat auch im Fach Rhythmik zu einer entsprechenden Ausweitung des Instrumentariums beigetragen.

Instrumente als greifbare Objekte bergen ein hohes Entdeckungspotential. Klänge entstehen durch das *In-Bewegung-Setzen*; Schwingungen können durch die haptische und taktile Wahrnehmung körperlich erfahren werden. Die Erkundung der Resonanzkörper lässt sich aufgrund der Robustheit der meisten Instrumente ›erlauschend‹ und ›ertastend‹ erfahren. Kinder sind imstande, die Zusammenhänge von Größe und Tonhöhe selbständig zu erforschen, zu hören und zu sehen. Sie nehmen Tonhöhen bekanntlich eher als Tonhelligkeit oder Tondunkelheit wahr – diesen Unterschied können sie mittels des zur Verfügung stehenden Instrumentariums, z.B. im Vergleich von großen und kleinen Pauken, großen und kleinen Gongs, Zimbeln oder Klangbausteinen aktiv spielend kennenlernen. Bei der Vorstellung neuer Instrumente sollten möglichst viele Sinnesebenen des Kindes angesprochen werden. So erfahren sie die Aspekte der Musiklehre und Instrumentenkunde ganz praktisch und körpernah.

Um das Besondere eines jeden Percussion-Instruments zu erleben, sollten diese – vor allem im Gruppenunterricht – einzeln in den Fokus der Aufmerksamkeit gerückt werden. Es ist günstig, von jedem Instrument so viele Exem-plare zu haben wie Kinder in der Gruppe sind. Erst dann ist es möglich, Klangsensibilität und differenzierte Spielweisen zu entwickeln. Die Kinder lauschen auf den Klang, sehen, wie das Instrument gehalten, gehandhabt und gespielt wird. Sie erfahren, welche Spezifika es für den Umgang mit diesem Instrument gibt. Eine gut organisierte Logistik und eine ansprechende optische Präsentation der eingesetzten Instrumente sind grundsätzlich anzuraten.

---

3 Z.B. das in der Schweiz entwickelte Hang oder sen-plates: http://www.senplates.de/front_content.php?idart=58.
4 Z.B. Cajon.

HÖRERLEBNIS UND ANSPIELARTEN

In der Rhythmik wird oft mit speziellen Hörpositionen und Lauschhaltungen gearbeitet, in die sich die Kinder begeben, bevor ein unbekanntes Instrument erklingt. In einem Aphorismus von Lorenz Oken[5] heißt es: »Das Auge führt den Menschen in die Welt, das Ohr führt die Welt in den Menschen ein.« Klänge werden oft besser verinnerlicht, wenn sie in besonderen Körperpositionen wahrzunehmen sind, die das bewusste Hören unterstützen. Das intensive Erleben eines Klanges kann auf diese Weise zum Schlüsselereignis für die persönliche musikalische Entwicklung werden. Ganzkörperliche und auch feine, kleine Bewegungen mit Händen und Fingern, die während des Hörens von Instrumentenklängen ausgeführt werden, intensivieren das Hörerlebnis ebenfalls.

Das Hören ist im Vorgang des Musizierens von essentieller Bedeutung, da es sinnliche und körperliche Erfahrungen verbindet. Klangvorstellungen, die wir antizipieren, treten in Wechselwirkungen zur Klangwahrnehmung und Klangerzeugung. Die Hörwahrnehmung und das Spielen auf Percussion-Instrumenten sollten deshalb immer rückkoppelnd aufeinander bezogen sein. Kinder können von Anfang an dazu angehalten werden, ihre körperlich-sinnlichen Hörerfahrungen zu reflektieren und innere Klangvorstellungen aufzubauen, die sie über das Spielen realisieren.

Percussion-Instrumente erfordern unterschiedlichste Spielbewegungen. Für die selbstklingenden Instrumente sind meist impulshafte Schlag-, Klopf- und Schüttelbewegungen nötig, um den Sound zu erzeugen. Andere Instrumente wie Guiro, Handtrommel, Kalimba, Cabasa, Shaker erfordern aber auch Reibe,- Zupf-, Dreh- oder kreisende Bewegungen. Nach der genauen Beobachtung der Spielbewegung durch die Lehrperson sollten die Kinder Gelegenheit bekommen, sich diese Spiel-Bewegungen bewusst zu machen (Imitation der Bewegung) und dann auch selbst am Instrument auszuprobieren.

Die Rhythmikerin Henrietta Rosenstrauch hat 1964 einen *Guide for Teachers* zum Thema *Percussion, Movement and the Child* veröffentlicht, in dem sie grundlegende Prinzipien beschreibt, wie die einzelnen Instrumente mit Musikalität und in künstlerischer Absicht zu handhaben sind. Ihr erstes Prinzip: [...] »instruments must not merely be ›hit‹ but rather ›played‹« stimmt damals wie heute und ist in der methodischen Herangehensweise konsequent zu beachten (Rosenstrauch 1964: 3, Herv.i.O.). Günstig ist es zudem, wenn Kinder zur Klangerzeugung auch streichende, gleitende (Chimes) schwenkende (Oceandrum) und lang andauernde Spielbewegungen kennenlernen. Zusätzlich zur Vielfalt des Schlaginstrumenta-

---

5 https://www.aphorismen.de/zitat/113786 vom 20.01.2019.

riums empfiehlt es sich daher, mit weiteren Instrumenten, wie z.b. mit der Shrutibox oder mit Streichrohren[6] zu arbeiten.

SPIELANLÄSSE UND MOTIVATIONSFORMEN FÜR DEN EINSATZ DER INSTRUMENTE

Spielmaterial mit Percussion-Instrumenten lässt sich u.a. aus »Rekreationen, Improvisationen und eigenen Kompositionen« gewinnen, welche durch Anregungen aus Versen, Gedichten, Liedern, Instrumentalstücken aller Stilrichtungen, Büchern, Filmen und der Fantasiewelt der Kinder abgeleitet werden. Möglich sind vorgegebene oder eigene Spielregeln (Steffen-Wittek 2010: 56). Zumeist wird dabei das Musizieren in der Gruppe im Vordergrund stehen.

Jedes einzelne Kind erfüllt sich im Instrumentalspiel aber auch das Bedürfnis nach selbstwirksamem Handeln auf vielfältigste Weise. Das Kind bewirkt mit seiner Bewegungshandlung etwas, es lässt Hörbares entstehen, es nimmt gezielt Einfluss auf die Dinge der Welt und erfährt dadurch eine Bestärkung der eigenen, audiomotorisch gesteuerten Handlung. Das zur Verfügung-Stellen diverser Musikinstrumente und die Aufforderung, verschiedene Geräusche, Klänge oder Töne darauf zu erzeugen, hat aber nur dann einen Ich-bestärkenden Effekt, wenn entsprechende Aufgaben damit verbunden sind. Bei methodisch geschickter Anleitung lassen sich solche Ich-Bestärkungen immer auch mit musikalisch-künstlerischen Intentionen vernetzen.

Die instrumental-musikalische Darstellung, z.B. von Bildern, Geschichten, Naturbewegungen und Situationen bietet Kindern unmittelbare Transfererfahrungen: Man kann mit Geräuschen, Klängen und Tönen etwas ausdrücken; aus etwas Visuellem wird etwas Auditives; aus einem inneren Eindruck wird ein hörbarer Ausdruck. Dabei sind den Kindern von Anfang an auch adäquate Klangzeichen für die hörbare Darstellung der sichtbaren Welt anzubieten. So entstehen Rhythmus- und Klangmotive, angeregt durch das Sichtbare und innere visuelle Fantasien. Je nach Alter kann das mit den Kindern auch gemeinsam erarbeitet werden. Gemeint ist hier die bewusste Erweiterung des musikalischen Vorstellungsvermögens, denn in der Arbeit mit Instrumenten müssen nicht ausschließlich Alltagsgeräusche als Auslöser für das Musizieren verwendet werden. Besonders das Nicht-Hörbare in Geräusche, Töne und Klänge zu verwandeln, erweitert den musikalischen Horizont. Wie klingt es, wenn die Sonnenstrahlen allmählich hinter dem Berg hervorlugen oder wie klingt

---

6 https://www.deutz-klangwerkstatt.de/instrumente/streichrohr

der alte große Stein auf der Wiese, der schon so viel erlebt hat? Ästhetische Erfahrungen in der musikalischen und persönlichen Ausdrucksfähigkeit können so in Verbindung mit einer erweiterten Perspektive auf die Welt – und angereichert mit eigener Fantasie – einhergehen. Wenn Kinder im Gruppenunterricht bestimmte Ausdrucksabsichten instrumental umsetzen, kommen sie in der Regel auch ohne traditionelle Notation aus, denn die Gestaltungslängen der Stücke sind meist überschaubar und ohne Niederschrift erfassbar.

Obwohl der Einsatz von Percussion-Instrumenten intuitiv mit dem Parameter *Rhythmus* verbunden wird, ist der Reiz des *Klanges* für Kinder der erste wichtige Zugang. Hierbei können sie bemerken, wie kleinste Veränderungen ihrer Spielbewegung (z.b. beim Streichen über ein Rahmentrommelfell) auch den Klang verändern. Das Klangerforschen am Instrument löst so meist eine ganze Reihe von Ideen aus, die sich leicht zu strukturierten Klanggestaltungen formen lassen. Solche Klanggestaltungen sind musikalisch reizvoll und vertragen darüber hinaus auch Schwankungen im Timing, ohne dadurch – wie z.B. beim gemeinsamen Rhythmus-Spiel – die Substanz des Musikstückes zu stark zu beeinträchtigen.

Für ein gelingendes Zusammenspiel können auch Vorstellungshilfen angeboten werden (aus Texten, Bildern etc.), deren Umsetzung vielfältige musikalische Assoziationen hervorlocken. Die Kinder erhalten Anreize, eigene Musikeinfälle einzubringen und Klangbilder oder Geräusch-Atmosphären selber zu erfinden oder mitzugestalten. Wenn die Zuordnungen dessen, wer was spielt und auch die Stationen und Wendepunkte der Klanggestaltungen zuvor besprochen werden, kann eine nonverbale Feinabstimmung miteinander gelingen, die über das Hören reguliert wird. Ziel ist es, den ganzen musikalischen Verlauf in Folge gemeinsam so zu spielen, dass kein Sprechen mehr erforderlich ist und die Musik für sich alleine stehen kann. Wenn man solche Spielergebnisse von Zeit zu Zeit mittels Tonaufnahmen dokumentiert, erfahren die Kinder die Wahrnehmung ihrer Musik aus objektivierter Perspektive.

Trotz dieser anregenden Möglichkeiten in der Arbeit mit Klängen ist beim Percussion-Spiel das Phänomen *Rhythmus* ein unverzichtbares und ergiebiges Thema. Wie Kinder im Vor- und Grundschulalter mit dem Zeit- und Rhythmusbegriff umgehen, wie sie zunächst grundschlagbezogene und freimetrische Musik unterscheiden und mit zunehmender Praxiserfahrung in verschiedenen Rhythmuskonzepten spielen lernen, hat Steffen-Wittek sehr differenziert beschrieben (Steffen-Wittek 2004a). In ihren Ausführungen geht es im Detail um die Entwicklung der Wahrnehmung und Repräsentation von Rhythmen und ebenso um die Entwicklung der praktisch-rhythmischen Fertigkeiten auf Instrumenten (Steffen-Wittek 2002: 26ff.). Rhythmisches Spiel auf Percussion-Instrumenten sollte sich wegen der häufig anzutreffenden unterschiedlichen Fähigkeiten, die diesbezüglich im Gruppenunterricht mit Kindern zu erwarten sind, immer ganz dicht an der sprachlich-lautmalerischen Umsetzung von Rhythmen und Percussion-Sounds orientieren, wobei die Spielerfahrung nur durch lebendige, klanglich und dynamisch nuancierte *Wiederholungen* entsteht.

Das Thema *Zeit* spielt im Fach Rhythmik nicht nur hinsichtlich rhythmisch-metrischer Zeitordnungen eine große Rolle. Mit den verschiedenen Bezugsformen zwischen Musik und Bewegung wird anhand weiterer Arten von Zeitverläufen experimentiert. Dies ist ebenfalls auf Percussion-Instrumenten möglich und kann zu spannenden Musizier- und Hörereignissen führen. Folgende Stichworte bieten sich als weitere Spielanlässe an:

Stille – Klang, Eigenzeit – Fremdzeit, Tempokontraste, Tempounterschiede und ihre (Klang-)Charaktere, Momente des Zufalls – Momente der Entscheidung, fließende Zeit – pulsierende Zeit, kurze Phrasierungsbögen – lange Phrasierungsbögen, unstete Zeitverläufe, Accelerando – Ritardando

Das Re-Interpretieren von kurzen Kompositionen des 20. und 21. Jahrhunderts, in denen meist ebenfalls andere Formen der Zeitgestaltung zu hören sind, bietet auch eine ergiebige Herangehensweise und eröffnet wertvolle Anregung, spannende zeitliche Verläufe auf Percussion-Instrumenten umzusetzen (z.B. in Musikstücken von: György Kurtag, Jörg Widmann, György Ligeti, Gabriele Hasler, Adriane Hölszky, Juliane Klein u.v.m.). Hierbei bietet es sich an, grafische Notationen mit symbolischen Zeichen auf großen Wandgrafiken für Spielbewegungen unterstützend einzusetzen (Steffen-Wittek: 2004b).

Eine weitere Motivationsform für die Verwendung von Percussion-Instrumenten tut sich auf, wenn Bewegungsabläufe begleitet und Bewegungen durch das Percussion-Spiel angeregt werden. Im Unterricht mit Kindern ist es vorteilhaft, wenn hierbei das Bewegungsvokabular und die Spielmöglichkeiten auf Percussion-Instrumenten zunächst getrennt voneinander vorbereitet und geübt werden, damit sich beides im Moment der musikalischen Interaktion kompatibel verbindet. Es ist günstig, die Kinder zuerst an die Möglichkeiten der instrumentalen Bewegungs*begleitung* statt an eine Bewegungs*anregung* heranzuführen. Verschiedene Bezugsformen der Musik auf die Bewegung sind dabei zu beachten, u.a. die Bewegungsgröße und -intensität, der Bewegungscharakter, das Bewegungstempo und der Bewegungsrhythmus. Kinder können in diesem Zusammenhang den spontanen Umgang mit Parametern wie Tempo, Rhythmus, Dynamik und Klangfarbe an Instrumenten üben und immer differenzierter und spontaner anwenden. Eine gute Erfahrungsgrundlage ist gegeben, wenn die Kinder sich zunächst zur Percussion-Musik der Lehrperson bewegen lernen, bevor sie selber bewegungsanregend auf diesen Instrumenten spielen.

Zur Interaktion von Musik und Bewegung gibt Dorothea Weise wichtige Hinweise, was das Zulassen unterschiedlicher Lösungen angeht, zu denen die Beteiligten ausdrücklich ermuntert werden sollten (Weise 2013: 9). In der Wechselbeziehung von Musik und Bewegung finden sich direkte Entsprechungen, wie z.B. das gleiche Tempo in beiden Ausdrucksmedien. Je nach Kontext können neben synchronisierten Bezügen aber auch kontrapunktische oder aleatorische Aspekte die intermedialen Verbindungen bereichern (ebd.: 12). Zur Verdeutlichung: Ein musikalischer Akzent kann ebenso treffend durch ein plötzliches Fallen zu Boden, eine kraftgeladene Handgeste oder einen abrupten Richtungswechsel in der Bewegung ausgedrückt werden. Im Kontrapunkt zu musikalischen Akzenten kann mittels der Bewegung aber auch bewusst ein weiches Fließen wie eine Oberstimme über die Musik gesetzt werden.

Anhand der Vielschichtigkeit der Dimensionen, die sich hier eröffnen, entstehen immer wieder neue Verbindungsqualitäten von Musik und Bewegung. Kinder können so im Zuge ihrer Handlungen auch musikalisch-ästhetische Kriterien für den Einsatz von Percussion-Instrumenten entwickeln. Fast alle beschriebenen Spielanlässe beziehen sich auf das gemeinsame Musizieren und zeigen, dass gerade das Sammeln musikalischer Erfahrungen im Miteinander eine Verstärkung des Erlebens bewirkt. Das nicht-alltägliche gemeinsame Tun, lässt Momente entstehen, in denen die Zeit und auch das Zusammensein anders – intensiver – wahrgenommen werden. Viele Erwachsene geben gerade das *gemeinsame* Musizieren als wichtigsten Beweggrund dafür an, dass sie überhaupt aktiv musizieren. Durch das Miteinander im Musizieren mit Percussion-Instrumenten können schon gleich zu Beginn viele musikalische Grundfertigkeiten für die eigene musikalische Entwicklung und für das Ensemblespiel erlernt werden. Verschiedene Aspekte kommen dabei zum Tragen:

Situationsbedingte Erfahrungen: Koordination im Zusammenspiel üben; aufeinander hören; gemeinsames Atmen beim Einsetzen; Verständigung mittels Gesten; Sensibilität zeigen und sich musizierend in das musikalische Gesamtgeschehen einfügen; den Zusammenklang gleicher und unterschiedlicher Instrumente aktiv spielend erfahren; Praxiserfahrungen mit der Ein- und Mehrstimmigkeit sammeln; im musikalischen Zusammenspiel nonverbale Kommunikationsfähigkeiten verfeinern; spontane Spielformen (Frage-Antwort) anwenden; mit Klängen improvisieren.

Langfristige und nachhaltige Erfahrungen: Spannungen aushalten; nonverbal interagieren; Erkennen, dass die Musik jenseits der Wortsprache eine eigene Sprache ist; Einfühlsamkeit für vielfältige musikalische Ereignisse und Strukturen entwickeln; musikalische Formverläufe als bewusste Gestaltungsordnung erleben; Musik als eigenes Ausdrucksmedium erschließen.

BEWEGUNG BEACHTEN – SPIELTECHNIKEN ENTWICKELN

Rhythmikunterricht richtet sich an alle Altersstufen, deren Spezifika jeweils zu berücksichtigen sind. Bei jüngeren wie älteren Kindern muss je nach Entwicklungsstand von unterschiedlichen Voraussetzungen zur Steuerung der Bewegungsvorgänge für die Spieltechnik der Percussion-Instrumente ausgegangen werden. Je jünger die Kinder sind, desto mehr ist der ganze Körper am Spiel auf Instrumenten beteiligt. Auf dieser Stufe können spieltechnisch zunächst die wichtigsten Grundsätze vermittelt werden (dynamische Abstufung im Spiel, Erzeugen von Tempo- und Klangunterschieden, Anregung zur räumlichen Orientierung in der Handhabung des jeweiligen Instrumentes). Hierzu sollten vorrangig Instrumente ohne Schlägel zum Einsatz kommen, mit denen die Kinder erste kontrollierte Spielbewegungen zu musikalischen Kontrastthemen ausführen lernen. Die Hände und Finger sind dabei im direkten Kontakt zu den Instrumenten (z.B. kleine Rahmentrommel, Kinder-Djembe, Chicken Egg, Head Spark Shaker, Kalimba, Claves, Shrutibox, Monochord, Fingerzimbel). »Parallel zum elementaren Instrumentalspiel sollten Bewegungssituationen angeboten werden, in denen Basismotorik gefördert wird.« (Steffen-Wittek 2002: 10) Die Autorin schlägt verschiedene Bewegungsspiele mit Hinweisen zu den Bewegungsqualitäten vor, die darin geübt werden (ebd.: 10f.). Daneben trägt der Wechsel von ganzkörperlicher Bewegung im Raum und manueller Bewegungssteuerung an Instrumenten auch zu einer guten Stundendynamik bei.

Grundschulkinder befinden sich in einer rasanten motorischen Entwicklungsphase und mögen nahezu jede Form von Herausforderung, was das Bewegungslernen angeht – und dies nicht nur in der ganzkörperlichen Motorik. »Ein Drittel unseres Gehirns ist dafür zuständig, dass wir [...] in der Welt handeln, also aktiv in sie eingreifen.« (Spitzer 2012: 183f.) Neurobiologische Erkenntnisse rücken die wichtige Funktion der Hände als »Feinwerkzeuge« ins Blickfeld und zwar »nicht nur beim Erlernen konkreter einzelner Dinge«, sondern auch beim Erlernen allgemeinen Wissens (ebd.).

Im Spiel auf Percussion verbinden sich die motorischen Gedächtnisspuren, die sich durch sinnvolle Hand- und Fingerbewegungen bilden, mit musikalischen Grunderfahrungen. Interessante Bewegungshandlungen wie manuelle spieltechnische Geschicklichkeit können gerade auf ältere Kinder höchst motivierend wirken. In dieser Altersgruppe sollte stets eine sehr differenzierte Klangerzeugung angestrebt werden, die sich im Hörergebnis widerspiegelt. Spätestens jetzt werden auch die Instrumente mit einbezogen, die einen oder zwei Schlägel erfordern. Die Problematik, dass ein Schlägel schnell zum Schlä*ger* umfunktioniert wird, ist allseits bekannt. Auch wenn in der Musik der Gegenwart alles zum Musikinstrument werden kann, ist es für Kinder sicher hilfreich, wenn sie den ›Werkzeughammer‹

oder den ›Tennisschläger‹, mit dem man tatsächlich ›schlägt‹, dabei aber keine musikalischen Absichten hat, von dem Stabspiel- oder Trommelschlägel, mit dem man ›Musik spielt‹, klar unterscheiden.

Besonders für die Arbeit mit Schlägeln empfiehlt es sich, ein taktiles Kennenlernen der verschiedenen Schlägel-Arten voranzustellen. Mit geschlossenen Augen können Kinder erspüren, mit welcher Schlägel-Sorte (Filz, Gummi, Holz, Metall, Plastik, mit Wolle umspannter Schlägelkopf usw.) sie entlangstreichend an den Armen sanft berührt werden. Anstatt Stabspielschlägel zu ›Schlägern‹ umzufunktionieren, kann eine solche Spür-Kontakt-Übung zu einem einfühlsamen Umgang mit Schlägeln verhelfen.

In der Praxis fängt ein aufmerksamer Umgang mit Instrumenten bereits bei der speziellen Handhabung aller möglichen Percussion-Instrumente und vor allem auch bei der Nutzung von Schlägeln an. Die Lehrperson ist dabei Vorbild. So wie sie das Instrument oder den Schlägel zur Hand nimmt, zeigt sie, ob eine künstlerisch inspirierte Absicht dahinter steht oder einfach nur eine mechanische Handlung. Hier kann die bewusst beachtete manuelle Feinheit in der Handhabung bereits mehr oder weniger Interesse bei den Kindern auslösen. Ein präsenter, bewegungsbewusster Umgang mit jedem noch so kleinen oder unwichtig scheinenden Instrument bestimmt die Qualität des Musikergebnisses wesentlich mit. Zur Entwicklung einer differenzierten Spieltechnik ist es demnach günstig, vom haptischen ›Sich-Einfühlen‹ in ein Instrument und der Sensibilität im Erzeugen leiser Klänge auszugehen. Grundsätzlich von »Spielen« statt »Schlagen« zu reden, erinnert Kinder auch sprachlich daran, jedes Instrument entsprechend feinfühlig zu behandeln.

Wie wichtig jede Bewegungsgeste des Musizierens ist, führt Winfried Gruhn aus. Er betont, dass die sogenannte körperbezogene Geste den »[...] Klang mittels der Spielbewegung erst hervorbringt« und dass Spielgesten andererseits auch den bereits produzierten Klang begleiten. Gruhn stellt die große Bedeutung audio-motorischer Verbindungen für das Musiklernen vor allem im frühkindlichen Alter anhand zahlreicher Untersuchungen heraus und verweist in diesem Zusammenhang auf den bewegungsbezogenen Ansatz der Rhythmik (Gruhn 2014: 18 und 66).

»Musizieren geschieht durch Bewegung!« (Klöppel 1993: 24) Dieser Grundsatz veranlasst, die Bewegung – und auch die Bewegung für das Spielen auf Percussion-Instrumenten – genau unter die Lupe zu nehmen: räumliche Präzision, zeitliche Prägnanz, feinste Kraftdifferenzierung und die Koordination der Atmung – die Berücksichtigung all dieser Faktoren kennt man, wenn von virtuosem Musizieren die Rede ist. Die gleichen Gesichtspunkte spielen ebenso beim anfänglichen Musizieren auf Percussion-Instrumenten eine Rolle. Kinder können bei entsprechender Anleitung alle oben genannten Bewegungsaspekte immer präziser und bewusster ein- und umsetzen.

Für das Fach Rhythmik schließt sich an dieser Stelle ein Kreis, der verdeutlicht, dass für die ganzkörperlichen Bewegungen im Raum die gleichen übergeordneten ›Gesetze‹ gelten wie für manuelle Bewegungen am Instrument. Würden die musikalischen Ergebnisse beim Instrumentalspiel ausschließlich über das Ohr bewertet und korrigiert, wüssten wir nicht, mit welcher Bewegungsfeinheit genau der erzeugte Klang oder Ton überhaupt zustande kam und mit welcher Bewegungsveränderung wir dies ggf. beeinflussen könnten (Klöppel 1993: 24). Solche Überlegungen sind nicht nur für den instrumentalen Einzelunterricht von zentraler Bedeutung, sondern dienen auch als Ausgangspunkt für die praktische Arbeit mit Percussion-Instrumenten in der Rhythmik-Praxis.

Ein weiterer Schritt zur differenzierten Anspieltechnik liegt im sichtbar räumlichen Aspekt und der Kraftdosierung des Bewegungsvorgangs während des Instrumentalspiels. Wird beim Umgang mit Stabspielen und Schlägeln auch die visuelle Wahrnehmung gezielt angesprochen und mit Ideomotorik gearbeitet, können das Anfassen des Schlägels, An*spiel*orte- und arten differenziert werden. Vorstellungsbilder für die Größe der Ausholbewegung im tonrepetitiven Spielvorgang mit Schlägeln regen verschiedene Lautstärken an und ermöglichen deutliche Dynamikabstufungen von pianissimo bis forte.

Für Kinder ist es zunächst oft einfacher, eine sichtbare Veränderung des Bewegungsausmaßes vorzunehmen statt die Lautstärke rückkoppelnd über das Hören zu regulieren. Sie erfahren dabei zudem, wie Kraftdosierung mit räumlichen Aspekten verbunden ist und wie sie ihre Handbewegungen durch nachvollziehbare Vorgaben steuern können. Das oft angestrebte ›federnde Spiel‹ in Anleitungen zum Umgang mit Stabspielen (Grüner 2011: 20) zielt zwar auf einen locker und leicht schwingenden Klang, birgt aber die Gefahr der zu großen und ungenauen Bewegung. Alle Bewegungsqualitäten in der Spieltechnik mit Instrumenten können anfangs nie gleichzeitig optimiert werden. Es gilt, die morphologischen und neurophysiologischen Aspekte abzuwägen und fokussiert wahrnehmend am jeweiligen Thema zu arbeiten.

Bereichernd für die Arbeit mit Kindern sind Instrumente, deren *Klangveränderung noch während des Erklingens* möglich ist (wie z.B. beim Wha-Wha-Tube).[7] Solche Instrumente erfordern mehr Bewegungsfeinheit, Spiel-Aufmerksamkeit und Lauschen auf die hörbare Veränderung. Die Entwicklung von Spieltechniken ist hier an die Entdeckung des Klang-, Rhythmus- und Dynamik-Spektrums eines Instrumentes gekoppelt.

Bevor das Schlägelspiel auf Stabspielen eingeführt wird, ist es, wie bereits erwähnt, günstig, wenn Kinder zunächst haptische und taktile Erfahrungen machen,

---

[7] Wha-Wha-Tube-Video: https://www.youtube.com/watch?v=KwdrOf_uUCE, oder Klangschalen-Reiben: https://www.youtube.com/watch?v=F7Y1T-rQ2JU.

indem sie mit ihren Händen direkt auf und mit dem Instrument spielen. Im Umgang mit ›schlägellosen‹ Percussion-Instrumenten können sie frei und erfinderisch von ihren *Bewegungsideen* ausgehend zu verschiedenen Klängen finden. Die Lehrperson bereitet dazu auch selbst interessante Beispiele der Klangerzeugung mit Händen und Fingern vor.

Eine Vielzahl von Spielmöglichkeiten lassen sich entwickeln, die immer wieder neue Kombinationen von Klängen – auch in Verbindung mit Rhythmus ermöglichen. Rahmentrommeln sind meist in den Unterrichtsräumen vorhanden; sie bieten eine reiche ›Geräusche-Schatz-Quelle‹. Bevor das rhythmusorientierte Spiel auf Rahmentrommeln beginnt, sollte man zuerst bei den Reibe- und Wischklängen auf allen möglichen Stellen des Fells ansetzen. Auch mit jüngeren Kindern kann bereits so gearbeitet werden. Wenn die erfundenen Klangeigenschaften im Ablauf nacheinander gespielt werden, üben sich die Kinder in unterschiedlichster manueller Geschicklichkeit. Bei älteren Kindern kommt der Erwerb einer erhöhten manuellen Geschicklichkeit hinzu, wenn verschiedene Klangfarben der Rahmentrommel mit rhythmisch-metrischen Motiven kombiniert werden (Steffen-Wittek 2002: 8).

GRUNDLEGENDE PRINZIPIEN UND ZIELSETZUNGEN

Wird das Spiel mit Percussion-Instrumenten professionell angeleitet, können Kinder hörenswerte Klangereignisse produzieren. Das Vermitteln von Feinheiten in der Handhabung und in der Ton-, Klang- und Geräuscherzeugung ist an jedem Instrument von Anfang an möglich. Vor allem die Kombination von differenzierten Klangfarben und Rhythmus kann Musik mit Percussion-Instrumenten spielend und hörend anspruchsvoll und lebendig werden lassen. Bei der Fokussierung und spieltechnisch verfeinerten Handhabung einzelner Instrumente wird Folgendes gelernt:

- Durch behutsame Exploration und gezielte Anleitung beim Spielen auf Instrumenten erkunden Kinder die möglichen Klangspektren auf den jeweiligen Instrumenten und gewinnen damit Klangmaterial für das Musizieren.
- Durch das Zusammenwirken von Klangvorstellung, Klangerzeugung und Klangwahrnehmung sensibilisieren und differenzieren Kinder ihr musikalisches Gehör.
- Die Kinder gelangen zu einer verfeinerten Handhabung des jeweiligen Instruments.
- Sie gehen behutsam, erfinderisch und gestaltend mit den einzelnen Instrumenten um.

- Durch differenzierte Beachtung der Bewegungsparameter Raum-Zeit-Kraft beim Spielen auf Instrumenten machen Kinder sich verschiedene Spieltechniken bewusst und eignen sie sich an.
- Sie lernen, rhythmische Motive gekoppelt mit klanglich-dynamischen Qualitäten auf Klang- und Percussion-Instrumenten zu spielen.
- Sie sammeln bei der Handhabung der Instrumente Spiel- und Klang-Erfahrungen und üben feinmotorische Abläufe, die auch für das Spiel weiterer Musikinstrumente zuträglich und erforderlich ist.

LITERATUR

Busch, Barbara (2018):»Unterrichtsgestaltung: Instrumentales, vokales und Elementares Musizieren«, in: Michael Dartsch/Jens Knigge/Anne Niessen/Friedrich Platz/Christine Stöger (Hg.): Handbuch Musikpädagogik. Grundlagen – Forschung – Diskurse, Münster/New York: utb, S. 360-364.

Gruhn, Wilfried (2014): Musikalische Gestik. Vom musikalischen Ausdruck zur Bewegungsforschung (Olms-Forum 8), Hildesheim/Zürich/New York: Olms.

Grüner, Michaela (2011): Orff-Instrumente und wie man sie spielt, Mainz: Schott.

Klöppel, Renate (1993): Die Kunst des Musizierens, Mainz: Schott.

Ring, Reinhard/Steinmann, Brigitte (1997): Lexikon der Rhythmik (musik paperback 53), Kassel: Gustav Bosse.

Rosenstrauch, Henrietta (1960): Percussion, Movement and the Child. A Guide for Teachers, New York: Carl Van Roy.

Spitzer, Manfred (2012): Digitale Demenz. Wie wir uns und unsere Kinder um den Verstand bringen, München: Droemer.

Steffen-Wittek, Marianne (2002): Monsterband & Co. Populäre Musik, Rhythmus und Percussion mit Kindern von 4 bis 10 Jahren. 35 Lieder mit Unterrichtsanregungen, Essen: Nogatz.

Steffen-Wittek, Marianne (2004a):»Urknall im Klassenzimmer. Klangräume eröffnen mit Small-Percussion-Instrumenten«, in: Praxis Grundschule 05, S. 10-14.

Steffen-Wittek, Marianne (2004b):»Onbeat – Backbeat – Offbeat. Sensomotorische und kognitive Zugänge zu Groove-orientierten Rhythmen«, in: Ansohn Meinhard/Jürgen Terhag (Hg.): Musikunterricht heute (Musikkulturen – fremd und vertraut 5), Oldershausen: Lugert, S. 160-177.

Steffen-Wittek, Marianne (2010):»Spielkreise/Trommelgruppen: Percussion in der Musikalischen Grundausbildung/EMP«, in: VdM Verband deutscher Musikschulen (Hg.): Bildungsplan Musik für die Elementarstufe/Grundstufe, Bonn: VdM Verband deutscher Musikschulen .

Weise, Dorothea (2013): »Grundlagen der Rhythmik. Leitgedanken zum Unterrichten«, in: VdM Verband deutscher Musikschulen (Hg.): Spektrum Rhythmik. Musik und Bewegung/Tanz in der Praxis, Bonn: VdM Verband deutscher Musikschulen, S. 9-21.

Wied, Verena (2017): Percussion im Musikunterricht. Eine funktionale Analyse von Interviews (Musikpädagogische Schriften 4), München: Allitera, S. 49.

Und du glaubst nicht an Wunder

Rhythmik mit Jugendlichen im Jugendarrest

Marianne Steffen-Wittek

> »Wir sind mal Hendrix, Mozart, Biggy, Queens of the Stone Age und Depeche Mode.«
> (*Materia, Song:* Welt der Wunder)[1]

Rhythmik-Workshops mit Jugendlichen an der *Hochschule für Musik FRANZ LISZT Weimar*, die in Kooperation mit der Jugendarrestanstalt Arnstadt durchgeführt wurden, boten Anlass, die jeweils erste Begegnung mit diesen Adressaten in den Blick zu nehmen und videografisch zu dokumentieren. Das Videomaterial diente als Basis für die Auswertung der Vermittlungspraxis und der ästhetischen Prozesse innerhalb der jeweils teilnehmenden Gruppe. Im Fokus stand dabei die multimodale Kommunikation, die auf die konversations- und kommunikationsanalytische Forschung und ihre Ansätze rekurriert (Schmitt 2007; Mondada/Schmitt 2010; Hausendorf/Mondada/Schmitt 2012).[2]

Betrachtet man Rhythmik als Feld der Kulturvermittlung, stellt sich die Frage, »welche Verstricktheiten und Komplizenschaften man jeweils durch das eigene Vermittlungshandeln eingeht« (Mörsch 2010: 12). Künstlerische Vermittlung findet nicht im luftleeren Raum statt, sondern bedeutet im hiesigen gesellschaftlichen Kontext auch immer »in relationalen und ambivalenten, vieldeutigen und nicht zuletzt auch gewaltvollen Verhältnissen zu arbeiten« (Mörsch 2015: 28, zitiert in Barthel 2017: 103). Das Nachdenken darüber bezeichnet Carmen Mörsch als

---

1 Materia: *Welt der Wunder* (Album: *Zum Glück in die Zukunft II*, Four Music Productions 2014, Nr. 13).
2 Siehe dazu den Beitrag *Erstbegehung mit Jugendlichen. Videografierte Rhythmik-Praxis* von Meike Schmitz und Marianne Steffen-Wittek in diesem Band.

»Reflexivität zweiter Ordnung« und hofft, dass Kunstvermittler/innen ihre Bildungsarbeit »und zusammen mit den Beteiligten darin enthaltene Machtstrukturen reflektieren, unterwandern und transformieren.« (Barthel 2017: 104)

Für die Jugendlichen, die an den Workshops teilnahmen, entsprach dieses Angebot gewissermaßen einer ›Erstbegehung‹[3]: Neu für sie waren der Ort[4] ›Musikhochschule‹, die Begegnung mit Musik-Studierenden, die Auseinandersetzung mit Musik und Bewegung in einem formalen Rahmen, das Sich-Einbringen in ästhetisch-kreative Prozesse. Zu beachten ist überdies die Rahmung der Workshops durch die beiden beteiligten Institutionen Musikhochschule und Jugendarrest.

JUGENDLICHE ADRESSATEN VON RHYTHMIK-PRAXIS

Institutionelle Dimension

Der Kontrast könnte nicht größer sein: hier die Musikhochschule mit ihrer ›Elite‹ an Lehrenden und Studierenden, die in zahlreichen Auswahlverfahren die ›Konkurrenz‹ erfolgreich abgehängt hat.[5] Ein Arbeits- und Studierfeld für Privilegierte und sogenannte Begabte bzw. Hochbegabte.[6] Sie dürfen zwar nicht automatisch mit ökonomischem Erfolg rechnen, dennoch können sie ihren Neigungen und Interessen zunächst einmal relativ unbehelligt ›legal‹ nachgehen. Die Studierenden werden auf einen Beruf vorbereitet, der nahelegt, dass mit ihrem zukünftigen Job die Integration in die kapitalistische Konkurrenzgesellschaft gelingt, indem sie Geld verdienen, Konkurrieren und das Eigentum achten.

Dort dagegen die Jugendarrestanstalt (JAA), in der Jugendliche ›einsitzen‹, die an dem Verfolgen einer beruflichen Laufbahn weitestgehend scheitern. Aus unklugen Gründen und mit falschen, zu kritisierenden Gedanken und Urteilen

---

3 »Eine Erstbegehung im bergsteigerischen Sinne ist die erste Bewältigung einer speziellen Route [...] an einem bestimmten Berg, Massiv oder Felsen. Die Erschließung von Neurouten wird meist von lokal ansässigen Kletterern durchgeführt, die ein noch unbeklettertes Stück Fels durchsteigen und gegebenenfalls mit Sicherungshaken versehen oder mit z.B. Klemmkeilen und Schlingen absichern.« https://de.wikipedia.org/wiki/Erstbegehung vom 08.09.2018.

4 Vgl. zum Thema »Orte« (in der Musikpädagogik) das gleichnamige Kapitel in Dartsch et al. 2018: 385-410.

5 Vgl. zur kritischen Betrachtung der Auswahlverfahren an Kunsthochschulen (am Beispiel der Schweiz) Saner/Vögele/Vessely 2016: 180ff.

6 Vgl. zur Kritik an der Begabungstheorie Huisken 2011 und 2016: 65ff.

verweigern sie sich dem Rechtssystem, ohne dieses überwinden zu können: Sie stehlen, statt Geld zu verdienen, sie missachten das Eigentumsrecht und ihre Konkurrenz besteht darin, die Coolsten und Überlegensten zu sein. Sie befinden sich auf der Verliererseite des ökonomischen Systems, werden vom Rechtsstaat abgestraft und sollen schnellstmöglich ›resozialisiert‹ werden.

Die Workshop-Teilnehmer/innen der hier besprochenen Rhythmik-Praxis waren Jugendliche einer JAA, ein Vollzugsbeamter, gelegentlich eine Sozialpädagogin sowie Studierende der Rhythmik, die zusammen als heterogene Gruppe agierten. Die Leiterin[7] wechselte von anleitenden Phasen situativ auch immer wieder in den Modus der Bewegungskünstlerin, Musikerin und Mitakteurin. Die Biografien aller Beteiligten, ihre fachlichen Dispositionen und institutionellen Funktionen sowie die Gedanken und Urteile, die sie sich darüber machen, sind selbstreflexiv zu berücksichtigende Mitspieler des Geschehens.

Lebensphase Jugend

Die Lebensphase ›Jugend‹ kann als sozial konstruiert betrachtet werden (Lowinski 2007: 57). Welche ›Gestaltungräume‹ Jugendliche haben und mit welchen (eingebildeten) Statusunsicherheiten sie sich herumplagen, welche Rechte, Verbote und Pflichten ihnen gewährt bzw. auferlegt werden, hat wenig mit Schicksal, vielmehr mit der politisch-ökonomischen Berechnung ihrer Brauchbarkeit für den Standort Deutschland zu tun.

In der Interpretation dessen, was Jugend ausmacht, stehen Erwachsene und Jugendliche oft im Widerspruch und liegen damit beide falsch. Erwachsene gehen häufig davon aus, dass die Zeit des Jugendalters eine Vorbereitungsphase darstellt, in der für das spätere Leben angestrengt gelernt werden muss. Jugendliche dagegen wollen – unabhängig davon ob sie gute oder schlechte existentielle Aussichten haben – als Jugendliche mit ihrem ›Recht‹ auf ein jetziges Leben *anerkannt* werden. Kinder und Jugendliche sind nach Aussage von Freerk Huisken spiegelbildlich zu dem Auftrag definiert, den Erwachsene in dieser Gesellschaft erteilt bekommen. Während Erwachsene den Rechten und Pflichten in der Berufskonkurrenz sowie im Privatleben unterworfen sind und sich darin zu bewähren haben, sind Kinder und bis zu einem bestimmten Alter auch Jugendliche

»[...] selbst frei von jenen Rechten und Pflichten, die das Leben der Erwachsenen bestimmen. [...] Sie haben sich ohne jede Einspruchsmöglichkeit in die *persönliche Abhängigkeit* von

---

7 Die Rhythmik-Workshops wurden von der Autorin im Rahmen des Master-Studienganges *EMP/Rhythmik* im Fach *Musik- und bewegungspädagogisches Projekt* durchgeführt.

Eltern und Lehrern zu fügen, die für ihre Behütung, für die Besorgung ihrer Lebensnotwendigkeiten und für ihre Belehrung zuständig sind. Eine eigene Sphäre, in der sie sich ihren Wünschen hingeben können, gibt es für Kinder – auch im eigenen Kinderzimmer – nur begrenzt. [...] Kinder, die gegen die für sie aufgestellten Regeln verstoßen, werden von den Erwachsenen abgestraft – wohingegen die Erwachsenen bekanntlich vom ›Leben‹ bestraft werden. In diesem Verhältnis werden die Kinder fit gemacht für eine Welt, in der sie sich unter adäquater Betätigung des *freigesetzten* Willens in der *sachlichen Abhängigkeit* vom Diktat des Privateigentums und der Ware-Geld-Beziehung zu bewähren haben.« (Huisken 1996: 43f., Herv.i.O.)

Diese Aussagen mögen Fragen aufwerfen, neigen viele Pädagogen und Pädagoginnen doch dazu, Probleme der Kindheit und Jugendzeit ausschließlich aus der Perspektive der pädagogischen Psychologie zu betrachten. Der sogenannten Ellbogengesellschaft wird dabei eine Wertepädagogik gegenübergestellt, die ›benachteiligten‹ Kindern und Jugendlichen zu mehr Partizipation und Selbstbewusstsein verhelfen soll, um den bürgerlichen Alltag zu bewältigen.

Jugendgewalt

›Jugendgewalt‹ wird in diesem Zusammenhang oft als ›unerklärlich‹ gedeutet, als fehlgeleiteter Aggressionstrieb interpretiert oder als Zeichen für mangelndes Selbstbewusstsein missverstanden. Tatsächlich gehört der – in der bürgerlichen Konkurrenzgesellschaft verankerte – Angeber- und Selbstbewusstseins-Kult zu den gängigen »geistigen Anpassungsleistungen [...],« die »von Alt und Jung, Mann und Frau, aber auch von Oben und Unten beherrscht« werden (Huisken 2007: 131). Nicht der – von der pädagogischen Psychologie behauptete – Mangel an ›Selbstbewusstsein‹ führt zu den verkehrten Gedanken und Handlungen jugendlicher Gewalttäter, sondern das bürgerliche Angebertum dient ihnen als Vorbild für ihre radikalisierte Selbstbewusstseins-Pflege. Wenig brauchbare Kritik erfahren gewalttätige Jugendliche, wenn sie einerseits wegen ihrer desaströsen Lebensumstände bemitleidet, andererseits an ihre staatsbürgerlichen Pflichten erinnert werden.

»Zu leisten ist vielmehr die *Kritik des falschen Bewußtseins von den Siegen und Niederlagen, die der Kapitalismus seinem ›Menschenmaterial‹ bereitet.* Zu kritisieren ist die durchgesetzte Psychologisierung der Konkurrenzmoral und ihrer Ergebnisse, von der auch der Nachwuchs nicht verschont bleibt. Zu widerlegen ist die Ansammlung all der falschen Urteile, mit denen sich der heranwachsende und fertige Mensch in seiner Welt einrichtet: Die angebliche Abhängigkeit der Chancen von den Leistungen, die der Leistungen von einer Leistungsfähigkeit, deren Aufwertung zum Indiz für den relativen Selbstwert der

Person, diese Konstruktion selbst, einschließlich aller Veranstaltungen zur Pflege von Selbstbewußtsein.« (Huisken 1996: 92, Herv.i.O.)

Huisken spricht sich für eine Kritik an dem moralischen Rückzug »auf die eigene Wohlanständigkeit bei chronischem Mißerfolg ›im Leben‹ […]« aus. Erfolge und Mißerfolge als Ehrfragen zu behandeln sind ebenso anzugreifen wie das Herauskehren des Siegertyps im Privaten oder »das Sicheinrichten in der Depression, die das Fehlurteil kultiviert, man sei nun einmal ein Versager.« (Ebd.)

Eine solche argumentative Kritik an Jugendlichen bedarf einer Erklärung gesellschaftlicher Zwecke und Ideologien. Wer akzeptiert, dass es weltweit zum kapitalistischen Alltag gehört, wenn sich bürgerliche ›Erfolgsmenschen‹ in ihren Selbstdarstellungsritualen angeberisch überbieten, darf sich nicht wundern, dass Jugendliche diesen Überlegenheitskult, ganz ohne existentielle Vorteile, übernehmen. »Ob sich allerdings diejenigen Kinder und Jugendlichen von *Argumenten* beeindrucken lassen, denen bereits ›alles egal‹ ist, die als Maß zur Beurteilung ihrer Lage allein die von ihnen selbst inszenierten Überlegenheitsbeweise gelten lassen, ist mehr als fraglich.« (Ebd., Herv.i.O.) Huisken plädiert dafür, mit Jugendlichen deren Fehlurteile über Sieg und Niederlage im Kapitalismus zu diskutieren, stellt aber fest, dass Argumente da versagen, wo »das Interesse und seine Erfüllung sich bereits in Einbildungen bewegt, das Getue wahnhafte Züge annimmt« (ebd.). Das ist zu bedauern, gibt – so der Autor – im Nachhinein den psychologischen und polizeipädagogischen Rezepten dennoch nicht Recht. Vielmehr gilt es, den möglichen Schaden zu begrenzen, nicht aber denjenigen, die Schaden angerichtet haben, ebenfalls Schaden zuzufügen.[8]

In den hier betrachteten Rhythmik-Workshops mit Jugendlichen einer JAA ergaben sich am Rande, in den Pausen oder angeregt durch verschiedene Songtexte immer wieder Gespräche über ihre Lebenssituation und gesellschaftlichen Verhältnisse. Dabei wurden die Fehlurteile und zu kritisierenden Gründe für ihr schädliches Überlegenheits- und Verweigerungsgebaren deutlich, das selten genug argumentative Kritik erfährt.

---

8   »Gewaltbereite Jugendliche beziehen sich nicht auf kulturgeschichtliche Überlieferungen, ihnen steht ganz praktisch ein anderes Modell zur Verfügung, nämlich der Rechtsstaat mit seiner Strafjustiz, als dessen gelehrige Schüler sie sich erweisen. Die strafende Justiz verfährt nach dem Muster, dass der ersten Schädigung, die dem Opfer durch den Täter widerfuhr, eine zweite durch die Justiz, die dies am Täter vollstreckt, hinzugefügt wird. Die absurde Logik der Vergeltung, die den Schaden verdoppelt, statt ihn zu beheben, findet auch im demokratischen Rechtsstaat höchste Anerkennung. Dabei dient sie natürlich nicht der Befriedigung eines persönlichen Rachebedürfnisses, sondern der Wiederherstellung des Rechts.« (Schillo 2016: 3)

RHYTHMIK IN DER ›ERSTBEGEHUNG‹

Körper-, Bewegungs- und Tanzarbeit mit Jugendlichen wurde bisher vorwiegend in der Jugendkulturarbeit sowie in der Sport- und Tanzpädagogik theoretisch aufgearbeitet (Lowinski 2007; Barthel 2017). Zwar treffen Rhythmiker/innen in der Praxis auf alle Altersgruppen, – so auch auf Jugendliche – doch ist die theoretische Darlegung und Dokumentation dieser Praxis noch marginal (Steffen-Wittek 1996, 2008, 2010; Zaiser 2011; Schultze 2013; Zaiser 2013).

Grundlagen der Rhythmik

Rhythmik bietet mit seinen Transformationsmöglichkeiten von Musik in Bewegung, Sprache, Bild (und umgekehrt) ein offenes Konzept, das Kulturvermittlung an unterschiedliche Adressaten ermöglicht. In diesem Beitrag wird der vielfältig konnotierte Kulturbegriff kritisch gesehen. Keinesfalls soll nur die sogenannte ›Hochkultur‹ als Gegenstand ästhetischer Erkundungen in die Rhythmik-Praxis mit Jugendlichen einbezogen werden. Alltagspraktiken und ›populäre‹ Phänomene, »die nicht in einem bürgerlichen Kulturbegriff gefasst sind[,] sondern durch diesen abgewertet werden,« (Mörsch 2010: 3) sind ein wichtiger Bestandteil. Unter verschiedenen Aspekten lassen sich sowohl die Musik als auch die Bewegung in der Rhythmik-Praxis mit Jugendlichen und anderen Altersgruppen betrachten:

- Morphologischer Aspekt
- Neurophysiologischer Aspekt
- Anthropologisch-psychologischer Aspekt
- Interaktiv-kommunikativer Aspekt

Unterschiedliche Aktionsformen, Aneignungs- und Verarbeitungsmodi sowie Sozialformen sind in der Rhythmik als Kernelemente relevant. Kennzeichnend ist ferner die ›Technik des Wanderns‹, d.h. das Switchen zwischen den genannten Aspekten und Kernelementen sowie die situative Offenheit gegenüber den Einlassungen der Adressaten und den daraus folgenden Schritten und Inhalten.[9]

Weitere Grundlagen der Rhythmik hat Dorothea Weise zusammengefasst und »einen Überblick zu möglichen Differenzierungen im intermedialen Bezugsfeld von Musik und Bewegung« vorgelegt (Weise 2013: 13). Neben der Aufschlüsselung der ›vielgestaltigen Beziehungen‹ von Musik und Bewegung geht sie bezüglich

---

9 Siehe hierzu den Beitrag *Vom Wert der Bewegung in der Musik* von Holmrike Oesterhelt-Leiser in diesem Band.

der Rhythmik-Praxis vom ›Eindruck‹, der ›Verarbeitung‹ und dem ›Ausdruck‹ als Weg musikalischer Bildungsprozesse aus (ebd.: 13ff.). Sie untersucht ferner die Begriffe Bewegung und Tanz im Spannungsfeld zwischen Musikpädagogik und künstlerisch-musikalischer Praxis (ebd.: 15f.).

Zu den ›klassischen‹ Bestandteilen der Rhythmik gehören:

- Führen und Folgen[10]
- Inhibition und Inzitation[11]
- Realisation[12]
- Improvisation
- Plastique Animée[13]

Hinzugekommen sind im Laufe des 20. und 21. Jahrhunderts neue Improvisations- und Gestaltungskonzepte sowie Anregungen aus dem Zeitgenössischen Tanz, der Neuen Musik und der musikalischen Improvisationskunst. Die in der Rhythmik-Praxis selten vorzufindende vertiefende Auseinandersetzung mit Bewegungstools aus Jazzdance und Streetdance (Toprock, Uprock, Breakdance usw.) bieten ein großes Feld an bewegungsorientierter Musikannäherung und vertiefendem Musikverständnis (Steffen-Wittek 2014).[14] In der Planung der konkreten Workshops der hier beschriebenen Rhythmik-›Erstbegehung‹ wurde bedacht, dass die Jugendlichen

---

10 Nach dem Zweiten Weltkrieg wurde das Wortpaar im deutschsprachigen Raum zunächst vermieden und anders umschrieben (Ring/Steinmann 1997: 95f.). Bis heute werden imaginative Übungen im Bereich künstlerisch-pädagogischer Betätigungen mit realen Handlungen im richtigen Leben verwechselt und überhöht. (Künstlerische) Handlungen und Interaktionen werden dabei nicht nach ihren frei verabredeten Spielregeln im jeweiligen Kontext beurteilt, sondern mit dahinter stehenden (Sekundär-)›Tugenden‹ erklärt, die angeblich jede/r für das richtige Leben als Anpassungstechniken braucht und hierbei erlernen kann.
11 Inhibition von lat. *inhibitio* = Hemmen; Inzitation von lat. *incitatio* = Antrieb, Sporn; im späteren Sprachgebrauch der Rhythmiker findet sich hierfür auch das Begriffspaar ›Unterbrechen und Umschalten‹ (Ring/Steinmann 1997: 126 f., 129).
12 Siehe hierzu den Beitrag *Rhythmus und Gestaltung* von Dorothea Weise in diesem Band.
13 Ausführungen zur »Plastique Animée« ebd. sowie Ring/Steinmann 1997: 206ff.
14 Siehe auch den Beitrag *Real Time Subleties* der Autorin in diesem Band.

- Körper, Stimme, Instrumente (akustische, analoge, digitale) als Ausdrucksmedien erfahren und kreativ nutzen;
- Musik, Bewegung, Sprache als Kommunikationsmittel im ästhetischen Kontext interaktiv erfahren;
- Percussion und Rhythmus/Groove in ihrer körpersinnlich-kognitiven Vernetzung erleben;
- Gemeinsamkeiten und Unterschiede von Musik, Bewegung, Bild, Sprache erkunden;
- Musik symbolisch codieren und entschlüsseln;
- eigene Themen in Musik, Bewegung und Sprache künstlerisch/ästhetisch verarbeiten;
- außermusikalische Themen, die sie betreffen, in Gesprächen und anderen Settings reflektieren.

An Aktionen wurden angeboten:

- Bodypercussion
- Stimmliche Improvisation, Produktion und Reproduktion
- Trommelspiel (Groove, divisive und additive Rhythmuskonzepte, freie Klanggestaltung)
- Instrumentalspiel (Flügel, Keyboard, Drumset, Marimbaphon und weitere Instrumente)
- Ganz- und teilkörperliche Bewegungen (ohne Musik, mit Live-Musik, zu Musikaufnahmen, mit Objekten)
- Grafische Notationen, Schreiben von Texten
- Gespräche über Songtexte

Die Raumsettings wurden in den jeweiligen Workshops je nach Aufgabengebiet verändert:

- Stuhlkreis mit Trommeln für alle (Congas, Djemben)
- Gruppierungen in Kleingruppen oder Paaren um weitere Instrumente (Flügel, Keyboard, Streich-, Zupf und Blasinstrumente, Marimbaphon, große chinesische Trommel, Small Percussion) und Objekte/Materialien
- (Bewegungs-)Interaktionsräume mit unterschiedlichen Konstellationen, Formationen und Orten

Bei den Sozialformen wurde zwischen Gruppe, Kleingruppe, Paar und Solo gewechselt. Zu den musikalischen Inhalten gehörte Musik aus den Bereichen Hip-

Hop/Rap, Funk, Reggae, Electronic Music, Singer-Song-Genre, Punkrock, Folklore, Klassik, Neue Musik.

›Erstbegehung‹

Die erste Begegnung mit Jugendlichen, die mehr oder weniger freiwillig an einem Rhythmik-Workshop teilnehmen und größtenteils wenige formal geprägte ästhetische Erfahrungen in einer Gruppe gemacht haben, bedarf entsprechender Vorüberlegungen: Welches Ambiente, welche Sitzanordnung und Raumgestaltung sind erforderlich, um als Einladung verstanden zu werden? Welche musikalischen und bewegungsorientierten Inhalte, welche Aktionsformen und Settings sind geeignet, Hemmungen und Unsicherheiten zuzulassen und abzubauen? Welche Ansagen regen die Teilnehmer/innen an, sich frei zu fühlen, auf die Angebote einzugehen oder sie zu verweigern? Welche zusätzlichen Inhalte und Materialien können vorbereitet und als Alternative hinzugezogen werden?

Vielen Jugendlichen fällt es schwer, sich in einem formalen Rahmen ›musikalisch‹ zu bewegen. Niemand sollte dazu gezwungen werden und kann dies durchaus verweigern. Ist jedoch eine Bereitschaft zu erkennen, sich darauf grundsätzlich einzulassen, erleichtern ›Sicherungsseile‹ den ersten Schritt. Dies können Übungssettings des ›Führens und Folgens‹ sein, bei dem die Selbst- und Fremdwahrnehmung im Fokus stehen, ferner Übungen zur Inhibition und Inzitation, die Einbeziehung von Objekten sowie vertraute Alltags- und Sportbewegungen. In entsprechenden Warm-ups stehen Körper und Bewegung, die Stimme, ein Musikinstrument oder Objekte/Materialien im Zentrum. Bewegungs-Warm-ups sind ohne Musik, mit Live-Musik oder mit Musikaufnahmen möglich.

Das ›Führen und Folgen‹ verlangt nach einer wachen Körperpräsenz und ›Antennen‹ für die Körpersprache des anderen bzw. der anderen sowie für Zeit und Raum. Je nach Aufgabenstellung werden Sehen, Hören, Ertasten und Erspüren miteinander vernetzt. Entscheidungen spontan treffen und sich auf die Initiative des anderen einlassen oder sie verweigern und umlenken, kann zu überraschenden Verläufen führen.

Die Arbeit mit Objekten fordert ein Einlassen auf Form, Oberfläche, Konsistenz, Masse und Schwerkraftverhalten. Das Objekt lenkt zunächst vom eigenen Körper und dem Beobachten des eigenen Körpers durch andere ab. Es kann einen hohen Aufforderungscharakter[15] haben, der zur Aktivierung einlädt und Fantasie freisetzt, da sich das Objekt vielfältig umdeuten lässt. Aktivität und

---

15 »Dinge appellieren, indem sie über sich hinausweisen und darin eine Handlung fordern.« (Stieve 2010: 270)

Geschicklichkeit, Spüren und Empfinden werden von ihm bei entsprechender Aufgabenstellung angeregt. »Der dem Blick oder dem Abtasten begegnende Gegenstand erweckt eine bestimmte Bewegungsintention, die nicht auf die Bewegungen des eigenen Leibes, sondern auf das Ding selbst, in dem sie gleichsam festgemacht sind, abzielt.« (Merleau-Ponty 1974: 367)

Sportarten, die ebenfalls einen hohen Aufforderungscharakter zur körperlichen Aktivierung haben, lassen sich im Krafteinsatz, in räumlichen und zeitlichen Parametern, Phrasierung und Artikulation so variieren, dass sie jeweils eine Nähe zur Musik und ihren Gestaltungselementen aufweisen können (zeitlupen-artige Bewegungen, Zeitraffer-Bewegungen, zeitliche und räumliche Augmentation und Diminution der Bewegung, Rhythmisierung der Bewegung im Beat-Kontext, Motive wiederholen, variieren usw.). Besonders die Kampfsportarten weisen einen hohen Anteil an Eigen- und Fremdwahrnehmungsgelegenheiten auf. Ihren Gehalt an kommunikativen Elementen hebt Gudula Linck hervor. Im Hinblick auf die chinesische Kampfkunst geht sie von den polaren Kräften Fülle vs. Leere, Enge vs. Weitung bzw. Angriff vs. Abwehr aus. Sie stellt heraus, dass die antizipierende Wahrnehmung ein wichtiger Bestandteil von Kampfkunst ist und dass Bewegung im Ansatz schon am eigenen Leib zu spüren ist, »weil beide Kontrahenten in der gemeinsamen Situation des Kampfes das eigenleibliche Resonanz- bzw. Dissonanzgeschehen auf einer höheren, übergreifenden Ebene ausagieren mit verteilten Rollen.« (Linck 2016: 266) In der Rhythmik-Praxis mit Jugendlichen lassen sich Kampfsport-Bewegungen sowohl in der Gruppen- als auch in der Partnerarbeit von dem ersten Ausprobieren bis hin zu improvisierten Gestaltungen und Choreografien zur Musik entwickeln. Dabei ist das Phänomen der ›Zweifühlung‹ zu beachten. In gemeinsamer übergreifender Situation kennzeichnet es

»nicht nur Partnerkampf, sondern auch Partnertanz und Mannschaftssport, überhaupt konzentrierte Teamarbeit. Auch der gekonnte Umgang mit einem Werkzeug (Kampf- und Handwerkszeug) oder mit Instrumenten der Musik ist Einleibung *par excellence*. [...] So gesehen, mag ein Übender der Kampfkunst in besonderer Weise sensibilisiert sein im Spüren, wie es um ihn selber und um sein Gegenüber gerade steht.« (Ebd., Herv.i.O.)

Das Spüren und Erspüren des eigenen Körpers, die musikalische Koordination mit anderen, die Vitalisierung durch musikalische Energie (Bewegung, Stimme, Instrument), die Neugier auf Unbekanntes, das Vergnügen an Überraschungen und die Erhöhung der Jetzt-Zeit durch ästhetischen Genuss, das alles bedarf im Kontext eines Rhythmik-Workshops der professionellen Anleitung, die im Begriff »artistic leadership« zusammen gefasst werden kann.

Anleitung künstlerischer Prozesse

Wodurch zeichnet sich künstlerische Arbeit mit Jugendlichen, jenseits von öffentlich aufgeführten größeren Musik- und Tanzprojekten in einem Workshop der Rhythmik aus? Der Durchführung gehen die organisatorische und inhaltliche Planung voraus. In der Durchführung selbst wechselt die Leiterin zwischen der Rolle als Organisatorin, Aufgaben-Geberin, Dirigentin, (Mit-)Musikerin und Tänzerin. Kommunikative Elemente wie Blick, Mimik, Gestik, Körperpräsenz, räumliche Nähe/Distanz, Bewegung und Einsatz der Stimme sind dann überzeugend, wenn sie von musikalischem Können, dem eigenen Interesse an und dem Involviert-Sein mit der Musik gespeist sind. Antizipierende Gesten des Zeigens von Beginn und Ende sowie weiteren Phrasierungsverläufen einer Aktion, Dirigierbewegungen und ganzkörperliche Aktionen als Zeichen des Entrainment und der Verkörperung von Musik bilden die Brücke zu den anwesenden Teilnehmer/innen. Die Stimme dient neben der sprachlich-semantischen Vermittlung von Aufgaben und dem Klären bzw. Feedback-Geben in Gesprächen auch der lautmalerischen, musikalischen Vitalisierung und Aufrechterhaltung künstlerischer Momente.

Implikationen multimodaler Ereignisse in der Rhythmik-Praxis

In den Rhythmik-Workshops spielen bei Interaktionsprozessen der institutionelle Ort und der reale Raum, in dem die Gruppe agiert, eine tragende Rolle. Die videobasierte Analyse komplexer kommunikativer Ereignisse einer Rhythmik-Stunde kann die – sowieso immer vorhandene – Raumkomponente unter dem spezifischen Aspekt des ›Mitspielers‹ in den Fokus rücken. Raum wird in der Rhythmik-Praxis nicht als ›statisches, territoriales Gebilde‹ gesehen, sondern erhält als ›Interaktionsraum‹ »dynamische, sich stetig verändernde Konstellationen, die teilweise klare räumliche Konturen aufweisen.« (Mondada/Schmitt 2010: 27) Neben dem Raum als Faktor multimodaler Kommunikationsereignisse sind Komponenten wie die Koordination, Materialität und Wahrnehmung zu berücksichtigen.

In der Rhythmik-Praxis findet eine Vielzahl komplexer, gleichzeitiger und sukzessiver Interaktionsprozesse auf der Grundlage ›multimodaler Ausdrucksressourcen‹ statt. Dazu zählen: »– Verbalität (Prosodie inbegriffen) und ihre Körperlichkeit – Vokalität – Blick – Kopfbewegung – Mimik – Gestikulation – Körperpositur – Bewegungsmodus – Präsenzform – Proxemik: Verteilung im Raum: Positionierung der Beteiligten (*face to face, side by side, back to face ...*), Nähe/Distanz – Räumlichkeit/Materialität: Manipulation von Objekten (Tools, Instrumente etc.)« (ebd.: 24f., Herv.i.O.).

Die Kommunikationsmodalitäten lassen sich weiter ausdifferenzieren: Verbalität (Aufgaben formulieren, Klären, Aushandeln, Korrigieren, Rückmelden, Zusammenfassen) (Barthel 2017: 109ff.); Vokalität (Lautmalerei bezogen auf Klang und Sound, Rhythmus und Groove, Melodie und Harmonie, antizipierende und initiierende Stimmlaute oder bremsende, beendende Stimmgebungen sowie musikalisch koordinative Stimmaktionen); Blick, Kopfbewegung, Mimik (im Sinne musikalischer Verkörperung, Bestätigung oder Verneinung); Gestik/Dirigat (Einsätze geben und Ende signalisieren; Musikparameter anzeigen; Handzeichen als Symbol für musikalische Aktionen); Körper im Raum (Verkörperung von Musik, künstlerische Bewegungsinteraktionen). Rhythmik-Praxis könnte in Zukunft noch stärker videobasiert auf die Nutzung der verschiedenen Kommunikationsmodalitäten hin untersucht werden.[16]

Welt der Wunder?

In den durchgeführten, je dreistündigen Workshops wurden für die ›Erstbegegnung‹ vor der ›Erstbegehung‹ Trommeln gewählt, die jeder/jede Jugendliche wie einen ›Schutzschild‹ im Sitzkreis vor sich hatte. Präsenzverlangende Aufgaben, bei denen nichts ›falsch‹ oder ›richtig‹ ist, – eher uninspiriert oder intentional überzeugend umgesetzt werden kann – boten eine Brücke, um ins Musizieren zu kommen. Ganzkörperliche Bewegungen im freien Raum waren jeweils erst nach einem Vertraut-Werden mit den ›Locals‹ und durch entsprechende Bewegungsanregungen und Vorbereitungen im Sitzen möglich. War der Schritt des gegenseitigen Kennenlernens und aufeinander Einlassens getan, konnte die weitere ›Route‹ gemeinsam begangen werden (angeleiteter und freier, eigenständiger Bewegungsvollzug von Musik im Raum; Improvisationen mit Geräuschen, Tönen und Klängen; Nachgestaltung von Grooves, Songs und klassischer Musik in der Bewegung, mit der Stimme und am Instrument; Erfinden von Musik, ausgelöst durch eigene und vorgegebene [Song-]Texte, musikalische Grafiken, Notennotationen, Wissensaneignung im Musikbereich).

Im Film *4 Könige*[17] (hier ist der Song *Welt der Wunder* von *Materia* als Soundtrack zu hören – der Song wurde in einem der Workshops als Bewegungsmusik und als Material für das eigene Musizieren und Improvisieren genutzt), erleben vier Jugendliche in einer Psychiatrie an Weihnachten *kein* Wunder. Sie sind vielmehr den kritischen Fragen des Psychiatrie-Leiters ausgesetzt, der um Erkenntnis-

---

16 Für die qualitative Forschung und die Auswertung von Video- und Audiomaterial steht seit längerem geeignete Software zur Verfügung.

17 *4 Könige* (2015) (D, R: Theresa von Eltz).

Gewinn der Jugendlichen bemüht ist. Die im Film angedeutete argumentative, nicht psychologisierende Auseinandersetzung mit ihren ›falschen‹ Urteilen über sich und die Welt mag in der hiesigen Gesellschaft wie ein Wunder erscheinen. Es ist aber weiter nichts als vernünftig-kluges Nachdenken, um die Gründe für Lebensmissstände zu verstehen und nach Möglichkeiten der Beseitigung zu suchen.

Die folgenden Aussagen von Mörsch mögen auf unterschiedliche, zu diskutierende Standpunkte treffen: Kunstvermittlung als selbstreflexive und kritische Praxis

»dient [der] Ausbildung von Widerborstigkeit. Sie betont das Potential der Differenzerfahrung und setzt dem Effizienzdenken die Aufwertung von Scheitern, von Suchbewegungen, von offenen Prozessen und offensiver Nutzlosigkeit als Störmoment entgegen. Anstatt Individuen den Willen zur permanenten Selbstoptimierung als beste Survival-Option anzubieten, stellt sie Räume zur Verfügung, in denen – neben Spass, Genuss, Lust am Machen und Herstellen, Schulung der Wahrnehmung, Vermittlung von Fachwissen – auch Probleme identifiziert, benannt und bearbeitet werden können. In denen gestritten werden kann. In denen so scheinbar selbstverständlich Positives wie die Liebe zur Kunst oder der Wille zur Arbeit hinterfragt werden und eine Diskussion darüber in Gang kommen kann, was eigentlich für wen das gute Leben sei.« (Mörsch 2010: 11)

Rhythmik bewirkt keine Wunder, mag die Zeit, die die Jugendlichen im Workshop mit *Hendrix, Mozart, Biggy, Queens of the Stone Age* oder *Depeche Mode* verbracht haben, auch noch so erfüllend gewesen sein und das Erspüren eigener künstlerischer Potentiale geweckt haben. Musikalische und außermusikalische Themen, die die Texte von Songs hergeben, bieten Anlass, über Poesie auf der einen Seite und das richtige Leben auf der anderen nachzudenken und zu diskutieren. Die vorgefundenen Lebensumstände lassen sich weder mittels Kunst noch bürgerlicher Psychologie abstellen. Die Analyse gesellschaftlicher und politischer Zwecke und die Aneignung von entsprechendem Wissen sind unabdingbar für einen brauchbaren Erkenntnisgewinn, warum die gesellschaftlich bedingten Lebensumstände viele Jugendliche – nicht nur – vom Kunstgenuss ausschließen. In diesem Sinne kann die von Mörsch angestoßene Diskussion zur Kulturvermittlung auch im Kontext der ›Rhythmik mit Jugendlichen‹ fortgesetzt werden.

LITERATUR

Barthel, Gitta (2017): Choreografische Praxis. Vermittlung in Tanzkunst und Kultureller Bildung (TanzScripte 45), Bielefeld: transcript.

Dartsch, Michael/Knigge, Jens/Niessen, Anne/Platz, Friedrich/Stöger, Christine (Hg.) (2018): Handbuch Musikpädagogik. Grundlagen – Forschung – Diskurse, Münster: Waxmann,

Hausendorf, Heiko/Mondada, Lorenza/Schmitt, Reinhold (2012): Raum als interaktive Ressource (Studien zur Deutschen Sprache 62), Tübingen: Narr.

Huisken, Freerk (1996): Jugendgewalt. Der Kult des Selbstbewußtseins und seine unerwünschten Früchtchen, Hamburg: VSA.

Huisken, Freerk (2007): Über die Unregierbarkeit des Schulvolks. Rütli-Schulen, Erfurt, Emsdetten usw., Hamburg: VSA.

Huisken, Freerk (2011): »Begabt, hochbegabt, Superstar. Im Gespräch mit Marianne Steffen-Wittek kritisiert der Erziehungswissenschaftler Freerk Huisken die Intelligenz- und Begabungsforschung«, in: Üben & Musizieren 1, S. 44-47.

Huisken, Freerk (2016): Erziehung im Kapitalismus. Von den Grundlügen der Pädagogik und dem unbestreitbaren Nutzen der bürgerlichen Lehranstalten, überarbeitete und erweiterte Neuausgabe, Hamburg: VSA.

Linck, Gudula (2016): »Schatten oder Echo. Chinesische Kampfkunst als Paradigma menschlicher Kommunikation«, in: Undine Eberlein (Hg.): Zwischenleiblichkeit und bewegtes Verstehen. Incorporeity, Movement and Tacit Knowledge, Bielefeld: transcript, S. 249-266.

Lowinski, Felicitas (2007): Bewegung im Dazwischen. Ein körperorientierter Ansatz für kulturpädagogische Projekte mit benachteiligten Jugendlichen, Bielefeld: transcript.

Merleau-Ponty, Maurice (1974 [1966]): Phänomenologie der Wahrnehmung (Phänomenologisch-psychologische Forschung 7), hg. von C.F. Graumann und J. Linschoten, (photomechanischer Nachdruck der Ausgabe von 1966), 6. Aufl., Berlin: de Gruyter.

Mondada, Lorenza/Schmitt, Reinhold (2010): »Zur Multimodalität von Situationseröffnungen«, in: Dies. (Hg.): Situationseröffnung. Zur multimodalen Herstellung fokussierter Interaktion (Studien zur Deutschen Sprache 47), Tübingen: Narr, S. 7-52.

Mörsch, Carmen (2010): Watch this Space!: Position beziehen in der Kulturvermittlung. Basistext für die Fachtagung »Theater – Vermittlung – Schule«, http://www.theaterschweiz.ch/fileadmin/sbv/SBV/Basistext.pdf vom 10.09.2018.

Ring, Reinhard/Steinmann, Brigitte (1997): Lexikon der Rhythmik (musik paperback 53), Kassel: Gustav Bosse.

Saner, Philippe/Vögele, Sophie/Vessely, Pauline (2016): Art.School.Differences. Researching Inequalities and Normativities in the Field of Higher Art Education, Schlussbericht, hg. vom Institute for Art Education, Zürcher Hochschule, https://blog.zhdk.ch/artschooldifferences/files/2016/10/ASD_Schlussbericht_final_web_verlinkt.pdf vom 04.02.2019.

Schillo, Johannes (2016): Amok, Antiterrorpaket und Ursachenforschung, i-v-a.net, Textbeiträge August, https://www.i-v-a.net/doku.php?id=texts16 vom 03.09.2018.

Schmitt, Reinhold (Hg.) (2007): Koordination. Analysen zur multimodalen Interaktion (Studien zur Deutschen Sprache 38), Tübingen: Narr.

Schultze, Barbara (2013): »Spurensuche in Bildern und Bewegung. Rhythmik mit Jugendlichen zwischen 12 und 16 Jahren«, in: VdM Verband deutscher Musikschulen (Hg.): Arbeitshilfe Spektrum Rhythmik. Musik und Bewegung/Tanz in der Praxis, Bonn: VdM Verband deutscher Musikschulen, S. 42-49.

Steffen-Wittek, Marianne (1996): »I've got the Power! Das traditionelle Hochschulfach ›Rhythmik‹ und seine möglichen Auswirkungen auf die musikalische Sozialisation von Mädchen und Frauen heute«, in: Jürgen Terhag (Hg.): Populäre Musik und Pädagogik 2: Grundlagen und Praxismaterialien, Oldershausen: Lugert, S. 205-219.

Steffen-Wittek, Marianne (2008): »Weapon of Choice – bewegt. SchülerInnen tanzen und erforschen Rhythmen elektronischer Tanzmusik«, in: Musik und Bildung 4, S. 40-45.

Steffen-Wittek, Marianne (2010): »Let Forever Be. Körperinszenierungen elektronischer Musik in der Schule«, in: Georg Maas/Jürgen Terhag (Hg.): Musikunterricht heute 8: Zwischen Rockklassikern und Eintagsfliegen – 50 Jahre Populäre Musik in der Schule, Oldershausen: Lugert, S. 365-377.

Steffen-Wittek, Marianne (2014): »Blame it on the Boogie. Bewegungsimprovisation und groovebasierte Musik«, in: Dies./Michael Dartsch (Hg.): Improvisation – Reflexionen und Praxismodelle aus Elementarer Musikpädagogik und Rhythmik (ConBrio Fachbuch 18), Regensburg: ConBrio, S. 272-293.

Stieve, Claus (2010): »Diesseits und Jenseits des Konstruierens. Phänomenologisch-gestalttheoretische Ansätze zur leiblichen Präsenz der Dinge«, in: Gerd E. Schäfer/Roswitha Staege (Hg.): Frühkindliche Lernprozesse verstehen. Ethnographische und phänomenologische Beiträge zur Bildungsforschung, Weinheim/München: Juventa, S. 257-277.

Weise, Dorothea (2013): »Musik ist Bewegung ist Musik. Grundlagen der Rhythmik«, in: VdM Verband deutscher Musikschulen (Hg.): Arbeitshilfe Spektrum Rhythmik. Musik und Bewegung/Tanz in der Praxis, Bonn: VdM Verband deutscher Musikschulen, S. 9-16.

Zaiser, Dierk (2011): Rhythmus und Performance: Kulturprojekte als Chance für sozial benachteiligte und straffällige Jugendliche, München: kopaed.

Zaiser, Dierk (2013): »Schlag auf Schlag. Rhythmus und Performance mit benachteiligten Jugendlichen«, in: VdM Verband deutscher Musikschulen (Hg.): Arbeitshilfe Spektrum Rhythmik. Musik und Bewegung/Tanz in der Praxis, Bonn: VdM Verband deutscher Musikschulen, S. 50-57.

›Erstbegehung‹ mit Jugendlichen
Videografierte Rhythmik-Praxis

Meike Schmitz, Marianne Steffen-Wittek

Video-Aufnahmen bieten Material für die Evaluation künstlerischer Vermittlungspraxis und können unter verschiedenen Aspekten erstellt und ausgewertet werden. In diesem Beitrag bilden transkribierte Videosequenzen aus drei Rhythmik-Workshops mit Jugendlichen einer Jugendarrestanstalt (JAA) die Basis für eine Rekonstruktion und Interpretation der multimodalen Kommunikations- und Interaktionsweisen. Die praxeologische Untersuchung dient dabei auch der Sichtbarmachung des *tacit knowledge* der Rhythmik.

VIDEOGRAFIE IM KONTEXT DER RHYTHMIK

Videografische Forschungsmethoden

In den videobasierten Forschungsmethoden haben sich verschiedene Ansätze entwickelt, die unterschiedliche Sichtweisen fokussieren. So kann die Videografie die aus Ethnologie und Soziologie hervorgegangene ethnografische Forschung[1] (Lüders 2000; Atkinson et al. 2001; Kade et al. 2014; Breidenstein et al. 2015) unterstützen. Bezogen auf die Evaluation von ästhetischen Vermittlungsvorgängen geht es darum, vertraute Praktiken so zu betrachten, als seien sie fremd (Amann/Hirschauer 1997: 12). Ethnografisches Beobachten zielt darauf, die eigene Praxis als ›fremde Kultur‹ zu untersuchen, um aus dem Vertrauten neue Erkenntnisse zu gewinnen. In der Videografie wird die Kamera zum Beobachterauge, deren Positionierung und Handhabung bereits eine erste wichtige

---

[1] In der Ethnografie werden Menschen in ausgewählten Lebenswelten beforscht.

Determinante darstellt. So zeichnet die Kamera bei einer festen Positionierung ohne personelle Bedienung und Beeinflussung einen Ausschnitt oder eine Totale auf. Sie kann aber auch als selektives Auge des Beobachters/der Beobachterin fungieren. Bei der Kamera-Ethnografie werden »Kameraführung und Filmschnitt in den Dienst einer ethnographischen Blick- und Bildarbeit« gestellt, »die auf ›dichtes Zeigen‹ zielt« (Mohn 2010: 207, Herv.i.O.). Videosequenzen sollen dabei zu anknüpfenden Denkbewegungen anregen. Zwar bleibt diese Arbeitsweise »fragmentarisch und brüchig«, hat aber »in ihrer praktischen Durchführung gegenteilige Effekte: Aufgrund der intensiven Arbeit am Blick taugt *Kamera-Ethnografie* dazu, das Sehen selbst voranzutreiben und dabei das Zeigen überhaupt erst zu ermöglichen.« (Mohn 2007: 192, Herv.i.O.)

Neben den unterschiedlichen Funktionen, die die Kamera und ihre Positionierung hat, richtet sich auch die Analyse und Auswertung des Videomaterials nach den spezifischen Funktionen der Videodokumentation und dem Wunsch nach Erkenntnisgewinn. Verbreitet ist die Videografie inzwischen bei der qualitativ-rekonstruktiven Unterrichtsforschung und der ›Video Elicitation‹ (Video als Erinnerungsstütze). Im Kontext künstlerisch-pädagogischer Prozesse spielen neben den quantitativen Auswertungsmethoden die qualitativen eine große Rolle. In der Forschungsmethode der Audio- und Videografie wird vor allem die ›Grounded Theory‹[2] zur Auswertung hinzugezogen. Auf ihrer Grundlage können qualitative Daten systematisch gesammelt, codiert und analysiert werden.[3] Die Vorzüge der Videografie sind aus praxeologischer Perspektive für die multimodalen Interaktionsweisen in der Rhythmik von großer Relevanz.

»Die Videographieforschung ist eine innovative Methode im Reigen der qualitativen Methoden, sie ist transparent, multiperspektivisch, sie bleibt in Kommunikation mit der gefilmten Praxis und erlaubt es den Forschenden, ihre Ergebnisse durch Videodaten darzustellen und wieder in die Praxis, aber auch in die gesellschaftliche Diskussion zurückzuspielen.« (Haring 2017: 4)

Fünf Einsatzbereiche der Videografie steckt Solveig Haring ab:

---

2 Die Grounded Theory ging aus einem Ansatz der qualitativen Sozialforschung hervor, mit dem Ziel der systematischen Sammlung und Auswertung überwiegend qualitativer Daten, aus denen eine Theorie generiert werden kann (Glaser/Strauss 2006).

3 In der qualitativen Forschung wird bei der Erfassung und Codierung von audio- und videobasiertem Datenmaterial seit längerem auch mit entsprechender Software gearbeitet.

- »Praxisbeobachtungen mit Filmteam oder dazu ausgebildeten Forschenden und Peers
- Fallstudien
- Fremd- und Selbstevaluation der Praxis
- Forschend Lernen bzw. Aktionsforschung (eine Methode, in der sich die Praxis selbst beforscht – Praxisforschung)
- die Darstellung der Ergebnisse mit Videodaten (Lehrfilm/Forschungsfilm)« (ebd.: 5).

Die Perspektiven der Videografie als Forschungsmethode können sein:

- »Bildungsprozesse in der Praxis beobachten und filmen.
- Den gefilmten Moment später neu erleben und (selbst) evaluieren.
- Mehrere Ebenen – neue Sichtweisen entwickeln (auch der Hintergrund kann analysiert werden).
- Transparenz nach Außen (da die Videodaten vorliegen).« (Ebd.: 4, Aufzählungszeichen M.S./M.S.-W.)

Zwei Einschränkungen der Unterrichtsvideografie werden in der Forschung als Repräsentationsproblem diskutiert: die Invasivität und die Ausschnitthaftigkeit der Videokamera. Bereits die feste Aufstellung der Kamera auf einem Stativ legt einen Blickwinkel, eine bestimmte Sichtweise fest und zeigt nur einen Ausschnitt der ›Wirklichkeit‹. Wird die Kamera von einer Person geführt, so zeigt sie deren Perspektive (Muthesius et al. 2010: 210). Regula Fankhauser weist gegenüber der einschränkenden Wirkung des Mediums, aber auch auf die hervorbringende, performative Seite der Videografie hin. »Die Frage, inwiefern die Videografie Lehrpersonen dazu bringt, etwas *aufzuführen* – und zwar sowohl als Agierende im Unterricht wie auch als Reflektierende in der anschließenden Analyse der Aufzeichnung –, scheint bisher noch wenig thematisiert worden zu sein.« (Fankhauser 2016: 5, Herv.i.O.)

Sowohl die Einschränkungen der Videografie als auch ihre zusätzliche Hervorbringung von Performance sind bei einer selbstreflexiven Analyse zu beachten.

Mehrebenen-Analyse der Interaktion

Eine videogestützte Modalitätsfokussierung auf die körperlichen Ausdrucksformen scheint besonders bei den Rhythmik-Themen Kommunikation, Interaktion,[4]

---

[4] Die Begriffe *Kommunikation* und *Interaktion* werden je nach Perspektive und wissenschaftlichem Ansatz sehr unterschiedlich definiert. Nach Werner Jauk »wirkt Interaktion

Entrainment, Koordination[5] und Embodiment[6] sinnvoll. Die videografische Aufzeichnung der ausgewählten Rhythmik-Workshops dient verschiedenen Erkenntnisfragen. Sie soll

- die Untersuchung multimodaler Kommunikations- und Interaktionsvorgänge in der Anleitung und Verarbeitung künstlerischer Prozesse ermöglichen;
- die Codierung multimodaler Kommunikation und Interaktion in der Rhythmik anregen;
- Erinnerungsstütze für die fachdidaktische Arbeit mit Studierenden sein;
- Erkenntnisgewinn für die künstlerische Vermittlungspraxis in der Hochschullehre generieren.

Die Auswertung videobasierten Materials muss die Komplexität der verschiedenen Modalitätsebenen im Blick haben. Neben dem Prinzip der Sequenzialität ist auch das Prinzip der Gleichzeitigkeit zu beachten. Je nach Erkenntnisinteresse kann dabei durch wiederholtes Anschauen derselben Szene jeweils eine spezielle Ausdrucksebene fokussiert werden (Mondata/Schmitt 2010: 29f.). Die Fragestellung entscheidet darüber, auf welcher Ebene die systematische Analyse anzusiedeln ist, welche Analysemethoden aus den Videodaten zu entwickeln und welche angemessene Codierung (Zuordnung zu Kategorien) daraus abzuleiten ist.

Zwar wird die videografische Dokumentation in der Rhythmik-Praxis vielfältig eingesetzt, bisher wurde sie jedoch selten für die Theorie-Generierung des

---

gestaltend im reflexiven Gefüge von Inhalt und Struktur der Kommunikation.« (Jauk 1999: 357) Christoph Neuberger weist darauf hin, dass Interaktion »als Teilmenge von Kommunikation und (umgekehrt) Kommunikation als Teilmenge von Interaktion aufgefasst« werden kann (Neuberger 2007: 36). »Mit ›Interaktion‹ werden nicht nur bestimmte Kommunikationstypen bezeichnet, sondern auch einzelne Phasen im Rezeptionsprozess […].« (Ebd., Herv.i.O.) In der Rhythmik wird Kommunikation als allgemeiner Begriff für alle verbalen und nonverbalen Verständigungsprozesse angesehen. Interaktion im engeren Sinne dagegen dient im Kontext dieses Beitrags als Bezeichnung für Musik- und Bewegungsprozesse, bei denen mindestens zwei Partner/innen ihre (künstlerischen) Handlungen aktiv und im Rollenwechsel aufeinander beziehen. Zur Auseinandersetzung mit den Begriffen Kommunikation und Interaktion in der Rhythmik siehe Schaefer 1992; auf transdisziplinärer Ebene z.B. Bieber/Leggewie 2004.

5 Siehe hierzu auch den Beitrag *Rhythmisch-musikalisches Lernen im Lichte des Konzepts der Koordination* von Maria Spychiger in diesem Band.
6 Siehe hierzu auch den Beitrag *Körper und Bewegung als Konstituenten musiktheoretischen Denkens* von Elisabeth Theisohn in diesem Band.

Faches genutzt (Zaiser 2011: 175ff.). Die in diesem Beitrag vorgestellte Auswertung des Videomaterials beleuchtet die Frage nach den Spezifika der multimodalen Kommunikation und Interaktion in der Rhythmik-Praxis. Die Autorinnen beziehen sich bei der Auswertung des Videomaterials u.a. auf Fragestellungen und Erkenntnisse der von Reinhold Schmitt geprägten Kommunikationswissenschaft.

Die Kamera stand während der Rhythmik-Workshops meist auf einem Stativ und wurde nach dem Einschalten nur ab und zu neu ausgerichtet, worauf die Teilnehmer/innen mit Blicken zur Kamera, zur Seite treten usw. reagierten. Ansonsten wurde sie von keiner Person bedient, die die zuschauende, interagierende oder beurteilende Rolle des vom Rande aus Beobachtenden einnahm. Damit entfiel die Aufforderung, für die hinter der Kamera stehende Person zu agieren oder mit ihr zu interagieren. Bina Elisabeth Mohn gibt allerdings zu bedenken, dass ununterbrochen laufende Kamera-Automaten zu keiner Beobachtungsbeziehung fähig sind und zum gnadenlosen Gegenüber werden. »[...] die Regisseur/innen des Mitschnitts neigen dazu, den Raum zu verlassen oder spielen ›toter Mann‹. So wird in der Absicht, Eingriffe in die beobachtete Situation zu vermeiden, Datenerhebung durchaus penetrant und die Beobachteten bleiben der Kamera ausgeliefert.« (Mohn 2013: 176, Herv.i.O.)[7]

Das Sichten des videografischen Materials in Zeitlupe, Einzelbildern und beliebig oft wiederholbarem Betrachten lässt mitunter Details innerhalb eines Interaktionsprozesses erkennen, die vorher unbeachtet blieben oder vergessen wurden. Unterschiedliche Sichtweisen mehrerer Betrachtender können weitere Einzelheiten und Zusammenhänge erkennen lassen. Auch wenn Videografie dadurch als objektive Beobachtungsform erscheinen mag, ist sie dies nicht, da sie nur akustische und visuelle Übermittlungsebenen andeutet. Zudem kann Videografie komplexe Handlungshintergründe genauso wenig sichtbar machen wie die Komplexität einer Situation im Allgemeinen. In allen Analyseprozessen bleibt zu beachten, dass vermeintlich erkennbare Empfindungen und vermutete Befindlichkeiten der Handelnden lediglich von der betrachtenden Person interpretiert werden und nur Annahmen sind: »Das Videografierte erklärt nicht das Warum des Handelns [...], aber es zeigt das Wie.« (Muthesius et al. 2010: 209)

---

7   Die Autorinnen dieses Beitrags waren als Leiterin bzw. Teilnehmerin an den Rhythmik-Workshops selbst beteiligt und ebenfalls dem Kamera-Auge ausgesetzt. Dennoch sind auch sie nicht davon entbunden, dass Forschungsfelder durch die permanente, unpersönliche Videoaufzeichnung später als »Deliktzonen« erscheinen können: »[E]ine Scham der Forschenden macht Forschung unverschämt [...].« (Mohn 2013: 176) Eine sensible Auswertung des videobasierten Materials muss daher dafür sorgen, dass die Beteiligten nicht bloßgestellt werden.

Aus Beobachter-Sicht werden in diesem Beitrag videografierte Szenen eines an der Musikhochschule angesiedelten Rhythmik-Projekts mit Jugendlichen einer Jugendarrestanstalt beschrieben und interpretiert. Dabei richtet sich der Fokus vor allem auf die Interaktionen der jugendlichen Teilnehmer/innen mit der Leiterin, während die übrigen Gruppenmitglieder (Vollzugsbeamter, Sozialpädagogin, Rhythmik-Studierende) in dieser Betrachtung nur am Rande berücksichtigt werden. Die daraus gewonnenen Anregungen zur Selbstreflexion, die Generierung von Vermittlungsstrategien, Kommunikationsmitteln und Interaktionsmöglichkeiten dienen im Hochschulbereich der Erforschung von Praxis und der Qualitätssteigerung der Lehre. Den Studierenden hilft die videografische Analyse bei der Bewusstmachung von Kommunikations- und Interaktionsprozessen aus einer übergeordneten Perspektive von ›Artistic Leadership‹.[8]

Beobachtung künstlerischer Prozesse

In der Musik- und Bewegungspraxis mit Jugendlichen, die eher zufällig durch den Umstand einer Inhaftierung in einen Rhythmik-Workshop ›geraten‹, gilt es überzeugende Anknüpfungspunkte bei der Musik- und Bewegungsauswahl anzubieten.[9] Dabei steht die künstlerisch-ästhetische Annäherung im Vordergrund. Sie wird nicht von der selektiv ausgerichteten Schulpädagogik, sondern auf der Vermittlungsebene als ›Artistic Leadership‹ aufgefasst und umgesetzt. Die Merkmale möglicher Interaktionen bei instruktiven Phasen, der Wechsel von Anleiten, Mitagieren, Unterbrechen, Intervenieren und Klären soll hier beobachtet, beschrieben und interpretiert werden. Dass die kommunikativ-interaktive Ebene im Vermittlungsprozess je nach leitender Person individuell sehr unterschiedlich ausgestaltet sein wird, ist unbenommen. Dennoch lassen sich Blickkontakt, Mimik, antizipie-

---

8   In diesem Beitrag wird der englische Begriff ›Artistic Leadership‹ gewählt, da er den Absichten der Autorinnen in der Rhythmik-Praxis am nächsten kommt. Das Bild einer Schiffsfahrt deutet zwar auf die Organisations-, Führungs- und Steuerungstätigkeiten hin, die von einzelnen und im Team notwendig sind, um in Fahrt zu kommen, lässt aber offen, wohin und durch welche Einflüsse die künstlerische ›Fahrt‹ letztendlich geht. »Artistic leadership expresses itself in a myriad of ways, and finds its necessary homes via similarly countless routes. It takes shape in and from the individuals and teams that make and share its results. It is a voice or group of voices, an atmosphere, an argument, a composition emerging over lifetimes, as well as programmes, plans and budgets. It isn't always smooth or graceful. But it echoes.« (Robinson 2017: 2)

9   In der Diskografie und Filmografie sind alle Musikbeispiele und ein Film aufgelistet, die in den drei Workshops eingesetzt wurden.

rende Gesten, Dirigierbewegungen, der Einsatz von Bewegung, Stimme und Instrument, die eigene Präsenz und Verkörperung von Musik auch bewusst handwerklich betrachten und im Gruppenkontext während des Studiums üben und videografisch analysieren. Die Videoaufzeichnungen werden auf Elemente der künstlerischen Arbeit hin untersucht und die oftmals intuitiv in der Praxis entwickelten Vermittlungsstrategien und Handlungsweisen lassen sich als implizites Können und Wissen herausfiltern.

Die teilnehmenden Jugendlichen verfügten zwar über Hörerfahrungen im Bereich der Populären Musik, die Mehrheit traute sich das eigene Instrumentalspiel und Singen zunächst aber nicht zu. Eine Brücke bildeten Bewegungsaktionen und Groove-Verkörperungen, die die Schnittstellen von Körper – Stimme – Instrument in den Fokus rückten.

Musik kann verschiedene Erlebnisse und Reaktionen auslösen. Inwiefern die beteiligten Jugendlichen durch groovebasierte Musik, die in diesen Workshops überwiegend angeboten wurde, ›Präsenz und Vergnügen‹ erfahren, lässt sich nicht eindeutig beantworten. Ob die beobachteten und im Folgenden beschriebenen Aktionen und Reaktionen immer richtig interpretiert werden, verschließt sich ebenfalls einer endgültigen Beantwortung.[10] Dennoch können die ausgewählten und subjektiv gedeuteten Mikro-Beobachtungen hilfreich sein für die Klärung von gelungenen oder gescheiterten Vermittlungsvorgängen. Beobachtungen zur (äußeren oder inneren?) Engagiertheit oder Verweigerung der Teilnehmenden, zur intra- und interpersonellen Koordination, zum Phänomen des Entrainment und Embodiment im Kontext der Musik sind aufschlussreich für die Auswertung von Gelingens- und Misslingens-Prozessen.

VIDEOGRAFISCHE WORKSHOP-DOKUMENTATION

Exemplarische Szenen-Beobachtungen sollen Aufschluss geben, welche Kommunikations- und Interaktionsmodalitäten wirksam werden, wenn ästhetische Prozesse in Gang kommen. Zunächst wird, entsprechend der Erstbegehungs-Metapher beim Bergsteigen, die ›Erstbegegnung mit den Locals‹ und anschließend das ›Einrichten von geeigneten Routen‹ betrachtet.[11] Zur Erstbegegnung gehört die

---

10 »Blicke und Bilder gelingen, indem sie Hinschauen erlauben, berühren und plausibel sind. An ihnen lässt sich etwas feststellen und zugleich bleiben sie im besten Sinne des Wortes fragwürdig [...].« (Mohn 2010: 229)

11 Siehe hierzu den Beitrag *Und du glaubst nicht an Wunder – Rhythmik mit Jugendlichen im Jugendarrest* von Marianne Steffen-Wittek in diesem Band.

›Situationseröffnung‹ (Mondada/Schmitt 2010), die im Kontext der Workshops nach der verbalen Begrüßung die erste Aufgabenstellung betrifft. Sie entscheidet maßgeblich darüber, ob die Teilnehmenden sich auf die ›Erstbegehung‹ einlassen wollen oder nicht.

Transkript videografischer Daten

In der Erforschung multimodaler Kommunikationsprozesse besteht eine Heterogenität beim Einsatz von Transkripten (ebd.: 36). Im Falle der Transkription der videografierten Workshops geht es in diesem Beitrag nicht so sehr um methodische Fragen, sondern um einen ersten Schritt, Spezifika der Kommunikation und Interaktion im Kontext der Rhythmik zu beschreiben. Transkripte können der weiteren Überprüfung anhand systematischer und zu verfeinernder Analysewerkzeuge zur Verfügung stehen. Die Kommunikationswissenschaften räumen ein, dass es im Vergleich zur grammatisch-syntaktischen Codierung der Sprache keine entsprechende Codifizierung und Wiedergabe körperlicher Aktivitäten gibt. Es ist »ein weiter interpretativer Spielraum dafür gegeben, was man beispielsweise unter einer Bewegung versteht und wie sie angemessen wiedergegeben werden soll.« (Ebd.: 35) Jede Beschreibung »ist mit einer ganz spezifischen Implikation verbunden, die das Geschehen in unterschiedlicher Weise konzeptualisiert.« (Ebd.) Das Transkript dient im Sinne von Roswitha Staege der rekonstruktiven Erforschung ästhetischer Erfahrungen. »Herausgearbeitet werden soll der dokumentarische, d.h. der in den szenischen Elementen artikulierte und dadurch interaktiv hergestellte, ver-wirklichte (und als solcher empirisch zugängliche) Sinn, der den subjektiv gemeinten transzendiert.« (Staege 2010: 237)

Transkribiert wurden vorwiegend die angeleiteten Phasen, in denen die Leiterin vorstrukturierte Interaktionsräume für die ›Erstbegehung‹ herstellte. In späteren Phasen war der Spielraum für die eigenständige Nutzung interaktiver Freiräume in Musik und Bewegung größer und wurde entsprechend genutzt. So entwickelte sich in der dritten Gruppe gegen Ende des Workshops eine interaktive Jam Session mit arabischem Gesang, improvisiertem Tanz und Percussion-Musik.

Zur Anonymisierung der teilnehmenden Personen werden für die Jugendlichen andere Vornamen gewählt und Abkürzungen für die übrigen Teilnehmer/innen. Somit bleiben die Jugendlichen als hier fokussierte Gruppe erkennbar.

Legende Institutionen, Personen
JAA = Jugendarrestanstalt, MH = Musikhochschule, TN = alle Teilnehmer/innen, L = Lehrperson/Leiterin der Rhythmik-Workshops, K = Praktikant der JAA, U = Sozialpädagogin der JAA, MW/MB = Vollzugsbeamte der JAA

Legende Bodypercussion/Instrument
FF = beide Fäuste gleichzeitig (mit Kleinfingerseite) auf die Oberschenkel, HH = beide Hände gleichzeitig (geöffnet) auf die Knie, TrTr = beide Hände, gleichzeitig auf den Fellrand der Trommel, SchSch = beide Hände gleichzeitig je auf die gegenüber liegende Schulter, PP = beide Hände gleichzeitig in Partnerhände

Gruppe 1: Jugendliche der JAA (Leon, Markus), Vollzugsbeamter (MW), Sozialpädagogin (U), Praktikant der JAA (K), Studierende (Me, Mi, S, Yi, Yu), Lehrperson/Leiterin des Rhythmik-Workshops (L)

Gruppe 2: Jugendliche (Ingo, Karl, Lora), Vollzugsbeamter (MW), Sozialpädagogin (U), Studierende (A, Me, Mi, S, Yi, Yu), Leiterin des Rhythmik-Workshops (L)

Gruppe 3: Jugendliche (Guido, Kheder, Martin, Thea), Vollzugsbeamter (MB), Studierende (Me, Mi, Yi), Leiterin des Rhythmik-Workshops (L). Guido hat eine Sehbehinderung.

Raum: Rhythmik-Studio der *Hochschule für Musik FRANZ LISZT Weimar*. Der 85 m² große Raum mit Schwingboden und Tageslicht ist durch einen Flügel, ein Drumset, fünf Congas, ein Marimbaphon und einen Technikschrank strukturiert. Aufgestapelte Stühle an einer Wand können flexibel aufgestellt und weggeräumt werden. Die überwiegend leere Fläche dient als Bewegungsraum. Weitere Instrumente, Bandequipment, Objekte und Materialien befinden sich in Wandschränken und Nachbarräumen, Beamer und Scheinwerfer sind an der Decke montiert.

Für alle drei Workshops gilt: In der Nähe des Flügels ist ein Stuhlkreis mit je einer Conga oder Djembe vor jedem Stuhl aufgebaut. Alle TN werden nach dem Betreten des Rhythmikraums gebeten, ›versetzt‹ Platz zu nehmen, sodass jeweils möglichst eine TN aus der MH neben einem/einer TN aus der JAA sitzt.

›Erstbegegnung mit den Locals‹

Gruppe 1: Backbeatmuster mit Händen
L begrüßt die Anwesenden und leitet ein Bodypercussion-Muster an (Downbeat-Backbeat im 4/4-Takt). Dieses wird von allen umgesetzt, zunächst lautlos langsam, den eigenen Körper nur anfassend, spürend und ohne Musik. Die beiden Fäuste (FF) berühren auf Zähl-Zeit eins und drei mit der Kleinfingerseite die Oberschenkel, auf Zähl-Zeit zwei und vier fassen die geöffneten Hände (HH) zunächst die Knie (später auf Zählzeit vier die Trommel = TrTr) lautlos an. Schließlich kommt auf den Zählzeiten zwei und vier durch Freilassen der kinetischen Energie der

körpereigene bzw. Trommel-Klang hinzu. Eine Studentin unterstützt später mit einem Rockpattern am Drumset den Groove. Von dieser ›situationseröffnenden‹ Aktion ausgehend werden im weiteren Verlauf eigene Wisch-Klang-Muster paarweise erfunden. Die verschiedenen Backbeat-Muster (FF HH FF SchSch; FF HH FF PP; FF HH FF TrTr) und die Wischklang-Sequenzen werden schließlich als Groove-Gestaltungsmittel zu weiterer Live-Musik und zur Originalaufnahme des Stückes *Around the World* von den *Red Hot Chili Peppers* variabel eingesetzt.

Video-Transkript Sequenz 1[12]

L sitzt bei der Gruppe im Stuhlkreis und bittet eine Studierende ans Schlagzeug. L beginnt mit einer verbalen Einführung der Instrumente (Bassdrum, Snaredrum, Tom-Tom, Hi-Hat, Ride-Becken, Crash-Becken) und fügt hinzu: »Ich bin gespannt, was Sie davon hören werden.« Sie geht aus dem Stuhlkreis hinüber zum Schlagzeug, deutet auf die Instrumente, setzt sich dann selbst an das Drumset, spielt und benennt die jeweiligen Einzelteile. Die Studentin sitzt anschließend am Drumset und L gibt an, was sie spielen soll: »Mach einfach (deutet Groove mit der Stimme an)« und begibt sich wieder in den Sitzkreis: »Und wir können den Backbeat mitmachen. Wir nehmen unsere Fäuste (sie hält die Fäuste hoch) und machen:« (L spielt FF HH FF HH auf den Beinen und untermalt die Bewegung stimmlich mit perkussiven Lauten). Die Studierende richtet sich noch am Drumset ein und sucht nach der Instrumentierung bzw. der Möglichkeit, den nun bereits etablierten Groove der Gruppe mitzuspielen, L spielt die Bodypercussion mit der Gruppe weiter und wendet gleichzeitig den Kopf kurz über die Schulter zur Studierenden am Drumset: »Probier auf der Hi-Hat.« Deutlich gibt L der Gruppe als auch der Studierenden hinter sich eine Referenz zum Basispuls durch ihre Fersen und Oberschenkel, die in Achteln wippend mitgrooven, ihr Kopf bewegt sich nickend in Vierteln. Sie hat Blickkontakt zur ganzen Gruppe, sagt: »Wir schauen einander zu, um zu sehen, wie dicht oder weniger dicht wir mit unseren Aktionen zusammen sind.«

L bereitet die Gruppe auf das Ende der Übephase vor: »Ein letztes Mal noch, ja.« Zusätzlich macht sie eine größere, antizipierende Arm-, Kopf- und Oberkörperbewegung in Gegenrichtung der letzten Spielbewegung. Zudem nimmt sie Kontakt mit der Studentin am Drumset durch einen kurzen Blick und eine Handbewegung auf. Kommentar von L am Ende der Aktionen in Richtung der Jugendlichen: »Ja. Wenn man sich mal vertut, ist überhaupt nicht schlimm. Das haben die Studentinnen schon öfters geübt. Nachher machen wir aber auch noch Sachen, die sie noch nicht können. Das müssen sie dann auch erstmal üben und da ist es wichtig, Fehler zu

---

12 Alle Video-Transkripte und die jeweilige Zusammenfassung/Interpretation wurden von Meike Schmitz erstellt.

machen. Und manchmal entdeckt man durch Fehler auch interessante Musik (gestikuliert mit den Händen). Ruhig Fehler machen, das gehört hier dazu (beschwichtigende Handgeste).«
Die TN spielen die von L angeleitete Bodypercussion mit. Der Oberkörper von Markus bewegt sich in Vierteln deutlich vor und zurück. Der Kopf von Leon groovt ganz leicht etwas mit. Markus wischt sich die Stirn und steigt dann fast im Timing zum nächsten Akzent wieder in die Bodypercussion ein. Die zuvor bei der Begrüßung zu beobachtenden Bewegungen z.B. von Leon (Vibrieren mit der Ferse) tauchen während des Spielens nicht auf.

Zusammenfassung/Interpretation
Leiterin:
L agiert direkt zu Beginn der Praxiseinheit als Musikerin, um die Drumset-Teile zu veranschaulichen, und schafft damit eine Glaubwürdigkeit als ›lokal ansässige Klettererin‹ (verdeutlicht durch praktisches Tun anstelle von verbaler Behauptung: Sie kennt sich hier schon aus, ist in ihrem Metier und kann die anderen als Fachfrau mit hinein begleiten). Der Kontakt zu allen Beteiligten scheint zu gelingen durch: Unterstützung der kurzen verbalen Hinweise mittels Änderung der eigenen Position im Raum, Blickkontakt, deutlicher Gesten und Körpersprache, Vorspielen und lautmalerische, stimmliche Gestaltung des Groove (Vokalisierung der Instrumentalklänge); sehr deutliche rhythmische Referenz durch körperliches Mitvollziehen und situativ unterschiedliche Bodypercussion-Bewegungen.

Nach der Übephase: L ermutigt Fehler zuzulassen. Hierbei formuliert sie deutlich, dass die Studierenden den anderen TN lediglich mehr Übung voraus haben (L kommt der Aufgabe des ›Tourguides‹ nach: ›die Reisegruppe zusammenhalten, deutlich machen, dass Dazulernen möglich und das Tun/Klettern kein magisches Geheimnis, Talent o.ä. ist‹).

L lässt den Blick zwischen den TN wandern, während sie spricht, ihr Kopf bewegt sich entsprechend. Auch die deutlich zugewandte Körperhaltung signalisiert die Bereitschaft der Kontaktaufnahme mit allen TN. Leon und Markus werden von ihr auf Augenhöhe angesprochen und sachlich ermuntert, mitzuspielen.

Teilnehmer/innen:
Die TN können durch die verbalen Hinweise und das Vorspielen von L verstehen, was sie spielen sollen und fädeln sich danach recht zügig ein, probieren aus. Dabei werden sie verbal und durch die verkörperte Achtsamkeit von L angeregt, einander wahrzunehmen. Die Qualität des Zusammenspiels verbessert sich. Dass einige Studierende und weitere Anwesende gut koordiniert direkt mit L nach dem Ein-

zählen mitspielen, könnte bei TN (Leon und Markus) Stress auslösen (*Markus wischt sich die Stirn*). Sie blicken allerdings zu L und orientieren sich an ihren antizipierenden, auffordernden Einsatzbewegungen.

An keiner Stelle erheben die TN Widerspruch oder verweigern eine Übung, sie scheinen eher bemüht und fokussiert. Auch die Körpersprache könnte darauf schließen lassen, dass die beiden Jugendlichen konzentriert dabei sind: Markus zeigt die Verinnerlichung des Grooves durch die Bewegung seines Oberkörpers. Leon wirkt im Bewegungsverhalten während des Spielens ruhiger. Nach den Übe-Momenten sind Anzeichen der Ab-/Entspannung und Lockerung bei beiden vorhanden, beiläufige Bewegungen nehmen zu. Beide blicken häufig zu L und scheinen sich somit an ihr zu orientieren. Untereinander nehmen die beiden TN selten Blickkontakt auf. Wenn eine Kontaktaufnahme stattfindet, geht diese meist von Markus in Richtung Leon aus. Zu den anderen TN sehen die beiden selten hinüber und adressieren sie weder verbal noch nonverbal. Zu vermuten ist, dass die Begegnung mit den ›ortsansässigen Locals‹ noch zu frisch ist und Berührungsängste oder Hemmungen seitens der Jugendlichen vorhanden sind. Ein deutlicher Bezug besteht dagegen zu L, wenn die Jugendlichen sie anschauen, ihr Tun imitieren und sich mit ihr koordinieren.

Gruppe 2: ›Freies‹ Klangspiel

L begrüßt die Gäste: »Willkommen hier in der Musikhochschule.« Sie erklärt die situationseröffnende Aufgabe, indem sie alle auffordert: »Ich habe die Bitte, dass alle gleichzeitig in Ruhe über das Trommelfell streichen und es abtasten. Finden Sie heraus, ob es ein Kunstfell oder ein Tierfell ist?« Im weiteren Verlauf lenkt L die Aufmerksamkeit auf die Wahrnehmung der Berührung und der gemeinsam erzeugten Klänge. Sie gibt Anregungen, den Klang durch Berührungs- und Tempovarianten zu verändern.

Nach dieser gemeinsamen Aktion erzeugt L eine kontrastreiche, freimetrische Bewegungs- und Klangsequenz auf ihrer Trommel, mit der Einladung an die Gruppe, diese Aktionen (fast) simultan mit zu vollziehen. Anschließend ist jede/r aufgefordert, einmal als Solist/in zu agieren und die Gruppe mit eigenen Bewegungs- und Klangaktionen anzuführen. Aufgabe ist es, den anderen einen deutlichen Start und ein klares Ende zu zeigen.

Video-Transkript Sequenz 2

L wendet den Blick auf ihre Trommel, schaut aber mitunter auch wieder auf zu den TN. Während L spricht, wischt sie bereits fließend Hand-zu-Hand über das Fell, dabei wird ihre Sprechweise ›verspielter‹ (nicht kindertümelnd, sondern tatsächlich fragend): »... was denkt ihr?« Auch ihre anschließende sprachliche

Phrasierung wird weicher, leicht gedehnt, melodischer: »Kann man die Tierhaare spüren ... oder ist es ein künstliches Fell?« Ihr Blick wandert wieder auf ihre eigenen Hände: kurzer Moment des Vertiefens, der den TN die Möglichkeit gibt, sich unbeobachtet ihrem Instrument zuzuwenden.

Fast prompt folgt eine verbale Antwort von Lora (sie antwortet auf die Frage), woraufhin L den Blick wieder hebt, zu Lora schaut und mit ihr ins Gespräch kommt. Dabei setzt sie das Wischen auf der Trommel fort, wird nun aber etwas mechanischer, an der Wischbewegung unbeteiligter. Deutlich zu beobachten ist, dass das daraufhin entstehende Gespräch alle TN von ihrer Vertiefung in das aufmerksamhinhorchende Spiel ablenkt. Im Folgenden geht L damit konstruktiv um, indem sie aus dem Gespräch hinaus führt und eine weitere wahrnehmungsdifferenzierende Aufgabe gibt. L schließt das Gespräch dabei in freundlich-fragendem Tonfall ab, mit: »Sie sind doch nicht so empfindlich?« (L bezieht sich hierbei auf die Berührung eines Tierfells.) Dabei schaut sie die gesamte Gruppe an.

L leitet wieder zurück in die Aufmerksamkeit für das Spiel auf den Trommeln: »Wir machen mal weiter ... versuchen es jetzt mal ... schnell und langsamer und hören auf die Klänge.« L neigt sich wieder in Richtung ihrer Trommel, setzt zum Ende der kurzen Exploration einen deutlichen Schlussakzent. Der verbale Hinweis an ihren Nachbarn Ingo ist kurz und ihm zugewandt. Danach richtet sie sich wieder an die ganze Gruppe und kündigt die nächste Aufgabe an.

Als L eingangs ansetzt »Ich hab die Bitte, [...]« gerät deutlich Bewegung in die Gruppe: TN richten sich auf, nehmen Trommeln (Djemben) hoch und rücken z.T. auf den Stühlen nach vorne (Kontakt der Sitzbeinhöcker zur Sitzfläche des Stuhles). MW beginnt sofort zu spielen. Ingo beugt sich vor, wischt mit der rechten Hand über die Trommel, schaut dabei häufig zu L herüber nach rechts, hat den Kopf aber meist gebeugt, Blick nach unten gerichtet. Er wischt auch während des Gesprächs zwischen L und Lora weiter, wechselt zur linken Hand, nimmt die Füße zurück und klemmt sie hinter die Stuhlbeine, schaut mitunter zu den TN links von sich. Karl beobachtet einen Moment länger, beginnt dann mit beiden Händen abwechselnd und langsam zu spielen, schaut dabei auf seine Hände und die Trommel. Er pausiert kurz und fährt fort, als L alle auffordert, schnell zu spielen.

Zu Beginn des schnellen Parts setzen Ingo und Karl beide Hände ein. Ingo bleibt meist über seine Trommel gebeugt (spannungsvoll, aktiv; nicht zurückgelehnt, unbeteiligt oder beiläufig). Er schaut wiederholt auch zu TN links von sich. Karl lacht nach hör- und sichtbarem Schlussakzent durch L. Der Schlussakzent folgt bei Karl zeitlich etwas verzögert, er pausiert vorher wieder kurz. Seine Wischbewegung von der Trommel in die Luft führt er schwungvoll aus, hält dann aber ruckartig oben in der Schwebe kurz inne und stoppt die Bewegung impulsiv mit einem leichten Zucken, sodass er zurückschnellt und damit seinen Bewegungsraum plötzlich beschränkt. Als L Ingo bittet, seine Trommel näher zu ziehen, korrigiert Karl ebenso seinen Abstand zur Trommel und zieht diese näher zu sich heran. Auch die anderen TN kontrollieren die Position ihrer Trommeln mit einem Blick darauf.

Zusammenfassung/Interpretation
Leiterin:
Ls eigene körperlich-mentale Haltung als Zeichen der Vorbereitung und Vertiefung zum Musikmachen sowie der Aufrechterhaltung des Kontaktes zur Gruppe lädt die TN sowohl dazu ein, sich selbst ebenfalls ins Spiel zu vertiefen und auszuprobieren als auch gleichzeitig wach beim Geschehen in der Gruppe und den Vorgaben von L zu bleiben. Die Frage nach der Beschaffenheit des Trommelfells wird von Lora eventuell so aufgefasst, dass sie darauf eine verbale, korrekte Antwort geben solle. Seitens L wurde die Frage eher gestellt, um in eine innere Beteiligung und Wahrnehmungssensibilisierung zu führen. Dadurch probieren die TN neue, vermutlich ihnen eher unbekannte Spielweisen aus. Bietet man ›Laien‹ eine Trommel an, so bemühen sie sich häufig darum, rhythmisch auf ihr zu spielen und bekannte (stereotype) rhythmische Motive anzudeuten. Hier werden die TN durch verschiedene Spielweisen und freimetrisches Spiel 1. an die Qualität einer Berührung des Instruments und Bewegung darauf herangeführt, 2. von der Anspannung entbunden, etwas (z.B. einen festgelegten Rhythmus) ›richtig‹ zu spielen, 3. angeregt, ihren Körper und die Spielweisen im Hinblick auf Spannungs- und Klangveränderungen wahrzunehmen.

L spielt bei allen Vorgaben der anderen TN aufmerksam mit, fokussiert dabei immer mal wieder jeweils solistisch führende TN mit ihrem Blick, erinnert ggf. (z.B. bevor Lora spielt) nochmals an die Aufgabe und macht deutlich, dass es nicht ›viel‹ braucht: »Ganz kurze Aktion.« Zögert ein/e TN (z.B. Karl), so wartet L in spielbereiter Haltung aufmerksam ab. Nach manchen Sequenzen nickt sie der/dem jeweiligen TN abschließend zustimmend zu. Wenn andere TN ›nur‹ versonnen zuschauen, fällt ihr auch dies auf und sie erinnert freundlich: »Ruhig direkt mitmachen.« Trotz der hohen Aufmerksamkeit gibt es auch Momente der Lockerung, wenn die TN und L z.B. zusammen über etwas lachen.

In diesem Setting spielen die TN zunächst gemeinsame Tast- und Wischklänge, um dann solistisch eigenständig auf den Trommeln zu agieren und der Gruppe ›Freestyle-Spielweisen‹, die nicht metrisch gebunden sind, vorzugeben. Dabei werden sie vom Entrainment der Gruppe, die aufgefordert ist, Simultanität anzustreben, getragen. Obgleich es zu kurzen Verzögerungen und kleinen Momenten der Unentschlossenheit bei den Jugendlichen kommt, wagen alle TN die Aufgabe auszuprobieren. Niemand klinkt sich aus, blödelt oder hibbelt dabei herum, alle wirken sehr fokussiert. Dies gelingt durch folgende, in ihrem Tun transportierte Grundhaltung von L: Sie spielt selbst als eine gleichwertige TN mit (spielt nicht ›etwas besser‹ oder ›halbherzig, gelangweilt, mit den Anfängern‹ mit) und bleibt dabei sehr deutlich mit ihrer Aufmerksamkeit bei den jeweils spielenden, oder kurz nachdenkenden, solistisch agierenden Personen. Dadurch lenkt L in ihrer Rolle als Betreuende der ›Erstbegehungstour‹ auch die Aufmerksamkeit der anderen TN auf die jeweils spielende Person und signalisiert: ›Ich nehme die Aufgabe selbst auch ernst.‹ Im Bild der Erstbegehung: »Ich beobachte eure Schritte und achte aufmerksam darauf, ob ihr noch einen unterstützenden Hinweis, eine Hilfestellung benötigt. Setzt eure Schritte aber so, wie sie für euch passend sind. Ich warte ab und schließe mich eurem Tempo an, habe Vertrauen, dass ihr den Weg macht. Wenn ihr anscheinend unter Stress geratet, erinnere ich in Ruhe daran, dass ihr eure Schritte bewusst setzen könnt, ihr euch dabei sicher fühlen sollt und es darum genauso gut kleine Schritte, euren Kräften entsprechend sein können.« (Wer beim Klettern unbedacht handelt oder die persönlichen Kräfte überstrapaziert, stürzt womöglich ab oder bekommt Angst und will dann nicht höher gelangen, sondern sich frustriert abseilen lassen.) Zudem regt L alle TN auch in kurzen sachlichen Hinweisen an, durchweg dabei zu bleiben: »Ruhig direkt mitmachen.« (Beim Klettern ist das Wichtigste: Aufmerksam bleiben! – auch als Kletterpartner, wenn man jemanden z.B. sichert.)

Teilnehmer/innen:
TN öffnen sich dem freien Spiel auf dem Instrument, dabei lassen sich auch die männlichen TN auf fließende, weiche, streichende Bewegungen ein. Es kann sein, dass MW hier als eine Art ›Multiplikator‹ wirkt, da er sofort zu spielen beginnt. Auch in seiner Rolle ist er sich nicht zu fein, mitzumachen: Er könnte als Vollzugsbeamter auch zurückgelehnt das Treiben seiner ›Schützlinge‹ beobachten – aber er ist vermutlich durch die vorherigen Workshops, Austausch mit L und seiner Affinität zur Musik daran gewöhnt, sich selbst auch aktiv zu beteiligen. Bei der Frage von L nach der Empfindlichkeit gegenüber einem Tierfell ist anzumerken, dass ein Gruppenmitglied, dem die Haptik oder die Vorstellung auf einer Tierhaut zu spielen unangenehm ist, sich eventuell nicht traut zu widersprechen und das Spiel auf der Trommel abzulehnen. L formuliert die Frage tendenziell als »tag question«[13] (Bestätigungsfrage) bei der sich die TN in der von L präferierten Weise einer positiven Antwort verpflichtet fühlen könnten (Schmitt 2012: 50).

---

13 Eine »tag question« ist eine grammatikalische Struktur, in der eine deklarative oder imperative Aussage in einen Frageabschnitt umgewandelt wird.

Es scheint jedoch, dass sich alle eingeladen fühlen auszuprobieren. Besonders interessant ist der Moment, in dem Karl den Schwung seiner Bewegung so plötzlich abbricht, als sei er kurz unbedacht ins Tun abgetaucht und halte sich dann plötzlich wieder im Raumgreifend-Sein zurück. Hier und in weiteren Bewegungssettings ergibt sich die Frage: Wie erleben Menschen, die eingesperrt und nahezu ständig beobachtet werden, überhaupt ihren Umraum und ihre Bewegungsfreiheit? Zudem pausiert Karl mitunter, vielleicht um zu beobachten, abzuwarten oder weil ihm nichts mehr einfällt? Ls Interventionen sind in dieser Phase nonverbal anregend, nicht verbal nachfragend oder problematisierend.

›Einrichten geeigneter Routen‹

Gruppe 2: In Bewegung kommen
Jedes Paar (Lisa/Mei, Karl/Mi, Ingo/A, MW/Yu, U/Yi, K/S) soll sich eine Sportart für den Gesangsteil des Funk-Rock-Stücks *Around the World* ausdenken, die zum einen in Zeitlupe als ganzkörperliche Bewegungen im Raum, zum anderen transformiert als Handspielchoreografie auf Fellinstrumenten zur Musik paarweise umgesetzt wird. Hinzu kommen von L angeleitete, stilisierte und rhythmisierte Kickboxbewegungen, die einerseits zum Rap-Teil der Musik getanzt und andererseits in das Backbeatspiel auf Trommeln integriert werden.

Video-Transkript Sequenz 3
L: »Stellt euch vor, eine Sportart wird im Fernsehen gezeigt und die Musik des Gesangsteils wird gespielt. Welche Sportart würde dazu passen?« Während L erklärt, wendet sie sich den TN um sich herum im Sitzkreis zu. Sie untermalt gestisch mit den Armen (gleitende Wechselbewegung mit den Händen horizontal vor dem Oberkörper und hebt durch leichte stimmliche Betonung »sanften Gesangsteil« (»sannften Gesangsteil«), »fließend« (»fliiiießend«) die Worte zusätzlich hervor. Sie sitzt aufrecht, weit vorne auf ihrem Stuhl. Nachdem sie ihre verbale Erklärung abgeschlossen hat, setzt sie sich auf dem Stuhl zurück und streicht sich durch das Gesicht, bleibt dabei aber weiterhin aufgerichtet und präsent. Während des Gesprächs der Paare ändert sie ihre Raumposition und geht von Paar zu Paar.

Alle TN hören L zu, den Blick ihr zugewandt, auch Karl, der erst seitlich schaut. Nach Ls Erklärung wenden sich die Paare einander mit dem Oberkörper zu. Zum Teil drehen sie die Stühle ein, um den Partner face to face besser sehen zu können und besprechen, welche Sportart sie wählen möchten.

L erläutert anschließend fünf Kickboxbewegungen (Jab, Cross, Hook, Kick-Bewegungen mit dem rechten Knie nach oben und Side-Kick mit dem linken Bein nach links) verbal und gestisch. Sie werden im Sitzen vorgeübt (Side-Kick im Sitzen nur als Schleifbewegung des Fußes am Boden entlang). Musikalisch gestaltete Lautsilben von L dienen als Beat-Referenz. Schließlich zählt L die Aktionen mit Klangsilben an (›Ta ka di mi‹) und führt vier dieser Bewegungen jeweils auf ›Ta‹ (= Zählzeit eins) aus. Bevor L auf die Beinarbeit im Sitzen eingeht, rutscht sie mit ihrem Stuhl ein Stück zurück. Dies verschiebt den Blickwinkel der TN auf sie als Lehrperson, die damit einen Demonstrationsraum herstellt. Nun liegt der Fokus auf der Beinarbeit bzw. dem ganzen Körper, obgleich alle sitzen. L zeigt die Bewegungen selbst und spricht dazu erläuternd. Sie weist darauf hin, dass die Bewegung im Sitzen eine andere ist, als im Stehen. In ihr Zählen bindet sie anfangs kurz wieder groove-unterstützende, erinnernde Hinweise ein: »Ta ka di mi – Side-kick di mi« (L akzentuiert den Schlag auf die Zählzeit ›eins‹ deutlich mit unterschiedlichen Lauten). Sie schaut sich um und spricht lachend, lacht dann mit, als sich die TN im Zusammenhang mit den eigenen Übeversuchen amüsieren. Sie kündigt die ›Hook‹-Bewegung an: »So, – ba! – von der Seite kommt der... mit Schwung (!) von der Seite, immer aus dem geschützten Raum – ba! Da braucht man ein bisschen mehr Zeit, der ist nicht so einfach ... genau.« L zählt vor »One, two, three, four« und bindet wieder die Begriffe der Schlagtechnik in ihr rhythmisches Sprechen veranschaulichend ein: »Hook ka di mi ... Knie ka di mi.« Sie sagt schließlich an: »Noch zweimal.« und schließt die Übephase kurz ab mit: »Wunderbar.«

Karl schaut zu, während alle TN den Sidekick im Sitzen ausprobieren. Als er beginnt, die Bewegungen mitzumachen, reagiert er wieder etwas verzögert, lässt die Hände mit leicht geöffneten Fäusten im Schoß liegen. Ingo hält sich leicht an der Sitzfläche des Stuhles fest, während er die Beinarbeit übt. L zeigt, die TN imitieren, machen mit und probieren aus. Lora hält sich bei den isolierten Beinbewegungen noch am Stuhl fest. Als L Arm- und Beinbewegungen zusammen führt, nimmt Lora die Fäuste sofort in Ausgangsposition hoch. Sie beginnt mit dem ›Jab‹ rechts, korrigiert sich dann schnell selbst auf links. Karl bleibt in der Bewegung meist leicht verzögert und wendet dabei viel Kraft auf, hält diese aber eher fest. Ingo groovt in den Füßen und Knien wippend mit. Es entsteht wieder gemeinsames Lachen in der Gruppe als TN mit Bewegungen durcheinander geraten. Karl beißt sich auf die Lippen.

Zur Audio-Aufnahme Around the World *bewegen sich die TN im Rap-Teil mit den adaptierten Kickboxbewegungen im Sitzen. Zum Gesangsteil spielen sie ihre eigenen, durch die gewählte Sportart (Tauchen, Schwimmen, Surfen, Paragliding, Segeln) angeregten fließenden Bewegungssequenzen auf und über dem Trommelfell. Dabei synchronisieren je zwei Partner/innen ihre Spielbewegungen.*

Zusammenfassung/Interpretation

Leiterin:

Sprachlich und gestisch verdeutlicht L, welche Aufgabe die TN jetzt haben und auf welche Elemente der Musik sie in ihrer Gestaltung besonders eingehen sollen. Auch nach ihrer Erklärung bleibt L anwesend und präsent, bedeutet aber körperlich, dass sie sich nun zurücknimmt, indem sie sich auf ihrem Stuhl weiter nach hinten platziert und den TN das Feld überlässt, die jetzt in Ruhe paarweise überlegen und ausprobieren sollen.

Nach einer Weile geht L am Kreis außen herum und nimmt kurz deutlichen Kontakt zu den Paaren auf. Sie signalisiert damit, dass sie als Ansprechpartnerin zur Verfügung steht. Nachdem es anfangs recht still und zögerlich bleibt, kommen die Partner/innen nach und nach ins Gespräch, sodass es im Raum auch etwas lauter wird. L erarbeitet anschließend die Kickbox-Bewegungsfolge mit den TN in einem zügigen Tempo, ohne Phasen des Nachsinnens oder Problematisierens, was eine mitreißende Wirkung hat. Später agiert L als Musikerin, indem sie am Drumset stilisierte Sportbewegungen der TN im Raum begleitet.[14]

Teilnehmer/innen

Die TN sind stark gefordert und fühlen sich dadurch vermutlich in der Situation als Erwachsene ernst genommen. Gleichzeitig betont L wiederholt, dass sie selbst auch auf einer Kickbox-Laienebene ausprobiert, was die Hemmschwellen der TN möglicherweise reduziert. Einige TN (wie Ingo und Lora) kommen in eine flüssigere Abfolge der Bewegung und grooven mit, andere (wie Karl) bewegen sich mit großem Kraftaufwand, ohne sichtbare Durchlässigkeit im Körper. Mitunter üben die TN noch auf der strukturellen und koordinativen Ebene.[15] Das angebotene Bewegungsvokabular und die selbst entwickelten Bewegungssequenzen aus dem Sportbereich scheinen den TN den Zugang zu musikbezogenen, interaktiven Bewegungen zu erleichtern.

---

14 Zum Thema ›Drumset in der Rhythmik‹ siehe auch den Beitrag *Real Time Subtleties* von Marianne Steffen-Wittek in diesem Band. Ein QR-Code in dem Beitrag (Abb. 7) führt zu einer Videosequenz, bei der u.a. L am Drumset in einem Workshop mit Jugendlichen der JAA zu sehen ist. Die Jugendlichen werden aus Gründen des Persönlichkeitsrechts auf dem Video nicht gezeigt.

15 Dabei stehen der morphologische und der neurophysiologische Aspekt im Vordergrund. Siehe dazu auch den Beitrag *Vom Wert der Bewegung in der Musik* von Holmrike Oesterhelt-Leiser in diesem Band.

Gruppe 3: Bewegungskoordination – Führen und Folgen

Nach einer Explorationsphase mit Rhythmik-Holzstäben, stehen sich vier Paare in zwei Reihen vis-à-vis gegenüber (Martin/Kheder, Me/MB, Yi/Thea, A/Mi, Guido/L). In Reihe A (Martin, Me, Yi, Mi, Guido) halten alle einen Holzstab senkrecht in der rechten Hand. Zunächst gibt Partner/in der Reihe A den Stab in die linke Hand des Gegenübers in Reihe B. TN aus Reihe B gibt den Stab in die eigene rechte Hand, anschließend in die linke Hand von TN aus Reihe A usw. Jedes Paar löst diese Aufgabe nonverbal, individuell, ohne Tempovorgabe von außen.

Nach dieser Übungssequenz, die im Gespräch reflektiert wird (wer führt/wer folgt, wer gibt das Tempo und den Übergabe-Rhythmus vor, wie stellen sich beide Partner aufeinander ein?), wird der eigene und der Partner-Handwechsel auf einem gemeinsamen, von L vorgegebenen Beat durchgeführt. Anschließend wird diese Übergabe-Bewegungssequenz zur Aufnahme von *Welt der Wunder* (*Materia*) durchgeführt.

Es folgt eine Übung, bei der die Partner/innen aus Reihe A den Stab in beide Hände nehmen und waagerecht halten. Die Partner/innen aus Reihe B legen ihre Hände auf den Stab und lassen sich vom Gegenüber aus Reihe A führen (anschließend Rollentausch). Dieses *Führen und Folgen* findet am Platz im Körperumraum vorne dreidimensional statt.

Zum Strophenteil der Aufnahme von *Welt der Wunder* wird der Holzstab nun wieder wie oben beschrieben senkrecht von Hand zu Hand im Grundschlag weitergegeben. Im Refrain wird der Stab zunächst von Reihe A waagerecht gehalten, später von Reihe B, sodass jede/r mal führt und folgt. Die Transkription beginnt bei der Übephase der rhythmischen Stabübergabe.

Video-Transkript Sequenz 4

L demonstriert mit ihrem sehbehinderten Partner Guido die Übergabe des Stabes in gleichmäßigen Vierteln. Das Paar steht im Fokus: Die Blickrichtung und Aufmerksamkeit der TN aus beiden Reihen links des Paares ist dabei jedoch stärker auf L gerichtet, die durch ihr Mitsingen und körperlich führendes Verhalten als Fokusperson agiert. Sie singt Teile des Songs Welt der Wunder *und koordiniert mit Guido die Stabübergabe.*

L zählt an und beobachtet die Gruppe bei dem Übergabespiel der Stäbe, während sie den Beat lautmalerisch hinein gibt. Sie bemerkt, dass Kheder und Martin einen eigenen rhythmischen Zyklus realisieren und dadurch nicht mit den anderen Paaren synchronisiert sind.[16] *L unterbricht das Mitsprechen des Beat und richtet*

---

16 Martin streut zwei Achtel in seinen Bewegungsrhythmus ein, wodurch sich der Übergabezyklus auf die Gruppe bezogen, ständig verschiebt.

ihre Körperposition in Richtung des Paares aus, das – von L aus gesehen – am Ende der beiden Reihen steht. Mit der Stimme gibt sie zusätzlich ein deutliches Signal »Ah! Martin und ..., darf ich kurz zeigen? Genau, man kann es so machen. Dann wäre das doppelt so schnell.« Während des Sprechens geht sie mit ihrem Stab außen an Reihe A entlang zu Martin und stellt sich neben ihn, Seite an Seite. Während des letzten Satzes reicht sie ihren Stab wortlos an MB, der ihr versetzt gegenüber steht und den Stab annimmt. Umgehend reicht ihr nun wiederum Kheder seinen Holzstab. »Ich mache es einmal mit Kheder, wie es gemeint ist.« Während des Sprechens dieses Satzes dreht sie sich zu Martin, geht einen Schritt auf ihn zu (Nahbereich) und schaut zu ihm hoch (er ist bedeutend größer als sie). Bis dahin hat Martin sie lächelnd angeschaut, blickt nun aber weg von ihr und bewegt sich von seinem Platz mit einer Vierteldrehung nach rechts und einigen Schritten zum Kopf der beiden Reihen, sodass er frontal zu Kheder und L steht, die nun face to face positioniert sind. Mit einer wippenden Bewegung (einmal von den Fußballen aus in die Streckung kommend) nimmt er seine neue Raumposition ein, steht dann still... Dabei schaut er Kheder weiterhin lächelnd an.

Im neuen Interaktionsraum (Dreieck: L und Kheder face to face, Martin mit Front zu beiden) sagt L: »Ich mache es einmal vor, nämlich so ... Hand, Hand, Hand, Hand. Ta ka di mi.« Bei der Wortwiederholung übergibt sie den Stab an Kheder, der sofort reagiert und sich einfädelt. Eine deutliche intra- und interpersonelle Koordination wird etabliert, die zunächst nonverbal abgestimmt ist. L und Kheder bilden eine koordinierte Interaktionsdyade, mit Martin als involviertem Beobachter und der Dreiecks-Konstellation als Interaktionsraum.

L tritt schließlich zurück und Martin nimmt ihren Platz face to face zu Kheder ein. Martin, Kheder und L sprechen miteinander, die übrige Gruppe schaut zu; Kheder deutet die Bewegung an (wer führt, wer folgt?). Der Austausch wird beendet durch Martin, der erneut sagt: »Gut!« Später, in der Übephase des ›Führen und Folgen‹ kommentiert Kheder: »Wie fliegen!« und L bestätigt: »... Paragliding!«

Zusammenfassung/Interpretation

Leiterin:

Die Szene enthält schnelle Wechsel von L zwischen Organisation und Übung. L hält die Energie in dieser Konzentration erfordernden Phase des Koordinierens und Korrigierens hoch. Der Fokus von L liegt vor allem auf Kheder und Martin, ganz besonders auf Martin, der sich wiederum auch auf die Korrekturen und Demonstrationen von L einlässt.

L wechselt häufig ihre Position im Raum und zeigt u.a. auch dadurch deutlich, dass sie sich den Fragen der TN zuwendet und bei Unklarheiten ansprechbar bleibt. Sie widmet sich in diesem Setting mit Ruhe und Ausdauer dem Paar Martin/Kheder. Dabei bedient sie sich vokaler Hilfsmittel (rhythmisches Mitsprechen von »Ta ka di mi« und »Hand, Hand, Hand, Hand«), einer bestimmten Positionierung gegenüber dem Paar sowie Blick und Gestik (akzentuiertes Deuten mit der Hand auf die Hände von Kheder oder Martin bezüglich der Stabübergabe), um beide zu unterstützen. Hier wird der von Adam Kendon als »F-formation«[17] bezeichnete, dreigliedrig strukturierte Interaktionsraum von Martin, Kheder und L gemeinsam hergestellt und geteilt (Müller/ Bohle 2007: 157f.).

Das Rollenverständnis von L wird in dieser Phase erneut deutlich: Sie agiert mit den TN, anstatt nur passiv vom Rand aus zu beobachten und zu kommentieren. Als aktiv Teilnehmende wechselt sie in kurze Momente der Organisation (Musik anstellen, Überblick über den Ablauf behalten), bleibt dabei dennoch aufmerksam bei der Gruppe.

Teilnehmer/innen:
Das Objekt Holzstab hat offensichtlich einen hohen Aufforderungscharakter und wird spaßeshalber als Schlagstock, Waffe gedeutet. Vertrautheit, aber auch Hierarchien werden im Spiel deutlich, z.b. wenn Kheder und MB kleine Schlagbewegungen neckend andeuten. Zwischen Martin und Kheder tauchen angedeutete Schlagbewegungen häufiger auf, vor allem von Kheder ausgehend. Bei Guido und Thea ist dies nicht zu beobachten. Guido kann die Gesten der anderen nicht sehen und bekommt daher die Umdeutung des Objekts vermutlich gar nicht mit.[18] Thea wirkt in ihrem Bewegungsverhalten in den Pausen eher defensiv (in Warteposition häufig Verschiebung des Beckens und Schulterbewegung nach vorne) und reagiert energetischer (und mit deutlicher Aufrichtung – sie ist recht groß), wenn sie sich zur Musik bewegt.

Nun beteiligt sich auch Martin verbal: Er fragt nach, rückversichert sich, gerät mit L und Partner Kheder in verbalen Austausch, signalisiert so auch: Ich möchte die Aufgabe korrekt ausführen und darum wissen, was genau wann zu tun ist. Im Anschluss ist zu bemerken, dass er sich nun stärker verbal korrigierend oder nachfragend einbringt. Vorher wirkte er in seiner Körperhaltung und durch sein Schweigen (bzw. Gespräch mit seinem Übungspartner Kheder) mitunter eher unbeteiligt. Sein Partner Kheder fällt meist durch schnelle Bewegungen, unruhige und spaßende

---

17 F-formation = Innenraum (»o-space«), Positionsraum (»p-space«), Rückenraum (»r-space«) (Müller/Bohle 2007: 157).
18 Aus Platzgründen konnte hier nicht der gesamte Umfang des Transkripts der Sequenz 4 aufgenommen werden, auf den sich Teile der Zusammenfassung und Interpretation beziehen.

kleine Momente sowie verbale Nachfragen, Kommentare und Korrekturen auf. Daher könnte Martin sich einerseits von Kheder dominiert fühlen und darauf verbal oder mit Gesten reagieren, obgleich er eigentlich auf das inhaltliche Gruppengeschehen und die Demonstrationen von L konzentriert scheint. Andererseits entzieht er sich der Unruhe, die mitunter von Kheder ausgeht, oftmals durch Stille, indem er keine Reaktion zeigt.

Das Bild des ›Fliegens‹, das Kheder anbietet, scheint ein hilfreicher Hinweis zu sein, denn L definiert das Bild mit ›Paragliding‹ genauer. Hier wird deutlich, dass die beiden eine gemeinsame, ähnliche Vorstellungsebene haben. Das Bild könnte im Folgenden zur Differenzierung der Bewegungen weiter aufgegriffen werden (langsames Gleiten, Windböen, auf- und abgleiten o.ä.).

Trotz Sehbehinderung scheint Guido die Übungen sehr gut nachzuvollziehen und auszuführen und durch das Objekt eine feine, taktil spürbare Verbindung zur Partnerin zu haben. Die Kontaktaufnahme mit L ist für ihn gut möglich. Er kann die Aufgabe weitestgehend ohne visuelle Referenz lösen.

Deutlich erkennbar ist bei der Betrachtung der TN, dass sich die Bewegungsgröße und die Experimentierfreude im Kontext des *Führens und Folgens* bei allen TN über die Dauer des Songs entwickelt. Alle Führenden beginnen eher mit zögerlichen, kleinen, zurückhaltenden Bewegungen, die später von mehr Initiative und Eingehen auf die Musik geprägt sind. Kheder und Martin werden in den beatbezogenen Teilen herausgefordert, das Weiterreichen des Stabes koordiniert mit der Gruppe zu gestalten. Durch die Unterstützung von L und gegenseitiges Feedback gelingt es ihnen, sich rhythmisch zu stabilisieren.

SCHLUSSBETRACHTUNG

Die Transkriptionen der ausgewählten Videosequenzen zeigen verschiedene Dimensionen kommunikativer Beteiligung an musikalischen und bewegungsbezogenen Interaktionen in der Rhythmik. Sie weisen auf Aspekte dynamischer, kleinräumiger und sensitiver Beteiligungsweisen hin (Schmitt 2012: 63), die im Verlaufe des Workshops auch weiträumiger ausgestaltet werden. Von besonderem Interesse ist dabei aus interaktionsanalytischer Perspektive, wie die Mitglieder dieser Interaktionsensembles[19] trotz verbaler Abstinenz beteiligt sind. Die Betrachtung von

---

19 Das Konzept ›Interaktionsensemble‹ »steht für den Versuch, im multimodalen Interaktionszusammenhang einen zentralen analytischen, konzeptuellen und interaktionstheoretischen Bezugsrahmen für die empirische Analyse interaktiver Beteiligung zu etablieren.« Es ist »in diesem Sinne geeignet, körperlich-räumliche Konstellationen als

Rhythmik-Gruppenarbeit als praxeologischen Handlungszusammenhang öffnet den Blick für »den Bereich sozialer Situationen, in denen ›talk‹ nicht mehr den eigentlichen Zweck, sondern eher ein Mittel der Zweckrealisierung darstellt.« (Schmitt 2012: 42, Herv.i.O.) Multimodal konstituierte Beteiligungsweisen treten bei verbaler Abstinenz in der Rhythmik-Praxis in den Vordergrund. Dabei fungiert die verbale Abstinenz als Form interaktiver Beteiligung durch Blick, Mimik, Gestikulation, Körperausrichtung, Raumposition. Deutlich wird durch die Transkription, dass verschiedene Komponenten multimodaler Interaktionsweisen verstärkt auftreten, die Schmitt in monofokale und multifokale Beteiligungsprofile unterteilt (ebd.: 76). Die Konstituenten verbal-abstinenter Beteiligungsprofile lassen sich in den Transkripten ebenfalls nachvollziehen: Orientierung auf verschiedene Interaktionskonstellationen,[20] Nähe-Distanz-Regulierung, Körperausrichtung, Körperdrehung, Raumbezug der Blickorganisation, Eigenständigkeit der Verhaltensstrukturierung.

Die Leiterin fungiert in diesen ›Erstbegehungen‹ als hauptsächliche Fokusperson (Musik- und Bewegungsaktionen, Instruktionsgeberin, Verantwortliche für Organisation und Struktur), wechselt aber je nach Situation in den Modus der Teilnehmerin und beobachtenden Teilnehmerin. Sie ist verantwortlich für die Anbahnung von Interaktionsräumen,[21] in denen sich verschiedene Interaktionsweisen entfalten können.

Die interaktiven, multimodalen Vermittlungsaktivitäten beinhalten Verbalität (Aufgabenstellungen, Rückmeldungen, Auswertungen im Gespräch), Gestik (Gestikulation beim Sprechen und Singen, Dirigiergesten, Umsetzung von Musik in Bewegung), Blickverhalten, Mimik und Körperverhalten (im Zusammenhang verbaler Kommunikation und im Kontext musikalischer und bewegungsästhetischer Prozesse).

Herstellungsleistung der Beteiligten in gegenstandskonstitutiver Weise zu erfassen […].« (Schmitt 2012: 81)

20 Sequenz 1: Interaktionsensemble (IAE) im Kreis, Fokusperson (FP) L; Sequenz 2: IAE im Kreis, FP alle TN rotierend; Sequenz 3: IAE im Kreis, vier Interaktionsdyaden; Sequenz 4: vier Interaktionsdyaden als IAE, ein Interaktionsdreieck + drei Interaktionsdyaden. Die frontale Körperorientierung hängt mit der menschlichen Wahrnehmung und Bewegung zusammen und entscheidet über individuelle oder geteilte Handlungsräume. »Handlungsräume sind Projektionen der Vorderseite des menschlichen Körpers, sie sind Produkte seiner frontalen Ausrichtung […].« (Müller/Bohle 2007: 158)

21 »Interaktionsräume werden gemeinsam hergestellt, und zwar durch eine je spezifische Koordination von Körperorientierung und Position im Raum.[…]« (Ebd.: 130)

Der Raum wird in der Rhythmik-Praxis je nach Bedarf u.a. als Demonstrationsraum (Putzier 2012), Ensembleraum beim Musizieren oder Bewegungsinteraktionsraum genutzt. Es zeigt sich, dass Leiterin und Teilnehmer/innen während der Rhythmik-Workshops – vergleichbar mit anderen Bewegungsdisziplinen – »fortwährend ihre Position und Körperorientierung so koordinieren, dass ein klar erkennbarer Rahmen für ihr gemeinsames Tun geschaffen wird« (Müller/Bohle 2007: 146). In der videografischen Dokumentation wird deutlich, dass die Leiterin in dieser ›Erstbegehung‹ die Aktivitäten im Zusammenhang mit der Herstellung neuer Interaktionsräume koordiniert. So stellt sich ihr, ähnlich wie im Tanzunterricht, u.a. die Frage »Wie verschaffe ich mir Zutritt zu einem bereits bestehenden Interaktionsraum zwischen zwei Personen in einer ›vis-a-vis‹-Orientierung?« (Ebd.: 133, Herv.i.O.) Cornelia Müller und Ulrike Bohle haben die Verlaufsstruktur der Herstellung von Interaktionsräumen für Tango-Instruktionen durch einen Tanzlehrer in vier Phasen eingeteilt (Beobachten, Losgehen, Zugehen, Einrasten) und die multimodale Kommunikation differenziert beschrieben (ebd.: 136ff.). Zwar sind die Rhythmik-Praktiken weniger formalisiert, dennoch lassen sich Gemeinsamkeiten der Kommunikationskoordination feststellen, wobei die Interaktionssequenzen sehr unterschiedlich verlaufen können. Nicht nur die Interaktionsressourcen der leitenden Person, auch das Beteiligungsformat der Workshop-Teilnehmer/innen kann durch ein Transkript differenzierter erfasst werden. Es offenbart ebenfalls die multimodalen Kommunikationsressourcen der Teilnehmenden und lässt eine ›Audiance Diversity‹ erkennen. Die Aufmerksamkeit der Teilnehmer/innen ist je nach Kontext unterschiedlich fokussiert und weist verschiedene Partizipationsprofile auf (principal recipient, focal recipient, non-engrossed recipient) (Schmitt 2012: 41).

Die Vollzugsbeamten sind je nach Situation jeweils auch Fokusperson, allerdings stärker für die Jugendlichen, selten für die Studierenden. Auffällig ist, dass sie nicht dadurch zur Fokusperson werden, indem sie wie die Leiterin im Workshop Interaktionsräume initiieren, sondern durch ihre Funktion als Vollzugsbeamte, die außerhalb des Workshops die Interaktionsräume bestimmen. Die Studierenden, deren Aktivitäten im Transkript kaum berücksichtigt sind, übernehmen den Part der ›ortskundigen Locals‹ und unterstützende, absichernde ›Kletterpartner/in‹, jeweils dann, wenn die Leiterin eine Aufgabe angestoßen hat. Im Laufe des Workshops ist hier auch ein Rollentausch zwischen den Jugendlichen und den Studierenden zu beobachten. Fokusperson kann dann je nach Kontext jede/r sein.

Weitere videografiebasierte Untersuchungen und Analysen sind notwendig, um die hier beschriebene multimodale Kommunikation und Interaktion in der Rhythmik-Praxis tiefer zu erforschen und systematisch zu erfassen.

FILMOGRAFIE

Lost Highway (1997) (USA, R: David Lynch)

DISKOGRAFIE

Berliner Philharmoniker, Ltg. Herbert von Karajan: *Sinfonie g-Moll Nr. 40 KV 550 (3. Satz)* (Wolfgang Amadeus Mozart), (1971, EMI CDM 769012 2)
Berliner Philharmoniker, Ltg. Kent Nagano: *Turangalila Sinfonie* (Anfang) (Olivier Messiaen), (2001, Teldec Classics 8573-82043-2)
David Bowie/Brian Eno: *I'm Deranged* (Album: *Outside*, ISO Records 1995, Nr. 16; später als Soundtrack für den Film *Lost Highway* von David Lynch verwendet)
Die Nerven: *Angst* (Album: *Fun*, This Charming Man Records 2014, Nr. 6)
DMX: *Look Thru My Eyes* (Album: *It's Dark and Hell is Hot*, UMG Recordings 1998, Nr. 5)
Materia: *Welt der Wunder* (Album: *Zum Glück in die Zukunft II*, Four Music Productions 2014, Nr. 13)
Red Hot Chili Peppers: *Around the World* (Album: *Californication*, Warner 1999, Nr. 1)
Royal Concertgebouw Orchestra Amsterdam, Ltg. Nikolaus Harnoncourt: *Sinfonie g-Moll Nr. 40 KV 550 (3. Satz)* (Wolfgang Amadeus Mozart), (1983, Teldec 9031-72484-2)
The Chemical Brothers: *Block Rockin' Beats* (Album: *Dig Your Own Hole*, Virgin Records 1997, Nr. 1)

LITERATUR

Amann, Klaus/Hirschauer, Stefan (1997): »Die Befremdung der eigenen Kultur. Ein Programm«, in: Dies. (Hg.): Die Befremdung der eigenen Kultur, Frankfurt a.M.: Suhrkamp, S. 7-52.
Atkinson, Paul/Coffey, Amanda/Delamont, Sara/Lofland, John/Lofland, Lyn (Hg.) (2001): Handbook of Ethnography, Los Angeles u.a.: Sage Publications.
Bieber, Christoph/Leggewie, Claus (2004): Interaktivität. Ein transdisziplinärer Schlüsselbegriff, Frankfurt a.M.: Campus.
Breidenstein, Georg/Hirschhauer, Stefan/Kalthoff, Herbert/Nieswand, Boris (2015): Etnografie. Die Praxis der Feldforschung, 2. Aufl., Stuttgart: utb.

Fankhauser, Regula (2016): Sehen und Gesehen Werden – Zum Umgang von Lehrpersonen mit Kamera und Videografie in einer Lehrerinnen- und Lehrerweiterbildung, [41 Absätze], Forum Qualitative Sozialforschung/Forum: Qualitative Social Research, 17/3, Art. 9, http://nbn-resolving.de/urn:nbn:de:0114-fqs160392 vom 10.01.2019.

Glaser, Barney G./Strauss, Anselm L. (2006 [1967]): The Discovery of Grounded Theory. Strategies for Qualitative Research, New Brunswick/London: Aldine Transaction.

Haring, Solveig (2017): Factsheet: Videographie für die Evaluation der Praxis, herausgegeben vom Bundesministerium für Arbeit, Soziales und Konsumentenschutz, Wien: https://www.sozialministerium.at/cms/site/attachments/7/8/4/CH 3434/CMS1508924375641/factsheet_videographie_haring.pdf vom 10.01.2019.

Jauk, Werner (1999): »Musikalisches Sprechen. Interaktion – Strukturierung durch kommunizierendes Verhalten«, in: XIV International Congress of Aesthetics. »Aesthetics as Philosophy«, hg. von Aleš Erjavec u.a., Acta Philosophica XX, 2/2, S. 349-359.

Kade, Jochen/Nolda, Sigrid/Dinkelaker, Jörg/Herrle, Matthias (2014): Videographische Kursforschung. Empirie des Lehrens und Lernens Erwachsener, Stuttgart: Kohlhammer.

Lüders, Christian (2000): »Beobachten im Feld und Ethnographie«, in: Uwe Flick/Ernst von Kardorff/Ines Steinke (Hg.): Qualitative Forschung. Ein Handbuch, Hamburg: Rowohlt, S. 384-401.

Mondada, Lorenza/Schmitt, Reinhold (2010): »Zur Multimodalität von Situationseröffnungen«, in: Dies. (Hg): Situationseröffnungen: Zur multimodalen Herstellung fokussierter Interaktion, Tübingen: Narr, S. 7-52.

Mohn, Bina Elisabeth (2007): »Kamera-Ethnografie: Vom Blickentwurf zur Denkbewegung«, in: Gabriele Brandstetter/Gabriele Klein (Hg.): Methoden der Tanzwissenschaft. Modellanalysen zu Pina Bauschs »Le Sacre du Printemps«, Bielefeld: transcript, S. 173-194.

Mohn, Bina Elisabeth (2010): »Zwischen Blicken und Worten. Kamera-ethnographische Studien«, in: Gerd E. Schäfer/Roswitha Staege (Hg.): Frühkindliche Lernprozesse verstehen. Ethnographische und phänomenologische Beiträge zur Bildungsforschung, Weinheim/München: Juventa, S. 207-231.

Mohn, Bina Elisabeth (2013): »Differenzen zeigender Ethnographie. Blickschneisen und Schnittstellen der Kamera-Ethnographie«, in: Bernt Schnettler/Alejandro Baer (Hg.): Visuelle Soziologie. Themenheft der Zeitschrift Soziale Welt 64/1-2, S. 171-189.

Müller, Cornelia/Bohle, Ulrike (2007): »Das Fundament fokussierter Interaktion. Zur Vorbereitung und Herstellung von Interaktionsräumen durch körperliche

Koordination«, in: Reinhold Schmitt (Hg.): Koordination. Analysen zur multimodalen Interaktion, Tübingen: Narr, S. 129-165.

Muthesius, Dorothea/Sonntag, Jan/Warme, Britta/Falk, Martin (2010): Musik – Demenz – Begegnung, Frankfurt a.M.: Mabuse.

Neuberger, Christoph (2007): »Interaktivität, Interaktion, Internet. Eine Begriffsanalyse«, in: Publizistik 1/52, S. 33-50.

Putzier, Eva Maria (2012): »Der ›Demonstrationsraum‹ als Form der Wahrnehmungsstrukturierung«, in: Heiko Hausendorf/Lorenza Mondada/Reinhold Schmitt (Hg.): Raum als interaktive Ressource, Tübingen: Narr, S. 275-315.

Robinson, Mark (2017): Inside, Outside, Beyond: Artistic Leadership for Contradictory Times, Bluecoat, http://www.thebluecoat.org.uk/files/docs/Artistic%20 Policy/Inside,_Outside,_Beyond_-_Mark_Robinson.pdf vom 10.01.2019.

Schaefer, Gudrun (1992): Rhythmik als interaktionspädagogisches Konzept, Remscheid: Waldkauz.

Schmitt, Reinhold (2012): »Körperlich-räumliche Grundlagen interaktiver Beteiligung am Filmset: Das Konzept ›Interaktionsensemble‹«, in: Heiko Hausendorf/Lorenza Mondada/Ders. (Hg.): Raum als interaktive Ressource (Studien zur Deutschen Sprache Band 62), Tübingen: Narr, S. 37-87.

Staege, Roswitha (2010): »How to do things with Music. Dokumentarische Videointerpretation als Zugang zur ästhetischen Erfahrung von Kindern«, in: Gerd E. Schäfer/Dies. (Hg.): Frühkindliche Lernprozesse verstehen. Ethnographische und phänomenologische Beiträge zur Bildungsforschung, Weinheim/München: Juventa, S. 233-255.

Zaiser, Dierk (2011): Rhythmus und Performance. Kulturprojekte als Chance für sozial benachteiligte und straffällige Jugendliche, München: kopaed.

Transfer. Perform. Transform

Betrachtungen zur Transformation in der Rhythmik

Hanne Pilgrim

> Musik erklingt: Es ist die Nr. 2 aus den *Quatre Études de Rythme* von Olivier Messiaen. Die Gruppe ist dazu angehalten, während des Hörens in freiem Fluss zu schreiben und dabei den Stift nicht abzusetzen – vom ersten bis zum letzten Ton. Es entstehen starke, poetische Texte, die mit reiflicher Überlegung nicht hätten geschrieben werden können. Die Vielfalt der Metaphern, Verknüpfungen und die Vollkommenheit einiger Satzstrukturen in den Texten sind verblüffend[1]

In der Rhythmik werden improvisatorische und kompositorische Prozesse oftmals durch Anregungen zur ästhetischen Transformation initiiert. »Zeige was Du hörst« lautete die Aufforderung Émile Jaques-Dalcrozes[2] zur Übersetzung von einem Ausdrucksmedium in ein anderes, hier von Musik in Bewegung (Jaques-

---

1 Ausschnitt aus dem Unterricht im Profil Rhythmik/Performance des Masterstudiengangs *EMP/Rhythmik* an der *Hochschule für Musik FRANZ LISZT Weimar* 2017. Die hier in einem von der Autorin gewählten Kontext mit Musik angewandte Methode *Écriture Automatique* wird im Abschnitt *Produktion, Rezeption und Perzeption* dieses Beitrags beschrieben.

2 Hintergründe zum Begründer der Rhythmik Émile Jaques-Dalcroze finden sich im Beitrag *Zwischen Musikunterricht, Tanzreform und Weltenformel. Beobachtungen aus den Anfängen der Rhythmik* von Daniel Zwiener in diesem Band.

Dalcroze, zitiert in Pötschke 1960: 3). Eine Variation dieser Anleitung könnte heißen: »Zeichne, was Du hörst, tanze die daraus entstandene Grafik und musiziere anschließend, was Du getanzt hast!« Was geschieht in solchen Transferprozessen? Geht es darum, einem Klang oder einem musikalischen Motiv auf den Grund zu gehen, zeichnend, tanzend, seinem ›Geschmack‹ nachzuspüren? Können Dimensionen von Klang wie Tonhöhe oder Klangfarbe dabei in Bewegung als Nuance im Muskeltonus oder auch als Ausrichtung im Raum erfahren werden? Dient der Übersetzungsversuch einer Materialrecherche für eine Gestaltung? Ist der in der ästhetischen Transformation implizierte Perspektivwechsel auf ein Ausgangsmaterial per se ein kreativer Akt? Und wird ästhetische Transformation dadurch bedeutsam, dass sie die Erfahrung der eigenen Wahrnehmung ermöglicht?

Diese Fragen regen zum Nachdenken über Eigenschaften und Voraussetzungen von Übertragungsprozessen in der Rhythmik an und sind zugleich Ausgangspunkt für die folgenden Betrachtungen zur ästhetischen Transformation in der Rhythmik aus verschiedenen Perspektiven.

ÄSTHETIK UND MEDIEN IN DER RHYTHMIK

Die zentrale Frage der Ästhetik ist jene nach dem Wesen und den Besonderheiten der Künste (Brandstätter 2008: 9)[3]. Betrachtet man künstlerische Prozesse in der Rhythmik, ist demnach die Frage relevant, was diese im Wesentlichen ausmacht und durch welche Besonderheiten sie gekennzeichnet sind. Hier rückt das Prinzip der Transformation in den Fokus, welches für die Rhythmik insofern konstituierend ist, als das Erforschen der Wechselwirkungen von Musik und Bewegung zentral ihre Inhalte, Ziele und Methoden bestimmt. Untrennbar mit dem Verständnis von ästhetischer Transformation verbunden ist das Verständnis für die Rezeptions- und Wirkungsweisen der Medien Musik, Körper, Bild und Sprache. Dabei erweist sich das Nachdenken über deren Voraussetzungen als produktiv für künstlerische Gestaltungsprozesse.

Nach Wolfgang Zacharias ist der Zusammenhang von Medien und Ästhetik insofern evident, als Medien per se ästhetisch formatiert sind.

---

3 Was den künstlerischen Zugang zur Welt vom wissenschaftlichen Zugang unterscheidet und warum Kunst als eine der Wissenschaft ebenbürtige Erkenntnisform charakterisiert werden kann, ist ebenfalls eine für die Ästhetik relevante Frage, die hier aber nicht im Zentrum stehen soll. Ursula Brandstätter setzt sich in *Erkenntnis durch Kunst* (2013) mit der Thematik auseinander.

»Das Ästhetische beruht in der Spannweite von sinnlich-leiblicher Wahrnehmung bis zu den Künsten und allen kulturell-symbolischen Formen immer auch auf Medialität, auf Bildern, Tönen, Bewegungen, Zeichen, Sprache, Kommunikation, Aktion, Dramaturgie, Theatralität und Gefühlen in gestalteter Form. Daraus werden Wirklichkeitswahrnehmungen, Bedeutungen, Interessen und Handlungen konstituiert und gesteuert sowie Wissen und Gefühl generiert bzw. transformiert.« (Zacharias 2013: 1)

Musik, Körper, Bild und Sprache sind zentrale Ausdrucks- und Darstellungsmedien der Rhythmik und beeinflussen einander wechselseitig. Das Spektrum der gegenseitigen Einwirkung reicht je nach Intention »von der Reaktivierung gemeinsamer anthropologischer Wurzeln [...] über wechselseitige Übersetzungs- und Übertragungsversuche [...] bis hin zu künstlerischen Misch- und Zwischenformen [...]« (Brandstätter 2008: 12).

In der Erforschung von Rezeptions- und Wirkungsweisen der unterschiedlichen Medien ist die Feststellung wichtig, wie stark diese mit den sie jeweils ansprechenden Sinnessystemen verknüpft sind (ebd.: 119ff.)[4]. Dieses Verständnis kann die Qualität von Gestaltung und Improvisation in künstlerischen Transferprozessen verändern, indem Entscheidungen bewusster getroffen werden oder indem spontane Entscheidungen im Nachhinein analysiert werden können.

Es ist spannend, die Spezifika der einzelnen Sinnessysteme zu verstehen. Dem Sehsinn, über den Bilder verarbeitet werden, kann eine distanzierende Wirkung zugesprochen werden, weil die Bilder als Objekt getrennt und außerhalb des Betrachters wahrgenommen werden. Bilder manifestieren sich im Raum und vergegenwärtigen dem Betrachter in ihrer Präsenz das Absente (ebd.: 159). Der Hörsinn dagegen vermittelt nicht nur durch seine anatomische Stellung im Inneren unseres Ohres einen involvierenden Eindruck. Beim Hören von Musik scheinen sich die Grenzen zwischen Subjekt und Objekt aufzulösen. Musik verläuft in der Zeit und hat dadurch etwas Immaterielles, Vergängliches (ebd).

»Die Rezeption von musikalischen Prozessen erfolgt auf der Zeitachse und basiert zuerst einmal auf Erinnerung und in zweiter Linie auch auf einer (durch das Erinnern) ermöglichten Erwartungshaltung. Es gibt keine Möglichkeit, auf der Zeitachse hin und zurück zu wandern (im Gegensatz zur optischen Information, wo es uns möglich ist, beispielsweise ein Bild dauernd neu zu scannen). Also basiert alles, was wir mehr oder weniger bewusst verarbeiten können, auf Erinnerung.« (Mäder/Baumann/Meyer 2013: 22)

---

4 Die Vielfalt an Theorien hierzu stellt Dieter Mersch in seiner Medientheorie vor (Mersch 2006, zitiert in Brandstätter 2008: 120).

Der sich bewegende Körper steht als Medium zum mimetischen Nachvollzug bereit. Im Wahrnehmen von Körpersprache werden Seh- und Körpersinne gleichzeitig aktiviert. Die Bewegung des Körpers lässt die Wirklichkeit zugleich in ihrer räumlichen und zeitlichen Dimension erleben. Die Sprache nimmt innerhalb der Ausdrucksmedien eine Sonderstellung ein. Sie vermag laut Ursula Brandstätter als Meta-Medium, alle sinnlichen Erfahrungen und Erkenntnisse zu erfassen, wenn auch nicht unbedingt in ihrer direkten Sinnlichkeit. Sie löst Vorstellungen aus, die sich im Gehirn mit realen oder denkbaren Erfahrungen verknüpfen. Sprache ist je nach ihrer Rezeptionsweise als klanglich-lautliches oder visuelles Phänomen wiederum anders an räumlich-zeitliche Gefüge gebunden (Brandstätter 2008: 160ff.).

Eigenschaften ästhetischer Transformationsprozesse

»Der polyästhetische Ansatz lässt parallele Wahrnehmungsebenen quasi wie transparente Bilder miteinander spielen und in Beziehung treten. Das gemalte Bild wird spontan zu Tanz, der Tanz wird musikalisch interpretiert.« (Schnabl-Andritsch/Roy/Proyer 2018: 3)

Hier sind Prozesse gemeint, bei denen die Basis für gestalterisches Handeln die Übersetzung zwischen zwei Ausdrucksmedien bildet. Transformation vollzieht sich allerdings ggf. auch (monomodal) innerhalb eines Mediums.

Laut Brandstätter kann Kunst aus einer energetischen Perspektive »als bewusst gestaltete ästhetische Transformation kognitiver und emotionaler Energien betrachtet werden« (Brandstätter 2013: 89). Diesem Gedanken folgend ist die Umwandlung von inneren (kognitiven und emotionalen) Bewegungen generell die Basis künstlerischen Gestaltens oder Produzierens. Zentral sind hier die Aspekte »ästhetisch« – auf die Wahrnehmungsvorgänge und Ausdrucksmedien bezogen – und »bewusst« – auf eine Intentionalität, einen Ausdruckswillen und gewisse ausgewählte Kriterien verweisend.

Transformation ist ein Begriff, der vielfältig und in verschiedensten Kontexten angewendet wird. Aus dem Lateinischen stammend bedeutet er zunächst »Umformung«. Brandstätter stellt fest, das Wort *trans* verweise auf eine Konstellation, in der es zu einer Bewegung von einem Punkt zu einem anderen komme. Diese Bewegung führe hinüber, aber auch jenseits an einen anderen Ort (ebd.: 87ff.). Dorothea Weise vergleicht den Vorgang auch mit dem »Über-Setzen« von einem Flussufer zum anderen[5], welcher mit Sorgfalt zu praktizieren und aktiv zu gestalten ist. Die Kenntnis von Vokabeln, Semantik und Syntax beider Sprachen im

---

5 An den beiden ›Uferseiten‹ befinden sich die jeweiligen Beziehungspartner, in diesem Beispiel Musik und Bewegung.

Sinne von Ausdrucksmedien sei dabei unerlässlich (Weise 2013: 9). Abzuraten sei von fixierten Übertragungsmechanismen in Raum, Zeit, Kraft und Form, da in Musik wie auch in Bewegung immer mehrere Parameter sowie der Kontext zusammenwirken. Einfache Zuordnungen, wie z.b. laut gleich viel Krafteinsatz würden der jeweiligen Charakteristik nicht immer gerecht:

»Wirkt das fortissimo als Entladung einer Spannung, so kann es mit einem Fall des Körpers infolge einer plötzlichen Entspannung möglicherweise schlüssiger in Bewegung beantwortet werden, als mit einer Kraftsteigerung. Von Bedeutung ist viel mehr das Zulassen unterschiedlicher Lösungen in Verbindung mit dem Beurteilen von Stimmigkeit.« (Ebd.)

Der Versuch, die ästhetische Aussage eines Ausgangsmediums (beispielsweise Bild) durch ein zweites, anderes Medium (beispielsweise Musik) analog abzubilden, ist als Forschungsgegenstand insofern interessant, als die Ausdrucksmedien verschiedenen Gesetzmäßigkeiten folgen. Konkret gesprochen: Wie kann ein Bild als ein im Raum verankertes Phänomen in Musik als ein in zeitlichen Strukturen existierendes Phänomen übersetzt werden? Letztlich wird die Musik bei der Entstehung einer Komposition ihren eigenen musikspezifischen Gesetzmäßigkeiten folgen. Die Übernahme von Merkmalen aus dem Medium Bild (z.B. Räumlichkeit, Farbigkeit, Nähe und Distanz von Bildelementen untereinander) wird der Musik aber gleichzeitig neue Potentiale eröffnen, sei es durch das Experimentieren mit neuen Zeitverläufen, durch die Nuancierung von Klangfarben, von harmonischer Progression oder der formalen Anordnung der Teile. Es entstehen durch den Prozess der Grenzüberschreitungen zwischen den Medien neue Bedeutungs- und Assoziationsräume als gestalterische Potentiale.

Produktion, Rezeption und Perzeption

Rudolf Konrad kommt in seinen Ausführungen zu Körper und Leib zu der Annahme, dass Bildungsprozesse in der Rhythmik im Menschen tiefe intersubjektive, übergeschichtliche Bewusstseinsstrukturen ansprechen, diese miteinander verbinden und somit zu einem spezifischen Leibbewusstsein führen (Konrad 1995: 198). Für diese Zustandsbeschreibung wählt er den Begriff »Haltung in der Mitte«, der die körpermechanische, die neuro-vegetative und die transzendentale Ebene integriert (ebd.: 199). Von dieser Haltung der Mitte aus folgert Konrad den Zugang zur von Arnold Gehlen[6] so benannten ›Urphantasie‹. Diese ist nach Gehlen eine im »letzten Kern des vegetativen Grundes steckende unerschöpfliche Potenz«

---

6 Arnold Gehlen zählt zu den Hauptvertretern der Philosophischen Anthropologie.

(Gehlen 1972: 321, zitiert in Konrad 1995: 199). Gehlen geht davon aus, dass der Mensch diese Potenz als Entwicklungsdruck verspürt, als Bedürfnis nach »mehr Leben« (ebd). Konrad vermutet, dass durch das Verbinden mit dieser Urfantasie ein Erfahren und Produzieren von Struktur möglich wird (ebd.: 209f.). Sie sei eine Form der Selbstverwirklichung, die nicht nur an oder durch Umwelt stattfände. Ästhetische Produktionen sind folglich nicht nur als Reaktionen auf Umwelt bzw. deren Interpretation einzuordnen, sondern stellen ebenso einen Zugang zur Tiefe einer Person her – ein Vorgang, der sich auf das ganze Sensorium des Menschen bezieht.

»Das Material dieser Produktionen ist die sich wie selbstverständlich einstellende Querverbindung und Dialektik von Musik, Bewegung, Stimme, Sprache, Skulptur, von Wohn- und Lebensraum, Licht, Haptik, Erotik und Sexualität, von Kostüm und Requisit.
Alles Experimentieren, Hantieren, Phantasieren, Darstellen, Verändern, Transformieren, Wenden, Konstruieren, mit konkreten und imaginativen Materialien, mit Ideen und Träumen, mit Archaischem und Konkretem [...] erscheint unter dem Aspekt der »Haltung in der Mitte« einfach, natürlich und kompetent.« (Ebd.: 210, Herv.i.O.)

Es wird hier ein weiterer Aspekt ästhetischer Transformation beleuchtet, die ihr gestalterisches Potential nicht nur aus den konkret mit den Ausdrucksmedien verbundenen musikalischen, bewegungsmäßigen, bildnerischen oder sprachlichen Strukturen schöpft: der Zugang zu unbewussten Bereichen einer Person selbst als Quelle kreativen Handelns. Ästhetische Produktion ergibt sich demnach nicht nur aus der Rezeption und Reflexion gegebener äußerer Strukturen. Produktion und Rezeption scheinen vielmehr zusammengehalten durch das Primat der *Perzeption* als Dominanz sinnlicher Erfahrung[7] (ebd.: 210ff.). Diese sinnliche Erfahrung kann als erkenntnistheoretisch relevant eingestuft werden.[8]

Der Surrealismus der zwanziger Jahre des 20. Jahrhunderts stellt als Kunstform die subjektive Wahrnehmung im Prozess des Entstehens eines Materials in den Vordergrund. Die Pariser Surrealisten lösten damals die *Écriture automatique*[9], eine Methode des Schreibens aus dem Kontext der damals noch jungen Psychotherapie und verwendeten diese für ihre literarischen Experimente. Dabei

---

7   Im Gegensatz zur Apperzeption als begrifflichem Erfassen.
8   Hier stimmen Konrads Schlussfolgerungen mit Brandstätters überein. In der Publikation *Erkenntnis durch Kunst* (Brandstätter 2013) stellt Brandstätter die Relevanz von ästhetischer Erfahrung und ästhetischer Erkenntnis gegenüber der logischen Erkenntnis als gleichberechtigt dar.
9   Eines der bedeutsamsten künstlerischen Verfahren im frühen Surrealismus nach André Breton (Schuller 2016: 14).

wurden Patienten im Halbschlaf, in Trance oder unter Hypnose zum Schreiben angehalten, um das Unbewusste ins Bewusstsein zu holen. Durch den unbewusst gesteuerten Schreibfluss erhielten die Patienten neue Ideen bzw. neue Kombinationen von Ideen oder Assoziationen, verarbeiteten unbewusste Eindrücke und Erlebnisse. Das automatisch Niedergeschriebene, welches sich einem planvollen Aufbau ebenso widersetzte wie einer nachträglich zensierenden Korrektur, wurde von den Surrealisten in seiner unbewussten, traumhaften, frei assoziativen Beschaffenheit als Grundlage für eine neue Art der Kreativität postuliert. Dahinter steht die Auffassung, der Künstler sei kein Schöpfer, sondern jemand, der den unerschöpflichen Vorrat an vergrabenen Bildern ans Licht holt. Übertragen auf Vorgänge der Transformation in der Rhythmik ist der fließende Zugriff auf innere Bilder kein ›Zufall‹, sondern eindeutig einleitbar.

»Hier werden die gefundenen Teile der Realität zu einer Quelle der Assoziation und Improvisation, die wie beim Kind, keine Grenze zwischen Innen- und Außenwelt mehr kennt. Es kommt zu Kombinationen und zahlreichen polyästhetischen Produktionen, für die das Wort Zufall unangebracht erscheint.« (Ebd.: 225)

Ähnliche Zustände des Erlebens von Fluss im Tun wurden unter verschiedenen Bezeichnungen z.B. als *Flow* (nach Mihaly Csíkszentmihályi) schon in diversen Kontexten beschrieben und beforscht. Die sogenannten somatischen Methoden im Kontext des zeitgenössischen Tanzes beschäftigen sich mit Fluss vor allem im Hinblick auf die Qualität des unangestrengten Entstehens und Weiterleitens von Bewegung als Kontinuum.[10] Viele Methoden in der Musikausbildung und Musizierpraxis experimentieren mit Wahrnehmungs- und Konzentrationsübungen, um den Zustand des Musizierens im Fluss herzustellen.[11]

Produkte ästhetischer Transformation

Wie aus den vorangehenden Ausführungen ersichtlich wird, sind Prozesse ästhetischer Transformation multisensorische, von dialektischen Spannungsfeldern geprägte Prozesse, in denen Ergebnisse in Form ästhetischer Produkte entstehen können. Sie werden hervorgebracht durch höchst individuelle Wahrnehmungs- und Wirkungsweisen und den Zugang, den eine Person zu den miteinander im Dialog stehenden Ausdrucksmedien hat. Und genau hierin liegt ihr Potential für

---

10 Siehe dazu den Beitrag *Tanz der inneren Ströme* von Irene Sieben in diesem Band.
11 Siehe auch Mahlert 2006.

die Gestaltungsarbeit in der Rhythmik: Individuen sind dazu aufgefordert, ihren eigenen Ausdruck, ihre eigenen Statements in der Auseinandersetzung mit einem ästhetischen Gegenstand zu entwickeln. Die dabei entstehenden Ausdrucksformen sind gleichermaßen persönlichen wie überpersönlichen Charakters, da sie tieferen vor-bewussten Strukturen und Prinzipien menschlichen Ausdrucks folgen und dennoch den Gesetzmäßigkeiten von Raum, Zeit, Kraft und Form unterliegen. Und sie sind Abstraktionen, Bezüge, Kommentare zum Ausgangsgegenstand, zu dem sie eine spezifische Position beziehen und dadurch neue Perspektiven auf diesen eröffnen.

Weise beschreibt folgende Verkettung als Grundlage pädagogischen und künstlerischen Wirkens in der Rhythmik: *Eindruck, Verarbeitung und Ausdruck*. Im *Eindruck* intensiviert sich Erlebtes, die Wahrnehmung wird durch Fokussierung verfeinert. Das Wahrgenommene wird im zweiten Schritt der *Verarbeitung* eingeordnet und in Beziehung gesetzt. Der *Ausdruck* ist schließlich die handlungsbasierte Äußerung (Weise 2013: 13).

Die Frage nach der Produktivität ästhetischer Erfahrung beantwortet der Komponist und Musikpädagoge Matthias Handschick mit der Aussage, Bedeutung als individuelles Produkt der aktiven Auseinandersetzung mit einer Materie anzusehen (Handschick 2015: 18). Diesem gedanklichen Impuls folgend sind also Bedeutungen, die Personen aus der handlungsbasierten Auseinandersetzung mit Musik, Körper/Bewegung, Bild und Sprache in Transformationsprozessen gewinnen, bereits (immaterielle) Produkte. Ebenso könnten dann neu gewonnene ästhetische Erkenntnisse als (immaterielle) Produkte angesehen werden. Die ›offensichtlichen‹ Produkte sind jene materiellen Antworten und Ausdrucksgestalten in Form von Kompositionen, Tänzen, musikalischen Improvisationen sowie Bewegungsimprovisationen, Collagen, Bearbeitungen, Verfremdungen in Musik, Tanz, Bild oder Sprache.

Die verschiedenen Gedankenlinien zur ästhetischen Transformation verbindend, können folgende Thesen für in diesem Kontext entstehende Produkte formuliert werden:

Produkte ästhetischer Transformation

- sind von individuellen Wahrnehmungs- und Ausdrucksweisen geprägt;
- sind von Wirkungsweisen des Ausdrucksmediums, durch welches sie kommuniziert werden, geprägt;
- können immaterieller (in Form von Bedeutungen oder Erkenntnissen) und materieller Art (in Form von Werkstücken, Gestaltungen, Improvisationen) sein;
- können handlungsbasiert aus der Verarbeitung von Eindrücken entstehen;

- können zugleich persönlicher und überpersönlicher (archetypischer) Natur sein;
- können zur Selbstverwirklichung beitragen, indem sie eine Verbindung von unbewussten mit bewussten Anteilen einer Person herstellen;
- ermöglichen die Erfahrung von ästhetischer Struktur;
- führen durch Kontextverschiebung zu Abstraktion (Brandstätter 2013: 120ff.);
- können sich im Spannungsfeld von Sich-ähnlich-Machen und Sich-verschieden-Machen (ebd.) vollziehen und dadurch die Wahrnehmung verändern;
- bieten in ihrer Fülle möglicher Reflexions-, Rezeptions- und Handlungsweisen ein weites Feld für die Genese neuen ästhetischen Materials.

»Improvisation is a negotiation with the patterns your body is thinking.« (Burrows 2010: 24) Das Besondere ästhetischer Übertragungen ist, dass es durch die Andersartigkeit der verschiedenen medialen Zeichensysteme meist noch keine übergreifenden Zeichensysteme gibt, auf die zurückgegriffen werden kann.[12] Es müssen also neue Strategien und Muster erarbeitet werden, die miteinander wie Burrows formuliert ›verhandelt‹ werden können. Dieser Vorgang birgt ein Potential im Ansporn zur Lösung einer vordergründig unlösbaren Aufgabe – ein reizvolles Spannungsfeld.

»Performing the piece now feels like we are chasing meaning but then constantly undermining it from another direction, or from another form; so if we are making music, then it´s undermined by the dance, or the dance is undermined by the words.« (Burrows 2005, zitiert in Ostwald 2018)

LITERATUR

Brandstätter, Ursula (2008): Grundfragen der Ästhetik, Wien: Böhlau.
Brandstätter, Ursula (2013): Erkenntnis durch Kunst. Theorie und Praxis der ästhetischen Transformation, Wien: Böhlau.
Burrows, Jonathan (2010): A choreographer's handbook, London: Routledge.
Handschick, Matthias (2015): Musik als »Medium der sich selbst erfahrenden Wahrnehmung«, Hildesheim: Georg Olms.

---

12 Abgesehen von bestimmten Codifizierungen von Tanzsprachen zu Musik, wie z.B. barocke Tänze, Standardtänze, darüberhinaus auch Repertoire aus nicht fest codierten Bewegungs- und Tanztechniken, die improvisatorisch angewendet werden wie Contactimprovisation, New Dance, Chladek-Technik u.v.m.

Jaques-Dalcroze, Émile (1994 [1921]): Rhythmus, Musik und Erziehung, Wolfenbüttel: G. Kallmeyer.

Konrad, Rudolf (1995): Erziehungsbereich Rhythmik. Entwurf einer Theorie, Seelze: Kallmeyer.

Mäder, Urban/Baumann, Christoph/Meyer, Thomas (2013): Freie Improvisation – Möglichkeiten und Grenzen der Vermittlung (Forschungsbericht der Hochschule Luzern – Musik 5), Luzern: Hochschule Luzern, http://edoc.zhbluzern.ch/hslu/m/fb/2013_Maeder-Baumann-Meyer.pdf vom 10.01.2019.

Mahlert, Ulrich (Hg.) (2006): Handbuch Üben. Grundlagen – Konzept – Methoden, Wiesbaden: Breitkopf & Härtel.

Ostwald, Julia (2018): »Tanz – Stimme – Notation«. Vortrag beim Symposium Notation: Imagination und Übersetzung, Musik und Kunst, Privatuniversität Wien.

Pötschke, Margot (1960): Zeige, was Du hörst, Teil 1: Spiellieder, Frankfurt a.M.: Wilhelm Hansen.

Schnabl-Andritsch, Nora/Roy, Virginie/Proyer, Michelle (2018): »Angewandte Polyästhetik in der Kunst der Inklusion« in: Susanne Quinten/Christiana Rosenberg (Hg.): Tanz – Diversität – Inklusion (Jahrbuch TanzForschung), Bielefeld: transcript, S. 205-218.

Schuller, Karin (2016): »Surrealistische Poetologien in deutschsprachiger Literatur *oder:* Zur mediumistischen Poetik einer Sprache des Anderen«, in: Isabel Fischer/Dies. (Hg.): »Der Surrealismus in Deutschland (?).« Interdisziplinäre Studien (Wissenschaftliche Schriften der WWU Münster XII), Münster: Readbox Unipress.

Weise, Dorothea (2013): »Das Bildungskonzept der Rhythmik: Musik ist Bewegung ist Musik« in: VdM Verband deutscher Musikschulen (Hg.) (2013): Arbeitshilfe Spektrum Rhythmik. Musik und Bewegung/Tanz in der Praxis, Bonn: VdM Verband deutscher Musikschulen, S. 9.

Zacharias, Wolfgang (2013): Medien und Ästhetik. Kulturelle Bildung Online, https://www.kubi-online.de/artikel/medien-aesthetik vom 10.01.2019.

Gestalt geben

Kurt Dreyer

NATUR

Die Natur als geniale Gestalterin überrascht durch die Vielfältigkeit ihrer Ausformungen, sowohl in der sogenannt belebten (Pflanzen, Tiere) als auch unbelebten Natur (Steine, Flüssigkeiten, Gase). Sie lädt den Betrachter zu ständig neuen Überraschungen ein und überzeugt durch Individualität und Stimmigkeit der Schöpfungen. Die Natur ist also die Schöpferin und die Geschöpfe sind ihre Produkte. Deren schlussendliche Form fällt zwar vollkommen verschieden aus, das Endprodukt setzt sich aber aus Einzelteilen zusammen, die gleichen Ursprungs sind, jedoch unterschiedliche Wandlungen, Transformationen, Variationen erfahren haben. Bereits im Samen ist die Anlage des Baums enthalten.

GESTALTEN ALS KINDERSPIEL

Wenn das Kind spielt, erforscht es äußere Gegebenheiten und innere Gesetzmäßigkeiten. Beim Bauen mit Klötzen erfährt es, wie einzelne Elemente sich zueinander verhalten und wie daraus ein Ganzes wird. Wenn es einen Turm baut, ist dies nicht nur ein äußeres Produkt, sondern gleichzeitig auch ein Spiegel seiner Auf-Richtung – es übt im Spiel das Spiel mit seinem Instrument Körper.

Diese instinktsichere Richtung nach oben ist, als Gegenbewegung zur Schwerkraft, ein Grundprinzip der Natur. Kräfte funktionieren immer nach dem Prinzip von *Actio und Reactio*, dem Newton'schen Gesetz der Wechselwirkung zwischen zwei Körpern, wobei jede Aktion eine gleich große Gegenreaktion erzeugt. Dadurch, dass das Kind mit Bauklötzen baut, festigt es die Wahrnehmung der nötigen Schwerkraftlinie, einer Achse vom Erdmittelpunkt zur Turmspitze und parallel dazu, intuitiv, seine eigene, innere Aufrichtung vom Erdmittelpunkt zum Scheitel. – Ist es nicht interessant, dass die Ausdrücke *Achse* und *wachsen* so nahe beieinander liegen? Das Grundprinzip des Wachsens wird in der Natur, sogar unter schwierigsten Umständen, ganz automatisch von jedem neuen Trieb realisiert. Falls der Samen auf der impulsiven Suche nach Licht im Schatten eines dominanten Organismus Boden fassen soll, beginnt er schräg zu treiben. Wenn der junge Mensch von dominanten Konventionen, Traditionen, Riten und Regeln in seiner natürlichen Bewegung behindert wird, kann er jenem Gesetz der Gegenbewegung zur Gravitation nicht mehr folgen. Er entwickelt sich *schräg* und verliert dadurch das intuitive Bewusstsein für seine vertikale Selbst-Gestaltung.

Was bedeutet Gestaltung? Der Philosoph und Pädagoge Otto F. Bollnow umschreibt es so:

»Das Wort Gestaltung kommt selbstverständlich von dem einfachen Wort Gestalt her, das seinerseits in einer hier nicht weiter zu verfolgenden Wortgeschichte vom Verbum stellen abgeleitet ist. Gestalt in seiner heutigen Bedeutung bedeutet allgemein das Aussehen eines Menschen, eines Tieres, einer Pflanze, eines Dings usw.« (Bollnow 1967: 18)

Das dem Text am Ende angehängte ›usw.‹ ist äußerst wichtig, weil darin eben alles enthalten ist, vom einfachen Turmbau des Kindes, zum Werk eines plastischen Gestalters, der Bühnenarbeit eines Regisseurs, dem Text eines Autors bis zur komplexen musikalischen Komposition. Wenn das Kind nach getaner Arbeit das Produkt einem Betrachter vorführt, ist dieser begeistert, lobt und ist gleich danach enttäuscht, wenn es den Turmbau mit einer lapidaren Handbewegung zerstört. Nochmals übt das Kind im Spiel den Umgang mit seinem Körper, indem es Stabilität in Labilität entlässt. Gerne wollen Erwachsene Produkte konservieren, während Kinder die Flüchtigkeit von Dingen intuitiv, ganz selbstverständlich in ihr Tun integrieren. Der Plastiker Robert Rauschenberg hat für den Choreografen Paul Taylor mehrere Bühnenbilder entworfen, so auch 1954 für *Jack and the Beanstalk*, nämlich gasgefüllte Ballons. Nach der Vorstellung ließen sie diese im Hinterhof fliegen und Rauschenberg sagte zu Taylor: »Isn't it just great, the way dances are so easy to erase.« (Ist es nicht einfach großartig, wie Tänze so einfach zu löschen sind.) (Taylor 1987: 54f.) Der englische Ausdruck »erase« wird zwar mit »löschen« übersetzt, steht hier aber wohl für entlassen, sich lösen, für die Flüchtigkeit von Tanz als einem Akt, der im Gegensatz zum Konservieren Platz schafft, um Neues zu beginnen.

GESTALTEN DER VERTIKALE

Analog zum Turmbau des Kindes wurden in zahllosen Kulturen bis in die heutige Zeit aufragende Monumente, Stelen, Minarette, Kirchtürme errichtet, die – wie die ägyptischen Obelisken, welche die steingewordenen Strahlen des Sonnengottes Re darstellen – eine Verbindung zwischen Himmel und Erde verkörpern. Ein modernes Beispiel dafür ist Constantin Brancusis *Endlose Säule* von 1937/38 (Abb. 1).

Abbildung 1: Constantin Brancusi: Endlose Säule[1]

Ebenfalls wurden von jeher Abbilder des aufgerichteten, aufrechten Menschen geschaffen. Könige wurden mit Kronen verziert, um deren Größe, Macht und Verantwortung zu unterstreichen und Heilige mit einem Glorienschein. Darstellungen besonderer Menschen mit Sonnenkrone oder Strahlenkranz um Kopf oder Körper sind in vielen Kulturen überliefert. Aus der Antike gibt es zahllose plastische Zeugnisse des aufrechten menschlichen Individuums, aber auch der gemeinsamen

---

1 Abbildung unter http://welt-der-form.net/Rekorde/01-Brancusi-1938-Die_endlose_Saeule.html, CC-Lizenz: https://creativecommons.org/licenses/by-sa/3.0/ro/deed.de.

Werte einer Gesellschaft, wie auf der Akropolis die Karyatiden im gemeinsamen Abstützen des tragenden Hauptbalkens an der Vorhalle des Erechtheions.[2] Als Krone und Sinnbild des Himmelsgewölbes trägt hier ein Kollektiv aufrechter Menschen den Oberbau in einer gemeinschaftlichen Aktion.

In der Bildhauerei spielt der Ausgleich der Gewichtsverhältnisse, die Ponderation, eine zentrale Rolle. Der plastische Bezug einzelner Körperteile zueinander sowie das daraus resultierende Verhältnis des Gesamtorganismus zur Schwerkraft müssen abgestimmt und ausgewogen werden. Wenn jedes Körpersegment mit seinem Schwerpunkt über dem anderen ausbalanciert ist, wird die Körperstruktur gegenüber der Schwerkraft optimal angepasst. Im Idealfall wird für die Aufrichtung nur wenig aktive Muskelkraft aufgewendet, weil das physikalisch bedingte Zusammenspiel zweier Kräfte *(Actio und Reactio)* diese Arbeit übernimmt. Dies passiert, wenn die innere Schwerkraftlinie, mit der vom Boden her nach oben strebenden Stützkraft deckungsgleich ist. Hat der Körper eines Tänzers die ausgeglichene Synthese dieser beiden Wirkungen erreicht, beschreibt man ihn als *Placed Body*, als platzierten Körper.[3] Die Vertikalachse der altägyptischen Göttin Selket (»die, welche die Kehle atmen lässt«) zeigt sehr gut, wie sie durch ihre Aufrichtung einen Himmelskanal, eine Verbindung zwischen Himmel und Erde, dem Dunkeln und Hellen verkörpert (Lurker 1998: 182) (Abb. 2).

Die Wissenschaftsjournalistin K.C. Cole:

»Die Schwerkraft ist der Leim, der uns an die Erde klebt, der die einzelnen Bestandteile der Erde zu deren Zentrum hinzieht und dafür sorgt, dass sich eine kompakte Kugelform ergibt. Sie verhindert nicht nur, dass unsere Möbel davonschweben, sie hält auch die Luft, die Wolken, ja sogar den Mond an ihrem Platz. Sie sorgt dafür, dass Regentropfen und Fußbälle fallen. Sie ist die Kraft, gegen die wir uns morgens anstemmen müssen, wenn wir aus dem Bett steigen, die Kraft, gegen die wir den ganzen Tag ankämpfen müssen. Die Art, wie wir gewachsen sind, ist die Reaktion darauf, wie die Schwerkraft uns nach unten zieht, das heißt, sie bestimmt unsere Form, ob wir nun Bäume oder Kinder oder Elefanten sind.« (Cole 2002: 127)

Die Schwerkraft verkörpert in der altägyptischen Mythologie der Gott Apophis als Verantwortlicher für Lösung, Dunkelheit, Chaos. Er ist der Gegenspieler von Selket und folglich Widersacher des lichten Prinzips, des Sonnengottes Re (Lurker 1998: 182). Beide Prinzipien, Selket und Apophis, manifestieren sich im Kind,

---

2 Vgl. hierzu entsprechende Abbildungen unter https://de.wikipedia.org/wiki/Erechtheion.
3 Vgl. hierzu Abbildung und Text unter http://admin04526.wixsite.com/danceessental/single-post/2014/05/10/Correct-weight-placement-and-why-its-so-important-for-dancers.

Abbildung 2: Altägyptische Mythologie, Darstellung der Göttin Selket[4]

wenn es, nach erfolgtem plastischem Aufbau, die Auf-Richtung des Turms zerstört. In der griechischen Mythologie werden diese beiden sich ergänzenden Kräfte durch Apoll und Dionysos verkörpert. Nietzsche prägte daraus die in Gestaltungen oft verwendeten Kategorien *apollinisch* für das bildende und *dionysisch* für das lösende Element. Die Auseinandersetzung mit diesen beiden Prinzipien, ob Trennung, Verbindung oder Balance, ist ein elementarer Bestandteil von szenischen Gestaltungen.

GESTALTETE VERTIKALE IN BEWEGUNG

Für eine platzierte Körperachse braucht es, wie erwähnt, die zentrierte Übertragung des Gewichts von Kopf, Rumpf und oberen Extremitäten auf die stützenden Beine und Füße – die Einzelteile fallen in einer Ideallinie nach unten und provozieren durch die Dichte der Knochen die Aufrichtung (Schwind 1985: 23). Dies auch in Bewegung zu realisieren, erfordert den aktiven Einsatz einer federnden Spannkraft in Füßen und Beinen (im Tanz *bounce* genannt). Die Bänder fungieren als Verbindungen aller beteiligen Hauptgelenke und stellen eine Kraftbalance her, damit die Stränge der dynamischen Muskulatur sich wie Saiten über das sich

---

4   Abbildung unter https://de.wikipedia.org/wiki/Selket, CC-Lizenz: https://creativecommons.org/licenses/by-sa/4.0/.

aufrichtende Skelett spannen. Es geht also darum, ein Fallen von Einzelteilen mittels des Bindegewebes in eine Aufrichtung umzuformen. Diesen Widerstand gegen die Erdanziehungskraft produzieren Pflanzen mithilfe von Wasser, das durch die Wurzeln aus dem Boden bezogen wird, nach oben steigt und die einzelnen Komponenten von innen füllt. Die physische Aufrichtung, das Wachsen des menschlichen Körpers ist intuitiv, aber es braucht den vitalen Einsatz von Lebensenergie – tote Körper ergeben sich der Gravitation. Die instinktive Reaktion auf die Schwerkraft wird oft durch äußere Einflüsse behindert, was zu einer gestörten Selbstorganisation des Skeletts führt. Eine ideale Statik bietet der Gravitation eine minimale Angriffsfläche und erfordert dadurch einen minimalen Kraftaufwand. Wie Cole beschreibt, handelt es sich beim Wachsen um Elektrizität:

»[...] die elektrischen Kräfte sind wahrhaftig das ›Zeug‹ aus dem die Materie zusammengesetzt ist. [...] Elektrische Kräfte sind auch dafür verantwortlich, dass Sie sich an Matsch die Zehe nicht stoßen können, denn Elektrizität ist für sämtliche Eigenschaften der Materie verantwortlich: für die Härte von Holz, für die Durchsichtigkeit von Glas, für das Glitzern von Gold. Die Wechselwirkung der äußeren Elektronen, die um den Atomkern schwirren, [ist] für alles verantwortlich, vom Feuer bis zum Denken, vom Kochen und der Verdauung bis zum Geruchs- und Geschmackssinn, vom Fließen des Wassers bis zur Reinigungskraft der Seife. Die Elektrizität sorgt dafür, dass klebrige Sachen kleben, sie steckt hinter der Kapillarwirkung, die in Baumstämmen das Wasser nach oben saugt, ebenso wie in den Venen (und Kapillaren) von Tier- und Menschenkörpern.« (Cole 2002: 128, Herv.i.O.)

Um als *lichte Körper* die körperliche Verbindung zwischen Himmel und Erde zu visualisieren, setzen Tänzer einen aktiven Druck gegen den Boden ein (sie erhöhen also den Fluss der elektrischen Spannung), um die Gliederung des Skeletts zu intensivieren und damit die Aufrichtung, den Eindruck von Leicht-Sein zu provozieren. Es entsteht ein Spannungsbogen zwischen Fuß und Scheitel, der keinesfalls rigide ist, sondern alle Möglichkeiten der Gelenke und damit jede mögliche Formgebung frei zulässt. Eine Grundregel im Tanz heißt deshalb »Push down in order to get up« (Stoße nach unten, um nach oben zu gehen). Diese Regel gilt sowohl für die Aufrichtung als auch für den Sprung. Wie bei Vögeln braucht es zum Abflug das elastische Abstoßen vom Boden durch Füße und Beine.[5] Sprünge werden im Tanz oft mit dem *Fliegen* assoziiert und von einem guten Springer mit federnden Beinen sagt man, er habe *Ballon*.

---

5 Vgl. hierzu den Textausschnitt zu Starten und Landen von Vögeln unter http://www.tierdoku.com/index.php?title=Vögel#Starten.2C_abbremsen_und_landen.

GESTALTEN VON DRAMATISCHEN INHALTEN

Ganz im Gegensatz zur Stele, die in sich selber ruhen soll, sind Skulpturen mit dramatischem Inhalt schwieriger zu realisieren. Sie sollen ausdrucksstark sein, Drama suggerieren und trotzdem gleichzeitig zentriert stehen. Um diese Problematik zu reduzieren, wurden frühe Plastiken mit narrativem Inhalt oft im Relief gearbeitet, einer Methode der künstlerischen Darstellung, in der sich der Körper aus einer Fläche heraus abhebt.

Die Halbskulptur eines Mönchs, der sich gegen den Abriss einer Kirche auflehnt, indem er sich verteidigend auf die Treppenstufen kauert, findet sich in der St.-Vitus-Kirche in Schinna (Abb. 3).

Abbildung 3: Kauernder Mönch, Kirche St. Vitus, Schinna, Niedersachsen[6]

Sie hat unglaubliche Ähnlichkeit mit André Derains *Homme accroupi*, bekannt als »Kauernder« oder »Crouching Man«, der durch seine geschlossene Form quasi am Boden klebt und damit die Erdverbundenheit des Menschen visualisiert (Abb. 4). Seine Vertikalachse ist zu einem Bogen gekrümmt und um einen Mittelpunkt beinahe zu einem Kreis geschlossen. Analog zur dynamischen Vertikalachse ist dieser, im Tanz oft mit *Curve* bezeichnete Bogen keine passive Krümmung, sondern voller

---

6 Abbildung unter http://de.stolzenau.wikia.com/wiki/Johann_Elmenhorst, Lizenz: http://de.wikia.com/Lizenz.

Abbildung 4: André Derain:
Homme accroupi[7]

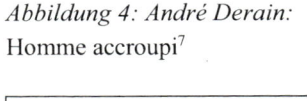

Dynamik zwischen zwei auseinanderstrebenden Polen, je nach Position vom Steiß zum Scheitel, von Knien zum Scheitel oder vom Fuß zum Scheitel. Dieser Spannungsbogen ist essentiell, um eine organische Gliederung in allen körperlichen Ausformungen beizubehalten. Hat sich der Mensch schützend in sich zurückgezogen, um dem Außen möglichst wenig Angriffsfläche zu bieten? Oder handelt es sich bei dieser Skulptur um eine Knospe, wie die einer Blüte, aus welcher sich ein ausgeformtes Wesen entwickeln wird? Bereits im Embryo ist, als Pendant zur Aufrichtung, der gespannte Bogen (*Curve*) vorhanden. Einem Gestalter von szenischen Aktionen bietet der »Kauernde« – als Urzelle – ganz spezifische Gestaltungsformen, die zu klaren, plastischen Entwicklungen mit Füßen, Beinen, Rumpf, Kopf, Armen und Händen führen können. Die Beschränkung auf eine Urzelle, in welcher wenig Bewegung möglich ist, erfordert eine Wandlung in extrem erweiterte Ausformungen des Materials, wodurch sich ein dramatischer Verlauf quasi aufdrängt. Dieser skulpturale Bewegungsansatz wird im modernen Tanz als *Shape*-Arbeit bezeichnet. In *The elements of dance* der *Nelson-KySchool* wird *Shape* eigentlich als ein Aspekt von Raum und als vielleicht die stärkste visuelle Komponente im Tanz beschrieben. Der Begriff *Shape* kann sich demnach auf individuelle Körperformen (die Art und Weise, wie der Körper dreidimensional den Raum füllt) und

---

7   Abbildung unter *MUMOK Museum Moderner Kunst Stiftung Ludwig Wien*, http://mumok.at/de/klassische-moderne, Lizenz: Bildrecht Wien.

Gestalt geben | 393

Abbildung 5: Anthony Gormley: Exposure[8]

auf Gruppenformen beziehen. Körperformen erscheinen ständig in tänzerischen Aktionen und deren Formen vermitteln Bedeutung.[9]

Anthony Gormleys ebenfalls »Crouching Man« genannte Plastik *Exposure* überrascht als lichtdurchfluteter Körper, der wie Nebel zu schweben scheint und doch kauernd ›steht‹ (Abb. 5). Sie erinnert an Tensegrity-Modelle in der Architektur, wie sie in neueren Forschungen auch für die Körperfunktion belegt scheinen. Der Ausdruck *Tensegrity* besteht aus einer Kombination der englischen Begriffe *Tension* (Spannung) und *Integrity* (Ganzes, Zusammenhalt) und beschreibt, dass der Zusammenhalt einer Konstruktion auf dem Gleichgewicht der Spannungskräfte beruht (Myers 2016). Anstatt das Skelett als einen stabilen Rahmen zu begreifen, an dem die Muskeln aufgehängt sind, stellen sie den Körper als ein unter Spannung stehendes dreidimensionales Netzwerk dar, in dem die Knochen frei *schweben*. Aus dieser Auffassung resultiert entgegen der tradierten *Haltung* ein bewegliches, interaktives Ineinandergreifen von Einzelteilen, ein konstantes Im-Fluss-Sein. Als Urzelle für einen Tanz bietet Gormleys Skulptur weniger *Shape*-Ansätze an, dafür scheint sie durch das vielfältige zentrale Netzwerk, trotz äußerer Ruhe,

---

[8] Abbildung unter: http://www.antonygormley.com/sculpture/chronology-item-view/id/2523/page/266#p1, Photograph by Freek Claessens, Amsterdam, © Antony Gormley. All rights reserved 2018.
[9] Siehe hierzu den Originaltext *The elements of dance: Part 1 Space Shape* unter www.nelsonon.kyschools.us/userfiles/-4/my%20files/dance_space.pdf?id=87.

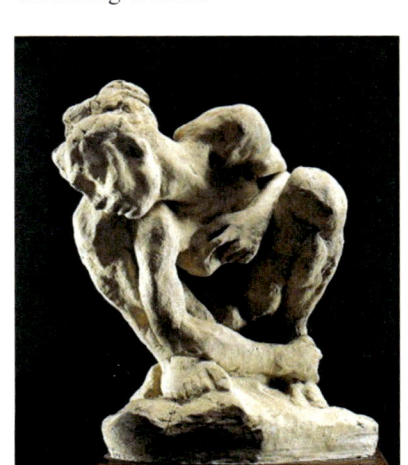

Abbildung 6: Auguste Rodin:
Crouching Woman[10]

eine Art dynamisches Innenleben aufzuweisen. Ist der Bewegungsansatz die innere Dynamik, formt sich das szenische Produkt weniger aufgrund von *Shapes* als von Antrieb, Tempo, Kraft, Lebendigkeit. Miriam Giguere schildert in ihrem Buch *Beginning Modern Dance with Web Resource*, dass, obwohl im künstlerischen Tanz der Körpereinsatz in *Shapes* ein wichtiges Element darstellt, es dabei nicht nur um Form, Linie oder gar Posen gehe. Eigentlich sei der Fluss (Flow) respektive der Übergang von einer Form zur anderen im modernen Tanz ebenso wichtig wie die tatsächlichen Formen selbst. In vielen Bewegungskombinationen würden *Shapes* verwendet, um sich im Raum zu verschieben indem sich ein *Shape* ins nächste verändere (Giguere 2013: 53). Eine Befindlichkeit mittels variantenreicher Bewegung ins Außen zu entlassen, ist im Tanz verbreitet. Es gilt also herauszufinden, welches die dynamische Urzelle sein könnte, um daraus mit zeitlichen, räumlichen und Kraft-Komponenten eine Entwicklung zu gestalten.

Die Skulptur *Crouching Woman* von Rodin ist ebenfalls kompakt, gleichzeitig aber auch ausdrucksvoll (Abb. 6). Unzählige Möglichkeiten der Interpretation bieten sich dem Betrachter an. Sie sitzt ganz im Innen, ist gleichzeitig nach außen gerichtet und körperlich in sich gedreht. Nichts ist im Lot und trotzdem

---

10 Auguste Rodin, *Crouching Woman* (1881/82), Musée Rodin, Paris, http://www.musee-rodin.fr/en/collections/sculptures/crouching-woman-also-known-lust, http://www.musee-rodin.fr/sites/musee/files/styles/zoom/public/resourceSpace/894_6a4d1e69c2d0acc.jpg?itok=XxZsCwDE.

steht sie. Der Körper ist in einer Torsion. Eine verhaltene Kraft scheint von ihr auszugehen. Das Drama ist perfekt.

Ein im Schatten entsprossener Baum entwickelt sich anders als einer im freien Gelände. So haben Persönlichkeitsfaktoren, das soziale, kulturelle, religiöse Umfeld sowie Primärerlebnisse einen prägenden Einfluss auf die Entwicklung des Menschen. Die intuitive Reaktion auf die Schwerkraft wird durch verschiedenste äußere Einwirkungen gesteuert und führt zu einer veränderten Selbstorganisation des Skeletts. Anstatt sich zu einem imposanten, aufragenden Baum zu entwickeln, entsteht ein knorriger, schiefer, ausdrucksstarker Organismus, der viel erzählerischen Inhalt hat. Für eine szenische oder tänzerische Gestaltung bietet eine solch urwüchsige *Knospe* unzählige Bewegungsansätze. Denkt man sich für den Verlauf anstatt eines klaren Spannungsbogens eine Entwicklung mit verschiedenen Torsionen, führt diese durch unterschiedlichste Stadien und über verschiedene Klimax-Punkte zu einem stimmigen Ende. Das Aufspüren dieser im Ursprung enthaltenen Ansätze bedeutet in der choreografischen Arbeit vielfach auch, dass im ersten Bild des Tanzes bereits der Inhalt des Kommenden enthalten ist. Das Drama soll exponiert werden, der Inhalt sich dann erfinderisch entfalten und aus der Knospe zur Blüte entwickeln.

Die *Crouching Woman* hat einen festen Platz, wo sie gehalten wird und wo sie ihre Wesenheit manifestiert. Aber sie signalisiert (das mag je nach Betrachter eine Interpretation sein), dass sie an einen anderen Ort gehen will oder möchte. Ob sie dies in einer szenischen Kreation kann, ist die Entscheidung des Gestalters oder der Gestalterin, ebenfalls wie sie dies anstellt, mit welchen Schwierigkeiten sie zu kämpfen hat, ob sie sich dabei entwickelt oder Rückschritte macht und wie der Weg endet. Der variantenreiche Umgang mit einer Thematik, mit Bewegungs-Material und musikalischen Komponenten, dieser Weg, dessen dramaturgischer Verlauf und künstlerische Ausformung, das ist der eigentliche Gestaltungsprozess. Es ist berührend, wie der junge Mozart stolz berichtet, dass er ein Thema so lange variiert hat, bis daraus ein umfassendes, elaboriertes Stück voller Vielfalt entstanden ist. Das Kunstvolle an einem Werk ist, dass es nicht plump auf das Ende zusteuert, sondern sein Publikum an die Hand nimmt und auf zahlreichen Umwegen durch verschiedenste Spannungsfelder führt. Die Urzelle, die Knospe, kann als *Prima Causa*, als Verursacherin eines eigenständigen, vorher nicht dagewesenen, in sich stimmigen, kleinen Universums betrachtet werden. Alles ist in Beziehung, ob es nun der Urzelle gleicht oder ungemein erweiterte Ausformungen hat.

Aus dem 15. Jahrhundert datiert die folgende Visualisierung der *Prima Causa*, in der sich die ganze Schöpfung um den zentralen Urkern dreht (Abb. 7).

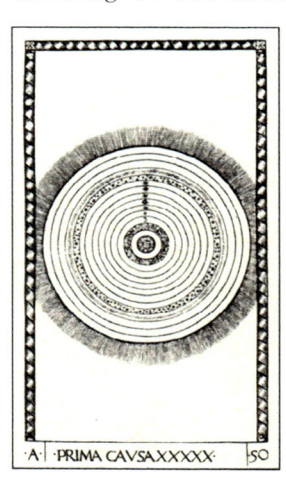

Abbildung 7: Prima Causa[11]

Entwicklung ist das Zauberwort: Immer geht es darum, ein Knäuel zu entrollen, das sich geschlossen als Knospe präsentiert und den Verlauf – analog zum Spannungsbogen in physischen Körpern – vom Anfang bis zum Ende als Spannungsbogen zu gestalten. Ein Werk soll *Hand und Fuß* haben. Die Wissenschaftsjournalistin Ingeborg Salomon schreibt in ihrem Artikel über *Designed by Nature* von Philip Ball:

»Ein weiteres Wunder der Natur sind Fraktale. Hier heißt die Devise: Mach weiter die immer gleiche Struktur, nur in immer kleinerem Maßstab. Bestes Beispiel ist ein Baum, der sich über Äste und Zweige immer weiter differenziert. Dieses Muster wiederholt sich in seinen Blättern, wo ein System von Adern die Verteilung von Nährstoffen über eine große Fläche bis in die feinste Spitze ermöglicht. Ganz ähnlich sind das Bronchial- und das Gefäßsystem des Menschen aufgebaut. Gabelförmige Bronchien und ein Netz von Venen, Arterien und Kapillaren sind Fraktale mit der gleichen Asthierarchie wie bei Bäumen.« (Salomon 2016)

Für eine szenische Gestaltung oder eine Komposition würde die Umkehrung zutreffen: »Mach weiter die gleiche Struktur, nur in immer größerem Maßstab.«

---

11 *Mantegna Tarocchi* (um 1445). Die ranghöchste Karte stellt die *Prima Causa* als den ganzen Kosmos umfassend dar, https://de.wikipedia.org/wiki/Erste_Ursache, CC-Lizenz: http://creativecommons.org/licenses/by-sa/3.0/legalcode.

GESTALTEN ALS KÜNSTLERISCHE MANIFESTATION

Einer Sache eine bestimmte Form, ein bestimmtes Aussehen zu geben, scheint ein Urprinzip zu sein. Das spielende Kind wähnt sich nicht als Gestalter, es formt aus einem inneren Bedürfnis heraus. Die stickenden, klöppelnden, häkelnden Frauen vergangener Jahrhunderte wähnten sich nicht als Schöpferinnen, auch wenn sie durch intensive Auseinandersetzung mit dem Material, fachkundigen Einsatz der Mittel, fantasievolle Erfindungsgabe und meisterhaften Sachverstand Arbeiten anfertigten, die oft als Kunstwerke betrachtet werden.

Auch Erfinder (›er hat es gefunden‹) werden nicht als Künstler angesehen, obwohl gerade sie etwas ganz Neues schaffen. Sind sie also Erschaffende? Jedenfalls war das Geschöpfte vorher noch nicht da. – Picasso hingegen gilt als Künstler, obwohl er sagte: »Ich suche nicht, ich finde!« (Gohr 2006) – wäre er also ein Erfinder? Unbedingt, denn er findet eine neue Urzelle, etwas das ihn anspringt, packt und aus dem er etwas Neues schöpft. Diese Zelle kann ein ›alter Meister‹ sein, wie er im Film von Henri-Georges Clouzot erzählt[12] – Velázquez, Goya, Manet, Ingres – aber nie wird daraus eine Imitation oder Kopie, es entsteht etwas Anderes, nicht Dagewesenes und das Produkt ist ein ganz neues Meisterwerk, ein Picasso. Gegenüber einem Journalisten der *Vogue* beschrieb Picasso seinen Arbeitsprozess als intensive Auseinandersetzung mit dem Material der Urzelle, indem er den Begriff des gefundenen Musenkusses etwas erweiterte: »Ich male nie ein Bild als fertiges Kunstwerk. Jedes Bild ist eine Suche. Ich suche unaufhörlich und es gibt eine logische Reihenfolge bei der ganzen Suche. Aus diesem Grund nummeriere ich meine Bilder. Sie sind ein Experiment in der Zeit.« (Libermann 1956: 133)

Picasso war also doch auch ein Suchender, der durch Wiederholungen erforscht, wohin ihn der eingeschlagene Weg führen wird. Künstlerische Formfindungen, aber eben auch wissenschaftliche Prozesse finden ähnlich statt: Man lässt sich von einem, möglicherweise ganz nebensächlichen Impuls inspirieren, findet darin eine Urzelle, sucht nach Wegen, wie sich das Urmaterial entwickeln könnte, entscheidet über dramaturgische Verläufe und *findet* zu einem Ende. Albert Einstein äußert sich zur Frage, was künstlerische und wissenschaftliche Erfahrungen gemeinsam haben, folgendermaßen:

»Wenn das, was gesehen und erlebt wird, in der Sprache der Logik dargestellt wird, beschäftigen wir uns mit der Wissenschaft. Wenn es durch Formen kommuniziert wird, deren Verbindungen für das Bewusstsein nicht zugänglich sind, aber intuitiv als bedeutungsvoll

---

12 Informationen zu dem 1955 entstandenen Dokumentarfilm *Le mystère Picasso* finden sich unter https://fr.wikipedia.org/wiki/Le_Mystère_Picasso.

erkannt werden, dann beschäftigen wir uns mit Kunst. Beiden gemeinsam ist Liebe und Hingabe an das, was persönliche Anliegen und Willensüberzeugungen übersteigt.« (Einstein 1979: 37)

So wie Picasso und Einstein in Malerei beziehungsweise Physik, hat der Dichter James Joyce Prozessansätze in der Literatur erforscht, herkömmliche Denkmodelle und Vorgehensweisen umgestülpt und ihnen eine neue wegweisende Form gegeben. Der Lyriker T.S. Eliot stellt die Neuartigkeit von Joyces literarischer Vorgehens- und Schreibweise anlässlich der Publikation des Jahrhundertwerks *Ulysses* der Bedeutung einer wissenschaftlichen Entdeckung gleich (Domestico o.J.). Eliot erwähnt in dem Zusammenhang den Ausdruck Technik, womit rasch das Bild von Maschinen, Apparaten, benutzbaren Objekten und Industrie entsteht. Jedoch steht Technik für die Gesamtheit aller Verfahren, Prozesse und Arbeitsmittel, mit denen der Mensch sich seine Umwelt nutzbar macht und gestaltet – die Körperfunktionen, aber auch dramaturgische Abläufe.

GESTALTEN ALS HANDWERK

So wie die stickende Frau Sachverstand und in ihrem Feld eine Meisterschaft entwickeln musste, sollten szenisch Gestaltende das Verständnis für ihr Handwerk und die Gesetze der zahlreichen verschiedenen Ebenen erwerben, aus denen sich tänzerische Bühnenwerke zusammenfügen. Damit Eigenständiges entsteht, müssen sie forschen, erkennen, auswählen, um herauszufinden, aus welchen Komponenten sich ein Werk entwickeln und zusammensetzen soll. Szenisch Interpretierende verfeinern durch physikalisches Verständnis die Funktionalität des Instruments Körper in der Vertikalen des Moments und schaffen dadurch einen Spannungsbogen von Kopf bis Fuß. Analog dazu realisieren szenisch Gestaltende einen Spannungsbogen über eine Dauer, indem sie – um einen fesselnden Verlauf zu kreieren – viele Jetzt-Momente dramaturgisch stimmig verbinden. Ist die gestaltende Person identisch mit der szenisch auftretenden, soll sie sowohl durch ihre physische Präsenz als auch den dramaturgischen Bau ihres Werks überzeugen.

In *Zwei laufende Frauen am Strand* finden sich ähnliche Komponenten wie in Rodins Frauenskulptur (*Das Rennen*, Abb. 8). Die beiden Laufenden sind ganz im Innen, bewegen sich aber voll ins und durchs Außen. Ihre Beine signalisieren Tempo und die hintere Figur vollführt enorme, physisch nahezu unmögliche Sprünge. Die Torsionen in den Körpern, die Arme und Kopfstellungen erzählen vom Auseinanderstreben der Glieder, von Konflikt. Die eine wirkt, als würde sie entschieden aus-

Abbildung 8: Pablo Picasso: Deux femmes courant sur la plage (La course)[13]

greifen und die andere nachziehen – ist sie eine Retterin? Die Kleider der Anführerin scheinen zerrissen, jedenfalls sind die Brüste entblößt – was ist passiert? Eine Notlage? Oder liegt der Betrachter ganz falsch und dieses Bild visualisiert ganz simpel die wildpferdhafte Springfreude zweier junger Frauen? Je nach Lesart, kann eine Urzelle zu verschiedenen Ausformungen führen. Dazu nochmals Picasso: »Wenn es nur eine einzige Wahrheit gäbe, könnte man nicht hundert Bilder über dasselbe Thema malen.«[14] Zum gleichen Thema schreibt der Choreograf Paul Taylor:

»Obwohl es nur zwei oder drei Tänze in mir gibt, die auf einfachen Bildern basieren, die in der Kindheit geprägt wurden, habe ich große Anstrengungen unternommen, um jede Wiederholung von ihnen anders erscheinen zu lassen. Wegen der verschiedenen Verkleidungen, die meine Tänze tragen, werden sie manchmal von den Zuschauern mit denen anderer Choreografen verwechselt.«[15]

---

13 Pablo Picasso, *Deux femmes courant sur la plage (La course)* (1922), *Musée Picasso Paris*, http://www.museepicassoparis.fr/en-ligne/ Recherche: La course https://images.navigart.fr/400/4C/02/4C02184.jpg; © Succession Picasso.
14 Gefunden in: https://zitatezumnachdenken.com/pablo-picasso.
15 Übersetzung aus dem Englischen K.D.; nachzulesen unter: http://www.ptainfo.org/artists-dances/paul-taylor/why-i-mak e-dances/

Abbildung 9: Pablo Picasso: Die Badenden[16]

Auf diese Weise ist er auf die große Zahl von 142 Werken gekommen, von denen einige nicht der von Rauschenberg erwähnten Vergänglichkeit anheimgefallen sind, sondern nach wie vor als Repertoire-Stücke aufgeführt werden.

GESTALTEN ALS AKT

Es scheint, als gehe es beim Gestalten um den Schöpfungsakt: Analog zu Gott in der biblischen Schöpfungsgeschichte ist jeder Mensch prädestiniert zu schöpfen. Dabei ist weniger wichtig, in welchem Feld er sich betätigt oder was er kreiert, als dass etwas Neues *entsteht*. Das erinnert an die Stele, die aufragt, die in sich stimmt, eben steht. In der klassischen griechischen Schöpfungsauffassung ist das Universum aus dem Chaos heraus entstanden. Auf das Chaos als Rohmaterial trifft der Logos als ordnendes, strukturgebendes Prinzip.

Im Fundus seines Ateliers zwischen Holzplanken, Besenstielen und Bilderrahmen entdeckt der 75-jährige Picasso kuriose Objekte, die ihn inspirieren. Diese werden zum Material für sechs lebensgroße Figuren (Abb. 9). Er stellt sie auf einen Kieselgrund, gibt jeder Figur einen Namen, der ihr Programm sein könnte, sowie einen spezifischen Platz im Raum. Er nennt die Gruppe *Die Badenden*, ob-

---

16 Pablo Picasso, *Die Badenden* (1956), *Staatsgalerie Stuttgart,* https://www.staatsgalerie.de/g/sammlung/sammlung-digital/einzelansicht/sgs/werk/einzelansicht/9C8DCC5CFA60422ABD7CD4FCA15363B0.html; © Staatsgalerie Stuttgart.

wohl sich niemand im Wasser räkelt. Alle sind stelenhaft aufgerichtet, als würden sie das Wasser scheuen. Es sind Fundstücke (wieder hat Picasso gefunden) und wieder hat er daraus ein kleines Universum gebaut, das durch seine Stimmigkeit eine immense Ausstrahlung hat. Wir blicken hinein und die Körper zeigen hinaus, alles Individuen und doch eine Einheit. Das Bild einer pluralistischen Gesellschaft mit gegenseitiger Akzeptanz?

Durch die Vielfalt des Kosmos bietet sich im Hinblick auf ein neues Werk dem Gestaltenden quasi ein Chaos von möglichen Ansatzpunkten. Es gilt also, eine Auswahl zu treffen und sich für eine Zelle zu entscheiden. Diese mag anfangs recht diffus, undefiniert sein und muss demzufolge untersucht, in ihre Kernbestandteile zerlegt und analysiert werden. Erfolgt daraus die Einsicht, worum es sich bei dem Produkt handeln könnte, kann die Entwicklung der Einzelelemente erfolgen. Die Erfahrung zeigt, dass in einer klar exponierten Urzelle die Entwicklungen bereits angelegt sind und beinahe zwingend erfolgen. Die Kommunikationswissenschaftlerin Miriam Meckel (2016, Herv.i.O.):»Dabei hilft das Denken in ›ersten Prinzipien‹, das auf Aristoteles zurückgeht. Erst wenn man eine Sache oder ein Problem in seine Kernbestandteile zerlegt (das ›Ding an sich‹), kann man etwas wirklich Neues schaffen.«

Die Arbeitsmethoden im Prozess des Gestaltens können sehr unterschiedlich sein und oft fehlt am Anfang eine fassbare Begrifflichkeit oder ein Thema. An ihre Stelle treten Eindrücke, Empfindungen, Bilder, denen die Schöpfenden mit ihrer intuitiven Entwicklungskraft folgen. Im Vertrauen auf das gefühlsmäßige Verstehen von Gesetzmäßigkeiten führt auch diese Methode zu stimmigen Produkten mit spezifischer Ausstrahlung. Vordergründig mögen Aktionen und Bilder nicht rational erklärbar sein und trotzdem tief berühren. Der Aktionskünstler, Bildhauer, Zeichner und Kunsttheoretiker Joseph Beuys meinte zu seiner Arbeitsmethode: »Ich denke sowieso mit dem Knie«[17] andererseits aber »Jeder Griff muss sitzen«.[18]

Ähnlich extrem äußert sich der Regisseur und Theaterautor Milo Rau:

»Ich habe die Leute, die Notizbücher füllen, bevor sie sich an die Arbeit machen, immer bewundert. Obwohl ich für meine Stücke Dutzende von Interviews führe und alle möglichen Reisen unternehme, schaue ich nach Probenstart selten in die Transkriptionen. Die Ideen kommen mir erst, wenn die Schauspieler auf der Bühne stehen, wenn die Kamera läuft oder das leere Word-Dokument geöffnet ist.« (Rau 2018: o.S.)

---

17 Joseph Beuys, Postkarte signiert (1977), https://de.wikiquote.org/wiki/Joseph_Beuys.
18 Joseph Beuys, Postkarte signiert, Serie D, Nr. 2 (1973), http://www.zaehringer-zuerich.com/beuys-int.html.

Schaut man sich die Biografie von Milo Rau an, erkennt man sofort, dass er auf einen unglaublich diversifizierten Grundstock von Erlebnissen, Einsichten, Erfahrungen und Erkenntnissen in verschiedensten Bereichen zurückgreifen kann, der dann in einem gemeinschaftlichen kreativen Gestaltungsprozess quasi augenblicklich zur kritisch evaluierten Auswahl führt.[19] Auch wenn Rau sich bei Probenbeginn leeren will, so sind alle schon gedachten Gedanken zu diesem neu zu kreierenden Universum irgendwo im Hintergrund vorhanden. Das Sich-Leeren führt dazu, das Neue unbefangen anzugehen.

»Über die Jahre ist es zu meiner Methode geworden, bei Probenstart eben gerade nicht Bescheid zu wissen. Die Schauspieler, angesichts der völligen Offenheit des Spielfelds, beginnen zu erzählen. Ein kollektiver Denkapparat setzt sich in Bewegung, und wir sortieren, kürzen und erfinden neu, bis das Stück fertig ist. Vom Anfang auf das Ende zu schließen, ist unmöglich, was die Presseabteilungen in den Wahnsinn treibt.« (Ebd.)

WEGE ZUR GESTALT

Die verbreitete Annahme, dass die beiden menschlichen Gehirnhälften unterschiedlich spezialisiert seien, die eine für rationale und die andere für emotionale Prozesse, gilt gemäß zeitgenössischen Forschungen als überholt. Eine Tatsache bleibt aber, dass verschiedene Sinneswahrnehmungen in unterschiedlichen Hirnbereichen verarbeitet werden und um Synergien zu entwickeln, deren Verbindung sinnvoll ist.[20] Die Schwierigkeit, es Beuys gleichzutun und tatsächlich die analytische, kognitive Seite bei kreativen Prozessen nicht dominant werden zu lassen, kennt jeder Schöpfende. Es gilt zu bedenken, dass Beuys zum Zeitpunkt seiner Äußerungen bereits in fortgeschrittenem Alter war und neben einer langen Lebens- und prägenden Kriegserfahrung einen unglaublichen Fundus von Kunst-, Sach-, Material- und Gestaltungsverständnis erworben hatte. Kunst wird es wohl, wenn zwischen intuitiven Impulsen und rationalen Gestaltungsprinzipien eine Balance gefunden wird. Dazu Heinz-Otto Peitgen und Peter H. Richter in *The Beauty of Fractals*: »Wissenschaft und Kunst: Zwei komplementäre Wege, die natürliche Welt zu erfahren – die eine analytisch, die andere intuitiv. Wir haben uns daran gewöhnt, sie als gegensätzliche Pole zu sehen, aber hängen sie nicht voneinander ab?« (Peitgen/Richter 1986: 1) Abbildung 10 zeigt eine Spiraloe (*Aloe polyphylla*),

---

19 Siehe dazu den Lebenslauf von Milo Rau unter https://de.wikipedia.org/wiki/Milo_Rau.
20 Weitere Erläuterungen unter https://www.dasgehirn.info/aktuell/frage-an-das-ge hirn/linke-und-rechte-hirnhaelfte-verschiedene-welten.

Abbildung 10: Wirbelnde Natur[21]

die auf natürliche Weise einen fraktalen Entwicklungsweg von der *Prima Causa* zur schlussendlichen Ausgestaltung bildet. Im Gegensatz zu einer Bewegungsgestaltung, die wir in der Zeit erleben, kann gleichzeitig sowohl der Anfang als auch das Ende sowie ihre spiralige Bewegung erfasst werden.

Wie nach Rom, führen unzählige Wege zu stimmigen künstlerischen Äußerungen. Dieser Text soll keinen davon ausschließen, sondern sämtliche individuellen Schöpfungsprozesse inkludieren. Manche Choreografen inszenieren Geschichten, andere getanzte Musik. Carolyn Carlson erzählte, dass sie ihre Träume notiert und daraus Tänze schafft. Paul Taylors Impuls waren die immer wieder gleichen Kindheitserlebnisse. Martha Graham beschäftigte sich mit psychologischen Konflikten – »Tanz ist die verborgene Sprache der Seele.« – und Merce Cunningham wirkte (zusammen mit John Cage) mit Zahlen, abstrakten Bewegungselementen und Zufallsprozessen, die ihn aus der Gewohnheit der Wiederholung tänzerischer Muster befreiten und neue Bewegungs- und Gestaltungsmöglichkeiten erschlossen.

Unglaublich viele neue Erkenntnisse zu Gelenkfunktionen und Bewegungsansätzen sind in den letzten Jahrzehnten präsentiert worden und haben das Feld von gestalteter Bewegung um Dimensionen erweitert, die niemand erahnt hätte. Ein wichtiger Schritt zu einem neuen Verständnis von Körperlichkeit ist die Erforschung der spiralförmigen Anlage von Muskelketten, was ein Umdenken des

---

21 Spiralaloe (*Aloe polyphylla*): https://www.boredpanda.com/tag/fractals-in-nature/.

linearen Ansatzes von Bewegung erfordert. Der folgende prägende Satz findet sich im Verlagstext zu *Die 12 Grade der Freiheit*, dem Grundlagenbuch zur Spiraldynamik von Christian Larsen: »Einem Bildhauer vergleichbar, gestalten Sie zeitlebens Ihren eigenen Körper. Nur verwenden Sie Bewusstsein und Bewegung anstelle von Hammer und Meissel.« (Larsen 1995)

Eine weitere Forschungsebene ist die Beschäftigung mit dem Bindegewebe. Gemäß neuesten Erkenntnissen über Faszien durch Carla Stecco Padua und andere Forscher gilt das im Zusammenhang mit Anthony Gormleys Skulptur zitierte Tensegrity-Modell auch für den Menschen (Stecco 2016). Stecco im informativen Geo-Beitrag *Der innere Halt* von Hania Luczak:

»Wir finden Bindegewebe überall, nicht nur in der Haut. Auch in Sehnen, Muskeln, im Knorpel. Es durchzieht den Körper feinmaschig von Kopf bis Fuß, von außen nach innen. Es umhüllt und durchdringt alle Organe, Darm, Herz, Augen, Leber, alle Adern und sogar das *Gehirn* [...] Wenn die Maschen des inneren Netzes locker und zart wie Spinnfäden verwoben sind, dann gleiten die feuchten Schichten der Muskeln mühelos: Der Körper ist gesund.« (Luczak 2015: 99, 110, Herv. K.D.)

Die Vielfalt neuer Bewegungsansätze kann aber nicht darüber wegtäuschen, dass zwar Platzierung, Gelenkfunktion und physische Präsenz vieler Interpretierenden sehr stimmig sind, zahlreiche Choreografien aber immer noch additiv gestaltet werden. Es gibt also eine Divergenz zwischen Interpretierenden und Gestaltenden. *Additives Denken* entsteht schon in der Tanzklasse, wo regulär sogenannte *Enchaînements* (Bewegungsfolgen) vermittelt werden, ein Übungsvorgang, der in jedem Tänzer und in jeder Tänzerin zutiefst verankert ist. Werden die Tanzenden zu Choreografen, ist es logisch, dass sie auf diese, ihnen bekannten Muster zurückgreifen. Wenige verfügen über eine bewegungsgestalterische Ausbildung und in der Folge wird das System der *Enchaînements* auch für Stücke angewendet, die sich an ein Publikum richten. Dies führt dazu, dass anstatt Kompositionen, Additionen das Gestaltungsergebnis prägen.

Tanz ist bewegte Musik und braucht anstelle von leeren Tanzhülsen, stupender Technik, Akrobatik und Drive, ausdrucksfähige Körper mit überzeugender rhythmischer Präsenz sowie als zentrale Schöpfer Choreografen und Choreografinnen mit musikalischem Verständnis und kompositorischer Gestaltungskraft, um die Einzelteile in einer Zeit-Achse als Spannungsbogen zu fassen.

KOMPONIEREN

Das Arbeiten an Bewegungsverläufen beinhaltet grundsätzlich ganz ähnliche Methoden wie das Verfassen von Musikstücken. Wenn also im Rhythmikstudium (Musik und Bewegung) Musikanalyse und Komposition vermittelt werden, dann aus dem Grund, diese nicht isoliert zu betrachten, sondern auf Bewegung und Bewegungsgestaltung zu übertragen. Die Analyse von Kompositionsmethoden und deren Entwicklung über die Jahrhunderte ist im Gegensatz zu szenischen Gestaltungsmethoden, sprich Tanzkomposition, unglaublich fundiert. Der bewegende Rhythmiker kann deshalb von seinem Musiksachverständnis profitieren und Prozessansätze auf Bewegungen und Interaktionen übertragen.

Ein Ansatz, um das theoretische Verständnis von Kompositionen physisch zu erleben, bietet das Dalcroze-Fach der *Plastique Animée*. Es ist eigentlich ein musiktheoretisches Arbeitsgebiet, worin über gezielte Bewegung das Verständnis für ein Musikstück vertieft werden soll. Die musikalischen Stimmen, Entwicklungen, Verläufe, aus denen sich eine Komposition zusammensetzt, werden durch mehrere Personen sehr präzise erarbeitet und interaktiv verkörpert. *Plastique Animée* ist während des Arbeitsprozesses ein Recherchefeld, in dem die beteiligten Interpreten sich in ein Musikstück strukturell vertiefen. Wenn aus der Herangehensweise der *Plastique Animée* entstandene Arbeiten öffentlich aufgeführt werden, dann zumeist mit dem Ziel, die der Komposition zugrundeliegenden Strukturen den zuschauenden Hörerinnen und Hörern zu visualisieren. Ein Fach, das im Rhythmik- Studium eine fundamentale Rolle spielt, ist die musikalische Improvisation. Trotz spontanem Ansatz ist ihr Ziel nicht, ›aus dem Bauch heraus‹ spielen zu wollen, sondern über den Einsatz eines kompositorischen Verständnisses zu Instant-Kompositionen zu gelangen. Als Selbst- und Gruppenerfahrung ist Bewegungsimprovisation ein weiteres wichtiges Element im Rhythmik-Studium. Wegen des Zusammenwirkens im Jetzt von körperlichen, räumlichen, musikalischen und interaktiven Parametern ist sie besonders anspruchsvoll und verfolgt als szenische Instant-Komposition ähnliche Ziele wie die musikalische Improvisation. In öffentlichen Aufführungen eingesetzt, wird ihre Komplexität oft unterschätzt – wodurch es nicht leichtfällt, dem Vergleich zu genügen, der an ein produziertes Stück gestellt würde. Die Bewegungsimprovisation bleibt aber ein unverzichtbares Forschungselement und bietet die Möglichkeit, sich von tradierten Tanzelementen zu lösen und in neue Bewegungsbereiche vorzustoßen.

Szenische Gestaltungen – Choreografien, Musicals, Shows, Inszenierungen, etc. – sollten komponiert, gemäß Duden »nach bestimmten Gesichtspunkten kunstvoll gestaltet«[22] werden und um Wesentliches zu vermitteln, eine Art Inhalt haben, auch wenn dieser nur die Bewegung selber ist.

Kann man analog zum *Placed Body* von einem *Placed Piece* sprechen? Darf man sogar die *Tensegrity* (Spannung und Zusammenhalt des Ganzen) eines Werkes erwarten? So wird die szenische Gestaltung zu einer Art Geschöpf des Schöpfers, der Schöpferin!

ANTRIEB

Es gibt keine Erklärung, warum jemand schreiben, malen, tanzen will oder musikalische Werke verfasst. Meistens ist es ein inneres *Muss,* welches wie Hunger zur Aufnahme von Nahrung veranlasst, diese transformiert und als gestaltetes Werk ins Außen entlässt. Der menschliche Organismus basiert auf zyklischen Prozessen, wozu auch der Schöpfungsakt gehört. Die Ausformung des geschöpften Produkts kann vollkommen unterschiedlich sein, mittels Gestaltung gelangen aber sowohl Kinder wie Erwachsene zu Erfüllung.

FAZIT

Um einem szenischen Geschehen, einem Tanz oder einer Performance eine bestimmte Aussage mit einem bestimmten Aussehen zu verleihen, muss der Schöpfer oder die Schöpferin das Urmaterial definieren, daraus Bewegungsabläufe entwickeln, diese phrasieren, musizierend bearbeiten, zeitlich arrangieren, räumlich organisieren, rhythmisch unterteilen, dramatisch gliedern, Bestandteile stimmig komponieren und das Ganze in eine Form bringen – GESTALT GEBEN.

---

22 https://www.duden.de/suchen/dudenonline/komponieren

LITERATUR

Ball, Philip (2016): Designed by Nature, Darmstadt: Wissenschaftliche Buchgesellschaft (WBG).

Bollnow, Otto Friedrich (1967): Gestaltung als Aufgabe, Schorndorf: Hofmann.

Cole, K.C. (2002): Warum die Wolken nicht vom Himmel fallen – Von der Allgegenwart der Physik, Berlin: Aufbau.

Domestico, Anthony (o.J.): »›Ulysses,‹ Order and Myth«, in: Modernism Lab, http://modernism.cours epress.yale.edu/ulysses-order-and-myth/ vom 20.012019.

Einstein, Albert (1979 [1921]): The Human Side. New limpses from his archives, hg. von Helen Dukas und Benesh Hoffmann, Princeton, NJ: Princeton University Press.

Giguere, Miriam (2013): Beginning Modern Dance with Web Resource, Champaign: Human Kinetics.

Gohr, Siegfried (2006): Ich suche nicht, ich finde. Pablo Picasso – Leben und Werk, Köln: Dumont.

Larsen, Christian (1995): Spiraldynamik. Die zwölf Grade der Freiheit, Petersberg: Via Nova.

Libermann, Alexander (1956): »Picasso« in: Vogue. New York, 01.11.1956, S. 133.

Luczak, Hania (2015): »Der innere Halt«, in: Geo 2, S. 96-119, https://www.uni-ulm.de/fileadmin/website_uni_ulm/zuv/zuv.dezI/AkademieWWT/Pressemitteilungen/GEO_2015-2.pdf vom 20.01.2019.

Lurker, Manfred (1998): Lexikon der Götter und Symbole der alten Ägypter, Bern: Scherz.

Meckel, Miriam (2018): »E.T., Elon und der Phoenix aus der Asche: Denken in ersten Prinzipien«, in: LinkedIn vom 18.02.2018, https://de.linkedin.com/pulse/et-elon-und-der-phoenix-aus-asche-denken-ersten-miriam-meckel vom 20.01.2019.

Myers, Thomas (2016): »Das Tensegrity-Modell« in: Functional Training Magazin vom 08.02.2016, http://www.functional-training-magazin.de/das-tensegrity-modell/ vom 20.01.2019.

Peitgen, Heinz-Otto/Richter, Peter H. (1986): The Beauty of Fractals, Heidelberg: Springer.

Rau, Milo (2018): »Schauen, was geschieht. Theater heisst, dass alles immer im Augenblick passiert, gleichsam zum ersten Mal«, in: SonntagsZeitung vom 05.05.2018, S. 19, https://www.derbund.ch/sonntagszeitung/schauen-wasgeschieht/story/18764952 vom 20.01.2019.

Schwind, Peter (1985): Alles im Lot. Eine Einführung in die Rolfing-Methode, München: Goldmann.

Salomon, Ingeborg (2016): »Philip Ball zeigt in Bildband die Natur als geniale Gestalterin«, in: Rhein-Neckar-Zeitung vom 13.8.2016, https://www.rnz.de/wissen/wissenschaft_artikel,-zz-dpa-Wissenschaft-Philip-Ball-zeigt-in-Bildband-die-Natur-als-geniale-Gestalterin-arid,213996.html vom 20.01.2019.

Stecco, Carla (2016): Atlas des menschlichen Fasziensystems, Jena: Urban & Fischer/Elsevier.

Taylor, Paul (1987): Private Domain: An Autobiography, Pittsburgh: University of Pittsburgh Press.

Improvisation: (k)ein Kinderspiel

Peter Jarchow

Der Dschungel von Umschreibungen, Definitionen, Haltungen zum Begriff Improvisation ist nahezu undurchdringbar. Deswegen ist hier auch keine Lichtung zu erwarten und auch nicht beabsichtigt.

In jeder musikalischen Äußerung steckt ein Funke Improvisation, wenn man von der Starre des Notenbildes absieht, aber auch hier tut sich ein weites Feld auf mit Urtextausgaben, Erstausgaben, Manuskripten, Revisionen, Kommentaren und aufführungspraktischen Forschungen, aber das nur nebenbei. Mikroskopisch betrachtet ist wohl keine Interpretation mit einer anderen deckungsgleich, sondern weist kleinste improvisatorische Unterschiede auf. Als Gegenpol gilt gemeinhin die ›Freie‹ Improvisation, die so frei nun auch nicht wieder ist, weil die Atmosphäre des Raumes, die Tageszeit, die Verfassung der Spieler und auch der Zuhörer die Improvisation maßgeblich beeinflussen, und abgesehen von dieser Bindung eigentlich nur die allererste Aktion ›frei‹ ist, denn die zweite Aktion ist für Spieler und Zuhörer nur im Zusammenwirken mit der ersten wahrnehmbar, gleich ob konform oder konträr. Dazwischen gibt es endlose Spielarten von Bindung der musikalischen Improvisation an einen Zweck, z.B. im Orgelspiel beim Gottesdienst, beim Begleiten von Stummfilmen oder auch von Tanz in der Ausbildung und auf der Bühne, die durch deren Bindungsfunktionen bewertbar werden.

Nicht einfacher zu erfassen ist der Begriff Rhythmus. Viele beschreiben mit Freude eigenwillige Ansichten, schließen mit Verbissenheit andere aus und halten so die Lebensflamme des Rhythmus am hellen Leuchten. Allerdings ist im Theorieunterricht an manchen Musikhochschulen dieses Leuchten manchmal kaum noch zu erahnen.

Ich will mich da nicht einmischen und urteilen. Ich will *mich* verständlich machen und *meine* Meinung kundtun mit der Einschränkung, es ist die von hier und heute. Morgen könnte es da bei mir schon wieder ganz anders sein. Ich will auch meine Meinung nicht wissenschaftlich untermauern (oder besser zementieren) mit dem Vorteil: Streitbare Entgegnungen sind nur gegen mich gerichtet und nicht gegen eine ganze Universität. Ich fange also an.

DALCROZE, WIGMAN UND PALUCCA

Cesar Bresgen nannte eines seiner Bücher *Im Anfang war der Rhythmus...* (Bresgen 1977). Ich behaupte, im Anfang war die Improvisation. Und ich behaupte außerdem, dass zu Urzeiten Bewegung und Laute (später Musik und Tanz) untrennbar miteinander verbunden waren; es gibt – zumindest im Deutschen – keine Bezeichnung für diese Verbindung. Der durch eine Bewegung hervorgerufene Klang erweckte die uneigennützige Freude am Klang und an der Bewegung. Es ist heute noch zu beobachten: Kleine Kinder bewegen sich selten lautlos oder verhalten sich beim Singen bewegungslos. Eine Trennung von Klang und Bewegung hat sich, mit unterschiedlichen Ergebnissen, erst später und zu unterschiedlichen Zeitpunkten mit verschiedenen Ausprägungen entwickelt. Sicherlich in der Menschheitsgeschichte wiederholt nachweisbar, hat sich in Mitteleuropa der Gedanke vom Zusammenwirken von Musik und Tanz in Verbindung mit Improvisation im künstlerischen Sinne erst nach 1900 durchgesetzt.

Émile Jaques-Dalcroze entwickelte daraus eine musikpädagogische Konzeption, die von 1911-1914 in Hellerau bei Dresden ihre Blütezeit erlebte. Sein Grundprinzip war, sehr vereinfacht dargestellt, musikalische Muster mit tänzerischen Mustern zu verknüpfen. Damals eine Weltsensation. Aus aller Herren Länder kamen Musiker und Tänzer, um diese neuartige Verbindung anzuschauen. Aus heutiger Sicht – zumindest aus meiner – etwas zu festgefügt, wenn der Melodierhythmus auf die Beine und die Taktierbewegung auf die Arme beschränkt wird, um ein wesentliches Grundprinzip seiner Methode zu nennen. Aber es wirkte und hatte auf die Musik und auf die Tanzkunst enormen Einfluss.

Mary Wigman nahm ein Studium in Hellerau auf und urteilte später:

»*Alles, was mit der Musikalität und der musikalisch-rhythmischen Erziehung bei Jaques-Dalcroze in seiner Methode zu tun hatte, interessierte mich einen Dreck! Was mich interessierte, war nur die Tatsache, daß einem gesagt wurde: Nun sagen Sie das einmal mit Ihrem Körper.*« (Wigman, zitiert in Müller 1986: 30, Herv.i.O.)

Noch entschiedener verurteilte Artur Michel im Jahr 1927 bei einem Gastspiel in Berlin, dass »... seine Methode echte musikalische Begabungen eher in intellektualistischer Richtung mechanisiert als sie schöpferisch-elementar steigert«[1] (Michel 1927, zitiert in Peter 2015: 210). Reinhard Ring beschreibt die Widersprüchlichkeit in den Schriften von Jaques-Dalcroze und die kontroversen Meinungen über ihn und kommt zu dem Schluss:

»Wenn man die historische Bedingtheit berücksichtigt, spricht jedoch vieles dafür, die Übungen in der Tradition der Rhythmischen Gymnastik von Émile Jaques-Dalcroze in eine moderne tänzerische Ausbildung zu integrieren. Keine Methode stellt die Erarbeitung rhythmischer Fähigkeiten so konsequent in den Vordergrund.« (Ring 2001: 29)

Gret Palucca hatte nach anfänglichen Schwierigkeiten beim Erlernen des Klassischen Tanzes in der Person von Mary Wigman ihre Meisterin gefunden. Da war Palucca 18 Jahre alt, sie trennte sich aber bald wieder von ihr, gab eigene Tanzabende und gründete mit 23 Jahren ihre eigene Schule in Dresden. Palucca lernte bei Mary Wigman tanzen, aber auch choreografieren und sicherlich spielte die Improvisation im täglichen Unterricht ein wichtige Rolle: »Ich könnte stundenlang hintereinander improvisieren [...] jede Improvisation ist einmalig [....] alles fließt und die Vergänglichkeit ist vielleicht das Schönste daran [...] bis an die Grenze vorstoßen und mich des unendlichen Umfangs und der unendlichen Tiefe vergewissern.« (Schumann 1972: 179) In Paluccas Unterricht nahm Improvisation einen immer größeren Umfang ein. Schon in ihren Tanzprogrammen waren »technische Improvisationen« mit ihrem Pianisten Herbert Trantow ab 1927 zu sehen.

Als dann zu DDR-Zeiten ab 1960 der Klassische Tanz in der Tanzausbildung an der *Palucca Schule* an Bedeutung gewann, verlagerte sich das Fach Neuer Künstlerischer Tanz immer mehr auf die tänzerische Gestaltung als auf tanztechnische Belange, und Improvisation wurde das Hauptfeld in Ausbildung, Prüfungen und öffentlichen Demonstrationen. Die Improvisationsthemen stammten in erster Linie aus der Musik. Palucca verlangte, auf unterschiedliche Stile einzugehen, ein Menuett von Bach und von Mozart beispielsweise. Langsamkeit war ein wichtiges Thema wie auch Pausen in der Musik und im Tanz. Requisiten, Tücher, Masken, Hüte waren Initialpunkte für Improvisationen, allgemeine Themen wie »Mädchen am Wasser«, »Kommt er zurück?« konnten individuell hochdrama-

---

1 Artur Michel (1883-1946) war Feuilletonist, Tanzhistoriker und Tanzkritiker. Seine Kritiken erschienen größtenteils zwischen 1922 und 1934 in Berlin bei der Vossischen Zeitung. Nach dem Machtantritt Hitlers 1933 konnte Michel als Mitglied einer jüdischen Familie nicht mehr in Deutschland publizieren. Er ignorierte lange die Gefahr, die vom Nationalsozialismus für ihn ausging, und emigrierte auf Umwegen erst 1941 nach New York. Dort arbeitet er bis zu seinem Tode engagiert als Publizist.

tisch, tragisch oder komisch gelöst werden (Winkler/Jarchow 1996: 48, 73). Zu Paluccas Zeiten gab es jeden Sonnabend Gemeinschaftsunterrichte mit mindestens drei unterschiedlichen Altersgruppen, bei denen fast ausschließlich improvisiert wurde. Die Schülerinnen und Schüler sprudelten vor Einfallsreichtum, Wagemut und Eigenwilligkeit nahezu über. Die Opernregisseurin Ruth Berghaus, eine Schülerin der *Palucca Schule*, beschrieb die Schule einmal so: »Wer durch diese Schule gegangen ist, hat es nicht leicht gehabt und macht es sich nicht leicht –, aber er hat sicher mehr gelacht und mehr geweint als manch anderer.« (Berghaus, zitiert in Stabel 2000: 8)

Am 6. Juni 1980 trauten sich fünf Tänzer und ein Pianist auf die Bühne des Kleinen Hauses in Dresden, um vor aller Öffentlichkeit zu improvisieren und trotz mancher Verabredungen nicht zu wissen, was sich ereignet und wie die Akteure agieren und reagieren würden. Angst und Schrecken wären verständlich, aber die Chance, auf der Bühne *sich* zu produzieren, das zu machen, wonach einem im Augenblick der Sinn steht, seine Ideen, sein Können, seine Gedanken und Haltungen zu veröffentlichen, hat die Dresdner Improvisatoren immer wieder dazu gebracht, das Risiko gern in Kauf zu nehmen. Es gab bis 1990 knapp 50 Veranstaltungen in verschiedenen Besetzungen (Tanz, Musik, Schauspiel, Malerei), mit unterschiedlichen Konzeptionen oder – schon aus Terminschwierigkeiten – auch ganz ohne irgendwelche Absprachen, die den Akteuren alle Möglichkeiten offenhielten. Dies kann zum Nachteil, aber auch zum Vorteil werden, wenn die Akteure selbst aus dem Geschehen für sich Grenzen ziehen, sich Beschränkungen auferlegen und aus einer Idee tausend Varianten bilden, anstatt tausend Ideen aneinanderzureihen. Die Resonanz war unterschiedlich, die Presse meist freundlich, anerkennend zum Weitermachen auffordernd, weniger freundlich die Kollegen vom Tanz; sie sahen die hehren Ziele der Tanzkunst in Gefahr, befürchteten die Verflachung des Ausdrucks auf der Bühne und glaubten auch nicht immer, dass alles wirklich improvisiert war. Eine der letzten Aufführungen hatte den vieldeutigen Titel »Kronen-Tor-Schluss-Panik«. Die Erinnerung an diesen Abend bringt mich zum Nachdenken über unterschiedliches Verhalten der Improvisierenden untereinander und zum Geschehen insgesamt.

»MUTTER, MUTTER, DARF ICH REISEN?«

Ein Kinderspiel aus meiner Heimatstadt Rostock. Auf der einen Seite stehen Kinder, auf der anderen die Mutter. Die Kinder fragen, ob sie reisen dürfen, die Mutter entscheidet ja oder nein. Wenn sie immer nein sagen würde, würden die Kinder weglaufen und sich eine andere Mutter suchen. Sagt die Mutter ja, erfragt sie das

Ziel der Reise. Die Kinder können dann bei Reiseerlaubnis pro Silbe des Ziels einen Schritt auf die Mutter zugehen. Lange Wörter sind wegen der möglichen Ablehnung gefährlicher als kurze. Kurze bringen die Kinder langsamer zum Ziel. Das Kind, das zuerst die Linie der Mutter erreicht, wird dann Mutter. Eine Mutter möchte lange Mutter bleiben, muss deshalb die Hoffnung der Kinder auf Sparflamme halten, kann sonst aber Schalten und Walten, wie es ihr beliebt. Sie weiß aber auch, dass es mit dem Schalten und Walten bald vorbei ist.

Es ist ein Spiel des Hinnehmens, des Einbringens, des Erzwingens, des Verweigerns, des Sich-Fügens, alles Tugenden, die bei Gruppenimprovisationen – zumal auf der Bühne – Möglichkeiten des Agierens und Reagierens ausmachen.

Es gab seit 1949 an den DDR-Musikhochschulen immer wieder Ansätze, Improvisation innerhalb des Unterrichtes zu praktizieren. In Weimar war es der Organist Johannes Ernst Köhler, der zusammen mit Albrecht Krauss (Pianist und Musikwissenschaftler) Improvisationswettbewerbe für Orgel und Klavier ins Leben rief, Robert Köbler in Leipzig, Günter Philipp in Leipzig (dann in Dresden), Herbert Schramowski in Leipzig an der Universität, Armin Thalheim in Berlin, Peter Jarchow in Leipzig (auch in Dresden und Berlin). 1982 wurde ein Lehrprogramm für Improvisation für Musikhochschulen[2] offiziell vom DDR-Ministerium für Kultur herausgegeben, verfasst von den damals tätigen Pädagogen. An der Leipziger Musikhochschule etablierte sich seit 1975 Improvisation als selbständiges Lehrfach, seit 1990 mit Diplom-Abschluss, und war für alle Instrumente und für Gesang zugänglich. Maßgeblich war Tilo Augsten an dem Aufbau beteiligt und er leitet das Fachgebiet (mit Bachelor- oder Master-Abschluss) seit 1994. 2018 begann eine Arbeitsgruppe in Kooperation mit der Hochschule für Musik, Theater und Medien Hannover, dem Ring für Gruppenimprovisation e.V. und der Lilli-Friedemann-Stiftung argumentativ tätig zu werden, um an allen Musikhochschulen Improvisationsunterricht zu installieren. Das Vorhaben dauert an.

VOM ZAUBERN

Improvisationen mit Musik und Tanz sind eigentlich ganz schön einfach. Bei beharrlichem Eigensinn der Akteure geht alles *eigentlich* auch ganz schön schwer. Bei einem Musiker und mehreren Tänzerinnen und Tänzern, die alle unterschiedlich auf die Situation (Musik, andere Tanzende, Atmosphäre) reagieren, wie soll da

---

2 Das Lehrprogramm wurde für die Ausbildung von »Komponisten, Dirigenten, Korrepetitoren, Pianisten, Musikpädagogen der Musikschulen« an den Musikhochschulen der DDR entwickelt.

eine überzeugende Dramaturgie entstehen, wenn nicht im überhöhten Sinn bei allen noch so unterschiedlichen Aktionen doch Einigendes zu erkennen ist? Tanz als visuelles Ereignis kann mit Musik als akustischem Ereignis grenzenlos miteinander oder besser nebeneinander dargeboten und von einem Menschen wahrgenommen werden. Ihm obliegt dann die Gewichtung der beiden Bestandteile und auch, wie eine Verbindung beider bestehen könnte. Kurt Petermann (1930-1984), Tanzwissenschaftler, Gründer und Leiter des Tanzarchivs Leipzig, hat bei einer Gesprächsrunde einmal Tanzfilme mit x-beliebigen Musiken verbunden. Die Teilnehmer an diesem Experiment – sie wussten nichts von der Zufälligkeit – sahen die interessantesten Bezüge des Verhältnisses Musik und Tanz und lobten den Choreografen für ganz neuartige und faszinierende Ideen.[3] Es ist also alles möglich.

Fragen kommen auf, wenn Kompositionen von genialer Qualität mit stümperhaften tänzerischen Erfindungen zusammentreffen, wenn musikalische Strukturen im Tanz total unberücksichtigt bleiben oder wenn Inhalt und Anliegen der Musik schroff im Widerspruch zum Tanz stehen. Es gibt noch viele andere Beispiele der Verbindung von Musik und Tanz, die den Zorn der Konsumenten erregen (ob zu Recht oder zu Unrecht, sei dahingestellt) und dies alles wäre dann ein Kapitel für sich.

Wagemut ist Voraussetzung einer jeden Improvisation. Eine Sache zu beginnen, von der man nicht weiß, wie sie anfängt, sich entwickelt und was alles noch so dazu kommt und was alles ganz anders kommt, wie lange sie dauert und wann und wie sie endet – und dann auch noch gnadenlos diesem Ganzen ausgeliefert zu sein, da muss man sich etwas zutrauen. Und auch dann, wenn die Katastrophe unabwendbar ist. Eine Anekdote als Beweis: In Wien trafen sich vor langer Zeit die drei weltbesten Zauberer Marvelli, Kanalag und Kassner. Es wurde viel gezaubert, der Abend und auch die Nacht waren wie verzaubert. Am Abschluss geschah etwas noch nie Dagewesenes. Die drei Zauberer entschlossen sich, zusammen ein Zauberkunststück auszuführen – ohne vorherige Besprechung und Vorbereitung, ohne präparierte Apparate. Kanalag entlieh sich eine Taschenuhr, Anton Pointner[4] gab seine bereitwillig her. Die Uhr wurde in eine Serviette gewickelt und in einen Sektkühler gelegt. Es wurde ein Hammer geholt und Marvelli zerstampfte mit dem Hammerstiel die Uhr. Man hörte sie zersplittern. Kassner schüttete die zermalmte Uhr in ein Weinglas und legte ein gelbseidenes Tuch darüber und sagte »Simsalabim«. Es war nichts zu hören. Kein Ticken. Nichts. Wieder »Simsalabim«. Im Glas lag immer noch die zerstörte Uhr. Ein drittes »Simsala-

---

3   Bei einer Veranstaltung des Verbandes der Theaterschaffenden der DDR im Jahr 1980.
4   Anton Pointner (1890-1949) war ein österreichischer Schauspieler.

bim«. Da erklärten die drei Zauberer ihr Experiment für missglückt und kauften Anton Pointner eine neue Uhr. Aus Spiel wurde Wirklichkeit und der Reinfall war unausweichlich.

Das Spannende ist für mich die irreale Hoffnung auf ein Wunder, bei mir immer wieder, wenn ich die Anekdote lese. Und sicherlich auch bei den beteiligten Personen an jenem Abend, vielleicht sogar bei den Zauberern selbst (Stemmle 1942). Nun können ja nicht alle Improvisationen so großartig und theatralisch misslingen. Dass es immer mal wieder anders kommt, als man denkt, ist beim Improvisieren nicht zu vermeiden. Der Fehler aber besteht darin, dass man dieses Anders-Kommen als Fehler ansieht und zu korrigieren versucht. Es kommt aber darauf an, diese vermeintlichen Unfälle zu Einfällen zu machen und in die Improvisation einzubeziehen, als habe man nie etwas Anderes gewollt. Bei einer Improvisationsveranstaltung in Dresden war zum Abschluss eine »Walzerexplosion« geplant. Zwei Pianisten sollten einen Walzer spielen, der immer rasanter wird und am Ende sich selbst nicht mehr einkriegt. Aus unerfindlichen Gründen wurde der Walzer aber immer träger, als wäre er in ein Fass mit Sirup gefallen. Tänzer und Pianisten waren ratlos und agierten auch so. Das Publikum tobte vor Begeisterung und lachte so laut, dass man den traurigen Walzer fast nicht mehr hörte.[5]

Das Phänomen Improvisation unterscheidet sich im Wesentlichen darin vom Phänomen Komposition, dass die Improvisation gnadenlos an die ablaufende Zeit gebunden ist. Alles, was passiert, gilt, kann nicht ausgelöscht und auch nicht korrigiert werden, allerdings existiert eine Improvisation auch nur ein einziges Mal in der ganzen Menschheitsgeschichte. Diese Einmaligkeit macht eine exakte Analyse nahezu unmöglich, man kann nichts beweisen und alles abstreiten. Bei einer Komposition kann man anhand des Notentextes alles beweisen und nichts mehr abstreiten. Aber der Komponist hat alle Zeit der Welt, kann verändern, austauschen, streichen, neue Ideen einbringen, bis er sich zu einer endgültigen Vollendung bekennt. Hierzu eine mündlich überlieferte Anekdote: In einem Klavierabend kam bei einem Stück Elly Ney (eine bedeutende Pianistin 1882-1968) raus, improvisierte die Lücke zu, kam aber nicht wieder rein. Später erzählte sie, was sie dabei dachte: »Wenn das so weitergeht, sitze ich morgen früh noch hier.«

---

5   Veranstaltungsreihe Improvisationen, Kleines Haus der Staatstheater Dresden, 6. Juni 1981. Einer der beiden Pianisten war Peter Jarchow.

MORS CERTA, HORA INCERTA[6]

Der Alltag eines jeden Menschen ist mit vielen unvorhergesehenen Dingen kleineren oder größeren Ausmaßes gespickt, die Improvisationserprobte schneller erkennen und auf die sie besser reagieren können. Auch in der Musik als Interpretierende sind sie im Vorteil. In der Musik kann man z.b. Pausen von extremer Länge ausprobiert haben, sodass einem 4'33" von John Cage – weil gewohnt – keine Mühe mehr machen. Weil man im Erfinden von Musik geübt ist, durchschaut man die Absichten eines Komponisten und deren Umsetzung ins Notenbild gründlicher und spielt die Komposition sozusagen als ›Kollege‹. Und zuletzt: Vielleicht kann man als Musiker auch mit Improvisationen zu Ruhm und Ehre gelangen.

Unvorhergesehenes macht das Wesen einer Improvisation aus, aber dessen Anteil kann durchaus unterschiedlich sein. Für einen improvisierenden Musiker sind beim Training Klassischer Tanz beispielsweise die Reihenfolge der Übungen und deren generelle Struktur bekannt und bestimmen auch Rhythmus und Metrum, Tempo und Artikulation der Musik, aber der Verlauf von Melodie und Harmonik kann innerhalb der Improvisation unvorhergesehen so oder so sein. Stummfilm-Improvisator Tilo Augsten versicherte mir in einem Gespräch, dass ein besonderer Reiz beim Begleiten eines Stummfilms darin bestehe, spontan und ohne den Film vorhergesehen zu haben, unmittelbar auf die Szenen und deren Verlauf und Wechsel reagieren zu müssen. Eine Vorbereitung ist somit ausgeschlossen, es sei, man nimmt innerhalb einer Improvisation den Aufbau einer erwartungsvollen Spannung als Vorbereitung. Mary Wigman sprach von einer inneren Dehnung.

Mors certa, hora incerta. Man könnte darüber nachdenken, was bei Improvisation gewiss ist und was nicht. Aber wenn ich jetzt etwas für gewiss oder ungewiss halte, bin ich mir nicht so sicher, ob es auch immer so stimmt. Beginn und Ende sind voraussehbar, aber es ist manchmal unklar, ob anfangs irgendwelche Aktionen schon zur Improvisation gehören oder nicht. Es kann sein, dass nach einer unerwartet lustigen Improvisation die Akteure laut loslachen. Gehört dieses Lachen nicht doch noch zur Darbietung?

Hat die Improvisation ein Thema, so ist dieses Thema eine voraussehbare Gewissheit, egal in welcher Art und Weise das Thema behandelt wird. Die Art und Weise ist auf jeden Fall dem Unvorhersehbaren zuzuordnen. Es sei denn, man weiß, wie Spieler XY improvisiert und das bei jedem Thema, weil er immer so improvisiert. Es ist also nicht so einfach mit der Einteilung, wie man anfangs hätte

---

6   Der Tod ist gewiss, die Stunde ungewiss.

denken können. Bei einem Rundfunk-Interview[7] wurde ich von einem Reporter gefragt, was denn nun Improvisation so sei. Ich versuchte, ihm einiges zu erklären. Nach einigen Minuten sagte er, nun wisse er, was Improvisation sei. Meine Entgegnung: »Dann wissen Sie mehr als ich.«

LITERATUR

Bresgen, Cesar (1977): Im Anfang war der Rhythmus, Wilhelmshaven: Heinrichshofen's.
Müller, Hedwig (1986): Mary Wigman. Leben und Werk der großen Tänzerin, Weinheim: Quadriga.
Peter, Frank-Manuel (Hg.) (2015): Die Tanzkritiken von Artur Michel in der Vossischen Zeitung von 1922-1934, Frankfurt a.M.: Deutsches Tanzarchiv Köln.
Ring, Reinhard (2001): »Émile Jaques-Dalcroze und die Rhythmische Gymnastik«, in: Ralf Stabel (Hg.): Kreativität im Tanz. Beiträge und Diskussionen zur Geschichte und Methode, Dresden: Tanzwissenschaft e.V., S. 29.
Schumann, Gerhard (1972): Palucca, Berlin: Henschel.
Stabel, Ralf (Hg.) (2000): Palucca Schule Dresden, Dresden: Verlag der Kunst.
Stemmle, Robert Adolf (1942): Aus heiterem Himmel, Berlin: Herlig.
Winkler, Eva/Jarchow, Peter (1996): Neuer Künstlerischer Tanz – eine Dokumentation der Unterrichtsarbeit an der Palucca Schule Dresden; 1965-1976, Leipzig: Tanzwissenschaft e.V.

---

7   Gesprächsrunde innerhalb des *25. Winterkurses für Improvisation* an der *Palucca Hochschule für Tanz Dresden* am 14. Februar 2004.

Warum machen die das?

Gedanken zum lustvollen Nichtverstehen in Performance

Wicki Bernhardt

> »Es ist nicht unsere Aufgabe, ein Höchstmaß an Inhalt in einem Kunstwerk zu entdecken. Noch weniger ist es unsere Aufgabe, mehr Inhalt aus dem Werk herauszupressen, als darin enthalten ist. Unsere Aufgabe ist es vielmehr, den Inhalt zurückzuschneiden, damit die Sache selbst zum Vorschein kommt.«
> (*Sontag 1980: 18*)

Fünf ältere Performer auf der Bühne. Einer spielt Klavier, ein anderer springt auf einen Schaumstoffberg, dann singen sie. Eine Geige, ein Scheinwerfer, der sich um die eigene Achse dreht, ein Kleid, ein blutiges Herz. Später ein Zaubertrick. In langen Bahnen hängen weiße Stoffe von der Decke. Meine Aufgabe als Zuschauerin: vermeintliche Willkür in Sinnzusammenhänge bringen, mir aus einem Wirrwarr an Ereignissen eigene Narrative bauen. Ich aber bin fasziniert von etwas, von dem ich nicht genau weiß, was es ist, was es will, wie das eine mit dem anderen zusammenhängt und ›warum die das so machen‹. Sinn ist keine Kategorie, mit der ich hier weit komme. Aber notwendig scheint es mir dennoch, wie die Dinge aufeinanderprallen. Es gibt hier nichts, was ich erklären könnte oder verstehen wollte und dennoch fühle ich mich angezogen von dem, was ich gerade erlebe. Diese Lust am Rätseln und am Nichtverstehen nach einem Performancestück mit hinaus in die Welt draußen zu nehmen, ist keine leichte Aufgabe. Ich muss sie schützen vor den Keulen der Hermeneutik, vor Deutungen, Interpretationen und Sichtweisen – vor all diesen Lustkillern, die der von Susan Sontag eingeforderten »Erotik der Kunst« (ebd.: 13) auf den Leib rücken wollen.

Die Performance *Gefühle, nothing but* des Kollektivs *Showcase Beat Le Mot (SBLM)*[1] begegnet ihrem Publikum in Hinsicht auf ein *Verstanden werden wollen* sehr großzügig und offen. Das Setzen von Zeichen scheint keiner direkt nachvollziehbaren Logik zu folgen. Stattdessen eröffnet sich ein Raum, der es ermöglicht, zu spekulieren, zu assoziieren oder einfach nur wahrzunehmen und Teil eines scheinbar sinnfreien Geschehens zu werden. Da fließen Dinge ineinander, die wir sonst nicht zusammen sehen. Wir lassen uns überraschen von Bildern, Worten, Gesängen sowie dem Aufeinanderprallen unserer Erwartungen mit dem tatsächlichen Bühnengeschehen. Wie im Spiel von Kindern scheinen Abläufe von Handlungen unabwendbar zu sein, auch wenn sie nicht einer direkt nachvollziehbaren Logik entspringen.

In Aufführungen wie *Gefühle, nothing but* wird die Bühne zum Möglichkeitsort für das, was uns im Alltag häufig verwehrt bleibt – die Schaffung eines Raumes ganz eigener Sinnzusammenhänge, Reglements und Positionen. Sie macht es uns sowohl auf Seiten der Kunstschaffenden als auch der Rezipierenden möglich, alternative Strategien der Sinngebung zu entwickeln und zu erproben. Das Nichtverstehen begegnet uns nicht nur in der Kunst, aber gerade diese gibt uns die Möglichkeit, auf unverfängliche Art Vorgehensweisen im Umgang mit eben diesem zu entwerfen. Hier darf die skeptische Betrachtungsweise der lustvollen Konfrontation Platz machen.

In der Regel wird Nichtverstehen im Alltag als defizitär und ausschließend empfunden. Nicht nur im Bildungswesen wird Sinnloses und Nichtwissen als negativ bewertet. Wir fordern einen Sinn hinter unserem Dasein, Handeln und Schaffen – von innen und von außen. Und so tendieren wir dazu, Zusammenhänge auch im Nachhinein zu konstruieren; nicht selten in Bezug auf jene Dinge, die nicht unmittelbar zielorientiert und gradlinig verlaufen sind – und da sitzen dann die Arbeitssuchenden vor ihrem Lebenslauf und bringen ihn in eine lineare Struktur, um die Arbeitgeberinnen und Arbeitgeber von der eigenen Zielgerichtetheit zu überzeugen.

Auch in Publikumsgesprächen zu Performances beobachte ich ein starkes Interesse an den sinngebenden Gedanken und Anliegen der Kunstschaffenden. Häufig werden Nachfragen mit der Bemerkung versehen, dass man selbst die Aussage des Stücks wohl nicht richtig verstanden habe. Zur Suche nach Inhalt und ›Aussageabsicht‹ von künstlerischem Schaffen äußern sich der Sprach- und Literaturwissenschaftler Hans Lösener und die Germanistin Ulrike Siebauer in Bezug auf Lyrik:

---

1   Ich beziehe mich auf die Doppelaufführung *Showcase Beat le Mot zeigen Gefühle* am 4. Mai 2017 im *Forum Freies Theater* in Düsseldorf, bei der ich im Publikum saß.

»[Die eingeschränkte Sicht] erwächst aus der falschen Erwartungshaltung, die Sprache ausschließlich als ein Mittel der Verständigung zu betrachten und geht häufig davon aus, dass der Dichter dem Leser etwas sagen möchte, dies aber auf eine verschlüsselte, mit Stilmitteln durchsetzte, zu enträtselnde Weise tut.« (Lösener/Siebauer 2011: 53)

Anstelle der Enträtselung einer künstlerischen Aussage setzen sie sich für ein Entfalten der Wirkung, ein intuitives Wahrnehmen, für eine maßgebliche Bedeutung des Nichtverstehens und der »emotionalen Subjektivität« (ebd.) im Umgang mit Sprache und Poesie ein. Ich erachte diese Betrachtungsweise auch im Umgang mit performativen Künsten als spannend. Fernab von Person und Intention der Kunstschaffenden kann sich so jede/r einzelne im Publikum mit dem Erlebten verbinden und eigene Bezüge finden.[2] Die Autorin und Literaturwissenschaftlerin Siri Hustvedt erklärt für die bildende Kunst gerade die Beziehung zwischen Kunstwerk und betrachtender Person als essentiellen Bestandteil in der Rezeption: »Subjekt und Objekt, Ich und Du, beginnen beim Betrachten ineinander zu fallen.« (Hustvedt 2010: 57) Hustvedt verfolgt den phänomenologisch geprägten Gedanken, dass es einen von der Umwelt losgelösten, einen neutralen Blick auf ein Kunstwerk nie geben kann. Übertragen auf Performancekunst bringe ich hiernach als Zuschauende/r in jede Aufführung mein eigenes *Ich* mit ein: meinen Gemütszustand, meine Seherfahrung, meinen angelernten Verhaltenscodex von Menschen in Theaterräumen, meine Beziehung zur Sitznachbarin etc. Mit diesem *Ich* stoße ich dann auf die künstlerisch-performative Aktion einer anderen Person oder Gruppe und es entsteht ein Raum zwischen uns. In diesem Zwischenraum verhandelt sich das, was zwischen mir und dem Werk stattfindet.

Auch die Interpretation und Bedeutungssuche eines Werkes gehört in diesen Zwischenraum. So sehen die Mitglieder von *Showcase Beat Le Mot* die Aufgabe der Sinnzuschreibung nicht allein bei sich, sondern in einer Fusion mit dem Publikum:

»Wir verstehen das, was mir machen, meist erst beim Spielen. Oder Zuschauer erklären uns später, was unsere Aktionen überhaupt bedeuten. Wir spüren nur: Das ist wichtig, das hat eine zentrale Bedeutung, aber wir erkennen sie in dem Moment noch nicht.« (Raddatz 2011: 24)

Entsprechend der Heterogenität des Publikums gibt es demnach viele Wahrheiten im Verstehen und Nichtverstehen künstlerischer Äußerungen und der Stellenwert eines Künstler/innen-Anliegens rückt in den Hintergrund. So scheint für *SBLM*

---

2 Vgl. hierzu den Beitrag *Das Individuelle* von Dierk Zaiser in diesem Band.

der Motor ihrer künstlerischen Entscheidungen anderswo als im Kreieren von Sinnzusammenhängen zu liegen, da ihnen diese so oder so nie in Gänze zugänglich sind.

Ist also ein Wahrnehmen und Denken über den Sinn des Kunstwerkes nur in diesem besagten Zwischenraum und niemals losgelöst von der Summe des Kunstwerkes und des Rezipierenden möglich, kann auch der Akt des Sprechens niemals eigenständig sein, denn »Jede Sinngenese verdankt sich einer Transformation von etwas Gegebenem und seiner *Strukturierung* in Sprache und Wahrnehmung« (Schürmann 2005: 276, Herv.i.O.).

Fehlt jedoch das Bewusstsein über den Zwischenraum als das Gegebene und wird dieser mit dem Kunstwerk selbst verwechselt, kann der – an sich schon herausfordernde – Akt der Transformation in Wahrnehmung und Sprache eine Erfahrung von Unverständlichkeit und damit einhergehend eine Sprachlosigkeit hervorrufen. Diese empfinde ich selbst auch häufig – gerade dann, wenn Performances mich sehr intensiv beschäftigen. Spätestens im Theaterfoyer beginne ich mich zu fragen, warum mir das eben Erlebte in dieser bestimmten Weise begegnet ist. Ich fange an, anderen meine Erfahrungen zu beschreiben und mit jedem Wort, das da von mir formuliert wird, verliert sich die Verbindung zu dem Gesehenen ein bisschen mehr. Durch den Versuch erklärlich zu sein, geht mir gerade das verloren, was ich eben noch so gut fand – das Unerklärliche.

Kunst und Performance allein kann, wie es die Theater- und die Kunstwissenschaft tut, auf ihre semiotischen und phänomenologischen Aspekte hin untersucht werden. In Hinsicht auf meine eigene Wahrnehmung jedoch ist es mir unmöglich, zu meinem betrachtenden *Ich* Abstand zu nehmen. Somit bleibt es mir verwehrt, mich selbst als essentiellen Teil des Zwischenraums zu entziffern und mein Ergriffensein bleibt mir bis zu einem gewissen Grad unverständlich. Diese Unverständlichkeitserfahrung im Sprechen über Rezeption von Kunst und Performance lässt sich also letztendlich als eine Unverständlichkeit des eigenen Selbst begreifen. Das unbefriedigende Foyergespräch bliebe demnach ein Versuch, die vermeintliche Aussage eines künstlerischen Werkes in Worte zu fassen – der Zwischenraum zwischen mir und dem Werk und dem, was mich daran angesprochen hat, bleibt hierbei unerforscht.

Performance als künstlerische Aktion trägt das Potential in sich, fernab von einer Zielgerichtetheit außerhalb ihrer selbst zu agieren. Sie kann spekulative und assoziative Räume öffnen, die es ermöglichen eine Nichtkonsequenz, eine Nichtlogik, ein Nichtverstehen erfahrbar zu machen. Als Alternative zu alltäglichen Zuschreibungen, Repräsentationen und Zweckorientierungen können künstlerische Äußerungen neue subjektive Sinngebungsmechanismen hervorbringen und ermöglichen so das Spinnen unvorhergesehener Zusammenhänge und Regeln. Somit

*Abbildung 1: Reinhardt, Ad: Comic (*What do you represent!?*)*

An abstract painting will react to you if you react to it. You get from it what you bring to it. It will meet you half way but no further. It is alive if you are. It represents something and so do you. YOU, SIR, ARE A SPACE, TOO.

Quelle: © VG Bild-Kunst, Bonn 2018

eröffnet Performancekunst durch Rätselhaftes, Verwirrendes und Nichtdurchdringbares neue Welten und ermöglicht es mir als Rezipient/in, mich – im besagten Zwischenraum – in einer Konfrontation mit dem Ungewohnten mir selbst anzunähern. Hierbei können auch Strategien im Umgang mit Situationen außerhalb definierter künstlerischer Erfahrungsräume entwickelt und erprobt werden. Vielleicht bringt dies also doch eine Art Ziel für die Rezeption von Performancekunst mit sich: Die Lücken des Wissens und Verstehens nicht lediglich als defizitär einzuordnen, sondern als Antriebspotential schätzen zu lernen.

LITERATUR

Hustvedt, Siri (2010): Embodies Visions: What Does it Mean to Look at a Work of Art?/Mit dem Körper sehen: Was bedeutet es, ein Kunstwerk zu betrachten? (Internationale Schelling-Vorlesung an der Akademie der Bildenden Künste München 3), Berlin/München: Deutscher Kunstverlag.

Lösener, Hans/Siebauer, Ulrike (2011): hochform@lyrik. Konzepte und Ideen für einen erfahrungsorientierten Lyrikunterricht, Regensburg: vulpes.

Raddatz, Frank (2011): »Die Chaosmanager, Showcase Beat Le Mot im Gespräch mit Frank Raddatz«, in: Theater der Zeit 3, S. 24-28.

Schürmann, Eva (2005): »Maurice Merleau-Ponty (1908-1961)«, in: Stefan Majetschak (Hg.): Klassiker der Kunstphilosophie, München: Beck, S. 266-327.

Sontag, Susan (1980): Gegen Interpretation, Kunst und Antikunst, München/Wien: Hanser.

Spot 11: Neue Musik mit Kindern

Vasiliki Psyrra

                      Kinder

      krachen   lärmen
         knautschen   klappern knacken
ratschen   knallen
        wringen   pressen
schallen   schieben   rauschen
rollen   schlagen   krünkeln
              faltenknüllenknisternknittern   vibrieren

        mit Papier und Füßen

tschchrzzzzzftftftpr cht cht cht chuii tzk drrrrrrrrrr tzk tzk gt tssssssst
Paper Music von Josef Anton Riedl
Ambitionierte Absichten.

                                       Neue Bewegung durch Papier?
                                      Neue Musik durch Bewegung?
                                Neue Kinder durch Musik?

Spot 12: Kreidezeichen

Kreativer Kindertanz

Nisha Dudda

Im Begrüßungskreis befinden sich eine große gelbe Styroporsonne und ein Glas mit Tafelkreide. Ein ›Sonnentanz‹ steht heute an, mit der Kreide sollen die Raumorte auf dem Boden markiert werden. Die ›Kreativen Kindertänzer‹ haben sich bereits um die Sonne versammelt und pulen fröhlich kleine Kügelchen aus dem Styropor heraus. Ich sage, dass das doch unsere Sonnentanz-Sonne ist und dies bitte auch bleiben soll. Dann ruft mich eine Mutter noch kurz vor die Tür. Zurück im Raum dann wieder einer dieser Momente. Alle haben sich ein Stück Kreide geschnappt und in kürzester Zeit sind auf dem Boden riesige Sonnen-Zeichnungen entstanden. Ich schaue in die überaus frohen und stolzen Gesichter und muss erst einmal herzlich lachen. Auf dem guten Holzboden darf man doch nur kleine Pünktchen malen, um sich zu merken, wo man steht, sage ich. Dann machen wir es halt gleich wieder sauber, höre ich. Kurz darauf wischen alle durcheinander und befreien den Boden mit munteren Schwüngen von der Kreide-Kunst. Später tanzen wir mit unseren gelben Tüchern rund um die Sonne und im ganzen Raum herum. Die Punkte zur Orientierung brauchen wir übrigens nicht mehr. Jeder kann sich sein Kreidezeichen ab heute auch so vorstellen.

Spot 13: »I Need A Forest Fire«

Populäre Musik mit Erwachsenen zwischen 70 und 85

Meike Schmitz

Dubstep - Halfstep

flächiges Intro mit hellen Synthesizersounds
Distortion   sehr tiefe Bassline   ruhiger Beat   brüchige Stimme   Vocoder

fünf Akteurinnen bewegen sich zur Musik von James Blake
beatbezogen – frei
singen
»another shade, another shadow«
»ein andrer Schein, ein andrer Schatten«

spielen Melodiemotive auf dem Marimbaphon
improvisieren Percussionklänge auf Fellinstrumenten
experimentieren mit Stimmsounds und Mikrofon

Rauch   Funke
   Flamme
                       Ruß
         Asche
                       Glut

B minor one chord drone – Stimmgestaltung mit Loopgerät

»We need a forest Fire«

Spot 14: »Annäherungen an Gegenwart«
Eine Aufforderung

Jenny Ribbat

> »Was ausgedrückt wird, wird dem, der es hervorbringt, durch den Druck abgerungen, den die konkreten Dinge auf die natürlichen Impulse und Neigungen ausüben – so weit ist Ausdruck davon entfernt, direkte und unverfälschte Konsequenz der Impulse und Neigungen zu sein.«
> (Dewey 1980: 79)

Der Rhythmik-Raum. 12 Studierende. Ein Ausschnitt aus Annäherungen an Gegenwart für Streichquartett *(1986/1987) von Hans Wüthrich. Eine Bewegungsimprovisation.*

Der Klang der Violine – leise plötzlich hervortretend aus dem Nichts und eben dorthin wieder verebbend. Die Zeit fließt weiter, das Nichts klingt. Unaufgeregt, sich selbst kennend, formt sich der nächste Klang. Etwas ist erkennbar an der Klanglinie, doch Fremdes umgarnt das Bekannte. Zunehmend. – Wieder das Nichts. Ausschnitte klingender Streicher im Wechsel mit dem stillen Klang im Zeitfluss. Die Dauern – unverständlich. Was ist die Richtung? Spektral dehnt sich die Musik aus; sogleich erfährt sie Verdünnung, zentriert sich, ein regelhaftes Spiel ohne erkennbare Regel. Glissandi aus diversen Richtungen. Dann ein ungewohnt dramatischer Appell in tiefem Streicherklang – hier beginnt etwas Neues. Sind Motive erkennbar? Klänge schichten sich übereinander wie sich selbst durchwebende Schläuche. Bauchig und dissonant in einem. Ringen und Wringen. Dann die abwärtsführende Melodielinie, Chromatik und Diatonik in irregulärem Wechsel. Als träte man unerwartet in eine Vertiefung an anderem Ort: Halbton statt Ganzton – ein feiner Grad von Verschiebung. Kurzes Straucheln. Fasziniert von der Sensation des Unterschieds. Folgen wir den Klängen oder sind wir zwischen ihnen? Vor ihnen scheint nicht möglich. Der Moment ist das Stärkste.

Selbst eine Handlung zu formen in die Musik hinein – animiert, die kraftvolle Spannung im Körper zu finden, sich als Akteur in Fühlung mit der Körperlichkeit, ja Wesenhaftigkeit der Klangfolgen durch das hörende Erleben in Bewegung zu verorten. Ungeahnte Körperformen tauchen auf. Sich weich verschraubende Figuren, immer neue Anfänge, ein Fuß vor dem Kopf. Der Aufschrei der Hand. Ein Wabern kriechender Kreaturen am Boden. Woher stammen sie? Versetzt in einen Raum in einer eigenen Zeit, verbunden mit anderen Zeiten, konkret, dabei nicht greifbar. Gleich-Zeitig. Etwas zieht nach unten – eine starke Sogwirkung, eine Kraft. Die Musik ist fremd. Sie wirkt als das, was sie ist. Selbst entscheiden, wann sich hinzugeben dem Sog, wann ihn zu verwandeln in eine Kraft nach oben.

Das eigene Tempo wagen. Wie an dünnen Fäden gehalten, der Schwerkraft elastisch nachgebend und doch offen nach oben. Ein Auf und Ab der Körper. Endlose Spiralen nur als Ausschnitte ewiger Bewegung. Durch eine Nische gezogen plötzlich selbst Teil des Strudels sein.

Die Pausen klingen als eigene Gestalt und als Teil der ganzen Bewegung. Die Tanzkörper fügen ihre Bewegung in die klanglosen Phasen wie ein Fortspinnen nach eigenem Gesetz.

DISKOGRAFIE

Wüthrich, Hans (1989): Annäherungen an Gegenwart. Für Streichquartett (1986/1987), Berner Streichquartett. Aufnahme: Radio DRS vom 28.11.1989, Studio Basel, aus der CD-Reihe »Musikszene Schweiz/Grammont Portrait«, Celle: Moeck, Ausschnitt: Min. 13:02-17:04. © Migros-Genossenschafts-Bund, Kultur und Soziales.

LITERATUR

Dewey, John (1980): Kunst als Erfahrung, Frankfurt a.M.: Suhrkamp.

Spot 15: Stimme und Bewegung

Hilde Kappes

        die Sucherin
        die Panikerin
        die Hysterikerin
        der alte Fischersmann
        die stille Post
        die spanische Museumsführerin
        Frau DEHÄSCH

Wir suchen über Musik und Bewegung unsere Stimm-Möglichkeiten, mal nur durch Musik, mal nur durch Bewegung, Haltung oder Gestus. Die Rhythmik von Bewegung und der Klang von Worten und Sprache werden zum Klang der Stimme.

Wir untersuchen Körperlichkeit, Wirbelsäulenflexibilität, Veränderlichkeit des Muskeltonus und Beschaffenheit der Haut, erforschen Charaktere und beleuchten Augenblicke, Gerüche, Empfindungen, Ausstrahlung, spielen Szenen.

Mal gelangen wir durch technische Experimente zu Charakteren und Stimmfarben, mal umgekehrt durch Identifikationen mit Figuren, Tieren, Essenzen zur Technik.
Wir kommen von der Musik, dem Rhythmus, dem Klang, gehen zur Bewegung, zum Spiel und wieder zurück zur Stimme.

Uns interessiert Divergenz, die Auseinanderentwicklung von Merkmalen, aber auch das Vergleichbare und die zunehmende Anpassung: Konvergenz....der Klang all dieser Merkmale einzeln und als Ganzes:
als Gesang, als Musik, als Sprache, als Tanz.

Spot 16: »Alles, was wir erwarten, ist jetzt ein Schuß, ein Stoß oder Sturz.«
Junge Männer unterschiedlicher Herkunft II

Dierk Zaiser

Der Schriftsteller Ror Wolf erzählt in seinem Buch *Mehrere Männer* 84 ziemlich kurze Geschichten. Was seine Herumtreiber erleben und weitersagen, beginnt meist ganz harmlos, das Ärgste folgt auf dem Fuß, angekündigt hat es sich nicht. Die 41 Stücke für Gitarrenquartett von Uwe Kremp sind ähnlich unwägbar und changieren unbekümmert zwischen erhabenem Ernst und absurder Komik. Sieben schwarze Holzkisten bilden eine wandelbare und bespielbare Bühnenlandschaft – Objekte und Kulissen für Helden, Abstürze, Nudelwurf, Blutsbrüderschaften, Pistolengefuchtel, Zigarrenrauch, Stehblues, Wirtshaus- und Wanderwiderfahrnisse – Frechheiten und Bedachtheiten. Text, Musik und Bewegung, inszeniert mit einem Sprecher und als Protagonisten neun Musikhochschulstudenten aus sechs verschiedenen Ländern, junge Männer aus Syrien, Japan, Brasilien, Russland, Ungarn und Deutschland.

Autorinnen und Autoren

Wicki Bernhardt arbeitet als freischaffende Performancekünstlerin, Regisseurin und Dozentin in Berlin und Frankfurt am Main. Sie studierte Musik und Bewegung an der *Universität der Künste Berlin* und an der *Jerusalem Rubin Academy of Music and Dance* sowie Angewandte Theaterwissenschaft an der *Justus-Liebig-Universität Gießen*. Gemeinsam mit Janna Pinsker gründete sie 2016 ein Performanceduo. Ein Schwerpunkt der gemeinsamen Arbeit ist es, den Formenkanon für junges und altersgemischtes Publikum mit unüblichen Formaten wie Lecture Performances, Durational Performances oder nicht-narrativen Ansätzen zu erweitern. 2017/18 forschte das Duo in einer mehrmonatigen Residenz zum Thema »Die Lust am Nichtverstehen in Performance« am *Künstlerhaus Mousonturm* in Frankfurt. Wicki Bernhardt ist Teilnehmerin des *Performing Arts Mentoring Programms (PAP)* in Berlin.

Kurt Dreyer, Tänzer, Choreograf, Pädagoge. Ausbildung in klassischen und zeitgenössischen Tanztechniken, T'ai Chi, Alexandertechnik und Choreografie. Tanzstücke, Regien und Performances, oft in Zusammenarbeit mit Musiker/innen und bildenden Künstler/innen. Lehrtätigkeit an den Musikhochschulen Bern, Luzern, Basel und der Universität Bern in Musik und Bewegung/Rhythmik sowie im Instrumental- und Vokalfach. Gesangsspezifische Körperarbeit an Opernstudios. Betreuung von Studierendenaufführungen, Kinderstücken und Opern mit Kindern. Gastkurse, Expertentätigkeit und szenische Arbeiten in Europa, Hongkong und Taiwan. Bis 2012 Leiter des Studienbereichs *Musik und Bewegung/Rhythmik* der *Hochschule der Künste Bern HKB* in Biel. Der Unterricht umfasste vor allem Rhythmische Körperarbeit, Placement, Tanz- und Bewegungstechnik, Improvisation, Tanzkomposition, szenische Beratung und bühnenorientierte Bewegung für Musizierende.

Nisha Dudda studierte Angewandte Sprach- und Kulturwissenschaften an *der Johannes-Gutenberg-Universität Mainz* sowie Diplom-Musikpädagogik mit Hauptfach Rhythmik und Rhythmik-Performance an der *Staatlichen Hochschule für Musik Trossingen*. Dort lehrt sie seit 2013 im künstlerischen Schwerpunkt des Studiengangs *Music & Movement* insbesondere im Bereich Körper-Bewegung-Tanz und betreut Lehrproben mit Kindern. Seit 2010 leitet sie Projekte und unterrichtet an Musik-, Tanz- und Grundschulen sowie an Fachschulen für Sozialpädagogik.

Frauke Haase studierte zunächst in Hamburg Rhythmik sowie Lehramt für Grund- und Sekundarstufe I. Es folgte das C-Examen in Kirchenmusik, ein vom *DAAD* gefördertes zweijähriges Studium am *Orff-Institut* in Salzburg sowie das zweite Staatsexamen. Hinzu kamen das Ergänzungsstudium *Moderne Tänzerische Erziehung-System Chladek* und eine berufsbegleitende Ausbildung in *Psychomotorik auf neurophysiologischer und klinischer Grundlage*. Bei Einführung des Hauptfachstudiums *Rhythmik* an der *Musikhochschule Lübeck* übernahm Frauke Haase dort für zehn Jahre die Leitung des Studiengangs. Seit 1995 ist sie Professorin an der *Hochschule für Musik und Theater Hamburg* für Rhythmik, Improvisation in Bewegung und Musik, Körperbildung und Bewegungslehre sowie für Seminare zur Schulischen Musizierpraxis. Zusätzlich unterrichtet sie Rhythmik an einer Grundschule sowie in der Fort- und Weiterbildung.

Meike Britt Hübner hat als diplomierte Rhythmikerin und Schauspielerin mit Studium an den Musikhochschulen Hamburg und Hannover mehrjährige Bühnenpraxis an verschiedenen Theatern (u.a. *Deutsches Schauspielhaus Hamburg*, *Stadttheater Münster* und *Stadttheater Heilbronn*) und arbeitete als Moderatorin und Sprecherin beim Rundfunk. Sie unterrichtete Musik und Darstellendes Spiel in verschiedenen Stufen und Schulformen sowie Rhythmik an Musik- und Schauspielschulen. Im Rahmen von Musiktheaterprojekten kooperiert sie mit unterschiedlichen Theatern (u.a. *Staatsoper Hannover, Ernst-Deutsch-Theater Hamburg, Schlosstheater Celle*), für die sie an der Schnittstelle von Konzert, Performance und Bildender Kunst Spielkonzepte entwickelt und mit Profis und/oder Laien auf die Bühne bringt. Sie lehrt an diversen Musikhochschulen (u.a. Hannover, Weimar) und ist als Referentin und Workshop-Leiterin im In- und Ausland tätig.

Peter Jarchow studierte Klavier an der *Hochschule für Musik Hanns Eisler Berlin* und promovierte über die »Spezifik der Ballettmusik«. Er war langjährig als Pianist bei der *Gruppe Junger Tänzer*, Leitung Jean Weidt, und bei Gret Palucca an der *Palucca Hochschule für Tanz Dresden* tätig. Von 1975-2010 hatte er eine Professur für Improvisation und Ballettkorrepetition an der *Hochschule für Musik und Theater*

»Felix Mendelssohn Bartholdy« inne und war von 1999-2008 Professor für Tanz- und Ballettmusik im Studiengang *Choreografie* an der *Hochschule für Schauspielkunst Ernst Busch*. Darüberhinaus war er musikalischer Leiter der Abteilung *Choreografie* an der *Theaterhochschule »Hans Otto« Leipzig* und Direktor der *Palucca Hochschule für Tanz Dresden* sowie Pianist, Improvisator, Dramaturg und stellvertretender Ballettdirektor an der *Semperoper* Dresden. Er publiziert über Improvisation und Zeitgenössischen Tanz und ist mit Kursen und Gastspielen im In- und Ausland tätig.

Hilde Kappes ist Sängerin und Musikerin, Film-Musik-Komponistin, Autorin, Diplom-Rhythmikerin sowie Practitioner für Somatic-Experiencing nach Peter Levine. Sie unterrichtet seit 2007 an der *Universität der Künste Berlin* und an anderen Hochschulen in Deutschland, Schweiz, Spanien im Fach Rhythmik, Stimme und Bewegung sowie in freier Praxis das ESSENTIELLE STIMM- (und MUSIK-)ERLEBEN. Seminare wie *Stimme & Bewegung, Präsenz & Performance, Rhythmik und das Nervensystem* sowie das Coaching von Chören und Bands, Ensembles aller Genres und Solo-Künstler/innen gehören zu ihren Themenfeldern. Sie tritt seit 25 Jahren national und international mit Solo-Programmen auf, mit und in interdisziplinären Projekten und Inszenierungen als Leiterin oder Künstlerin. Hilde Kappes erhielt für ihre Solo-Performances mehrere Preise wie den *Rhoner Sur Prizes*/Bolzano, den *Prix Pantheon*/Bonn und andere. www.hildekappes.de

Renate Kühnel, Professorin für Musik- und Bewegungspädagogik an der *Oberbayerischen Technischen Hochschule Regensburg*. Leiterin des BA-Studiengangs *Musik- und bewegungsorientierte Soziale Arbeit*. Diplomabschlüsse in Rhythmik und Klavier, Schulmusikexamen. Fortbildungstätigkeit, Praxisprojekte: Rhythmik im Rahmen Sozialer Arbeit.

Franz Mechsner, Dr. biol. hum., ist Neurobiologe und experimenteller Psychologe. Sein Schwerpunktthema ist menschliche Bewegung unter der Leitvorstellung, dass Bewegungen als mentale Ereignisse geplant und gesteuert werden. Er hat dazu geforscht am *Max-Planck-Institut für Psychologische Forschung* in München, an der *Northumbria University* im englischen Newcastle sowie als mehrfacher Fellow am *Hanse Institute for Advanced Study* in Delmenhorst/Bremen. Für seine umfängliche zusätzliche journalistische Tätigkeit (*Geo, Die Zeit, FAZ* etc.) wurde er mehrfach preisgekrönt.

Gunhild Oberzaucher-Schüller promovierte an der *Universität Wien* über Bronislawa Nijinska. Sie lehrte Tanzgeschichte an den Universitäten Wien, Bayreuth und Salzburg. Als Mitglied des Forschungsinstituts für Musiktheater der *Universität Bayreuth* (1982-2002) betreute sie den Tanzteil von *Pipers Enzyklopädie des Musiktheaters.* 2003 bis 2009 leitete sie die *Derra de Moroda Dance Archives* der *Universität Salzburg.* Sie ist Herausgeberin von *Ausdruckstanz* (1991, 2004), *Rosalia Chladek. Klassikerin des bewegten Ausdrucks* (2002, mit Ingrid Giel, englisch 2011), *Viva la danza! Festschrift für Sibylle Dahms* (2004), *Souvenirs de Taglioni* (2 Bände, 2007), *Mundart der Moderne. Der Tanz der Grete Wiesenthal* (2009, mit Gabriele Brandstetter). Internationale Vortragstätigkeit und Veröffentlichung von Wiener Tanzgeschichten auf www.tanz.at.

Holmrike Oesterhelt-Leiser, Ausbildung im klassischen Ballett und Stepp-Tanz, in Violine und Gesang. Studium der Rhythmik und Chladek-Technik an der *Staatlichen Hochschule für Musik Stuttgart.* 1967-1977: Beschäftigungen und Kurstätigkeiten in Deutschland, Österreich und der Schweiz (MFE und MGA an Musikschulen, Fortbildungen Rhythmik, tänzerische Früherziehung, Rhythmische Sportgymnastik, Bewegungsimprovisation, instrumentale Improvisation). Verpflichtung an Schauspielschulen und Theatern (Körper- und Bewegungsbildung, Korrepetition, szenische Improvisation, Bewegungsregie). 1977-2008: Professorin an der *Hochschule für Musik und Tanz Köln.* Neugestaltung des Diplomstudiengangs *Musikpädagogik* mit Hauptfach *Rhythmik* und die Einführung des Rhythmik-Studiengangs *Künstlerische Reife.* Schwerpunkte: künstlerische Improvisation und die wissenschaftliche Arbeit zur Theoriebildung des Faches *Rhythmik.* Publikationen in Fachliteratur und -zeitschriften.

Elisabeth Pelz ist Diplom-Rhythmikerin und unterrichtet Rhythmik an der Musikhochschule Lübeck, im Rahmen des Studiengangs Bachelor of Music in Praxis und Lehre und in der Berufsfortbildung für Künstler/innen mit Behinderungen am *Hamburger Konservatorium* sowie in Schulkooperationen der *Jugendmusikschule Hamburg.* Sie leitet die qualifizierende Fortbildung *Rhythmikpädagogik (BWR)* im *Bildungswerk Rhythmik e.V.* und ist stellvertretende Vorsitzende des Vereins. Am *IBL, Institut für Bewegungs- und Lernentwicklung* ist sie Dozentin für die Zusatzqualifikation *lernen.bewegt.entwickeln.* Darüberhinaus gibt sie im In- und Ausland Kurse und erarbeitet Musik- und Bewegungstheaterproduktionen für Menschen von vier bis 85.

Anna Petzer studierte Rhythmik bei Prof. Dorothea Weise und absolviert derzeit ihren Master in Kunst und Medien in der *Fachklasse für Generative Kunst* bei Prof. Alberto de Campo sowie *Narrativer Film* bei Prof. Thomas Arslan. Mit ihren performativen Projektarbeiten bewegt sie sich zwischen Musik, Tanz und Medienkunst. Auf der Bühne steht Anna Petzer mit *fremd.körper*: für Mensch und Metallkubus und Pawn Structures für AKS Synthesizer. Im *Museum Moderner Kunst Kärnten* in Klagenfurt sowie der *Grünen Galerie Sieben* in Wien stellt sie Grafiken, Fotografien und Video-Installationen aus.

Hanne Pilgrim ist Pianistin, Performerin und Rhythmikerin und seit 2017 Professorin für Rhythmik an der *Universität für Musik und darstellende Kunst in Wien*. Sie studierte Rhythmik und Klavier an der *Universität der Künste Berlin*. Als Pianistin widmet sie sich der Ensemblemusik im klassischen Repertoire, der experimentellen Musik und der Improvisation. Im Feld des zeitgenössischen Tanzes und des experimentellen Musiktheaters war Hanne Pilgrim als Performerin an zahlreichen Produktionen beteiligt. Von 2007 bis 2017 lehrte sie Klavier- und Instrumentalimprovisation im Studiengang *Musik und Bewegung/Rhythmik* an der *Universität der Künste Berlin* und betreute innerhalb des Masterstudiengangs *EMP/Rhythmik* an der *Hochschule für Musik FRANZ LISZT Weimar* das Profil *Performance*. Gastkurse für verschiedene Zielgruppen und Ensembles führten sie an verschiedene europäische Hochschulen und nach China.

Vasiliki Psyrra studierte Akkordeon bei Prof. Konstantinos Raptis an der *Universität Makedonien* (Griechenland). An der *Hochschule für Musik FRANZ LISZT Weimar* schloss sie 2015 den Master *Elementare Musikpädagogik/Rhythmik* bei Prof. Marianne Steffen-Wittek ab. Seit 2015 lehrt sie an der *Hochschule für Musik FRANZ LISZT Weimar* die Fächer *Unterrichtspraxis EMP/Rhythmik, Performance* und Rhythmik innerhalb der Masterausbildung *EMP/Rhythmik*. Darüber hinaus arbeitet sie als Dozentin in verschiedenen Projekten der *Thüringer Landesmusikakademie*, ist Musikpädagogin im *Musikkindergarten Weimar* und unterrichtet an der *Musik- und Kunstschule Jena* als fest angestellte Lehrkraft für EMP, Akkordeon und Kindertanz. Vasiliki Psyrra führt europaweit künstlerisch-pädagogische Projekte durch und hält Vorträge auf verschiedenen europäischen Musikpädagogik-Symposien und -Kongressen.

Ria Rehfuß, Diplom Rhythmik mit künstlerischem Aufbaustudium an der *Staatlichen Hochschule für Musik Trossingen* (Abschluss 2009), Zeitgenössischer Tanz am *North Karelia College Outokumpu*, Finnland (Abschluss 2011), Jonglage. Unterrichtstätigkeit an der *Staatlichen Hochschule für Musik Trossingen* für Körper-Bewegung-Tanz seit 2010, Mitglied des *Instituts für Musik und Bewegung/Rhythmik*. Als freischaffende Künstlerin Zusammenarbeit mit den Kompanien *ARMO Jérôme Thomas* und *HeadFeedHands* sowie Entwicklung eigener Kreationen.

Jenny Ribbat studierte Diplom-Rhythmik an der *Universität der Künste Berlin*. Sie lehrt Rhythmik/Musik und Bewegung an Hochschulen, Musikschulen und in privaten Workshops. Dabei liegt ihr besonderes Interesse auf der Vermittlung von zeitgenössischer Musik mittels Bewegung und Choreografie. Jenny Ribbat ist als Performerin in unterschiedlichen Kollaborationen mit Musikern und Bewegungskünstlern aktiv. Als Pianistin spielt sie experimentelle Musik, klassisches Repertoire und Theatermusik (*Grips Theater* und *Neues Globe Theater*). Sie forscht mithilfe somatischer Methoden stetig an der Verfeinerung von Bewegungsabläufen für die künstlerische Arbeit und Vermittlung.

Bettina Rollwagen, Studium der Diplomwissenschaften SP: Spiel-Musik-Tanz (*Deutsche Sporthochschule Köln*) sowie Magister-Studium in Geschichte-Kunstgeschichte-Ethnologie mit dem Schwerpunkt Körpersprache; Ausbildung als *Certificated Movement Analyst* (LIMS, New York) und in Spiraldynamik (Zürich). Neurobiologie bei Prof. Dr. Nelson Annunctiato; weitere Ausbildungen als Lerntherapeutin. Aufbau des Tanz- und Bewegungskultur-Bereiches im Goldbekhaus, Hamburg. Leitung von Fortbildungen am *Landesinstitut für Lehrerbildung*. Tätigkeit in Tanz-Theater-Bewegungs- und Lernförderung an einer Schule für soziale und emotionale Förderung. 2007 Gründung und Leitung des *IBL, Institut für Bewegungs- und Lernentwicklung*. Lern- und Entwicklungstherapie. Leitung der berufsbegleitenden Weiterbildung: »Lern- und Entwicklungsbegleitung auf somatischer Grundlage« in Hamburg. Diverse Lehraufträge, ab 2019 an der *HfH, Interkantonale Hochschule für Heilpädagogik* in Zürich; Autorin wissenschaftlicher Fachveröffentlichungen.

Constanze Rora, Dr. phil., Professorin für Musikpädagogik und -didaktik an der *Hochschule für Musik und Theater Leipzig*; Schulmusikstudium in Berlin; Referendariat; Studienrätin an Berliner Oberschulen; wissenschaftliche Mitarbeiterin an der *Universität der Künste Berlin*; Promotion zum Themenfeld Musik und Spiel; 2005-2009 Professorin für Musikpädagogik und -didaktik an der *Universität Leipzig* mit Schwerpunkt im Bereich der Ästhetischen Bildung unter besonderer Berücksichtigung phänomenologischer Perspektiven. Veröffentlichungen (Ausw.): *Ästhetik des Unscheinbaren. Annäherungen aus Perspektiven der Künste, der Philosophie und der Ästhetischen Bildung* (hg. mit Stefan Roszak 2013) und *Gesten gestalten. Spielräume zwischen Sichtbarkeit und Hörbarkeit* (hg. mit Martina Sichardt 2018).

Meike Schmitz, Studienabschlüsse an der *Hochschule für Musik FRANZ LISZT Weimar* als Diplom-Musikpädagogin für Jazzgesang, Zusatzqualifikation Elementare Musikpädagogik, und Master of Music *EMP/Rhythmik*. Berufsbegleitendes Zertifikat Musikgeragogik. Seit 2007 Unterrichtstätigkeit an öffentlichen Musikschulen in und um Berlin; Fachgruppenleitung für den Bereich Musikalische Grundstufe an der *Musikschule Berlin-Reinickendorf* von 2011-2016; Dozentin in der Fort- und Weiterbildung. Seit 2011 im Lehrauftrag für Elementare Musikpädagogik an der *Hochschule für Musik Hanns Eisler* in Berlin. 2018-2019 Lehrbeauftragte und kommissarische Studienganglleiterin im Master *EMP/Rhythmik* an der HfM Franz Liszt Weimar. Künstlerisch aktiv z.b. mit dem Duo-Projekt *Schwarz un Schmitz* (u.a. *Nachwuchspreis Chansonfest Berlin, Ralph-Benatzky Nachwuchspreis Chansonfest Hamburg*) und dem Kinderkonzertprogramm *Kekes, die kleine Vogelscheuche*.

Irene Sieben ist Tanz-Pädagogin, Feldenkrais-Practitioner (seit 1990) und als Journalistin/Buchautorin spezialisiert auf Themen des zeitgenössischen Tanzes und somatischen Lernens. Ausgebildet u.a. von Mary Wigman und Manja Chmièl tanzte sie in den ersten Avantgarde-Ensembles der 1960er Jahre, *Motion* und *Gruppe Neuer Tanz Berlin*. Sie ist Mitgründerin/Lehrerin der *Tanz Tangente Berlin* (seit 1981); an der *Universität der Künste Berlin* lehrte sie im Studiengang *Rhythmik* angewandte Anatomie und Feldenkrais (2001-2017), coachte als Zeitzeugin Sylvie Guillem (1998), Fabiàn Barba (2008), Christina Ciupke/Anna Till (2014) beim Auffrischen von Bewegungsqualitäten Wigmans. Zur Zeit arbeitet sie an einer Biografie über die Tschechin Manja Chmièl (1922-2006), die neben Dore Hoyer innovativste Tänzerin der Nach-Ausdruckstanz-Ära war.

Maria Spychiger, Prof. Dr., lehrt und forscht an der *Hochschule für Musik und Darstellende Kunst Frankfurt am Main*. Seit 2015 ist sie Mitglied *der Polytechnischen Gesellschaft* dieser Stadt. Ausbildung zur Volksschullehrerin in der Schweiz, nach fünfjähriger Unterrichtspraxis Studium der Psychologie und Erziehungswissenschaften an der *Universität Fribourg*. 1995 Dissertation im Bereich der musikbezogenen Unterrichtsforschung, 2007 Habilitation mit Lehrbefugnis für Musikpädagogik und Musikpsychologie. Ihre langjährigen Spezialgebiete sind nebst der Thematik der Koordination »Das musikalische Selbstkonzept« und »Lernen aus Fehlern und Fehlerkultur im Unterricht«.

Roswitha Staege, Dr. phil., Professorin für Frühkindliche Bildung und Didaktik des Elementarbereichs an der *Pädagogischen Hochschule Ludwigsburg*, Arbeitsschwerpunkte: Ästhetische Bildung, Kindheitsforschung, Bildungstheorie, Bild- und Videointerpretation, Pädagogik der frühen Kindheit.

Marianne Steffen-Wittek ist Schlagzeugerin, Rhythmikerin und emeritierte Professorin der *Hochschule für Musik FRANZ LISZT Weimar*, wo sie von 1995 bis

2018 Rhythmik und EMP lehrte. Sie studierte Rhythmik bei Ursula Zantop an der *Folkwang Universität der Künste Essen* und Schlagzeug bei Christoph Caskel an der *Hochschule für Musik und Tanz Köln*, war freie Mitarbeiterin des *WDR* Köln, stellvertretende Leiterin der *Offenen Jazz Haus Schule Köln* und Lehrbeauftragte der *Hochschule für Musik und Tanz Köln*. Als Jazzmusikerin, Musikpädagogin und Mitautorin gewann sie verschiedene Preise. Marianne Steffen-Wittek wirkte in (Theater-)Orchestern und Improvisationsgruppen mit, gestaltete Solo-Projekte, trat auf Jazzfestivals im In- und Ausland auf und spielte LPs und CDs ein. In ihrem Jazzquartett spielt sie Vibraphon und komponiert eigene Stücke. Als Gastreferentin ist sie international tätig; sie publiziert in Fachbüchern und Fachzeitschriften.

Brigitte Steinmann studierte Rhythmik bei Mimi Scheiblauer in Zürich (Diplom) sowie Sonderpädagogik in Dortmund (1. Staatsexamen). Sie gab Fort- und Weiterbildung von Pädagogen im In- und Ausland. Als wissenschaftliche Angestellte arbeitete sie an der *Universität Dortmund* im Bereich Musikerziehung von Menschen mit Behinderung und war Leiterin einer privaten Rhythmikschule. Brigitte Steinmann arbeitete als Rhythmikerin beim *Landesverband der Lebenshilfe NRW* sowie beim *Diakonischen Werk Wittgenstein*. 1989 wurde sie als Professorin für Rhythmik an die *Hochschule für Musik, Theater und Medien Hannover* berufen und ist seit 2007 im Ruhestand. Sie war viele Jahre Vorsitzende des *Bundesverbandes Rhythmische Erziehung e.V.* und des *Arbeitskreises Musik und Bewegung/ Rhythmik an Hochschulen e.V.* Ihre Veröffentlichungen befassen sich sowohl mit theoretischen als auch mit praktischen Themen der Rhythmik.

Elisabeth Theisohn studierte Schulmusik, Rhythmik, Elementare Musikpädagogik und Germanistik in Freiburg. In langjähriger Lehrtätigkeit an Gymnasium, Fachschule und an der *Hochschule für Musik Freiburg* im Fachbereich *EMP/Rhythmik* beschäftigte sie sich intensiv mit der Weiterentwicklung einer körper- und bewegungsorientierten Didaktik. Diese bringt sie seit 2015 in die Betreuung, Konzeption und Durchführung von Musikvermittlungsprojekten für das Freiburger Barockorchester ein. Seit 2016 arbeitet sie als wissenschaftliche Assistentin im Fachbereich *Musikpädagogik* an der *Hochschule für Musik Freiburg*. Im Zentrum ihrer Arbeit steht die Erforschung kollektiver Kreativität in Kompositionsprozessen in der Schule, der sie sich im Rahmen ihrer Promotion widmet.

Juliette Villemin wurde in Bilbao (E) im Klassischen Ballett ausgebildet und erhielt im Jahre 2010 ihren Master of Arts (M.A.) an der *Hochschule für Musik und Darstellende Kunst Frankfurt am Main*. Sie war Solistin im *Euskadi Ballett* und am *Wiesbadener Staatstheater*. Seit 2002 lebt sie in Stuttgart und arbeitet freischaffend als zeitgenössische Tänzerin und Choreografin. Ihre Tanzstücke wurden auf mehreren Festivals in Deutschland und Spanien gezeigt. Sie unterrichtet seit 2003 europaweit an verschiedenen Tanzinstitutionen und Hochschulen, unter anderem in den Studiengängen Rhythmik und EMP an der *Staatlichen Musikhochschule Trossingen* und der *Staatlichen Hochschule für Musik und Darstellende Kunst Stuttgart*. Ihre Fachgebiete sind Tanztechnik, Bewegungserziehung, Choreografie und Angewandte Anatomie. www.juliettevillemin.de

Sabine Vliex, Rhythmikstudium an der *Hochschule für Musik und Tanz Köln*. Seit 1990 ist sie Professorin für Rhythmik an der *Staatlichen Hochschule für Musik Trossingen* und begleitet die Lehrpraxis Rhythmik mit Kindern und Jugendlichen. Derzeit lehrt sie vor allem im Masterstudiengang *Music & Movement: Rhythmik-EMP* und berät Studierende für ihre künstlerischen Abschlussprojekte mit Kindergruppen. Ein weiterer Schwerpunkt ihrer Tätigkeit liegt in der Neuentwicklung elementarer und experimenteller Instrumente für den Rhythmikunterricht mit Kindern. Hierzu testet und entwirft sie methodische Konzepte und Spielanleitungen für den Gebrauch solcher Instrumente im Gruppenunterricht. Für das Projekt *Rhythmik mit Grundschulkindern* erhielt sie den *INVENTIO 2005* des *Deutschen Musikrates* für besonders innovative musikpädagogische Leistungen. Fachpublikationen zu Praxis und Theorie der Rhythmik.

Dorothea Weise, Rhythmikstudium in Köln. Langjährige Lehrtätigkeit in der Hauptfachausbildung Rhythmik an der *Staatlichen Hochschule für Musik Trossingen* mit dem Schwerpunkt Bewegung und Tanz in Technik, Improvisation, Komposition und Theorie. Kurs- und Vortragstätigkeit an Aus- und Weiterbildungsinstitutionen, bei internationalen Kongressen sowie in freier Arbeit. Dorothea Weise leitet seit 2009 als Professorin für Rhythmik und Elementare Musikpädagogik den Studienbereich *Musik und Bewegung* an der *Universität der Künste Berlin*. Sie ist seit 2008 im Vorstand des *AMBR (Arbeitskreis Musik und Bewegung/Rhythmik an Hochschulen e.V.)* und seit 2016 im Leitungsgremium des Internationalen Rhythmikverbands *F.I.E.R*. Sie veröffentlicht zu Theorie und Praxis der Rhythmik in Fachpublikationen.

Julia Wernicke studierte B.A. Gebärdensprachen an der *Universität Hamburg* und Dipl. Rhythmik am *Hamburger Konservatorium*. Durch diese einzigartige Fächerkombination hat sie sich auf Rhythmikangebote für Menschen mit und ohne Hörschädigung spezialisiert. Schwerpunkt ihrer künstlerischen Arbeit bilden die Übertragung von Klassik- oder Rock-/Pop-Musik in deutsche Gebärdensprache bei Livekonzerten oder für Gebärdenchöre. Sie arbeitet als Fachlehrerin Rhythmik am *Förderzentrum Hören und Kommunikation* in Köln. Als Stipendiatin der *Aktion Mensch* promoviert sie an der *Staatlichen Hochschule für Musik Trossingen* im Fachgebiet Musikpädagogik und Inklusion. www.wernicke-gebaerdenmusik.de

Cheng Xie studierte Musikpädagogik an der *Shaanxi Normal University* in Xi´An (China). Nach zweijähriger Tätigkeit als Musiklehrer an einer staatlichen Schule in Xi'An schloss er den Master EMP/Rhythmik an der *Hochschule für Musik FRANZ LISZT Weimar* bei Prof. Marianne Steffen-Wittek an. 2015 nahm er sein Promotionsstudium bei Prof. DDDr. Wolfgang Mastnak an der *Hochschule für Musik und Theater* in München auf, das er im Februar 2018 beendete. Neben seiner Dissertation legte er weitere Veröffentlichungen im Bereich Rhythmik mit Bezug zur chinesischen Kultur vor und war mit eigenen Beiträgen bei internationalen Musikpädagogik- und Rhythmik-Konferenzen präsent. Für *Schott Music International* betreute er die chinesische Übersetzung von *Musik und Tanz für Kinder* und *Mein Musik-Rätselblock*. Seit 2018 ist er Dozent an *der Beijing Dance Academy (Staatliche Hochschule für Tanz*, Peking). Er ist Preisträger des *Internationalen Rhythmikfestivals Remscheid 2015* sowie des *Kulturpreises Bayern 2018*.

Dierk Zaiser, Prof. Dr. paed., ist seit 2018 Leiter des *Instituts für Musik und Bewegung/Rhythmik* an der *Staatlichen Hochschule für Musik Trossingen*. Er lehrt schwerpunktmäßig im Master Rhythmik-Performance, im Kooperationsstudiengang M.A. *Musik-Bewegung-Sprache* und im Bachelor *Music & Movement*. Mit der Gründung und Leitung des Lehrforschungsprojekts *Theater mit Musik* mit Studierenden und erwachsenen Menschen mit geistiger Behinderung, dem Rhythmiktheater *MOBILI* und von *BEATSTOMPER* – Rhythmus- und Performanceprojekte mit straffällig gewordenen und sozial benachteiligten Kindern und Jugendlichen setzt er künstlerisch-pädagogische Akzente. Professionsbezogene Tätigkeiten u.a. als Vorstandsmitglied des Ar*beitskreises Musik und Bewegung Rhythmik an Hochschulen AMBR e.V.,* Inszenierungen, Auftritte, Beratungs-, Vortrags- und Lehrtätigkeiten in Deutschland, Belgien, Österreich, Schweiz, Frankreich, Polen, Finnland, Shanghai und Quebec. Auszeichnungen und Publikationen.

Christhard Zimpel studierte Schulmusik und Hauptfach Musiktheorie an der *Hochschule der Künste Berlin*. Er wurde 2004 promoviert (Untersuchung der Tonartenverläufe in den Durchführungen von Joseph Haydns Streichquartetten) und lehrt seit 2006 an der *Hochschule für Musik FRANZ LISZT Weimar*. 25 Jahre unterrichtete er in der *Leo-Kestenberg-Musikschule* in Berlin Gehörbildung und

Musikverstehen. Seit vier Jahren ist er Lehrer für Musik und Pädagogik an der *Anna-Freud-Schule, Fachschule für Sozialpädagogik* in Berlin.

Daniel Zwiener studierte Schulmusik an der *Hochschule für Musik Carl Maria von Weber Dresden* und promovierte 2008 über die Entwicklung und Ästhetik der Methode Jaques-Dalcroze an der *Universität der Künste Berlin*. Er arbeitete als Wissenschaftlicher Mitarbeiter mit Lehrauftrag für *Allgemeine Musikpädagogik* an der *Hochschule für Musik Carl Maria von Weber Dresden* sowie als Chorleiter im kirchenmusikalischen Bereich. Seit 2004 ist er als Schulmusiker in einer pädagogischen Provinz im südlichen Sachsen tätig, leitet einen großen Jugendkonzertchor. Er publiziert und hält Fortbildungen zu Fragen schulischer Musikdidaktik, zur Chorleitung und zu musikalischer Interpretation.

Musikwissenschaft

Anna Langenbruch (Hg.)
Klang als Geschichtsmedium
Perspektiven für eine auditive Geschichtsschreibung

Januar 2019, 282 S., kart., Klebebindung, 19 SW-Abbildungen
34,99 € (DE), 978-3-8376-4498-2
E-Book: 34,99 € (DE), ISBN 978-3-8394-4498-6

Johannes Müske, Golo Föllmer,
Thomas Hengartner, Walter Leimgruber (Hg.)
Radio und Identitätspolitiken
Kulturwissenschaftliche Perspektiven

Januar 2019, 290 S., kart., Klebebindung, 22 SW-Abbildungen
34,99 € (DE), 978-3-8376-4057-1
E-Book: 34,99 € (DE), ISBN 978-3-8394-4057-5

Ralf von Appen, André Doehring (Hg.)
Pop weiter denken
Neue Anstöße aus Jazz Studies, Philosophie,
Musiktheorie und Geschichte

2018, 268 S., kart., Klebebindung, 6 Farbabbildungen
22,99 € (DE), 978-3-8376-4664-1
E-Book: 20,99 € (DE), ISBN 978-3-8394-4664-5

**Leseproben, weitere Informationen und Bestellmöglichkeiten
finden Sie unter www.transcript-verlag.de**

Musikwissenschaft

Wolf-Georg Zaddach
Heavy Metal in der DDR
Szene, Akteure, Praktiken

2018, 372 S., kart., Klebebindung,
21 SW-Abbildungen, 11 Farbabbildungen
39,99 € (DE), 978-3-8376-4430-2
E-Book: 39,99 € (DE), ISBN 978-3-8394-4430-6

Jörn Peter Hiekel, Wolfgang Mende (Hg.)
Klang und Semantik in der Musik des 20. und 21. Jahrhunderts

2018, 268 S., kart., Klebebindung, 42 SW-Abbildungen
34,99 € (DE), 978-3-8376-3522-5
E-Book: 34,99 € (DE), ISBN 978-3-8394-3522-9

Eva-Maria Houben
Musikalische Praxis als Lebensform
Sinnfindung und Wirklichkeitserfahrung beim Musizieren

2018, 246 S., kart., Klebebindung, 84 SW-Abbildungen
29,99 € (DE), 978-3-8376-4199-8
E-Book: kostenlos erhältlich als Open-Access-Publikation

**Leseproben, weitere Informationen und Bestellmöglichkeiten
finden Sie unter www.transcript-verlag.de**